HARTFORD PUBLIC LIBRARY
500 MAIN STREET
HARTFORD, CT 06106-3075

D0681235

500 MAIN STREET

LA VIDA EN ROJO

D. R. © Jorge G. Castañeda, 1997

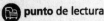 **punto de lectura**

© De esta edición:
    D. R. © Punto de Lectura, S.A. de C.V.
    Av. Universidad núm. 767, col. del Valle
    C.P. 03100, México, D.F. Teléfono 5420-75-30
    www.puntodelectura.com.mx

Primera edición en México: julio de 2002
Tercera reimpresión: enero de 2007

ISBN: 978-970-731-001-8

D. R. © Diseño de cubierta: Sergio Gutiérrez, 2002

Impreso en México

Todos los derechos reservados. Esta publicación no puede ser reproducida, ni en todo ni en parte, ni registrada en o transmitida por un sistema de recuperación de información, en ninguna forma ni por ningún medio, sea mecánico, fotoquímico, electrónico, magnético, electroóptico, por fotocopia, o cualquier otro, sin el permiso previo por escrito de la editorial.

JORGE G. CASTAÑEDA

La vida en rojo
Una biografía del Che Guevara

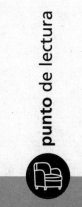

punto de lectura

JORGE G. CASTAÑEDA

La vida en rojo
Una biografía del Che Guevara

3 2520 10241 0718

*Para Jorge Andrés,
que no conoció los 60
pero vivirá algún día
una época mejor.*

Agradecimientos

Este libro jamás hubiera visto la luz del día sin la generosa colaboración de decenas de amigos y conocidos que prestaron su ayuda a una empresa ajena. Antes que nadie debo agradecerle su tiempo y empeño a Miriam Morales, quien leyó el manuscrito no una sino varias veces, en diversas etapas, y que es definitivamente responsable del interés que pueda despertar el texto. Asimismo, mi gratitud se extiende a Maria Caldelari, Georgina Lagos, Joel Ortega y Alan Riding, quienes en distintos momentos leyeron la totalidad del manuscrito y ofrecieron puntillosas e invaluables sugerencias y críticas. Sealtiel Alatriste y Marisol Schulz en Alfaguara México, y Guillermo Schavelzon en Planeta Argentina, aportaron también sustanciales mejoras al texto.

Un elevado número de alumnos, asistentes y amigos extendieron una gran ayuda en la investigación. A Marisela Aguilar, Lisa Antillón, Carlos Enrique Díaz, Aleph Henestrosa, Silvia Kroyer, Marcelo Monges, Marina Palta, Regina Cardosa, Regina Reyes, Christian Roa, Tamara Rozental, Vanessa Rubio y John Wilson, de la biblioteca presidencial Lyndon Baines Johnson de Austin, mis gracias. Quisiera también expresarle mi gratitud a la Fundación Montgomery de Dartmouth College, a Barbara Gerstner y Lou Anne de la misma institución y a Luis Villar de la biblioteca de Dartmouth College. A Mireya Magaña Gálvez, Ana Rosa Ochoa Sánchez, Delia Rodrigo Enríquez, Corina Rodrigo Enríquez e Inés Carmona les debo la elaboración del manuscrito. Por su parte, Paulina Hawkins hizo una excelente traducción del capítulo XI.

Amigos mexicanos regados por el mundo me prestaron una ayuda invaluable para obtener documentos de archivos o entrevistar a personas que de otro modo hubieran permanecido al margen de este trabajo. En particular, mi agradecimiento a Gerardo Bracho, Juan José Bremer, Miguel Díaz Reynoso, Zarina Martínez-Boerresen, Luis Ortiz-Monasterio, Daniel Martínez, Arturo Trejo, Abelardo Treviño y Adriana Valadés. A este grupo debo agregar los nombres de otros amigos que en el transcurso de la investigación aportaron datos, contactos o ideas de fuentes que resultaron de gran utilidad: Jorge Martínez Rosillo, Félix Goded y Arnoldo Martínez Verdugo en México, Sergio Antelo y Carlos Soria en Bolivia, Alex Anderson y Dudley Ankerson en Inglaterra, Rogelio García Lupo, Martín Granovsky y Ernesto Tiffenberg de *Página/12*, y Felisa Pinto en la Argentina, Tomás Eloy Martínez en cualquiera de sus paraderos, Leandro Katz en Nueva York, Kate Doyle y Peter Kornbluh en el National Security Archive de Washington DC, Jules Gérard-Libois en Bruselas, Anne-Marie Mergier en Francia y Carlos Franqui en Puerto Rico.

Algunas personas desempeñaron un papel clave en la idea misma del libro, en el desarrollo de sus tesis centrales o en el acceso a fuentes decisivas. Sin entrar en detalles sobre la contribución particular de cada uno, debo destacar la ayuda que recibí de su parte; sin su apoyo este libro sería otro. Mi más profundo agradecimiento a Homero Campa, Régis Debray, *Chichina* Ferreyra, Enrique Hett, James Lemoyne, Casio Luisselli, Dolores Moyano, Jesús Parra, Susana Pravaz-Balán, Andrés Rozental y Paco Ignacio Taibo II.

Entrevistados

—Daniel Alarcón Ramírez (*Benigno*) (escolta de Ernesto Che Guevara, sobreviviente del Congo y Bolivia).

—Alexander Alexeiev (primer enviado y embajador entre 1962 y 1967 de la Unión Soviética en Cuba).

—Emilio Aragonés (secretario de Organización de las ORIs y luego PURS, embajador de Cuba en Argentina).

—Gustavo Arcos-Bergnés (alto funcionario del Ministerio de Industrias de Cuba, conferencista del Partido Comunista de Cuba sobre la obra y vida de Ernesto Che Guevara).

—Ramón Barquín (militar batistiano encarcelado por Fulgencio Batista por opositor).

—Adrián Basora (funcionario del Departamento de Estado de Estados Unidos, encargado de Cuba entre 1964 y 1966).

—Ahmed Ben Bella (primer presidente de la República de Argelia entre 1962 y 1965).

—Ernesto Betancourt (funcionario del Banco Nacional de Cuba).

—Charles Bettelheim (economista francés de tendencia marxista, asesor de la Revolución cubana en los primeros años).

—Victor Bogorod (economista franco-ruso de tendencia marxista, asesor de la Revolución cubana en los primeros años).

—Víctor Bondarchuk (funcionario del gobierno soviético, enviado a La Habana como asesor).

—Ángel Braguer (*Lino*) (funcionario del aparato cubano encargado de Bolivia).

—Alberto Castellanos (escolta de Ernesto Che Guevara).

—Carmen Córdova Iturburu (prima hermana de Ernesto Che Guevara).

—Fernando Córdova Iturburu (primo hermano de Ernesto Che Guevara).

—Julia Cortés (maestra de escuela de La Higuera).

—Oleg Daroussenkov (funcionario del Comité Central del PCUS encargado de Cuba en La Habana y en Moscú, traductor de la Dirección soviética, embajador de la URSS en México).

—Régis Debray (escritor).

—Rafael del Pino (uno de los primeros pilotos de la Fuerza Aérea Revolucionaria de Cuba, héroe de Girón, actualmente exiliado en Estados Unidos).

—René Depestre (poeta haitiano).

—Ulises Estrada (encargado de África en el aparato cubano durante los años 60, embajador de Cuba en Jamaica y en Siria, colaborador de *Granma*).

—Betty Feijin (conocida de la juventud de Ernesto Che Guevara en Córdoba).

—Francisco Fernández (*barman* del Sierras Hotel, en Alta Gracia).

—Óscar Fernández Mell (combatiente de la Revolución cubana, viceministro de Salud, colaborador de Ernesto Che Guevara en el Congo).

—Colman Ferrer (secretario de la Embajada de Cuba en Tanzania, comisionado para asistir a Ernesto Che Guevara).

—María del Carmen *Chichina* Ferreyra (novia de Ernesto Che Guevara entre 1950 y 1951).

—Carlos Franqui (miembro de la Dirección del Movimiento 26 de Julio, fundador y director del periódico *Revolución*, exiliado en Puerto Rico).

—Rosario González (empleada doméstica en el hogar Guevara de la Serna, en Alta Gracia).

—Richard Goodwin (colaborador del presidente John F. Kennedy, miembro de la delegación de Estados Unidos en Punta del Este).

—Tomás Granado (amigo de Ernesto Che Guevara de la escuela secundaria en Córdoba).

—Hilda Guevara Gadea (primera hija de Ernesto Che Guevara).

—Fernando Gutiérrez Barrios (funcionario de seguridad y político mexicano, secretario de Gobernación entre 1989 y 1993).

—Eloy Gutiérrez Menoyo (combatiente antibatistiano y anticastrista, dirigente moderado del exilio cubano).

—María Iglesias de Suárez (nuera de Jesús Suárez Gayol, el *Rubio*).

—Karen Kachaturov (periodista soviético, director de la Agencia Novosti y Vitali Borowski, corresponsal en América Latina de *Izvestia*).

—Jorge Kolle (número dos del Partido Comunista de Bolivia en 1967, secretario general del Partido Comunista de Bolivia después).

—Alberto Korda (fotógrafo cubano).

—Doctor Roberto Krechmer (médico mexicano).

—Néstor Lavergne (economista argentino, asesor de Ernesto Che Guevara en el Banco Nacional de Cuba).

—Nikolai Leonov (funcionario de la KGB, traductor de la dirección soviética, general retirado de la KGB).

—Katherine Maldonado (amiga de juventud de Celia de la Serna de Guevara y de Ernesto Guevara Lynch).

—Arnoldo Martínez Verdugo (secretario general del Partido Comunista de México 1959-1980).

—François Maspéro (editor y escritor francés).

—Mario Monje (secretario general del Partido Comunista de Bolivia hasta 1968).

—Renán Montero (*Iván*) (miembro de la seguridad del Estado cubano, enlace urbano de Ernesto Che Guevara en La Paz, subjefe de seguridad del Estado en Nicaragua, 1979-1990).

—Dolores Moyano Martín (amiga de infancia de Ernesto Che Guevara, prima de María del Carmen *Chichina* Ferreyra).

—Antonio Núñez Jiménez (geógrafo cubano, funcionario del INRA, colaborador de Ernesto Che Guevara).

—Juan Ortega Arenas (abogado mexicano, amigo de Ernesto Che Guevara en México).

—Susana Oviedo (enfermera del Hospital Nuestra Señora de Malta en Valle Grande).

—Elba Rossi Oviedo Zelaya (maestra de escuela de Ernesto Che Guevara en Alta Gracia).

—Gustavo Petriciolli (funcionario de la Secretaría de Hacienda de México).

—Gary Prado Salmón (militar boliviano).

—Pablo Rivalta (colaborador de Ernesto Che Guevara en Sierra Maestra, embajador de Cuba en Tanzania).

—Félix Rodríguez (radio-operador de la CIA en Bolivia).

—Canek Sánchez Guevara (nieto de Ernesto Che Guevara).

—Jorge Serguera (primer embajador de Cuba en Argelia).

—Carlos Soria Galvarro (miembro de la Juventud Comunista de Bolivia en 1966; director del CEDOIN en La Paz).

—Volodia Teitelboim (escritor chileno, dirigente del Partido Comunista de Chile).

—Miriam Urrutia (amiga de juventud de Ernesto Che Guevara).

—Salvador Villaseca (matemático cubano, colaborador y profesor de Ernesto Che Guevara en La Habana a principios de los años 60).

—Gustavo Villoldo (jefe del Country Team de la CIA en Bolivia en 1967).

—Rosendo Zacarías (vecino de la familia Guevara de la Serna en Alta Gracia).

Conversación

—Juan Antonio Blanco (escritor e investigador cubano).

—Alfredo Guevara (director del Instituto Cubano de Arte e Industria Cinematográfica).

—Roberto Guevara (hermano de Ernesto Che Guevara).

Conversación por teléfono

—William Bowdler (funcionario del Departamento de Estado encargado de Cuba).

—Lawrence Devlin (jefe de estación de la CIA en Congo-Leopoldville en 1965 y 1966).

—Nora Feijin (conocida de juventud de Ernesto Che Guevara).

—Carlos *Calica* Ferrer (compañero del segundo viaje de Ernesto Che Guevara por América Latina).

—Jules Gérard-Libois (investigador belga de las guerras del Congo).

—Germán Lairet (representante de las FALN venezolanas en La Habana en 1965 y 1966).

—Jorge Masetti (hijo de Jorge Ricardo Masetti, periodista argentino).

—Magda Moyano (amiga de juventud del Che, traductora en su reunión con intelectuales en Nueva York).

—Teodoro Petkoff (dirigente guerrillero venezolano de los años 60, actual ministro de Estado).

—Larry Sternfield (jefe de estación de la CIA en Bolivia en 1966 y principios de 67).

—John Tilton (jefe de la estación de la CIA en Bolivia en el segundo semestre de 1967).

Este libro

Una investigación de esta índole requiere necesariamente de una gran multiplicidad de fuentes. Ninguna es perfecta ni suficiente en sí misma; todas encierran enigmas, defectos y lagunas. Incluso las más irreprochables en apariencia —cartas, notas o diarios del sujeto de la misma biografía— entrañan contradicciones y reservas: ¿quién es transparente consigo mismo? Y sobre todo, tratándose de un tema eminentemente político, ninguna fuente es neutra: todas vienen marcadas. El trabajo del historiador, biógrafo o simple escritor imbuido de curiosidad consiste en conjuntarlas, cotejarlas, separar la paja del trigo y arribar a conclusiones fundadas en una suma de materiales, no en el material preferido o más fácilmente accesible.

Distintos estudiosos de la vida del Che Guevara han logrado, en los últimos años, desenterrar diversos materiales inéditos o publicados en ediciones restringidas de algunas de sus obras; se trata de fuentes de gran valía, pero no definitivas. En este texto, materiales de esa naturaleza han desempeñado un papel importante —me refiero principalmente a sus cartas a *Chichina* Ferreyra, a las llamadas *Actas del Ministerio de Industrias* y a *Pasajes de la guerra revolucionaria (el Congo)*— al acompañar otras fuentes que corroboran los dichos y escritos del Che en sus propios manuscritos. Constituyen un primer acervo novedoso y crucial para toda investigación contemporánea del Che Guevara.

Un segundo acervo reside en los archivos de Estado de los países involucrados, directa o indirectamente, en la vida y muerte del Che. Los cubanos no tienen archivos disponibles:

o bien porque no existen, o bien porque no los abren; lo único que esto significa es que la versión documental cubana de los acontecimientos no se refleja en ningún trabajo serio. Algún día quizá La Habana se decidirá a contar su historia, a partir de sus archivos, y no sólo de los recuerdos más o menos fieles, más o menos geniales, de Fidel Castro. Por lo pronto existen otros archivos, más accesibles, y que contienen un enorme volumen de información y de testimonios, y que han resultado extraordinariamente útiles en este trabajo. Estos archivos pertenecen a tres gobiernos: el de los Estados Unidos, el de la ex Unión Soviética y el del Reino Unido. Cada uno de ellos merece un breve comentario.

Los Estados Unidos atraviesan por un periodo de grandes trastornos en lo que se refiere a las reglas relativas a su propia historia. Muchos archivos se han abierto; muchos otros permanecen cerrados. Gracias al sistema de bibliotecas presidenciales y universitarias, lo abierto es de un acceso relativamente fácil. Gracias a los procedimientos de libertad de información y de revisión obligatoria (*Freedom of Information* y *Mandatory Review*), lo cerrado es apelable. Todos los archivos y documentos del gobierno de los Estados Unidos citados en este libro se encuentran disponibles para cualquier investigador; basta saber dónde buscarlos, y contar con los recursos (por cierto modestos) para obtenerlos. Ya sea mediante las bibliotecas presidenciales (en particular la de Kennedy, en Cambridge, Massachusetts, y la de Johnson, en Austin, Texas), ya sea a través de los documentos del Departamento de Estado depositados en los Archivos Nacionales en College Park, Maryland, y su publicación más o menos regular titulada Foreign Relations of the United States (FRUS), ya sea, por último, a través de publicaciones como el Index of Recently Declassified Documents de las prensas universitarias, cualquier puede consultar los documentos revisados para este trabajo. En algunos casos, dichos materiales aparecen con secciones tachadas ("*sanitized*"); es posible pedir una revisión, que en algunos casos prospera, en otros no. Quienes piensen que en la elaboración de este libro se obtuvo un acceso privilegiado a los archivos de la CIA, o de quien fuera en los Estados Unidos, sencillamente carecen de oficio y experiencia historiográfica e investigativa.

Los archivos del Reino Unido resultaron particularmente útiles para esta empresa por varias razones sencillas de comprender. En primer término, el Foreign Office mantiene una reputación bien merecida de seriedad y pericia en la confección y conservación de sus cables y notas; sigue siendo uno de los servicios diplomáticos y de Inteligencia más competentes del mundo. En segundo lugar, a partir de la ruptura de relaciones diplomáticas ente los Estados Unidos y Cuba, en enero de 1961, la Embajada del Reino Unido pasó a ser, en los hechos, la oreja y los ojos de Washington en La Habana. La Confederación Helvética aseguraba la representación oficial de los intereses norteamericanos en La Habana, pero Londres escuchaba, miraba y analizaba los acontecimientos en Cuba, e informaba puntualmente de ello a Washington. En tercer término, aunque las notas del Foreign Office se abren a cualquier individuo en el Public Records Office de Kew Gardens en Londres a los treinta años, mientras que las de MI5 sólo se hacen públicas al cabo de medio siglo, en muchos casos, y concretamente en Cuba en aquellos años, quien redactaba unas y otras solía ser la misma persona. De tal suerte que los informes remitidos al servicio exterior de Su Majestad se asemejan sin duda enormemente a los informes enviados al servicio secreto de Su Majestad.

Por último, conviene agregar un comentario sobre los archivos de Moscú. Como se sabe, a partir de la perestroika y sobre todo de la desaparición del régimen soviético, los archivos de la antigua URSS fueron abiertos y puestos a remate de manera selectiva y no siempre racional. Los archivos del Ministerio de Relaciones Exteriores (MID, por sus iniciales en ruso) están bien organizados y contienen verdaderas joyas para el historiador. Ante todo, las notas de conversación con el Che Guevara de los distintos enviados de la URSS en La Habana, y en particular del embajador Alexander Alexeiev y del encargado político Oleg Daroussenkov, revisten un interés enorme. Dichos archivos se hallaban, en 1995, abiertos a cualquier investigador *bona fide*, siempre y cuando contara con un mínimo respaldo institucional y recursos para sufragar los gastos —no del todo justificados— que su acceso requiere. Los archivos del Partido Comunista de la URSS son de manejo más arduo: los gastos son mayores, el acceso es más restringido y arbitrario. Al mismo tiempo, muchos de los documentos allí conservados son copias de los que se encuentran en el MID: la confusión entre partido y Estado en la ex URSS no debe sorprender a nadie.

La tercera y última fuente primaria que conviene comentar consiste en las entrevistas o la historia oral que fue posible recopilar a lo largo de esta investigación. Insisto: no todo lo que brilla es oro, y no todo lo que dicen o escriben los protagonistas es cierto. Es indispensable trabajar sobre los testimonios, del mismo modo que se trabaja un documento, una estadística o incluso una foto. Fue posible entrevistar a un gran número de personas para este libro: en Cuba, en la Argentina, en Bolivia, en Moscú, y en sitios mucho más extraños. Hasta donde resultó factible, todas las entrevistas fueron grabadas, aunque su reproducción sintetiza o condensa las palabras *verbatim*. En algunos casos, por distintos motivos, no fue posible grabar, pero la entrevista fue presenciada por un testigo: las notas cuentan con el respaldo de un tercero. Y en muy pocos casos, no fue posible ni grabar ni contar con un testigo: la veracidad de la fuente descansa en la trayectoria del investigador, en las citas organizadas por terceros, y en la verosimilitud del testimonio ofrecido. Todas las entrevistas logradas para la elaboración de este libro son igualmente factibles de obtener por cualquier otro investigador: basta buscarlas y contar con el apoyo institucional (editorial, universitario o político) pertinente. No hubo vías privilegiadas de acceso.

Algunos lectores podrán preguntarse: cómo se atreve alguien que no vivió las épocas aquí reseñadas, y que no conoció a los personajes aquí descritos, a contar esta historia. Asumo plenamente mi deficiencia: no había cumplido quince años cuando murió el Che, y sus hazañas y desgracias acontecieron antes de mi edad de razón. Sin duda, quienes hayan vivido esos años con mayor madurez tendrán mucho que relatar; algunos comienzan a hacerlo.

Pero la distancia encierra sus virtudes. Tal vez quienes no compartimos esos años de plomo y gloria podemos narrarlos con mayor objetividad y precisión que aquellos que los sufrieron y gozaron en carne propia. En todo caso, aquí no rigen los derechos de propiedad: el pasado que puebla estas páginas nos pertenece a todos, para bien o para mal. La historia la hacen sus protagonistas, y la escriben los escritores: perogrullada dolorosa, pero irrebatible.

Acerca del uso de las notas

Aparecen a pie de página, señaladas con asterisco, las notas relacionadas con la lectura del texto, y al final del libro, numeradas, las referencias bibliográficas y las fuentes.

Capítulo I
Muero porque no muero

Despejaron su rostro, ya sereno y claro, y le descubrieron el pecho diezmado por cuarenta años de asma y uno de hambre en los páramos del sureste boliviano. Lo tendieron luego en la batea del hospital de Nuestra Señora de Malta, alzándole la cabeza para que todos pudieran contemplar la presa caída. Al recostarlo en la lápida de concreto, le desataran las cuerdas con que lo maniataron durante el viaje en helicóptero desde La Higuera, y le pidieron a la enfermera que lo lavara, lo peinara e incluso le afeitara parte de la barba rala que portaba.* Para cuando comenzaron a desfilar los periodistas y vecinos curiosos, la metamorfosis ya era completa: el hombre abatido, iracundo y desarrapado aún en vísperas de su muerte se había convertido en el Cristo de Vallegrande, reflejando en sus límpidos ojos abiertos la tranquilidad del sacrificio consentido. El ejército boliviano cometió su único error de campaña una vez consumada la captura de su máximo trofeo de guerra. Transformó al revolucionario resignado y acorralado, al indigente de la Quebrada del Yuro, vencido con todas las de la ley, envuelto en trapos y con la cara ensombrecida por la furia y la derrota, en la imagen crística de la vida que sigue a la muerte. Sus verdugos le dieron rostro, cuerpo y alma al mito que recorrería el mundo.

---

* "Él estaba con barba llena. Y estaba con su cabello largo, largo, así. Muy sucio estaba su cabello. Le hemos cambiado ropa porque estaba muy sucia. Pijama le hemos puesto. Pijama del hospital, le pusieron." (Enfermera Susana Oviedo, entrevista con el autor, Vallegrande, 27 de octubre, 1994.)

Quien examine cuidadosamente estas fotos podrá comprender cómo el Guevara de la escuelita de La Higuera se transfiguró en el icono beatificado de Vallegrande, captado para la posteridad por la lente magistral de Freddy Alborta. La explicación la ofrece el general Gary Prado Salmón, el más lúcido y profesional de los cazadores del Che:

> Lo lavaron, lo vistieron, lo acomodaron, bajo instrucciones del médico forense. Porque había que mostrar la identidad, mostrarle al mundo que el Che había sido derrotado; le hemos ganado a éste. No era cuestión de mostrar como se mostraba siempre a los guerrilleros, que era en el suelo, unos cadáveres, pero con unas expresiones que a mí me impactaban muchísimo, unas caras así retorcidas. Ésa fue una de las cosas que me llevó a ponerle el pañuelo en la mandíbula al Che, para que no se deforme, precisamente. Instintivamente, todos lo que querían era mostrar que éste era el Che; poder decir: "Aquí está, hemos ganado." Ése era el sentimiento que había en las Fuerzas Armadas de Bolivia, que habíamos ganado la guerra. Que no quede duda de su identidad, porque si le poníamos tal como estaba, así, sucio, andrajoso, despeinado y todo eso, hubiera quedado la duda.[1]

Lo que evidentemente no previeron sus perseguidores fue que la misma lógica se impondría tanto a quienes anhelaban su apresamiento como a aquéllos que llevarían por años su duelo. Es inconcebible el impacto emblemático de Ernesto Guevara sin la noción del sacrificio: un hombre que tenía todo —gloria, poder, familia y comodidad— lo entrega a cambio de una idea, y lo hace sin rabia ni dudas. La disposición a la muerte no se confirma en los discursos o mensajes del propio Che, o en las oraciones fúnebres de Fidel Castro, ni en la exaltación póstuma y ajena del martirio, sino en una mirada: la de Guevara muerto, viendo a sus victimarios y perdonándolos porque no sabían lo que hacían; y al mundo, asegurándole que no se sufre cuando se muere por ideas.

El otro Guevara, cuya furia y depresión no le cabían en la expresión o en el gesto, difícilmente se hubiera convertido en el emblema del heroísmo y la abnegación. El Che anonadado, del pelo sucio, de la ropa desgarrada y los pies envueltos en abarcas bolivianas, desconocido para sus amigos y adversarios, jamás hubiera suscitado la simpatía y admiración que despertó la víctima de Vallegrande.

Las tres fotografías que existen de Guevara preso no circularon sino hasta veinte años después de su ejecución: ni Félix Rodríguez, el operador de la CIA que tomó una de ellas, ni el general Arnaldo Saucedo Parada, que disparó las otras, las divulgaron antes. De nuevo, la razón era perversa. Si bien se aceptó a los pocos días de la emboscada del Yuro que el Che no falleció en combate, resultaba preferible disimular las pruebas que corroboraran su ejecución a sangre fría: las placas del Che vivo y capturado. Las tomas no fueron publicitadas en la pantalla chica antes de los años noventa por las mismas razones. El Che muerto convencía y no acusaba a nadie, pero generaba un mito inagotable; el Che vivo inspiraba lástima en el mejor de los casos, pero infundía escepticismo sobre su identidad, o comprobaba el asesinato inconfesable, aunque de todos conocido. Prevaleció la imagen crística; se desvaneció la otra, sombría y destrozada.

Ernesto Guevara conquistó su derecho de ciudad en el imaginario social de una generación entera por muchos motivos, pero ante todo mediante el místico encuentro de un hombre y su época. Otra persona, en los años de ira y dulzura de los sesenta, escasa huella hubiera dejado; el mismo Che, en otra era, menos turbulenta, idealista y paradigmática, habría pasado de noche. La vigencia de Guevara como figura digna de interés, investigación y lectura se deriva directamente de su filiación generacional. Su pertinencia no brota de la obra o siquiera del ideario guevarista: corresponde a la identificación casi perfecta entre un lapso en la historia y un individuo. Otra vida jamás habría captado el espíritu del tiempo; otro momento histórico nunca se hubiera reconocido en una vida como la suya.

La convergencia existencial se dio de varias maneras. Un hilo conductor de la vida de Ernesto Guevara fue la exaltación de la voluntad, lindando con el voluntarismo o, dirían algunos, con la omnipotencia. En la enigmática y depurada carta de despedida a sus padres, él mismo se refiere a ella: "Una voluntad que he pulido con delectación de artista sostendrá unas piernas flácidas y unos pulmones cansados."[2] Desde el rugby de sus años mozos en Córdoba hasta su calvario en las selvas de Bolivia, siempre partió de un criterio: bastaba desear algo para que sucediera. No existía límite inamovible ni obstáculo insuperable para la voluntad: la propia y la de los distintos actores sociales e individuales que encontraría en su camino. Sus amores y viajes, su visión política y conducción militar y económica se impregnaron de un voluntarismo a toda prueba, que le autorizaría hazañas extraordinarias, le reportaría maravillosas victorias y lo conduciría a repetidos y, por último, fatales fracasos. Los orígenes de ese voluntarismo cuasinarcisista son múltiples: su propio empeño, la lucha perenne del Che contra el asma y una mirada materna omnipresente, de adoración y culpa imperecederas. Si alguien llegó a creer que para tener el mundo ahora bastaba con quererlo, fue el Che Guevara. Si algo caracterizó a sus portaestandartes en los años sesenta, fue su consigna: *We want the world, and we want it now.*

Otro principio rector de la vida del Che —el sempiterno rechazo a convivir con la ambivalencia, que desde el asma infantil hasta Ñancahuazú lo perseguiría como su sombra— también embonaría con las características vitales de una generación. Los sesenta significaron, en alguna importante medida, la negativa a coexistir con las contradicciones de la vida; presenciaron una *fuite en avant* perpetua de la primera generación de la posguerra que hallaba intolerable la cohabitación con sentimientos, deseos u objetivos políticos contradictorios. ¿Quién mejor que el Che para personificar la incompatibilidad individual y generacional con la ambivalencia, para simbolizar la incapacidad para convivir con pulsiones encontradas?

Las ideas del Che, su vida, su obra, incluso su ejemplo, pertenecen a otra etapa de la historia moderna, y como tales difícilmente recobrarán algún día su actualidad. Las principales tesis teóricas y políticas vinculadas al Che —la lucha armada y el foco guerrillero, la creación del hombre nuevo y la primacía de los estímulos morales, el internacionalismo combatiente y solidario— carecen virtualmente de vigencia. La Revolución cubana —su mayor triunfo, su verdadero éxito— agoniza, o sólo sobrevive gracias al rechazo de buena parte de la herencia ideológica de Guevara. Pero la nostalgia persiste: el *subcomandante* Marcos, dirigente aguerrido y acosado de las huestes zapatistas en las cañadas de Chiapas, suele invocar, gráfica o explícitamente, las imágenes y analogías del Che, sobre todo aquellas que evocan traiciones y derrotas. A la ofensiva de las fuerzas armadas mexicanas del 9 de febrero de 1995, respondió con dos iconos: Emiliano Zapata en Chinameca, y el Che en Vado del Yeso y la Quebrada del Yuro.*

En cambio, el intervalo durante el cual Guevara se desempeñó y alcanzó la gloria mediática aún no se cierra. Ese momento inconcluso sigue añorado como la última llamada de las utopías modernas, el último encuentro de las grandes nociones generosas de nuestro tiempo —la igualdad, la solidaridad, la liberación individual y colectiva— con mujeres y

---

* Zapata fue emboscado y ejecutado en la Hacienda de Chinameca, en 1919. La retaguardia de la columna guerrillera del Che en Bolivia fue diezmada en Vado del Yeso y, claro está, el Che cae prisionero en la Quebrada del Yuro, en las afueras del poblado de La Higuera. El comunicado de Marcos apareció en *La Jornada*, ciudad de México, 25 de febrero de 1995.

hombres que las encarnaron. La pertinencia del Che Guevara para el mundo y la vida hoy se verifica por ósmosis o a control remoto. Reside en la actualidad de los valores de su era, yace en la relevancia de las esperanzas y sueños de los años sesenta para un fin de siglo huérfano de utopías, carente de proyecto colectivo y desgarrado por los odios y las tensiones propias de una homogeneidad ideológica sin falla. Su instante de fama sobrevive al Che, y él a su vez le otorga luz y sentido a ese momento cuya memoria empalidece, pero aún perdura. En su infancia y juventud, en su madurez y muerte, yacen las claves para descifrar el encuentro del hombre y su mundo. Empecemos.

La Argentina en vísperas de la Gran Depresión no era una mala patria donde nacer y crecer, sobre todo si, como el primer hijo de Ernesto Guevara Lynch y Celia de la Serna y Llosa, se provenía de una aristocracia de origen y sangre, cuando no pecuniaria. Ernesto Guevara de la Serna nace el 14 de junio de 1928 en Rosario, tercera ciudad de un país de 12 millones y medio de habitantes, muchos de ellos oriundos de otras latitudes. Por el lado paterno, los Guevara Lynch habían cumplido ya doce generaciones en la tierra austral: más que suficiente para merecer el título de abolengo en un país de inmigrantes, en su inmensa mayoría recién llegados. En la genealogía de su madre, también destellan el arraigo y la distinción; además, la familia de la Serna tenía tierras y, por tanto, dinero.

Por su padre, Ernesto hijo poseía sangre española, irlandesa (el bisabuelo Patrick Lynch huyó de Inglaterra a España y de allí a la Gobernación del Río de la Plata en la segunda mitad del siglo XVIII) y hasta mexicano-americana, ya que la abuela paterna del Che nació en 1868 en California. El padre de Guevara Lynch, Roberto Guevara también era originario de los Estados Unidos: sus padres habían participado en la fiebre del oro californiana de 1848, aunque retornaron a la tierra natal con sus hijos pocos años después. Pero más allá de su lugar de nacimiento, los Guevara eran argentinos de cepa. La rama Guevara Lynch de la familia se confundía con la historia de la aristocracia local. Gaspar Lynch fue uno de los fundadores de la Sociedad Rural Argentina —verdadero Consejo de Administración de la oligarquía terrateniente del país— y Enrique Lynch se erigió en uno de sus baluartes durante las crisis económicas que azotaron a la agricultura local al concluir el siglo XIX. Ana Lynch, liberal e iconoclasta, sería la única abuela que conocería el Che, y la relación con ella lo marcaría profundamente. Su decisión en 1947 de estudiar medicina en lugar de ingeniería arranca parcialmente del fallecimiento de Ana, a quien cuidó y atendió en su lecho de muerte.

Del lado materno, la pertenencia al terruño se remontaba al general José de la Serna e Hinojosa, último virrey del Perú, cuyas tropas fueron derrotadas por Sucre en la batalla de Ayacucho.[3] Hija de Juan Martín de la Serna y Edelmira Llosa, Celia no había cumplido 21 años cuando contrajo matrimonio, en 1927, con el joven ex estudiante de arquitectura. Sus padres perecieron años antes: don Juan casi al nacer Celia, quien según una de sus nietas se suicidó en alta mar al percatarse de que padecía sífilis;[4] Edelmira, algún tiempo después. En realidad Celia fue criada por su hermana mayor, Carmen de la Serna, quien se casó en 1928 con el poeta comunista Cayetano Córdova Iturburu; antes había sido novia del poeta mexicano Amado Nervo. Tanto Carmen como Córdova permanecieron en las filas del Partido Comunista Argentino durante catorce años, ella quizás con mayor fervor que su marido.[5]

La familia de Celia era "adinerada", como lo reconocía sin rubor su marido; el padre era "heredero de una gran fortuna... poseía varias estancias. Hombre culto, muy inteligente, militó en las filas del radicalismo", participando en la "revolución de 1890".[6] Aunque la fortuna familiar debió ser repartida entre siete, alcanzaba para todos. De las diversas rentas y herencias de Celia viviría la familia Guevara de la Serna, mucho más que de los descabellados y sistemáticamente fallidos proyectos empresariales del jefe del hogar. Si bien de su madre Celia recibió una clásica educación católica en la escuela del Sagrado Corazón, pronto el ambiente librepensador, radical o francamente de izquierda del hogar de su hermana la transformaría en un personaje aparte: feminista, socialista, anticlerical.* Participaba en las infinitas tertulias celebradas en su casa, en las diversas luchas que libraron las mujeres argentinas durante los años veinte,** y tanto antes como después de su matrimonio conservó un perfil propio, que duraría hasta su muerte en 1965.

Esta mujer excepcional fue sin duda la figura afectiva e intelectual más importante en la vida de su primogénito, por lo menos hasta el encuentro de éste con Fidel Castro en México en 1955. Nadie, ni su padre, ni sus esposas o hijos desempeñaron en la vida del Che un papel equivalente al de Celia, su madre. Mujer que convivió durante veinte años con el peligro y el estigma del cáncer; militante que poco antes de su muerte pasó semanas en la cárcel debido al apellido que compartía con su hijo; madre que formó y mantuvo a cinco crías casi por su cuenta, le impuso un sello a la vida del Che Guevara que sólo Castro pudo igualar, durante un breve interludio en la vida de ambos. Nada ilustra mejor la gloria y la tragedia de

---

* "La formación que tuvimos fue de un anticlericalismo total. La mamá más. Era muy anticlerical." (Roberto Guevara de la Serna, citado en Claudia Korol, *El Che y los argentinos,* Buenos Aires, Ediciones Dialéctica, 1985, p. 32.)
** En 1926, las mujeres argentinas conquistaron un primer capítulo de derechos civiles, incluyendo el de celebrar contratos sin el consentimiento de sus maridos, y la patria potestad para las viudas. Existía un vibrante movimiento de mujeres, por no decir feminista, en la Argentina de los veinte, más bien de origen intelectual y socialista, con el que sin duda entraron en contacto Celia de la Serna y su hermana Carmen. El movimiento fue identificado con escritoras como Victoria Ocampo y Alfonsina Storni, así como con la lucha por el sufragio femenil, que sólo se lograría en 1948 bajo el impulso de Evita Perón. Véase *Women, Culture and Politics in Latin America,* Berkeley, University of California Press, 1990, capítulos 5-8.

la saga de Guevara que su desgarrador lamento en el corazón de las tinieblas al recibir en el Congo la noticia de la muerte de su madre:

> Personalmente, sin embargo [Machado Ventura] trajo para mí la noticia más triste de la guerra: en comunicación telefónica desde Buenos Aires, informaban que mi madre estaba muy enferma, con un tono que hacía presumir que ése era simplemente un anuncio preparatorio... Tuve que pasar un mes en esa triste incertidumbre, esperando los resultados de algo que adivinaba pero con la esperanza de que hubiera un error en la noticia, hasta que llegó la confirmación del deceso de mi madre. Había querido verme poco tiempo antes de mi partida, presumiblemente sintiéndose enferma, pero ya no había sido posible pues mi viaje estaba muy adelantado. La carta de despedida dejada en La Habana para mis padres no la llegó a conocer; sólo la entregarían en octubre, cuando se hiciera pública mi partida.*

No pudo despedirse de ella, ni guardar el luto que su dolor imponía: la revolución africana, las feroces enfermedades tropicales y las eternas divisiones tribales de los descendientes políticos de Patrice Lumumba lo impedían. Celia fallece en Buenos Aires, expulsada del hospital donde yacía en su lecho de muerte; los dueños de la clínica se negaron a albergar a una

---

* Ernesto Guevara de la Serna, *Pasajes de la guerra revolucionaria (el Congo)*, manuscrito inédito, p. 17. Una parte considerable del texto del Che sobre el Congo fue reproducida en Paco Ignacio Taibo II. Félix Guerra y Froylán Rodríguez, *El año que estuvimos en ninguna parte*, México, Planeta, 1994. En el capítulo dedicado al África de la presente obra citaremos extensamente la versión original y completa del manuscrito del Che, que nos fue proporcionada en La Habana por generosos guevaristas, su autenticidad fue corroborada al cotejar la copia obtenida con la que obra en poder de varios estrechos colaboradores del Che, quienes sin entregarnos su copia, nos permitieron leerla *in situ*.

madre que había parido al Che Guevara 37 años antes. Éste porta su duelo en las colinas de África, desterrado de su patria adoptiva por sus propios demonios internos y el fervor idealista que heredó de su madre. Morirá un par de años más tarde: dos muertes demasiado cercanas.

La Argentina en la que ve la luz el niño Ernesto era todavía en 1928 un país dinámico, en plena ebullición, bendecido por un aparente idilio económico e incluso político, que rápidamente se esfumaría. Pero durante los años veinte resulta tan legítimamente asimilable a los ex dominios ingleses blancos como a los demás países de América Latina. En vísperas de la Primera Guerra Mundial, sus principales indicadores sociodemográficos se asemejaban más a los de Australia, Canadá y Nueva Zelanda que a los de Colombia, Perú, Venezuela o México.* Había recibido ya un volumen de inversión extranjera directa tres veces superior al de México o Brasil; y el número de vías férreas por mil habitantes, si bien inferior en un 50% al de Australia y Canadá, superaba ampliamente al de sus vecinos hemisféricos.[7] En 1913, el ingreso argentino per cápita era el decimotercero del mundo, rebasando ligeramente al de Francia. La conflagración europea y la expansión desenfrenada de los años veinte no alterarían esta clasificación. Si bien las debilidades argentinas —industrialización raquítica, sobreendeudamiento externo, sector exportador altamente vulnerable— pronto arruinarían las pretensiones modernizantes de las élites locales, el país donde nace el Che Guevara exuda una boyante y merecida confianza en sí mismo. Aspira —razonablemente— a su inclusión en un Primer

---

* Por ejemplo, la tasa de mortalidad infantil de la Argentina era en esas fechas de 121 por mil, la de Colombia 177, la de México 228, la de Chile 261, mientras que la de Australia era de 72. La proporción de habitantes del país que vivían en grandes ciudades alcanzaba el 31%, siendo que la cifra correspondiente en Brasil era de 10.7%, y en Perú de 5% (Víctor Bulmer-Thomas, *Economic History of Latin America since Independence*, Nueva York, Cambridge University Press, 1994, p. 86).

Mundo *avant la lettre*, despreocupado de los ominosos signos económicos y sociales que ya se perfilaban en el horizonte.*

La introducción del sufragio universal secreto (para varones y ciudadanos argentinos) en 1912 dio lugar cuatro años más tarde al triunfo electoral de la Unión Cívica Radical y de su legendario paladín, Hipólito Yrigoyen. Éste logró su reelección meses después del nacimiento del Che, en 1928, al cabo del interregno de Marcelo T. de Alvear. Pero el yrigoyenismo no pudo cumplir con las enormes esperanzas que despertó entre las emergentes clases medias del país, y en el seno de la nueva clase trabajadora porteña, una ecléctica e inestable mezcla de argentinos de segunda generación, del interior y de inmigrantes. La presión de la derecha, el desencanto de las clases medias y los estragos causados por la Gran Depresión pusieron término al fugaz lapso democrático: en 1930 el Ejército consuma el primer golpe de Estado del siglo que destituye a un gobierno latinoamericano democráticamente electo. En su lugar, las fuerzas armadas colocarán al general José Félix Uriburu; después del fracaso de su proyecto filofascista, se sucederán gobiernos fraudulentos, hasta que en 1943 el ciclo se cerrará con un nuevo golpe de Estado. La alternancia de gobiernos civiles y militares caracterizará la vida política argentina hasta 1983.

El nacimiento de Ernesto hijo sucedió en Rosario por razones meramente circunstanciales. Sus padres, después del matrimonio contraído en Buenos Aires un año antes, partieron para Puerto Caraguatay en el Alto Paraná, territorio de Misiones. Allí Ernesto padre se había propuesto cultivar y explotar unas 200 hectáreas sembradas de yerba mate, el llama-

---

* "La Argentina logró un sólido crecimiento industrial casi cada año durante el decenio de los veinte [...] al expandirse rápidamente la producción de bienes de consumo duraderos y no-duraderos (sobre todo textiles) a costa de las importaciones. Las industrias intermedias, como la refinación de petróleo, la industria química y metalúrgica también florecieron; sólo la construcción permaneció por debajo de sus niveles previos a la guerra." (*Ibid.*, p. 189.)

do oro verde que proliferaba en esta región de la Argentina.*
Ya con Celia embarazada de siete meses se dirigieron a Rosario, el centro urbano de ciertas dimensiones más cercano, tanto para que allí se consumara el parto como para estudiar la posibilidad de comprar un molino hierbatero. El proyecto agrícola y el yerbal naufragaron rápidamente como intentos empresariales; así ocurriría con frecuencia en los años por venir. Ernesto hijo nace ochomesino, debilucho y sujeto a los constantes desplazamientos que lo acompañarán toda su vida; la familia abandonará pronto la zona de Misiones. Guevara Lynch también era socio de un astillero, que debía atender en San Isidro, cerca de Buenos Aires.

Allí sucede el primer ataque de asma de Ernestito, semanas antes de cumplir los dos años de edad, el 2 de mayo de 1930. Según narra el padre del Che, su esposa, una nadadora experta y empedernida, solía llevar a su hijo al Club de Náutico San Isidro, a las orillas del Río de la Plata. El padre de la víctima no deja muchas dudas sobre su interpretación de la responsabilidad de la desgracia:

> Una fría mañana del mes de mayo y además con mucho viento, mi mujer fue a bañarse al río con nuestro hijo Ernesto. Llegué al club en su busca para llevarlos a almorzar y encontré al pequeño en traje de baño, ya fuera del agua y tiritando. Celia no tenía experiencia y no ad-

---

* El propio Ernesto Guevara Lynch proporciona versiones encontradas sobre el origen de los recursos que le permitieron hacerse del yerbal de Puerto Caraguatay. En su libro *Mi hijo el Che* dice que había recibido una herencia de su padre, y que pensaba utilizarla para comprar tierras en Misiones. Esta versión es retomada por una fuente cubana oficial, el *Atlas histórico, biográfico y militar de Ernesto Guevara*, tomo 1, publicado en La Habana en 1990 (p. 25). Pero en una larga entrevista con José Grigulevich (incluida en el libro de I. Lavretsky, *Ernesto Che Guevara*, Moscú, Progress Publishers, 1976, p. 14) el padre del Che dice textualmente: "Celia heredó una plantación de yerba mate en Misiones."

virtió que el cambio de tiempo era peligroso en esa época del año.*

Sin embargo, éste no fue el primer padecimiento pulmonar del niño: a los cuarenta días de ver la luz lo azota una neumonía de la cual, según Ercilia Guevara Lynch, tía de la criatura, "casi se muere".[8] Esta primer afección respiratoria pone en tela de juicio la explicación paterna sobre la etiología del asma del Che; el resfrío mencionado no carecía de antecedentes. De cualquier modo, desde el primer ataque en las riberas del Río de la Plata hasta junio de 1933, los episodios asmáticos de Ernestito se producirían de manera casi cotidiana, angustiante y devastadora para sus padres, pero ante todo para Celia, quien a la carga desigual que soportaba en los cuidados del enfermo sumaba una poderosa dosis de culpa. A la que le inculcaba su marido por el incidente en el río se sumaban los antecedentes hereditarios, que en esa época sólo se sospechaban, aunque ahora se conocen a ciencia cierta. Celia había sido asmática de niña, lo cual creaba un 30% de probabilidades de que uno de sus hijos padeciera la enfermedad; todo indica que así sucedió con Ernesto. La neumonía a los cuarenta días de vida y el resfrío en el Club Náutico pueden haber operado como gatillos de una elevada predisposición genética; no provocaron su asma.

Los tres años transcurridos entre la aparición de la enfermedad y su estabilización parecen haber dejado una acentuada huella en la pareja e, indirectamente, en el vástago; los relatos al respecto de familiares, amigos y de los mismos padres del

---

* Ernesto Guevara Lynch, *op. cit.*, p. 139. En otra versión, Guevara padre cambia los roles, pero mantiene la asignación de culpas: "El 2 de mayo de 1930 Celia y yo fuimos a nadar con *Teté* en la alberca. El día se tornó frío y ventoso, y de pronto *Teté* comenzó a toser. Lo llevamos al médico, que diagnosticó el asma. Quizás ya estaba resfriado, o tal vez heredó la enfermedad, ya que Celia de niña había sido asmática." (Lavretsky, *op. cit.*, p. 15.)

Che son conmovedores.* Fue sin duda durante ese periodo cuando Celia construyó la relación entreverada de obsesión, culpa y adoración con su hijo. Dicha relación entrañaría muy pronto una especie de educación a domicilio, a la que el Che Guevara debería, la vida entera, su gusto inagotable por la lectura y su insaciable curiosidad intelectual.

La familia deambularía por la Argentina a lo largo de cinco años, buscando una morada que favoreciera la salud del chiquillo, o que por lo menos no la agravara. Finalmente la hallarían en Alta Gracia, una villa de veraneo a 40 kilómetros de la ciudad de Córdoba, en las faldas de la Sierra Chica, a seiscientos metros de altura. El aire seco, limpio y transparente, que atraía a turistas y tuberculosos, moderó los ataques asmáticos de *Teté*, si bien no los curaba ni los espaciaba demasiado. La enfermedad se tornó manejable debido al clima de Alta Gracia, a los cuidados médicos y a la personalidad del niño. Y, sobre todo, gracias a la excepcional devoción y cariño que aportaría la madre.

En esa montaña mágica al pie de la sierra cordobesa crecería Ernesto Guevara de la Serna, su padre consagrado a la construcción de casas en el pequeño municipio; su madre, a criar y a educar a Ernesto y a sus dos hermanas, Celia y Ana María, y al hermano menor, Roberto; el más pequeño de los Guevara de la Serna, Juan Martín, nacería ulteriormente en Córdoba. Todo ello conformaba un oasis de introspección y placidez, inserto en un país que se despedía de los años dorados e ingresaba, junto al mundo, en la desdicha de la Depresión y sus inesperadas secuelas políticas. La crisis mundial de 1929 no sólo destruyó las expectativas yerbamateras del padre

* La propia madre del Che confirma, por ejemplo, la dedicación del padre al cuidado del niño: "A los 4 años Ernesto ya no resistía el clima capitalino. Guevara Lynch [así se refería ella a su marido después de su separación] se acostumbró a dormir sentado en la cabecera del primogénito, para que éste, recostado sobre su pecho, soportara mejor el asma." (Celia de la Serna, testimonio publicado en *Granma*, La Habana, 16 de octubre de 1967, p. 8. Celia muere el 19 de abril de 1965; el testimonio obviamente fue recogido años antes de ser publicado.)

del Che, sino que también desbarató en pocos años el mito de la apacible y próspera Argentina. El golpe de 1930 introdujo un largo periodo de inestabilidad política, y la caída de precios y de la demanda internacional de los grandes rubros de exportación argentinos inauguró un interminable letargo económico, interrumpido únicamente por el breve *boom* de materias primas durante la posguerra inmediata. Pero la crisis inauguró también una era de movilización social, de polarización ideológica y de transformaciones culturales a las que ni Alta Gracia ni las élites protegidas e ilustradas de provincias como Córdoba podrían permanecer ajenas.

En un primer momento, las ventas al exterior de los productos de la pampa no sufrieron el derrumbe del cobre chileno o del café brasileño, por ejemplo. No obstante, los ingresos argentinos procedentes del exterior se redujeron casi en un 50% entre 1929 y 1932, y el colapso no resultó menos demoledor o preñado de menores consecuencias que en otros países de la región. Surtió un doble efecto en la sociedad austral. Por un lado, la crisis generó un desempleo agrícola considerable, básicamente de arrendatarios imposibilitados de cumplir con los términos de sus contratos; por el otro, las restricciones impuestas a las importaciones por la exigüidad de divisas y de crédito externo activaron el desarrollo de una industria manufacturera nacional, tanto de bienes de consumo como de algunos sectores de equipo. Este fenómeno contribuyó, a su vez, al crecimiento acelerado de la clase obrera argentina. Dos cifras dan la pauta de la transformación de la sociedad durante esos años; para 1947, 1.4 millones de migrantes procedentes de las zonas rurales se habían acercado a Buenos Aires, y medio millón de obreros se incorporaron al proletariado, duplicando la población del mismo en apenas una década.

Los migrantes constituirían los famosos "cabecitas negras"; los obreros conformarían una nueva clase trabajadora, menos inmigrada y blanca que la de principios de siglo, más vinculada a la industria nacional que al procesamiento de productos de exportación, más ajena a la clase media tradicional que en las épocas de oro del yrigoyenismo. La brecha entre los segmentos medios ilustrados y tradicionales, por una parte, y el nuevo estamento operario, por la otra, se reflejaría, diez años más tarde, en el desencuentro entre la izquierda argentina socialista, intelectual y pequeñoburguesa, y el peronismo ascendente, populista e irreverente.

Apenas comenzaban los años de Ernesto en Alta Gracia, pero muy pronto algunas de sus principales características aparecerían sin mayores opacidades. La primera que salta a la vista estriba en la continuación del peregrinaje perpetuo, ahora reducido al perímetro de la pequeña ciudad estival. Según Roberto, el hermano menor del Che, después de residir seis meses en el Hotel Grutas, la familia se trasladó en 1933 a Villa Chichita; de allí se mudaría a una casa más amplia, Villa Nydia, en 1934, y en seguida a Chalet de Fuentes en 1937, a Chalet de Ripamonte en 1939 y de nuevo, en 1940-1941, a Villa Nydia. De acuerdo con Roberto Guevara, tanto movimiento tenía una explicación: "Como se vencían los contratos teníamos que mudarnos."[9] Sin duda sería absurdo atribuir la ulterior y extrema propensión errante del Che Guevara a este perenne ambular de su familia. Pero el constante ir y venir adquirió obviamente una naturalidad muy particular en el universo del niño. De ciudad en ciudad hasta los cinco años, de casa en casa hasta los quince: la normalidad guevarista residía en el movimiento, que además amenizaba una existencia de otro modo uniforme. También auguraba la esperanza de comenzar de nuevo y superar las tensiones familiares —afectivas, financieras— que no escaseaban en el hogar ya más poblado de Ernesto y Celia.

Es en esta época cuando la relación entre Celia y *Teté* se vuelve central en la vida de ambos y rebasa ampliamente la intensidad y cercanía del vínculo de Ernestito con su padre y de los demás niños con su madre. La enfermedad de Ernesto hijo lo explica en buena medida: nada como la culpa y la angustia de una madre frente a su hijo para generar en ella una devoción sin límite para con el niño. La simbiosis entre Celia y su hijo, que nutriría la correspondencia, la existencia afectiva y la vida misma de ambos durante la próxima treintena, se estrena en esos lánguidos años de Alta Gracia, cuando Ernesto aprende, en el regazo de su madre, a leer y a escribir, a mirarla y, sobre todo, a ser mirado (por ella). A tal punto que quienes conocieron de jóvenes a Ernesto y a sus hermanos se asombran de las diferencias físicas y caracteriológicas entre ellos, las cuales se manifestaron mucho antes de la celebridad del hijo mayor y de la sombra con la que de manera ineludible cubriría a los demás integrantes de la familia. ¿A qué se puede deber? La explicación tal vez yace en la mirada de Celia: preñada de culpa, angustia y amor en el caso de Ernesto, de simple cariño maternal en los otros.[10]

Otro signo distintivo de este preludio a la adolescencia se deriva del anterior. Se consolida una función más precisa y duradera del jefe del hogar en la familia. Guevara Lynch era, simultáneamente, un gran bohemio, un formidable *amigo* de sus hijos, un mediocre proveedor y un *padre* distante e indiferente. Sin duda sus recuerdos sobre las horas pasadas con su hijo, nadando, jugando golf, cuidándolo y hablándole de la vida, son certeros. Pero también lo eran el desapego durante el resto del tiempo y la displicencia frene a las necesidades del niño y de la familia. Mientras la madre fungía como profesora, organizadora del hogar y enfermera, Guevara Lynch construía casas en sociedad con su hermano y pasaba largas horas en el Sierras Hotel, sitio de reunión y descanso de la sociedad acomodada de Alta Gracia.*

---

* Ciertamente, la pareja Guevara-de la Serna salía junta, sobre todo al llegar a Alta Gracia. Y sin duda también testimonios como el de Rosario González, que trabajó como empleada doméstica encargada particularmente de los niños entre 1933 y 1938, no pueden ser tomados al pie de la letra. Pero ilustran una tendencia que con el tiempo se agudizaría: "Los papás de Ernesto salían mucho, eran muy trasnochadores, iban al Sierras Hotel todas las noches, desde las 7 de la tarde, a cenar. Ellos venían de madrugada, a las 4, a las 5... Todos los días, eso era frecuente para ellos. A las 7, a las 8 ellos salían, ya se iban y ya no venían a cenar. Cenaban los chicos solos." (Rosario González, entrevista con el autor, Alta Gracia, 17 de febrero de 1995.)

La enfermedad seguía atribulando a Ernestito; le impidió obtener una educación primaria "normal", que fue suplida por los empeños didácticos de su madre: "Yo enseñaba las primeras letras a mi hijo, pero Ernesto no podía ir a la escuela por su asma. Sólo cursaría regularmente segundo y tercero; quinto y sexto grado los hizo yendo como podía. Sus hermanos copiarían las tareas y él estudiaba en casa."[11]

Donde el padre de Ernesto desempeñó un papel central fue en transmitirle al asmático un gusto voraz por el deporte y el ejercicio, y una convicción de que a base de pura fuerza de voluntad podía vencer las limitaciones y penas que su enfermedad le imponía.* Tanto Ernesto padre como Celia eran deportistas, gente que amaba el campo y la naturaleza, y lograron infundirle ese gozo a su hijo. Visto que para poder disfrutar realmente de los placeres del ejercicio y el aire libre el muchacho debía realizar esfuerzos muy superiores a los de un niño sano, comenzó desde chico a desarrollar una voluntad descomunal. Fueron los padres del Che quienes descubrieron el único remedio posible para lo que sería un tormento crónico. Concluyeron que lo único razonable consistía en seguir medicándolo y fortalecerlo mediante tónicos y ejercicios apropiados como la natación, los juegos al aire libre, las subidas a los cerros, la equitación.[12]

De tal suerte que la creciente e imprescindible (para él) voluntad de superación física, se transformaría aceleradamente en un rasgo decisivo en la vida del joven. Como lo sería también la heterogeneidad social del círculo de amistades de los niños Guevara de la Serna, y el encuentro frecuente de los

---

* De nuevo proliferan las interpretaciones sobre la responsabilidad exacta de los progenitores del Che en esta etapa. Según su hermano Roberto, el papel central incluso en este rubro lo desempeñó la madre: "Era un muchacho muy enfermo... Pero por su carácter y fuerza de voluntad supo sobreponerse y vencerla. En esto hubo una gran influencia de mi madre." (Roberto Guevara de la Serna, testimonio recogido en Adys Cupull y Froilán González, *Ernestito: vivo y presente. Iconografía testimoniada de la infancia y la juventud de Ernesto Che Guevara*, 1928-1953, La Habana, Editora Política, p. 82.)

párvulos con amiguitos originarios de distintas clases sociales. Entre ellos figuraban los *caddies* del club de golf de Alta Gracia y los mozos de los hoteles, los hijos de los trabajadores de la construcción que laboraban en las diversas obras en las que participaba Ernesto padre, así como las familias pobres de los hacinamientos cercanos a la retahíla de villas que fueron alquilando los Guevara. En las sucesivas casas de la familia aparecían multitudes de niños, unos procedentes de hogares de clase media, otros de origen popular, unos blancos como Ernesto y sus hermanos, otros de piel más oscura o "morochos" como Rosendo Zacarías, vendedor de alfajores en las calles de Alta Gracia. Medio siglo después, éste aún recuerda (quizás con ayuda del mito: "El Che era un niño perfecto, sin defectos")[13] cómo todos ellos jugaban sin distinciones ni jerarquías. Desde entonces Ernestito mostraba una notoria facilidad para relacionarse con personas ajenas a su entorno cultural y social.

De las largas horas transcurridas en la cama de su casa nace también la predilección de Ernesto hijo por la lectura. Devoraba lo clásico para niños lectores de su edad y de su época: las novelas de aventuras de Dumas *père*, Robert Louis Stevenson, Jack London y Julio Verne y, por supuesto, de Emilio Salgari. Pero también se acerca a Cervantes y Anatole France, a Pablo Neruda y Horacio Quiroga, y a los poetas españoles Machado y García Lorca. Ambos padres contribuyeron a despertarle este gusto por la lectura: Ernesto Guevara Lynch por las novelas de aventuras, Celia por la poesía y, durante las épocas en las que le impartió su educación a domicilio, por el idioma francés. En la escuela propiamente dicha, Ernesto era buen alumno, sin más, según los recuerdos de una de sus maestras, que igualaba su inteligencia con la de sus hermanas menores, pero les atribuía a ellas mayor asiduidad en el estudio.

Para la maestra Elba Rossi Oviedo Zelaya, Ernestito vivió dos vínculos familiares distintos con la educación: el de Celia, siempre presente y vigilando de cerca la instrucción de su hijo, y el de Ernesto padre, más distante. Habla la maestra del Che niño:

> Yo conocí a la madre nada más. Ella era realmente muy democrática, una señora que no se fijaba en alzar a cualquier chico y llevarlo a su casa y colaborar con la escuela, ella era de un temperamento muy lindo. Iba todos los días y a todas las reuniones de padres de familia, con todos los chicos en el autito y por ahí se le colaban otros chicos. El padre era un señor muy distinguido que vivía mucho en el Sierras Hotel porque era gente de una familia distinguida. Lo habré visto alguna vez por casualidad, no iba a la escuela, con las maestras no hablaba. Nada más que sabía que paraba mucho en el Sierras porque en ese entonces el Sierras era el mejor hotel que tenía Alta Gracia. Con ella muchas veces hablamos, cuestiones escolares y otras cosas. Era todo con ella, a él, que haya ido por la escuela no lo vi nunca, lo habré visto alguna vez, me habrán dicho: es el señor Guevara.[14]

Quizás los dos aspectos más notables del paso de Ernesto por el par de escuelas públicas de Alta Gracia donde cursó la primaria —la San Martín primero y la Manuel Solares después— se desprenden de la actitud de sus padres y de las consecuencias de asistir justamente a una escuela pública en los años otoñales de la Argentina oligárquica. Resultarían trascendentes para el Che, sobre todo la tensión entre un país aún homogéneo y una incipiente diversidad que ya chocaba con las tendencias igualadoras de la educación pública, laica y obligatoria. La obligatoriedad de la enseñanza primaria no revestía únicamente un carácter principista: cuando el asma le impedía al niño asistir a clases, su madre recibía requerimientos de la autoridad, indagando sobre los motivos de su ausencia. Y en la escuela como tal, Ernestito padecería los efectos contradictorios de las mutaciones vertiginosas de la sociedad argentina. Los dos colegios de Alta Gracia en los que estuvo inscrito abarcaban a niños de las afueras de la villa, del "campo" como se les decía comúnmente en esa región de la Argentina: de origen rural, en algunos casos "morochos", procedentes de hogares humildes, para los cuales ésa era, precisamente, la primera generación escolarizada. La gran diferencia entre la Argentina y el resto de América Latina en aquellos años (con la excepción del Uruguay, y en menor medida de Chile) residía en la existencia de esta institución igualadora por excelencia (junto con la conscripción, implantada antes que el sufragio universal): la educación pública. La inmensa brecha que separó siempre al Che adulto de muchos de sus compañeros cubanos y del resto de Latinoamérica en cuanto al trato y la sensibilidad para con interlocutores de clases, razas, etnias y educación diferentes nace de este cruce precoz con la igualdad. Brota también de la experiencia de la diversidad, típica de la educación republicana en un continente donde las élites no suelen gozar del privilegio del encuentro con otros.

Pero procurar la igualdad no equivale a lograrla. El surgimiento en los años treinta de las nuevas clases populares, compuestas en parte por inmigrados de segunda generación y en parte oriundas del viejo campo de gauchos y estancias, no perdonó a ninguno de los sectores de la sociedad argentina. A las escuelas de Ernesto asistían niños pobres, de ascendencia italiana, española y rural; gracias a sus maestras y a la excepcional herencia cultural que recibió de Celia, el Che dispuso de oportunidades únicas y evidentes para confrontar los contornos de la desigualdad. Pero esas mismas ventajas le otorgaron la distinción de ser un *primus inter pares* prematuro: el niño que, gracias a la cultura y prosperidad (relativa) de sus padres y a la seguridad en sí mismo que generaba un hogar estable si no apacible, gozó del privilegio de destacar desde muy temprano, de convertirse en dirigente o jefe de las pandillas escolares, de ocupar una posición de liderazgo entre sus amiguitos. La adelantada vocación de líder que muchos admiradores le descubrieron al Che desde su más temprana infancia tal vez provenga de sus posibles dotes de cabecilla, pero se deriva también de una situación social privilegiada.*

A estos años deslizados en el sosiego de Alta Gracia se remonta, *last but not least*, el inicio de la politización del primogénito de los Guevara de la Serna. Al igual que para millones de jóvenes y adultos en el mundo entero, la Guerra Civil Española despabilará la curiosidad política del niño. Como corresponde a un muchacho de ocho a once años, su interés y seguimiento de las glorias y tragedias de Madrid, Teruel y Guernica no se centrará en las facetas ideológicas, internacionales o incluso políticas de la conflagración, sino en los aspectos militares y heroicos. Desde 1937, colgará un mapa de España en la pared de su cuarto, donde seguirá la marcha de los ejércitos republicano y franquista, y construirá una especie de campo de batalla, con trincheras y montes, en el jardín de la casa.[15] Varios factores contribuirán a hacer de la causa de la República española el crisol de la conciencia política del aficionado en ciernes a la actualidad mundial.

En 1937 partió a España su tío Cayetano Córdova Iturburu. Periodista y miembro del Partido Comunista Ar-

---

* "Yo me acuerdo que lo seguían mucho los chicos en el patio; se subía a un árbol que había grande, y todos los chicos lo rodeaban porque él era como si dirigiera, y después salía corriendo y los otros por detrás, ya se notaba que era el jefe... Sería por la familia, porque como era una familia distinta, el chico sabía hablar mejor y todas esas cosas. Se notaba una diferencia. Por el hecho de venir de Buenos Aires ya les daba un aire superior a los otros. Tenían otro ambiente esos chicos, se habían criado de manera diferente, por ejemplo, no les faltaba material porque muchas veces a los chicos más pobres hay que conseguirles algo, o no tenían colores o no tenían con qué pintar. A ellos nunca les faltó nada, era otra categoría; bueno, no se notaba la categoría porque no eran despectivos, en absoluto. Estaban integrados perfectamente al grupo. Pero hablaban mejor, hacían mejor las cosas, los deberes, todo. No faltaban con los deberes como otros chicos; muchas veces en la casa no los ayudan y vuelven a la escuela y no han hecho los deberes." (Elba Rossi Oviedo Zelaya, entrevista con el autor, Alta Gracia, 17 de febrero de 1995.)

gentino, Córdova fue contratado como corresponsal extranjero por el diario *Crítica de Buenos Aires*. La tía Carmen y sus dos hijos se trasladaron a Alta Gracia a vivir con su hermana durante la estancia de su marido en España. De modo que todos los despachos, impresiones y artículos transmitidos desde el frente por Córdova Iturburu pasaban por las villas y chalets de los Guevara en Alta Gracia. La llegada de las noticias de ultramar se convertía en un acontecimiento; el contenido de las misivas aumentaba la excitación provocada por su mismo arribo. Córdova mandaba también en ocasiones revistas y libros españoles; de ellos procedía también la información, detallada y constante, que aterrizaba en la imaginación de Ernesto chico. Se grabaría allí para siempre.

Otro factor importante en la concientización del Che consistió en la llegada a la comarca de varias familias expulsadas de la península ibérica. La más significativa, por la intimidad que forjaría con el núcleo de los Guevara, fue la que encabezó el médico Juan González Aguilar, quien desde antes había despachado a su esposa y a sus hijos a Buenos Aires, y posteriormente a Alta Gracia. Al derrumbarse el frente republicano, el propio González Aguilar —amigo de Manuel Azaña y colaborador de Juan Negrín, último presidente de gobierno lealista— se exilió igualmente en la Argentina. Los hijos de los González Aguilar, Paco, Juan y Pepe, se inscriben con el Che en el Liceo Deán Funes en Córdoba en 1942; durante un año los adolescente recorrerán juntos los 35 kilómetros de Alta Gracia a la escuela.

La amistad con los González Aguilar durará decenios, y de los relatos de los padres de éstos, así como de otros refugiados que transitaban por su casa —el general Jurado, el compositor Manuel de Falla—, Ernesto Guevara hijo adquirirá buena parte de su sensibilidad y sentimiento solidario para con los republicanos. La guerra de España constituyó la experiencia política fundante de la infancia y adolescencia del Che. Nada lo marcará políticamente en esos años como la lucha y la derrota de los republicanos: ni el Frente Popular francés, ni la expropiación petrolera en México, ni el Nuevo Trato de Roosevelt, ya sin hablar del golpe argentino de 1943 o incluso la jornada del 17 de octubre de 1945 y el advenimiento de Perón.

Sus padres le inculcarán a Ernesto una fuerte dosis de sus propias posturas políticas. Concluida la guerra de España y aplastados los republicanos, comenzaría la Segunda Guerra Mundial; el padre del niño de once años fundará la sección local de Acción Argentina, en cuyo sector infantil de inmediato inscribirá a su hijo. Típica organización antifascista, la Acción Argentina hará un poco de todo en esos años: celebrar mítines y realizar colectas a favor de los aliados, combatir la penetración nazi en la Argentina, descubrir infiltraciones de ex tripulantes del acorazado *Graf Spee* (atracado por los alemanes en la bahía de Montevideo en 1940) y difundir información sobre el avance de las fuerzas aliadas en la guerra. Como recuerda su padre, "cada vez que se efectuaba un acto organizado por la Acción Argentina o teníamos que hacer una averiguación importante, Ernesto me acompañaba".[16]

Resultaría trunca la descripción anterior sin ubicar la guerra de España en el entorno argentino de la época, y en particular en el contexto del ascenso de una derecha local nacionalista, católica y virtualmente fascista. Para la intelectualidad argentina de los años treinta, radical, socialista o comunista, de abolengo o con raíces italianas o españolas, la xenofobia y el conservadurismo de escritores como Leopoldo Lugones, Gustavo Martínez Zuviría y Alejandro Bunge, y de publicaciones como *Crisol, Bandera Argentina* y *La Voz Nacionalista* y su expresión política en círculos de la oficialidad media del ejército constituían el peor de los enemigos. El nacionalismo argentino de los años treinta era antisemita, racista y eugénico, fascista y hitlerófilo. Naturalmente se volcó al franquismo a partir de 1936. El tema xenófobo le era particularmente caro, sobre todo ante el surgimiento de la nueva clase obrera procedente del interior, "negra" o "pielroja".* El hecho de que ese nacionalismo también contuviera su vertiente "social" y "antiimperialista", su faceta "desarrollista" (aunque todos estos términos sean anacrónicos) e industrializadora, no obstaba para que la izquierda argentina de vieja alcurnia lo contemplara despavorida, y con razón.

El desenlace de este drama confundiría todas las previsiones. El ascenso de Perón dejaría descontentos a los nacionalistas, por un lado, y desorientada y huérfana de masas a la izquierda, por el otro. En el auge de ese nacionalismo conservador y católico radica parte de la respuesta al acertijo sobre la reacción de la izquierda argentina —y del Che— frente al principal acontecimiento político del siglo en ese país: la llegada de Perón al poder. Ernesto chico seguiría a sus padres a pie juntillas: su antiperonismo juvenil será tan visceral como el de sus progenitores, tan comprometido como el de sus pares en la universidad, tan lógico y a la vez desapegado de la realidad argentina como el del resto de la izquierda del país. Sólo veinte años más tarde logrará el Che cerrar el círculo, volviéndose amigo de los representantes de Perón en La Habana y en particular de John William Cooke,** y sirviendo de conducto de Perón incluso con Ahmed Ben Bella, presidente de Argelia, al solicitarle su ayuda para gestionar una entrevista de aquél con Gamal Abdel Nasser.[17]

* Lugones abogó por el fin de toda inmigración que no fuera blanca, y Bunge, en su artículo "Esplendor y decadencia de la raza blanca", señalaba que "todo el vigor de la raza [...] del patriotismo de los hombres superiores y de la abnegación del espíritu cristiano debe volcarse desde ahora para restaurar cuanto antes el concepto de la bendición de los hijos y de las familias numerosas, en particular entre las clases más afortunadas." (Citado por David Rock, *La Argentina autoritaria*, Buenos Aires, Ariel, 1993, p. 117.)
** La amistad entre el Che y Cooke se inicia con la llegada del segundo a Cuba en 1960, donde lo recibe Guevara en el aeropuerto de La Habana, y se sella el 25 de mayo de 1962 en un acto conjunto de los argentinos en Cuba, para celebrar el día de la independencia de su país. *Cf.* Ernesto Goldar, "John William Cooke: de Perón al Che Guevara", *Todo es Historia*, vol. 25, núm. 288, Buenos Aires, junio 1991, p. 26.

Cuando la familia Guevara parte a Córdoba en 1943, ya han cristalizado los principales rasgos de la infancia y adolescencia del Che. La casa permanecía siempre abierta: por allí desfilaban niños, visitas, amigos e incluso personas de paso, todo en un gran desorden regido sólo por la hospitalidad para los fuereños y la libertad para los chiquillos del hogar. Circulaban triciclos y bicicletas puertas adentro, se almorzaba a cualquier hora y proliferaban los invitados. No sobraba el dinero; de las dificultades económicas del matrimonio —nunca abrumadoras, pero constantes—, así como de la ausencia de Ernesto padre y de la indiferencia de Celia por asuntos de esa índole, brotaba parte del caos hogareño. La vasta libertad para los niños —de almorzar a cualquier hora, de convidar a multitud de amigos a casa, de recoger sus pertenencias como y cuando quisieran— tenía como contrapartida una cierta falta de estructura. Cuando la pareja Guevara de la Serna empieza a ver debilitados los lazos que anteriormente la unía, las consecuencias de esa falta de orden se harán sentir de manera más intensa.

Un año antes de que la familia entera se trasladara a Córdoba, Ernesto es inscrito por sus padres en el Colegio Nacional Deán Funes, escuela secundaria pública y de calidad, perteneciente al Ministerio de Educación. Los cordobeses de la élite regional —a la que Ernesto pertenecía por derecho propio— solían cursar sus estudios en el Colegio Montserrat; los de la emergente clase media se encaminaban más bien a Deán Funes. La elección de sus padres se antoja afortunada. Ernesto convivirá durante cinco años con jóvenes de diversos linajes sociales y profesionales. Claro, no habría que exagerar la nota: Córdoba en los años cuarenta era todavía una ciudad relativamente homogénea, blanca y burocrática, inserta en una provincia agrícola aún próspera, y donde las innegables diferencias sociales se disimulaban gracias a la segregación geográfica. Pero la población ya se había disparado. Pasó de 250 000 habitantes en 1930 a 386 000 en 1947: un crecimiento vertiginoso y desconocido para la ciudad. Los habitantes de menores ingresos, recién llegados del campo, dedicados a labores de servicios, se aglomeraban en las afueras. En algunos barrios, los tugurios de los pobres colindaban con la ciudad "bonita". La industrialización vendría después, con la llegada de la industria automotriz, a finales de la década de los cuarenta.

Se iniciaba una nueva etapa para el Che, tanto en la escuela como en su lucha eterna contra el asma: en Córdoba comenzará a participar activamente en competencias deportivas organizadas, y en particular a jugar rugby. Éste era el deporte preferido de la Argentina anglófila: recio y cerebral. Algunos partidos se celebraban en el Lawn Tennis Club de Córdoba, donde Ernesto también practicará el tenis, el golf y la natación. Allí y entonces el imberbe estudiante de secundaria entabla amistad con dos hermanos, Tomás y Alberto Granado, el primero de su edad, el segundo seis años mayor, con quienes correría aventuras y vivencias decisivas. Tomás será el amigo entrañable de la adolescencia; Alberto, el de la juventud, los viajes y la salida al mundo. Juntos cursarán el bachillerato, sufrirán sus primeros pininos amorosos y se verán expuestos a la efervescencia política que a partir del 17 de octubre del 45 sacudirá a la Argentina: la irrupción de Perón, de los "cabecitas negras" y del autoritarismo argentino, católico y conservador, en la vida del país.

El rugby admitía una doble inserción del joven asmático, ya marcado por los estragos pectorales clásicos de la enfermedad respiratoria. Por una parte, implicaba un desafío excepcional: desde entonces se sabía que de todos los factores desencadenantes de ataques asmáticos, el ejercicio extremo provoca la mayor incidencia de crisis.* Sobreponerse a los ataques, controlarlos mediante la voluntad, un inhalador o incluso inyecciones de epinefrina, se convirtió rápidamente en

---

* "El ejercicio es el detonante más común del asma. El 80% de los enfermos de asma sufren algún tipo de estrechez del pecho, de tos o jadeo al hacer ejercicio." (Thomas F. Plant, *Children with Asthma*, Nueva York, Pedipress, 1985, p. 56.)

el tipo de lance al que Guevara se sometería hasta el último de sus días. Al mismo tiempo, el rugby contempla varios desempeños y funciones de los jugadores, unos más extenuantes que otros. La posición de *medio-scrum** encerraba la gran ventaja de ser más estática y estratégica, menos móvil y táctica. A Ernesto, el puesto escogido le redituará de dos maneras: brindándole una oportunidad de desarrollar sus dotes de líder y estratega, y permitiéndole jugar sin atravesar la cancha entera de principio a fin de la contienda. Evitaba así agotarse en forma prematura o exponerse a repetidos episodios asmáticos. Ello no significaba, evidentemente, que los ataques no sucedieran: a veces se producían durante el partido, obligándolo a refugiarse en las gradas del público donde ostensiblemente se inyectaba adrenalina a través de la ropa, tal vez para llamar la atención.[18] El reto era enorme, y a la vez superable, dadas determinadas condiciones: combinación que habría de perdurar en la vida de Guevara, como perduraría el asma. Y es que a diferencia de muchos casos de asma infantil, la afección del Che no se desvaneció con la edad.

Las explicaciones sicoanalíticas de la etiología del asma ya no gozan de aceptación entre los médicos; la enfermedad es ante todo hereditaria.** Las interpretaciones basadas en la angustia del sujeto, en su incapacidad de exteriorizarla y en la imposibilidad de enfrentar la ambivalencia disparadora de la angustia, quizás coadyuvan más a explicar la permanencia de la enfermedad que su origen. Resultan especialmente sugerentes para comprender la palmaria dificultad del Che, a

---

* "El *medio-scrum* es un nexo entre atacantes y defensores... Es el hombre que inicia la jugada de ataque... y el más indicado para constituirse en líder dentro de la cancha, porque constantemente debe dar órdenes a los delanteros... Su función no requiere velocidad sino buen manejo de la pelota... Se le exigía una función estática, donde no corría el riesgo de quedarse sin aire." (Hugo Gambini, *El Che Guevara*, Buenos Aires, Paidós, 1968, p. 48.)

** "El asma proviene de un complejo conjunto de reacciones fisiológicas que aún no comprendemos del todo. Pero podemos afirmar, sin lugar a dudas, que no es producto de una relación irregular madre-hijo o cualquier otro problema sicológico, como se sugirió en el pasado." (Plant, *op. cit.*, p. 62.)

lo largo de toda la vida, de tolerar emociones o deseos contra-dictorios, en su familia, en su escuela, en sus amores e incluso en la política. El asma sería la respuesta del Che a una angus-tia recurrente y original, imposible de exteriorizar o verbalizar, y que al internalizarse provoca el ahogo. Esa angustia, a su vez, surge y se exacerba ante la frecuencia y ubicuidad de la ambivalencia, inadmisible para Ernesto justamente por la an-gustia que desencadena. La única cura —que nunca alcanza-ría— residirá en esquivar lo ambivalente, recurriendo a la distancia, al viaje, a la muerte.

Entre los disparadores del asma figuran varios factores de origen fisiológico —las infecciones virales, el ejercicio (*ex post*), el polvo o cualquier elemento alérgico, los cambios meteoroló-gicos— a los que se suman gatillos emocionales: los tormentos afectivos (*ex post*), la sensación de peligro inminente o expec-tante (*ex ante*), situaciones conflictivas, sin aparente salida, y donde cualquier alternativa implica costos. La vinculación en-tre la dilatación de los bronquios contraídos y la adrenalina implica que situaciones que generan descargas endógenas de adrenalina —como el combate, por ejemplo— pueden disua-dir ataques, mientras que otras, que requieren decisiones, pue-den desatar episodios justamente por la ausencia de descargas endógenas de adrenalina.[19] De resultar acertada esta disquisición, coadyuvaría en gran medida a dilucidar la futura inhabilitación del Che para aceptar la coexistencia simultánea de contrarios en su vida: ni los pleitos y distanciamientos de sus padres, ni la contradicción intrínseca del peronismo, ni la ambigüedad de su relación con *Chichina* Ferreyra. Ni, sobre todo, podrá Guevara conciliar los imperativos de sobrevivencia de la revolución cu-bana con las épicas y notables aspiraciones humanistas y socia-les que le quiso imprimir.[20]

Gracias a sus libretas de calificaciones, sabemos que Er-nesto era un estudiante mediano, con destellos en las huma-nidades. Por ejemplo, en 1945, es decir en cuarto año de bachillerato, se desempeñó con excelencia en literatura y filosofía; obtuvo calificaciones mediocres en matemáticas, historia y química, y francamente desastrosas en música y física.[21] Su total falta de oído se volvió proverbial: no distinguía entre ritmos ni melodías, ni se aventuró jamás en el baile o el aprendizaje de algún instrumento. Alberto Granado contaría años después cómo durante un viaje que hicieron por Sudamérica:

> Nosotros habíamos quedado en que yo le daba una patadita cada vez que tuviera que salir y lo único que había aprendido era el tango, que es lo que se puede bailar sin tener oído. El día de su cumpleaños, en el que hizo un discurso fantástico que para mí demostraba que ese chico no era un loco, que tenía algo, él bailaba con una indiecita, una enfermera del leprosario del Amazonas. En una de ésas tocan *Delicado*, un baión que estaba muy de moda y que, de paso, le gustaba mucho a la novia que Ernesto había dejado en Córdoba. Cuando le di la patadita para que se acordara, encaró no más con pasos de tango. Era el único que contrastaba. Yo no podía parar de reír y recién cuando se dio cuenta se enojó conmigo.[22]

Su inglés también era fatal: alcanzó un promedio de 3 sobre 10 en cuarto año,[23] mientras que su francés, aprendido en casa con Celia, llegó a ser culto y fluido, quizás más lo primero que lo segundo. No obstante, su nivel educativo general y su cultura, según sus compañeros, rebasaban los de su entorno. Compraba libros de todos los Premios Nobel de literatura; discutía constantemente con sus profesores de historia y de letras. Tenía conocimientos a los que los demás ni siquiera se aproximaban.[24] Sus resultados apenas adecuados* se debían

---

* Hay una cierta continuidad en sus preferencias escolares: en un boletín de calificaciones de la primaria, con fecha de 1938, se comprueba que su mejor promedio fue en historia, seguido por instrucción cívica y moral, mientras que en dibujo, manualidades y música se desempeñaba pobremente, obteniendo resultados medianos en aritmética y geometría. Véase Korol, *op. cit.*, p. 35.

quizás al cúmulo de actividades que efectuaba simultáneamente: el deporte, el ajedrez (afición que le duraría toda la vida y en la que conquistaría una pericia notable), su primer empleo en la Dirección Provincial de Vialidad en Córdoba y luego en Villa María. Como dijo su padre, "era un mago en el empleo del tiempo".[25]

Una anécdota de la época ilustra la creciente vocación generosa y obstinada de Ernesto hijo por superar el abismo que lo separaba de los sectores más humildes de la sociedad cordobesa y de oponerse a las muestras más flagrantes de la injusticia. La calle Chile, donde residía la familia Guevara, mediaba con uno de los baldíos más pobres de la ciudad; allí los excluidos y desposeídos apenas emigrados del campo vivían en casas de cartón y cinc, como en toda América Latina. En el muladar merodeaba un personaje de Dante: el llamado "Hombre de los Perros", un tullido, desmembrado de ambas piernas, que se arrastraba en un carrito de baleros, jalado por un par de perros en quienes desahogaba toda la furia que su destino le inspiraba. Cada mañana, al salir del hoyo en la tierra que tenía por casa, castigaba a los perros, que sólo con grandes esfuerzos lograban alzarlo al pavimento. Su rostro contorsionado y los gemidos de los perros anunciaban su inminente aparición: todo un acontecimiento en el barrio. Un día, los niños del baldío comenzaron a burlarse del "Hombre de los Perros" y a apedrearlo. Ernesto y sus amigos, que literal y figurativamente vivían en la acera de enfrente, atestiguaron el espectáculo y lo detuvieron. Ernesto exhortó a sus conocidos del baldío a que cesaran sus arbitrariedades. El "Hombre de los Perros", en lugar de agradecerle al joven Che su gesto, lo increpó con una mirada de hielo, preñada de un odio de clase ancestral e irremediable. En palabras de Dolores Moyano, de quien proviene el testimonio, el adefesio le impartió una gran lección a Ernesto: sus enemigos no eran los niños pobres que lo lapidaban, sino los niños ricos que procuraban defenderlo.[26] Lección que Ernesto aprendería sólo a medias.

Esos años marcan un distanciamiento en la relación matrimonial de sus padres, y la agravación de los rasgos de penuria y desorden domiciliario ya presentes en Alta Gracia. De esa época data el romance —más o menos difundido en los apretados círculos cordobeses en los que la familia se movía— de Ernesto Guevara Lynch con Raquel Hevia, cubana de belleza excepcional, conocida en la ciudad como mujer seductora y alegre.* No fue la primera ni la última de las aventuras de Ernesto padre; como recuerda Carmen, la prima enamorada del Che, "se sabía que era muy mujeriego; Celia lo sabía".[27]

Actriz de cierto talento, la madre de Raquel se había instalado en Córdoba por motivos de salud. Durante la guerra comenzó su relación con Ernesto padre.[28] A pesar de la notoriedad del amorío —"Era un escándalo en Córdoba"—,[29] Guevara Lynch llevó en una ocasión a Raquel de visita a su casa, lo cual seguramente no fue del agrado del Che ni de su madre. A tal punto marcó a Ernesto hijo el incidente, que algunos años después, cuando en medio de una conversación dedicada a otros temas su novia *Chichina* Ferreyra le recordó el nombre de la mujer, respondió cortante y molesto: "Nunca menciones ese nombre en mi presencia."[30]

Lógicamente, las tensiones en el seno de la pareja Guevara de la Serna se mantenían y agravaban, pero ahora afectaban a cinco niños, tres de ellos ya mayores. Como lo recuerda Betty Feijin, contemporánea de Guevara y durante muchos años esposa de quien se volvería su amigo cercano años después, en Cuba, Gustavo Roca:

La vida familiar era complicada. Yo me acuerdo cuando había nacido Juan Martín, el más pequeño de los hermanos de Ernesto, y fui a verlo. Me acuerdo de la casa donde vivían y me encontré con una cosa que me pare-

---

* "Raquel Hevia era un encanto. Era guapísima y a Ernesto le encantaba." (Betty Feijin, entrevista con el autor, Córdoba, 18 de febrero de 1995.)

ció tan desordenada [...] daba la sensación de pobreza, de descuido. Celia era una mujer muy inteligente, muy atractiva como persona, se podía hablar muy bien con ella, pero no sentía como que la cosa iba bien [...] Y ahí, de esas cosas que los chicos comentan, que Ernesto estaba separado. Pasaron muchas épocas de divergencias matrimoniales muy grandes y con penurias económicas. Inclusive vivían pobremente; bien desde el punto de vista sociocultural, pero con limitaciones económicas bastante serias.*

Dolores Moyano ha desarrollado una tesis sobre la vida hogareña de la familia Guevara en esos años. En su soledad, y ante las crecientes dificultades de los niños menores para salir adelante en un ambiente ya no sólo caracterizado por el desorden, sino también por apuros económicos y crisis matrimonial, tal vez la madre adoradora y adorada sucumbió a la tentación de colocar al hijo mayor en el lugar del padre. La primera separación —provisional, ambigua, relativa— de los Guevara propiamente dicha ocurrirá sólo en Buenos Aires en 1947, pero en todo caso sus prolegómenos se hallaban ya en curso.** La

---

* Feijin, entrevista, *op. cit.* El padre del Che alude a esas "divergencias matrimoniales" de la siguiente manera: "El periodismo mundial... se lanzó haciendo sonar su matraca de inventos y mentiras. Algunos 'comentaristas' han llegado a asegurar que en nuestra casa mi mujer y yo nos sentábamos en la mesa familiar llevando cada uno de nosotros un revólver en la cintura para dirimir a tiros cualquier discusión. Pero nada han dicho sobre el complemento directo que fue el uno para el otro en todo lo que fuera la lucha por los ideales políticos y sociales." (Ernesto Guevara Lynch, *Mi hijo el Che*, Madrid, Editorial Planeta, 1981, p. 105.)
** Algunos biógrafos la ubican antes, en Córdoba. Así, Marvin Resnick, en *The Black Beret, The Life and Meaning of Che Guevara* (Nueva York, Ballantines Books, 1970, p. 27) afirma: "En 1945, estando aún Ernesto en la preparatoria, los Guevara se separaron. El señor Guevara se mudó a una residencia aparte pero veía a su esposa e hijos todos los días." Mientras que Daniel James, en su *Che Guevara: A Biography* (Nueva York, Stein and Day, 1969) afirma que la separación se produjo al llegar la familia a Buenos Aires en 1947. Martín Ebon, en *Che: The Making of a Legend* (Nueva York, Universe

complejidad de la situación quedó grabada en la memoria de Carmen Córdova: "Era como que él se había ido, porque decidió irse, pero de pronto aparecía. Tampoco era una relación de ruptura de pareja o de matrimonio que se ha separado."[31] En 1943 había nacido el último hijo de la pareja, Juan Martín, cuya relación con Ernesto será emblemática de la etapa adolescente y cordobesa del Che y luego de sus mocedades porteñas, y también por supuesto, del nuevo miembro de la familia. En la relación con él se verifica la teoría de Dolores Moyano: "Yo era como una especie de hermano-hijo, donde Ernesto era mi papá y mi hermano a la vez. Me sacaba a pasear, me cargaba en sus hombros, jugaba conmigo y yo lo veía como mi papá."[32]

En las demás tareas hogareñas —y evidentemente no se trataba sólo de funciones domésticas—, quizás Celia empezaba a demandar inconsciente pero firmemente una mayor responsabilidad de su primogénito y preferido. Según un primo hermano de Ernesto, de los diversos y heterodoxos empleos que consiguió el Che en la capital en esa época, entregaba siempre una parte de su sueldo a su madre; "yo tuve la impresión de que de alguna manera, pasaba un poco a reemplazar al padre".[33] Es probable que esta exigencia no se verbalizara ni adoptara una formulación explícita; la comunicación entre madre e hijo toleraba insinuaciones y medias palabras. Poco a poco, ante la presión creciente de la madre, el Che joven iría marcando distancias: no en el cariño o la devoción por sus padres y hermanos, sino en su presencia física. A ello se debería en parte el próximo inicio de sus viajes, y su ulterior e

---

Books, 1969, p. 15) concuerda: la separación ocurrió en Buenos Aires en 1947. Por último, Carlos María Gutiérrez, quizás el más calificado de los biógrafos —aunque su texto jamás ha sido publicado completo— afirma que la separación ocurrió en 1950 (Luis Bruschtein-Carlos María Gutiérrez, "Los Hombres", Che Guevara, *Página/12*, Buenos Aires, p. 1). Huelga decir que ni el propio padre del Che, ni ninguna de las fuentes oficiales u oficiosas cubanas mencionan la separación del matrimonio. Aparentemente prefieren dejar inmaculada, en todos los sentidos imaginables de la palabra, incluso la más tierna infancia de Ernesto Guevara.

inacabable ambular por el mundo.* Este enfoque también sirve para explicar parcialmente su decisión inicial de estudiar ingeniería en Córdoba, siendo que sus padres y hermanos ya habían partido a Buenos Aires. El momento del desprendimiento, sin embargo, aún no llegaba. Por diversos motivos, que examinaremos después, modificaría su intención original. Seguiría a la familia a la Capital Federal, aunque nunca echaría realmente raíces en Buenos Aires.

A esos tiempos adolescentes de bachiller se remonta el primer encuentro del Che con María del Carmen (*Chichina*) Ferreyra, si bien el noviazgo no arrancará hasta tres años más tarde, en 1950, cuando ya Guevara curse medicina en la Universidad de Buenos Aires. Pero ya el grupo de amigos de Ernesto durante ese periodo empieza a converger con el de *Chichina*: muchos primos y primas de ella son también cercanos a los Guevara, a los Granado y a otras amistades del joven. Convergencia que no es asimilación: se viste diferente (desordenado, hasta provocadoramente fachoso), tiene gustos distintos y ha adquirido ya una cultura muy superior. Y, en alguna parte recóndita de su sique, se asoma de manera tenue una politización que aún reviste en ese momento un cariz exclusivamente emotivo: simpatía y nobleza ante los menos favorecidos por la vida que él; disposición a luchar por todos los medios, pero sin saber muy bien para qué se lucha, ni por qué.

---

* Jorge Ferrer, en la comunicación personal anteriormente citada, discrepa enfáticamente con esta interpretación de Dolores Moyano: "En ninguna de nuestras conversaciones Ernesto mencionó o dijo algo que sugiriera que él se sentía presionado por Celia en ningún sentido, o abrumado por la estrechez económica de la familia. Conociéndola, a Celia, estoy convencido de que bajo ninguna circunstancia ella habría apesadumbrado a ninguno de sus hijos con sus problemas y mucho menos con problemas económicos." Conviene recordar que los años a los que se refiere Moyano son los de Córdoba, mientras que Ferrer convivió más de cerca con el Che en Buenos Aires. En segundo lugar, ella se refiere a impulsos más inconscientes, menos literales; Ferrer busca una literalidad que sin duda no existió, pero cuya ausencia no invalida el análisis más sofisticado de Moyano.

Una de las anécdotas más socorridas de la biografía del Che es aquella relatada por Alberto Granado sobre su propia detención en Córdoba en 1943 por haber asistido a una manifestación estudiantil antigolpista. Al visitarlo Ernesto en la comisaría, Granado le pidió que convocara con otros amigos a manifestaciones de los estudiantes de secundaria. Según la versión consagrada, el Che respondió atónito: "¿Salir a desfilar para que te caguen a palos? Ni loco. Yo no salgo si no cargo un bufoso [una pistola]." Más que un signo premonitorio de vocación revolucionaria o incluso de proclividad por la violencia de Ernesto Guevara a los 16 años, el incidente denota una combatividad desbrujulada, y una idea de la correlación de fuerzas: no conviene pelear si no se puede ganar.[34]

Esa naciente toma de conciencia política llevaría, inevitablemente, la huella de sus padres de la intelectualidad cordobesa de la época y de la escasa atención que el propio Che le consagra a los temas políticos en sus conversaciones y ratos de ocio con sus amigos. No se trata de un bachiller apasionado por el acontecer político, ni imbuido de pasiones políticas particularmente vigorosas o claras.* Sí esbozaba ya un dejo de antinorteamericanismo exacerbado, no del todo atípico en la intelectualidad de Córdoba, "la docta" en aquel tiempo.** También lo habita un indudable sentimiento antiperonista, pero éste proviene principalmente de ese ciclo antiautoritario

---

* Sabemos, por la reproducción de algunas páginas de sus cuadernos filosóficos o "Diccionario filosófico", que comenzó a leer a Marx y Engels en 1945, a los 17 años: el *Anti-Dühring*, *Manifiesto comunista* y *La Guerra Civil en Francia*, por lo menos. No obstante, por las anotaciones del joven lector, se trata de lecturas más bien de índole filosófica que política, aunque sin duda surtieron un efecto político.

** Así, el *barman* del Sierras Hotel, que frecuentaba Ernesto padre antes y al que volvía Ernesto hijo con sus amigos en algunas ocasiones, recuerda que nunca pedía Coca-Cola y que cuando se la ofrecía, la rechazaba de manera vehemente: "Se ponía frenético." La precisión del recuerdo puede, sin embargo, dejar algo que desear. (Francisco Fernández, entrevista con el autor, Alta Gracia, 17 de febrero de 1995.)

que fue la guerra de España, la lucha contra el nazismo en Europa y en la Argentina, la oposición al golpe de Estado de 1943 y el rechazo a la llegada de Perón al poder por la vieja izquierda de clase media e intelectualizada. No se encuentra, por ejemplo, en ningún relato, la reacción de Ernesto a lo que, en la memoria de argentinos que lo atestiguaron, fue sin duda el acontecimiento político-social más importante de su vida hasta entonces: la jornada del 17 de octubre de 1945 en Buenos Aires, cuando la clase obrera porteña se vuelca a las calles para rescatar a Perón de la isla donde se hallaba preso y portarlo en vilo, metafórica y físicamente, a la presidencia de la República.

A finales de 1946 el joven Guevara concluye sus estudios de bachillerato; pasa el verano austral trabajando en la Dirección de Vialidad en Villa María. Su empleo, así como una cierta predilección —que no destreza— por las matemáticas, y la decisión de su mejor amigo, Tomás Granado, de ingresar en la Facultad de Ingeniería en Córdoba, lo conducía a seguir esa carrera en la ciudad de provincia. Su familia ya se había marchado a Buenos Aires, ocupando la casa de la madre de Ernesto padre. Pero en marzo de 1947 se enferma la abuela del Che, Ana Lynch, y el nieto se traslada a la capital a cuidarla durante sus últimos días. Al fallecer la abuela, Ernesto tomaría una decisión crucial: inscribirse en la Facultad de Medicina de Buenos Aires, y volver a vivir con sus padres en una casa de la calle Aráoz. Ésta, sin embargo, ya no opera enteramente como domicilio conyugal. Según lo narra de modo eufemístico Roberto Guevara: "Ernesto frecuentaba mucho un estudio que tenía mi viejo, en la calle Paraguay 2034, piso 1°A."[35] O, como lo recuerda un primo de ambos, más cercano a Roberto por edad y vocación que a Ernesto: "Los últimos tiempos estaban prácticamente separados ya; él, supongo yo, no iba a dormir habitualmente a la casa. Cuando estaban en Aráoz, él tenía su estudio de arquitecto, en la calle Paraguay, cerca de la Facultad de Medicina, donde se quedaba a dormir."[36]

Ernesto residiría en Aráoz hasta su salida de la Argentina, en 1953. Su arribo definitivo a Buenos Aires tendrá lugar entonces escasamente al año de la entrada de Perón en la presidencia; la partida definitiva de su país natal ocurrirá menos de un año después de la muerte de Evita Perón, el 26 de febrero de 1952, en el principio del ocaso del primer peronismo en el poder.

Capítulo II
Años de amor e indiferencia:
Buenos Aires, Perón y *Chichina*

El capítulo bonaerense del Che Guevara será a la vez formativo —no podía ser de otro modo: los años universitarios, como los viajes, *forment la jeunesse*— y el preludio de otra etapa, decisiva y apasionante. Encerrará su introducción al amor, al viaje y a su profesión fallida, así como un adicional atisbo —no más— de despuntar político. La etapa se gesta en un entorno excepcional: el de la profunda transmutación de la Argentina que comienza el 1° de octubre de 1946 con la toma de posesión de Juan Domingo Perón como presidente constitucional de la República Argentina.

Tres motivaciones significativas suelen ser citadas para explicar la decisión de Ernesto Guevara de la Serna de ingresar en la Facultad de Medicina de la Universidad de Buenos Aires. La primera es la muerte de su abuela, Ana Lynch. Debido a la coincidencia en el tiempo del fallecimiento de ésta y de la resolución del candidato a ingeniero (ya matriculado en la Escuela de Ingeniería) de proponerse ser médico, esta interpretación goza de numerosos adeptos.* Ernesto, consternado por el deceso de su única abuela, con quien desde chico guar-

---

* El primero es evidentemente su padre, quien relaciona en forma directa la decisión de estudiar medicina con la muerte de la abuela del Che: "Recuerdo que [Ernesto] me dijo: 'Viejo, cambio de profesión. No seguiré ingeniería y me dedicaré a la medicina." (Ernesto Guevara Lynch, *Mi hijo el Che*, Madrid, Planeta, 1981, pp. 226 y 247.) Su hermana Celia comparte igualmente este punto de vista: "Él veía que no podía hacer nada por ella, porque se moría, entonces pensó que debía estudiar medicina... por eso cambió de ingeniería para medicina." (Celia Guevara de la Serna, testimonio recogido en Adys Cupull y Froilán González, *Ernestito: vivo y presente. Iconografía testimoniada*

daba una relación estrecha y cariñosa, reacciona como el joven impulsivo y voluntarista en el que ya se ha convertido. Para evitar que otros mueran de la misma dolencia, él se propone encontrar una cura para la enfermedad que la mató (un derrame cerebral, según la hermana del Che);* para ello, no existe más camino que estudiar medicina. La explicación no es absurda y aunque pueda antojarse insuficiente, es preciso otorgarle un cierto relieve.

La segunda explicación concierne al cáncer mamario detectado a Celia de la Serna de Guevara,** y cuyo diagnósti-

_____

de la infancia y la juventud de Ernesto Che Guevara 1928-1953, La Habana, Editora Política, 1989, p. 111.) Otros biógrafos que enfatizan esta causalidad son J.C. Cernadas Lamadrid y Ricardo Halac, quienes afirman: "Apenas llega la familia Guevara a Buenos Aires, la abuela Lynch se enferma. Ernesto... la acompaña día a día hasta su muerte. Esta experiencia parece haber sido determinante: a los pocos días decide quedarse en la capital y empezar a estudiar medicina." (J.C. Cernadas Lamadrid y Ricardo Halac, *Yo fui testigo: El "Che" Guevara*, Buenos Aires, Editorial Perfil, 1986, p. 20.) Dos admiradores argentinos, Esteban Morales y Fabián Ríos, en su *Comandante Che Guevara* (*Cuadernos de América Latina*, 1° de octubre de 1968, p. 5) también atribuyen el estudio de medicina a "un hecho singular: la muerte de la abuela paterna". La versión más o menos oficial cubana también es ésta: "Luego del fatal desenlace [de la abuela...] matricula en la Facultad de Medicina." (*Atlas histórico, biográfico y militar de Ernesto Guevara*, t. 1, La Habana, 1990, p. 37.)
* Celia Guevara de la Serna, testimonio publicado en *Granma*, La Habana, 16 de octubre de 1967. El padre también afirma que la causa del deceso fue un derrame cerebral, y no el cáncer que varios biógrafos apuntan (Ernesto Guevara Lynch, *Mi hijo el Che*, Madrid, Editorial Planeta, p. 247).
** Entre los partidarios de esta tesis figuran Andrew Sinclair: "La muerte de la abuela, de cáncer, y la lucha de la madre contra la misma enfermedad llevaron al Che a ser doctor." (Andrew Sinclair, *Che Guevara*, Nueva York, Viking Press, 1970, p. 3.) Varios otros biógrafos del Che mencionan la enfermedad de la madre como factor en la decisión de cursar medicina. *Cf.* Daniel James, *Che Guevara: A Biography*, Nueva York, Stein and Day, 1969; Martín Ebon, *Che: The Making of a Legend*, Nueva York, Universe Books, 1969; Marvin Resnick, *The Black Beret, The Life and Meaning of Che Guevara*, Nueva York, Ballantine Books, 1969. Un biógrafo alemán, cuyo texto contiene numerosos errores y varias francas fantasías (véase la nota en la p. 66 más adelante) pero incluye también aciertos interesantes, relaciona la enfermedad de la madre con el empeño del Che por encontrar una cura para el cáncer en un

co sacudió severamente a su hijo.* De acuerdo con la versión proporcionada al autor por un miembro de la familia del Che, y por Roberto Nicholson, primo del cirujano que atendió a Celia, ésta fue operada una primera vez el 12 de septiembre de 1945.** Se le extirpó una parte considerable del seno debido a la presencia de un tumor maligno y "muy activo". La operación fue un éxito, y no arrojó mayores consecuencias. La cirugía ocurrió, pues, dos años antes de la elección del Che de estudiar medicina, y sin duda fue decisiva en sus deliberaciones internas. En octubre de 1949 Celia se queja de una molestia en la cicatriz de la operación de 1945; a comienzos de 1950 es intervenida de nuevo, en este caso en una operación "de caballo", en la que se le cercena todo el seno, y se le

---

pequeño laboratorio casero con conejillos de indias, pero no con la decisión de estudiar medicina: "Al tener que someterse su madre a una operación, a causa de una protuberancia cancerosa en el pecho, él se construye un laboratorio de aficionado y empieza a experimentar con conejillos de indias, con la disparatada esperanza de desear el secreto de esta enfermedad." (Frederik Hetmann, *Yo tengo siete vidas*, Madrid, Lóguez Ediciones, 1977, p. 23.)

* "Celia, mi mujer, fue tratada con radioterapia para erradicar un tumor maligno. Un día me dijo que se había encontrado un bulto en el pecho... Los médicos... decidieron operarla inmediatamente... Cuando [Ernesto] se enteró de que su madre se la llevaban a la sala de operaciones y que el resultado de esta intervención era muy dudoso, perdió su serenidad... Siguió paso a paso el proceso de curación de su madre." (Guevara Lynch, *op. cit.*, p. 247.)

** Estos datos fueron proporcionados al autor por un miembro de la familia del Che. A sugerencia de él, fue posible consultar a personas directamente relacionadas con los médicos que atendieron a Celia. La persona que llevó a cabo la investigación por cuenta del autor también pudo corroborar algunos datos con Celia Guevara, hermana del Che. En una comunicación escrita, Jorge Ferrer, amigo cercano de Ernesto durante esos años, nos señala que "cuando a Celia le descubrieron el tumor, Ernesto estaba ya cursando su segundo año de medicina". Jorge Ferrer al autor, 11 de marzo de 1996. Ferrer desconocía la existencia del primer tumor y de la primera operación. Tal vez ello se deba al hecho de que la enfermedad de Celia era guardada en un cierto secreto. Dolores Moyano, por ejemplo, creía que las repetidas reclusiones de Celia en su recámara eran de índole depresiva, y no de origen oncológico (Dolores Moyano, entrevista con el autor, Washington, D. C., 26 de febrero de 1996).

extrae la totalidad del aparato reproductor. De esa operación Celia tarda mucho más en recuperarse y diecisiete años después perecerá de cáncer, quizás como secuela del tumor inicial. No es difícil suponer que para un muchacho extraordinariamente apegado a su madre el advertir un buen día que ésta sufre de cáncer, por curable que los médicos pretendan que sea la afección particular de Celia, debe haber representado un golpe devastador.* Si Ernesto resolvió dedicarse a la medicina para impedir que otros fallecieran como su abuela, con más razón lo haría para "evitar" una hipotética (aunque probable) recaída de su madre, figura mucho más cercana y objeto de un nexo mucho más intenso que Ana Lynch.

Ninguna de las fuentes oficiales cubanas sobre el Che Guevara siquiera menciona la enfermedad de Celia, ni mucho menos qué efectos surtió en la vida, carrera o personalidad del hijo.** Pareciera, al igual que en lo tocante a la separación de los padres del Che —también pasada por alto en los textos cubanos—, que los héroes revolucionarios no pueden incluir en su biografía apartados penosos o amargos: los padres ni se disputan, ni se enferman, ni sus tropiezos en la vida afectan mayormente a los hijos. Algún día habrá que comprender por qué el estalinismo, en cualquiera de sus versiones, gélida o tropical, sólo reconstruye hombres ruines o perfectos; nunca seres humanos comunes y corrientes que luego, gracias a su talento y a la época en la que viven, se transforman en personajes fuera de serie.

* "Siendo Ernesto estudiante de medicina, su madre fue intervenida en un seno a raíz de una presunta tumoración maligna. El Che quedó tremendamente afectado." (Testimonio de Armando March, recogido en *Primera Plana*, núm. 251, Buenos Aires, 17 de octubre de 1967, p. 29.)
** La enfermedad de la madre no es mencionada en ninguna de las obras cubanas dedicadas al tema que pudimos consultar: ni en el *Atlas histórico... op. cit.*, ni Adys Cupull y Froilán González en sus dos obras pertinentes (*Ernestito: vivo y presente*, La Habana, Editora Política, 1989 y *Un hombre bravo*, La Habana, Editorial Capitán San Luis, 1994), ni en el trabajo más reciente publicado con apoyo de fuentes cubanas (Jean Cormier con la colaboración de Alberto Granado e Hilda Guevara, *Che Guevara*, París, Editions du Rocher, 1995).

Por último, figura la tesis según la cual Ernesto estudió medicina básicamente para procurar un alivio a su propio trastorno respiratorio.*

Además del peso de los testimonios que apoyen tal interpretación,** ésta posee una poderosa justificación intrínseca. La especialización médica del Che se orientará justamente hacia las alergias;*** sus investigaciones bajo la dirección del doctor Salvador Pisani en la Facultad de Medicina también corresponderán a ese concepto.**** Incluso durante el par de años que pasará en México antes de embarcarse en la expedición del *Granma* —única época en la que ejercerá su profesión—, su esporádico y escaso trabajo médico girará en torno a problemas de alergia o dermatológicos.***** No resulta descabellado pensar que su propia afección contribuyó de alguna manera a la elección de una carrera para la que no poseía ninguna vocación aparente.

* El divulgador de la obra del Che en Estados Unidos, John Gerassi, menciona esta explicación, pero le otorga mayor importancia en tanto factor de su decisión de especializarse en alergias: "Pero el Che quiso volverse alergista, en parte porque quería comprender y curar su propia asma." (John Gerassi, "Introduction", en *Venceremos! The Speeches and Writings of Che Guevara*, Nueva York, Clarion Books, 1968, p. 6.)

** Es la opinión de *Calica* Ferrer, el amigo entrañable del Che en la universidad, con quien realizará su viaje de alejamiento definitivo de la Argentina, en 1953. "Pienso que lo que más puede haber influenciado en su decisión de estudiar medicina fue su asma." (Carlos Ferrer, entrevista telefónica con el autor, Buenos Aires, 23 de agosto, 1996.)

*** Según su amigo y compañero de aula, Jorge Ferrer, "Ernesto dirigió su interés y esfuerzo a las enfermedades alérgicas [...] trabajando y haciendo investigaciones sobre asma." (Jorge Ferrer al autor, 11 de marzo de 1996.)

**** El único trabajo de investigación publicado en esos años que se le conoce, escrito en colaboración con el doctor Salvador Pisani, "Sensibilización de cobayos a pólenes por inyección de extracto de naranja", apareció en la revista *Alergia* (citado por Guevara Lynch, *op. cit.*, p. 253).

***** Véase, por ejemplo, su única publicación médica fuera de la Argentina, aparecida en la *Revista Interamericana de Alergología*, vol. II, núm. 4, ciudad de México, mayo de 1955. Se trata de un trabajo sobre los orígenes alimentarios de ciertas reacciones alérgicas. *Cf.* Marta Rojas, "Ernesto, médico en México", en *Testimonios sobre el Che*, La Habana, Editorial Pablo de la Torrente, 1990, p. 111.

A final de cuentas, es probable que un amplio conjunto de factores haya provocado la decisión del joven Che de inscribirse en la Facultad de Medicina. En todo caso, la determinación de seguir una carrera médica se debió a circunstancias ajenas al interés taxativo de la profesión. Se lanzó a la medicina como un medio para alcanzar un fin —ayudar a la gente, ayudar a su madre, ayudarse a sí mismo—, no por pasión interna o vocación precoz, aunque tampoco habría que ideologizar *a posteriori* la elección de rumbo. Como confesaría el Che años después:

> Cuando me inicié como médico, cuando empecé a estudiar medicina, la mayoría de los conceptos que hoy tengo como revolucionario estaban ausentes en el almacén de mis ideales. Quería triunfar, como quiere triunfar todo el mundo; soñaba con ser un investigador famoso... pero en aquel momento era un triunfo personal.[1]

Su veloz desencanto con los estudios brota sin duda de esta madeja de motivaciones indirectas, externas y ligeramente confusas.* A diferencia de la versión oficial difundida años después, y consagrada por el propio Che en su relato del tiempo de la Sierra Maestra, perdió el interés por la carrera hipocrática desde mucho antes.** Según dicha versión, el aún

---

* Las características de la educación superior argentina también puede haber influido. Como señala Jorge Ferrer, "Ernesto estaba saturado de la enseñanza enciclopédica y hasta casi irracional de la carrera de medicina de Buenos Aires." (Jorge Ferrer, *op. cit.*)

** El texto fue "inmortalizado" (Dios nos libre) en la deplorable película *Che* protagonizada por Omar Sharif y Jack Palance, pero suele ser citado por estudiosos de toda estirpe: "Quizás ésa fue la primera vez que tuve planteado prácticamente ante mí el dilema de mi dedicación a la medicina o mi deber de soldado revolucionario. Tenía delante una mochila llena de medicamentos y una caja de balas, las dos eran mucho peso para transportarlas juntas; tomé la caja de balas, dejando la mochila" (Ernesto Guevara de la Serna, "Pasajes de la guerra revolucionaria", en *Escritos y discursos*, t. 2, La Habana, Editorial de Ciencias Sociales, 1977, p. 11.)

imberbe guerrillero optó entre la medicina y la revolución durante el primer combate posterior al desembarco del *Granma*, en Alegría de Pío, cuando, al verse forzado a escoger entre cargar una caja de municiones o un estuche de medicinas, eligió la primera. Ya en 1952, antes de terminar su carrera pero con cuatro años de materias médicas a cuestas, le escribía a su novia *Chichina* Ferreyra que no pensaba "engayolarse en la ridícula profesión médica".* Y sus amigos recuerdan que como estudiante de medicina, en realidad, no obtenía muy buenas notas. Algunas asignaturas le gustaban más que otras y las estudiaba mejor, pero rara vez se aplicaba, salvo en la investigación para la que "siempre tuvo un sentimiento".[2]

Ernesto Guevara nunca será un médico practicante, como se es abogado litigante. Casi desde el inicio de sus años de facultad se orientó a la investigación clínica. Sus calificaciones en las distintas materias de la carrera reflejan esta realidad, desde los pocos "distinguidos" que obtuvo (cuatro sobre treinta materias, con ocho "buenos" y dieciocho "aprobados")[3] hasta sus "ceros", confesados con desparpajo a *Chichina*, en neurología y técnica quirúrgica.[4] Como comentara un compañero de él, "no creo que haya cursado regularmente, más bien él hacía muchas materias libres" (aprobando mediante un examen extraordinario).** Desarrollará más bien reflexiones so-

---

* Carta de Ernesto Guevara de la Serna a *Chichina* Ferreyra, 11 de febrero de 1952, fechada en Bariloche. "Engayolarse" significa encarcelarse o encerrarse. Las cartas de Guevara a *Chichina*, que ésta no quemó en un ataque de rabia amorosa, fueron entregadas por ella a Dolores Moyano en 1968, para que las utilizara —sin citarlas— en la redacción del artículo del *New York Times*, citado en el capítulo anterior. Dolores Moyano a su vez se las facilitó al autor, y *Chichina* Ferreyra autorizó su uso y citación directa. Aparecen escritas a máquina (transcritas por *Chichina* del original casi ilegible) con anotaciones explicativas de ella, y hasta ahora han permanecido inéditas.
** Ricardo Campos, testimonio recogido en Claudia Korol, *El Che y los argentinos*, Buenos Aires, Ediciones Dialéctica, p. 701. O, como los evoca su primo Fernando, "él iba a la Facultad a aprobar. Aprobaba raspando". (Fernando Córdova Iturburu, entrevista con el autor, Buenos Aires, 23 de agosto, 1996.)

bre distintos aspectos de la profesión médica, desde la forma de tratar a los enfermos estigmatizados —los leprosos de Argentina y luego del Perú— hasta la socialización de la medicina. Alberto Granado relata cómo durante una visita que hizo el Che al leprosario de San Francisco del Chañar, insistió repetidamente en la necesidad de un trato más humano para los pacientes, y en particular sobre "lo importante que era para la psiquis de los leprosos la forma familiar en que los tratábamos".[5] Asimismo, Granado narra cómo en otra ocasión, en el balneario de Miramar días antes de partir al viaje por Sudamérica del que más adelante daremos cuenta, se produjo una áspera discusión entre los amigos de *Chichina* Ferreyra, Ernesto y el propio Granado sobre las medidas adoptadas por el gobierno laborista inglés de Clement Atlee, y en particular la socialización de la medicina. Un Ernesto arrogante e irónico tomó la palabra y durante casi una hora defendió con vigor dicha socialización, así como la abolición de la medicina comercial; arremetió contra la desigualdad en la distribución de médicos entre la ciudad y el campo, y el abandono científico en que se deja a los médicos rurales.[6] Huelga decir que escandalizó a sus interlocutores.

Perdura durante esos años porteños la naturaleza multifacética de la vida y personalidad del universitario. Si antes sus estudios se combinaban con el deporte, la lectura y la enfermedad, ahora esas ocupaciones se intensificarán, y se sumarán a ellas el ajedrez (en competencias colegiales como la olimpíada universitaria de 1948), las novias y los viajes, el estudio más diligente de la filosofía y, por supuesto, al igual que durante el último periodo de Córdoba, el trabajo asalariado para ganarse la vida. Viaja constantemente a Córdoba "a dedo" o "de aventón": setenta y dos horas de carretera para visitar a las amistades de antes, o a la novia. Ernesto hijo seguirá jugando rugby, ahora en el Atalaya Rugby Club de San Isidro, y según los recuerdos de sus amigos, mucho golf. Empezará a laborar como empleado en la sección de Abastecimientos de la Municipalidad de Buenos Aires donde seguirá redactando, con mayor empeño, su "Diccionario filosófico". Tendrá, final aunque marginalmente, que ocuparse de los tumultosos acontecimientos políticos que convulsionaron a la Argentina en aquel tiempo.

Tal vez el primer empalme de la vida y trayectoria del Che Guevara con la de Juan Perón ocurrirá en 1946, cuando, al cumplir 18 años, le correspondió a aquél inscribirse en el servicio militar obligatorio. Su asma debió bastar para invalidarlo para la conscripción; y además, tanto por motivos académicos como ideológicos, el muchacho naturalmente prefería ser remiso que pasar dos años bajo las armas. El ejército era en ese momento el bastión peronista por excelencia; aún no se inauguraban las grandes conquistas de los trabajadores ni el fortalecimiento precorporativista del movimiento obrero que caracterizaría a la época más gloriosa del peronismo. Para un joven de familia antiperonista, universitario e inquieto, la idea en sí del servicio militar era anatema. La mayor introducción al "a-peronismo" del Che durante sus años mozos, y la retorcida controversia sobre su anti o filoperonismo, reside en la extraña explicación que 25 años después ofreció el propio Perón sobre el desencuentro de Ernesto chico con su obligación militar:

Dicen que el Che estuvo entre los que nos combatían. No es así. El Che fue un hombre de nuestra posición. Su historia es muy simple: él era un infractor a la ley de enrolamiento. Si caía en manos de la policía, iba a ser incorporado cuatro años a la Marina o dos años al Ejército. Cuando lo estaban por agarrar, nosotros mismos le pasamos el santo. Entonces compró la motocicleta y se fue a Chile. El Che era un revolucionario, como nosotros. La que no estaba con nosotros era la madre. La madre fue la culpable de todo lo que le pasó al pobre. El Che no se fue del país porque lo persiguiéramos.*

Obviamente el general no fue el único en querer endilgarle al comandante Guevara un peronismo a la vez póstumo y juvenil. Su padre lo intentó en diversas ocasiones, así como los recopiladores cubanos de anécdotas y cronologías de la vida del *condottiere*. Todos estos afanes, sin embargo, se topan con el mismo obstáculo inesquivable: en los documentos testimoniales *de la época* no aparece indicio alguno de simpatía, afinidad o siquiera interés del polivalente estudiante de medicina por la actualidad política o social de su país. El Che no era anti o properonista; sencillamente el tema entero parecía provocarle una franca indiferencia.

En las cartas a sus novias, amigas y familiares, escasean las referencias a Perón y brillan por su ausencia los comentarios "de actualidad". El Che se limita en una ocasión a presumirle a su novia *Chichina* Ferreyra que "una victoria sin margen no me convence, en eso soy como Perón";** en otro momento, le comenta a propósito de un proyectado y frustrado viaje

---

* Citado en Tomás Eloy Martínez, *Las memorias del general*, Buenos Aires, Editorial Planeta, 1996, p. 53. Martínez apunta lo siguiente sobre este bizarro comentario de Perón: "En el cuestionario que le envié a Perón en 1970, le pedía que aclarara ese dato. ¿Cómo era posible que él, presidente de la República y a la vez general de la Nación, hubiera protegido a un desertor del servicio militar? Me parecía raro y se lo hice notar en mi carta. Perón no respondió a esa pregunta. Con una línea de tinta, eliminó del borrador de las Memorias la referencia al Che. El relato sobrevivió sin embargo en las cintas grabadas, de donde se transcribe ahora textualmente." Por supuesto que las afirmaciones de Perón no tienen pies ni cabeza: las fechas no coinciden, y la secuencia se halla totalmente distorsionada

** En tiempos recientes han aparecido testimonios y entrevistas en Argentina evocando, por ejemplo, la presencia del joven Ernesto en la marcha fundante del periodismo, el 17 de octubre de 1945. Roberto Guevara le ha declarado categóricamente a un asistente de investigación del autor, sin embargo, que ese día su hermano mayor se encontraba en Córdoba; para una familia antiperonista como la del Che, se trata de un día difícil de olvidar.

común a París que "prefiero los peronistas a los frailes".[7] Los biógrafos del general, por cierto, quizás discreparían de la primera observación: nada indica que Perón sólo fuera sobre seguro ni que sus márgenes (de triunfo) siempre hayan sido tan amplios como parece suponerlo el exigente pero aparentemente fracasado novio.

Los padres del Che eran, en ese momento, visceralmente antiperonistas. Guevara de la Serna, como la gran mayoría de los integrantes de los círculos estudiantiles de clase media (tendiente a superior en el caso de la Facultad de Medicina), veía con animosidad las posturas ideológicas, académicas y autoritarias del flamante régimen. Incluso desde antes del advenimiento de Perón, había surgido la consigna clasista de los estudiantes: "¡Libros sí, alpargatas no!" Para muchos argentinos pertenecientes a la *intelligentsia* del país, la elección del militar engominado el 24 de febrero de 1946 evocaba recuerdos del ascenso de Hitler o Mussolini al poder. La izquierda argentina entera se unió para apoyar al principal contrincante de Perón, el candidato de la Unión Democrática, José P. Tamborini, aunque éste también recibiera el respaldo de la embajada de los Estados Unidos y de un vasto conglomerado de la oligarquía argentina.

La universidad en particular se erigió en ciudadela del antiperonismo, sobre todo con motivo de la creciente inclinación autoritaria del régimen y de su antiintelectualismo evidente. La izquierda fue devastada por el peronismo: nunca más los partidos Socialista y Comunista recuperarían la base trabajadora —exigua pero existente— que habían consolidado durante los años de la Depresión. Pero a pesar de su indiscutible incidencia, la irrupción de las masas obreras y antes marginadas no fue el factor decisivo de la enajenación de sectores importantes de la intelectualidad, o de la antigua clase media. La causa central reside en la continuidad que dichos sectores hilaron entre la lucha contra el nacionalismo de derecha de los años treinta, el franquismo de la Guerra Civil española, el nazismo y fascismo durante la Segunda Guerra Mundial y el autoritarismo militarista local.

De manera simultánea, la simpatía que el peronismo despertaba en el seno de la clase trabajadora y de considerables sectores del empresariado nacional debido a su apoyo a las reivindicaciones populares, por un lado, y a su nacionalismo económico, por el otro, contribuyó a una polarización extrema de la opinión pública. Tanto las corrientes más nacionalistas, alentadas por la expropiación de las vías férreas, propiedad de empresas inglesas, como los "descamisados" de Evita Perón, organizados en la Confederación General del Trabajo y entusiasmados por la promulgación de reformas como la fijación de un salario mínimo e incrementos salariales reales de más del 50% entre 1945 y 1949, el sistema de pensiones, el sufragio femenil, el seguro social, la vivienda obrera, las vacaciones pagadas, apoyaban sinceramente al régimen. De allí su fuerza y el perdurable y en ocasiones inverosímil recuerdo que grabó en la memoria de millones de argentinos.

Mientras durara el financiamiento generado por el *boom* de las exportaciones de la posguerra, la mayoría de las demandas podía ser atendida sin tener que afectar al mismo tiempo a todos los poderosos coaligados entre sí. La virtual escisión entre la *intelligentsia* del país y el estamento operario, entre la izquierda y su pretendida base de masas, entre la clase media y los sectores más desfavorecidos de la sociedad, regiría el destino de la Argentina por el próximo medio siglo. La exacerbación de los ánimos políticos e ideológicos, así como de las posturas y pasiones, marcaría el rumbo del país por decenios enteros. Lo notable del paso de Ernesto Guevara por este trance no hubiera yacido en su proclividad antiperonista, a la que todo conducía. Tampoco le habría extrañado a nadie una reacción antagónica a su medio o su familia: un alineamiento guevarista con el peronismo por llevar la contraria, y por empatía con enormes esperanzas que suscitaba entre las capas populares. Tal concordancia hubiera coincidido con su carácter y naciente sensibilidad. Lo que llama la atención es su aparente desinterés ante los acontecimientos y los años más intensos y emotivos de la historia moderna de su patria.*

Como bien lo dice un cronista crítico de la vida del Che, posiblemente sin haber emprendido él mismo la tarea pero presuponiendo que alguien la realizó: "Una revisión exhaustiva de los raleados ficheros de las agrupaciones actuantes en aquella época, no ha permitido descubrir el nombre de Guevara como miembro de ninguna de las organizaciones estudiantiles, y tampoco del Centro Oficial de Estudiantes de Medicina."[8]

En las decenas de cartas escritas a sus padres a partir de su primer viaje al extranjero, en el diario que redactó durante ese periplo por Sudamérica, y en los recuerdos y testimonios recogidos por investigadores cubanos o argentinos entre familiares, amigos y colegas en la universidad, descuella la omisión radical de comentarios o apreciaciones de cualquier signo frente a la coyuntura del momento.[9] Prevalece en este conjunto documental un completo vacío de reflexiones críticas o laudatorias del Che, ya sea en relación con la actualidad noticiosa —las reformas peronistas, el sufragio de las mujeres, el ascenso de Evita, la reelección del general, la muerte de Evita, etcétera— o con procesos políticos más abstractos. Sólo hasta varios años después, en una carta enviada a su madre desde México en 1955 (o sea a los 27 años), pide informes: "Mándame todas las noticias que puedas, porque aquí tenemos una desorientación completa ya que los diarios sólo publican los líos que tiene Perón con el clero y no se sabe nada del bochinche."[10]

---

* Aunque muchos biógrafos recaban este dato, sólo uno de los más recientes y antagónicos al Che lo pone de relieve: "Me sorprende y desconcierta la abstención política en un momento como aquél de alguien como Ernesto Guevara. Es un detalle incongruente en una vida marcada por la coherencia." (Roberto Luque Escalona, *Yo, el mejor de todos: biografía no autorizada del Che Guevara*, Miami, Ediciones Universal, 1994, p. 54.)

Como dijo su hermana, Ana María: respecto del Che y el peronismo, "él no tomó partido a favor ni en contra. Se mantiene como al margen".[11] Su pertenencia a la Federación Universitaria de Buenos Aires era más burocrática que comprometida; no era un activista estudiantil: "La participación política que tuvo Ernesto fue circunstancial; no tuvo militancia, pero compartía la ideología de la Federación Universitaria."[12] Y en sus conversaciones con amigos, novias y otros, sucedía más o menos lo mismo. La política en general, y el peronismo en particular, no aparecían como temas.* Según *Chichina*, "por lo menos a mí no me comentaba nada de política".[13]

Como esta actitud no concuerda del todo con la imagen que muchos han querido construir de la juventud del ídolo, ha sido preciso montar una operación de "rescate" del Che para el peronismo. Dicha operación descansa básicamente en una carta extemporánea, escrita por el Che desde México en 1955, en ocasión del golpe militar que derrocaría al general y lo enviaría al exilio durante casi veinte años. El mismo padre del Che intenta reescribir la historia al sostener que su hijo no era un combatiente antiperonista. Alega que cuando chico, lo hizo como un juego; cuando ya tenía 26 años y un criterio político formado, recuerda Guevara Lynch, no vaciló en apoyar a la masa obrera peronista en contra del golpe "gorila" o militar de 1955.[14]

En efecto, ya en México y diez años después del ascenso de Perón y del apogeo de su popularidad y fuerza, el Che parece haber sustituido su antipatía moderada hacia el régimen populista de los cuarenta por un rechazo más categórico, más politizado, a la asonada que puso término al supuesto idilio de los "descamisados". En otra carta de 1955, dirigida a *Tita*

---

* En las palabras de una compañera de trabajo: "En realidad Ernesto no tenía una definición política en cuanto a Perón [...] De pronto discutía con un peronista en contra de Perón, o discutía y defendía a Perón con un antiperonista [...] No era peronista ni antiperonista. Era justo." (Liria Bocciolesi, testimonio recogido en Cupull y González, *op. cit.*, p. 164.)

Infante, su amiga de la Facultad de Medicina, Guevara esboza una reflexión contradictoria sobre la caída de Perón:

> Con todo el respeto que me merece Arbenz [el presidente reformista de Guatemala recién destituido mediante un golpe patrocinado por la CIA], totalmente diferente a Perón desde el punto de vista ideológico, la caída del gobierno argentino sigue los pasos de Guatemala con una fidelidad extraña, y verá usted cómo la entrega total del país y la ruptura política y diplomática con las democracias populares será un corolario, conocido pero triste.[15]

Comentario embrollado. Plantea simultáneamente un paralelismo entre Perón y Arbenz y una diferencia ideológica y personal. Veremos más adelante cómo la etapa guatemalteca de la formación política e ideológica del Che puede considerarse como el inicio de su periodo antiimperialista (que será permanente), y a la vez de su fase comunista "pura y dura", que persistirá hasta sus primeros viajes a los países del Este en 1960. La importancia que le atribuye al hecho de "romper" con las "democracias populares" es un síntoma del sendero que comienza a seguir su creciente politización. Pero esta reflexión a quemarropa sobre la clausura del primer capítulo peronista en la historia contemporánea de la Argentina no revela ni un interés marcado ni un análisis especialmente profundo.

Las coincidencias entre los pronunciamientos militares que depusieron a Arbenz y a Perón son escasas. El periodo nacionalista de Perón ya había concluido; si bien las masas guatemaltecas no defendieron al gobierno de Arbenz porque nadie les entregó las armas para hacerlo (versión cuestionada por algunos, pero que adoptaría el Che), las masas argentinas no se decidieron a luchar por un régimen que en buena medida ya las había abandonado. Por último, la insinuación que hace el Che de una similitud "extraña" entre ambos alzamientos sediciosos, fincada en la supuesta participación de Estados

Unidos, entreabre varios interrogantes. El principal: así como ha sido archicomprobada documentalmente la injerencia de Washington en el derrocamiento de Arbenz, no se ha detectado mayor injerencia de Estados Unidos en la Revolución libertadora de 1955.

En la carta a Celia ya citada, Ernesto toma en efecto un partido más claro a favor del régimen recién defenestrado. Lo hace repitiendo algunos argumentos esgrimidos en la misiva anterior, y tal vez con una vehemencia ligeramente mayor, tratándose de su madre. A ella le comunica, casi con agravio, que siguió "con natural angustia la suerte del gobierno peronista",[16] y que "la caída de Perón me amargó profundamente, no por él sino por lo que significa para toda América".[17] Le reclama con disgusto a su progenitora, encendidamente antiperonista, que "estarás muy contenta [...] podrás hablar en todos lados lo que te dé la gana con la absoluta impunidad que te garantizará el ser miembro de la clase en el poder".[18] En cambio, a su tía Beatriz le confiesa casi con timidez: "Yo no sé bien qué será, pero sentí la caída de Perón *un poquito*."[19]

Las opiniones ulteriores del Che sobre Perón y sus desventuras no pueden ser proyectadas de manera anacrónica. No se trata de concepciones que destaquen por su contundencia, o desprovistas de matices y variaciones emotivos; ni alteran la conclusión relativa a la indiferencia política del joven universitario durante los años estelares de Perón en el poder. Sólo podemos especular sobre los motivos del "a-peronismo" juvenil de Guevara. Obviamente el vínculo con sus padres, y en particular con Celia, cuya animadversión por el régimen populista era mucho más vehemente que la de su marido, desempeñó un papel crucial. Es factible que la misma dificultad para convivir con emociones y opiniones confrontadas, que detectamos a propósito del asma, haya cumplido una función significativa en la renuencia del Che a involucrarse en la política universitaria. Enfrentar la maraña de pasiones contradictorias que se desatan a su alrededor en esos años debe hacer sido un auténtico tormento para el universitario.

En efecto, para aquel joven dotado de una sensibilidad social a flor de piel, alinearse con las élites blancas, oligárquicas y católicas contra el levantamiento de las multitudes "morochas" y desamparadas hubiera resultado aberrante. Encontrarse del mismo lado de las barricadas que sus primos y tíos estancieros, de "gente como vos [que] creerá ver la aurora de un nuevo día", como le espetó a su madre al calor de la sedición;[20] ¡qué golpe al ego, al culto de la diferencia, a la inclinación social y justiciera! Alguien como el Che, empeñado en conocer su país a lo largo y ancho, en contacto frecuente con la pobreza y la exclusión propias de la salud pública y la medicina, ofendido a la vez que fascinado por la opulencia y rancia aristocracia de la familia y amistades de su novia y amigos, no podía desconocer lo evidente: "La revolución social que fue el peronismo."[21] Hasta un historiador antiperonista furibundo como Tulio Halperin Donghi lo subraya: "Bajo la égida del régimen peronista, todas las relaciones entre los grupos sociales se vieron súbitamente redefinidas, y para advertirlo bastaba caminar las calles o subirse a un tranvía."[22] El Che caminaba las calles y se subía a los tranvías.

Sin embargo, romper con Celia y con la familia entera en una coyuntura de extrema polarización se antoja igualmente insoportable. En momentos de gran debilidad de la madre —doliente con un diagnóstico reservado, distanciada de Guevara Lynch y abrumada por las penurias económicas y la carga de criar a cuatro niños sin mayor talento ni predilección por la tarea— una ruptura del Che parece sencillamente inimaginable. Pero cualquier simpatía o suspiro de comprensión por el peronismo hubiera entrañado tal rompimiento: las pasiones de la madre y las tensiones de la sociedad no toleraban soluciones intermedias. La única vía para conciliar amor y lealtad filiales con sensibilidad y congruencia política y social consistía en refugiarse en el estudio —a veces, en viajar— cada vez más;* y a la larga, en alejarse. Frente a la angustia, no había más salida que el ahogo; frente a la contradicción del día, sólo se abría la *fuite en avant*, ingeniosa o heroica, sorprendente o gloriosa, ya entonces y durante el resto de su vida.

Sus viajes tempraneros y recurrentes fueron motivados en gran medida por su insaciable curiosidad y creciente fascinación por la alteridad. Pero también pueden hallar un origen en las ambigüedades ya mencionadas que lo rodeaban en Buenos Aires: la salud indefinida de su madre y la ambigua situación del matrimonio de sus padres. La recuperación de Celia de su segunda operación permanecía incierta. Ernesto padre pernoctaba con frecuencia en su estudio de la calle Paraguay, pero solía volver a la casa de Aráoz, durante algunos periodos almorzando a diario allí con los hijos. No será hasta más adelante que conocerá a su futura esposa, Ana María Erra, una maestra que le ayudará como secretaria en su despacho de arquitecto. "Ni matrimonio ni divorcio": la frase la puede haber utilizado el Che para describir el vínculo entre sus padres en esos años porteños, de la misma manera que la utilizará quince años más tarde para definir la otra relación central de su vida: con Fidel Castro. Si a todo ello agregamos la ambivalencia inscrita en sus estudios universitarios y en la política del país, disponemos de un cuadro complejo de las motivaciones del joven errante.

Un texto del Che —intitulado "Angustia"— que permaneció inédito hasta 1992, da fe de la obsesión del muchacho, desde una temprana edad, con el tema del título. Lo redactó en plena navegación por el Caribe —escribiría diarios de viaje

---

* Así lo recuerda su conocido de aquella época, Ricardo Campos: "Se pasaba doce o catorce horas estudiando en la biblioteca solo. Muy fugazmente se le veía […] Desaparecía durante largos periodos y después reaparecía." (Claudia Korol, *op. cit.*, p. 72.)

hasta el último de sus días— como enfermero de la marina mercante argentina:

> Pero esta vez el mar es mi salvación, pasan las horas y los días; ella, la angustia, me muerde constantemente, invadió mi garganta, mi pecho, encoge mi estómago, me atenaza las entrañas. Ya no me gustan las auroras, no me interesa saber de qué cuadrante sopla el viento, no calculo la altura de las olas, se me aflojan los nervios, se me nubla la vista, se agria el carácter.[23]

Sus compañeras y novias captarán rápidamente su malestar, así como sus ansias por una vida de otro tipo. Como diría su amiga *Tita* Infante, Ernesto "sabía que no podría encontrar allí [en la universidad] sino muy poco de lo que buscaba".[24] O en palabras de *Chichina*:

> Yo creo que él me veía a mí como una persona que iba a ser un escollo en su vida. Como si yo fuera un impedimento para la vida que él quería hacer: la vida de aventurero. Veía que él estaba como atrapado y él quería liberarse de esto quizás: estar libre, irse, y yo debo haber sido un escollo en ese momento. No sé a dónde querría ir. Quería salir por el mundo, andar por el mundo, dar la vuelta.[25]

Tal vez toda la relación del Che con las mujeres durante aquel tiempo porteño refleje igualmente la ya mencionada reticencia ante las ambigüedades. Habían transcurrido cinco años entre la juventud y el principio de la madurez, años que concluyeron con la única relación amorosa duradera que le conocemos a Guevara antes de emparejarse en Guatemala con Hilda Gadea, con quien se casaría en México. No faltaban los amoríos fugaces y frecuentes. Al decir de su hermano, "siempre tenía alguna chica de turno. Era una muchacho fuerte como todos, pero quizás vivió con más fuerza las aventuras amorosas".[26] Se trataba de un joven bien parecido, delgado, de estatura media y de rostro casi infantil, seguro de sí mismo y, según los relatos de sus amigos, relativamente atrevido o "lanzado" con las damas como recuerda su primo, Fernando Córdova Iturburu, "se quería coger al mundo entero".[27] Era "divertido, el más divertido del grupo".[28] Quedan rastros de dos pasiones menores entre 1947 y 1950. Una habría sido por Carmen Córdova de la Serna, la Negrita, prima suya por vía de la hermana de su madre, quien se encariñó con Ernesto cuando adolescentes en Córdoba y durante el tiempo que coincidieron en la Capital Federal.* El idilio puede haber sido mutuo,** pero nunca alcanzó siquiera el estadio de noviazgo platónico o circunscrito por la perenne presencia de chaperones.[29] Otro noviazgo podría haberse anudado con alguien que en todo caso fue una amiga muy cercana: *Tita* Infante, a quien dirigió una asidua correspondencia hasta los años sesenta y que se suicidaría nueve años después de la muerte del Che en Bolivia, desolada por la desaparición de su amigo.

Según la hermana menor de Guevara, *Tita* Infante estuvo "muy enamorada de él",[30] aunque no supo "a qué grado de intimidad llegaron sus relaciones".[31] El padre del Che y el hermano de *Tita* Infante tampoco se atrevieron a afirmar públicamente que el nexo entre ellos fuera más que amistoso, pero ello puede deberse perfectamente a un prurito puritano. *Tita* Infante pertenecía a la Juventud Comunista. Era estudiante de medicina y compañera de curso del Che, y se trataban de usted por lo menos en sus intercambios epistolares; gracias a los retratos que se conservan, sabemos que se trataba de una

---

* "De adolescente… me quedaba en la casa de los Guevara, en la calle Aráoz, hablando de literatura y de amor, porque, como suele suceder entre primos y primas, tuvimos nuestro idilio. ¡Ernesto era tan buen mozo!" (Carmen Córdova, reportaje de Gabriel Esteban González, Buenos Aires, 1994.)

** "Fernando Barral, después de muchos años, estando ya en Cuba le dice a Ernesto: '¿Sabes que hubo cierto idilio?' Yo estuve bastante enamorado de una prima tuya, de La Negrita." Y el Che le contestó: 'Yo también.' (Carmen Córdova Iturburu, entrevista con el autor, Buenos Aires, 21 de agosto, 1996.)

mujer de rasgos reveladores de una personalidad vigorosa, pero de ninguna manera deslumbrantes. Era un par de años mayor que el Che; lo conoció en 1948, y claramente la política ocupó un sitio en el vínculo entre ellos que se mantuvo vacío en otras relaciones del Che durante esa época.

Los testimonios al respecto y las cartas que intercambiaron carecen por completo de palabras, frases o expresiones cariñosas. El tono epistolar del Che, más allá del empleo del pronombre respetuoso de la segunda persona del singular, contrasta con el que permea sus misivas a *Chichina* Ferreyra. A la inversa, los repetidos encargos que le hace el Che a *Tita* sugieren una relación tierna y plena de la confianza que sólo nace de la cercanía, pero que encierra un dejo burocrático.* Todo indica que por más enamorada que *Tita* haya podido estar del Che, la relación nunca rebasó el umbral platónico. Los amigos del Che que aún conservan en la memoria su modo de relatarles las delicias y desventuras de su amorío con *Chichina* no recuerdan que jamás haya conversado de manera análoga a propósito de *Tita* Infante.** La correspondencia del

---

* Por ejemplo: "Me gustaría mucho tener noticias suyas en esa ciudad… Ahora *Tita* viene la sección pechasos: Le incluyo la dirección de un médico peruano… y tiene interés en las clasificaciones del sistema nervioso de Pío del Río Ortega. Yo creo que su amigo hizo una modificación, y me gustaría que ud. la consiguiera; si así no fuera, haga, lo siguiente: hable al 71 9925, que es la casa de Jorge Ferrer, gran amigo mío y le dice que busque en casa esa clasificación… Si por cualquier causa fallara ése, puede llamar a mi hermano Roberto 72 2700 y encargar que manden el librito lo más pronto posible… Bueno *Tita*, por supuesto que me dejo en el tintero mucho de lo que hubiera podido conversar con usted." (Guevara de la Serna a *Tita* Infante, Lima, 6 de mayo de 1952, citado en Cupull y González, *Cálida presencia…, op. cit.,* pp. 27-28.)

** La única excepción consta en un testimonio de Rolando Morán, dirigente de la organización político-militar guatemalteca EGP, y que conoció al Che al asilarse ambos en la embajada de Argentina en Guatemala en junio de 1954. Según Morán, Guevara le dio la dirección de *Tita* Infante en Buenos Aires para que entrara en contacto con ella al llegar a la capital argentina, refiriéndose a ella como su "novia" (Rolando Morán, entrevista con Francis Pisani [inédita, facilitada al autor por Pisani], México, D.F., 18 de noviembre, 1985).

Che a su amiga constituye un invaluable acervo de prendas y alusiones al itinerario político del joven expatriado, mas no pueden ser leída como cartas de amor, pasionales y preñadas de la maduración de un hombre cuyos tormentos internos comienzan a cobrar forma.

La trascendencia que conviene atribuirle a la relación de Ernesto Guevara con María del Carmen Ferreyra se justifica no sólo por la significación misma del noviazgo entre ellos, sino además por un hecho decisivo e incontrovertible. El compromiso con *Chichina* será el único vínculo amoroso de la vida del Che del cual poseemos por ahora referencias escritas del propio Che. Es posible que Guevara haya amado a otras mujeres, y que existan escritos suyos al respecto; por el momento el testimonio, el momento y las consecuencias de su pasión por *Chichina* le otorgan a ese amor una jerarquía de la cual los demás carecen.

María del Carmen Ferreyra era una especie de hija predilecta de la oligarquía cordobesa: guapa, inteligente, rica (para criterios de la época y la región) y refinada. Su familia era posiblemente la de mayor abolengo de Córdoba —el antiguo domicilio familiar era conocido como el Palacio Ferreyra—, y la residencia donde entonces vivían sus tíos y que hoy ocupan ella, su marido e hijos en Malagueño, a 20 kilómetros de la ciudad, es un himno a la elegancia y distinción. Ernesto y *Chichina* se habían cruzado anteriormente, pero el romance comienza en realidad una noche en el casamiento de Carmen González Aguilar, en la ciudad de Córdoba, a principios de octubre de 1950.[32] En palabras de la propia *Chichina*, quedó "totalmente subyugada":[33]

> Lo vi en esa casa; venía bajando la escalera y yo me quedé como pasmada. Fue como un impacto que tuve, como un impacto terrible pues este hombre bajaba las escaleras y ahí nos pusimos a conversar y nos pasamos toda la noche conversando con él sobre libros, arte; no, arte no, libros.[34]

Ernesto también cayó preso de amor a primera vista, a juzgar por la carta inicial que le envía a *Chichina*, pocos días después desde Buenos Aires. Arranca con un verso de su inspiración, de intención inconfundible y a la vez dubitativa: "Para unos ojos verdes cuya paradójica luz me anuncia el peligro de adormecerme en ellos."[35] En efecto había peligro, pero también luz y desvarío. Guevara le escribe varias cartas a Malagueño durante los próximos meses, hasta que, cerca de Semana Santa del año siguiente, llegó una vez para "declarárseme formalmente", petición que *Chichina* aceptó temblando, y que condujo al "primer beso fugaz".[36] A partir de esa fecha, los peregrinajes de Ernesto a Malagueño se multiplicarían, no con la regularidad que *Chichina* deseaba, pero con un involucramiento creciente de parte del Che. Por un tiempo el noviazgo se interrumpió debido a una primera separación de Ernesto —en realidad los trayectos como enfermero en la marina mercante—, aventura cuyo destino original era Europa, "porque Europa tira".[37]

A finales de año se le imponen dos evidencias al cortejante a distancia: está profundamente enamorado de *Chichina*, pero sus ansias de viaje y libertad se contraponen a ese amor. No queda del todo claro en la correspondencia y en los recuerdos de *Chichina* si Ernesto se aleja porque su nexo con ella no le aporta lo que espera o si prefiere explicar su partida por los problemas de la pareja, cuando en realidad la decisión de iniciar el supuesto "viaje sin retorno"[38] se debió a motivos muy distintos, escasamente vinculados con ella. Ésta es la hipótesis más segura: Ernesto echó a volar por los ánimos que lo movían, no por sus desavenencias con *Chichina*, que por otro lado efectivamente existían: el agraviado pretendiente argumenta sucesivamente las dos tesis arriba mencionadas; es factible que ambas sean ciertas y sinceras. Por un lado le confiesa a su novia: "Sé lo que te quiero y cuánto te quiero, pero no puedo sacrificar mi libertad interior por vos; es sacrificarme a mí, y yo soy lo más importante que hay en el mundo, ya te lo he dicho."[39]

Evidentemente este joven, ya dueño de una elevada opinión de sí mismo y del destino que desde entonces comienza a construirse, ve a su compañera como un obstáculo en el camino de la realización de ese destino. El reclamo aquí es abstracto; la separación se explica y motiva por la personalidad del Che, no por los atributos y la intensidad de la relación como tal. Nos hallamos, hasta cierto punto, ante un planteamiento de corte corneliano, ligeramente presuntuoso y plagado de un romanticismo chocarrero, al estilo de la versión francesa de El Cid: cuando el destino y el amor se contraponen, siempre vence el primero, ya que el segundo se desvanece si descansa en la indignidad o la abdicación. Rodrigo no sería digno del amor de Ximena si no vengara antes el deshonor de su padre, asesinado por el padre de Ximena.

Pero en el acto, nuestro enamorado del siglo XVII interpela al objeto de su deseo con una requisitoria radicalmente distinta, en un registro diametralmente opuesto, ahora pasional y desinhibido, en el que la noción de un destino propio desaparece por completo. Él mismo da por descontado el cambio de marbete discursivo:

> Por otra parte, una conquista hecha en base a mi presencia constante quitaría ya el gran sabor que tenés para mí. Serías la presa lograda tras lucha... Nuestra primera cópula sería una triunfal procesión en honor del vencedor pero siempre estaría el fantasma de nuestra unión porque sí, porque era el más consecuente o era el "raro".[40]

La brecha abismal que separaba al Che de *Chichina* tal vez ayude a disipar el enigma. En la diferencia yacía parte de la atracción: como vimos, la familia de la niña era rica, siendo el carácter *déclassé* de la situación económica del Che ya para entonces explícito y reconocido. Nada en el vestir, los ademanes, la visión de la vida y la ubicación en la sociedad de las familias, amistades y personalidad de los novios los unía, salvo la seducción ejercida por la diferencia entre ellos. Para *Chichina* el embeleso por el otro resultará pasajero; su vida ulterior —decorosa y ordenada— no traicionará su origen o su entorno. El Che, en cambio, inicia con ella un largo recorrido, balizado de principio a fin por la fascinación con la otredad: desde Malagueño hasta La Higuera vivirá una perpetua infatuación con lo ajeno y lo diferente.

Las confidencias de *Chichina* sobre la actitud permanentemente provocadora de su incómodo galán refuerzan la impresión de un magnetismo generado por polos opuestos. Deliberada y maliciosamente, el Che alienaba una y otra vez a muchos familiares y amigos de su novia —no todos: su tía Rita y su tío Martín lo querían mucho, según *Chichina*. Claro: se vestía mal y desordenadamente no sólo para provocar o llamar la atención. Carente de los recursos necesarios* para igualar el donaire de sus rivales en la atención de *Chichina*, o de los demás integrantes del grupo de amigos y primos, hacía de necesidad virtud. Ostentaba con orgullo hábitos que infundían vergüenza o coraje a su acompañante, fina y graciosa. Como ella decía:

No eran maldades, eran cosas que a uno le irritaban. Me acuerdo una vez en Miramar, querían llegar al casino. No sé cómo se arreglaban, pero Granado iba muy bien vestido, no sé de dónde había sacado ropa y Ernesto creo que estaba más o menos bien vestido. Al principio no me molestaba, pero esa vez me molestó. Un amigo o yo misma le prestamos un saco, y entonces creo que había un sistema que era pagar la entrada, entonces él hizo algo para no pagar la entrada y para meternos los tres sin pagar y eso provocó que nos dijeran groserías. Después fuimos a unos lugares donde él no congeniaba con la gente

---

* Dolores Moyano cuenta cómo las penurias de la familia ya se habían agravado: el niño Juan Martín dormía en un cajón en lugar de cuna, y en una ocasión Ana María Guevara no quiso bajar a la fiesta de cumpleaños de Moyano porque no tenía zapatos "presentables" (Dolores Moyano Martín, entrevista *op. cit.*).

y cuando no congenian los grupos es terrible. El grupo que nosotros teníamos en Miramar, que no era gente sofisticada, muy chic, era gente normal, común de la burguesía de Buenos Aires, y a él le chocaba esa gente.[41]

El desapego guevarista por el cuidado personal persistiría: nunca el Che, un hombre cuya elegancia en la mirada, la sonrisa y los gestos cautivaría a millones, se esmerará en cuidar su vestimenta. La camisa fuera del pantalón, los zapatos desamarrados y el cabello despeinado se convirtieron en sus signos de distinción desde muchacho y lo seguirían por toda América hasta la muerte. Después serían costumbre; en presencia de los perfumados círculos donde se movía *Chichina* y él con ella, implicaban desafío y malquerencia.

La provocación no se constreñía al ámbito ornamental. José González Aguilar recuerda una escena sintomática, no por el contenido de la conversación (la postura de Winston Churchill hacia la socialización de la medicina poco después de su retorno al poder en 1950), sino por la actitud del Che. Luego de discutir con el padre de *Chichina* en una cena en Malagueño, y una vez que don Horacio Ferreyra se levantó de la mesa exclamando: "Esto ya no lo puedo aguantar", Ernesto hizo mutis, escandalizando hasta a su amigo: "Yo miré a Ernesto pensando que los que teníamos que irnos éramos nosotros, pero él se limitó a sonreír como niño travieso y comenzó a comer un limón a mordiscos, con corteza y todo."[42]

La grieta que separaba al Che de *Chichina* y a la vez lo fascinaba, lo condenará a la distancia y a la fuga. No había manera de mantener la relación y verla madurar más que conciliando opuestos, negociando la hostilidad de las familias, mermando diferencias y limando asperezas.* El noviazgo

---

* Existen versiones de que Ernesto le propuso a *Chichina* matrimonio, cohabitación o en todo caso un viaje juntos. En particular, Frederik Hetmann (*op. cit.*, p. 48) construye varios esquemas, basándolos en supuestas cartas entre Ernesto y *Chichina*.

naufragaría en los arrecifes viajeros del Che; ocurriría más o menos lo mismo con sus dos matrimonios. Apenas al año de comenzar el noviazgo, el Che se va. No será, por supuesto, el primero de sus periplos. Antes, a comienzos de 1949, había emprendido un recorrido por las provincias del norte de su país en una especie de bicicleta motorizada, de diseño y fabricación caseros. El itinerario incluyó una visita al leprosario de San Francisco de Chañar donde, como vimos, entra en contacto, tal vez por primera ocasión, con la miseria humana extrema. Pasará por Santiago del Estero, Tucumán y Salta, donde el encuentro con la lujuria y exuberancia del trópico desatará la misma fascinación que toda disimilitud le va a provocar siempre. El viaje le permitirá también estrenar su empeño por deslindarse del turismo ortodoxo, asumiendo posturas que hoy llamaríamos de "mochilero":

> No me nutro con las mismas formas que los turistas [...] el Altar de la Patria, la catedral [...] la joya del púlpito y la milagrosa virgencita [...] el cabildo de la Revolución [...] No se conoce así un pueblo, una forma y una interpretación de la vida, aquello es una lujosa cubierta, pero su alma está reflejada en los enfermos de los hospitales, los asilados en la comisaría o el peatón ansioso con quien se intima, mientras el Río Grande muestra su turbulento cauce por debajo.[43]

Regresa a Buenos Aires al término de las vacaciones del verano austral de 1949, a reanudar los estudios de medicina, pero para fin de año la inmovilidad le habrá impacientado otra vez. Emprende un nuevo trayecto, ahora como trabajo, no sólo

---

En una comunicación al autor fechada el 6 de junio de 1995 en Malagueño, *Chichina* desmintió tanto las cartas como las propuestas de matrimonio, viajes o cohabitación, así como una serie de alusiones de Hetmann a su padre. Las fuentes que cita Hetmann de dichas cartas —el periódico uruguayo *El Diario*, con fecha 12 de septiembre de 1969— tampoco contienen ninguna carta o referencia por el estilo.

por gusto. Ya lo había registrado en su primer diario de viaje, con la hipérbole que no abandonará jamás: "Me doy cuenta entonces de que ha madurado en mí algo que hace tiempo crecía dentro del bullicio cotidiano: el odio a la civilización."[44] En diciembre de 1950 se inscribe como enfermero del Ministerio de Salud Pública en la marina mercante argentina. Durante los primeros meses de 1951, las excursiones en buques petroleros y de carga lo conducirán al Brasil, a Trinidad y Tobago y a Venezuela, y con más frecuencia a Comodoro Rivadavia y al sur de la Argentina. No disfrutará en exceso del resultado: con su madre se queja en una carta de que sobraban las horas de viaje y faltaba el tiempo para conocer los parajes donde hacía escala la embarcación.* El viaje le abre horizontes y confirma su gusto por lo exótico, y el hastío por lo conocido. Como le escribirá a su tía Beatriz, primero de Porto Alegre, luego de Trinidad y Tobago:

> Desde esta tierra de bellas y ardientes mujeres te mando un compasivo abrazo hacia Buenos Aires que cada vez me parece más aburrido [...] Después de sortear mil dificultades, luchando contra los tifones, los incendios, las sirenas con sus cantos melodiosos (aquí son sirenas color café), llevo como maravilloso recuerdo de esta isla maravillosa [...] el corazón saturado de "bellezas".[45]

El espejeo de las alteridades nutría la vida del Che: adoraba a *Chichina* porque él desentonaba con su medio, y ella con sus fantasmas; se encandilaba con el trópico y el exotismo negro y mulato porque chocaba con su Buenos Aires no tan querido; escudriñaba y se envolvía en las vicisitudes del peor sufrimiento

---

* "Fue un viaje cómodo pero no le convenció; sólo cuatro horas en una isla descargando petróleo, quince días de ida y quince días de vuelta." (Citada en entrevista de Julia Constenla con Celia de la Serna de Guevara, publicada en *Bohemia*, La Habana, 28 de agosto de 1961.)

humano en los leprosarios, en contraste con la holgada existencia de clase media universitaria en la Facultad de Medicina. Pero tanta búsqueda desenfrenada de la diferencia se tropezaría con la incapacidad de convivir con sentimientos encontrados y, pronto, la *fuite en avant* volvería por sus fueros.

Aunque el Che castigó a *Chichina* insinuando, así como de paso, que su próximo viaje con Alberto Granado por Sudamérica sería "sin retorno", le prometió volver. Sus cartas y el diario de viaje que llevó desde Miramar hasta Venezuela sugieren que en su mente la distancia no terminaría necesariamente con el vínculo que habían forjado. De la misma manera que piensa regresar para concluir sus estudios, contempla en la lejanía una vida con *Chichina*: no sin escepticismo o reservas, pero de ninguna manera como algo definitivamente descartado. El mismo nombre que le pone al perrito que le regala al despedirse en Miramar —"Comeback"— anuncia el pabellón con el que piensa navegar esos meses: el retorno no está excluido, en ninguna de las acepciones posibles.*

Pero como tantas veces le ocurrirá en los años venideros, sus propias cavilaciones sobre su futuro y destino vendrán a estrellarse en los deseos y las decisiones de los demás. *Chichina* será la que rompa el nexo entre ellos y, en alguna parte, quiebra también el del Che con su país de origen. A un escaso mes de la separación en Miramar, *Chichina* toma una decisión desgarradora, a la que la obliga su madre pero con la que ella, a su modo, concuerda: "Yo le tuve que escribir a Ernesto una carta prácticamente obligada por la mamita. Me acuerdo que me encerré en la biblioteca de Chacabuco y llorando a chorros lo hice."[46] La carta cancelaba el noviazgo, clausuraba la relación y fue recibida por Ernesto en los remotos lagos de Bariloche como una herida al alma: "Yo leía y releía la increíble

---

* La misma *Chichina* recuerda que "cuando Ernesto se fue, nuestro noviazgo seguía firme y a mí me parecía lo más normal que se fuera" (*Chichina* Ferreyra al autor, 7 de marzo de 1996.)

carta. Así de golpe, todos los sueños de retorno condicionados a los ojos que me vieron partir de Miramar se derrumbaban, tan sin razón, al parecer... era inútil insistir."[47]

Alberto Granado le contó a *Chichina* cuarenta y cinco años más tarde que nunca había visto a Ernesto tan "desbarajustado" o "conmocionado" que cuando recibió esa carta.[48] En su respuesta a *Chichina*, la penúltima carta que le escribirá, detecta y verbaliza una "razón" que sin duda conocía, por lo menos inconscientemente, desde antes. Ernesto Guevara el peregrino describe con precisión el momento que transpira en la vida de ambos:

> El presente en que vivimos los dos: uno fluctuando entre una admiración superficial y lazos más profundos que lo ligan a otros mundos, otro entre un cariño que cree ser profundo y una sed de aventuras, de conocimientos nuevos que invalida ese amor.[49]

Comienza así el ciclo de rupturas y despedidas del Che Guevara. Su vida de entonces para adelante será una retahíla de desgarramientos afectivos, geográficos y políticos. Explican su perpetua huida hacia adelante, iniciada en las playas de Miramar y en las aulas de la facultad en Buenos Aires. Nuestro protagonista no sólo evade la contradicción; es un personaje que busca su tragedia. La extraordinaria armonía de la leyenda del Che con la época que lo adoptó como símbolo tiene varias fuentes; éstas, sin duda, son algunas de ellas.

Capítulo III
Los primeros pasos:
Navegar es preciso, vivir no es preciso

A principios de enero de 1952 comienza el primer gran viaje del Che Guevara; visitará cinco países durante casi ocho meses en compañía de Alberto Granado, su amigo de la adolescencia cordobesa. Romería por la América desconocida, por la alteridad siempre requerida, por la puerta de entrada a una madurez esquiva: este periplo representará para Guevara algo más que un rito de iniciación, algo menos que una ruptura definitiva con su país, su familia y su profesión. Se trata, de cierta manera, de un avance cinematográfico al estilo de la Revolución rusa de 1905: la función estelar se estrenará un año después.

La salida es de Córdoba, con una breve desviación a Miramar, en plena temporada alta del verano austral, para despedirse de *Chichina*. También se trata, tal vez, de dejar bien barbechado el terreno para el regreso, mediante una consumación festiva del amor aún incompleto. La semana junto al mar, de creer el diario del viajero enamorado, fue idílica:

> Todo fue una miel continua con ese pequeño sabor amargo de la próxima despedida que se estiraba día a día hasta llegar a ocho. Cada día me gusta más o la quiero más a mi cara mitad. La despedida fue larga ya que duró dos días y bastante cerca de lo ideal.*

---

* Ernesto Guevara Lynch, *Mi hijo el Che*, Madrid, Ediciones Planeta, 1981, p. 280. El padre del Che cita textualmente el diario de su hijo, reconstruido a partir de unos cuadernos que, según él, encontró en la casa familiar tiempo

La intención inicial consistía en realizar todo el recorrido en una motocicleta Norton, bautizada La Poderosa II, aprovechando la experiencia y el antecedente del viaje por las provincias del norte de la Argentina. El itinerario escogido incluye cruzar Chile por el sur de la cordillera, atravesando San Carlos de Bariloche por la región de los lagos; de allí a Temuco y luego a Santiago. No todo se desenvolvió conforme a lo previsto. Desde las primeras tentativas de emprender el paso de los Andes, la moto dio señales de cansancio y renuencia a seguir adelante. Al cabo de repetidas reparaciones y averías, fue preciso treparla a un camión de mudanzas en el pueblo meridional chileno de Los Ángeles, desde donde cumpliría su última etapa hasta ser abandonada en Santiago. Así que el viaje y el diario en motocicleta no fueron tales: en realidad sólo una pequeña cuota de los kilómetros y días transitados ocurrieron en moto.*

Gracias justamente al diario que llevó el Che a lo largo de toda la odisea, y a las innumerables narraciones de la misma que ha publicado Granado, disponemos de una considerable cantidad de testimonios, recuerdos y exclamaciones de los jóvenes argonautas. No faltaron las andanzas románticas,

---

después. Años más tarde, la viuda del Che, Aleida March, organizó la publicación de las *Notas de viaje del Che*, transcribiendo los diarios. Por algún motivo la frase citada (sobre la semana en Miramar) no aparece en la versión publicada por Aleida March: o bien el propio Che no la incluyó en su reescritura del texto, o bien la viuda decidió no incluirla. *Chichina* recuerda hoy que José Aguilar, que vivió muchos años en Cuba y siguió frecuentando a la familia del Che, le contó que Aleida estaba molesta o contrariada por lo que en el diario Ernesto decía de *Chichina* (carta de *Chichina* Ferreyra al autor, 22 de agosto, 1996).

* El desperfecto de la moto fue una bendición disfrazada, como bien lo notó Alberto Granado: "Es indudable que ese viaje no hubiera sido lo útil y provechoso que fue, como experiencia personal, si la moto hubiera resistido [...] Esto nos dio facilidades para conocer el pueblo. Tuvimos trabajos, oficios para ganar dinero y seguir viajando. Así fuimos transportadores de mercancías, hombreadores de bolsas, marineros, polizontes y médicos, fregadores de platos." (Alberto Granado, entrevista con Aldo Medrón del Valle, *Granma*, La Habana, 16 de octubre de 1967, p. 7.)

arriesgadas y divertidas, desde el empeño, inducido por el alcohol y la calentura, de seducir a la esposa de un mecánico chileno en Lautaro, hasta las peripecias propias de una defensa valerosa contra "tigres", asaltantes y diversos maleantes en las cumbres de los Andes.

De los relatos de aventuras y tribulaciones surge una primera piedra angular del mito del Che: el proyecto realizado de la juventud. El par de muchachos hizo más o menos todo lo que se propuso. Visitaron las ruinas de Machu Picchu y los leprosarios del Perú; persiguieron la puesta del sol en las riberas del lago Titicaca, remontaron el Amazonas en balsa y atravesaron de noche el desierto de Atacama y las nieves del altiplano peruano. Conversaron con mineros comunistas en Chuquicamata y con indígenas milenarios, enigmáticos e impenetrables en los autobuses que serpentean por las crestas andinas. Un viaje así es el sueño de todos los jóvenes de aquel mundo al que perteneció el Che, el de las universidades y clases medias de la posguerra, tanto en América Latina como Europa o Norteamérica: el mundo de la aventura y la distancia, que no ha cambiado mucho de piel. No es del todo una casualidad que treinta años después de su muerte las obras más leídas del Che sean dos "diarios de viaje": el de Sudamérica y el de Bolivia.[1] En algún resquicio del imaginario social de los años sesenta —y de los noventa al redescubrirse al Che— se asoma la identificación de la saga de Guevara con una *road movie*, un *road book*. Jack Kerouac en el Amazonas, *easy rider* en los Andes.

El texto del Che fue transcrito, a partir de sus notas, "más de un año"[2] después de los acontecimientos vividos. La costumbre que arranca con este éxodo se mantendrá hasta la muerte en Bolivia. Guevara escribe dos veces, primero en borrador y sobre la marcha, luego en limpio y recapitulando. Sucederá lo mismo en la Sierra Maestra —a esta técnica debemos los "Pasajes de la guerra revolucionaria"— y en el Congo, donde redactará un diario, desconocido hasta ahora; que fungirá como materia prima para la redacción de otro texto.

Las anécdotas y reflexiones narradas por el Che no constituyen, pues, ni apuntes intempestivos ni meros recuerdos más o menos ceñidos a la realidad. De allí su gran valor para el biógrafo, pero también el peligro que encierran. Como documentos, son invaluables. Como fuentes, deben ser escudriñadas para detectar en ellas el trabajo del escritor: esmero estilístico de un autor fascinado por la escritura; reelaboración descriptiva de un gran narrador en ciernes; desplazamiento del énfasis en función de otros sucesos, de recuerdos recuperados en el camino, de secuencias y jerarquías recreadas a la luz del tiempo y la lejanía.

Según sus propios recuerdos, la politización del candidato a médico alergólogo crecía a pasos agigantados, pero no se acercaba siquiera a la de un aspirante a revolucionario. En él impera todavía una visión moral —imberbe si se quiere— de la política, donde la sensibilidad ante la pobreza, la injusticia y la arbitrariedad opera de manera mucho más potente que la cultura o la formación abstracta. El enfoque programático sigue siendo imperfecto; la indignación y el sentido común continúan paliando serias deficiencias de análisis. Tomemos como ejemplo el siguiente pasaje, correspondiente a la estancia en Valparaíso e inspirado por el trato que procuró dispensarle a una vieja asmática, cliente de una cantina del puerto:

Allí, en estos últimos momentos de gente cuyo horizonte más lejano fue siempre el día de mañana, es donde se capta la profunda tragedia que encierra la vida del proletariado de todo el mundo; hay en esos ojos moribundos un sumiso pedido de disculpas y también, muchas veces, un desesperado pedido de consuelo que se pierde en el vacío, como se perderá pronto su cuerpo en la magnitud del misterio que nos rodea. Hasta cuándo seguirá este orden de cosas basado en un absurdo sentido de casta es algo que no está en mí contestar, pero es hora de que los gobernantes dediquen menos tiempo a la propaganda de sus bondades como régimen y más dinero, muchísimo más dinero a solventar obras de utilidad social.[3]

Se crea y se consolida un nexo entre la voluntad de ayudar al prójimo —que suele ser un paciente— y la visión más amplia del "orden de cosas". Hieren al Che la miseria, la tristeza y la desesperación que brotan de la desigualdad y la impotencia de los desdichados de la Tierra. Guevara ciertamente establece un vínculo causal entre el deplorable destino del "proletariado de todo el mundo" y un "absurdo sentido de casta", es decir el *statu quo* económico, político y social. Pero el remedio que ofrece se queda aún muy corto y se reduce a un típico lamento de clase media, imbuido de una visión simplista: que los gobiernos cesen de gastar en su propia exaltación (se entiende: como Perón en vísperas de la muerte y glorificación apoteósica de Evita) y les presten más atención a los desvalidos. No se comprueba mayor indagación de porqué los gobiernos actúan como actúan, ni qué se puede hacer, más allá de la incantación ritual, para que dejen de proceder como acostumbran. Henos aquí frente a un llamado moral, surgido de una censura ética e individual al estado de cosas prevaleciente en el mundo. Con el tiempo, la prestancia política de Ernesto Guevara se enderezará, y adquirirá la complejidad característica de un dirigente. Pero tal vez nunca perderá por completo la frescura de esa ingenuidad original: la que proviene del encuentro del médico postulante con el dolor y la desgracia del paciente mal atendido.

Se gesta igualmente una exterioridad asumida y consciente del Che frente a los objetos de su mirada. Los pobres, los proletarios, los comunistas son otros y extraños, aunque también son hermanos y entrañables. La lucidez autoanalítica del Che, que lo seguirá hasta su tumba, desamparándolo sólo en momentos de delirio febril o asmático en el Congo y Bolivia, le indica el rumbo a seguir. No hay asimilación posible entre él y los obreros, entre él y los indios del altiplano, entre él y los negros de Caracas. Son y serán siempre diferentes, y en esa diferencia estriba a la vez el encanto que ejercen sobre el Che y los límites de su identificación. Al relatar la amistad que entablaron los viajeros con un matrimonio comunista en Chuquicamata, la mina de cobre a tajo abierto más grande del mundo, y el bastión inmemorial del Partido Comunista Chileno, Guevara evoca el frío de la noche y el calor humano que siente en su compañía:

> El matrimonio aterido, en la noche del desierto, acurrucados uno contra el otro, era una viva representación del proletariado de cualquier parte del mundo [...] Fue ésa una de las veces en que he pasado más frío, pero también en la que me sentí un poco más hermanado con ésta, para mí extraña especie humana [...] Dejando de lado el peligro que puede ser o no para la vida sana de una colectividad "el gusano comunista", que había hecho eclosión en él, no era nada más que un natural anhelo de algo mejor, una protesta contra el hambre inveterada traducida en el amor a esa doctrina extraña cuya esencia no podría nunca comprender, pero cuya traducción: "pan para el pobre" eran palabras que estaban a su alcance, más aún, que llenaban su existencia.[4]

Le impactó fuertemente el abismo entre los capataces de la mina —"los amos, los rubios y eficaces administradores impertinentes [...] los amos yanquis"— y los mineros; lo relacionó claramente con la batalla política que ya desde entonces se libraba en torno a la nacionalización del cobre chileno.*

---

* Sin duda, bajo la influencia de Alberto Granado, el biógrafo más reciente del Che, el periodista francés Jean Cormier, le atribuye una enorme importancia a la visita a la mina, transformándola casi en un momento fundacional del despertar político del Che Guevara: "Es en Chuquicamata, entre el 13 y el 16 de marzo de 1952, que Ernesto Guevara comienza a convertirse en el Che [...] después de Chuquicamata, está en incubación revolucionaria." (Jean Cormier, *Che Guevara*, París, Les Editions du Rocher, 1995, pp. 37-50.) Tal vez, pero nada en los relatos del Che da fe de dicha transmutación en ese momento, o incluso poco después.

Comprobamos de nuevo una proximidad a la política, un interés perspicaz por el acontecer nacional en Chile, y un distanciamiento simultáneo. El asunto le sigue resultando fundamentalmente ajeno. En este sentido, el texto de Guevara no es un reportaje periodístico ni una recopilación de reflexiones políticas sino, ante todo, un diario de viaje. La síntesis que hace de la lucha por las minas en Chile resume de manera diáfana su actitud:

> Se libra en este país una batalla de orden económico-político entre los partidarios de la nacionalización de las minas que une a las agrupaciones de izquierda y nacionalistas y los que, basándose en el ideal de la libre empresa, juzgan que es mejor una mina bien administrada (aun en manos extranjeras) a la dudosa administración que pueda hacer el Estado [...] Sea cual fuere el resultado de la batalla, bueno sería que no se olvidara la lección que enseñan los cementerios de las minas, aun conteniendo sólo una pequeña parte de la inmensa cantidad de gente devorada por los derrumbes, el sílice y el clima infernal de la montaña.[5]

Destaca otra vez el énfasis en las personas; se trasluce un dejo de indiferencia frente al combate político en curso, e impera un rigor indiscutible en la presentación de la disyuntiva planteada. Los mismos rasgos aparecen en el balance de su paso por Chile. No es casual que el resumen parta de la mirada clínica: sigue siendo ésta la vía privilegiada del Che para adentrarse en los procesos sociales y políticos, y para elaborar un pensamiento propio: "El panorama general de la sanidad chilena deja mucho que desear", nos advierte Guevara, aunque de inmediato confiesa que "después supe que era muy superior a la de otros países que fui conociendo".[6] Los baños son sucios, la conciencia sanitaria limitada y, prevalece "la costumbre de no tirar los papeles higiénicos usados en la letrina, sino afuera, en el suelo o en cajones puestos para eso".[7] La sensibilidad del estudiante de medicina es palmaria, como lo es también la laguna conceptual del que no ha terminado de pensar las cosas. La diferencia sanitaria entre el resto de América Latina y Argentina no reside en el menor "estado social del pueblo chileno", sino en la brecha considerable y generalizada que separa a su propio país de los demás. El problema yace en la inexistencia de redes de alcantarillado en la mayor parte de los países de nuestra región, a diferencia de la Argentina; de allí las costumbres, en el fondo ecológicas aunque insalubres, a las que se refiere el Che.

Dos comentarios de índole estrictamente política cierran el capítulo sobre Chile, y trazan las fronteras de la evolución ideológica de Ernesto Guevara de la Serna en ese momento. Uno se refiere a las entonces próximas elecciones en Chile, y al ganador, Carlos Ibáñez, "un militar retirado con tendencias dictatoriales y miras políticas parecidas a las de Perón que inspira al pueblo un entusiasmo de tipo caudillesco".[8] El viajero argentino tiene razón en cuanto a las semejanzas entre Perón e Ibáñez, que por lo demás trabaron una estrecha relación que duró hasta la caída de Perón en 1955. También acierta en lo tocante a las proclividades autoritarias y "populistas" (término que no se utilizaba en aquel momento pero que refleja fielmente el sentido de la frase del Che) de Ibáñez. Al mismo tiempo, el análisis deja de nuevo que desear en su apreciación de la naturaleza de los regímenes populistas de aquella época, no sólo en la Argentina y Chile, sino en otros países de América Latina. Donde el Che muestra mayor clarividencia es en su evaluación del dilema central de un país cuya dotación de recursos era (y sigue siendo) excepcionalmente favorable, pero que deberá "sacudirse el incómodo amigo yanqui de las espaldas y esa tarea es, al menos por el momento, ciclópea, dada la cantidad de dólares invertidos por éstos y la facilidad con que pueden ejercer una eficaz presión económica en el momento en que sus intereses se ven amenazados".[9] Salvador Allende resentiría veinte años después la eficacia de esa presión y la delicada susceptibilidad de esos intereses.

La lista de pasajes explícitamente políticos se agota con rapidez: un par de connotaciones imbuidas de un asombro mal disimulado ante la admiración de sus interlocutores en Chile y en Perú por Perón y su mujer,* y una exclamación penetrante aunque abstracta sobre Lima la Blanca.** "Pero es en los linderos de lo político, en el encuentro y la fascinación con el mundo indígena de América Latina, donde se lee la verdadera incidencia del memorable recorrido sobre la formación del Che Guevara. Salvo durante sus trayectos marítimos al Caribe y el Brasil, la realidad étnica y social que conocía Guevara no rebasaba los ámbitos de Córdoba y Buenos Aires. En aquel momento se trataba de las aglomeraciones más prósperas de América Latina, donde la noción misma del indigenismo pertenecía más a los poemas épicos y a los libros de historia que a la vida cotidiana. Incluso un individuo con la notable sensibilidad social de Ernesto hijo, marcado con la cercanía a la pobreza y la marginación, desconocía la inmensa tragedia indígena de América Latina y la embrujante mezcla de resignación y misterio que puebla el paisaje indio de nuestras latitudes. Guevara quedará maravillado por el virtuosismo de las antiguas culturas, y apesadumbrado por la miseria de las condiciones de vida y trabajo de las comunidades contemporáneas. Si en ocasiones podríamos fruncir el ceño ante comentarios o reacciones del expedicionario que hoy, cuarenta años después, nos parecen políticamente "incorrectos", deben colocarse en el contexto del descubrimiento de —y la seducción por— un exotismo alucinante.

---

* "Según ellos (éramos una especie de semidioses) venidos nada menos que de la Argentina, el maravilloso país donde vivía Perón y su mujer, Evita, donde todos los pobres tienen las mismas cosas que los ricos y no se explota al pobre." (Ernesto Che Guevara, *Mi primer viaje: de la Argentina a Venezuela en motocicleta*, Buenos Aires, Seix Barral, 1994, p. 107.)

** "Lima es la representante completa de un Perú que no ha salido del estado feudal de la Colonia: todavía espera la sangre de una verdadera revolución emancipadora." (*Ibid.*, p. 167.)

Quizás el texto más interesante de esta etapa de la vida del joven hombre de letras sea una pequeña prenda de perspicacia y descripción escrita por el Che al término de su escala en Machu Picchu. Fue publicada por primera vez el 13 de diciembre de 1953 en Panamá. Ya los transeúntes habían completado un segmento considerable de su itinerario: Chile, el lago Titicaca, los tortuosos senderos del altiplano entre la frontera boliviana y el Cuzco. Ya se habían producido los primeros cruces con "la raza vencida, la que nos mira pasar por las calles del pueblo. Sus miradas son mansas, casi temerosas y completamente indiferentes al mundo externo".[10] Ya había tomado el tren que sube de Cuzco a las ruinas, con su "tercera clase destinada a los indios de la región [...] y el concepto, un tanto animal, que del pudor y la higiene tienen los indígenas hace que éstos hagan sus necesidades al lado del camino, se limpien con las polleras las mujeres y sigan como si tal cosa".[11] Ya ha sufrido en carne propia las paradojas de la discriminación, al soltarse un aguacero entre Juliaca y Puno y ser invitadas "sus dos majestades blancas" a la cabina del camión en lugar de las mujeres, los ancianos y los niños indígenas. A pesar de todas sus protestas y vergüenza, los argentinos terminaron la escala al abrigo de la tormenta, los nativos, a la intemperie.[12]

Por último, el Che ya ha sido cautivado por el sincretismo arquitectónico y cultural de las construcciones coloniales, aunque el término tal vez le permanezca ajeno. Lamenta la suerte patética del mestizo —vapuleado por el "encono de su existencia entre dos aguas"—[13] e intuye la terrible y mágica simbiosis entre sincretismo y mestizaje, por un lado, y conquista, por el otro: *les uns ne sont rien sans l'autre*, diría Valéry. En sus andares americanos, habrá también adquirido una especie de orgullo mestizo protovasconcelista, del que brinca la falsa reivindicación de una homogeneidad ficticia. Como dirá en una de sus primeras alocuciones "públicas" al agradecerles el festejo de su cumpleaños a los habitantes de un pueblo amazónico, "constituimos una sola raza mestiza que desde México hasta el estrecho de Magallanes presenta notables similitudes etnográficas".[14] Pero nada lo estremece como Machu Picchu.

El Che se deslumbra por el misterio de la ciudad escondida durante siglos y celebra el descubrimiento del explorador Hiram Bingham, aunque manifiesta su tristeza por las consecuencias del hallazgo: "Todas las ruinas quedaron totalmente despojadas de cuanto objeto cayera en manos de los investigadores."[15] Distingue fácilmente la calidad de las edificaciones: entre los "magníficos templos" de la zona dedicada al culto, los sectores de "extraordinario valor artístico" destinados a las residencias de la nobleza y "la falta de esmero en el pulido de las rocas", característica de las viviendas de los moradores comunes y corrientes. Relaciona la conservación del sitio y de su sigilo con la ubicación topográfica y la fácil defensa que entraña, concluyendo su reflexión con una apretada síntesis de las excepcionales circunstancias de Machu Picchu —civilización, preservación al margen de la conquista, entorno singular:

> Nos encontramos aquí frente a una pura expresión de la civilización indígena más poderosa de América, inmaculada por el contacto de las huestes vencedoras y plena de inmensos tesoros de evocación entre sus muros muertos o en el paisaje estupendo que lo circunda y le da el marco necesario para extasiar al soñador.[16]

El sortilegio tejido por la arqueología y la exploración es evidente. Le permite al Che comprender fenómenos que otros aficionados a estos menesteres pondrán a buen recaudo decenios después. Steven Spielberg le debe mucho a Guevara, aunque no lo sepa. Treinta años antes de la irrupción de Indiana Jones en las pantallas y las imaginaciones de millones de niños en el mundo entero, Ernesto Guevara había descubierto el secreto del cineasta norteamericano en los fantasmas de Irma

Bingham: "Machu Picchu significó para Bingham la coronación de sus sueños límpidos de niño grande —que eso son casi todos los aficionados a este tipo de ciencias."[17] El Che comprendió que la seducción que ejercía la arqueología sobre Bingham, Harrison Ford y él derivaba de su calidad de "niños grandes". Con su lente y su pluma, Spielberg captó que nada les gusta tanto a los niños que ver a los grandes portarse como ellos.

Un último fragmento de esta espléndida crónica —probablemente el primer artículo del Che Guevara publicado bajo su firma— que merece ser reseñado concierne a la ecuanimidad y pasión con las que toca el tema de Estados Unidos. Su antinorteamericanismo crece conforme avanza la gran marcha. La réplica del caminante sobre la incapacidad del "turista yanqui" de percibir las "sutilezas que sólo el espíritu latinoamericano puede apreciar" es altamente sintomática al respecto. Pero la sensatez del aspirante a arqueólogo le impide llevar su animadversión al extremo; tampoco nubla su visión de las realidades incontorneables de toda exploración científica. Elucubrando sobre la tragedia indudable que significa el saqueo de las ruinas de Machu Picchu por los investigadores, pregunta:

> Bingham no es el culpable, objetivamente hablando, los norteamericanos en general tampoco son culpables, un gobierno imposibilitado económicamente para hacer una expedición de la categoría de la que dirigió el descubridor de Machu Picchu, tampoco es culpable. ¿No los hay entonces? Aceptémoslo, pero ¿dónde se puede admirar o estudiar los tesoros de la ciudad indígena? La respuesta es obvia: en los museos norteamericanos.[18]

Del altiplano andino los exploradores seguirán su camino a Lima y, de allí, a la Amazonia peruana. El paso por la vieja capital virreinal dejó escasa huella en los "antituristas", salvo por el fugaz romance con Zoraida Boluarte, una tierna limeña que trabajaba como asistente social en el leprosario que dirigía el distinguido médico comunista, el doctor Hugo Pesci.[19] Boluarte les consiguió a los paseantes albergue en el leprosario administrado por unas monjas, y los invitaba casi a diario a cenar a su casa. La correspondencia entre Zoraida y Ernesto se prolongó hasta 1955; la dedicatoria que Ernesto le garabateó en una foto tomada meses después da cuenta del cariño que le guardaba y de la opinión del Che sobre sus propias andanzas: "A Zoraida con la intención de que siempre esté lista para recibir un par de vagos flotantes procedentes de cualquier lado y yendo a cualquier otro, siempre a la deriva sin pasado ni futuro, y con la esperanza de que nunca pierda la manía de alimentar ociosos."[20] Si bien los intercambios epistolares entre ambos conservan el respetuoso "usted" que ya comprobamos en las cartas escritas a *Tita* Infante, y el tono no indica una relación demasiado íntima, algún chispazo romántico pudo haberse producido, tanto durante este viaje como al retornar Ernesto a Lima a finales de 1953.*

En barco remontan el río Ucayali hacia el leprosario de San Pablo, trayecto durante el cual se produce un pavoroso episodio asmático, que el joven navegante cuenta con lujo de detalles. El coqueteo con una clásica prostituta del camino le despierta cariño y curiosidad; la niña bella y atrevida lo consuela durante sus momentos de aflicción y él le entrega esa mezcla de afecto y repulsión descarnada que con frecuencia evocan las prostitutas en los hombres solitarios. Resulta tanto más desgarrador el relato cuanto que este ataque se produjo escasos días después de otro, igualmente demoledor, ocurrido en el puerto fluvial de Iquitos, y que condenó al enfermo a "pasar los días echado en la cama" y a inyectarse adrenalina hasta cuatro veces al día.[21] Si bien el más joven de los excur-

---

* Según una investigadora cubana, a Zoraida "no le gusta hablar del paso de Ernesto por su casa porque considera que fue algo fortuito y muy pequeño en la vida del Comandante Guevara" (Zoraida Boluarte, testimonio recogido por Marta Rojas, *Granma*, 9 de junio de 1988).

sionistas dedica poco espacio y trascendencia a los accesos de asma, el diario pormenorizado que llevaba Granado refleja una secuencia ininterrumpida de ataques, casi cotidiana. Prácticamente cada dos páginas Granado narra cómo su compañero cae víctima de una embestida respiratoria, que los obliga a buscar agua y fuego para esterilizar sus jeringas y bien inyectarle adrenalina cuando hay, bien cualquier sucedáneo en su ausencia.[22] Ante el agotador y desesperante sufrimiento que generan los episodios asmáticos, y frente a las perennes dificultades de conseguir los medicamentos para su tratamiento en esos apartados rincones de la Tierra, el Che se formula la misma pregunta a la que responderá de manera idéntica durante los próximos quince años de su calvario: "La bóveda inmensa que mis ojos dibujaban en el cielo estrellado, titilaba alegremente, como contestando en forma afirmativa a la interrogante que asomaba desde mis pulmones: ¿vale la pena esto?"[23]

La quincena que transcurre en el leprosario sirve para restaurar la salud del Che, aunque sólo fuera por el contraste con la tragedia que lo envuelve. Guevara se siente a la vez embrujado y repelido por los rasgos aterradores de la antigua y estigmatizada enfermedad:

> Uno de los espectáculos más interesantes que vimos hasta ahora: un acordeonista que no tenía dedos en la mano derecha y los reemplazaba por unos palitos que se ataba a la muñeca, el cantor era ciego y casi todos con figuras monstruosas provocadas por la forma nerviosa de la enfermedad... Un espectáculo de película truculenta.[24]

De allí partirán los excursionistas en balsa por el Amazonas hacia Colombia, país al que se internan por el soñoliento y bochornoso pueblo de Leticia. Dos semanas en Colombia no arrojan mayor aventura salvo una pequeña escaramuza con la policía bogotana, que los maltrató cuando Ernesto sacó incautamente de la bolsa un cuchillo para dibujar un mapa en el suelo. No parece haber lamentado en exceso la decisión de emprender velozmente la partida hacia Venezuela; excepto un par de comentarios al margen sobre el carácter represivo del régimen de Laureano Gómez y la omnipresencia de la policía, no extrañará Colombia: "un clima asfixiante", como dice él, pero "si los colombianos quieren aguantarlo, allá ellos, nosotros nos rajamos cuanto antes".[25]

Caracas y Miami constituyen escalas en buena medida carentes de lances atractivos o exóticos. La colisión con lo otro prosigue, y continúa surtiendo de afectos, como se comprueba en un pasaje del Che a propósito de la población de origen africano en Venezuela. No es necesariamente su primer contacto con "los negros": en sus idas y venidas marinas a Trinidad y Porto Alegre forzosamente tuvo que haberse rozado con los descendientes de los esclavos secuestrados en el África hacía varios siglos. El impacto de la diferencia es contundente, sin embargo, y su reacción —que hoy, en otro contexto cultural, no podríamos más que calificar de racista— sorprende:

> Los negros, los mismos magníficos ejemplares de la raza africana que han mantenido su pureza racial gracias al poco apego que le tienen al baño, han visto invadidos sus reales por un nuevo ejemplar de esclavo: el portugués... El desprecio y la pobreza los une en la lucha cotidiana, pero el diferente modo de encarar la vida los separa completamente; el negro indolente y soñador, se gasta sus pesitos en cualquier frivolidad o "en pegar unos palos", el europeo tiene una tradición de trabajo y de ahorro.[26]

En Caracas un amigo argentino le ofrece a Ernesto trasladarlo de regreso a su país en un avión que transporta caballos de carrera. Un solo problema: es preciso detenerse en Miami, parada que se prolonga más de un mes en espera de la visa para entrar en los Estados Unidos. Un periodista argentino de la United Press propone sus buenos oficios para gestionar el documento ante la embajada norteamericana, presumiendo en una cena de sus buenas migas con la misión estadounidense. De allí el periodista pasa rápidamente a cantar mil y una alabanzas del coloso del norte, y a lamentarse de la terrible oportunidad perdida de los latinoamericanos, y de la criollada argentina en particular. Al no haber sabido perder en 1806 frente a los ingleses, argüía nuestro empedernido americanófilo, los criollos desaprovecharon una gran ocasión: pasar a ser norteamericanos, al conquistar a la postre su independencia ya no de la Corona española, sino del Imperio británico. Frente a semejante insulto al latinoamericanismo recién asimilado de los viajeros, Granado replicó indignado que también hubieran podido ser indios, desnutridos y analfabetos, y súbditos de los ingleses. Guevara lo corrige en el acto: "Pues yo prefiero ser indio analfabeto a norteamericano millonario."[27] La sinceridad de la protesta no permite sospecha alguna; la grandeza y la tragedia de la vida del joven iracundo consistiría tal vez en creer que todos los latinoamericanos pensaban como él, cuando en realidad la mayoría compartía las preferencias insólitas e irrealizables del periodista de la United Press.

La escala en Miami no generó mayores recuerdos; duró treinta y pico de días y fue la única estancia de la vida del Che en los Estados Unidos, junto con su tránsito por Nueva York y Naciones Unidas en diciembre de 1964. Al respecto contamos sólo con el testimonio de Jimmy Roca, con quien Ernesto pasó esas semanas en el balneario de la Florida. Roca era primo hermano de *Chichina*, quien le proporcionó al Che su dirección en Miami, junto con quince dólares para que le comprara un traje de baño. Según Roca: "Durante ese tiempo compartimos la indigencia de la vida de estudiante que yo llevaba. Nos pasábamos tomando cerveza y comiendo papas fritas; no había para más."[28] Como el Che confesó a su amiga *Tita* Infante, de regreso en Buenos Aires, "fueron los días más duros y amargos de su vida", en parte por las dificultades económicas, en parte por su creciente antiamericanismo.[29]

El mes transcurrido en Miami, sin dinero y sin pasatiempos, varado por motivo del desperfecto del avión de su amigo, fue aprovechado por el universitario para realizar una intensa reflexión sobre su futuro. Fue quizás allí y entonces, sin ocupación ni distracciones, que resolvió que ese porvenir no pertenecía a la Argentina. Por lo pronto, el 31 de agosto de 1952, ocho meses o una eternidad después de haber abandonado su patria, regresa a Buenos Aires.

Para Ernesto Guevara su viaje por América del Sur fue una especie de epifanía, tanto en lo personal como en lo político y cultural. Pero no debemos necesariamente tomar al pie de la letra sus apreciaciones sobre la magnitud y la especificidad de los cambios ocurridos en su carácter y concepción del mundo. El Che ciertamente reconoce que "el personaje que escribió estas notas murió al pisar de nuevo tierra argentina; el que las ordena y pule, yo, no soy yo".[30] Y, sin duda, la decisión de volver a viajar, de sólo retornar a Buenos Aires para terminar su carrera y cumplirle a su madre la promesa de concluir sus estudios, se gestó durante los meses transcurridos fuera de su país natal. La despedida de Granado en Caracas revela una intención de un muy próximo reencuentro: los dos amigos se comprometen a reunirse de nuevo en Venezuela en cuanto Ernesto se titule, para trabajar en el leprosario donde Granado ya consiguió empleo.

Pero la leyenda de politización y compromiso militante constituida en diversas biografías y relatos de la juventud del Che a consecuencia de este viaje desafortunadamente no cuadra con sus apuntes. La poderosa atracción de la otredad es innegable, pero no pasa de eso. Sus disquisiciones y asombros ante la cultura y población indígenas de América Latina reflejan todavía un magro contenido o conocimiento político. Justo en las semanas cuando articula sus pensamientos y dudas sobre la apatía y desgracia de los indios peruanos, por ejemplo, estalla la revolución boliviana de 1952, la primera rebelión de campesinos indígenas desde el lanzamiento zapatista en Morelos medio siglo antes. El suceso no merece en ese momento mayor reacción del Che.[31]

Sus cavilaciones sobre sí mismo y sus propósitos y predilecciones a lo largo resultan más perceptivos y significativos que sus cogitaciones políticas y culturales. Ha resuelto dejar su país, su familia, su carrera y su ex novia; no ha encontrado su destino, ni sabe siquiera por qué rumbo buscarlo. La factura del mito y del héroe aún no se inicia. Cuando el Che escribe, ya de regreso a Buenos Aires, que "estaré con el pueblo; teñiré en sangre mi arma y, loco de furia, degollaré a cuanto vencido caiga entre mis manos. Ya siento mis narices dilatadas saboreando el acre olor de pólvora y de sangre, de muerte enemiga",[32] inventa y delira. Todavía no ha escuchado "el aullido bestial del proletariado triunfante"* ni se ha tropezado en la vereda de la vida con los personajes, hechos y emociones que consumarán su metamorfosis. Aún faltan por emerge los dos factores centrales del resto de su existencia, que darán cuenta de su mutación y gloria: Fidel Castro, y la era de las revoluciones y la rebeldía.

La vuelta a Buenos Aires fue facilitada por la certeza de la nueva y próxima partida. Sus padres y hermanos lo reciben con todo el cariño y entusiasmo que amerita el retorno del hijo pródigo, comprobando que algo —no se sabe muy bien qué— ha cambiado en la mirada y el ánimo del muchacho, que cumplirá pronto un cuarto de siglo. Ernesto se instala en la casa de su tía Beatriz para estudiar como desesperado y aprobar la totalidad de las materias para recibirse. Además de las ansias por largar nuevamente las amarras, surge un aliciente adicional. En su ocaso, el peronismo se tornaba

---

* Ernesto Guevara, *op. cit.*, p. 187. Varias personas que han leído esos pasajes del diario y que conocieron a Ernesto en esos años albergan dudas sobre su autoría. Es el caso de *Chichina* Ferreyra, como lo sugiere en una carta al autor, 22 de agosto, 1996.

más personalista y autoritario; a partir de 1954 habría que cursar materias de "justicialismo" (el nombre oficial atribuido a la doctrina peronista) y educación "política" en la universidad para titularse. La disposición al respecto del curtido antiperonista era nula, y además volvió a tener problemas con el servicio militar, roces que quizás explican los desvaríos de Perón citados en el capítulo anterior. Al completar los estudios, su remisión caducaba; había que presentarse nuevamente ante la junta de conscripción. En esta ocasión sí se curó en salud; según Granado "se duchó con agua helada antes de ser examinado por la comisión médica, desatando un ataque de asma, lo cuál le valió ser declarado inhabilitado para el servicio militar".[33] Como dijo su madre años después:

> Si el Comandante Ernesto Guevara hubiera tenido que pasar un año haciendo compras para la señora del teniente primero o vigilando la corrección de la cartuchera que no empleará nunca su superior... el absurdo sería vergonzoso. Pero fue declarado inepto. Hay justicia.[34]

Dedicándose a revisar libros y notas catorce horas al día, Ernesto presenta los exámenes en cuatro tandas: una materia en octubre, tres en noviembre y diez en diciembre. En abril realizará el último examen de su carrera y el 12 de junio de 1953 alcanza el título de doctor de la Facultad de Medicina de la Universidad de Buenos Aires. Menos de un mes después, y apenas al cabo de un año de su regreso a casa, se monta al ferrocarril en la estación del Retiro, acompañado de su amigo de infancia Carlos Calica Ferrer, en dirección a Bolivia, primera parada en el viaje de regreso a Venezuela.

Sabemos poco sobre los diez meses que duró la última estancia porteña de Ernesto Guevara. Le habló en octubre a *Chichina* Ferreyra;[35] la vio en noviembre o diciembre en Buenos Aires, enterándose misteriosamente de su paso por la capital, sin mayores consecuencias o arrepentimientos, recibiendo de su ex novia un trato "frío y distante".[36] Se encontraron por última vez en Malagueño, a comienzos de 1953; algo subsistía de la pasión anterior, ya que, según *Chichina*, "más de una vez nos quedamos mirándonos largo rato".[37] Además de cursar sus últimas materias, el Che trabajó en el laboratorio del doctor Pisani como alergólogo, con dedicación y talento, a tal punto que Pisani le pidió que permaneciera como investigador en su clínica, e incluso ofreció pagarle (oportunidad inusitada, según sus colegas).[38] Inyectaba la misma intensidad a las tareas de laboratorio que a la biblioteca o a los estudios en casa y, al mismo tiempo, de acuerdo con sus compañeros, ya "hablaba del imperialismo yanqui y la subyugación latinoamericana y la necesidad de liberación [con] fuego pasional".[39] Durante ese periodo escribió pocas cartas y frecuentó a pocos conocidos de la universidad o la infancia. Reelaboró su diario de viaje, transformándolo en el texto que hoy conocemos. Según el recuerdo de José Aguilar sobre una larga caminata con su amigo la víspera de su partida, Guevara ya se interesaba mucho más por la política, pero su intención al partir hacia Venezuela aún era "trabajar como médico".[40]

¿Por qué se marcha el Che de su patria recién cumplidos los 25 años, para nunca más volver, como dice la canción? Existe un cúmulo de factores, unos de atracción, otros de rechazo, unos contingentes, otros de largo alcance y hondo calado síquico. Sabemos lo que él mismo decía: "Lo único que hice fue huir de todo lo que me molestaba."[41] Conocemos la versión de Isaías Nougués, que recibe a Ernesto y a *Calica* Ferrer en La Paz:

> Decía que su partida de Argentina era debida a la dictadura del peronismo, que le producía asco y que prefería partir que convivir con ella. Sin embargo, Ferrer, su compañero de viaje, consideraba que el verdadero motivo era la situación de su casa donde el gran —y mal— ca-

rácter de su madre diluía y frustraba a la personalidad de su padre...*

También contamos con el testimonio de Jorge Ferrer, el hermano de *Calica*. Para él, más que elementos de repulsión, la explicación del nuevo y definitivo semiexilio del Che yace en su deseo de conocer el mundo, de compenetrarse de los problemas y realidades de América Latina, de seguir descubriendo los misterios y encantos de las culturas ajenas.[42] Es preciso recordar igualmente que Guevara había asumido un compromiso con Alberto Granado de trabajar juntos en el leprosario venezolano del Orinoco; las promesas a los amigos parecían sagradas. Y por último, no podemos desconocer ni la fascinación que ejercía la alteridad y el viaje sobre el joven Ernesto, ni la cantidad de situaciones ambiguas que agobiaban su vida bonaerense: la separación/reconciliación/separación de sus padres, el dilema político, existencial y familiar que representaba el peronismo, el interés y la distancia frente a su profesión, y su aburrimiento con la plácida monotonía de Buenos Aires.

El alejamiento de la familia fue doloroso para todos, pero en particular para Celia, la madre. De acuerdo con el testimonio de su nuera:

En esa despedida, recuerdo que Celia, su mamá, estaba sentada en un sillón, me agarró la mano y me dijo: "Minucha, lo pierdo para siempre, ya nunca más veré a mi hijo Ernesto" [...] Después fuimos a la estación del tren, estaba Celia allí, me acuerdo que cuando el tren arrancó, Celia corrió, corrió, corrió por el andén, junto al vagón.[43]

___

* Carta de Isaías Nougués (hijo) al autor, Buenos Aires, 29 de marzo de 1996. A pregunta expresa, Ferrer no niega la causalidad, pero le otorga menos importancia: "Sí, que lo haya afectado un poco sí porque creo que al final recrudeció la mala relación, pero bueno [...] no era tan grave, a mi manera de ver. No sé, no me recuerdo, sinceramente no me recuerdo." (Carlos Ferrer, entrevista telefónica con el autor, Buenos Aires/Gualeguaychú, 25 de agosto, 1996.)

Dejaba atrás una Argentina revolcada por siete años de presidencia peronista y por un decenio entero bajo la influencia preponderante del General. Mucho había cambiado en el país: el creciente sentimiento de dignidad de los trabajadores, el auge de una burguesía industrial, una nueva preeminencia internacional de la nación austral, basada ya no en sus jugadores de polo o en los tangos de Gardel, sino en un intento —finalmente fallido— de encontrar una ubicación intermedia en la Guerra Fría. El régimen populista también había mudado de ropa. A partir de la muerte de Evita, el progresivo alineamiento de Perón con sectores que anteriormente combatieron sus políticas y enfoques —el capital extranjero, la oligarquía estanciera, Estados Unidos— le compraba tiempo, pero de ninguna manera la simpatía de sus antiguos adversarios. Y le enajenaba a sus bases.

El consiguiente estrechamiento de miras y vuelo del gobierno peronista contribuía a su vez a endurecerlo y a acentuar su desesperación. Se agravaba el culto a la personalidad de Perón y de su difunta compañera; se intensificaban los esfuerzos para retener por la propaganda y la intoxicación los apoyos originalmente conquistados mediante transformaciones reales, ahora desvanecidas por el debilitamiento paulatino del proyecto. Al concluir la guerra de Corea, la economía ya no generaba los recursos para sufragar la generosidad social del Estado argentino. La sociedad de la que se despide el Che Guevara en 1953 se encuentra apesadumbrada, como él, por la ausencia de opciones: ni contra Perón, por lo que fue, ni a su favor, por lo que se había vuelto.

La primera escala del nuevo viaje fue Bolivia, no tanto por el interés intrínseco del país o del acontecer político y social del momento, sino porque ése era el tren más barato a Venezuela. Luego de un eterno trayecto en vagones atestados de "gente de condición muy humilde... peones del norte argentino o bolivianos que regresaban a sus tierras después de ganarse unos pesos en Buenos Aires" y de un feroz ataque de asma en cuanto comienza el ascenso de la cordillera* Ernesto y *Calica* llegan a La Paz el 11 de julio de 1953. Ha pasado un año desde la toma del poder por el Movimiento Nacionalista Revolucionario (MNR) encabezado por Víctor Paz Estenssoro; el país aún vive una efervescente coyuntura reformista. La nueva mancuerna de argonautas permanecerá cinco semanas en Bolivia, estancia que dará mucho de qué hablar en diversos relatos y biografías del Che, de nuevo como un estadio fundante en su evolución. Así lo entendió *Calica* Ferrer, que habiendo conocido a Ernesto desde Alta Gracia, y frecuentándolo en Buenos Aires al término de su viaje por América Latina con Granado, considera hoy que la verdadera politización de su amigo se produjo en Bolivia, junto con la emergencia de un sentimiento antiamericano más marcado y político.[44] La visita que efectúan a una mina de wolframio en las faldas del Illimaní, donde presenciaron los abusos cometidos por los capataces norteamericanos contra los peones y obreros, surtió un efecto notable.[45]

No obstante, la estancia en Bolivia difícilmente puede haber contenido la totalidad de los encuentros, análisis y hechos mencionados a lo largo de todos estos años.** Son in-

---

* Isaías Nougués, entrevista, *op. cit.*, *Calica* Ferrer recuerda el episodio así: "Le da un ataque de asma a Ernesto que se quedó como muerto. Me acuerdo que me lo cargué al hombro como pude [...] Lo acosté en la pensión como muerto, porque yo conocía los ataques de asma de Ernesto, pero no de esa gravedad." (Citado en Claudia Korol, *El Che y los argentinos*, Buenos Aires, Ediciones Dialéctica, 1988, p. 88.)

** Así, un biógrafo peruano relata cómo el Che "era redactor de boletines en la oficina de información de la Presidencia, y se dice que le tocó un turno de guardia para vigilar el Palacio Quemado" (Carlos J. Villar-Borda, *Che Guevara: su vida y su muerte*, Lima, Gráfica Pacific Press, 1968, p. 66). Y un cubano que se encontró al Che en Guatemala narra cómo "el médico Guevara conoció entonces en Bolivia a Juan Lechín", el legendario dirigente de los mineros del estaño (Mario Mencía, "Así empezó la historia del guerrillero heroico", en *Revista de la Biblioteca Nacional José Martí*, La Habana, mayo-agosto, 1987, p. 48).

contables quienes conservan en la memoria una anécdota del Che en Bolivia: desde el actual presidente, Gonzalo Sánchez de Losada, quien asegura haber conocido al Che en una tertulia en Cochabamba, hasta Mario Monje, ex dirigente del Partido Comunista Boliviano, quien recuerda cómo el Che visitó las minas de estaño durante su tránsito por el país:

> Al Che Guevara le dan un trabajo en una mina, Bolsa Negra, cerca de La Paz, un lugar un poco frío. Claro que el núcleo minero es pequeño, pero para ser líder de ahí había que estar un buen tiempo, pero lo mejor era estar dentro de la mina, no ser un médico. Él es médico, su vinculación es muy circunstancial. Es así como [...] yo diría, llega ahí como una especie de una semilla de orquídea a Bolivia, en busca de un lugar en donde asentarse.[46]

El Che se ilusiona con la revolución boliviana, encontrándose al tiempo fallas y debilidades irritantes.* En su correspondencia enfatiza inicialmente lo positivo: la creación de las milicias armadas por el gobierno revolucionario, la reforma agraria, la nacionalización de las minas de estaño y antimonio. Desde el 24 de julio, es decir a poco más de diez días de haber desembarcado en la capital boliviana, le escribe a su padre que el país "vive un momento particularmente interesante" y que ha presenciado "desfiles increíbles con gente armada de máuseres y piripipi".[47] En una carta a *Tita* Infante fechada en Lima a principios de septiembre, comenta que

---

* Las fuentes para reconstruir la estadía del Che en Bolivia son cuatro: sus propias cartas a la familia y a *Tita* Infante; los relatos posteriores de su compañero de viaje, *Calica* Ferrer; los recuerdos de la familia de Isaías Nougués, el exiliado argentino que recibió a los peregrinos, y el relato de Ricardo Rojo, un abogado radical recién expatriado por antiperonista, quien entabló con Ernesto una amistad que duraría hasta 1965. A pesar de repetidas denuncias cubanas por el contenido de su libro *Mi amigo el Che*, Buenos Aires, Legasa, 1968. Rojo narra con inteligencia y sensibilidad —no siempre con precisión— sus viajes, conversaciones y reflexiones con su compatriota.

Bolivia es un país que ha dado un ejemplo realmente importante a América [...] Aquí las revoluciones no se hacen como en Buenos Aires [...] el gobierno está apoyado por el pueblo armado de modo que no hay posibilidades de que lo liquide un movimiento armado desde afuera y sólo puede sucumbir por sus luchas internas.[48]

El desencanto del entusiasta viajero con la revolución del MNR nace sobre todo a raíz de un incidente. En la versión consagrada, Ferrer y el Che solicitan una entrevista a Ñuflo Chaflés, el ministro de Asuntos Campesinos. En la sala de espera del funcionario pululaba un multitud de campesinos, todos ellos indígenas, como corresponde a un país indígena. Aguardaban la adjudicación de tierras, logro primordial de la reforma agraria promulgada por el régimen. Mientras esperaban su audiencia, un empleado del ministerio pasaba y los fumigaba con algún insecticida. Con toda razón, Ernesto y Ferrer se escandalizaron ante la abyección impuesta a los autores de la revolución nacionalista, llevando a Ernesto a concluir:

Me pregunto cuál será el futuro de esta revolución. La gente en el poder fumiga con DDT a los indios para despojarlos provisionalmente de las pulgas que los invaden, pero no resuelven el problema esencial de la proliferación de los insectos.[49]

En una versión del mismo incidente narrado después por *Calica* Ferrer, el acompañante de Ernesto comenta que "cuando los coyas (indios) van al poblado para gestionar cualquier pedido ante las autoridades, los empleados del gobierno, sin ningún disimulo, los desinfectan con DDT".[50] Finalmente es a Ricardo Rojo a quien conviene atribuirle la responsabilidad del relato de las desventuras del Che Guevara con el DDT y los piojos de los indígenas bolivianos. En su libro el incidente aparece más completo y abstracto. Mientras hacían antesala, los dos argentinos atestiguan la fumigación de los campesinos y le reclaman al ministro el recurso a métodos tan degradantes. El funcionario responde reconociendo que la operación resultaba desafortunada pero inevitable, ya que los indígenas no conocían el jabón y los efectos de una política educativa iban a demorar años en hacerse sentir. El meollo del asunto estriba en la reacción emblemática del Che:

> Esta revolución fracasará si no logra sacudir el aislamiento espiritual de los indígenas, si no consigue tocarlos en lo más profundo, conmoverlos hasta los huesos, devolverles la estatura de seres humanos. Si no, ¿para qué?[51]

Comentario iconográfico, mas no necesariamente indicativo de una posición política: la postura de Guevara continúa siendo esencialmente ética, desprovista de mayores connotaciones políticas. El Che se indigna ante las sucesivas expresiones de la humillación indígena, consternado por la desgracia acontecida a culturas, etnias y rostros que cada vez admira más. No puede disociar la fila de "coyas" esperando con paciencia milenaria su lote de tierra en las oficinas burocráticas de La Paz del esplendor de las ruinas de Tiahuanaco, en el techo del mundo, cerca de la capital boliviana. Su sentido de justicia y decencia se ve ofendido por el desprecio y la altanería implícitos en el trato extendido a los supuestos beneficiarios de la revolución de 1952: "La gente llamada de bien, la gente culta se asombra de los acontecimientos y maldice la importancia que se la da al indio y al cholo..."[52]

A través de estas aproximaciones éticas y sensibles, el Che se arrima a una tesis, que hoy llamaríamos cultural, y que encierra una gran verdad para un continente desgarrado por la desigualdad. Entregarles a los afrentados de siempre el grano de orgullo y respeto del que han carecido durante siglos es uno de los objetivos y logros potenciales más trascendentes de cualquier actividad política en América Latina y, sobre todo, de una revolución que se precie de serlo. Guevara aún no le imprime un ello estrictamente política a esta reflexión; su reacción intuitiva y momentánea debe ser ubicada todavía en un contexto de relativa confusión sobre los méritos y defectos del MNR. Pero se asoma ya el embrión de un pensamiento político diferente; en este sentido el paso por Bolivia fue mucho más que una escala técnica.

Ernesto Guevara no trabajó en las minas de estaño o de antimonio de la nación andina, aunque visitó las cuencas mineras de Oruro y Cataví.* Ni recorrió todos los valles y cumbres del país donde sería enterrado catorce años después, si bien exploró la región semitropical de Los Yungas. Pero comulgó asiduamente con los políticos y pensadores presentes en el amplio movimiento de reformas encabezado por Paz Estenssoro. Dedicaba largas horas a conversar, discutir y aprende en los bares y cafés de la Avenida 16 de Julio y del Hotel Sucre Palace. Fue su primer acercamiento auténtico al mundo complejo y contradictorio de la política, tanto tradicional como revolucionaria. Sus intuiciones sobre el problema indígena y popular en general le valdrán agrias discrepancias con muchos de sus interlocutores; el escepticismo que fue apoderándose de él en buena medida a consecuencia de dichas divergencias —y de sus reacciones emotivas ante la ignominia comprobada cotidianamente en la calle y el campo— contribuirá a cegarlo frente a las conquistas acotadas pero indiscutibles de la revolución del '52.

Ese punto ciego, esa circunspección ciertamente justificada pero llevada al extremo por una formación política aún en ciernes, quedarán archivados en la memoria del viajero. Catorce años más tarde, esa memoria se reactivaría y haría

---

* "Estuve por ir a trabajar a alguna mina pero no estaba dispuesto a quedarme más de un mes y me ofrecían tres como mínimo, de modo que no agarré." (Ernesto Guevara de la Serna a Celia de la Serna de Guevara, 22 de agosto de 1953, citada en Ernesto Guevara Lynch, *Aquí va un soldado de América*, Buenos Aires, Sudamericana-Planeta, 1987, p. 19.)

estragos con la visión de la coyuntura boliviana de los sesenta del comandante guerrillero Ernesto Guevara. Conducirá a un inevitable menosprecio por la combatividad de los mineros y a un desconocimiento de la huella que dejó en la conciencia campesina una reforma agraria truncada, pero que repartió tierras a decenas de miles de habitantes de las zonas rurales: "Era una manifestación pintoresca pero no viril. El paso cansino y la falta de entusiasmo de todos le quitaba fuerza vital, faltaban los rostros enérgicos de los mineros".[53]

El mismo enfoque le impedirá asimilar el alcance de la negociación celebrada entre el flamante régimen de Paz, Juan Lechín y Siles Hernán Suazo, por una parte, y Milton Eisenhower, el enviado del gobierno de los Estados Unidos, por la otra, a mediados de 1953, durante la visita del hermano del héroe de Normandía. El arreglo alcanzado en el instante mismo del tránsito del Che por Bolivia logró cuadrar el círculo: evitar el enfrentamiento con Washington y conservar simultáneamente una porción significativa de las conquistas y reformas. Le entregó a la clase política y al ejército una seguridad en sí mismo, así como una sólida disposición a solicitar ayuda externa, combinación de la que pocas clases gobernantes latinoamericanas pueden jactarse. Al enfrentarse en 1967 a esa amalgama de nacionalismo castrense limitado pero hondamente arraigado, y de colaboración estrecha con las fuerzas armadas estadounidenses, el Che Guevara sufrió las consecuencias de su perceptiva y al tiempo errónea lectura del acontecer boliviano.

Habría que destacar la ausencia de cualquier comentario del Che o de sus amigos de aquel momento sobre el convenio pactado entre el régimen revolucionario y la administración Eisenhower. Al igual que en el caso de Lázaro Cárdenas en México en 1938 —y a diferencia de lo que sucederá en Cuba en 1959-1960 y luego en Chile en 1970-1973—, la revolución del MNR le arrancó al gobierno norteamericano una aceptación renuente pero resignada de su programa expropiatorio de recursos naturales y de reforma agraria. Obviamente hubo un costo: mediatizar otros aspectos del proceso de reformas, indemnizar a las empresas nacionalizadas y someterse a un alineamiento ideológico férreo y foráneo. El balance del pacto nunca fue fácil de calcular, pero sorprende que una de las características más peculiares y trascendentes de la revolución boliviana de 1952 no haya suscitado reflexión alguna por parte del aún joven Ernesto. Ello revela o bien una curiosidad estrictamente política aún poco desarrollada, o bien una subestimación más compleja, por consciente y meditada —pero inexacta al fin—, de la incidencia del factor externo en un proceso revolucionario como el de Bolivia. La rectificación o la madurez no tardarán en llegar. Guatemala será la próxima escala en la nueva odisea guevarista.

No tenía sentido eternizarse en Bolivia, por interesante que pareciera el panorama político. A mediados de agosto los dos amigos emigran de nuevo y, a instancias del Che, retrasan sus pasos anteriores con Alberto Granado. Retorna el flamante médico a Cuzco y a Machu Picchu y luego a Lima a reencontrarse con Zoraida Boluarte y el doctor Pesci. Allí Ricardo Rojo se une al dúo, y al cabo de un par de semanas en la capital peruana, emprenden el camino hacia Guayaquil, arquetipo de infierno portuario y tropical en el Ecuador. Quedarán varados casi tres semanas en el puerto bananero, en compañía de otros amigos argentinos; Guevara sumido en condiciones pecuniarias y de salud deplorables, hasta que consiguen pasaje a Panamá en un buque de la Flota Blanca de la United Fruit Company. El Che comprueba que si la altura del altiplano lo destruye físicamente, el calor y la humedad tropicales lo devastan.

En el bochorno perenne del trópico, Ricardo Rojo y los otros compañeros convencen al Che de tomar una decisión crucial para su vida futura. Resuelve abandonar los planes de reunirse con Granado en Venezuela y opta, en cambio, por trasladarse con los demás itinerantes a Guatemala.* El llamado de la diferencia se impone. En Guatemala, país desconocido, indígena y atrayente, se halla en marcha un proceso de reformas semejante al de Bolivia, pero tal vez más radical, y, en todo caso, más fresco y enfrentado con Estados Unidos. La ruta a Guatemala será accidentada y ardua: el asma, la falta de recursos, las sustituciones constantes de compañeros de ruta —*Calica* Ferrer se separa en Quito para continuar hacia Venezuela— dificultan y prolongan el desplazamiento. Tarda en total dos meses enteros en arribar a Ciudad de Guatemala, al término de una serie de paradas más o menos previstas, principalmente en Panamá y San José de Costa Rica. En Panamá publicó su primer escrito, como ya señalamos; contempló el Canal y constató el contraste, tal vez más marcado entonces que ahora, entre los barrios latinos y la zona norteamericana: ordenada, pulcra y próspera, anglosajona y blanca, el clásico enclave colonial en un país supuestamente libre. Recorrió también en esos meses las plantaciones interminables de la United Fruit Company en Costa Rica, que le provocaron un comentario ácido y casi caricaturesco:

> Tuve la oportunidad de pasar por los dominios de la United Fruit convenciéndome una vez más de lo terrible que son estos pulpos capitalistas. He jurado ante una estampa del viejo y llorado camarada Stalin no descansar hasta ver aniquilados estos pulpos capitalistas.[54]

En San José realizó su primer y tal vez último encuentro desprovisto de carga política con la recién nacida socialdemocra-

---

* No es que violara el compromiso con Granado; la idea, según *Calica* Ferrer, era que "yo llegaba a Venezuela, me encontraba con Granado, nos poníamos en contacto con Ernesto que estaría en Guatemala y de ahí íbamos a seguir los tres para algún lado". (Carlos Ferrer, entrevista, *op. cit.*)

cia latinoamericana, así como su primera conversación a fondo con un dirigente comunista de la región. En varias ocasiones se entrevistó con Rómulo Betancourt —que años después sería presidente de Venezuela en el preciso instante cuando el ya para entonces ministro cubano Ernesto Guevara conspiraba con la guerrilla venezolana— así como con Manuel Mora Valverde, el jerarca del Partido Comunista de Costa Rica. El contraste entre ambos encuentros ilustra el camino que el Che ya ha escogido en materia política:

> Nos entrevistamos con Manuel Mora Valverde. Es un hombre tranquilo, más que eso pausado [...] Nos dio una cabal explicación de la política de Costa Rica [...] La entrevista con Rómulo Betancourt no tuvo las características de lección de historia que nos diera Mora. Me da la impresión de ser un político con algunas firmes ideas sociales en la cabeza y el resto ondeante y torcible para el lado de las mayores ventajas.[55]

Sostuvo con Betancourt un altercado indicativo de su emergente inclinación política, y del camino que el Che andará durante los próximos nueve años, hasta que su propia experiencia con la URSS produzca un desengaño previsible. En plena polémica con el venezolano a propósito de la presencia de Estados Unidos en América Latina, Ernesto le pregunta a bocajarro: "En caso de guerra entre Estados Unidos y las URSS, ¿qué partido tomaría?" Betancourt respondió que el de Washington, motivo suficiente para que Guevara lo tildara allí mismo de traidor.[56]

Comprobó también los alcances y límites del gobierno de José Figueres, quien desde 1948 procuraba construir en Costa Rica un Estado asistencial extenso y anticomunista. Por último, la breve escala en San José sirvió para algo más. En la capital tica se produce el contacto inicial entre el Che y los cubanos, en la persona de dos sobrevivientes del asalto al

Moncada, acontecido, como lo sabe cada izquierdista latino-americano desde tiempos inmemoriales, el 26 de julio de 1953. Calixto García y Severino Rossel le contaron por primera vez la historia fantástica, en todos los sentidos de la palabra, del intento fidelista por derrocar al régimen de Fulgencio Batista asaltando el cuartel militar de la segunda ciudad de Cuba. Al principio, Guevara se mostró escéptico,[57] pero poco a poco la simpatía natural de los cubanos, la grandeza y tragedia de la epopeya y la magnitud de la diferencia con la mansa moderación de la política costarricense lo persuadieron. La amistad iniciada en San José se reforzará en Guatemala, donde aparecerán otros rescatados del Moncada. Entre ellos figura Ñico López, asilado en la embajada guatemalteca en La Habana y que llegará a la capital del país del quetzal en fechas análogas a Ernesto, portando más y mejores noticias de la isla.

El Che llega a Guatemala en vísperas de la noche de San Silvestre de 1953. Allí fincará su residencia ambulante hasta que logra salir de la embajada argentina, donde se encuentra asilado, rumbo a México, desterrado por el golpe contra el régimen del coronel Jacobo Arbenz. País de tres millones de habitantes, en su inmensa mayoría indígenas pobres y excluidos, la más grande y poblada de las naciones centroamericanas poseía entonces una típica economía de plantación —café, banano y algodón— y un atraso social desolador. Casi todos sus indicadores sociales la colocan en 1950 en el antepenúltimo lugar de América. En 1950, Guatemala sufría, con la excepción de Bolivia, la peor tasa de subempleo y desempleo urbano y rural de toda América Latina,[58] y aún en 1960, la esperanza de vida al nacer más baja de la región.[59]

Hasta la llegada a Guatemala, todo en el viaje de los argentinos ha sido fundante, pero sólo emocional y culturalmente. El auténtico bautizo de fuego político de Ernesto Che Guevara tendrá lugar durante esos tristes y agitados meses, al estrellarse contra la implacable polaridad de la Guerra Fría el heroico y fútil esfuerzo de un modesto militar guatemalteco por cambiar la vida secular de sus compatriotas. Guevara trae ya un nutrido bagaje ideológico en su raída y descosida mochila; pero de Guatemala se marchará con baúles enteros de ideas, afinidades, odios y juicios en gran medida ya afinados y duraderos.

En total permaneció en Guatemala ocho meses y medio: una breve estancia existencial, una eternidad ideológica. Su estadía se vio consumida por varias ocupaciones: la política, es decir el seguimiento de cerca del desenlace del drama guatemalteco; la búsqueda infructuosa de empleo como médico, enfermero o lo que fuera afín a su oficio; la lucha perenne contra su enfermedad, y el principio de su relación con quien sería su primera esposa, la peruana Hilda Gadea. Pretendía detenerse un largo rato en Guatemala, hasta dos años de ser posible, antes de dirigirse a México, luego a Europa y a China.* Se proponía ganarse la vida en el ejercicio de su profesión, pero rápidamente se enfrentó a una contradicción consabida en América Latina. Por un lado escaseaban los galenos y abundaban las enfermedades; por el otro, las trabas y cortapisas erigidas frente al intento de un extranjero de desempeñar su ciencia resultaron insuperables. Cuando mucho, pudo obtener un módico salario en un laboratorio del Ministerio de Sanidad, y antes vendiendo enciclopedias.

Al principio los lamentos vienen preñados de humor: "Fui a ver al ministro de Salud Pública y le pedí un puesto, pero le exigí una respuesta categórica, por sí o por no... El ministro no me defraudó porque me dio una respuesta categórica: no."[60] Al poco rato se esfumaría el buen carácter, y la

---

* "Mi plan para los próximos años: por lo menos seis meses de Guatemala, siempre que no consiga algo bien remunerado económicamente que me permita quedarme dos años [...] iré a trabajar a otro país un año [...] Venezuela, México, Cuba, Estados Unidos [...] tras un periodo de visita y Haití y Santo Domingo, Europa Occidental, probablemente con la Vieja." (Ernesto Guevara de la Serna a Beatriz Guevara Lynch, 12 de febrero de 1954, citado en Guevara Lynch, *Aquí va...*, p. 38.)

frustración comenzaría a apoderarse de nuestro nómada desempleado: "El hijo de puta que debía contratarme me hizo esperar un mes, para después hacerme decir que no podía hacerlo."[61] Una anécdota recurrente consigna que entre los múltiples obstáculos a los que se enfrentó el Che en sus intentos fallidos por atender a pacientes locales figuró la carencia de un carné del Partido Comunista (cuyo nombre legal era Partido Guatemalteco del Trabajo, PGT). No obstante, en su correspondencia el frustrado doctor más bien pone el acento en los impedimentos atribuibles a la profesión médica "reaccionaria" y a su cerrazón corporativista. Ciertamente la motivación del esfuerzo era cada vez más monetaria; Ernesto perdía a pasos acrecentados el menudo interés que conservaba por la medicina. La política y la arqueología se transforman rápidamente en sucedáneos del tema de sus estudios.

Se queja en varias ocasiones de no haber podido visitar el Petén, y Tikal en particular; sólo podrá recorrer los pueblos del altiplano guatemalteco cercanos al lago Atitlán.* Entre las infinitas discusiones políticas con diversos personajes, el pésimo efecto que surte sobre su enfermedad el clima de Ciudad de Guatemala, y la cercanía cada vez mayor con Hilda Gadea, el Che tendrá que renunciar a una de sus metas: conocer la cultura maya en toda su magnificencia selvática. Sólo un par de años más tarde, en una especie de luna de miel con Hilda, podrá recorrer a su antojo los sitios de la península de Yucatán y Palenque. El hervidero político y conspirativo de Guatemala ameritaba dedicarle largas horas a conversaciones intensas y sesudas, con revolucionarios o espectadores curiosos venidos de muchas latitudes: Rojo y los argentinos, los cubanos recién desembarcados, académicos estadounidenses de izquierda (Harold White, de Utah) o de estirpe indefinida

---

* Hugo Gambini sostiene que el Che sí realizó su sueño de conocer el Petén, pero no proporciona ninguna fuente ni dato que corrobore su afirmación. Véase Hugo Gambini, *El Che Guevara*, Buenos Aires, Paidós, 1968, p. 91.

(Robert Alexander, de Nueva Jersey) y sociólogos centroamericanos cuasicomunistas como Edelberto Torres y su hija, Myrna.

A estos últimos los conoció, como a muchas de sus amistades en Guatemala y luego en México, gracias a Hilda Gadea, personaje de primera línea en su vida, pero objeto de un afecto fraternal y solidario más que romántico o erótico. Su enfermedad y la fascinación por la otredad indígena explican parte de la seducción original. Hilda conoció al Che tendido en su cama, hambriento y temblando de frío, derrumbado por un episodio asmático. Hallándolo en pleno desamparo, se hace cargo de él: se presenta como fiadora de la pensión que alquiló, le consigue los medicamentos para el asma y libros para leer, y en pocos días le reorganiza su vida. Si a la generosidad y apoyo le agregamos su mayoría de edad (le lleva tres años y medio al Che) y el evidente atractivo que ejerce sobre el viajero la estampa indígena de su samaritana, comprendemos los motivos del acercamiento. Los divisamos con mayor claridad si evocamos la respuesta que dio la hija de ese efímero matrimonio, muchos años después en La Habana, al ser interrogada sobre alguna prenda o recuerdo que conservaba sobre la atracción de su padre por lo indígena; contestó con una palabra que encerraba toda su tristeza y orgullo: "Mírame".[62]

El Che se refiere a Hilda por primera vez en una carta a su madre fechada en abril de 1954. Lo hace en un tono cariñoso que da la pauta de su encuentro: "Tiene un corazón de platino lo menos. Su ayuda se siente en todos los actos de mi vida diarios (empezando por la pensión)."[63] Los dos asaltantes al palacio de invierno forjaron un vínculo basado en la afinidad ideológica y el apoyo médico, financiero y espiritual de Hilda al indocumentado argentino. Hilda, como muchas peruanas, recibió fuertes mensajes chinos e indígenas en su composición genética. Era, como varios de sus amigos han comentado, más bien corta de estatura, y llenita.* El "enganche" de Ernesto con la experimentada militante del APRA peruano no consistía en su belleza ortodoxa, sino en su arquetipo indio y en la manera en que Gadea se hizo rápidamente cargo de muchas de las facetas de su vida, desde el asma y el empleo hasta su formación ideológica y el ensanchamiento de su círculo de conocidos. Un año después, los enamorados se casarán en México, donde nacerá la hija citada. Ya para entonces las cartas estarán echadas en lo que toca a la intensidad, las raíces y el porvenir de la relación. Hilda era lo suficientemente distinta del Che para que éste fuera seducido; era demasiado diferente de *Chichina*, casi su imagen contraria, para que despertara en él la pasión dejada atrás en Malagueño.

En sus recuerdos Hilda Gadea apunta que en el momento mismo de la declaración de amor de Ernesto en una fiesta le propuso matrimonio. Ella sugirió que esperaran, más por motivos políticos que por falta de cariño.[64] Buena parte de la vida de Ernesto en Guatemala transcurrió en torno a ella: lo cuidaba, le prestaba libros, discutía con él interminablemente sobre sicoanálisis, la Unión Soviética, la revolución boliviana y, por supuesto, el cotidiano acontecer guatemalteco. Cuál era la parte de amor, cuál la del encanto por lo extraño y ajeno, cuál la de camaradería y consanguinidad ideológica, es difícil saber. Lo seguro es que Hilda ejerció una influencia indudable sobre el imberbe revolucionario; su persistente respeto y afecto por ella se derivó en buena medida de su deuda con ella.

---

* El término "exótico" que utilizan algunos para describirla abre todo tipo de interrogantes. De acuerdo con Rojo, era "una joven con rasgos exóticos" (Rojo, *op. cit.*, p. 67). ¿A ojos de quién? ¿Desde qué perspectiva? Otros calificativos estéticos de los que hacen gala incluso biógrafos cuya simpatía por el Che se antoja incontrovertible resultan igualmente ilustrativos y desafortunados. Según Hugo Gambini, entre un grupo de apristas alojados en la pensión donde vivía el Che "había una maciza muchacha de ojos almendrados, pero fea, muy fea..." (Hugo Gambini, *op. cit.*, p. 89.)

Todo, incluyendo los recuerdos de la propia Hilda, sugiere que el romance fue por un largo tiempo platónico. Sólo se consumó en Cuernavaca, México, un año después, a mediados del mes de mayo de 1955, cuando pasaron juntos un fin de semana en la ciudad adoptiva de Malcolm Lowry,* ya con la firme intención de casarse, pero aún en la imposibilidad de hacerlo debido a las innumerables trabas migratorias y burocráticas de las autoridades mexicanas.[65] De acuerdo nuevamente con el relato de Hilda, el Che llevaba la voz cantante. Era él quien insistía más en el matrimonio, ella quien accedía a sus exigencias y cumplía las promesas anteriores. Del tono de los pasajes pertinentes del libro de Gadea se infiere una leve renuencia a casarse por parte de la mitad más madura de la pareja. Intuía que la relación sería difícil si no insostenible a largo plazo, y que Ernesto no aguantaría los rigores e imperativos de un matrimonio "burgués".

El hecho es que finalmente el casamiento se celebra el 18 de agosto de 1955 en el pueblo colonial de Tepotzotlán, días después de que Hilda descubre que se encuentra embarazada. La relación de causa y efecto es sugerida por la esposa; le atribuye a Ernesto la frase siguiente: "Ahora debemos apurarnos por la ceremonia legal y para el aviso a nuestros padres"[66] en el momento en que le informa de su estado de gravidez. Un biógrafo del Che recurre a las palabras "tenían que casarse" al referirse a la decisión de esos días.[67] Asimismo, un funcionario soviético que llegó a fraguar una sólida amistad con el Che, Oleg Daroussenkov, recuerda una conversación con Guevara en Murmansk, a principios de los años sesenta. Al término de varios tragos de vodka para combatir el frío del Ártico, el Che confesó que se había casado porque Hilda estaba esperando un hijo. Se había tomado demasiados tequilas, lo cual lo condu-

---

* "Habíamos reservado un fin de semana para irnos a pasarlo en Cuernavaca [...] de manera que decidimos unirnos de hecho [...] Y así lo hicimos." (*Ibid.*, p. 116.)

jo a un gesto absurdo de caballerosidad.[68] Cierto o no, el hecho es que no se justificaría otorgarle a este amor una intensidad emocional decisiva. Guatemala fue para el Che el país de sus primeros pininos políticos, no de pasiones primaverales.

En efecto, fueron tiempos cruciales en la vida del Che y en la historia de América Latina: el inicio de la Guerra Fría en la región. Se materializó entonces el estereotipo más rudo y descarado de la agresión de una potencia hegemónica (el imperialismo, en el vernáculo de la época) contra un régimen honesto y bienintencionado, pero débil, y dividido: una república bananera por antonomasia. Todo comienza en noviembre de 1950, cuando apenas por segunda ocasión en la historia de Guatemala se celebra una elección democrática a la presidencia de la República, ganada por el coronel Jacobo Arbenz, que toma posesión el 15 de marzo de 1951.

Al llegar al poder, Arbenz introduce una serie de reformas económicas y sociales, todas ellas imprescindibles en un país donde el 2.2% de la población posee el 70% de la tierra. El nuevo gobierno impulsa un ambicioso programa de obras públicas, incluyendo la construcción de un puerto en la costa atlántica, una carretera a la costa y una planta hidroeléctrica. Dichos proyectos compiten directamente con monopolios existentes, propiedad de la United Fruit Company, de legendaria e ignominiosa fama literaria y económica. El 27 de junio de 1952, Arbenz firma el decreto con el que se instituye la reforma agraria, que prevé la expropiación de latifundios no cultivados y la compensación a sus dueños de acuerdo con el valor catastral de sus propiedades, lo cual tampoco complace a la empresa bananera. Se establece asimismo un impuesto sobre la renta —por primera vez en la historia de la nación— y se consolida una serie de derechos laborales, entre ellos la contratación colectiva, el derecho de huelga, el salario mínimo; de nuevo, nada que pudiera agradar a la frutera.

Muy pronto, por razones económicas —los intereses de la United Fruit—, ideológicas —la participación cada vez más activa en el gobierno y en el proceso de reformas del PGT, que a pesar de sus minúsculas dimensiones ejerce una influencia desproporcionada gracias a la competencia y dedicación de sus cuadros— y geopolíticas —un tenue acercamiento internacional de Arbenz al bloque socialista—, Washington desata una política de hostigamiento contra el régimen. Ya para 1954, dicha política se despoja de sus máscaras, para convertirse en un intento explícito por derrocar al gobierno, de preferencia con apoyo interamericano. Fue ése el propósito de la conferencia de la Organización de Estados Americanos, celebrada en Caracas en marzo de 1954, donde la delegación estadounidense encabezada por John Foster Dulles pidió abiertamente una condena al gobierno de Arbenz. Solicitud apoyada por todos los gobiernos del continente, salvo el de México y el argentino, lo cual llevó al Che a revisar algunos de sus planteamientos previos sobre Perón.* La conjunción de embates externos, del desencanto en el seno de las filas del bando arbencista, del disenso dentro del ejército, y de titubeos por parte del presidente desembocaron en la asonada de junio de 1954. Una columna sediciosa, comandada por el coronel Carlos Castillo Armas, dirigida y financiada por la CIA, ingresa a territorio guatemalteco desde Honduras y, gracias a un sofisticado operativo de propaganda y manipulación, provoca la renuncia de Arbenz, sin que la correlación de fuerzas estrictamente militar la ameritara.**

---

* Un año después, Ernesto le escribiría a su padre: "Argentina es el oasis de América, hay que darle a Perón todo el apoyo posible [...]" (Ernesto Guevara de la Serna a Ernesto Guevara Lynch, citada en Guevara Lynch, *Aquí va...*, *op. cit.*, p. 89.)

** La participación de la CIA en el golpe de Castillo Armas ha sido ampliamente documentada en años recientes. Los dos libros más destacados al respecto son Stephen Schlesinger y Stephen Kinzer, *Bitter Fruit*, Nueva York, Doubleday, 1982, y Piero Gleijeses, *The United States and the Guatemalan Revolution*, Princeton, Princeton University Press, 1989. El Center for the Study of Intelligence de la CIA tiene el propósito de abrir la totalidad de sus archivos sobre Guatemala—1954; por el momento, dicha apertura no ha tenido lugar.

La incidencia del capítulo guatemalteco en la vida del Che Guevara cubre dos vertientes: sus análisis de lo acontecido y su participación en los acontecimientos. Ernesto se entusiasmó de entrada con el proceso de reformas encabezado por el coronel Arbenz. Decía que no había "en toda América, un país tan democrático".[69] Pero no dejaba de percibir las debilidades intrínsecas del proceso ("se cometen arbitrariedades y robos") y las contradicciones inscritas en la política de los militares ("hay cada diario que mantiene la United Fruit que si yo fuera Arbenz lo cierro en cinco minutos"). Comprendió rápidamente los dilemas que enfrentaba el régimen reformista, desgarrado por la necesidad de contar con la colaboración del PGT para realizar las grandes reformas impostergables,* y el imperativo de descubrir el flanco lo menos posible ante los embates norteamericanos, basados en la denuncia de un complot comunista-soviético. Entendió que el PGT constituía el mejor aliado de Arbenz y a la vez el más peligroso, por los efectos externos que generaba. Al principio pensó que los riesgos que corría el régimen eran reales pero de mediano plazo ("creo que el momento más difícil de Guatemala se producirá dentro de tres años, cuando haya que elegir un nuevo presidente";[70] esto a tres meses del derrocamiento de Arbenz). No obstante, detectó de inmediato la gravedad de la amenaza que se cernía sobre el acosado gobierno, aunque todavía en abril de 1954 desestimaba las motivaciones del peligro inminente:

La frutera está que brama y, por supuesto, Dulles y Cía. Quieren intervenir en Guatemala por el terrible delito

---

* "[El comunista] es el único grupo político que fue al gobierno a cumplir un programa en el que los intereses personales no cuentan (tal vez haya un demagogo en su elenco directivo)." (Ernesto Guevara de la Serna a *Tita* Infante, marzo de 1954, carta citada en Cupull y González, *Cálida presencia*, Santiago de Cuba, Oriente, 1995, p. 53).

de comprar armas donde se les vendieran, ya que Estados Unidos no vende ni un cartucho desde hace mucho tiempo.*

Del relato redactado sobre la marcha por el Che (y consignado en sus cartas a Buenos Aires) se desprende una gran lucidez sobre la naturaleza íntima de la agresión venidera, pero a la vez una sobrestimación palmaria de las fuerzas disponibles para contrarrestarla. El 20 de junio, es decir una semana antes de la renuncia de Arbenz y el mismo día que comenzó la falsa invasión desde Honduras, el Che le escribía a su madre que "el peligro no está en el total de tropas que han entrado actualmente al territorio, pues esto es ínfimo, ni en los aviones que no hacen más que bombardear casas de civiles y ametrallar algunos; el peligro está en cómo manejan los gringos a sus nenitos en Naciones Unidas".[71] En lo cual la razón asistía al fino analista en el terreno.

Simultáneamente, sin embargo, le aseguraba a su interlocutora lejana que "el coronel Arbenz es un tipo de agallas, sin lugar a dudas, y está dispuesto a morir en su puesto si es necesario... Si las cosas llegan al extremo de tener que pelear contra aviones y tropas modernas que mande la frutera o EE.UU., se peleará".[72] En eso se equivocaba de cabo a rabo. Una semana más tarde, Jacobo Arbenz renunciaría bajo la presión conjunta de Estados Unidos, la columna "invasora" en marcha hacia la capital y las exigencias de sus colegas en el ejército. Huelga decir que aunque los historiadores y sobrevivientes de esos días de acecho discuten aún sobre las secuelas de una hipotética entrega de armas a las milicias obreras y campesinas del PGT, acompañada de una lucha encabezada

---

* Ernesto Guevara de la Serna a Celia de la Serna de Guevara, mayo de 1954, citado en Guevara Lynch, *Aquí va...*, p. 49. John Foster Dulles era secretario de Estado de Estados Unidos y su hermano, Allen Dulles, era el director de la CIA, ambos tenían vínculos estrechos con la junta directiva de la United Fruit Company.

por Arbenz desde la provincia, el hecho es que "el pueblo sin armas" no defendió con arrebato a "su" gobierno. El Che lo intuyó perfectamente dos semanas después, cuando le relata a su madre que "Arbenz no supo estar a la altura de las circunstancias... la traición sigue siendo patrimonio del ejército y una vez más se prueba el aforismo que indica la liquidación del ejército como el verdadero principio de la democracia (si el aforismo no existe, lo creo yo)".[73]

El Che concluyó su reflexión con amargura: "Igual que la república española, traicionados por dentro y por fuera, no caímos con la misma nobleza."[74] De acuerdo con el testimonio de Rojo, el Che desconfiaba del potencial nacionalista y reformador de la oficialidad y sostenía que la defensa de la capital mediante la creación de milicias populares habría evitado la debacle y salvado lo esencial.[75] Según Hilda Gadea, en un artículo escrito por su novio en esos días, titulado "Yo vi la caída de Jacobo Arbenz" —y extraviado cuando abandonó Guatemala— el Che argüía que de haber armado al pueblo, el régimen habría sobrevivido.[76] Gadea afirma:

> Él estaba seguro de que si se le decía la verdad al pueblo, y se le daba las armas, podía salvarse la revolución. Aún más, aunque cayese la capital, podía continuarse luchando en el interior: en Guatemala hay zonas montañosas apropiadas.*

No es imposible que el Che, desde posiciones juveniles, radicales y aún relativamente ingenuas, haya pensado que se podía tener todo: primero un ejército que impulsara reformas, y luego una institución militar que se volviera revolucionaria y abandonara el monopolio de las armas, entregando fusiles a

---

* Hilda Gadea, *Che Guevara, Años decisivos*, México, Aguilar, 1972, p. 74. Resulta un poco difícil comprender cómo podía saber el Che, en ese momento, cuáles eran zonas montañosas "apropiadas" para la defensa, y cuáles no.

los obreros y campesinos.[77] El ejemplo de las milicias populares de Bolivia, que tanto le habían impresionado meses antes, evidentemente inspiraba su razonamiento. Guevara atribuyó la derrota, en buena medida con razón, a la falta de unidad de las fuerzas progresistas, a la ausencia de decisión y de mando claro en ese mismo bando y a la duplicidad de las fuerzas armadas ante el embate de Estados Unidos.* Pero en la mente del Che, la responsabilidad principal por el fracaso de la revolución guatemalteca recae en Washington. La gran enseñanza que extraerá el aún diletante revolucionario argentino versará sobre la enemistad *a priori* y sin cuartel de Estados Unidos contra cualquier tentativa de reforma económica y social en América Latina. Conviene entonces prepararse para combatirla, no buscar formas de esquivarla o desactivarla. Otra lección se referirá a la libertad que, a su juicio equivocadamente, les brindó Arbenz a sus adversarios, en particular por vía de la prensa.**

---

* Los propios norteamericanos también detectarán un peligro en la conformación anterior del ejército guatemalteco y sacarán sus propias conclusiones para su política castrense en América Latina, así lo muestra el siguiente memorándum *top secret* del Consejo de Seguridad Nacional, desclasificado en 1985: "Buscaremos una estandarización definitiva de acuerdo con líneas estadounidenses de organización, entrenamiento, doctrina y equipamiento de las fuerzas armadas latinoamericanas, contrarrestar las tendencias hacia el establecimiento de misiones militares europeas, o de agencias o individuos con funciones semejantes, que no procedan de Estados Unidos, y facilitar la compra de equipo norteamericano al ofrecerles a los países latinoamericanos precios competitivos, entrega más rápida y crédito accesible [...]" ("Minutes of the 212 th Meeting of the National Security Council, The White House", septiembre 2, 1954 [Ultra secreto];"3. US Policy Toward Latin America". *Catalogue of Recently Declassified Documents, Carrollton Press*, vol. XII, núm. 5, septiembre-octubre, 1986, núm. 002851.)

** Según el testimonio de un dirigente guatemalteco que entabló una larga y estrecha amistad con Guevara en la embajada argentina ese año, el Che le aseveró: "Se dio demasiada libertad, se dio libertad incluso hasta a los complotistas y a los agentes del imperialismo para que destruyeran esa democracia." (Rolando Morán, entrevista con Francis Pisani, inédita, facilitada al autor por Pisani, México, D.F., 18 de noviembre, 1995.)

Se hubiera requerido de una experiencia política más prolongada y una formación histórica más sólida para asimilar las duras lecciones de Guatemala con mayor discernimiento. No se puede escatimar un dato: el conocimiento del Che de los tres grandes países de América Latina era, en ese momento, casi nulo. Nunca había puesto el pie en México; su paso fugaz por el Brasil se limitó a contemplar maravillado la belleza de las mulatas, y su vivencia de la Argentina había sido apolítica y rechazante. Los dos países que mejor conoce son tal vez los más pobres y escasamente desarrollados de la región: Bolivia y Guatemala. El resto de América Latina se resume para él en Machu Picchu y Chuquicamata, las culturas indígenas y la United Fruit en Centroamérica. Mira los ejércitos de la zona en el espejo de Arbenz y de los militares comisionados a los puestos fronterizos de los Andes y el trópico. La realidad del enfrentamiento entre la empresa frutera y la república bananera se convierte en su propia caricatura al extrapolarse al resto del hemisferio, al resto de la historia del continente. La especificidad del caso guatemalteco se subsume bajo la extensión emotiva y en ocasiones genial de particularidades auténticas transformadas en generalizaciones cuestionables. Mientras la coincidencia se dé con idiosincrasias afines —Cuba—, será afortunada; cuando se produzca con objetos de generalizaciones indebidas, resultará fatal.

Ernesto Guevara desempeña todavía en Guatemala un papel de aprendiz de la vida en busca de un camino definitivo. Las reacciones frente a sus padres ("Creo que ya tendrán que saber que así me esté muriendo no les voy a pedir guita"),[78] sus comentarios epistolares posteriores al golpe del 26 de junio ("Con un poco de vergüenza te comunico que me divertí como mono durante esos días. Esa sensación mágica de invulnerabilidad... me hacía relamer de gusto cuando veía la gente correr como loca apenas venían los aviones... Aquí todo estuvo muy divertido con tiros, bombardeos, discursos y otros matices que cortaron la monotonía en que vivía")[79] y la propia explicación de su madre siete años más tarde ("Solicita que le permitan colaborar en la defensa. Le comunican que no habrá defensa. Se ofrece para organizarla. ¿Pero quién es él? ¿Cuáles son sus antecedentes, después de todo?")[80] denotan una politización en pleno avance, pero aún incipiente. Revelan una rebeldía contra sus padres en remisión pero perdurable y, por último, una personalidad cada vez más definida, pero cuyos retoques finales siguen pendientes.

A los 26 años el Che Guevara es un hombre francamente prosoviético, que se proponía bautizar a su hijo (de haber sido varón) con un nombre soviético (Vladimiro) por admiración a la patria del socialismo.[81] Como recordaba asimismo su esposa: "Guevara mostraba grandes simpatías por las realizaciones de la Revolución soviética; yo ponía algunos reparos."[82] Es un joven con evidentes inclinaciones por el partido de los comunistas, tanto guatemalteco* como en el sentido genérico. Ha optado por engrosar las filas del Partido (con mayúscula) en alguna parte del mundo.**

Días después de la renuncia de Arbenz, Ernesto se asila en la embajada argentina, inducido a ello por un amigo que trabaja en la legación y que le advirtió que corría peligro. Si bien los

---

* "He tomado posición decidida junto al gobierno guatemalteco, dentro de él, en el grupo del PGT que es comunista, relacionándome además con intelectuales de esa tendencia que editan aquí una revista y trabajando como médico en los sindicatos." (Ernesto Guevara de la Serna a Beatriz Guevara Lynch, 12 de febrero, 1954, citada en Guevara Lynch, *Aquí va...* p. 38.)

** "Después de la caída... los comunistas mantuvieron intacta su fe y su compañerismo y es el único grupo que siguió trabajando allí... Tarde o temprano entraré en el Partido." Agrega el Che, en un desplante de candor y frescura: "Lo que me impide hacerlo es que tengo unas ganas bárbaras de viajar por Europa." (Ernesto Guevara de la Serna a Celia de la Serna de Guevara, noviembre, 1954, citada en *Ibid.*, p. 80.)

verdaderos riesgos se antojan algo más que relativos,* algunos indicios sugieren que sus actividades habían sido detectadas. David Atlee Phillips, el jefe de estación de la CIA en Guatemala durante los acontecimientos de junio, recuerda en sus memorias:

> Un analista de la compañía me presentó una hoja pocos días después del golpe. Contenía información biográfica sobre un médico argentino de veinticinco años que había pedido asilo en la embajada de México [*sic*]... "Supongo que mejor le abrimos un expediente", le dije. Aunque su nombre significaba poco para mí en aquel momento, el expediente sobre Ernesto Guevara... llegaría a ser uno de los más abultados de la CIA.**

Su condición en la embajada corresponde más a la de huésped que a la de un asilado, lo cual le permite entrar y salir con alguna frecuencia.*** Pasa aproximadamente un mes allí, acompañado de muchos argentinos, pero también de jóvenes de otros países y de la misma Guatemala: Rolando Morán, el futuro fundador y dirigente del Ejército Guerrillero de los Pobres (EGP); Tula Alvarenga, ya entonces compañera del secretario general del Partido Comunista de El Salvador; Cayetano Carpio, el legendario *Marcial* en las épocas del Frente Farabundo Martí de Liberación Nacional (FMLN). En la

---

* "El Che se quedo hasta el último y después salió. COntra el Che no había nada en realidad, ni orden de persecución ni nada. Él pudo salir de Guatemala legalmente." (Morán, entrevista *op. cit.*)
** David Atlee Phillips, The Night Watch, Nueva York, Atheneum, 1977, p. 54. La memoria retrospectiva no tiene ideología. Es difícil saber si Phillips fabricó este recuerdoaños después para mostrar su prescencia, o si efectivamente le abrió un expediente al Che Guevara en Guatemala. En los archivos desclasificados de la CIA no figura el expediente.
*** "Es que el Che no era técnicamente un asilado, porque él era argentino que estaba, podíamos decir, bajo la protección de su embajada." (Morán, entrevista, *op. cit.*).

embajada argentina se formó un contingente comunista, encabezado por Víctor Manuel Gutiérrez, segundo de a bordo del PGT, que rápidamente fue separado de los demás y encerrado en el garaje de la residencia. El Che fue recluido junto con ellos, como lo recuerda Morán, que inició entonces una larga amistad con Guevara. El grupo más afín al Che en la embajada fue claramente el de los comunistas.[83]

Nos encontramos ya ante un individuo que muestra una insaciable curiosidad política, aunada a una carencia persistente de espíritu militante; con opiniones políticas de izquierda desprovistas sin embargo de una formación marxista.* Se trata de un sobreviviente de una derrota trágica, y previsible, que universalizará sus enseñanzas, tal y como las sufrió en el momento en que se gestaron. La necesidad de la lucha armada, la convicción en torno a la implacable hostilidad de Estados Unidos y la imposibilidad de negociar con Washington, la afinidad por los partidos comunistas y la Unión Soviética, el imperativo de cerrarles el paso a los adversarios antes de que saquen ventaja de las libertades prevalecientes: he aquí una colección de convicciones que se consolidarán en México durante los próximos dos años. Acompañarán al Che en la Sierra Maestra, y a lo largo de la primera época en La Habana, templadas única y paulatinamente por su excepcional inteligencia y realismo, así como por las demoledoras lecciones que la realidad le impondrá muy a su pesar.

El Che no pudo participar en la defensa del régimen. Nadie lo hizo, y las versiones sobre un supuesto activismo desenfrenado suyo procurando organizar una respuesta miliciana en Ciudad de Guatemala son sencillamente fal-

---

* "Para decirlo con absoluta honestidad [...] Ernesto y yo, aunque ya bastante influidos por la ideología del marxismo-leninismo, todavía conservábamos en nuestro pensamiento político ideas propias de tesis populistas tan en boga." (Alfonso Bauer Paiz, entrevista a Aldo Isidrón del Valle, citada en *Testimonios sobre el Che*, La Habana, Pablo de la Torrente, 1990, p. 80.) Bauer Paiz fue uno de los amigos cercanos del Che durante su estancia en Guatemala.

sas.* En algunas entrevistas atribuidas a ella en ocasión de la muerte del Che, Hilda Gadea afirma que sí participó en grupos de defensa antiaérea y en el transporte de armas de un lado de la ciudad a otro,[84] pero en su libro se limita a endilgarle a su compañero una intención frustrada. En una entrevista en la Sierra Maestra, el Che se permitió cierta licencia poética al respecto, afirmando que "traté de formar un grupo de hombres jóvenes como yo para hacer frente a los aventureros fruteros de la United Fruit. En Guatemala era necesario pelear y casi nadie peleó. Era urgente resistir pero casi nadie quiso hacerlo".[85] Los biógrafos oficiales cubanos (o "cronólogos", como en ocasiones se autodesignan) retoman la tesis del traslado de armas y del "intento" de agrupar jóvenes para combatir, pero sin suministrar ninguna fuente o aportar prueba alguna de su aseveración.[86] A lo más que llega el Che en sus cartas —y podemos pensar que, de haber hecho otra cosa, se lo habría contado a alguno de sus múltiples corresponsales— es a relatar que se inscribió en el servicio médico de urgencia y "me apunté en las brigadas juveniles para recibir instrucción militar e ir a lo que sea. No creo que llegue el agua al río".[87] Esto una semana antes del golpe que derribara a Arbenz.

Abatido por la derrota pero decidido a seguir adelante, Ernesto Guevara desiste de volar a casa en el avión mandado por Perón para repatriar a los exiliados argentinos. Resuelve marcharse a México en cuanto se desvanezca el peligro.** A

---

* Por ejemplo ésta, procedente de "investigaciones realizadas por un equipo de oficiales de la Sección de Historias de la Dirección Política de las Fuerzas Armadas Revolucionarias": "El golpe del traidor Carlos Castillo de Armas (sic) se produjo el mismo día en que el Che, alistado en el Ejército de Guatemala, iba a ser enviado al frente." (Centro de Estudios de Historia Militar, *De Tuxpan a La Plata*, La Habana, Orbe, 1981, p. 10.)
** Rojo afirma que obtuvo un salvoconducto para salir a México (Rojo, *op. cit.*, p. 73), pero es improbable. Ni lo necesitaba realmente, ni el itinerario que sigue lo confirma. No parece lógico que el nuevo gobierno guatemalteco le haya otorgado un salvoconducto para irse a acampar al lago Atitlán.

finales de agosto sale de la misión diplomática; logra ver a Hilda, que ya había caído presa una vez, siendo liberada a los pocos días de su detención. Convienen en reunirse en México, en cuanto puedan. Mientras espera su visa mexicana, parte con su saco de dormir a Atitlán, para amanecer a la orilla de uno de los lagos más bellos del mundo. Pronto llega la visa; a mediados de septiembre arriba a la ciudad de México, capital del "país de las mordidas", como le escribe a su tía Beatriz.[88]

De Guatemala trajo consigo varios tesoros, entre ellos la amistad y simpatía para con los cubanos exiliados allí y la admiración que le provocaban:

> Cuando oía a los cubanos hacer afirmaciones grandilocuentes con una absoluta serenidad me sentía chiquito. Puedo hacer un discurso diez veces más objetivo y sin lugares comunes, puedo leerlo mejor y puedo convencer al auditorio de que digo algo cierto pero no me convenzo yo y los cubanos sí. Ñico dejaba su alma en el micrófono y por eso entusiasmaba hasta a un escéptico como yo.[89]

Ñico, su primer amigo cubano de verdad, es Ñico López, que participó en el asalto al cuartel de Bayamo —un operativo cuya finalidad era impedir que llegaran refuerzos a Santiago de Cuba y al Moncada— y quien le relataba no sólo los pormenores de la hazaña, sino también las virtudes de su artífice, Fidel Castro. A él, a Mario Dalmau y a Darío López los conoció primero en los cafés y las tertulias de los intensos meses previos a la caída de Arbenz. Luego se fortaleció el vínculo entre ellos en la embajada argentina, donde el Che los atendía como médico, les leía sus escritos sobre Guatemala y les proveyó de contactos con su familia en Buenos Aires cuando partieron al Sur en el *Constellation* enviado por Perón. Los cubanos recuerdan tres rasgos del Che: su solidaridad con ellos, cuando podía ayudar; las dificultades económicas por las que siempre atravesaba, y sus pláticas y escritos donde sostenía su postura antiimperialista y sus argumentos a favor de la defensa armada de la capital.[90] En su arcón de viaje cargaba un último recuerdo de Guatemala: el apodo que los guatemaltecos y demás amigos de las tertulias y la derrota le habían impuesto, por su nacionalidad y su modo de hablar: el Che.

Los primeros meses en México en las postrimerías del año de 1954 fueron espinosos: sin dinero y sin trabajo, carente de amigos. Conservaba direcciones de conocidos de su padre y uno de ellos, un guionista de cine, Ulises Petit de Murat, lo recibe afectuosamente. Compró una cámara de fotografía y con un compañero del que se hizo durante el viaje en tren desde la frontera guatemalteca comenzó a ganarse la vida tomando fotos de turistas norteamericanos en las calles del Distrito Federal. Consigue un trabajo mal pagado de investigador de alergias en el Hospital General, en el servicio del doctor Mario Salazar Mallén, pero como él dice, "no hago nada nuevo".* Confiesa que se ha ordenado un poco más a sí mismo: "Me hago la comida, además de bañarme todos los días, [aunque] la ropa la lavo poco y mal." Pensaba permanecer unos seis meses en México, con la intención ulterior de visitar Estados Unidos, luego Europa y después los países socialistas de Europa del Este y la Unión Soviética. Coqueteaba con la posibilidad de obtener una beca de posgrado en alguna universidad de Europa, merced a sus trabajos científicos ya publicados y a su experiencia de investigador con el doctor Pisani en Buenos Aires.

Las primeras impresiones que le causa la adición más reciente a su rosario turístico no son particularmente gratas:

---

* Salvo redactar el esquema de un ambicioso libro que nunca escribirá sobre "el médico en Latinoamérica", cuya elaboración inició en los ratos libres en Guatemala. Tendría catorce capítulos, incluyendo una especie de historia de la medicina en América Latina, así como reflexiones diversas sobre el contexto económico, político y social de la medicina en el continente. Véase María del Carmen Ariet García, citada en Korol, *El Che...*, p. 101.

México está totalmente entregado a los yanquis [...] La prensa no dice nada [...] El panorama económico es terrible, las cosas suben en forma alarmante, y la descomposición es tal que todos los líderes obreros están comprados y hacen contratos leoninos con las diversas compañías yanquis hipotecando las huelgas [...] No hay industria independiente y menos comercio libre.[91]

En marzo de 1955 es contratado como fotógrafo por una agencia argentina para cubrir los Juegos Panamericanos. Cuando el tiempo se lo permite, redacta artículos de investigación científica sobre las alergias y participa en un congreso en Veracruz. Gracias a todo ello consigue una beca del Hospital General que le permite una existencia más holgada. Se inventa excursiones exóticas y delirantes para un asmático, como escalar el Popocatépetl y el Pico de Orizaba:

Asalté el Popo e hicimos derroche de heroísmo sin poder llegar a la cima. Yo estaba dispuesto a dejar los huesos para llegar, pero un cubano que es mi compañero de ascensiones me asustó porque tenía los dos pies helados [...] habíamos estado seis horas luchando con una nieve que nos enterraba hasta las verijas en cada paso y con los pies empapados debido al poco cuidado de llevar el equipo adecuado [...] El Guía se había perdido en la niebla esquivando una grieta [...] y todos estábamos muertos del trabajo que daba la nieve tan blanda y tan abundante [...] El cubano no sube más, yo en cuanto junte los pesitos necesarios para hacerlo me largo de nuevo al Popo, sin contar que para septiembre tengo el Orizaba.[92]

Recorre las afueras de la ciudad de México, pero no emprende en esos meses ninguno de los paseos por la República mexicana que lo hubieran cautivado como a tantos otros extranjeros. Su depresión o desinterés por todo es tal que pasa por alto las deslumbrantes bellezas del país que a tanto viajero habían hechizado, deteniéndose únicamente en los defectos indiscutibles pero intrascendentes para una mirada ya tan sofisticada como la suya.

En el hospital, de casualidad, se topa con Ñico López, refugiado en México al cabo de un largo andar desde Guatemala vía Argentina y que acudió al centro médico a atenderse con un amigo. Desde noviembre de 1954 se había vuelto a encontrar con Hilda; pasan largos ratos y jornadas juntos. De nuevo, fue gracias a Hilda que comenzó a relacionarse con militantes y políticos de otros países, entre ellos Laura de Albizu Campos, esposa del nacionalista puertorriqueño encarcelado por el gobierno de Estados Unidos. Se desenvuelve el complejo y contradictorio cortejo del que ya dimos cuenta; el cariño y la lealtad del Che para con la exiliada peruana son tan evidentes como su distancia. Hilda no figura en sus planes: no aparece en sus sueños de viajes, aventuras y ocupaciones. En palabras de Paco Ignacio Taibo II, Ernesto Guevara es, en ese momento, esencialmente un vagabundo, un fotógrafo ambulante, un investigador médico mal pagado, un exiliado permanente y un esposo intrascendente; en una palabra: un aventurero de fin de semana.[93]

En medio de esta existencia lánguida y sin brújula, pero disponible y expectante para cualquier eventualidad, se produce el golpe de azar que hace la diferencia entre la epopeya y el tedio. A la suerte se suma la genialidad de la intuición: reconocer la oportunidad que se presenta, aprovecharla al máximo.

En junio, el médico argentino extraviado es presentado a Raúl Castro, líder estudiantil cubano recién salido de la prisión en La Habana. Días después, al llegar su hermano a México, lleva al Che a conversar con él. Un día de julio de 1955, Ernesto Guevara conoce a Fidel Castro y descubre el camino que lo conducirá a la gloria y la muerte.

Capítulo IV
Bajo fuego con Fidel

Fidel Castro arribó en autobús a la ciudad de México el 8 de julio de 1955, procedente de Veracruz, Mérida, La Habana y el presidio de la Isla de Pinos en Cuba. Venía con un traje, sin un centavo, y la cabeza pletórica de proyectos delirantes que pocos años después le abrirían su paso a la historia. Llevaba veintidós meses preso por el asalto del 26 de julio de 1953 al cuartel Moncada; debía su liberación a la temeraria amnistía recién decretada por el dictador Fulgencio Batista. El aún imberbe abogado se dirigió de inmediato a México, con un propósito preciso: organizar allí la lucha insurreccional contra la dictadura batistiana. Castro, un ex dirigente universitario y joven político perteneciente al llamado "partido ortodoxo", provenía de un país de apenas seis millones de habitantes, sacudido por medio siglo de independencia tardía, convulsa y trunca.

El 10 de marzo de 1952 Batista había dado un cuartelazo clásico. Ante las perspectivas de un pobre desempeño en las inminentes elecciones presidenciales, el ex militar prefirió poner término al único lapso de gobernación democrática que había conocido el país. La suspensión de las elecciones previstas para ese año y la interrupción del régimen constitucional inaugurado en 1940 dieron lugar a grandes movilizaciones y protestas, pero tres años más tarde el régimen se sentía con la suficiente fuerza para indultar a sus principales adversarios (error garrafal, a la postre). Especie de semicolonia de los Estados Unidos desde principios de siglo, la mayor de las Antillas se beneficiaba efectiva y paradójicamente del *boom* norteamericano de los años cincuenta.

Los precios del azúcar —desde tiempos inmemoriales, el monocultivo caribeño por antonomasia— permanecieron estables durante esa década, permitiendo un crecimiento per cápita modesto, pero sostenido. La zafra, estancada entre 1925 y 1940, había vuelto a crecer moderadamente, dato decisivo ya que la mitad de la tierra cultivable se dedicaba a la caña. El sector azucarero representaba el 50% de la producción agrícola, la tercera parte del producto industrial y el 80% de las exportaciones; ocupaba 23% de la fuerza de trabajo, generando el 28% del PIB.[1] Casi la mitad de la producción se exportaba a Estados Unidos: el monocultivo era, en parte, un monodestino.

El turismo originario de la costa este de los Estados Unidos irrumpía en La Habana. Con él, se desataba un vendaval de construcción de hoteles, proliferaban los cabarets, las villas de veraneo y los burdeles, y se ensanchaba una clase media dedicada al servicio y los placeres de los paseantes. La capital de la diversión del Caribe se regocijaba en un auge derrochador de consumo y prosperidad, engañosamente asimilado al resto del país. Los norteamericanos, dueños hasta los años cincuenta de la mayoría de los ingenios azucareros, seguían mandando en todo lo demás: la economía, la política y, sobre todo, en el imaginario social de los cubanos, para fortuna y alegría de algunos, para la desdicha o humillación de otros.

Los índices de ingreso per cápita, alfabetización, urbanización y bienestar figuraban entre los más altos de América Latina. Escondían, sin embargo, una desigualdad descomunal entre la capital y algunas ciudades del oriente, y el resto del país, entre ciudad y campo y, más que nada, entre blancos y negros. Ciertamente, la exacta ubicación cubana en el firmamento estadístico latinoamericano se convertirá en uno de los puntos de controversia más álgidos en los años por venir. En 1950, el ingreso per cápita de Cuba se veía superado en

América Latina sólo por el de la Argentina y Uruguay —lógicamente— y por el de Venezuela y Colombia.[2] La esperanza de vida, hacia 1960, alcanzaba casi los 60 años, la más alta del hemisferio después de las dos repúblicas del Río de la Plata.[3] Las proporciones de médicos y camas de hospital por habitante también se colocaban entre las mejores de América Latina, y las principales causas de mortalidad entre los adultos eran típicas de países ricos: tumores malignos y males cardiovasculares. Los niveles educativos tampoco desmerecían. Hacia fines de la década, Cuba ocupaba el cuarto lugar en América Latina, rebasado sólo por Argentina, Uruguay y Costa Rica.[4]

No obstante, la distribución del ingreso, debido al monocultivo de azúcar y al consiguiente subempleo masivo durante nueve meses del año, era de las más injustas de la región. Al final del decenio de los cincuenta, la proporción del ingreso nacional correspondiente al 20% más pobre de la población representaba sólo el 2.1% del total, es decir, la tercera parte de la cuota equivalente en la Argentina, y menos de la tajada equiparable en Perú, México o Brasil.[5] Con 26% de la población del país, la capital y su provincia acaparaban en 1958 el 64% del ingreso nacional. Así, en vísperas de la conspiración fidelista que se fraguaba en la ciudad de México, la cubana era una sociedad con una clase media urbana relativamente amplia, abarcando una buena tercera parte de la población y, en términos latinoamericanos, más bien próspera. Pero era también un país terriblemente desigual, atravesado por fracturas profundas: raciales, geográficas y de clase.

La política cubana, por tanto, no podía ser un juego de niños. Como los cubanos mismos, era violenta, turbulenta, personalista y apasionada. El asalto al Moncada resultaba excepcional, quizás, por la crueldad de las represalias que desató la flamante dictadura de Batista contra sus autores, mas no por el hecho en sí. A nadie sorprendía que un grupo de enardecidos opositores se propusiera derrocar al gobierno mediante un golpe de mano espectacular. Tampoco resultaba inusual que toda la lucha de Fidel Castro, ejemplificada por la épica defensa que realizó en su propio juicio, se centrara inicialmente en la restauración del orden constitucional de 1940. Frente a la sensación generalizada de corrupción, violencia y desorden, características de los tres gobiernos electos a partir de 1940, sin embargo, la Carta Magna del '40 se transformó en el símbolo de las esperanzas de la ciudadanía.

Pero el sello distintivo de la política y la cultura cubanas era la acción retardada del doloroso parto, en alguna medida abortado, de la República. A partir de la guerra contra España de 1898 y de la Enmienda Platt de 1902, según la cual Estados Unidos se reservaba el derecho de intervenir en los asuntos internos de Cuba al verse amenazado el orden público, la isla vivía en un especie de purgatorio nacional. Había superado el infierno del régimen colonial, sin alcanzar aún el supuesto paraíso de la independencia. El empeño cubano por la libertad se cercenó. Estados Unidos ganó la guerra, y Cuba perdió la contienda por su emancipación. En 1902 los sobrevivientes de la larga lucha por la nación —ya ausentes héroes como José Martí y Antonio Maceo, y con un Máximo Gómez cansado y aislado— se vieron obligados a escoger entre la aceptación de la independencia bajo el condicionamiento de la Enmienda Platt o, en los hechos, el estatuto colonial. La soberanía obtenida fue casi nonata, o en todo caso, herida de nacimiento. El trauma durará al menos medio siglo, y sus secuelas se harán sentir hasta el final del milenio. Por algo el pueblo cubano conserva hoy todavía un obstinado, y en ocasiones desconcertante, nacionalismo.

La vida política de Cuba entre la Enmienda Platt y su derogación en 1934 reflejó los efectos del pecado original inscrito en el advenimiento de la República. Desde la separación de España hasta 1933, las principales características de la política isleña fueron el fraude electoral, la corrupción y la constante intervención de Estados Unidos para restaurar el orden, proteger sus intereses y arbitrar entre distintas facciones de la élite cubana. El descontento popular, el de las clases dirigentes criollas y el de la baja oficialidad del ejército hicieron crisis finalmente en 1933: la revolución de ese año, encabezada por Antonio Guiteras, puso fin a una trágica etapa de la historia independiente cubana. Pero la coalición reformista surgida de la revuelta popular resultó insostenible. Apenas pudo rescindir la Enmienda Platt antes de ser derrocada por la llamada rebelión de los sargentos, dirigida justamente por Fulgencio Batista. De ahí en adelante, el sargento mulato fungió como fuente del poder real hasta 1940, cuando fue electo presidente bajo una nueva Constitución.

Igual, la revuelta castrense trastornó los parámetros básicos de la política del país. La revocación de la Enmienda Platt y la consolidación de los sectores económicos nacionales se verán acompañadas por la emergencia del movimiento obrero como una fuerza real en Cuba, y del Partido Comunista como fuerza real en el seno del movimiento obrero. A través de la Confederación de Trabajadores de Cuba (CTC), la clase laboral organizada desempeñó un papel considerable en las coaliciones de apoyo a Batista y a Ramón Grau San Martín, quien lo sucedió en la presidencia en 1944.* Aunque jamás rebasó el umbral del 7% del voto, principalmente en La Habana, el Partido Comunista —cuyo nombre pasa a ser Partido Socialista Popular (PSP) en 1944— conquistó una presencia innegable en la isla. Ejercía una influencia mayor de la que su votación ameritaba, ya fuera mediante la honestidad y devoción de sus militantes y cuadros, ya fuera a través de su ascendiente sobre los sindicatos.

---

* Ejemplo de esta fuerza fue la tasa de sindicalización alcanzada en vísperas de la revolución: en 1958, un millón de trabajadores (tal vez un poco más, tal vez un poco menos) pertenecía a algún sindicato (véase Hugh Thomas, *Cuba: la lucha por la libertad, 1909-1958*, t. 2, Barcelona y México, Grijalbo, 1974, p. 1512).

Los comunistas influían también por medio de su actividad en el Congreso y, por un tiempo, gracias a su presencia en los gobiernos de Batista y Grau. Juan Marinello, el "jefe" del partido, fue designado ministro sin cartera en febrero de 1942, y poco después Carlos Rafael Rodríguez, un economista de treinta y un años, ingresó igualmente al gabinete.* Así, el PSP y el sector de la clase obrera bajo su égida conformaron un importante nervio de la política cubana hasta su expulsión de los sindicatos en 1947. Por ende, cuando el comunismo cubano alza de nuevo la cabeza en vísperas de la caída de Batista en 1958, y sobre todo después del triunfo de la Revolución cubana, no brota de la nada. Su renovado ascenso se remontaba a una larga tradición y una historia no necesariamente gloriosa, pero siempre significativa.

La corrupción, el gangsterismo y la descomposición generalizada de los sucesivos cuatrienios de Batista, Grau y Carlos Prío Socarrás culminaron en el golpe de 1952. Los partidos políticos y el Congreso fueron suspendidos; se decretó la abolición de la presidencia y de la vicepresidencia, y se promulgó un nuevo código constitucional que contemplaba la abrogación automática de las libertades y garantías individuales bajo determinadas circunstancias. Nadie defendió al régimen saliente de Prío Socarrás, abanderado del partido de los "auténticos", enemigo de los "ortodoxos". Los dos partidos tradicionales habían hastiado a la ciudadanía. Su rivalidad y sus divisiones internas, vehementes pero con frecuencia carentes de sustancia o pertinencia, contribuyeron al desencanto de la población. El golpe de Batista en 1952 sin duda careció de apoyo popular; el *statu quo*, también.

Muy pronto, militares medios, viejos políticos y jóvenes universitarios se lanzarían a la lucha contra la dictadura por

* El talento de sobrevivencia y diplomacia de Rodríguez opaca el de Talleyrand: medio siglo después, seguía ejerciendo un altísimo cargo de gobierno en Cuba, posiblemente el tercero en la jerarquía revolucionaria.

vías distintas, y con diferentes perspectivas de éxito. Uno de ellos, un abogado "ortodoxo" de ascendencia gallega, candidato al Congreso en 1952, organizó a más de ciento cincuenta opositores iracundos en un desesperado intento armado por derrocar a la dictadura. Fracasaron, fueron violentamente reprimidos y encarcelados, pero conquistaron un sitio privilegiado en la imaginación popular y de la clase media habanera y santiaguera. En efecto, con el asalto al Moncada, Fidel Castro se consagra como una figura central en la revoltosa política cubana. Desde México y a través de su grupo embrionario, el Movimiento 26 de julio se convierte en el adalid del bando opositor a ultranza, rechazando cualquier contemporización con Batista. Se deslinda así de los partidos tradicionales e incluso del Partido Socialista Popular, que repudia el ataque al cuartel.*

En un país donde la corrupción y las rupturas institucionales fueron la norma desde la independencia, y en el que las afinidades partidarias eran infinitamente más débiles que las lealtades personales, flotaba una avidez extrema de liderazgo honesto, radical y audaz. Y en una nación inconclusa, donde la intervención de Estados Unidos fue consustancial y congénita, una personalidad capaz de captar la feroz pasión popular por consumar una autonomía herida encerraba un potencial enorme. Faltaban detalles y suerte para pasar al acto. El encuentro de Fidel Castro con el Che Guevara le suministraría al primero una parte de ambos ingredientes. Al segundo, obsesionado ya por la muerte y el destino, entregaría la convicción de que "valía la pena morir en una playa extranjera por un ideal tan puro".[6]

---

* "Nosotros condenamos los métodos putschistas, propios de los bandos burgueses, de la acción de Santiago... El heroísmo desplegado por los participantes en esta acción es falso y estéril, pues está guiado por concepciones burguesas equivocadas... Todo el país sabe quién organizó, inspiró y dirigió la acción contra los cuarteles y sabe que los comunistas no tienen nada que ver." (*Daily Worker*, Nueva York, 5 y 10 de agosto, 1953, citado en Thomas, *op. cit.*, p. 1090.)

Ni los biógrafos de Fidel Castro ni los del Che concuerdan sobre la fecha exacta de la primera reunión de los dos revolucionarios: julio, agosto o septiembre de 1955. Lo único seguro es que Raúl Castro, el hermano menor de Fidel, recién llegado a México el 24 de junio de ese año y que había entrado en contacto con el Che vía Ñico López, fue el enlace entre los dos. Raúl —de ideas "comunistas" según la compañera del Che—[7] era ya un militante experimentado del movimiento comunista internacional, habiendo participado en el Festival de la Juventud celebrado en Viena en 1951. Durante el regreso en barco de Europa, Raúl conoció a un personaje clave en esta historia: Nikolai Leonov, entonces un joven diplomático de la URSS que se dirigía a México a estudiar español, y que posteriormente fuera traductor de la dirigencia soviética, uno de los primeros enlaces entre Moscú y la Revolución cubana y, ya en los años ochenta, general de la KGB.

En la oración fúnebre del Che que pronuncia el 18 de octubre de 1967, Fidel Castro menciona los meses de julio o agosto de 1955 como fecha de su primer encuentro.[8] Es improbable que se hayan conocido los dos futuros amigos entrañables a escasos días de la llegada del cubano, aunque en un discurso en Chile en 1971 Castro señala que se reunió con el Che "pocos días después de su llegada a México".[9] Hilda Gadea relata en sus memorias que el Che le contó cómo conoció a Fidel "a principios de julio".[10] Mientras que el recuento más o menos oficial de las fuerzas armadas cubanas asevera que la relación entre ellos se remonta a septiembre de 1955.[11] Las biografías del Che, así como las más recientes biografías de Fidel Castro, no aportan datos adicionales, aunque varias afirman que Fidel y el Che estuvieron juntos en el festejo del 26 de julio de 1955.[12]

La fecha sólo importa si la versión consagrada de una mutua fascinación inmediata resultara exagerada. No parece, en efecto, imposible que los dos jóvenes se hayan topado el uno con el otro o incluso hayan intercambiado palabras antes de llevar a cabo la posteriormente célebre conversación de toda una noche donde se sellaron una afinidad y respeto que durarían más de un decenio. En todo caso, ya sea por primera vez, ya sea al cabo de un par de cruces casuales, en aquellos días lluviosos del verano de la cuidad de México se encuentran Fidel Castro y Ernesto Guevara, dándole sentido a la vida del segundo y estructura conceptual a la intuición política del primero.

El Che evocó esa velada poco tiempo después:

> Lo conocí en una de esas noches frías de México, y recuerdo que nuestra primera discusión versó sobre política internacional. A pocas horas de la misma noche —en la madrugada— era yo uno de los futuros expedicionarios. En realidad después de la experiencia vivida a través de mis caminatas por toda Latinoamérica y del remate en Guatemala, no hacía falta mucho para incitarme a entrar en cualquier revolución contra un tirano, pero Fidel me impresionó como un hombre extraordinario. Las cosas más imposibles eran las que encaraba y resolvía [...] Compartí su optimismo. Había que hacer, que luchar, que concretar. Que dejar de llorar y pelear.[13]

En su diario de viaje, escrito como siempre sobre la marcha, Guevara anota: "Un acontecimiento político es haber conocido a Fidel Castro, el revolucionario cubano, muchacho joven, inteligente, muy seguro de sí mismo y de extraordinaria audacia; creo que simpatizamos mutuamente."[14] Este comentario, más espontáneo e inmediato que el anterior, confirma la admiración y el impacto auténticos que Castro le provocó al argentino. También revela desde el primer momento que el Che detectó los principales rasgos de carácter de Castro, buenos y malos.

Fidel Castro, a su vez, conservó un recuerdo preciso de la reunión en la casa de María Antonia en la calle de Emparán que los volvió colegas y amigos: "En una noche se convirtió en un futuro expedicionario del *Granma*."[15] También relata Castro —y esto es más interesante aunque la confesión se produzca diez años después— que el Che "poseía un desarrollo revolucionario más avanzado, ideológicamente hablando, que el mío. Desde un punto de vista teórico estaba más formado, era un revolucionario más avanzado que yo".[16] El testimonio de una novia de Fidel Castro, que también fue amiga del Che y de su esposa, corrobora esta apreciación de Castro:

> La pasión cubana de Fidel y las ideas revolucionarias de Guevara se unieron como la llamarada de una chispa, con una luz intensa. El uno, impulsivo, el otro reflexivo; uno emotivo y optimista, el otro frío y escéptico. Uno relacionado únicamente con Cuba; el otro, vinculado a un esquema de conceptos económicos y sociales. Sin Ernesto Guevara, Fidel Castro tal vez jamás se hubiera vuelto comunista. Sin Fidel Castro, Ernesto Guevara quizás nunca hubiera sido más que un teórico marxista, un intelectual idealista.[17]

Sabemos, sin embargo, que a pesar de sus lecturas de Marx y Lenin en México,* el médico argentino tenía una formación teórica marxista desordenada y autodidacta, algo de historia, algo de filosofía, algo de economía. Su experiencia política era prácticamente nula. En Guatemala, su cercanía a los acontecimientos fue la de un espectador apasionado, comprometido, perceptivo, pero a final de cuentas ajeno. Si bien se antoja acertada la conclusión a la que llegan los biógrafos de Castro

---

* Su esposa más bien menciona otros libros: *México insurgente*, de John Reed, y ya preparándose para la expedición a Cuba, Keynes, Smith y Ricardo, y novelas soviéticas. Véase Hilda Gadea, *Che Guevara. Años decisivos*, México, Aguilar, 1972, pp. 110, 147, 148. Pero Juan Ortega Arenas, amigo del Che en México y uno de sus principales proveedores de libros, recuerda que sobre todo el argentino solicitaba literatura marxista (Juan Ortega Arenas, entrevista con el autor, México, D. F., 23 de mayo, 1996).

—o quienes conocieron a ambos en esos tiempos— de que la relación entre los dos personajes se construye a partir del carácter complementario de sus talentos y personalidades, también es cierto que el vuelo intelectual o teórico atribuido al Che por Fidel y por otros debe ser relativizado. El Che en 1955 es un lector irregular de marxismo, un hombre interesado por el acontecer mundial y un individuo que trae consigo el bagaje cultural humanista ya descrito: una familia donde se lee, una educación preuniversitaria de excelencia, una carrera universitaria adecuada y una inmensa curiosidad por todo lo que le rodea. Como él mismo confiesa un año después:

> Antes, me dedicaba mal que bien a la medicina y el tiempo libre lo dedicaba al estudio en forma informal de San Carlos (Marx). La nueva etapa de mi vida exige también el cambio de ordenación; ahora San Carlos es primordial, es el eje.*

Ernesto Guevara no es, entonces, en aquel instante, una figura de letras o de pensamiento. Así lo sugiere el intercambio atribuido (sin fuente) a los dos personajes por uno de los biógrafos del Che, en torno al programa del 26 de Julio: "Fidel: 'Oye chico. ¿Es que no te interesa todo esto?' Guevara: Me interesa, sí sí... Pero no sé, che. Yo primero formaría un buen ejército y después de ganar la guerra, te cuento..."** El Che,

---

* Ernesto Guevara de la Serna a Celia de la Serna de Guevara, octubre, 1956, citado en Ernesto Guevara Lynch, *Aquí va un soldado de América*, Buenos Aires, Sudamericana/Planeta, 1987, p. 150.
** Hugo Gambini, *El Che Guevara*, Buenos Aires, Paidós, 1968, p. 105. Castro confirma el tenor de este diálogo en la entrevista ya citada con Lee Lockwood: "Pero en esos días [de México] no hablábamos de tales asuntos (la teoría revolucionaria). Lo que discutíamos era la lucha contra Batista, el plan para desembarcar en Cuba, comenzar la guerrilla... Fue el temperamento combativo del Che, como hombre de acción, lo que lo impulsó a unírseme en mi lucha." (Fidel Castro, citado en Lee Lockwood, *Castro's Cuba, Cuba's Fidel*, Nueva York, McMillan Company, 1967, pp. 143-144.)

más que un pensador o un teórico es en ese momento alguien que busca un camino en la vida, y que puede brindarle a su interlocutor una cierta serenidad conceptual, una cultura humanista y un contexto histórico e internacional donde ubicar una iniciativa política. Castro, el hombre de acción por excelencia, embrujado por un refinamiento y "mundo" que nunca alcanzó pero que siempre admiró, no será aún verdaderamente sensible a la influencia de Guevara. La confianza y el respeto que le adquiere por esos motivos —y por la simpatía natural del argentino— cimentarán las bases para que, un par de años después, el "líder máximo" preste una atención al Che que su valor y dedicación a la causa más que ameritaban, pero que su pericia teórica y política del momento difícilmente justificaban.

Las reacciones del Che ante el derrocamiento de Perón en septiembre de ese año —reseñadas parcialmente en el capítulo tres— dan fe de este estatuto ambivalente de la formación del recién reclutado expedicionario. Sus comentarios a la familia bonaerense son mordaces, y en ocasiones de una ironía lacerante, pero no particularmente lúcidos o penetrantes. Es lógico y comprensible el énfasis que otorga al papel de Estados Unidos: está recién llegado de Guatemala, su antiamericanismo es típico de aquella época archipolarizada de la Guerra Fría* —pero poco tiene que ver con la realidad argentina.**

---

* Incluso, según Hilda Gadea, Guevara responsabiliza al FBI de un robo que ocurre en el departamento común en la calle Rhin, sin ningún fundamento ni corroboración posterior en los archivos o testimonios (véase Hilda Gadea, *op. cit.*, p. 130).

**Si acaso, Perón había hecho las paces con Washington y con la comunidad financiera internacional; ningún historiador del golpe de 1955 menciona algún involucramiento norteamericano en el derrocamiento del general. Por lo contrario: "En su búsqueda de capitales extranjeros, Perón buscó desde 1953 un acercamiento con Estados Unidos [...] Dicho acercamiento fue llevado a cabo en el contexto de su fracaso por crear una gran Argentina." (Marvin Goldwert, Democracy, *Militarism and Nationalism in Argentina, 1930-1966*, Austin, University of Texas Press, 1972, pp. 122-123.)

Su defensa del papel del Partido Comunista y la importancia que le concede —por ejemplo, en el relato a su madre de una conferencia-debate en la que participó en noviembre de 1955— resulta, de nuevo, perfectamente acorde con los sentimientos de la época, pero poco pertinente para la vida política de su país. Ernesto Guevara es pues, en última instancia, un brillante y bien intencionado "compañero de camino" del movimiento comunista internacional, como lo fueron millones de jóvenes en el mundo entero durante aquellos años heroicos del Llamado de Estocolmo, del Movimiento de la Paz, de Louis Aragon y Joliot-Curie, de Pablo Neruda y Jorge Amado, de Palmiro Togliatti y Maurice Thorez, de Mao y Ho Chi Minh y la victoria de Dien Bien Phu. El XX Congreso del PCUS y la denuncia del estalinismo aún no se consuman; la invasión de Hungría todavía no sucede.* Nada más normal

---

* Carlos Franqui relata cómo la primera vez que conoció al Che en México, en 1956, lo encontró leyendo *Los fundamentos del leninismo según Stalin*, y le preguntó si había leído el informe de Khruschev al XX Congreso; el Che contestó que eso era propaganda imperialista (Carlos Franqui, entrevista con el autor, San Juan de Puerto Rico, 19 de agosto, 1995). Un biógrafo hostil cuenta una anécdota análoga: "En octubre de 1956, cuando el ejército soviético intervino para aplastar la revuelta nacionalista húngara, el Che Guevara sostuvo fuertes discusiones con uno de sus compañeros en defensa de tal intervención." (Roberto Luque Escalona, *Yo, el mejor de todos: Una biografía no autorizada del Che Guevara*, Miami, Ediciones Universal, 1994, p. 71.) Luis Simón, un universitario que pasó algún tiempo con el Che en la Sierra en 1958 narra que, al contrario, Guevara criticó la invasión soviética de Hungría, pero también relata que el Che le dijo que había sido trotskista en la Argentina, lo cual sabemos que no era cierto (Luis Simón, "Mis relaciones con el Che", *Revista Cuadernos*, París, mayo, 1961). En un cable de la embajada norteamericana en La Habana al Departamento de Estado, fechado el 31 de julio de 1959, el corresponsal de la revista *Time* es citado citando a su vez a Andrew St. George, corresponsal y posible informante de los servicios estadounidenses, aseverando que el Che había defendido ante él en la Sierra la intervención soviética en Hungría, y que había afirmado que "la insurrección de Budapest fue una conspiración fascista contra el pueblo" (*Ernesto Che Guevara Serna; Political Orientation*, Braddock/Amembassy Habana to Dept. of State, 31 de julio, 1959 [Confidential], US State Department Files, vol. VIII, Despatch 163, National Archives, College Park, Maryland).

para un joven politizado y lírico que creer en la maldad infinita del imperialismo, en las virtudes interminables de la patria del socialismo ("la cortisona" como la llama el Che en homenaje a la "cortina de hierro"), y en los militantes comunistas como paladines de la revolución mundial.* De allí, sin embargo, a ser un teórico del marxismo, había un gran trecho. Tardaría el Che menos de un lustro en franquearlo.

A partir del encuentro con Fidel Castro, la vida cambia para Ernesto Guevara. Se casa, en agosto, y en noviembre, coincidiendo con una gira del líder cubano por Estados Unidos y, según Hilda Gadea, a instancias de él, celebra el equivalente de su luna de miel en el sureste mexicano. Por fin el Che explora Palenque, Uxmal y Chichen-Itzá. Quedó, sin duda, maravillado por las ruinas mayas, pero no le inspiraron ningún escrito o comentario epistolar a sus padres. A su madre le hace apenas una despreciativa referencia "al viajecito por el área maya".[18] Redacta al término del periplo un poema de mediovuelo titulado *Palenque* que, salvo el retintín antiamericano ("te golpea el rostro la procaz ofensa del estúpido 'oh' de un gringo turista"), la invocación de los incas añorados ("han muerto") y la sagaz detección de la juventud eterna de la ciudad del rey Pakal, no merece mayor recordatorio.[19] ¿Síntoma de su depresión perdurable o de su concentración, ya desde entonces, en la brega por venir? En todo caso, las páginas donde escribe las bellezas y los misterios de México con el mismo cariño y talento con los que narra sus vivencias en el resto de Latinoamérica nunca fueron escritas. O, tal vez, permanecen enterradas en los archivos cuba-

---

* En un poema escrito en ocasión de la muerte de una enferma del Hospital General de México, el Che toca todas las teclas del lirismo de izquierda de la época: "Escucha, abuela proletaria, cree en el hombre que llega, cree en el futuro que nunca verás [...] Sobre todo tendrás una roja venganza, lo juro por la exacta dimensión de mis ideales, tus nietos vivirán la aurora, muere en paz, vieja luchadora." (Ernesto Che Guevara, poema sin título, citado en Gadea, *op. cit.*, p. 232.)

nos, por razones tan misteriosas en este caso como en todos los demás.

Pronto se inician los entrenamientos para la lucha armada en Cuba: primero algo rudimentarios y frívolos —caminatas por la Avenida Insurgentes, remar en el lago de Chapultepec, reducción de peso y ejercicio bajo la conducción de un practicante mexicano de la lucha libre, Arsacio Venegas—, luego más serios en las afueras de la capital de la República, en el rancho Santa Rosa, municipio de Chalco, donde se monta todo un campamento. Como relató Fidel Castro durante su primer regreso a la ciudad de México en 1988, el Che acostumbraba salir cada fin de semana a escalar el Popocatépetl, sin jamás alcanzar la cima.* A partir de su asociación con los cubanos, es probable que haya perseverado en el intento como ejercicio de entrenamiento, y ya en menor medida como reto individual.**

La decisión final del Che de unirse al contingente revolucionario isleño no fue en realidad tomada la misma noche en que conoció a Fidel Castro. Son demasiadas las cartas a sus padres y otros corresponsales entre julio de 1955 e inicios del año siguiente donde aparecen menciones de nuevos e igualmente desorbitados proyectos de viajes, becas y destinos. En septiembre de 1955, poco tiempo después de haberse producido el encuentro con el cubano, ya formula la hipótesis de

---

* Carlos Fazio, "Castro relata su primer encuentro con el Che en México", *Proceso*, 12 de diciembre de 1988. El doctor León Bessudo, un alpinista mexicano, contradice el recuerdo de Castro y relató cómo Guevara sí llegó a plantar una bandera en el cráter del Popo el 12 de octubre de 1955. (David Bessudo, testimonio recogido en *Testimonios sobre el Che*, La Habana, Pablo de la Torrente, 1990, p. 121.)

** La versión del padre del Che según la cual desde antes de conocer a Castro sus fracasadas excursiones al volcán formaban parte de la preparación guerrillera, contradice los propios recuerdos de Castro. En referencia a una carta del Che fechada el 20 de julio de 1955, donde habla de sus "asaltos" al Popo su padre dice: "El Che ya estaba entrenándose con los cubanos para libertar a Cuba." (Véase Guevara Lynch, *Aquí va...*, p. 106.)

perder la vida peleando en el Caribe, pero también la de seguir vagando "el tiempo necesario para acabar una preparación sólida y darme los gustos que me adjudiqué dentro del programa de mi vida".[20] Todavía el 1 de marzo de 1956, le confiesa a *Tita* Infante que gestiona una beca para estudiar en Francia.[21]

La fascinación del Che con el proyecto insurreccional se compensa por la gélida lucidez de la que ya había hecho gala en varias ocasiones. Su escepticismo y cinismo porteños; su cálculo de las probabilidades de que un grupo heterogéneo, inconsistente y desamparado de cubanos extraviados en la ciudad de México pudiera derrocar a una dictadura militar apoyada por Washington en pleno mini-*boom* económico; y finalmente su proclividad por buscar siempre *otra* opción, constituían consideraciones que lo empujaban a cobrar una cierta distancia. Debió haber especulado también con la posibilidad de que, al final, la inclusión de un extranjero en el equipo se tornara políticamente incosteable para Fidel. De hecho, ocurrieron varios incidentes relativos a su nacionalidad, siendo el más relevante el malestar que suscitó Castro al nombrar al argentino jefe de personal en el campo de entrenamiento de Chalco, en abril de 1956. Conviene recordar asimismo que, en efecto, por lo menos un extranjero que expresó deseos de unirse al grupo fue rechazado por Fidel, justamente por su nacionalidad.* El propio Che reconocerá sus reservas iniciales un par de años después: "Mi impresión casi instantánea, al escuchar las primeras clases, fue la posibilidad de triunfo, que veía muy dudosa al enrolarme como comandante rebelde."[22]

---

* Según Castro, con cuatro extranjeros —el Che, el mexicano Guillén Zelaya, el italiano Gino Doné y el dominicano Ramón Mejías del Castillo— era suficiente. El amigo guatemalteco del Che, el *Patojo* o Julio Cáceres, fue descartado por Castro "no por ninguna cualidad negativa suya sino por no hacer de nuestro Ejército un mosaico de nacionalidades." (Ernesto Che Guevara, "El Patojo", en *Pasajes de la guerra revolucionaria. Escritos y discursos*, La Habana, t. 2, Ed. de Ciencias Sociales, p. 292.)

Varios factores deben haber intervenido en su proceso gradual de incorporación entre julio-agosto de 1955 y finales de 1956, cuando zarpa el yate *Granma* del puerto mexicano de Tuxpan. El acercamiento a los dirigentes cubanos que hacían el peregrinaje a México para discutir y forjar alianzas con Castro puede haber influido en su ánimo. Desfilan por la república mexicana Frank País, el joven dirigente urbano del Movimiento 26 de Julio; José Antonio Echevarría, líder del Directorio Estudiantil revolucionario, y, más tarde, el dirigente comunista Flavio Bravo y, según el historiador inglés Hugh Thomas, Joaquín Ordoqui, Lázaro Peña y Blas Roca, todos del PSP.[23] A través de sus visitas y el contacto con algunos de ellos (no con todos: a Frank País no lo conocerá sino hasta la Sierra Maestra), Guevara va comprendiendo que las perspectivas de la próxima revolución cubana no reposan exclusivamente en las anchas espaldas de Fidel Castro y su banda de exaltados conspiradores, sino en una amplia red de opositores que incluye a dirigentes sindicales, estudiantiles, comunistas e incluso algunos empresarios.

La creciente amistad y admiración por Fidel Castro también jugó un papel. La lealtad y solidaridad de Castro con sus hombres, la confianza que cada día en mayor medida depositaba en el Che, encomendándole tareas de importancia y complejidad superiores —desde el alquiler de la finca donde se montó el campamento de entrenamiento hasta su designación como jefe de personal— contribuyeron a disipar las dudas del argentino y a fortalecer su convicción de apostarle todo a Cuba. Un hecho determinante, si bien tardío, fue el comportamiento de Fidel al ser apresados los cubanos por la policía mexicana, el 24 de junio de 1956. A instancias de los servicios de inteligencia de Batista, aunado a una delación interna y a la corrupción infinita de buena parte del aparato de seguridad mexicano, las autoridades detienen ese día a Fidel Castro en la ciudad de México. Después de contemplar la posibilidad de resistir, decide —con esa misma intuición política deslumbrante que lo ha mantenido en el poder casi cuarenta años— que es preferible entregarse, evitar el enfrentamiento y negociar su liberación con una mezcla de dinero, retórica y apoyos solidarios mexicanos. Fernando Gutiérrez Barrios, entonces un joven funcionario de la Dirección Federal de Seguridad y, durante más de un cuarto de siglo, el principal responsable de la seguridad e inteligencia del gobierno mexicano, recuerda su primer diálogo con Fidel Castro: "Encontramos armas dentro del Packard de ustedes y algunos documentos, ¿de qué se trata?" Castro permaneció callado durante algunas horas, pero la policía mexicana halló un croquis con la ubicación del rancho Santa Rosa, en Chalco. Gutiérrez Barrios de inmediato despachó a sus hombres al sitio; se reportaron poco después: "Señor, en un estanquillo cerca de la Hacienda de Santa Rosa; dijeron que la habían alquilado y ahí estaban entrenando. En la tiendita dicen que hay cubanos, por su forma de hablar y su forma de ser."[24] El hombre de los servicios mandó traer a Fidel y en un tono casi amistoso lo confrontó con las pruebas, lo instó a dejar de perder el tiempo y evitar un enfrentamiento que no les convenía a ninguno de los dos, ni a sus respectivos países. Fidel estuvo de acuerdo y el mexicano sugirió que ambos se trasladaran al lugar de los hechos para que Castro les ordenara a sus hombres que se entregaran pacíficamente. Así lo hizo; Fidel Castro y Gutiérrez Barrios iniciaron una amistad que cumplió cuarenta años.[25]

Se allana Fidel, y comienza a gestionar la liberación de los demás expedicionarios. Pronto logra la excarcelación general, salvo la propia, la de Calixto García y la del Che. Al final, quedan presos García y el argentino, los dos en una situación migratoria y política más delicada que las de sus colegas. El Che revive, en su diario, los sentimientos del momento:

Fidel tuvo algunos gestos que, casi podríamos decir, comprometían su actitud revolucionaria en pro de la amistad. Recuerdo que le expuse específicamente mi caso: un extranjero, ilegal en México, con toda una serie de cargos encima. Le dije que no debía de manera alguna pararse por mí la revolución y que podía dejarme, que yo comprendía la situación y que trataría de ir a pelear desde donde me lo mandaran y que el único esfuerzo debía hacerse para que me enviaran a un país cercano y no a la Argentina. También recuerdo la respuesta de Fidel: "Yo no te abandono." Y así fue, porque hubo que distraer tiempo y dinero preciosos para sacarnos de la cárcel mexicana. Esas actitudes personales de Fidel con la gente que aprecia son la clave del fanatismo que crea a su alrededor.*

La detención del pequeño ejército en potencia ocupa un sitio privilegiado en la etapa mexicana del Che y de los cubanos. Aunque existen varias referencias atribuidas a Guevara y de historiadores cubanos sobre el papel de los servicios estadounidenses en el dispositivo de arresto y, luego, en los interrogatorios de los detenidos, todo indica que se trató de una diligencia estrictamente mexicano-cubana.** Y más bien benévola, con la excepción del mal trato sufrido por algunos de los presos, denunciado por Castro en sus demoledores co-

---

* Ernesto Che Guevara, *Pasajes...*, p. 6. No es fácil discernir si un poema del Che dedicado a Fidel —una muestra de por qué los grandes narradores no necesariamente constituyen espléndidos poetas— fue escrito justo antes o después del acto de solidaridad de Fidel con su amigo argentino. En todo caso, ambos sucesos —el poema y la prenda de lealtad— se producen en los mismos días.

** Según Gutiérrez Barrios: "No, los americanos no siento que hubieran ejercido ninguna presión en lo absoluto. Fidel viajaba a Miami para encontrarse con los líderes, incluso con Prío que en alguna forma lo apoyaba, a través del Partido Auténtico, e iba a Nueva York también y tenía reuniones con grupos de cubanos, lo que quiere decir que los Estados Unidos no lo veían mal, porque además el gobierno de Batista se estaba desmoronando por sí solo. Nunca estuvieron presentes los americanos, ahí sí lo sé, porque yo tuve el control, sobre todo en el área de Gobernación." (Gutiérrez Barrios, entrevista con el autor, México D. F., 28 de julio de 1993.)

mentarios sobre los usos y costumbres de la policía mexicana. A propósito de la detención de tres compañeros, entre ellos un mexicano, dice Fidel:

> Durante más de seis días no les dieron alimentos ni agua. En horas de la madrugada con temperatura de casi cero grados eran introducidos atados de pies y de manos, completamente desnudos, en tanques de agua helada; los hundían y cuando estaba a punto de asfixiarse los extraían por los cabellos durante breves segundos para volverlos a sumergir. Repetían muchas veces esta operación, los extraían del agua y a fuerza de golpes les hacían perder el conocimiento. Un hombre —encapuchado—, con acento cubano, era quien hacía los interrogatorios.*

Es el primer roce del Che Guevara con la prisión, la policía y la represión, y en realidad el único momento de su vida entera en que se hallará preso, hasta la víspera de su ejecución en La Higuera. Su arresto revistió una gran importancia para el Che, no sólo porque comprobó la solidaridad de Castro y los demás cubanos, y porque sintió en carne propia lo que puede ser la cárcel y la animosidad personal y directa de las fuerzas del orden, sino por la oportunidad de autodefinición que le brindó. A partir de ese momento, se

---

* Fidel Castro, Prisión de Miguel Schulz, México, D. F., 9 de julio, 1956, notas para el manuscrito de Carlos Franqui, *Diario de la Revolución Cubana*, Archivo Carlos Franqui CO644, Princeton University, Princeton, Nueva Jersey, caja 2, expediente 2. La enorme mayoría de las notas del *Diario de la Revolución Cubana* entregadas por Franqui a la biblioteca Firestone de la Universidad de Princeton fueron retomadas textualmente en el libro publicado. No es el caso de este texto de Fidel Castro, quizás debido a los comentarios que hace, justamente, sobre México. Los pasajes previos y posteriores de Castro aparecen en la página 141 de Carlos Franqui, *Diario de la Revolución Cubana, Barcelona*, R. Torres, 1976. De aquí en adelante, al citar a Franqui, sólo haremos referencia al archivo de Princeton cuando las notas no aparezcan en su libro; en los demás casos, haremos referencia a la edición de R. Torres.

alineó por un largo rato con el ala dura, comunista y prosoviética del movimiento insurreccional. Su postura fue consciente y ostensible.

Desde diciembre de 1955, el Che había comenzado a seguir clases de ruso en el Instituto de Relaciones Culturales Mexicano Soviético, ubicado en la calle Río Nazas de la colonia Anzures. Ya reseñamos su inclinación netamente prosoviética, pero este paso adicional debe ser subrayado. Para todos los mexicanos y exiliados que vivían en aquella época en México, era bien sabido que las diversas representaciones soviéticas en el Distrito Federal —la embajada en Tacubaya, Intourist, Tass y Pravda, los institutos culturales y de idiomas— se hallaban bajo una meticulosa vigilancia de las autoridades mexicanas y de sus "socios" norteamericanos. Así se comprobaría escasos años después gracias a la investigación de las actividades en México de Lee Harvey Oswald. Resulta entonces inverosímil que el Che haya decidido acudir al Instituto sólo para leer a Pushkin y Lermontov *dans le texte*. Es probable que deseara afirmar, pública y provocadoramente —aunque tal vez de manera inconsciente— su respeto y afinidad por la Unión Soviética. Logró su cometido: en uno de los primeros informes de la inteligencia estadounidense que menciona al Che se destacan sus visitas al Instituto de Cultura.* Cuando las autoridades mexicanas y el aparato propagandístico de Batista establecen un deslinde entre él y los demás presos justamente a raíz de su constante acudir a las representaciones de la URSS, o bien paga un costo altamente previsible, o logra exactamente lo que buscaba: ser considerado, a

---

* Es un documento confidencial del Departamento de Estado sin fecha pero probablemente de finales de junio de 1958, donde se analizan "las posibilidades de vínculos comunistas del 26 de Julio", se anota que "el Che 'puede' haber pertenecido [*sic*] al Instituto Mexicano-Soviético de Relaciones Culturales". También se destacan las relaciones de Hilda Gadea con dos "agentes soviéticos" en México, Jorge Raygada Cauvi y el mayor salvadoreño Humberto P. Villalta (National Archives, College Park, Maryland, Box 2).

mucha honra, un comunista y defensor de la Unión Soviética, aunque fuera sin partido.*

Algo semejante sucede en sus encuentros con Nikolai Leonov. Según relata el ahora general retirado de la KGB, tanto en sus memorias como en una entrevista con el autor celebrada en Moscú, entabló un principio de amistad con Raúl Castro de manera puramente casual. Después del Festival Internacional de la Juventud de Viena en 1951, el hermano de Fidel había vuelto de Europa en barco; a bordo viajaba también Leonov, comisionado a México para estudiar español pero acreditado igualmente en la embajada de la URSS. Cuatro años después, según Leonov en forma totalmente fortuita, se topó con Raúl Castro en las calles del D. F., donde renovaron su camaradería.[26] Raúl le cuenta a Leonov los motivos de su estancia en México, Leonov las razones de la suya. Ambos esconden algo, pero obviamente congenian. En uno de sus repetidos encuentros, en la famosa casa de María Antonia, la anfitriona y hada madrina de Fidel y los fidelistas en México, aparece el Che. Según los recuerdos de Leonov:

> Che estaba muy bien, radiante de felicidad porque aquí viene un representante de otro mundo, del campo socialista y comenzamos a discutir todas las cosas. Con Raúl me acerqué por la misma razón en el barco y con Che sobre la misma base, porque ya la conversación arrancaba desde el lugar en donde estábamos de iguales. Me

---

* En lo que es probable la primer mención del Che Guevara en un documento oficial estadounidense, se le acusa al "comunista argentino" de ser un protegido de Vicente Lombardo Toledano, el dirigente obrero, intelectual y político mexicano, de cuyo Partido Popular se afirma que el Che fue miembro y a quien se asevera le debía sus empleos en México. Todo indica que la información era falsa: no era miembro del Partido Popular, no era amigo de Lombardo Toledano, y no le debía sus empleos a él (Foreign Broadcast Information Service [FBIS], Daily Report, 25 de julio, 1956, núm. 145, p. 5, *Possibility of Communist Connections*, Department of State, National Archives, College Park, Maryland, Lot 60 D 513, MER 1137, Box 7-8).

preguntaba de la Unión Soviética porque en el año, en 1956, habían pasado muchas cosas. Básicamente estaba informado, pero las cosas concretas, los plenos del Comité Central, no le interesaba al Che. Sabía cómo era la Unión Soviética, cómo era la formación de la sociedad aquí, cómo funcionaba la economía, es decir, tenía fundamentos básicos de lo que era la Unión Soviética. En aquel entonces todos tenían la misma visión, de admiración. Él era admirador de eso.[27]

Se quedaron conversando. Guevara indicó su interés por leer algo de literatura soviética; Leonov le entregó su tarjeta de agregado en la embajada y el futuro agente de los servicios de la Plaza Lubianka se ofreció a prestarle libros al joven literato argentino. Quería libros que le ayudaran a conocer al pueblo soviético. "¿Por qué no?" contestó el soviético; "me indicó tres: *Así se templó el acero*, de Ostrovski; *Un hombre de verdad*, de Polevoi, y *La Defensa de Estalingrado*".[28] Un día apareció el Che en la embajada; Leonov ya tenía listos los libros. El Che tenía prisa y el ruso recuerda que "tenía algunas cosas mucho más importantes; cuando lo invité a pasar y a hablar con más tranquilidad, me dijo que no podía".[29]

En la versión de Leonov, al ser detenido el Che algunas semanas después, las autoridades mexicanas ponen el grito en el cielo al encontrar en su cartera la tarjeta de presentación del diplomático moscovita. Rápidamente lo acusan de ser agente del comunismo internacional, cuando, según Leonov, se habrán reunido apenas un par de veces. Si fue devuelto expeditamente a su capital como castigo por un embajador iracundo se debió sólo a la excesiva prudencia de este último.

Es absurda la sospecha de que el Che fue reclutado por la URSS durante esos meses gracias al fino trabajo de Leonov. No obstante, el relato del ex general de la KGB peca por ingenuo o simplista. Guevara tenía que saber que cualquier contacto con personal soviético en el apogeo de la Guerra Fría, en una plaza decisiva como lo era México, comparable a Viena o Berlín en esos años, entrañaba un elevado riesgo de ser detectado por los servicios mexicanos o norteamericanos. Debía estar consciente, de una manera u otra, de que el mero hecho de portar la tarjeta de un diplomático de la embajada de Tacubaya en su cartera —¡en pleno campamento de entrenamiento guerrillero a cincuenta kilómetros de la ciudad de México!— equivalía a una provocación. Casi aseguraba que, en caso de ser detenido —una posibilidad siempre presente— sería acusado de nexos con Moscú. Por otra parte, si bien Leonov puede no haber pretendido inicialmente reclutar al argentino, sus conversaciones con él, así como su creciente conocimiento de los proyectos del grupo de cubanos, deben haberle sugerido la idea de acercarse a Guevara: un joven más comprometido ideológicamente, más accesible y talentoso que la mayoría de los expedicionarios. Podemos especular que si Leonov no reclutó al Che, no fue por indiferencia; si el Che no fue reclutado, disposición a serlo no le faltaba.

Por último, figura en el expediente la insistencia del Che en su fe marxista-leninista durante los interrogatorios en la Secretaría de Gobernación. Por supuesto, reconoció que era "marxista-leninista". Pero además, con las autoridades, discutió hasta donde le fue posible, defendiendo diversas tesis marxistas y rebatiendo las distintas objeciones esgrimidas por el licenciado Antonio Villada, agente del Ministerio Público. Según el relato de Gutiérrez Barrios:

En ese momento nos trasladamos a (la estación migratoria de la calle) Miguel Schulz y se tomó la declaración de todos. El único que confesó su ideología era el Che. Cuando lo interrogó el Ministerio Público dijo que su ideología era marxista-leninista con toda claridad. Los demás no, porque ninguno de ellos tenía esas características. Fidel Castro era martiano. Pero ahí el Che hace su declaración sobre esta situación, hace sentir su profundidad ideológica y su convencimiento. El agente del Ministerio Público era una persona que lo tenía yo conceptuado como nuestro hombre de mayor conocimiento sobre el comunismo, como así se le denominaba sin matices, y ese especialista en comunismo fue el que interrogó al Che. El Che había ya confesado que era marxista-leninista, y comenzó este abogado a querer discutir sobre esta filosofía, pero su pericia en la materia era muy limitada en relación al profundo conocimiento del Che. Cuando entraron en una discusión y vi que además estaba quedando muy mal el abogado nuestro, yo lo llamé y le dije: "Licenciado, ya le dijo que era marxista-leninista, váyase ya directo a tipificar los delitos y nada más." Porque en ese momento el Che se reveló realmente muy prepotente, con toda la razón de su conocimiento, pues estaba barriendo en una discusión, en un debate ideológico que no venía al caso.[30]

En otras palabras, el Che no sólo no disimulaba su ideología o inclinación política —embuste que todos los demás detenidos sí cometían— sino que se vanagloriaba de ella, buscando casi convencer a su captor de sus propias convicciones.* Uno difícilmente imagina a Fidel Castro, a su hermano Raúl o a cualquiera de los demás cabecillas cubanos presumiendo de sus diversas ideologías o posturas políticas, y sosteniendo un

---

* Otro dato abona a favor de este análisis. Se recordará cómo en la entrevista a Jorge Masetti en la Sierra Maestra citada en el capítulo anterior el Che afirma a propósito de su participación en los acontecimientos en Guatemala: "Yo nunca ocupé un cargo en el gobierno de Arbenz." No obstante en su declaración ante el Ministerio Público en México, dice: "Que llegó a esta capital hace aproximadamente año y medio, procedente de Guatemala, de donde salió a la caída del régimen de Jacobo Arbenz del cual era simpatizante y a cuya administración servía." (Adys Cupull y Froilán González, *Un hombre bravo*, La Habana, Capitán San Luis, 1994, p. 384.)

acalorado debate con sus carceleros. El Che traía su nueva fe comunista, soviética y revolucionaria a flor de piel; no la escondía, sino que se jactaba de ella. Mientras no influyera él mayormente en la línea política del Movimiento 26 de Julio, las consecuencias de este orgullo militante permanecerían secundarias; en cuanto su peso político aumentara, revestirían una innegable trascendencia histórica.

Una razón adicional que coadyuvó a convencerlo de embarcarse rumbo al oriente cubano fue su desempeño en los entrenamientos físicos y militares realizados bajo la dirección de Alberto Bayo, un antiguo oficial del Ejército Republicano español. A finales de abril, Castro consigue el dinero para comprar un rancho cerca del municipio de Chalco, en el Estado de México. Para entonces ya había persuadido a Bayo de que entrenara a sus colegas. El Che participó en los ejercicios físicos, de táctica, de tiro y resistencia junto con los demás, al tiempo que desempeñaba la función de jefe de personal del grupo. La segunda tarea la descargó sin mayores problemas, pero debe haber sido fuente de enorme satisfacción para él descubrir que, a pesar de la altitud y el asma, pudo mantenerse a la par de sus compañeros y obtener las mejores calificaciones del contingente. En sus apuntes, Bayo anotó en referencia a su alumno predilecto: "Asistió a unas 20 prácticas regulares, disparando un número aproximado de 650 cartuchos. Disciplina excelente, cualidades de mando excelentes, resistencia física excelente. Algunas 'planchas' disciplinarias por pequeños errores al interpretar órdenes y leves sonrisas."[31] Ciertamente, en las noches al Che se "le veía cansado de las marchas... que lo dejaban desencuadernado".[32] No obstante, Bayo recuerda que:

> Guevara fue calificado como el número uno de la promoción. En todo obtuvo la nota máxima: diez. Cuando Fidel vio mis calificaciones me preguntó: ¿por qué sale Guevara número uno? Porque sin duda alguna es el me-

jor. Asimismo opino yo, me dijo. Tengo de él el mismo concepto.*

Desde sus épocas de rugby en Córdoba y Buenos Aires, Guevara había aspirado a demostrarse a sí mismo que su padecimiento pulmonar no provocaba impedimento alguno para las actividades físicas a las que era aficionado. En buena medida lo había logrado. La prueba máxima, hasta ese momento, fue el acondicionamiento físico-militar en México; la aprobó con honores. Ya no podía albergar ninguna reserva sobre su capacidad de sobreponerse a las limitaciones que su afección le imponía; hubiera resultado aberrante que, después de hallarse a la altura del compromiso que se fijó, desistiera de cumplirlo por otras razones. Los entrenamientos del Rancho Santa Rosa sellaron la decisión.

Por último, habría que sumar un factor de otra índole, de menor importancia pero de ninguna manera insignificante, vinculado al estado que guardaba su relación con Hilda Gadea. La apreciación del más reciente de los biógrafos de Fidel Castro —"el Che estaba convencido de que había hallado una misión y una manera de abandonar a su esposa"— es excesiva: Guevara no se enlistó en la expedición del *Granma* para separarse de su mujer.[33] Pero es un hecho que a ojos del argentino, el matrimonio ya había fracasado aunque no del todo en la mente de Hilda. Desde el nacimiento de su hija el 15 de febrero de 1956, Ernesto intuía que la pareja tenía los días contados. Le escribe a su amiga *Tita* Infante a Buenos Aires:

---

* Alberto Bayo, *Mi aporte a la revolución cubana*, La Habana, Imprenta Ejército Rebelde, 1960. Por cierto que en las memorias de Bayo, publicadas en 1960 con un prefacio del Che, el militar registra la siguiente apreciación sobre la filiación política del Che, distinta a la vez de la caracterización oficial cubana y de la que aquí se propone: "No guardaba ninguna simpatía a Perón, el dictador que lo metió en la cárcel [*sic*] llamándole comunista y deduje en cien ocasiones que Guevara, como yo, no era comunista, ni lo había sido." (*Ibid.*, p. 77.)

[Hildita] es la causa de una doble alegría para mí. Primero, la de la llegada que puso un freno a una situación conyugal desastrosa y segundo, el que ahora tengo la total certidumbre de que me podré ir, a pesar de todo. Que mi incapacidad para vivir junto a su madre es superior al cariño con que la miro. Por un momento me pareció que una mezcla de encanto de la chica y de consideración a su madre (que es en muchos aspectos una gran mujer y me quiere con una forma casi enfermiza) podría convertirme en un aburrido padre de familia; ahora sé que no será así y que seguiré mi vida bohemia hasta quién sabe cuándo.*

El rechazo a la ambivalencia y la negativa a convivir con la contradicción enfrente generan impulsos de alejamiento. Ya no tolera la vida conyugal; pero adora a la niña. Se resiste a distanciarse de la madre mediante una separación explícita y tajante; pero tampoco puede seguir viviendo con ella. De allí las medias tintas engorrosas en las que se debate el atormentado esposo, padre, revolucionario. Entre los entrenamientos, los cincuenta y siete días preso y la semiclandestinidad en la que se sumerge después de su excarcelamiento y antes de la salida a Cuba, abandona el domicilio matrimonial, mas no plantea una ruptura formal. Luego viene la partida de Hilda al Perú, y la suya en el *Granma*: una situación incierta. A tal punto que Hilda, en sus memorias, da cuenta de su propia ilusión, al llegar a La Habana después del triunfo, de que la pareja podría reconstituirse.** En cambio el Che, desde octu-

* Ernesto Guevara de la Serna a *Tita* Infante, 1 de marzo, 1956, citado en Adys Cupull y Froilán González, *Cálida presencia*, La Habana, Oriente, 1995, p. 80. La misma carta, citada en Guevara Lynch, *Aquí va...*, p. 129, no contiene estos comentarios. El padre del Che, como ya comprobamos, participa plenamente de la manía cubana de despojar a los héroes de todo trauma, dilema o contradicción existencial.
** La formulación de Hilda Gadea es elíptica, pero sugerente: "Cuando llegué a La Habana... Ernesto me dijo que tenía otra mujer... y con gran dolor de mi parte... acordamos divorciarnos... Al darse cuenta de mi dolor, dijo:

bre de 1956, la daba por disuelta, en sus comentarios a terceros, aunque no a su esposa, ni a su madre:

> Mi vida matrimonial está casi totalmente rota y se rompe definitivamente el mes que viene, pues mi mujer se va a Perú... Hay cierto dejo amarguito en la ruptura, pues fue una leal compañera y su conducta revolucionaria fue irreprochable... pero nuestra discordia espiritual era muy grande.[34]

Ante la maraña de sentimientos encontrados de este vínculo marchito, lanzarse a la aventura del 26 de julio no parecía una mala opción. Ni remotamente se puede esgrimir la tesis de que Guevara emprende la vía insurreccional sólo por dejar a su compañera peruana; sería igualmente erróneo, sin embargo, excluir del cúmulo de ingredientes que provocaron su decisión el agotamiento de su matrimonio. El Che no se movía por pulsiones emotivas de esa naturaleza; no obstante, las tres grandes rupturas geográficas y existenciales de su vida se vieron acompañadas por sendos desamores o desavenencias afectivas. Perseguir un destino será siempre lo esencial. Lo político y lo afectivo ocuparán lugares subalternos en la vida de un hombre que empalmó más disyuntivas lacerantes en quince años de vivir rápido que las que muchos acumulan en vidas más largas, pero más lentas.

Ni el Che ni Fidel, ni sus compañeros de espera en México durante esos años, registran una destacada injerencia del argentino en las discusiones estratégicas del Movimiento 26 de Julio. Desempeñó por supuesto una función crucial en la pre-

---

'Mejor hubiera sido morir en combate.'" (Gadea, *op. cit.*, pp. 201-202.) Por cierto que el padre del Che vivía en la misma ficción. Hablando en 1957, es decir meses después de la separación física y afectiva de su hijo y su nuera, dice: "Hice venir a mi nuera, Hilda Gadea, y a nuestra nieta Hildita. Viajaron a Buenos Aires a reunirse con nosotros..." (Ernesto Guevara Lynch, *Mi hijo el Che*, Planeta, Barcelona, 1981, p. 23.)

paración política e ideológica de los futuros guerrilleros; ofrecía cursillos tanto en el Rancho Santa Rosa como en la estación migratoria de Miguel Schulz y en los demás resguardos que ocuparon Castro y sus hombres antes de zarpar de Tuxpan. Pero más allá de exposiciones de este tipo —necesariamente desvinculadas del debate táctico y estratégico en el seno del Movimiento o entre este último y otras corrientes cubanas— no se manifestó mayormente el discurso guevarista. Según uno de sus amigos mexicanos, la razón de este silencio yacía en una combinación de convicción y conveniencia. Convicción de que un extranjero les debía un gran respeto a los cubanos, y no se justificaba una intervención inmediata y excesiva de su parte: "Yo no puedo decirles nada de su tierra"; conveniencia al intuir que opinando corría el riesgo de provocar diferencias que podían comprometer lo fundamental, a saber, participar en la invasión a Cuba.[35]

La verdad de esta reticencia estribaba quizás en el carácter ramplonamente reformista de las intenciones públicas del Movimiento 26 de Julio o M-26-7. Como ha sido ampliamente documentado, las tesis políticas, ideológicas, económicas y sociales de Fidel Castro y sus colegas, tanto en la cárcel en Cuba como en México, en la Sierra Maestra e incluso en el poder durante los primeros meses, fueron todo menos marxistas o revolucionarias en un sentido clásico. El discurso fundante de Castro —"La historia me absolverá"— pronunciado en octubre de 1953; el panfleto que redacta a partir de la defensa en su juicio y que lleva el mismo título, publicado clandestinamente en abril de 1954; el Manifiesto número uno del M-26-7, expedido en la ciudad de México, días después del arribo de Fidel; y su carta de renuncia al Partido Ortodoxo el 19 de marzo de 1956, son todos ellos textos imbuidos de una gran cautela sustantiva y de una ortodoxia total de pensamiento. Si acaso, como lo afirma Theodore Draper, uno de los críticos más adelantados y conservadores del castrismo, los pronunciamientos se antojaban cada vez más moderados y "constitucionalistas".[36] El tema de la sinceridad de dichos planteamientos es distinto: pertenece al ámbito de las biografías de Fidel Castro y de los debates en torno a la naturaleza auténtica y visible de la Revolución cubana. Lo que nos ocupa aquí es otra cosa, a saber, la relación del Che con la plataforma programática del grupo cubano y su anuencia hipotética a avenirse a un disimulo o engaño de origen.

En su diseño inicial, el programa de Fidel Castro contemplaba cinco grandes disposiciones jurídicas: la restauración de la Constitución de 1940; una reforma agraria que entregara tierras a colonos con menos de 150 acres de tierra; un esquema de reparto de utilidades en los ingenios azucareros; una reforma azucarera limitada; y la confiscación de tierras obtenidas de manera fraudulenta. Además prometía una reforma educativa —básicamente un aumento de sueldo a los maestros—, la nacionalización de los servicios públicos y teléfonos, y una reforma de la vivienda.[37] En sí mismas, estas reformas apenas alcanzaban el grado de radicalidad del populismo clásico latinoamericano de Perón, Cárdenas o Vargas, o del propio Batista en 1940. Cierto es que nada en Cuba era igual al resto de América Latina y que, como lo ha demostrado uno de los análisis más recientes del proceso isleño:

> En el contexto cubano de los años 50, el Movimiento 26 de Julio no era un movimiento reformista... La sustancia de las reformas planteadas constituía el meollo de reformas semejantes en otros países de América Latina. Pero no en Cuba [...] Los fidelistas pedían el cambio en una sociedad donde los fracasos económicos y sociales habían debilitado considerablemente el recurso a la reforma, y utilizaban medios radicales para llegar al poder.[38]

Por otra parte, aun después de su renuncia al Partido Ortodoxo, Castro seguía recibiendo recursos de personalidades como el ex presidente Carlos Prío; de López Vilaboy, presidente de Líneas Aéreas Cubanas; y de diversos expatriados isleños residentes en Estados Unidos. El carácter revolucionario del esfuerzo consistía entonces únicamente en el método de lucha o en la esperanza, suscitada por la personalidad de Fidel Castro y por la confianza depositada en él por el Che, de que el proceso, una vez conquistado el poder, se orientaría por un cauce radical. Todo sugiere que Guevara, más que impulsado por el programa o por la posible transformación de la sociedad cubana, se vio motivado por la idea misma de combatir por un ideal propio, con Fidel y fuera de México. No será la primera vez que Ernesto Guevara enfatizará en los hechos la primacía del método de lucha sobre su contenido. En México no se deberá a una conceptualización abstracta; se tratará de la confluencia de un cálculo político y un estado de ánimo. De haberse enfrascado el Che en grandes discusiones con los cubanos sobre el programa, ni se hubiera puesto de acuerdo con ellos, ni se habría convencido a sí mismo de la viabilidad y heroísmo de la gesta por venir.

Sea como fuere, después de un sinnúmero de peripecias personales, de contratiempos políticos y militares (días antes de la salida, la policía mexicana decomisa a los cubanos una veintena de fusiles y 50 000 balas en la ciudad de México) y de dificultades logísticas, en la madrugada del 25 de noviembre el *Granma* se aparta del muelle de Tuxpan, Veracruz, y zarpa hacia la Antilla mayor. El buque, una embarcación de recreo propiedad de un norteamericano domiciliado en el Distrito Federal, costó 15 000 dólares y resultaba excepcionalmente inadecuado para los fines del futuro comandante en jefe: demasiado pequeño, inestable y de corto alcance. Pero Fidel tenía prisa. No tanto por la supuesta presión ejercida por las autoridades mexicanas,* ni por el peligro que entrañaban

---

* Gutiérrez Barrios afirma que el gobierno de México no presionó a los cubanos para que se fueran, y que le ayudó a Castro a evitar problemas en Tuxpan al llamar a sus hombres en la zona a México.

las fuerzas represoras de Batista siempre activas en México,* sino por la palabra empeñada en varias ocasiones: "En 1956 seremos libres o seremos mártires." No quedaba más remedio que lanzarse al Golfo de México antes de que cerrara el año, incluso si los preparativos permanecían inconclusos.

En la noche del 25 de noviembre, se desliza el *Granma* por el estuario del río Tuxpan sin luces y con los motores a medio andar. Así abandona el Che tierras mexicanas para siempre. Como se dice en México, nunca le habrá dado el golpe al país. La estancia de dos años y tres meses resalta más por las condiciones de su partida que por la monotonía de la vida en la capital mexicana. En realidad, en México se produce el acontecimiento más importante de sus veintiocho años de existencia: haber conocido a Fidel Castro y embarcarse en la aventura revolucionaria cubana. México, sin embargo, tuvo poco que ver con ello. Hubiera podido suceder en cualquier otro rincón del mundo. Los prejuicios del Che (no siempre falsos), su depresión al llegar a México, y su encandilamiento ulterior con los cubanos, le impidieron gozar del país. Pero también debe haber influido en su indiferencia la sosegada realidad mexicana de los años cincuenta: clasemediera, ilusa, cada vez más norteamericanizada.

El Che se incorpora a la epopeya castrista como médico. Con rango de teniente, es designado jefe de sanidad de un equipo de 82 insurrectos, encargado de las medicinas y del cuidado de los futuros heridos en combate. Sólo superando gran-

---

* La versión oficial cubana explica la precipitación de la partida por la deserción y consiguiente delación de dos integrantes del campamento de Abasolo, el 21 de noviembre, en el estado mexicano de Tamaulipas. Sin poner en tela de juicio el suceso en sí mismo, puede uno imaginar que intervinieron muchos otros factores, incluyendo los prolegómenos de la insurrección en Cuba. Véase Centro de Estudios de Historia Militar, *De Tuxpan a La Habana*, Orbe, 1981, p. 70.

des dificultades descargará con brillo su responsabilidad a bordo: él mismo se verá rápidamente derruido por un ataque de asma, agravado por la ausencia de inhalador o epinefrina. Los demás integrantes de la expedición se marean casi al levar anclas en Tuxpan, y al momento de buscar las pastillas contra el mareo para atenderlos, el médico de la tripulación descubre que la expedición nunca se abasteció de ellas. La embarcación no debió transportar más de una veintena de navegantes; además de los ochenta y dos hombres, cargaba la comida y bebida correspondientes, así como las armas y el parque para el alzamiento: dos cañones antitanque, treinta y cinco rifles con mira telescópica, cincuenta y cinco fusiles de fabricación mexicana, tres ametralladoras Thompson y cuarenta ametralladoras ligeras.

Todo estaba coordinado con Cuba. El Movimiento 26 de Julio en la isla, dirigido por Frank País, se aprestaba a iniciar un levantamiento popular el 30 de noviembre en Santiago. Cumplió cabalmente, aunque la responsabilidad de las acciones fuera atribuida parcial y equivocadamente a otros.* El *Granma* debía haber atracado en tierra firme en Niquero, en la provincia de Oriente, ese mismo día; encalla el 2 de diciembre, setenta y dos horas después del alzamiento santiaguero, y en los Cayuleos, lindando en la Playa de los Colorados, lejos de Niquero y en medio de un manglar de pesadilla.** Los planes trazados en México se estrellaron en

---

* En un informe confidencial el 4 de enero de 1957 dirigido al subsecretario de Estado norteamericano para América Latina Roy Rubottom se afirma que "existen pruebas de que el Partido Socialista Popular participó en las actividades terroristas acontecidas en Cuba desde hace un mes". (Murphy a Rubottom, 4 de enero, 1957, Department of State, National Archives, Lot 60 D 513, MER 1137, Box 7-8, College Park, Maryland.)

** "Encallamos en un lugar lodoso para meternos en la peor ciénaga que jamás haya visto [...] en aquel maldito manglar tuvimos que abandonar casi todas las cosas [...] atravesando aquel infierno." (Raúl Castro, "Diario de la guerrilla cubana", citado en Che Guevara y Raúl Castro, *La conquista de la esperanza*, México, Ediciones Joaquín Mortiz, 1995, p. 75.)

varios escollos: la velocidad del yate, inferior a la prevista debido a la sobrecarga de personal y a las imperfecciones de los motores; el mal tiempo, más o menos típico del Golfo en la estación; y los errores de navegación. El desembarco en sí tampoco sucedió conforme a los planes. Por tener lugar en una playa inhóspita, obligó a los expedicionarios a abandonar parte de sus pertrechos, a marchar por manglares durante horas y a dividirse en varios grupos sin comunicación. Y al realizarse después de la fecha programada, el régimen de Batista se encontraba ya sobre aviso y presto para contraatacar. Todo auguraba un desastre y, en efecto, sobrevino.

En los días y horas inmediatamente posteriores al desembarco los tripulantes del *Granma* se desparramaron por la ciénaga. El bautizo de fuego del Che Guevara ocurrió allí, en los cañaverales del ingenio de Niquero, propiedad de la familia Lobo. El 5 de diciembre, en Alegría de Pío, estalla el primer combate de la guerra revolucionaria. El argentino fue alcanzado por una ráfaga de ametralladoras que lo lesionó en el cuello: herida leve pero aparatosa. Evocará más tarde unas líneas de Jack Lóndon sobre la muerte en el gran norte, pero el pasaje más pertinente para ilustrar su estado de ánimo son los versos de Léon Felipe —uno de sus poetas preferidos— sobre Cristo, recopiados en el cuaderno de notas que cargaba cuando fue aprehendido en Bolivia:

> Te amo, no porque bajaste de una estrella, sino porque me revelaste que el hombre tiene lágrimas y congojas, llaves para abrir puertas y cerrarlas de la luz. Tú me enseñaste que el hombre es Dios, un pobre Dios en pecado como Tú y que aquél que está a tu izquierda en el Gólgota, el mal ladrón, también es Dios.

El combate derivó en una desbandada para los insurrectos. Unos cayeron bajo las balas o las bombas de las tropas y la marina batistianas; otros fueron capturados; los demás se dividieron en pequeños grupos desmoralizados y dispersos. El Che, ya para entonces en condiciones físicas lastimosas, emprende la marcha hacia la Sierra Maestra con cuatro compañeros, a los cuales se unirán tres más al día siguiente. Sin agua, prácticamente sin comida, con armas raquíticas y poco parque, se dirigen hacia las montañas para reunirse con los demás —si existían todavía— y esquivar una nueva ofensiva del ejército. Entre los colegas del Che figuran Ramiro Valdez, Camilo Cienfuegos y Juan Almeida, todos destinados a cumplir funciones cruciales en los meses y años por venir. Dieciséis días después, al cabo de tormentas inenarrables, de sed, hambre, cansancio y depresión, arriban a la finca de un campesino de nombre Mongo Pérez, en las inmediaciones de la cordillera del oriente cubano, donde se reencuentran con los demás sobrevivientes. Antes habían depositado sus armas en una morada campesina en el camino; sin mayor demora fue objeto de una redada del ejército, provocando un regaño virulento de Fidel Castro a sus compañeros. Nunca se abandonan las armas; "dejarlas fue un crimen y una estupidez".[39]

Los náufragos del *Granma* se salvan ante todo por dos razones: la excepcional fuerza de voluntad y confianza en sí mismo de Fidel Castro, quien rápidamente proclama la victoria que acaban de conquistar al sobrevivir y le promete al minúsculo grupo de guerrilleros exhaustos que el triunfo final es seguro, y la ayuda de los campesinos de la zona. Ambos factores les permitieron a los rebeldes establecer contacto con los núcleos urbanos del Movimiento, en particular con Celia Sánchez en la vecina ciudad de Manzanillo, y reagruparse al amparo de las cumbres de la Sierra Maestra. El formidable sentido de la oportunidad de Fidel Castro conduce a ejecutar con éxito un asalto a un puesto militar en el pueblo de La Plata, no lejos de la costa, a mediados de enero, apenas tres semanas después del reencuentro de los sobrevivientes.

Con ese ataque, los guerrilleros logran tres objetivos. En primer término, le anuncian al resto de Cuba y en particular a sus simpatizantes en la isla que seguían vivos y capaces de infligirles bajas y daño al ejército. En segundo lugar, fortalecen su propia moral, al comprender que con calma, voluntad y audacia será factible remontar la derrota de diciembre y retomar el camino a la victoria. Por último, le demuestran al campesinado de la zona que los revolucionarios configuraban una fuerza real, susceptible de llevarle la guerra al enemigo, de proteger a quienes colaboraban con ellos y de castigar a los que los traicionaran o los delataran. En efecto, durante el combate de La Plata tendrá lugar el primer ajusticiamiento del 26 de Julio. El "chivato", o informante del ejército, *Chicho* Osorio, después de caer en la trampa que le tendieron los guerrilleros para que los acercara al pequeño cuartel, fue fusilado al comenzar el tiroteo.

La Sierra Maestra y el Oriente cubano, donde el Che y sus correligionarios pasarán buena parte del próximo año y medio, era una región pobre, despoblada y extremadamente rural. Las tierras pertenecían a algunos pocos; la agricultura se limitaba al azúcar y al café; y los índices sociales desmerecían inclusive frente a los de otras zonas desamparadas de la isla. Los campesinos —en igual proporción blancos, mulatos y negros— enfrentaban una existencia precaria, dura y violenta. Tenían, en efecto, nada que perder y mucho que ganar con un cambio sustancial en sus condiciones de vida. Para los guerrilleros, que como ellos mismos reconocían jamás habían frecuentado a personas del campo y de semejante indigencia —mucho menos convivido con ellas—, el contacto fue conmovedor. La solidaridad, la sencillez y la nobleza de los guajiros de la Sierra se erigió en una auténtica revelación para muchos de ellos: "Es admirable cómo se desviven por atendernos y cuidarnos estos campesinos de la Sierra. Toda la nobleza y hidalguía cubanas se encuentran aquí."[40]

El Che se hallará expuesto exclusivamente a esa faceta de la vida de la isla durante dos años. Desde luego, intimará con un gran número de cubanos de las ciudades y de otras clases que se trasladarán a la Sierra, pero sólo breve y esporádicamente. Para quien posee ya una predisposición admirativa por la otredad, resultará lógica esa predilección por el campesinado.*

Los meses iniciales en la Sierra serán agridulces para Ernesto Guevara. Comprenderán, obviamente, instantes estelares. Durante el segundo combate, en el bien nombrado Arroyo del Infierno, le da muerte a su primer enemigo. Se produce el encuentro con Frank País, quien a mediados de febrero sube al monte para coordinar la entrega de armas y vincular al movimiento urbano con el de la Sierra. Logra enviar una pequeña nota a su familia en Buenos Aires, dando señales de vida, desmintiendo las versiones de prensa en sentido opuesto.** Pide libros al llano: de álgebra, de historia de Cuba, de geografía de la isla, de francés para instruir a Raúl Castro.***

En esos meses, el Che lleva a cabo el primer fusilamiento de un traidor en las filas de la guerrilla, Eutimio Guerra; eje-

---

* A propósito de la muerte de Julio Zenón Acosta, uno de los primeros campesinos en sumarse a la rebelión y el primero que alfabetizó el Che, Guevara anota en su diario: "Era el hombre incansable, conocedor de la zona, el que siempre ayudaba al compañero en desgracia o al compañero de la ciudad que todavía no tenía la suficiente fuerza para salir de un atolladero; era el que traía el agua de la lejana aguada, el que hacía el fuego rápido, el que encontraba la cuaba necesaria para encender fuego un día de lluvia" (Ernesto Che Guevara, citado en Che Guevara y Raúl Castro, *op. cit.*, p. 310). La publicación en Cuba en 1991 y en México en 1995 de extractos de los diarios originales del Che en la Sierra Maestra, que sirvieron como materiales para la redacción posterior de *Pasajes de la guerra revolucionaria*, confirman que el propio Che era su mejor editor. No hay nada en los diarios que valga la pena que el Che no hubiera incluido en su texto publicado.
** "Queridos viejos: estoy perfectamente. Gasté sólo dos y me quedan cinco. Sigo trabajando en lo mismo. Las noticias son esporádicas y lo seguirán siendo pero confíen en que Dios sea argentino. Un gran abrazo de todos, Teté." (Citado en *Revista de Casa de las Américas*, núm. 168, mayo-junio, 1988, p. 6.)
*** Como anotó Raúl Castro: "Todos los libros los había pedido... el polifacético Che". (Raúl Castro, en Guevara y Castro, *op. cit.*, p. 157.)

cuta él mismo la sentencia.* Sufre también un violento ataque de paludismo a principios de febrero, y la pequeña tropa insurrecta es objeto de sistemáticas arremetidas aéreas y terrestres por el enemigo. A finales de febrero el asma lo derrumba: los ataques son más frecuentes, más fuertes, y la falta de epinefrina y hasta de su inhalador le imposibilita seguir con los demás:

> El asma era tan fuerte que no me dejaba avanzar [...]
> Pude llegar, pero con un ataque tal de asma que, prácticamente, dar un paso para mí era difícil [...] Había que tomar una decisión, pues me era imposible seguir [... sin] por lo menos comprar las medicinas.[41]

Finalmente la obtención de medicamentos y el descanso, junto con su voluntad indomable, le permiten alcanzar de nuevo a la rala columna (son sólo dieciocho hombres) a mediados de marzo. Se tratará de los peores días de la guerra para el Che. En un lapso fugaz convergen reveses militares, ataques asmáticos y carencia de medicinas. Afortunadamente no transcurren más de tres semanas entre el embate del paludismo y la llegada a la casa de Epifanio Díaz, donde se reúne de nuevo con Fidel y los demás. El episodio dejará una huella equívoca en el Che: le enseñará que aun bajo las peores condiciones, con voluntad y disciplina, es capaz de sobreponerse a su enfermedad y a sus estragos y, a final de cuentas, mantener el ritmo. Pero no asimilará la excepcionalidad de la situación. Su alto es posible porque aparece una casa y una familia donde reposar, porque sobra un compañero que lo cuide, porque se consigue la adrenalina o epinefrina en la ciudad de Manzanillo,

---

* Paco Ignacio Taibo II sostiene que fue Guevara quien realizó la ejecución de Guerra, citando una entrevista inédita a Universo Sánchez realizada por Luis Adrián Betancourt (véase Paco Ignacio Taibo II, *Ernesto Guevara, también conocido como el Che*, México D. F., Planeta, 1996, pp. 163 y 780). Es también la versión de John Lee Anderson, citando documentos del propio Che.

porque el adversario, si bien se encuentra cerca, no concentra sus recursos en cazarlo. No será fácil reproducir estas afortunadas circunstancias en otras latitudes, en otras coyunturas. Y, por último, tal vez el Che no termina por absorber un dato crucial. Su incapacidad pasajera no obsta para que todo siga adelante, pues el jefe es otro: Fidel Castro. Pero la misma inhabilitación, efímera o duradera, devastadora o leve, hubiera revestido consecuencias diferentes si la dirección de la columna, del movimiento o de la lucha le correspondiera al enfermo.

Las perspectivas de la guerrilla comienzan a sonreír ya en febrero y marzo. A mediados de mes se celebra la famosa entrevista entre Fidel Castro y Herbert Mathews, del *New York Times*, que comprueba la supervivencia del dirigente cubano y le da al mundo una versión exagerada pero eficaz de la fuerza del ejército rebelde.* En marzo llegan los primeros refuerzos: unos cincuenta reclutas enviados del llano por Frank País, bajo el mando de Jorge Sotús. En esa circunstancia acontece uno de los escasos roces del Che con Fidel en aquellos años. Guevara fue comisionado por el caudillo de la Sierra para recibir a los aspirantes a guerrilleros procedentes del Movimiento 26 de Julio urbano. Pero Sotús "manifestó que él tenía órdenes de entregar la tropa a Fidel y que no le podía entregar a nadie, que seguía siendo el jefe. En aquella época todavía yo sentía mi complejo de extranjero y no quise extremar las medidas, aunque se veía un malestar... en la tropa".[42] Finalmente se resolvió el asunto, pero en una especie de conciliábulo celebrado diez días después al llegar Castro al campamento, este "criticó... mi actitud al no imponer la autoridad que me había sido conferida y dejarla en manos del recién llegado Sotús,

---

* El comentario confidencial del embajador de Estados Unidos en La Habana, Arthur Gardner, sobre la entrevista de Castro con Mathews, es un incunable de la falta de perspicacia: "La controversia sobre si Fidel Castro está vivo o muerto no tiene importancia real." (Arthur Gardner a Roy Rubottom, 28 de febrero, 1957, Department of State, etc. esta carta no ha sido atada (v. p. 135). Aunque sea el mismo archivo, caja, fólder, no es, por tanto, la misma obra.

contra quien no se tenía ninguna animosidad pero cuya actitud, a juicio de Fidel, no debió haberse permitido".[43]

Su estatuto conserva una cierta ambigüedad en la sierra. Es ya más que un médico; su relación con Castro desde entonces lo coloca en una situación excepcional; pero sigue siendo un extranjero y aún no recibe un reconocimiento formal por las demás tareas que desempeña. Más aún, con frecuencia sus opiniones no son tomadas en cuenta.* Una primera prenda de la paulatina alteración de su ascendiente entre los guerrilleros sucede a mediados de mayo de 1957, cuando al llegar un cargamento de armas, Castro le cede a Guevara una de las cuatro ametralladoras de trípode: "Me iniciaba como combatiente directo, pues lo era ocasional, pero tenía como fijo el cargo de médico; empezaba una nueva etapa para mí en la sierra."[44] Al tiempo, impartirá su consulta médica nómada en los pequeños poblados de la zona. Para criterios urbanos modernos, probablemente sus deficiencias e inexperiencia como médico eran indubitables;** pero en aldeas y bohíos jamás pisados por un doctor, su paso se erigía en un auténtico acontecimiento.

Comenzaba el Che a tomar o a proponer iniciativas que no eran directamente de su incumbencia formal. A finales de mayo le sugiere a Fidel Castro que embosquen a uno de los

---

* La honestidad del Che contrasta con la de sus epígonos, incluso cuarenta años después. En biografía reciente, Jean Cormier atribuye a Guevara la autoría de la tesis de devolver los prisioneros del ejército al enemigo. Pero el propio Che en su diario confiesa: "Contra la opinión de los drásticos, entre los que me contaba, los prisioneros fueron interrogados y detenidos durante las noche y puestos en libertad." (Che Guevara y Raúl Castro, *op. cit.*, p. 254.) La afirmación de Cormier aparece en Jean Cormier, *Che Guevara*, París, Editions du Rocher, 1995, p. 131.

** Un ex combatiente de la Sierra, citado por un biógrafo norteamericano, recuerda cómo las prácticas de higiene del Che, por ejemplo, no eran precisamente idóneas: "Ni siquiera se lavaba las manos." (Francisco Rodríguez, citado en Marvin Resnick, *The Black Beret: The Life and Meaning of Che Guevara*, Nueva York, Ballantine Books, 1969, p. 88.)

numerosos camiones del ejército que recorrían las carreteras de la zona. Fidel descarta la propuesta, argumentando que redituará más el asalto a un cuartel cercano, situado a la orilla del mar. Como narra Guevara, las "ansias de combatir" le ganaban. Menospreciaba los aspectos políticos y sicológicos de la acción militar, mientras que Castro los valoraba al extremo. Pero lo importante de la discusión entre el jefe cubano y el aprendiz argentino no consistía en los respectivos méritos militares o políticos, sino en el hecho de que ya debatían, entre pares, entre iguales, y que los desacuerdos entre ellos se zanjaban rápida y eficazmente, sin dejar marcas duraderas. Así sería por varios años.

Paradójicamente, entre los más beneficiados por la decisión de Castro de atacar la posta militar estaba Ernesto Guevara. La batalla de El Uvero, el 28 de mayo de 1957, determinará la mayoría de edad del ejército rebelde, y el tránsito del Che a un rango militar consonante con su talento, valor y responsabilidad. A pesar del encargo preciso y circunscrito que le encomendaron en los planes de asalto, según Castro "el Che pidió tres o cuatro hombres y en cuestión de segundos emprendió rápidamente la marcha para asumir la misión de ataque desde aquella dirección".[45] No sólo destacó el argentino en la batalla, sino también en el cuidado médico de los heridos, tanto de su propio bando como del campo enemigo. A seis compañeros no los pudo salvar; perdió el adversario catorce hombres, otros catorce prisioneros y diecinueve heridos. En el combate participaron ochenta guerrilleros y cincuenta y tres soldados. Se trató del choque más grande de la guerra incipiente.

Durante el mes de junio el Che permaneció al lado de los heridos, separado de la columna principal. Privado de remedios para el asma, su inmovilidad era análoga a la de los heridos; su desmoralización, a pesar de la victoria de El Uvero, también. Del pequeño destacamento desertaban unos y se incorporaban otros a ritmos vertiginosos. Al cabo de dos semanas establecieron contacto con un pelotón de la columna madre; su primer mando de tropa independiente concluía, sin éxitos fulgurantes, pero habiendo cumplido. La situación de la guerrilla se estabilizaba; en los hechos ocupaba un territorio donde por el momento el enemigo no penetraba, donde imperaba una mayor libertad "para conversar de noche", donde la relación con el campesinado se afianzaba, y donde se recibían visitas políticas en condiciones de mayor serenidad.

Gracias a su valentía y tenacidad el Che fue ascendido a comandante el 21 de julio: "La dosis de vanidad que todos tenemos dentro hizo que me sintiera el hombre más orgulloso de la tierra."[46] La segunda columna del ejército rebelde queda bajo su mando: tres pelotones de veinticinco hombres más o menos bien pertrechados, y un principio de autonomía de acción y movimiento. Fidel manda, la comunicación con él es semanal o quinceral vía mensajero, pero impera ya un grado sustancial de independencia. Guevara dirigirá varios combates de envergadura variada en los próximos meses: El Bueycito en julio, El Hombrito a finales de agosto, Pino del Agua a principios de septiembre. Unas escaramuzas resultaron favorables a los revolucionarios; otras, no tanto. En ciertas acciones, los combatientes fidelistas recibieron loas de su jefe; en algunas, su evaluación fue más reservada. A propósito del primer combate bajo su mando, el Che le escribió a Fidel: "Mi estreno como Comandante fue un éxito desde el punto de vista de la victoria y un fracaso en la parte organizativa."[47] En diciembre de 1957, al cabo de un año en la sierra, el Che es herido en un pie durante el combate en Altos de Conrado. Castro lo regaña: "Te recomiendo, muy seriamente, que tengas cuidado. Por orden terminante, no asumas rol de combatiente. Encárgate de dirigir bien a la gente que es lo indispensable en este momento."*

---

* Fidel Castro a Ernesto Guevara, citado en Carlos Franqui, *op. cit.*, p. 385. El Che le contesta a Castro: "Siento mucho haber desoído tus consejos, pero la moral de la gente estaba bastante caída... y consideré necesaria mi presencia en primera línea de fuego." (Ernesto Guevara a Fidel Castro, diciembre, 1957, citado en *Granma*, 16 de octubre, 1967, p. 15.)

La segunda mitad de 1957 coincide también con la consolidación de la figura del Che como jefe de columna. Por primera vez, el argentino empieza a participar de lleno en las discusiones, polémicas y divergencias del Movimiento 26 de Julio. En sus diarios y cartas, se traslucen opiniones propias, frecuentemente cercanas a las de Fidel Castro, pero que en ocasiones contrastan con las del líder por su franqueza o radicalidad. Emergen en los textos reflexiones guevaristas sobre temas espinosos, nacientes pero longevos, que acompañarán a la revolución cubana como su sombra negra y ominosa hasta fin de siglo. Es el caso, por ejemplo, de los fusilamientos de traidores, delatores u oficiales enemigos particularmente desalmados. Desde los primeros días posteriores al desembarco se instituyó la práctica del ajusticiamiento. Raúl Castro la erige en norma en su diario, en ocasión de la ejecución del esbirro *Chicho* Osorio, a quien ya hicimos referencia.* El Che, después del combate de El Hombrito en octubre de 1957, y en medio de una coyuntura de distensión en la guerra, que le permitía asentarse geográficamente, construir un horno de pan, lanzar el periódico *El Cubano Libre* y organizar con mayor rigor a su tropa, se pregunta si los fusilamientos recién ordenados se justifican plenamente.

El caso que desata el autoanálisis del Che involucra a un campesino de nombre Arístido, un semibandido que se había incorporado a la guerrilla sin saber muy bien por qué, y que presumía de su intención de desertar en cuanto se desplazaran las fuerzas insurrectas. Guevara lo manda fusilar "tras una investigación sumarísima"[48] y enseguida comienzan sus cavilaciones: "Nos preguntamos si era realmente tan culpable como para merecer la muerte y si no se podía haber salvado una vida

---

* "La suerte de *Chicho* ya estaba echada desde hace tiempo, igual que la de cualquier mayoral de la compañía que cayera en nuestras manos, y esa pena era el fusilamiento sumarísimo, única fórmula que podía seguirse contra estos dobles esbirros." (Raúl Castro, en Guevara y Castro, *op. cit.*, p. 201.)

para la etapa de la construcción revolucionaria."[49] El flamante jefe guerrillero resuelve el dilema inmediato con astucia analítica y discursiva: el fusilamiento se produjo porque la coyuntura —mezcla desusada de fuerza y debilidad de la guerrilla, demasiado débil para castigar de otra manera, demasiado fuerte para verse obligada a consentir deslices como los de Arístido— lo exigía. Otro caso, el de un joven llamado Echevarría, cuyo hermano zarpó con el *Granma*, y que pronto se dedicó a actividades de bandidaje y asalto en las zonas bajo control revolucionario, también lo sulfura. De nuevo el Che vacila —en su mente, no en la decisión de fusilarlo—:

> Echevarría pudo haber sido un héroe de la revolución... pero le tocó la mala suerte de delinquir en esa época y debió pagar en esa forma su delito... Sirvió de ejemplo, trágico es verdad, pero valioso para que se comprendiera la necesidad de hacer de nuestra Revolución un hecho puro y no contaminarlo con los bandidajes a que nos tenían acostumbrados los hombres de Batista.[50]

Finalmente diseca el caso —ultrajante por cruel e innecesario— de los ajusticiamientos simbólicos: los simulacros de fusilamiento, sin que las víctimas sospecharan el carácter exclusivamente ceremonial del paredón contra el cual se les colocaba. El Che comenta que podría parecer un ejercicio "bárbaro" cuya justificación residía de nuevo en la falta de alternativas. Por un lado, no merecían morir; por el otro, se carecía de castigos alternativos.

El razonamiento no por impecable resulta justo o aceptable. Posee el gran mérito de existir. No es seguro que algún otro de los dirigentes de la gesta cubana se haya siquiera formulado las preguntas que erraban por la mente autocuestionante del hijo de Celia de la Serna. Pero el escudriñar los hechos no basta. La disquisición del Che es breve, somera y tajante. La respuesta táctica, burocrática y simple a los interrogantes complejos que él mismo enuncia le impedirá profundizar su reflexión en otras circunstancias —ya no tan lejana: a principios de 1959—, cuando tendrá en sus manos el destino de centenares de condenados a muerte en La Cabaña, cuando avalará con su firma un episodio triste y oscuro de la revolución. El carácter contradictorio del pensamiento de Guevara —y su salida rápida frente a situaciones de ambivalencia— se confirma. Toma nota de la complejidad del tema, lo pondera y procede a dar una respuesta adecuada que le permite seguir adelante, pero que de ninguna manera dilucida el dilema planteado.

Sin embargo, las grandes incursiones del Che en el debate político del Movimiento 26 de Julio tocan más bien a las magnas disyuntivas: el rumbo de la lucha, la política de alianzas, la ideología del núcleo dirigente. En julio de 1957 suben a la sierra dos personajes claves. Se trata de Raúl Chibas, hermano de Eddy y heredero frívolo y errático del protagonista del primer suicidio radiofónico de la historia, y Felipe Pazos, economista, ex director del Banco Central, y arquetipo del funcionario cepalino de la época: progresista, pero todo menos un revolucionario. El segundo redactó junto con Regino Boti, otro economista de filiación semejante, la "Tesis Económica del Movimiento Revolucionario 26 de Julio", aparecida en México en 1956. Su intención —y la de Fidel Castro al recibirlos en su madriguera montañosa— era sencilla. La meta era forjar y consolidar una alianza entre los guerrilleros de la sierra y los políticos reformistas del llano, que incluyera a dirigentes urbanos como Frank País (que fallecería semanas después) o a los herederos de José Antonio Echevarría (muerto en el fallido atentado a Batista en Palacio Nacional, el 13 de marzo de 1957) en el Directorio Estudiantil Revolucionario. Chibas y Pazos no pertenecían a ninguna de esas alas de la coalición antidictatorial, pero constituían figuras importantes de la oposición moderada, apta para ser arrastrada a posiciones más radicales. Castro logra estampar su firma en un documento de avenimiento fechado el 12 de julio, y frente al cual Guevara expuso serias reservas, aunque finalmente terminó por aceptar su necesidad. En sus propios apuntes sobre la visita de Chibas y Pazos y sus "mentalidades cavernícolas",[51] el argentino revela su animosidad contra ambos y su hostilidad hacia sus posturas.

En cuanto al protocolo propiamente, el Che también esgrime varias reservas y críticas, en particular sobre el capítulo dedicado a la reforma agraria, cuyas disposiciones Guevara comenta ácidamente: "Era la política que podía admitir el *Diario de la Marina*. Se establecía, para colmo, 'previa indemnización a los anteriores propietarios'."[52] El texto de marras postulaba una serie de promesas, entre ellas la celebración de elecciones libres al caer el gobierno, el retorno a un régimen constitucional y la creación de un Frente Cívico Revolucionario, compuesto por delegados de todos los sectores de la oposición. Guevara comprendió a la postre que el compromiso con Pazos y Chibas, así como otras alianzas ulteriores, resultaban indispensables para mantener el flujo de recursos y armas a la guerrilla, y para evitar el aislamiento. Le atribuía un carácter provisional a los acuerdos. Durarían el tiempo que el proceso revolucionario lo permitiera. Encerraban una dosis de engaño: no a los consignatarios, que eran todo menos neófitos en la política cubana, pero sí a esferas determinadas de la opinión pública isleña. Éstas podían efectivamente creer que los límites del programa del 26 de Julio se plasmaban en el Manifiesto, que fue publicado el 28 de julio en la revista *Bohemia*, la de mayor circulación en Cuba.

Este documento no era más moderado o prudente que los anteriores pronunciamientos del 26 de Julio. Lo que indujo al Che a manifestar sus reservas era su propio estatuto dentro de la guerrilla: ya no un desbarbado médico extranjero sujeto al riesgo de una exclusión repentina, sino la de un comandante con su estrella ganada en combate, que participaba a parte entera en las discusiones sustantivas de la lucha. No había cambiado el Che, ni tampoco la plataforma programática del ejército rebelde; lo nuevo era el sitio que ocupaba Guevara en el firmamento guerrillero de la Sierra Maestra. La diferencia entre el Che y Fidel o los demás revolucionarios en ese instante estriba posiblemente en que el médico, como guerrillero, sí guardaba ya una clara conciencia de a dónde quería llegar: a una revolución mucho más radical —tanto en lo tocante a la reforma agraria como en otros ámbitos—. La vieja tesis de la transformación paulatina de Fidel de un demócrata a un marxista-leninista empedernido bajo la influencia del comunista cordobés es falsa. En cambio es muy probable que el tacticismo de Castro incluyera una orientación estratégica menos definida que la abstracción ideológica del Che, más despegada a su vez de la realidad inmediata, pero más firmemente anclada en un ideario definido. La polémica epistolar del Che con *Daniel* (René Ramos Latour), a finales del año 1958, resultará sintomática de estos matices, y de los vaivenes por venir.

Ramos Latour fungía como segundo de Frank País en el frente urbano de Santiago, y después de su muerte lo sucede en la dirección clandestina del 26 de Julio. Sube a la sierra por primera vez en 1957 y regresa en mayo de 1958, donde perece en combate en julio del mismo año. En diciembre de 1957 entabló un controvertido intercambio de cartas con el Che en el contexto de una fuerte discusión dentro del Movimiento en relación con lo que se llamó el Pacto de Miami. Aprovechando su alianza con Fidel Castro, sellada como ya vemos en julio de 1957 en la sierra, Felipe Pazos y Raúl Chibas, junto con otros sectores moderados de la oposición a Batista, incluyendo el ex presidente Carlos Prío Socarrás pretendieron dar un paso adicional en octubre. Intentaron gestionar una mediación de Estados Unidos en la guerra civil, una declaración de "independencia" de la oposición civil y urbana frente a la militar y rural, y lograr la designación de un presidente provisional, justamente Pazos. El nuevo pacto fue signado en octubre; las primeras noticias aparecieron en la prensa norteamericana un mes más tarde. Semanas después de la firma, Castro y la guerrilla repudiaron el Pacto de Miami, aunque representantes suyos lo habían aprobado.

Dirigiéndose a *Daniel* el 14 de diciembre de 1957, el Che comienza por discutir una serie de puntos técnicos o logísticos, para luego entrar en materia. Ya él y Ramos Latour habían roto lanzas, sobre todo en lo tocante a la manía aparente del Che de recibir a todas las estirpes combatientes en su columna, y de permitir relaciones entre la "Sierra y el Llano" al margen de la Dirección Nacional. Guevara se saltaba a las jefaturas municipales del Movimiento, aceptando reclutas, ayuda o informes de sectores no controlados por Ramos Latour.[53] Como recuerda Carlos Franqui, "hay de principio una guerra abierta del Che contra la organización del 26 de Julio y una de las formas que tiene el Che siempre es, en vez de usar la organización, usar a gente que tenga un conflicto con la organización para alguna tarea".[54] Después de un agrio intercambio inicial en octubre, el Che decide poner todas las cartas sobre la mesa, por así decirlo. Una misiva suya que él mismo tildará de "bastante idiota",[55] revela tanto la intensidad de sus propias convicciones ideológicas como el tenor del debate entre "la Sierra" y "el Llano", entre los reformistas de las ciudades y los revolucionarios de la montaña, entre los liberales nacionalistas y los emergentes marxista-leninistas. Tacha de "incalificable" el Pacto de Miami (asevera que "en Miami se ha entregado el culo en el más detestable acto de mariconería que probablemente recuerde la historia cubana"),[56] reconoce que Ramos Latour se opuso a la componenda, y luego se lanza a una diatriba feroz que es también una confesión:

> Pertenezco por mi preparación ideológica a los que creen que la solución de los problemas del mundo está detrás de la llamada Cortina de Hierro... Consideré siempre a Fidel como un auténtico líder de la burguesía de izquier-

da, aunque su figura está realzada por cualidades personales de extraordinaria brillantez que lo colocan muy por
arriba de su clase. Con ese espíritu inicié la lucha; honra-
damente sin esperanza de ir más allá de la liberación del
país, dispuesto a irme cuando las condiciones de la lucha
posterior giraran hacia la derecha (hacia lo que ustedes
representan)... Lo que nunca pensé es el cambio tan radical que dio Fidel en sus planteamientos con el Manifiesto de Miami. Pareciéndome imposible lo que después
supe, es decir, que se tergiversaba así la voluntad de quien
es auténtico líder y motor único del Movimiento, pensé
lo que me avergüenzo de haber pensado.[57]

Reafirma su derecho a entablar relaciones y recibir ayuda —parque, dinero, pertrechos— de cualquiera, incluyendo supuestos bandoleros del llano. Escribe "para la historia" (ya la idea
de un destino propio aparece fuertemente arraigada)* para
luego opinar que sus diferencias entre ellos probablemente
son infranqueables, aunque sea preciso limarlas para conservar la unidad. Se resigna a que tal vez Latour cancele sus relaciones con él; de todas maneras, "el pueblo no puede ser
derrotado".

Podemos especular sobre lo sucedido. Castro, según varias versiones históricas, mandó a uno de sus colaboradores
cercanos, Lester Rodríguez, a Miami para negociar y refren-
dar el Pacto de Unidad. Al producirse el acuerdo, varios colegas de Fidel deben haberse indignado, comenzando por el Che.
Ya heridos o disgustados por el manifiesto del 12 de julio,
quizá consideraron que el cónclave de Miami, la naturaleza
de los personajes involucrados, la intención claramente expuesta de proclamar la candidatura de Felipe Pazos después

---

* "Mi nombre histórico no puede estar ligado a ese crimen [el Pacto de
Miami]... lo hago para tener un día el testimonio que acredita mi limpieza."
(*Ibid.*, p. 362.)

de la evicción de Batista, constituían un conjunto de concesiones que se acercaba peligrosamente a la traición. Es factible que le hayan reclamado airadamente a Castro su aparente anuencia que, en vista de las deficientes comunicaciones entre Miami, el llano y la sierra, casi con toda seguridad nunca existió.* Después de un sepulcral silencio de varias semanas, Castro repudió el compromiso, denunció el acuerdo y se reivindicó frente a su ala izquierda, encabezada desde entonces por Ernesto Guevara.** Este último debe haberle transmitido a Castro un recado, nota o comunicación verbal, indicando su descontento o franco rechazo al Pacto de Miami.*** Tal vez el Che no creyó que Fidel hubiera firmado el documento de marras, pero ya conocía a su amigo y jefe: nunca le decía nada a nadie. Uno puede imaginar el disgusto que le provocaban al argentino las declaraciones públicas de Castro contra las nacionalizaciones y el comunismo, así como su práctica de bautizar a todos los campesinos en la sierra, junto con las leyes conservadoras que firmó Fidel en la montaña. De allí a concluir que la anterior estancia de Pazos al lado de Fidel en la Sierra los había acercado en exceso, había sólo un pequeño paso. Es el sentido, quizá, de la afirmación del Che en su carta a *Daniel* de que Fidel era originalmente un "burgués de izquierda" (entiéndase: no un verdadero revolucionario). En una carta al comandante en jefe enviada inmediatamente después de los incidentes, el Che recapitula:

---

* Ésta es la opinión de Carlos Franqui, quien vivió de cerca los acontecimientos: "No hubo consulta ni a la dirección de Cuba ni a Fidel. Había bases para un pacto, o sea que si Pazos hubiese hecho este pacto no incluyendo estos puntos hubiera sido diferente. Pero Fidel nunca lo firmó." (Carlos Franqui, entrevista, *op. cit.*)
** Franqui afirma que quienes se pronunciaron desde el inicio contra el Pacto de Miami fueron: Raúl Castro y el Che, Evelio Martínez, Julio Martínez y el propio Franqui desde el exilio, y *Daniel* en la clandestinidad (Franqui, *op. cit.*, p. 371).
*** Es la opinión tentativa de Carlos Franqui, *op. cit.*

Vos sabés bien que yo tenía la menor confianza en la gente de la Dirección Nacional, ni como jefes ni como revolucionarios. Tampoco creí que llegaran al extremo de traicionarte en forma tan abierta... Creo que tu actitud de silencio no es la más aconsejable en estos momentos. Una traición de tal magnitud indica claramente los caminos diversos que se tomaron. Creo que un documento escrito puede dar la eficiencia necesaria y posteriormente, si la cosa se complica, con la ayuda de Celia, destituir íntegramente a la Dirección Nacional.[58]

El documento sugerido por el Che ya había sido redactado el día anterior, 14 de diciembre. La destitución propuesta por el argentino se consumará el 3 de mayo próximo. Al descubrir que Castro o bien no firmó realmente el Pacto, o bien se retractó, el Che manifiesta su alegría en un nueva carta a Fidel:

Te dije que siempre tendrás el mérito de haber demostrado la posibilidad de lucha armada apoyada por el pueblo, en América. Ahora vas por el otro camino más grande de ser uno de los dos o tres en América que llegarán al poder por una lucha armada multitudinaria.[59]

En cambio a Latour le confiesa su culpa por, como el apóstol Pedro, haber dudado de su líder. En esta hipótesis, las "faltas" en la sierra a las que se refiere el Che en su carta de despedida a Fidel en 1965 son justamente éstas.* Su arrepentimiento brota de la rectificación operada por Castro, quien rápidamente vuelve al redil revolucionario y al ámbito de la convergencia con su amigo y aliado.

---

* "Mi única falta de alguna gravedad es no haber confiado más en ti desde los primeros momentos de la Sierra Maestra y no haber comprendido con suficiente celeridad tus cualidades de conductor y de revolucionario." (Ernesto Che Guevara, "Carta a Fidel Castro", *Escritos y discursos*, La Habana, Ed. de Ciencias Sociales, 1985, p. 394.)

René Ramos Latour no se quedó con la espina clavada. Le contesta de inmediato a Guevara y en su respuesta entrevemos las divergencias crecientes entre distintas facciones del 26 de Julio que estallarán en 1959, después del triunfo de la revolución. Latour rechaza las imputaciones del Che, machacando que no se sentirá aludido por sus expresiones. Le reprocha al Che el desprecio con el que se refiere al material que se le envía, subrayando que si bien la ciudad carece de las condiciones de heroicidad que imperan en la sierra, quienes reúnen el dinero, compran las armas y víveres y los transportan a la montaña no son menos revolucionarios o valientes que los combatientes encumbrados. Sobre todo, escribe *Daniel*, la salvación del mundo no se encuentra detrás de la Cortina de Hierro. Rechaza ser catalogado de "derecha", pero se deslinda del Che: "En cambio los que tienen tu preparación ideológica piensan que la solución a nuestros males está en liberarnos del nocivo dominio 'yanqui' por medio del no menos nocivo dominio soviético".*

El dirigente urbano esgrime una crítica apenas disimulada a las predilecciones del Che en lo tocante a las alianzas:

Soy obrero, pero no de los que militan en el Partido Comunista y se preocupan grandemente por los problemas de Hungría o de Egipto que no pueden resolver, y no son capaces de renunciar a sus puestos e incorporarse al proceso revolucionario.[60]

---

* La carta de *Daniel*, fechada el 18 de diciembre de 1957, fue publicada en Franqui, *op. cit.*, pp. 365-369. Si bien este intercambio de correspondencia no aparece en ninguna de las recopilaciones de las cartas del Che, ni en las diversas biografías que hemos ya citado, o en otros textos de historia de la Revolución cubana, no existe razón alguna para dudar de su autenticidad. En los archivos de Franqui en la Universidad de Princeton se pueden revisar las notas originales del libro. Todas concuerdan con el texto publicado; los cubanos no han respondido jamás al texto de Franqui avalándolo, pero tampoco lo han desmentido. La referencia del propio Che citada en la nota 84 sobre su carta "bastante idiota" a *Daniel*, de hecho autentifica no sólo la existencia de la carta, sino su contenido preciso.

Finalmente, con respecto al Pacto de Unidad de Miami, le responde a Guevara que nunca vio con buenos ojos la asociación de Fidel con el ex presidente Prío. Le recuerda que siempre rechazó el acuerdo de Florida mientras no reiterara el liderazgo de las fuerzas opositoras en la isla, y que la "unidad" en cuestión en efecto debía ser rota. Pero con una reserva: que se diga "hacia dónde vamos y qué nos proponemos".[61]

Si ésta es la época, entonces, cuando el Che se gana merecidamente la fama de fungir como el "comunista" o radical de la guerrilla, también se construye durante estos meses su reputación de hombre ordenado. El mando claro y el ingenio abundan en su columna. Consolida más que otros comandantes los espacios territoriales. Allí establece escuelas, clínicas, hornos, pequeños talleres, hospitales y una disciplina férrea. Atiende a los campesinos y organiza y educa a los guerrilleros en sus ratos de descanso. Inicia la publicación del periódico *El Cubano Libre* y, poco después, las transmisiones de *Radio Rebelde*. Comienza a recibir a algunos periodistas extranjeros y les otorga a sus campamentos cada vez más sedentarios un carácter limpio, eficiente y generoso. Su leyenda entre la tropa y el campesinado crece. En las narraciones y la historia oral de la guerrilla sus proezas militares se acompañan de relatos sobre la organización meticulosa de sus campamentos y campañas.

Emerge también en esos tiempos la saga de su trato igualitario y recto con la tropa, que impresionó tan fuertemente a uno de los más jóvenes reclutas de su escolta inmediata. Como recuerda Joel Iglesias,[62] arribaron una vez a un bohío en las faldas del Pico de Turquino, donde negociaron alimento y reposo con unos guajiros. Guevara indicó cuántas bocas eran y esperó junto con los campesinos que terminara la cocción para llevarla a los integrantes de su columna. Los anfitriones entretanto sirvieron tres platos, con una porción equivalente en cada uno a la que entregarían al resto de los guerrilleros. Invitaron al Che y a sus ayudantes a sentarse y almorzar mientras se terminaba de guisar lo demás. Se rehusó el Che, ordenando que los platos servidos se integraran a una lata grande que sería repartida después entre todos. No se trataba de que recibiera una porción más abundante que los demás, sino simplemente que aprovechara el tiempo, almorzando antes. Ni eso aceptó; toda la comida fue transportada donde estaba el resto del pelotón, y allí, en fila, se alimentaron todos, Guevara en el lugar que le tocaba.

Disponemos de pocos testimonios periodísticos directos sobre el Che en esos meses. Un corresponsal del *New York Times*, Homer Bigart, fue enviado a la Sierra Maestra en febrero de 1958; lo acompañó un periodista uruguayo, Carlos María Gutiérrez, que después se volverá amigo y candidato a biógrafo del comandante. El uruguayo recuerda una sensación de relajo y camaradería en el campamento, una gran naturalidad del Che mezclada con una serie de defensas que establecía el argentino para evitar cercanías o complicidades incómodas o indeseables. Gutiérrez conservó en la memoria la imagen de un individuo "muy delgado y la barba rala que apenas rodeaba un rostro casi infantil".[63] Serán los acontecimientos del '58 los que harán envejecer y embarbecer al Che, convirtiéndolo en el personaje de las fotos iconográficas de la entrada en La Habana.

Bigart, por su parte, le informó a la embajada de Estados Unidos en La Habana de sus conversaciones con Guevara, y resaltó sus "más bien fuertes sentimientos antiamericanos". Narró también su intercambio con Fidel Castro, en el que el periodista lo cuestionó sobre la sensatez de depender tanto de un argentino comunista y antiamericano. A ello Fidel respondió que "en realidad no importaban las convicciones políticas de Guevara, ya que él, Fidel Castro, fijaba el rumbo de la guerrilla".* Otro

* El contenido del informe de Bigart aparece en un cable de la embajada de Estados Unidos en Cuba al Departamento de Estado, fechado el 3 de marzo de 1958, publicado en los volúmenes *Foreign Relations of the United States, 1958-1969*, Cuba, volumen VI, p. 46.

periodista, el argentino Masetti, que también recorrió los campamentos en febrero de 1958, apuntó así sus impresiones: "El famoso Che Guevara me parecía un muchacho argentino típico de la clase media. Y también me parecía una caricatura rejuvenecida de Cantinflas."[64]

Ernesto Guevara conserva el tiempo para la lectura y, según una recluta, para los amores. Pide constantemente libros al llano, entre otros, la *Historia de la Filosofía* de Will Durant, Proust, Hemingway y Faulkner, obras de Graham Greene y de Sartre, y poesía de Neruda, Milton y Góngora.[65] Su ascetismo era proverbial, pero a la vez sensato. Como relata el mismo Joel Iglesias:

> En Las Vegas de Jibacoa, el Che se encontró con una muchacha negra, o más bien mulata, de un cuerpo muy hermoso, que se llamaba Zoila. Muchas mujeres se volvían locas por él, pero en ese sentido fue muy estricto y respetuoso, sin embargo le gustó aquella joven. Se encontraron y estuvieron juntos algún tiempo.[66]

La joven se llamaba Zoila Rodríguez García y sin duda le recordaba las "bellas mulatas" de sus años mozos en Porto Alegre y Trinidad. Tenía dieciocho años y por su relato podemos deducir que la relación con el Che duró varios meses, desde inicios de 1958 hasta agosto, cuando Castro diseña los planes de "invasión" del centro de la isla, y Guevara se resigna a no llevar a Zoila con él. Según la joven, la fascinación del Che con la alteridad no se interrumpió en la sierra. Si acaso, se agudizó:

> Me miraba de la forma en que miran los jóvenes a las muchachas y me puse sumamente nerviosa [...] Era una mirada un poco pícara [...] Como mujer me gustó muchísimo, sobre todo la mirada, tenía unos ojos tan bellos, una sonrisa tan tranquila que movía cualquier

corazón, conmovía a cualquier mujer [...] En mí despertó un amor muy grande y muy lindo, me comprometí con él, no sólo como combatiente sino como mujer.[67]

Sus experimentos en la sierra son con frecuencia retomados por otros. Raúl Castro, en particular, reproducirá en el Segundo Frente Frank País, inaugurado en marzo de 1958 en la Sierra de Cristal, muchas de las innovaciones del Che. El argentino introduce el cambio de calidad de la guerra: "Del pega y huye a un combate de posiciones, que debe resistir los ataques enemigos para defender el territorio rebelde, donde se improvisa una realidad nueva."[68] Por supuesto, Guevara en ocasiones se adelantaba. Tenía razón estratégica, mas no táctica. Sedentarizó de modo prematuro a su columna, careciendo de las condiciones militares para defender el territorio y las instalaciones ocupadas. Fidel aplicó las ideas originales del Che, pero a tiempo; sin Fidel, muchas de dichas tesis hubieran fracasado. Para el futuro, sin embargo se definía un antecedente alarmante:

> Si a dos pasos de Fidel, el Che debía actuar de una manera tan diferente, fuera de la Sierra el fenómeno para bien y para mal se acentuaba. En la medida en que la distancia o la situación eran mayores y distintas, las dificultades y complicaciones se agudizaban.[69]

Tesis como la de estabilidad de los campamentos le convenían a Castro por muchos motivos. Mantener bases sedentarias, perturbadas sólo por desplazamientos esporádicos, en espera que algo sucediera, constituía una táctica atractiva para Fidel. Gracias al embalaje conceptual del Che, pasaba a ser inmejorable. Hasta la fracasada huelga general del 9 de abril y la subsiguiente ofensiva del ejército, el líder guerrillero no disponía de una estrategia militar para tomar el poder. La magra fuerza acumulada no se lo autorizaba; por ende, su única apuesta consistía, a final de cuentas, en derrocar al régimen mediante la huelga general, aunque después del fracaso de la misma Castro haya intentado responsabilizar del revés a la dirección del "llano". Entre muchas otras paradojas de la guerra revolucionaria figura el fortalecimiento descomunal de Fidel Castro después del fracaso de la huelga del 9 de abril de 1958, que él había en realidad ordenado y concebido. Al responsabilizar a la Dirección Nacional del 26 de Julio de la debacle urbana, se abre un vacío llenado por el líder de la sierra. Como afirmara el Che después de la derrota de la huelga y el ajuste de cuentas dentro del movimiento: "Desde entonces, la guerra sería conducida militar y políticamente por Fidel en su doble cargo de comandante en jefe de todas las fuerzas rebeldes y de secretario general de la organización."[70]

A partir de la tormentosa reunión del 3 de mayo en los Altos de Mompié, donde se reparten culpas y se construyen defensas retroactivas en torno a la fallida huelga, se gesta un doble movimiento en el seno de la coalición rebelde. Por un lado, los moderados, el llano y los civiles se ven desplazados por el propio Fidel y su grupo. El Che desempeña un papel importante en este desalojo, al participar por primera vez en una reunión de la Dirección Nacional de Movimiento 26 de Julio y ocupar la función, junto con Castro, de fiscal acusador de los dirigentes del "llano": Faustino Pérez, René Ramos Latour, Marcelo Fernández y David Salvador. Por otro lado, poco a poco se produce una sustitución de alianzas. El Partido Socialista Popular comienza a adquirir una presencia y una fuerza de la que anteriormente carecía. En este recambio, el Che también juega un papel crucial: la incorporación de cuadros comunistas se llevará a cabo en particular en las filas de su columna y, desde luego, en el Segundo Frente, comandado por Raúl Castro.

Durante los primeros ocho meses de 1958 se abre un compás de espera, tanto de la guerrilla fidelista como de la función que en ella le corresponde a Ernesto Guevara. A partir de la huelga general y su estrepitoso fracaso y hasta el final de la contraofensiva —desesperada, fallida y de gran alcance— emprendida por Batista en mayo, el ejército rebelde vivirá sus peores horas en la montaña. La supervivencia, sin embargo, se transformará en una garantía de triunfo. El Che participa, por supuesto, en la defensa ante la embestida batistiana, mas no de manera especialmente destacada. Su columna combate en las batallas de El Jigüe, el 20 de julio, y de Santo Domingo, pero es la obsesiva concentración de Fidel Castro, moviendo tropa, armas, parque, recursos de un sector a otro de la sierra, pidiendo refuerzos, regañando a colaboradores, tomando decisiones, que asegura el éxito de la resistencia. El grado de peligrosidad de la coyuntura lo demuestra la extrema irritación de Castro. Llega a insultar amargamente incluso a Celia Sánchez, su más leal y cercana colaboradora hasta su muerte en 1980. La carta siguiente, fechada el 18 de junio de 1957 (el día previo al que Castro llamará el peor de esos meses), en plena ofensiva del ejército, contrasta con la inexistencia de una sola misiva de Fidel Castro al Che en la sierra donde se asome el más mínimo atisbo de enojo, regaño o exasperación:

Cuando a ti te parece enjuicias las cosas de la manera más caprichosa que pueda concebirse. Algunas actitudes tuyas me hacen temer que te vayas convirtiendo poco a poco en una ciega absoluta. Creo que en mi trato contigo he mantenido siempre un respeto fundamental a las formas. [...] En tu carta de ayer has transgredido todas esas consideraciones. No te voy a escribir con el lenguaje que puedo hacerlo a cualquier otro compañero. [...] Yo, al revés que tú, no escribo con el propósito de amargar, o herir, o preocupar, o sin la menor preocupación... ¿Esperanzas de que me entiendas? ¡Ninguna! Porque cuando he escrito con mayor claridad, has querido entender lo que mejor te ha parecido.*

La ofensiva de la dictadura durará setenta y seis días. Más de diez mil tropas participan mientras que, en total, los combatientes guerrilleros sumaron apenas trescientos veintiún hombres. Batista sufrió más de mil bajas, los rebeldes tomaron más de cuatrocientos prisioneros y recuperaron quinientos fusiles modernos y dos tanquetas. Después del fracaso de la ofensiva, el destino de la guerra estaba marcado: la caída de Batista era cuestión de tiempo, y cuestión de fuerza, habilidad y audacia, de quién lo sustituiría, y cómo.

Durante este periodo comenzará también un juego de sombras y espejos entre el Movimiento 26 de Julio y el gobierno de los Estados Unidos, conforme se deteriora el régimen de Batista y se vuelve verosímil la victoria de los revolucionarios. El conjunto de coqueteos, contactos y controversias incluirá mensajes cruzados; entrevistas de prensa; incidentes en Guantánamo, la base americana; secuestros de ciudadanos estadounidenses y ataques a propiedades de empresas oriundas de Estados Unidos; esfuerzos de la guerrilla y de sus aliados por interrumpir el flujo de parque y armamento a Batista; de éste por mantener intacto el suministro de la ayuda militar; y, por último, la asistencia de la CIA a algunas facciones del 26 de Julio. En este frente, el Che tampoco ocu-

---

* Fidel Castro a Celia Sánchez, 18 de junio de 1957. Huber Matos, que combatió bajo las órdenes del Che durante unos meses en la sierra, conserva un recuerdo semejante: "Fidel siempre trataba de imponer su autoridad, levantando la voz o hablando de cosas insolentes o pretendiendo que él siempre tenía la razón. Sin embargo, nunca lo vi chocar con el Che. Fidel se conducía de un modo a veces insultante y despótico con sus subordinados. Había excepciones. El Che era una de ellas, al Che nunca yo vi que le habló de un modo grueso ni feo." (Huber Matos, entrevista con periodistas ingleses, Londres, octubre de 1995.)

pará un paraje privilegiado. Su actuación se mantendrá más bien en la penumbra diplomática: ni vocero, ni negociador, ni influencia decisiva en una dirección u otra.

Donde todo indica que su incidencia fue sustancial y duradera es, como ya insinuamos, en el principio de recambio de alianzas que se inaugura con la ruptura del Pacto de Unidad a finales de 1957. A partir de ese momento, y hasta mediados de 1959, ya tomado el poder, se desata una lucha interna feroz en el seno del Movimiento 26 de Julio, y en el frente opositor a Batista. En esa pugna encarnizada, que incluye —mas no se limita— a diferendos entre la Sierra y el Llano, entre revolucionarios y liberales, entre partidarios del advenimiento de una junta militar y los defensores de la lucha hasta el final, se abre camino una tendencia distintiva. Fidel Castro se aleja cada vez más de sus antiguos aliados liberales —Prío, Chibás, Pazos, el Directorio Estudiantil, la Dirección Nacional del Movimiento— y se acerca a los cuadros del Partido Socialista Popular (PSP). No se trata de un proceso acelerado o tajante, con un principio y un final, ni necesariamente de un plan consciente tramado por Fidel de antemano y ejecutado al pie de la letra.

El primer contacto entre Castro y el PSP se establece justamente al concluir 1957, cuando un dirigente obrero comunista, Ursinio Rojas, sube a la sierra. Le informa a Castro que la dirección del partido ha decidido autorizarle a miembros del mismo su incorporación a las filas del ejército rebelde. Uno de ellos será posiblemente el primer nexo del Che Guevara con los comunistas cubanos. Se fragua a través de la llegada a su columna, junto con un tal Hiram Prats, de Pablo Ribalta, un cuadro joven pero curtido del Partido Socialista Popular, con viajes al exterior en su bagaje y alguna militancia en Praga, dentro del aparato del movimiento comunista internacional. Ribalta no se despegaría de Guevara sino hasta diez años después, en Tanzania, donde fue embajador y enlace entre la expedición guevarista en el Congo y La Habana. A mediados de 1957 el Che "había pedido una gente de las características más: un maestro, con algún grado de instrucción política y con experiencia en el trabajo político".[71] Podía haber agregado un rasgo adicional más: ser de origen africano. Según Ribalta, el Che le instruyó que no divulgara a nadie su membresía en el PSP, ni mucho menos su pertenencia a la dirección de la Juventud del Partido. Los demás miembros de la columna no se enteraron de la filiación comunista de Ribalta sino hasta noviembre del año siguiente.[72]

Extrañamente, los americanos no detectarán con premura y claridad la inclinación pro PSP del Che.* En los dos documentos de inteligencia que mencionan al argentino durante ese periodo, si bien aparecen los datos pertinentes —su cercanía a la representación soviética en México, la orientación ideológica de Hilda Gadea, su antiimperialismo vehemente— no se extraen aún las conclusiones correspondientes. En las escasas ocasiones en que se vincula el nombre del Che con la influencia comunista en el seno del Movimiento 26 de Julio, la causalidad aparece de manera confusa. Así, por ejemplo, un cable del consulado de Estados Unidos en Santiago, fechado el 21 de febrero de 1958, dice:

> El oficial que informa le ha preguntado a varios cubanos que respondan a las acusaciones de que uno de los lugartenientes más confiables de Fidel Castro, el Dr. Ernesto Guevara, un argentino, es comunista o simpatizante de los comunistas. Invariablemente responden con rechazos vehementes, pero reconocen que ignoran sus antecedentes

---

* En el documento de inteligencia sin fecha anteriormente citado, los estadounidenses concluyen: "Parece claro, entonces, que si bien no es un miembro del Partido Comunista, Guevara es marxista en su pensamiento, y sí mantiene algunos contactos con círculos comunistas." (*Possibility of Communist Connections...*). Subestimaban seriamente tanto la inclinación comunista (no hacía el partido, sino frente al ideario) del Che, como sus crecientes nexos con el PSP.

y prefieren desechar toda la conversación sugiriendo que el Dr. Guevara es un aventurero idealista.*

En agosto de 1958, la columna del Che se separa de la de Fidel Castro. El comandante en jefe gira órdenes a Guevara y a Camilo Cienfuegos de "invadir" el centro de la isla y escindirla militarmente. A partir de ese momento el proceso de acercamiento con los comunistas se acentúa; se agudizarán las contradicciones con el Directorio y los liberales, y se afianzará la incorporación de los comunistas a su columna. En las discusiones finales sobre la Ley de Reforma Agraria —la más importante reforma promulgada por la guerrilla en la sierra— Guevara sentará las bases de una alianza más sólida: con el PSP y a favor de tesis más radicales, contra el "llano" y los liberales y las posturas más prudentes. Pero esa etapa pertenece ya a otra saga: la de la victoria y el principio de la leyenda. El Che, junto con Fidel Castro, se convierte entonces en el emblema mismo de la revolución cubana, identificando para siempre su rostro con el de los cientos de miles de eufóricos isleños que festejaron su entrada triunfal en La Habana, en enero de 1959.

---

* Despatch from the Consulate at Santiago de Cuba to the Department of State. *Foreign Relations of the United States...*, 1958-1960, vol. VI, p. 35. Según Tad Szulc, el vicecónsul en Santiago, posiblemente el autor de este cable era un tal Robert Wiecha, agente de la CIA, que entregó fuertes sumas de dinero al 26 de Julio, tal vez como parte de una política del gobierno de Eisenhower, o quizás como operación propia de la CIA (véase Szulc, *op. cit.*, pp. 469-471). En una entrevista con Georgie Anne Geyer en 1987, Wiecha negó haberle dado dinero a Fidel o a su grupo, aunque reconoció sus simpatías, y las de la CIA en general, por Castro y los rebeldes. El misterio persiste en cuanto a si alguien más de la CIA, o el propio Wiecha, le entregó recursos a rebeldes no estrictamente asimilables al "grupo" de Fidel (véase Georgie Anne Geyer, *Guerrilla Prince*, Boston, Little, Brown, 1991, p. 189).

Capítulo V
Nuestro hombre en La Habana

El 18 de agosto de 1958, Fidel Castro supo que había ganado la guerra. La derrota de la ofensiva de Batista y el retiro del ejército de la Sierra Maestra y de la Sierra de Cristal ofrecían un escaso margen de incertidumbre: el régimen se hallaba agotado, cercado y se desgajaba día a día. La clave residía ahora en asegurar que el desenlace favoreciera a los rebeldes atrincherados en la montaña y en la clandestinidad urbana, y no se prestara a un cuartelazo o a una mediación impuesta por Washington. Para ello, Castro concibe la maniobra militar más astuta y decisiva de la guerra: la llamada invasión del resto de la isla, a partir del desprendimiento de dos columnas de la Sierra Maestra. Su misión consistía en desplazarse hacia occidente, comenzar a combatir en el centro de Cuba, interrumpir las comunicaciones de la isla, y emprender la marcha hacia La Habana.

Con el Segundo Frente a cargo de su hermano, Castro disponía de pocas opciones para el mando de las dos puntas de lanza de la "contraofensiva" guerrillera. Camilo Cienfuegos, quien se había distinguido desde el desembarco del *Granma* por su valor, ingenio y buena relación con los combatientes y la población, era un candidato natural, aunque nunca había comandado tropa de manera autónoma. El otro postulante lógico era el Che Guevara, quien desde hacía casi un año tutelaba su propia columna, rebautizada con el nombre de Ciro Redondo, en honor a uno de los tripulantes del *Granma* recién caído en combate. Las dotes de liderazgo y arrojo militar del médico eran palmarias. Además Fidel Castro ya tenía suficiente confianza para encomendarle una faena cuyas connotaciones políticas revestían aristas igual o más complejas que las castrenses.

Al Che, por lo tanto, le correspondió la tarea de atravesar largos kilómetros de territorio enemigo con ciento cincuenta novatos, sin el amparo anterior de la sierra. Su mandato también incluía la obligación de "coordinar operaciones, planes, disposiciones administrativas y de organización militar con otras fuerzas revolucionarias que operen en esa provincia (Las Villas), las que deberán ser invitadas a integrar un solo Cuerpo de Ejército, para vertebrar y unificar el esfuerzo militar de la Revolución".[1] En otras palabras, Guevara deberá entenderse con —o someter a— los demás componentes de la oposición en lucha en Las Villas y la Sierra del Escambray. Éstos incluían batallones del Movimiento 26 de Julio, así como grupos aislados del Directorio Estudiantil Revolucionario, del Partido Socialista Popular y de un tal Segundo Frente Nacional del Escambray, una escisión del Directorio capitaneada por Eloy Gutiérrez Menoyo. La labor era entonces triple: estrictamente militar, para debilitar y luego derrotar al enemigo en el centro de la República; de resistencia y de mando, al requerir el mantenimiento de una inmensa cohesión y disciplina bajo condiciones singularmente adversas, sin el recurso del manto protector de Fidel Castro; y eminentemente política, entrañando una destreza negociadora y un ejercicio de la autoridad excepcionales.

Que el líder cubano haya carecido de múltiples opciones en su reparto de responsabilidades no merma la magnitud de la hazaña de Guevara en los tres años de su asociación con Castro. Pasó de ser un mal médico extranjero y errante, desprovisto por completo de experiencia política y militar, a convertirse en el tercer hombre en una epopeya ya destinada a la victoria. Tal vez los cubanos del *Granma* vieron con dejos de resentimiento su arrogancia, su parquedad irónica y altanera, su extranjería y alejamiento. Quizás los elementos menos radicales del 26 de Julio, tanto en el llano como en la sierra, percibían con suspicacia su predilección por la Unión Soviética y su creciente afinidad con el desacreditado comunismo cubano. Y entre los más allegados a Fidel Castro, incluyendo a su propio hermano, no podían dejar de surgir residuos de rivalidad y envidia por la cercanía, la camaradería y la lealtad que los dos hombres se guardaban. Sin embargo, ninguno de estos sentimientos opacaba el enorme aporte de Guevara a la lucha, con sus aptitudes de coraje, organización, disciplina y frialdad. Los mismos rasgos que podían enajenarle, en una primera instancia, la devoción de los cubanos, volvían invaluable su persona. Su orden argentino-europeo, su puntualidad y formalidad, su apego a la norma, al compromiso y a la palabra empeñada, no eran precisamente virtudes caribeñas, pero su exotismo encarecía su valor para la etapa final de la guerra.

A finales de agosto de 1958 el Che procede a una doble separación. Se despide de algunos colaboradores cercanos: Camilo Cienfuegos, su amigo más entrañable en la Sierra Maestra; Zoila, su compañera de los últimos meses. Y por otra parte les exige una decisión explícita a los integrantes de su columna respecto de participar en la "invasión". Les advierte que las probabilidades de perder la vida son elevadas: hasta la mitad de la tropa puede perecer. Casi el ochenta por ciento es de jóvenes sin experiencia de combate, muchachos recién reclutados en Minas de Frío. El Che parte finalmente el 31 de agosto con ciento cuarenta y ocho hombres, que a lo largo de cuarenta y seis días sufrirán las peores agresiones del trópico y del aislamiento: el hambre, la sed, mosquitos, ciclones y ríos crecidos, caminos descubiertos, una población indiferente y la exposición inclemente al hostigamiento constante del ejército de Batista. La travesía dura más de seiscientos kilómetros; la contrariedad de la ciénaga, de los torrentes y de las privaciones es casi infinita. Los camiones provistos para su transporte no sirvieron: el ejército interceptó la dotación de gasolina, y todo el recorrido tuvo que efectuarse a pie o a caballo. Aunque sólo murieron seis hombres en la gesta (de acuerdo con algunos recuentos, únicamente fallecieron tres), las tribulaciones pronto se volvieron legendarias. A ello contribuyó en una pequeña medida el general Francisco Tabernilla Dolz, jefe del Estado Mayor Conjunto, quien el 20 de septiembre anunció el aniquilamiento de la fuerza "invasora" y la muerte del Che.

El 16 de octubre culmina el calvario:

> Cuando la situación era más tensa, cuando ya solamente el imperio de insulto, de ruegos, de exabruptos de todo tipo podía hacer caminar a la gente exhausta, una sola visión en lontananza animó sus rostros e infundió nuevo espíritu a la guerrilla. Esa visión fue la mancha azul del macizo montañoso de Las Villas.[2]

Concluía así la etapa inicial de su misión independiente; faltaban menos de tres meses para el triunfo final. Extrañamente, ni durante la invasión, ni hasta la batalla de Santa Clara y la entrada en La Habana, aparecen en los apuntes de Guevara o en los recuerdos de sus colaboradores los pavorosos síntomas de sus recurrentes episodios asmáticos. Es, por supuesto, factible que los ataques se hayan producido con la misma intensidad a lo largo de esas semanas que en otros momentos, sin que los haya registrado en su diario. Pero existen igualmente varias explicaciones plausibles de una interrupción pasajera de la enfermedad. Una, la fisiológica, se refiere a los niveles de adrenalina generados por las situaciones casi permanentes de combate en esos días. Si la adrenalina es el broncodilatador por excelencia, y el organismo humano es el mejor proveedor de dicha sustancia, no es absurdo especular que la tensión provocada por el peligro y las escaramuzas incesantes le haya suministrado al cuerpo del Che el mejor antídoto posible: la adrenalina propia.

Otra etiología de su inmunidad provisional posiblemente se encuentra en la ausencia de situaciones ambivalentes. Desde que abandona la sierra y la administración de los campamentos y sus consiguientes discusiones eternas, cesan de proliferar las contradicciones. Incluso para resolver las divergencias entre distintas facciones opositoras a Batista, como veremos más adelante, el Che escoge la mejor táctica político-militar, y también la vacuna más efectiva para su afección: el combate. La mancuerna asma-ambivalencia es de doble sentido. La presencia del primer término indica la vigencia del segundo; la ausencia de cualquiera de los dos denota la inexistencia del otro.

He aquí el verdadero inicio del mando autónomo del Che Guevara. En este trayecto construye las lealtades, las costumbres y la fama que lo acompañarán hasta su muerte. Durante la invasión se forma su escolta, compuesta por José Argudín, Alberto Castellanos, Harry Villegas, *Pombo*, y Hermés Peña. Los tres últimos integrarán los equipos internacionalistas del Che, en la Argentina, en Bolivia o en el Congo. Eliseo Reyes (*San Luis*), Carlos Coello (*Tuma*, cuyos restos fueron hallados en Bolivia en 1996) y Alberto Fernández (*Pachungo*), otros tres compañeros de aquel momento, fallecen todos en Bolivia. Asimismo, a lo largo de esas seis semanas comienza a entreverse una de sus cualidades más distintivas y duraderas, conducente a formas superiores de liderazgo y a la vez imposible de sostener en un entorno de normalidad: su intransigencia ante la debilidad ajena. No tolera los errores de sus subordinados: los recrimina, los insulta y los castiga. Joel Iglesias recuerda un incidente, en plena "invasión":

Varios compañeros se bajaron de su camión atascado... [otros] no querían bajarse a empujar. El Che se puso de muy mal humor, se dirigió a ellos con palabras duras, violentas, diría yo, y la expresión colérica. Criticó fuertemente la conducta asumida en aquellos momentos. Cuando se indignaba había que verlo y oírlo.[3]

La decencia y nobleza del Che le permiten disculparse con las víctimas de su ira días u horas después. Y ciertamente, como lo recalcan hasta el cansancio las anécdotas cubanas, jamás les exigía a sus subordinados algo que no se impusiera a sí mismo. Pero estas virtudes abstractas chocaban con la naturaleza de las personas del mundo real: los demás no poseían su sentido de la historia, ni su fuerza de voluntad o intelecto. Las explosiones de enojo con sus seguidores, cuya devoción por él no conocía límites, comenzarán a pertenecer al anecdotario inédito de su vida. En la "invasión", en el Congo y sobre todo en Bolivia, sus estallidos pasarán a ser proverbiales: nunca injustos, jamás desde la desigualdad, siempre extremosos y devastadores para el común de los mortales. No se puede descartar, por lo demás, la eventualidad de que lo volátil de su carácter, los corajes o "descargas", como se llegaron a llamar entre sus colaboradores, seguidos de momentos de contrición, pueden haber provenido de los efectos de la epinefrina o la adrenalina para el asma. Estos broncodilatadores, si bien no surten efectos a largo plazo, generan aumentos bruscos de la presión, ansiedad y especies de *rushes* de mediana duración —hasta de treinta minutos—. Para alguien que —correctamente, desde el punto de vista médico— se administraba los medicamentos antiasmáticos con elevada frecuencia, es posible que las altas y bajas de humor y de intensidad fueran provocadas por dosis eficaces e indispensables, pero a la vez perturbadoras, de dichas sustancias químicas.*

La llegada a Las Villas lo obliga a dedicarse de lleno a la tarea de unificación de las fuerzas opositoras, y a la aplicación de medidas administrativas vinculadas con las grandes promesas de la revolución por venir, en particular la reforma agraria. Son los meses en que, por un lado, Guevara, Cienfuegos y

---

* Debo esta hipótesis a una aleccionadora conversación con el doctor Roberto Krechmer, uno de los especialistas mexicanos más destacados en el campo del asma infantil (México, D.F., 6 de julio de 1996).

otros dirigentes insurrectos impondrán un reparto agrario rampante, empezando por la suspensión del pago de la renta en las parcelas chicas y la exención fiscal para pequeños productores (de café, por ejemplo). Por otro lado, la extensión en la práctica de dichas medidas comienza a demandar la elaboración de un marco jurídico, ejercicio que desembocará en la Ley No. 3 de la Sierra Maestra sobre la Reforma Agraria, fechada el 10 de octubre de 1958.

Para el Che la integración del campesinado a la guerrilla supone un aspecto purificador, además de militar o político. El guerrillero se "une" al pueblo a través de la incorporación del mismo al ejército rebelde. Como el "pueblo" en las zonas rurales se compone, por definición, de campesinos, pocas mutaciones de la guerrilla revisten un impacto tan decisivo para el Che como el acercamiento de la población rural a los revolucionarios. En sus propias palabras:

> Simultáneamente a la incorporación de los campesinos a la lucha armada por sus reivindicaciones de libertad y de justicia social, surgió la gran palabra mágica que fue movilizando a las masas oprimidas de Cuba en la lucha por la posesión de la tierra: por la Reforma Agraria.[4]

Ahora bien, en regiones como la Sierra Maestra —donde se produce el encuentro fundamental del médico argentino con los problemas de la tierra y de la pobreza rural— la aspiración básica del morador del campo es la posesión de la tierra y la eliminación de la renta. No es necesariamente la demanda más sentida de los jornaleros agrícolas de las plantaciones de azúcar y de tabaco en otras regiones. Pero en las zonas donde el Che Guevara hace su aprendizaje de la vida y mentalidad campesinas, la tierra es primordial. De allí que el Che califique al Ejército Rebelde de "ejército campesino" y al 26 de Julio como un "movimiento campesino".[5] Para el Che, que opera por cuenta propia sólo a partir de mediados de agosto de 1958, los temas de la distribución de tierras y de la supresión de impuestos y rentas poseerán una gran trascendencia. Impactarán fuertemente en el enfoque que adoptará en los demás ámbitos, ya sea en la relación con los comunistas, ya sea en la unificación de las otras tendencias presentes en el centro de la isla.

La reforma de marras era de índole modesta y prudente: sin cooperativas ni arriendos comunales o colectivos de tierras. El Che pugnó por un proyecto más radical aunque tampoco incendiario. Escribiría que la legislación finalmente aprobada "no era completa".[6] Castro tomó partido por el ala moderada del 26 de Julio, encabezada en esta materia por Humberto Sori Marín, un abogado medianamente conservador que un par de años después sería fusilado por conspirar contra el gobierno. Aunque algunos comentaristas sugieren que los comunistas, por su parte, adoptaron una posición contemporizante con la reforma agraria, abogando por una postura discreta, en realidad se inclinaron por las tesis de Guevara, buscando atacar frontalmente a la propiedad latifundiaria. El Che se opuso, desde julio de 1958, a la expulsión del dirigente comunista Carlos Rafael Rodríguez del campamento de La Plata donde se encontraba Fidel. Rodríguez había sido enviado al cuartel rebelde para negociar el apoyo del partido a la guerrilla, y porque coincidía sobre la reforma agraria. Algunos dirigentes del Movimiento 26 de Julio —entre ellos Carlos Franqui— habían exigido el desalojo de Rodríguez; Guevara, Raúl Castro y Camilo Cienfuegos lo defendieron. El Che declaró que "en la Sierra los únicos que se deben expulsar son los periodistas norteamericanos. Si perseguimos a los comunistas estaremos haciendo aquí arriba lo que hace Batista allá abajo".[7] Según relataría después Guevara:

Nuestro primer acto [en Las Villas] fue dictar un bando revolucionario estableciendo la Reforma Agraria, en el que se disponía [...] que los dueños de pequeñas parcelas de tierra dejaran de pagar su renta hasta que la Revolución decidiera en cada caso. De hecho avanzábamos con la Reforma Agraria como punta de lanza del Ejército Rebelde.[8]

Este procedimiento provocó fricciones lógicas con los demás grupos opositores de la zona, que se hallaban menos persuadidos que el Che de las ventajas de tales actos unilaterales y de sentar precedentes de esa naturaleza. El debate sobre la distribución de la tierra se resolvería en mayo de 1959 con la Primera Ley de Reforma Agraria y, de nuevo, en 1964, con la Segunda. Desde el comienzo de la revolución el Che insistiría en los dos aspectos básicos que, a su entender, debía incluir una auténtica reforma agraria: destruir los latifundios y anular la indemnización forzosa y previa en dinero contante y sonante.

Pero, por lo pronto, dicha discusión se entrevera con el problema de la unidad de las fuerzas opositoras a Batista. La misión del Che es diáfana: unir a todos en Las Villas. Cumplir con ella es más difícil, aunque no imposible. En las condiciones de realización de la unidad traslucen varias tendencias de su propio pensamiento y acción. Durante la marcha de la Sierra Maestra al Escambray se producen dos encuentros con integrantes del PSP ilustrativos del creciente acercamiento del Che con los comunistas. En un comentario a Fidel fechado el 3 de octubre, es decir, diez días antes de concluir el sufrido trayecto por el llano, Guevara se queja amargamente del 26 de Julio:

No pudimos establecer contacto con la organización del 26 de Julio, pues un par de supuestos miembros se negaron a la hora que pedí ayuda y sólo la recibí [...] de parte de los miembros del PSP, que me dijeron haber solicitado ayuda de los organismos del movimiento, recibiendo la contestación siguiente [...] Si el Che manda un papel escrito, nosotros le ayudamos, si no, que se joda el Che.*

Podemos especular que Castro, desde la firma, el 20 de julio en Caracas, de un pacto de unidad con toda la gama de opositores a la dictadura, exceptuando a los comunistas, requería de algo de convencimiento, a ojos del Che, de las bondades de la unidad con ellos. Las largas semanas pasadas en la sierra por Carlos Rafael Rodríguez cumplieron en parte con ese cometido. Allí, se trabó la amistad —estrecha pero a la larga insostenible— del ex ministro comunista de Fulgencio Batista con Guevara; intercambian libros, entre otros, *Sobre la guerra de guerrillas*, de Mao, y discuten extensamente sobre el decreto de reforma agraria en vías de elaboración. En julio, Carlos Rafael Rodríguez expresa abiertamente su admiración por el argentino de la sierra: "Es el más inteligente y capaz de todos los jefes rebeldes."[9] Aunque muy probablemente cierta, la alabanza refleja el avecinamiento político en ciernes: un cuadro comunista de Santa Clara, Armando Acosta, se integra en septiembre a la columna como virtual asistente primigenio del Che, lo cual brinda un toque más personal a la

---

* Ernesto Che Guevara-Fidel Castro, "Sobre la invasión", citada en Ernesto Che Guevara, *Escritos y discursos*, La Habana, Editorial de Ciencias Sociales, 1977, t. 2, p. 277. En el permanente esfuerzo de unos y otros de reescribir la vida de Guevara, algunos buscan desentrañar un odio precoz del Che a los comunistas, creando la efigie del Che "bueno", siempre anticomunista, contrastada con la del Fidel "malo", comunista desde la primera hora. Horacio Rodríguez, por ejemplo, lee este mismo pasaje exactamente de manera opuesta a como se interpreta aquí: identifica a "los organismos del movimiento" con la dirección del PSP, y el texto se transforma en una queja contra el PSP. La interpretación ofrecida aquí es corroborada por el propio Che: "Hasta ahora hemos recibido poca ayuda del Movimiento. Quien sí ha hecho mucho por nosotros es el PSP." (Enrique Oltuski, "Gente del Llano", *Revista Casa de las Américas*, La Habana, enero-febrero, 1967, vol. VII, núm. 40, p. 52. Véase también Horacio Daniel Rodríguez, *Che Guevara ¿Aventura o revolución?*, Barcelona, Tribuna de Plaza y Janés, 1968.

convergencia.* Además del ingreso de Pablo Ribalta a la columna —reseñado en el capítulo anterior—, el PSP ya le había enviado en febrero de 1958 a otro cuadro, Sergio Rodríguez, para "suministrar lápices, tinta y papel para imprimir el periódico *El Cubano Libre*".[10] Las connotaciones políticas de las amistades del Che se volvían cada vez más evidentes. Como recuerda Enrique Oltuski, el dirigente clandestino del 26 de Julio en Las Villas:

> Yo conocía a Acosta desde que era delegado del PSP en Las Villas. Lo veo de repente como parte de la tropa del Che. Nosotros conocíamos las inclinaciones del Che y no me sorprendió del Che. El Che iba jugando con todo esto.[11]

La integración a la columna de Ovidio Díaz Rodríguez, secretario de la Juventud Socialista Popular de Las Villas, en octubre de 1958, es otro síntoma del acercamiento. Su testimonio muestra la discreción que prefería emplear el Che en lo tocante a sus relaciones con el partido. Un día llegó un miembro del PSP con un regalo para él (una lata de mate argentino) y manifestó con gran alarde: "Mire, Comandante, éste es un regalo de la Dirección del Partido." Guevara aceptó en silencio, pero después instruyó a Ovidio que le hiciera saber al partido que no mandara a compañeros tan indiscretos.[12]

Ya para noviembre, el Che sería más explícito en sus apreciaciones sobre los distintos méritos y debilidades de los grupos antagónicos a la dictadura. En un amargo reclamo a Faure Chomón, jefe del Directorio Estudiantil Revolucionario en Las Villas, le informará con cierto desdén que "en conversaciones oficiales sostenidas con miembros del Partido Socialista Popular, éstos se han mostrado en una postura francamente unionista y he

---

* Según Carlos Franqui, Acosta se unió a la columna del Che "rompiendo la disciplina del Partido Comunista" y desde la Sierra (Carlos Franqui, *Diario de la Revolución Cubana*, Barcelona R. Torres, 1976, p. 604).

puesto a disposición de esa unidad su organización en el llano".[13] Detrás de los matices de evaluación aportados por el Che sobre el diverso desempeño de los grupos opositores figuraba un juicio de valor comprensible. Los comunistas se subordinaron sin reticencias al Che a su llegada a Las Villas; los demás sectores fueron más reacios, lentos o francamente contrarios a la idea. Así como los integrantes del PSP se alinearon con Raúl Castro en el Segundo Frente, aceptando incondicionalmente su liderazgo y el de sus lugartenientes, con el Che los comunistas se disciplinaron.

Los nexos del Che Guevara con el Partido Socialista Popular representan uno de los asuntos más espinosos de este periodo. Los biógrafos del *condottiero* que prefieren acentuar sus distancias frente a los comunistas colocan en epígrafe un par de frase lapidarias. Una, la más célebre, reza así: "Los comunistas son capaces de crear cuadros que se dejen despedazar en la oscuridad de un calabozo, sin decir una palabra, pero no de formar cuadros que tomen por asalto un nido de ametralladora."[14] La otra, pronunciada más o menos al mismo tiempo, toca temas análogos: "El PSP no había visto con suficiente claridad el papel de la guerrilla, ni el papel personal de Fidel en nuestra lucha revolucionaria."[15] Más aún, varios estudiosos de la época y de los personajes —incluyendo, entre otros, al biógrafo más reciente de Fidel— insisten en que el argentino no era comunista en ese momento.* Sin embargo, según

_____

* El Che "no era aún un comunista, ni de acuerdo con su propio relato, ni de acuerdo con los testimonios de otros." (Robert E. Quirk, *Fidel Castro*, Nueva York, Norton, 1993, p. 197.) Hugh Thomas, el más distinguido de los historiadores de la revolución cubana, hace una afirmación semejante: "Sin embargo, en 1959, Guevara hablaba con cierta ambigüedad. No era comunista y nunca había sido miembro del Partido." Conviene recordar que el texto magistral de Thomas, publicado en 1971, no pudo hacer referencia, por no conocerlas, al cúmulo de cartas, materiales, entrevistas y documentos sobre las inclinaciones ideológicas y políticas del Che que hemos citado en estas páginas (véase Hugh Thomas, *Cuba: la lucha por la libertad, 1958-1970*, t. 3, Grijalbo, México, 1974, pp. 1347-1348).

una de las combatientes en la sierra, Oniria Gutiérrez, quien ingresó a la columna del Che en agosto de 1957, él mismo le confió su filiación ideológica poco después de conocerse:

> No puedo olvidar la primera noche que conversó conmigo... Habló sobre mis ideas religiosas y eso me hizo preguntarle si él era religioso. No, me contestó, no puedo ser religioso porque yo soy comunista.[16]

Quizá convenga disecar brevemente el sentido de este manojo de frases del Che. Sus divergencias con los comunistas se derivan de consideraciones tácticas o casi personales: no saben pelear, ni preparan a su gente para hacerlo. Por ende, no valoran la importancia de la lucha armada, ni el papel de Castro y de su ejército rebelde en el combate contra Batista.* Pero las discrepancias de Guevara no son estratégicas o ideológicas. Se considera comunista con una c minúscula, en la acepción más genuina del término en ese momento: un soldado en la lucha internacional por el socialismo encabezada por la Unión Soviética. No se siente Comunista con mayúscula, es decir, miembro del partido cubano, principalmente por desavenencias sobre el papel de la guerrilla. De allí que en enero de 1959, cuando el escollo del método de lucha quede salvado mediante la unanimidad en torno al combate armado, la alianza natural del Che será con el PSP. No habrá, en ese momento, nada que los separe. Hasta que los avatares de la gestión revolucionaria, de la política internacional y de la revolución en América Latina lo vuelva a enfrentar con ellos.

Quizá el debate más interesante que sostiene el Che entre su llegada a las faldas del Escambray y la batalla de Santa

---

* Theodore Draper establece esta misma distinción entre Castro y los comunistas: "La línea divisoria entre Castro y los comunistas se había reducido a un solo tema: la lucha armada. Para lograr la alianza, los comunistas tenían que zanjar esta diferencia." (Theodore Draper, *Castroism, Theory and Practice*, Nueva York, Praeger, 1965, p. 34.)

Clara será el que lo confronta con Enrique Oltuski, el ingeniero judío de origen polaco que dirigía el Movimiento 26 de Julio en Las Villas. Oltuski vivirá una trayectoria accidentada: fungirá como el ministro más joven del gobierno revolucionario a los 28 años, para luego ser despedido y encarcelado, y colaborar de nuevo con el Che en el Ministerio de Industrias. A finales de los noventa seguía colaborando con el gobierno cubano, en el sector de recursos naturales.

El intercambio fue vehemente y sustantivo y, como siempre en las cartas del Che, revelador de su estado de ánimo y evolución política. Se centró en disonancias sobre la reforma agraria. Oltuski propugnaba una distribución paulatina de la tierra, mientras que Guevara respaldaba una confiscación y repartición inmediata de las parcelas. Entre muchas otras razones, para oponerse a la expropiación de las grandes superficies, Oltuski argüía que medidas drásticas como ésas entrañarían de manera ineluctable un enfrentamiento con Estados Unidos. La reproducción del diálogo entre ambos es exquisita:

> OLTUSKI: Toda la tierra ociosa debía darse a los guajiros y gravar fuertemente a los latifundistas para poderles comprar sus tierras con su propio dinero. Entonces la tierra se vendería a los guajiros a lo que costara, con facilidades de pago y con crédito para producir.
>
> CHE: ¡Pero ésa es una tesis reaccionaria! ¿Cómo le vamos a cobrar la tierra el que la trabaja? Eres igual que toda la demás gente del llano.
>
> OLTUSKI: ¡Coño! ¿Y qué quieres? ¿Regalársela? ¿Para que la dejen destruir, como en México? El hombre debe sentir que lo que tiene le ha costado su esfuerzo.
>
> CHE: (gritando, con las venas del cuello hinchadas): ¡Carajo, mira qué eres!
>
> OLTUSKI: Además hay que disfrazar las cosas. No creas que los americanos se van a cruzar de brazos vién-

donos hacer las cosas tan descarnadamente. Hay que jugarles la cabeza.[17]

CHE: (lacerante): Así es que tú eres de los que creen que podemos hacer una revolución a espaldas de los americanos. ¡Qué comemierda eres! La revolución la tenemos que hacer en lucha a muerte con el imperialismo, desde el primer momento. Una revolución de verdad no se puede disfrazar.[18]

Aquí reposa un germen de futura discordia con Fidel Castro. Apenas un par de meses antes, el caudillo había discutido agriamente con Raúl Castro cuando éste secuestró a varios ciudadanos norteamericanos, incluyendo a ingenieros de los complejos mineros de Moa y Nicaro, y a *marines* de franco. Fidel intuía que era imprescindible mantener el embargo norteamericano a la venta de armas a Batista. No había llegado el momento del choque con el vecino del norte, y no había que adelantar las vísperas. Castro regañó a su hermano menor, quien liberó rápidamente a los presos, y el embargo prosiguió. Lo que se desconocía entonces era el grado de discusión que el secuestro y la renovación del suministro de armas suscitó en el seno del gobierno de Washington. El siguiente pasaje de un documento etiquetado "secreto" del Departamento de Estado muestra el tenor del debate:

Nuestra Embajada en La Habana ha recomendado que la política de envíos de armas a Cuba sea revisada a la luz de los secuestros [...] Creen que debemos permitir al gobierno cubano la compra de armas en Estados Unidos para que aplaste la revuelta de Castro o como aliciente para que Batista lleve a cabo elecciones creíbles [...] Las razones principales a favor de un tal cambio son que el rechazo a vender armas debilita al gobierno constituido de Cuba, así como los reportes de nuestros cónsules que negociaron la libertad de americanos en Oriente que indican la posible influencia comunista en las fuerzas de Raúl Castro. Las razones en contra de permitir la venta de armas a Cuba incluyen consideraciones de que las armas enviadas en el pasado al gobierno de Batista no permitieron que el gobierno negociara efectivamente con fuerzas más débiles que las que el 26 de Julio congrega ahora, que la mayor parte del pueblo cubano está disgustado con el régimen, que Batista se prepara a dejar la presidencia en febrero próximo [...] y que un apoyo abierto al gobierno nos causaría perjuicio en la mayoría de las otras repúblicas americanas. La Subsecretaría para Asuntos Interamericanos cree que las razones en contra del envío de armas sobrepasan a aquellas que favorecen tal curso de acción.[19]

La diferencia entre Fidel Castro y el Che y Raúl yacía justamente en la manera respectiva de aprovechar las disensiones y titubeos del adversario, y en su espectacular sentido de la oportunidad. Los lugartenientes tendían a menospreciar la táctica y el tiempo; para Fidel, eran determinantes.

Otra discusión con Oltuski, de la que el Che dejó trazas cargadas de virulencia y pasión, fue aquella en torno a las confiscaciones de fondos a los ricos de la provincia de Las Villas. Guevara le ordenó a Oltuski asaltar el banco de la ciudad de Sancti Spiritus, a lo cual el joven dirigente local se negó terminantemente, arguyendo que un tal acto era una locura. Enfrentaría a los rebeldes con mucha gente que los apoyaba. Además, no era necesario: el movimiento disponía de más dinero que nunca, que Oltuski se aprestaba a compartir con el Che. Oltuski estaba seguro de que Fidel no aprobaría una acción de la naturaleza que proponía Guevara.[20] El Che respondió con una de sus temidas "descargas", en esta ocasión epistolar: "[Si] las direcciones de los pueblos amenazan con renunciar [...] que lo hagan. Más aun, lo exijo ahora, pues no se puede permitir un boicot deliberado a una medida tan beneficiosa para [...] la Revolución". Echa por delante su rango ("Me veo en la triste necesidad de recordarte que he sido nombrado comandante en jefe...") y establece un vínculo preciso entre la distribución de tierras, el recurso a los asaltos, y lo que podríamos llamar el contenido de clase de la revolución:

> ¿Por qué ningún guajiro ha encontrado mal nuestra tesis de que la tierra es para quien la trabaja, y sí los terratenientes? Y si eso no tiene relación con que la masa combatiente esté de acuerdo con el asalto a los bancos cuando ninguno tiene un centavo en ellos. ¿No te pusiste a pensar en las raíces económicas de ese respeto a la más arbitraria de las instituciones financieras?[21]

El Che percibía el desarrollo de la lucha desde su perspectiva. Para efectuar una "verdadera revolución", como acostumbraba plantear, la enajenación de los banqueros, de los terratenientes o de los mismos norteamericanos resultaba incidental. Incluso, podía ser benéfica al desatar represalias que obligarían a radicalizar el curso insurreccional, lo cual depuraría las filas del banco antibatistiano, definiendo con mayor claridad el rumbo revolucionario de los rebeldes restantes. Podía permitirse esos lujos discursivos y conceptuales, en primer término porque no mandaba: la responsabilidad era de Fidel Castro, de quien el Che no era más que el ala izquierda o la conciencia crítica. En segundo lugar, su extranjería abría un campo infinito para posturas extremas. No recibía los reclamos de los amigos de la infancia, de la tía vieja, del compañero de banca de la universidad; todos de alguna manera afectaban los ánimos y las posiciones de los dirigentes cubanos. Y por último, conviene recordar que Guevara sí guardaba a diferencia de los demás, una visión estratégica y una concepción de la meta a la que aspiraba: el socialismo, la colocación de Cuba en la órbita de la "cortisona" —la Unión Soviética— y una confrontación perentoria con Estados Unidos. Para dichos propósitos, las medidas dictadas en Las Villas resultaban perfectamente coherentes y lúcidas, si bien en ausencia de esa visión a largo plazo, trastabillaban violentamente con las aspiraciones y tácticas de otros dirigentes cubanos, reformistas y llaneros.

Pero no todo fue pleito y precipitación en esos días de combate. El Che hizo gala de centelleantes dotes políticas en el cumplimiento de la misión que le encomendó Castro. Poco a poco se entiende con los distintos grupos: el 26 de Julio de Las Villas, el Directorio, los comunistas, y hasta el Segundo Frente del Escambray, a cargo de Eloy Gutiérrez Menoyo y de Jesús Carrera. Con este último se produce un altercado peligroso. Al adentrarse la columna del Che en la zona donde operaba el pequeño desprendimiento del 26 de Julio, Carrera le pide una contraseña a la gente del Che que, por supuesto, la desconoce. El propio comandante Guevara es interpelado por Carrera. Antes de que llegue el asunto a mayores, se avienen los dos dirigentes, Guevara y Gutiérrez Menoyo, gracias al pragmatismo y la inteligencia de ambos.* Todavía el 7 de noviembre, en una carta al Directorio, el Che descartaba la posibilidad de un acuerdo con Gutiérrez Menoyo, que hoy, sin embargo, recuerda cómo se evitó lo peor:

> Puede haber tenido el Che algún resentimiento contra aquellos oficiales que yo mandé, que son los que lo pararon, en especial, el comandante Jesús Carrera. Él me mandó una carta, dándome las quejas de Jesús Carrera. Cuando yo me entrevisté con Guevara le dije que no

---

* En un texto publicado en febrero de 1961 en la revista *Verde Olivo* el Che afirmaba, en referencia a su relación con Gutiérrez Menoyo: "El primero de enero, el mando revolucionario exigía que todas las tropas combatientes se pusieran bajo mis órdenes en Santa Clara. El Segundo Frente Nacional del Escambray, por boca de su jefe Gutiérrez Menoyo, inmediatamente se ponía a mis órdenes. No había problema." (Ernesto Che Guevara, "Un pecado de la revolución", *Verde Olivo*, La Habana, 12 de febrero, 1961.) Líneas después, el Che denuncia el comportamiento de la gente de Gutiérrez Menoyo, pero ésa es harina de otro costal.

tenía que darme queja ninguna porque el comandante Jesús Carrera cumplía órdenes mías. O sea, al entrar en las zonas nuestras, para evitar una confrontación, hay que ponerse de acuerdo con las contraseñas. Son territorios liberados por nosotros donde operan guerrillas nuestras; por lo tanto, cualquier contraseña que tú le pidas de noche o por la tarde a una tropa y no te la pueda dar, es tropa enemiga. Entonces ésa es una cosa elemental que él la entendió después perfectamente.[22]

Los acuerdos a los que llegó el Che con los distintos grupos fueron plasmados parcialmente en el pacto de El Pedrero, firmado a principios de diciembre en un pueblito de Las Villas cerca del cuartel general guevarista. Aunque el pacto se celebra únicamente entre el Directorio —representado por Rolando Cubela— y el Che, simboliza el entendimiento de la columna comandada por el argentino y las demás fuerzas. Las del PSP bajo Félix Torres se integran al contingente dirigido por Camilo Cienfuegos, y el propio Gutiérrez Menoyo llega a un "pacto operacional" con el Che. Semanas más tarde, Castro le reprochará ácidamente este convenio a su subordinado, acusándolo de haber revivido a un muerto.[23] En la víspera del triunfo, Castro le advierte al Che:

> En este momento la situación en Las Villas constituye mi principal preocupación. No comprendo por qué vamos a caer en el mal que motivó precisamente el envío tuyo y de Camilo a esa provincia. Ahora resulta que cuando podíamos haberlo superado definitivamente, lo agravamos.[24]

Carlos Franqui no abriga duda alguna sobre el sentido del mensaje: "La nota de Fidel al Che desaprueba claramente la importancia dada al Directorio", ya sin hablar de Gutiérrez Menoyo.[25] A pesar de los reclamos, en buena medida el acuerdo alcanza la meta de Castro de unir a todas las fuerzas y de someterlas a su mando. De nuevo Gutiérrez Menoyo —quien pasó veinte años en la cárcel en Cuba— resume las buenas relaciones que prevalecían entre él y Guevara:

> Pero después la etapa ésa fue superada, yo me reuní con él, firmamos el pacto de reforma agraria y el pacto operacional, cuya película inclusive él tomó. Debe estar en los archivos, prisionera, hasta que quieran abrir la verdadera historia de Cuba, no de una sola parte. Después, las relaciones fueron buenas; ellos operaron por la costa norte, nosotros por la costa sur; nosotros contribuimos con armamento para reforzar la posición inclusive de Camilo Cienfuegos cuando tenía el cerco en Yaguajay.[26]

La unidad de las fuerzas opositoras en Las Villas le permitirá al Che desarrollar una campaña eficaz para perturbar y de hecho impedir la celebración de las elecciones organizadas por Fulgencio Batista el 3 de noviembre. Ante el vertiginoso deterioro de la situación militar, la dictadura comenzaba a sentirse presionada por sus aliados, cada vez más reticentes a buscar una salida política. El recurso evidente, que gozaba del apoyo de los norteamericanos y de un sector importante del empresariado isleño, consistía en organizar elecciones anticipadas, en las que no participaría Batista. Abrirían la vía a un éxodo decoroso del ex militar, a un recambio de gobierno, y a la eventualidad, por remota que fuera, de impedir el acceso al poder de Fidel Castro y el Ejército Rebelde. El caudillo de la sierra entendió cabalmente la maniobra, y dedicó toda su imaginación y fuerza a malograr el ardid batistiano y de Washington. Lanzó un llamado a la abstención, saboteando los comicios en las áreas urbanas y estorbando su celebración en las zonas rurales. El 80% del electorado respetó la consigna de no votar. Según los apuntes del Che:

Los días anteriores al 3 de noviembre fueron de extraordinaria actividad: nuestras columnas se movilizaron en todas direcciones, impidiendo casi totalmente la afluencia a las urnas, de los votantes en esas zonas. En general, desde el transporte de los soldados de Batista hasta el tráfico de mercancía, quedaron detenidos. En Oriente, prácticamente no hubo votación; en Camagüey, el porcentaje fue un poquito más elevado, y en la zona occidental [...] se notaba un retraimiento popular evidente.[27]

Son semanas en las que el feroz ascetismo del Che comienza a ceder ante las duras realidades de la gestión administrativa, de la política de alianzas y de las reacciones peculiares, pero lógicas, de los habitantes de la zona ante circunstancias más que excepcionales. Una vez tomado el pueblo de Sancti Spíritus, por ejemplo, trata de impedir el consumo de bebidas alcohólicas y cancela la lotería. El pueblo se rebela, y el Che desiste en su intento de poner en práctica sus propios modales y experiencias procedentes del resto de América Latina. Procura reglamentar las relaciones entre hombres y mujeres en el seno de la columna, sobre todo conforme ésta se expande con el avance incontenible del combate contra Batista. Pero finalmente se rinde ante la exuberancia del trópico y de las condiciones de lucha: el puritanismo sexual no va a despertar mayor eco entre la tropa, joven e irreverente. Pronto el Che recapacita y autoriza las relaciones que cada quien considere convenientes.*

---

* En palabras redactadas posteriormente por el Che: "Hay que [...] evitar toda clase de desmanes que puedan ir minando la moral de la tropa, pero debe permitirse, con el simple requisito de la ley de la guerrilla, que las personas sin compromisos, que se querían mutuamente, contraigan nupcias en la sierra y hagan vida marital." (Ernesto Guevara, "La guerra de guerrillas", 1960, en Ernesto Che Guevara, *Escritos y discursos*, t. 1, p. 133). Vimos que el propio Che considera que su matrimonio formalmente intacto pero emotivamente cancelado con Hilda Gadea no equivalía a un "compromiso".

En El Pedrero, a principios de noviembre, Guevara conoce a quien se convertirá en su segunda esposa. Será la madre de cuatro de sus cinco hijos reconocidos y su principal compañera para el resto de su vida. Aleida March era una joven militante clandestina del 26 de Julio de Las Villas quien, perseguida por la policía, se refugió en el Escambray en el campamento del Che. Recién cumplidos los veintidós años, era excepcionalmente guapa; un cubano que la conoció bien afirmó poco después de la muerte del Che que "era la mujer más bella de Cuba, y su preferencia por el Che no podía dejar de provocar algún resentimiento contra ese argentino que logró arrebatarla como presa de guerra en Santa Clara".[28] Universitaria, blanca y de clase media más bien alta, Aleida rápidamente se transformó en asistente invaluable y amiga entrañable del argentino. Durante las últimas semanas de la guerra aparecerá siempre a su lado, y entrará en La Habana con él. Volveremos sobre el tipo de relación que construyeron; basta decir por ahora que el exotismo de Hilda Gadea o de Zoila Rodríguez obviamente no explica la atracción que ejerció Aleida sobre el Che. La cubana era una versión edulcorada de *Chichina*: ciertamente bella y más acorde con los rasgos propios de Guevara que otras mujeres que le fueron cercanas, pero sin la alteridad más compleja que *Chichina* albergaba. Ernesto se enamoró de ella; la intensidad de su afecto duró años. De mayor misterio resulta la distancia que desde muy temprano se interpuso entre ellos. Unos la atribuyen a la revolución; otros, a la tendencia de Aleida a ser una mujer cuyo físico se descompondría rápidamente; otros más a una posesividad femenina que sobrevivió a la muerte de su marido, y que se extendió a sus hijos, sus archivos y su memoria. Años después, Pepe Aguilar, el amigo del Che de Alta Gracia, quien mantuvo un estrecho vínculo con él hasta su muerte, captará bien el dilema de Aleida: "Era difícil llevarse con ella, y además era terriblemente celosa de todos los que habían sido cercanos al Che antes de conocerla."[29]

En noviembre y diciembre de 1958, además de encontrarse con Aleida, de cimentar la unidad de las fuerzas opositoras y de participar en los consiguientes debates, el Che Guevara clausuró hasta donde fue posible las vías de comunicación del centro de la isla, suspendiendo el transporte entre oriente y poniente y norte y sur. Su suerte persistía, a pesar de combates incesantes y de riesgos innecesarios; se torció seriamente la muñeca (hubo que enyesarle el antebrazo) y se cortó encima de una ceja. Ambas heridas forman parte de la leyenda: las fotos del Che entrando en La Habana lo captan con el brazo vendado y una cicatriz aún visible en la frente. Las victorias militares comienzan a precipitarse. El 21 de diciembre cae la localidad de Cabaiguán —donde toma noventa presos y recupera siete ametralladoras y 85 fusiles. Un par de días después, capitula la ciudad de Placetas, de nuevo con prisioneros y armas entregadas. Se acentúa la renuencia de la tropa batistana a seguir peleando. Los soldados se rinden aun en condiciones de superioridad militar, si bien en un entorno civil francamente hostil y en cambio favorable a los rebeldes. Se entreabre entonces la posibilidad —incluso el imperativo— de preparar el asalto a Santa Clara, una ciudad de 150 000 habitantes, capital de la provincia de Las Villas, y principal aglomeración urbana del centro de Cuba. Será la gran batalla de la guerra, la que le asestará el golpe de gracia a la dictadura de Batista, y la que consagrará al Che Guevara como héroe revolucionario y estratega militar.

La guarnición principal de la ciudad comprende más de dos mil quinientos hombres y diez tanques. En las afueras, están destacados otros mil efectivos. Con trescientos combatientes, la mayoría cansados, desnutridos y con escasa experiencia, Guevara emprende la ofensiva contra Santa Clara. Lo hace a sabiendas de que desde La Habana se había enviado a la capital de la provincia un tren blindado —famoso en el anecdotario del Che— compuesto por dos locomotoras, diecinueve vagones, catorce ametralladoras y cuatrocientos soldados estupendamente equipados. Por algo sospecha Guevara que la batalla puede durar varias semanas; todavía en las primeras horas del 28 de diciembre, asegura que se prolongará durante un mes.[30]

Con la ciudad cercada, y las fuerzas de Batista recluidas en sus cuarteles, en la madrugada del 28 de diciembre la columna del Che inicia la entrada en Santa Clara. El comandante avanza en un jeep, a media columna; sus trescientos hombres se dividen en varios pelotones. Primero llegan a la universidad, luego capturan una estación de radio y de pronto se enfrentan a una tanqueta que mata a cinco guerrilleros y deja a varios heridos. Simultáneamente, los soldados del tren blindado, parapetados en una loma, comienzan a disparar sobre la columna.

Por otra carretera, en la mañana, ingresan en la ciudad tropas del Directorio y se acercan al Cuartel Leoncio Vidal, donde se encuentra atrincherada la fuerza principal del ejército. En la misma mañana, la aviación de Batista empieza a ametrallar y bombardear a las columnas del Che, atemorizando a la población civil, que se refugia en sus casas. Los militares piden refuerzos y más apoyo aéreo a La Habana, pero las tropas rebeldes en las afueras de la ciudad y en las carreteras logran impedir el tránsito de los primeros. Al anochecer los soldados siguen acuartelados, y la población civil, protegida de los bombardeos por la oscuridad, comienza a construir barricadas para entorpecer el paso de las tanquetas. Se prepara el terreno para los nuevos combates del día 29 de diciembre. La noche servirá para que los rebeldes se infiltren en pequeños grupos a la ciudad; con el adversario agazapado en sus guarniciones, y con la complicidad por lo menos pasiva de la población, el Che logra esparcir sus fuerzas a lo largo y ancho del centro de Santa Clara.

Comprende que el quid de la batalla radica en inmovilizar el tren blindado, en detener la salida de las tropas y de las tanquetas de sus cuarteles, y en activar a la población civil. De acuerdo con Óscar Fernández Mell, médico y oficial del Ejército Rebelde, si en lugar de refugiarse dentro de la ciudad, el enemigo hubiera organizado su defensa apoyándose en las elevaciones dominantes y fortificadas le hubiera llevado más tiempo tomar la ciudad a la columna guerrillera y sus bajas hubieran sido más numerosas.[31] El secreto se anida en la negativa del ejército a pelear; ésa es la ventaja que es preciso aprovechar al máximo. Cuando los responsables del tren blindado buscan evadir el combate acercándolo al cuartel y para refugiarse en él, el levantamiento de las vías efectuado el día anterior para paralizarlo produce un tremendo descarrilamiento. De los 22 vagones, tres se voltean de inmediato; los guerrilleros concentran su fuego y cócteles molotov sobre los furgones restantes. Entre el calor, las bombas y el tiroteo, pronto la situación de los soldados dentro del tren se torna inaguantable. Piden tregua, negocian con el Che y finalmente se someten al atardecer.

El episodio del tren blindado va a resultar decisivo, ya que con el armamento recuperado del ferrocarril, la columna del Che va a entrar en La Habana días después con un poder de fuego muy superior al de cualquier otro grupo opositor, en particular el Directorio o el Segundo Frente del Escambray. Gutiérrez Menoyo insiste en una interpretación alternativa de los hechos, justamente porque, según él, su grupo fue el más perjudicado por la rendición. Según él, la captura del tren blindado fue una operación decisiva que no ha sido aclarada del todo. El tren se encontraba bajo el mando de un teniente Rossel. Menoyo recuerda cómo la primera persona con quien los militares se entrevistaron para explorar la posibilidad de rendirse fue justamente con él. Menoyo ofreció garantías para la tropa y un ascenso para el teniente Rossel; los batistianos resolvieron entregarle el tren al dirigente del Segundo Frente del Escambray. Después, según recuerda Menoyo, "el hermano del teniente Rossel habló con el Che Guevara, yo no sé qué le ofreció Guevara que yo no le ofrecí, pero el hecho es que el tren se lo entregaron a ellos. Siempre lo conmemoran como el heroico asalto al tren blindado, pero ése fue un tren entregado."[32]

La toma del tren blindado permitió a los rebeldes iniciar la ofensiva final. Como relata Gutiérrez Menoyo:

En dos o tres oportunidades lo comenté con Guevara y le dije: "Guevara, ¿qué tú le ofreciste que yo no le ofrecí?". Él se echaba a reír y nunca me lo confesó. Si me lo hubieran entregado a mí, ahí venía una cantidad de pertrechos increíble y eso nos hubiera permitido a nosotros iniciar la ofensiva final. El Che nunca me dio una respuesta correcta.[33]

Antonio Núñez Jiménez, que ha escrito sobre la historia del tren blindado, y que ya formaba parte de la columna del Che, desmintió categóricamente esta versión, insistiendo que Gutiérrez Menoyo no tuvo nada que ver con el tren, y que hubo un descarrilamiento, más que una rendición.[34] En una extraña nota al pie de página de la historia, Fulgencio Batista afirma que el tren efectivamente fue entregado por el coronel Rosell quien "desertó, después de haber recibido 350 000 dólares, o un millón de dólares del Che Guevara". La captura del tren fue, según Batista, una venta.[35] Proliferan las versiones contradictorias. Ramón Barquín, el único alto oficial de Batista encarcelado por conspirar contra el dictador, afirma que en efecto se produjo un entendimiento previo entre el Che y los militares para entregar el tren; Ismael Suárez de la Paz, o Echemendía, el hombre del 26 de Julio en Santa Clara, jura que no hubo tal.[36]

El Che le pide a Aleida March que se coloque frente al tren descarrilado: "Aleida, te voy a tomar una foto para la historia."[37] El resultado de la contienda ya no permite ninguna duda. El botín es impresionante, y crucial para el desenlace de las hostilidades: 6 bazucas, 5 morteros de 60 mm, 14 ametralladoras, un cañón de 20 mm, 600 fusiles automáticos, y un millón de balas.[38] Es el decomiso de armas enemigas más importante de la guerra. Casi cuatrocientos soldados caen presos. La noticia de la rendición del tren se riega como polvorín por la ciudad y dentro de los cuarteles del ejército; el efecto desmoralizador para el enemigo será terrible; el impacto en los habitantes de Santa Clara, explosivo.[39]

Los combates continúan el día 30 de diciembre. Las fuerzas guevaristas avanzan, pero no sin dificultades. En la estación central de policía enfrentan una resistencia tenaz de 400 batistianos que no se someten fácilmente, atemorizados por las consecuencias de su trato previo a la población: los fusilamientos por fechorías, tortura, traición, etc., se han multiplicado en las últimas semanas. Ese reducto y el cuartel Leoncio Vidal, con los 1,300 militares que permanecen en su interior, constituyen el baluarte terminal de Batista en Santa Clara. Al clarear el alba del último día del año, aún no habían sido doblegados, y la ofensiva guerrillera se estancaba. La estación de policía finalmente cede, y el último fortín importante de la dictadura en la ciudad es el cuartel.

En la madrugada comienzan las negociaciones para la capitulación del cuartel, que de inmediato se entreveran con los acontecimientos en el resto de la isla. Antes de terminar los festejos de Año Nuevo en La Habana, en la escena hecha famosa por decenas de películas nuevas y antiguas, Batista huye de Cuba. La repercusión en Santa Clara es devastadora: "Claro que Batista huyó, se crearon condiciones favorables para que al cuarto día de estar atacando Santa Clara, la guerra se acabara."[40] Un conato de junta militar, encabezada por el general Eulogio Cantillo, trata de evitar el desmoronamiento total del ejército y el triunfo final de los rebeldes. Cantillo envía por radio la orden de no rendirse a los jefes de las guarniciones en todo el país, insinuando que ha pactado ya con Fidel Castro en Oriente: "Lo que acabamos de hacer aquí en Columbia (el campamento militar principal de La Habana) tiene la aprobación del doctor Fidel Castro."[41]

Desde las afueras de Santiago, el líder del Movimiento 26 de Julio lanza una proclama por radio. Condena el intento de golpe de Estado, rechazando cualquier negociación con los cuarteles asediados, e instruye al Che y a Camilo Cienfuegos a marchar de inmediato a La Habana. Minutos antes de que prescriba el ultimátum expedido por el Che a los oficiales del cuartel, la tropa comienza a salir del mismo, tirando las armas por delante. La batalla de Santa Clara ha concluido. La población sale a las calles a festejar el triunfo; aclama al Che y a sus barbudos. Éstos emprenden de inmediato la marcha hacia la capital: la revolución ha triunfado.

Al historiador le corresponde contestar a un interrogante: ¿fue decisiva la batalla de Santa Clara? Al biógrafo le pertenece otra pregunta: ¿fue la genialidad militar del Che la que permitió el triunfo en la capital de Las Villas, o se trató de una victoria tan política como militar, tan sicológica como guerrera? Santa Clara y la resistencia en la sierra a la ofensiva batistiana de mayo-junio de 1958 representaron las únicas batallas campales dignas del nombre de toda la contienda. Sin Santa Clara quizás Batista no hubiera huido; de haber permanecido en su puesto el dictador, tal vez su ejército no se hubiera desplomado como lo hizo a partir de finales de diciembre, y la correlación de fuerzas militares —todavía extraordinariamente desfavorable a los insurrectos— hubiera prevalecido algún tiempo. Sin la captura del tren blindado, la guarnición de Leoncio Vidal no se hubiera rendido, y sin el botín de ambos choques, la columna del Che no se habría transformado repentinamente en la más poderosa de todas las unidades rebeldes. Sin Santa Clara, este asombroso análisis de la CIA, a un mes del triunfo castrista, quizá se verificara:

> Castro no ha podido convencer a la mayoría de la población cubana de que vale la pena luchar por su persona y

su programa, a diferencia de los de Batista. Cuba sigue disfrutando una prosperidad económica relativa, y una buena parte de la población, probablemente atemorizada de que la revolución pondría en tela de juicio su bienestar, parece esperar que se produzca una transición pacífica del autoritarismo a un gobierno constitucional.[42]

Pero también es cierto que Santa Clara fue una batalla en la que sólo murieron seis guerrilleros, en una guerra en la que el ejército batistiano no perdió más de trescientos hombres, y en la que, según un cálculo de la revista *Bohemia* basado en los muertos identificados, difícilmente sucumbieron más de quinientos opositores en total. Es igualmente verídico que Raúl Castro en la Sierra Cristal, Fidel Castro en Oriente y Camilo Cienfuegos en el centro junto al Che, avanzaban a pasos agigantados hacia la destrucción del ejército. Como lo explicó Castro al Che un día antes de la batalla: "La guerra está ganada, el enemigo se desploma estrepitosamente."[43] Sin Santa Clara, todo se hubiera tardado más, y las consecuencias de la demora podrían haber sido decisivas en muchos ámbitos. Pero el colofón tendría que haber sido el mismo.

Ni el Che fue todo en lo militar, ni lo militar fue todo en la lucha. Sin que nadie pueda cuestionar o aminorar el sacrificio de miles de cubanos para derrocar a un régimen corrupto y odioso, y sin menospreciar en un ápice el aporte militar a la destitución de Batista, la victoria no fue ni exclusiva ni primordialmente militar. Sin duda, el papel del Che fue contundente en los últimos días de la guerra. Su temple, su voluntad indomable, su claridad en los objetivos y su espíritu de sacrificio fueron irreemplazables en Santa Clara. Ausente su capacidad de mando, sin la centralización implacable en la toma de decisiones, desprovistos los rebeldes de su frialdad y sentido estratégico, se antoja imposible una victoria en condiciones tan adversas. Su absoluta concentración en los imperativos de la lucha, y su desdén por cualquier distracción sentimental, destellan en el siguiente pasaje de sus propios recuerdos:

> Yo había amonestado a un soldado, por estar durmiendo en pleno combate y me contestó que lo habían desarmado por habérsele escapado un tiro. Le respondí con mi sequedad habitual: "Gánate otro fusil yendo desarmado a la primera línea ... si eres capaz de hacerlo." En Santa Clara, alentando a los heridos... un moribundo me tocó la mano y dijo: "¿Recuerda, comandante? Me mandó a buscar el arma... y me la gané." Era el combatiente del tiro escapado, quien minutos después moría, y me lució contento de haber demostrado su valor. Así es nuestro Ejército Rebelde.[44]

Pero faltaríamos a la verdad si no inscribiéramos en el balance de Santa Clara los elementos adicionales que influyeron en el triunfo. El ejército batistiano se negaba a salir de sus cuarteles, y cuando se aventuraba lejos de las murallas, no quería combatir. Su espíritu se hallaba por los suelos, sufría los estragos del desánimo generalizado, no recibía los refuerzos solicitados, había perdido el apoyo de Estados Unidos y lo consumía un sentimiento de traición inminente de sus superiores. Por su parte, la tropa rebelde, además de su devoción a la causa y su experiencia —reciente, pero real— de combate, gozaba de una ventaja inestimable: el apoyo cada vez más entusiasta de la población, que revistió una importancia crucial en el combate callejero en la ciudad. Por último, aunque el Che era el jefe supremo en el terreno, se beneficiaba de dos factores críticos: espléndidos lugartenientes en la figura de hombres como Cubela, Víctor Bordón, Fernández Mell y Faure Chomón; y la figura lejana pero atenta de Fidel, quien seguía fijando las grandes líneas de la guerra.

Todo esto para decir que la victoria de Santa Clara se debe a los múltiples talentos del Che Guevara, pero también a una confluencia afortunada pero nada azarosa de circunstancias no necesariamente derivadas de sus virtudes como dirigente militar. En ausencia de esas circunstancias el cacumen militar del argentino, si bien no se desvanece, brilla menos. Para la vida —y muerte— del Che, la sobreestimación de su capacidad militar resultaría agorera; para el curso de la revolución en América Latina, el privilegio abrumador súbitamente atribuido a la faceta militar de la victoria surtiría efectos trágicos. Ambos equívocos eran inevitables, en vista de la vorágine en la que los hombres del 26 de Julio se verán envueltos a partir de ese inolvidable enero de 1959, cuando la historia les sonrió de nuevo a las grandes y nobles causas de la gente común y corriente.

Las órdenes de Fidel Castro a sus dos lugartenientes eran categóricas.[45] El Che y Camilo debían avanzar de inmediato a La Habana, éste a cargo del campamento militar de Columbia, aquél de la Fortaleza de La Cabaña. Los comandantes del 26 de Julio debían entrar solos y antes que nadie a la ciudad costera. Allí esperarían que Fidel Castro tomara Santiago, donde comenzaría su histórico y pausado recorrido a lo largo de toda la isla hasta su arribo a la capital una semana más tarde. Las instrucciones de Fidel, desde antes de Santa Clara, no admitían ambigüedad alguna. Exigía que los dos intrépidos invasores excluyeran de la marcha sobre La Habana al Directorio, a los comunistas y a las demás fuerzas como aquéllas capitaneadas por Gutiérrez Menoyo, y se apoderaran de inmediato del armamento almacenado en las dos plazas fuertes de La Habana.* La selección de misiones y de responsables encerraba un enigma, y una maniobra más de uno de los políticos más hábiles y mañosos que ha conocido nuestro siglo.

---

* Carlos Franqui, *op. cit.* Los primeros rebeldes en entrar en la capital fueron los de Gutiérrez Menoyo, los del Directorio, que a pesar de las advertencias de Fidel, ocuparon la universidad y el palacio presidencial.

Carlos Franqui se ha preguntado por qué Fidel envió al Che a La Cabaña, si Columbia era la cabeza y el corazón del poder militar, y La Cabaña sólo un puesto secundario. El Che había tomado el tren blindado y la ciudad de Santa Clara era la figura alterna de la revolución. Camilo era un guerrero extraordinario, pero al fin y al cabo el segundo de Guevara, y había tenido que librar un furioso combate contra el cuartel de Yaguajay, 100 kilómetros más lejos de La Habana que Santa Clara. El Che era el más indicado para tomar Columbia. "¿Qué razones tuvo Fidel para encomendarle la tarea principal a Camilo, y la secundaria al Che?"[46]

Ninguno de los biógrafos del Che o de Fidel aportan una respuesta adecuada a esta pregunta, fundamental para los acontecimientos por venir.* Los cronistas de la vida de Guevara omiten el asunto. Pero Franqui tiene razón: el segundo personaje de la revolución es comisionado a un puesto supletorio, mientras que la gloria de la primera entrada en La Habana, así como la conquista del cuartel principal del ejército de Batista, fue conferida a un héroe de valor innegable, pero de menor importancia política. De hecho, caben varias contestaciones. La más obvia es, en efecto, el carácter de extranjero del Che. Otra, factible aunque ligeramente descabellada, postula que en la medida en que Fidel ya había resuelto que los fusilamientos y juicios de los ex batistianos se celebraran en La Cabaña, prefería colocar ahí a alguien a quien no le temblara la mano en materia de ejecuciones. Requería asimismo de un posible chivo expiatorio extranjero si el improbable baño de sangre se saliera del cauce. Franqui ofrece otra interpretación, más lógica, si bien ligeramente confusa. Guevara era la segunda figura de la guerra, y el más radical. Encomendarle Columbia hubiera significado engrandecerlo aún más, lo cual

---

* Szulc, Quirk y Geyer, narradores de la vida de Castro, sencillamente pasan por alto la incógnita. Jean-Pierre Clerc insinúa que la marginación del Che se debió a su extranjería (Jean-Pierre Clerc, *Fidel de Cuba*, París, Ramsay, p. 178).

por distintos motivos no le convenía a Fidel. El argentino era un hombre con rumbo propio, que ya se había insubordinado al aliarse estrechamente con el Directorio, y que por otra parte esposaba ideas demasiado afines a las de los comunistas, lo cual podía provocar roces prematuros con los norteamericanos y los liberales de la isla. Camilo, en cambio, no representaba ni una amenaza para Fidel —era más joven, menos formado, más "rumbero", como dice Franqui— ni tampoco para los aliados o enemigos potenciales de Castro. El que se exhibe al lado de Fidel en los discursos y actos es Camilo; Guevara se enclaustra en la fortaleza, alejado de los proyectores.[47] Según esta exégesis, no fue casual la famosa escena de Fidel arengando a las masas en Columbia, cuando la paloma se posa en su hombro y el caudillo pronuncia la célebre frase: "¿Voy bien Camilo?" Y el guerrillero responde: "Vas bien, Fidel."

En cualquier caso, Camilo entra en La Habana el 3 de enero en la mañana, aclamado por una población desbordada, aduladora y festiva, mientras que el Che ingresa en la capital en las primeras horas de la madrugada del día siguiente, discreto y solitario, acompañado de Aleida y de sus colaboradores más cercanos. Allí transcurrirán sus primeros días habaneros; allí hará sus pininos de gobernante y de personaje público. Entró en la capital como combatió: cansado, sucio, despeinado y casi en harapos, pero con una mirada y una sonrisa que cautivarán a miles —y luego millones— de cubanos y latinoamericanos que amalgamarán ambas con la revolución cuyo triunfo era tan suyo como de cualquier otro.

El 7 de enero se traslada a Matanzas para recibir a Fidel, camino a La Habana, a quien no había visto desde agosto del año anterior. Entran juntos a la capital, trepados en un tanque: una multitud delirante y extasiada los recibe, y las fotos del encuentro de un pueblo con sus héroes recorren no sólo las salas de redacción del mundo entero, sino los corazones de simpatizantes desamparados desde Dien Bien Phu y la liberación de París. Nadie ponía en tela de juicio la legitimidad de la lucha, ni la justicia de la victoria. Tampoco se cobijan dudas sobre la frescura, la limpieza espiritual, el espectacular carisma individual y colectivo de los inmaculados hirsutos vestidos de verde olivo: sonrientes, ingenuos y talentosos, valientes y puros, triunfantes y prestos para el asalto al cielo y a todos los palacios de invierno.

En esas condiciones, se hubiera requerido de un milagro de madurez y modestia para evitar dos malentendidos, políticos y conceptuales, que luego entrañarían un elevadísimo costo para Cuba y todo el continente. ¿Cómo no iba a convencerse Fidel, vitoreado por cientos de miles de cubanos embelesados por su oratoria embrujante, por sus ojos y su uso deslumbrante de la gestualidad retórica, que la victoria le pertenecía a él y sólo a él? ¿Cómo resistir las tentaciones emanadas del contraste entre su audacia y precocidad, y la rancia mediocridad de la vieja clase política, que seguía asomando la cabeza en la persona de varios ministros del nuevo gobierno, y del mismo presidente Manuel Urrutia? Era inevitable la deriva hacia la reconstrucción imaginaria de la épica: la Sierra venció, no el Llano; el 26 de Julio lo hizo todo, sin aliados trascendentes; la Dirección, en su sabiduría e intuición genial, fue el *factotum* de la victoria; Fidel, el líder máximo, el comandante en jefe, fue el artífice de una conquista del poder de pizarrón: *by the book*. De todo ello, las consecuencias eran apenas perceptibles en esos días de ascuas. Muy pronto, sin embargo, a una escasa semana del desmoronamiento de la dictadura, empezaría a quebrarse el idilio isleño y el romance del mundo con Fidel y sus camaradas.

Conceptualmente, la visión retrospectiva de la guerra viviría su máxima expresión en los escritos ulteriores del Che, preñados de su talento y de su horizonte. No escaparán a su visión del mundo y de la historia, sintetizada en esta frase lapidaria dirigida al escritor argentino Ernesto Sábato:

La guerra nos revolucionó. No hay experiencia más profunda para un revolucionario que el acto de guerra; no el hecho aislado de matar, ni el de portar un fusil o el de establecer una lucha de tal o cual tipo, es el total del hecho guerrero.[48]

Allí, la saga multidimensional, compleja e idiosincrática de la sierra se transformaría en una proeza magnífica pero simple, plana e infinitamente repetible a condición de que hombres justos y valerosos se lo propusieran. Sólo Fidel, el Che, Raúl y Camilo detentaban la autoridad moral para escribir la historia oficial de la guerra. Al primero le faltaba tiempo, paciencia y ambición literaria o teórica; su hermano aquilató desde muy temprano las vastas virtudes del silencio: será por casi cuarenta años el hombre de las sombras. Camilo carecía de vocación, y tampoco tuvo tiempo: fallece en noviembre, en un accidente de avión; sus restos nunca fueron encontrados. Por eliminación quedaba el Che, quien además poseía la aptitud innata para la tarea.

Pero no podía realizarla más que con el bagaje intelectual y cultural con el que desembarca figurativamente en el malecón de La Habana. No conocía la capital; la única ciudad cubana en su firmamento era Santa Clara en ruinas, y la vida política, intelectual y cultural habanera, vibrante como pocas en América Latina, le era totalmente ajena. ¿Cómo extrañarse entonces de que su énfasis recayera sobre los únicos aspectos de la guerra y de la victoria que vivió de primera mano? Lo militar, lo campesino y lo radical desplazarían otros criterios, no sólo en su análisis de Cuba, sino de toda América Latina:

> Hemos demostrado que un grupo pequeño de hombres decididos y apoyados por el pueblo y sin miedo a morir [...] puede llegar a imponerse a un ejército regular [...] Hay otra [lección] que deben de recoger nuestros hermanos de América, situados económicamente en la misma categoría agraria que nosotros y es que hay que hacer revoluciones agrarias, luchar en los campos, en las montañas y de aquí llevar la revolución a las ciudades, no pretender hacerla en éstas sin contenido social integral.[49]

Esta visión del Che permanecerá intacta, aunque refinada y ajustada mediante diversos matices, hasta el final de su vida. A ella se debe la reverberación guevarista a lo largo del continente; perpetró también su fracaso. Describe de manera insuficiente y en parte falsa lo que aconteció en Cuba; extrapola indebidamente a otras latitudes las supuestas enseñanzas cubanas; y elude el punto nodal del tiempo: lo que se pudo en una ocasión, rara vez vuelve a suceder.

Las diferencias de enfoque en la escritura de la historia de la guerra salieron a relucir en una larga conversación del Che con Carlos Franqui, cinco años después, en 1964. Guevara privilegia la guerrilla y el campo; Franqui, la ciudad y la política. El argentino enfatiza la manera en que fue diezmado el Directorio en las ciudades, y el consiguiente liderazgo primordial de la sierra; Franqui recuerda el impacto de los distintos sacrificios del Directorio. El Che se escuda en el radicalismo y el apego a los principios de la guerrilla; Franqui responde con las pruebas de la verticalidad y firmeza de la clandestinidad. El Che por último evoca la acción militar de la guerrilla y su influencia en la rendición del ejército, a lo cual Franqui contesta:

> Yo sé, Che, que sin la lucha y el apoyo de la clandestinidad en el 57 la guerrilla hubiese sido liquidada; sin el apoyo organizado de los campesinos del 26, no de los otros campesinos, el núcleo del *Granma* no se reagrupa. Sin las armas enviadas desde Santiago y La Habana, como tus crónicas de guerra, Che, reconocen, sin nuestras acciones en toda la isla, que paralizaban el aparato militar y represivo de la tiranía, sin los refuerzos de hombres, medicinas, alimentos, sin la ayuda del exilio, la guerrilla sola no hubiese vencido.[50]

Después de la entrada triunfal con Fidel, se precipitan acontecimientos decisivos. El 7 de enero el Che ocupa con Aleida una de las residencias para oficiales del ejército de La Cabaña:

es su primera casa cómoda y decorosa desde la salida de Buenos Aires. Celia madre e hija, Ernesto padre y Juan Martín arriban a La Habana el 9 de enero en un avión de Cubana de Aviación enviado por Camilo Cienfuegos a Buenos Aires para repatriar a los exiliados de la isla residentes en la capital porteña. El Che los espera en el aeropuerto Rancho Boyeros y los conduce rápidamente al Havana Hilton (pronto rebautizado como Habana Libre). El reencuentro familiar es feliz, empañado sólo por la tirantez propia de la incertidumbre sobre el futuro, revelada en las respuestas abstractas a los interrogantes paternos: ¿Qué vas a hacer? ¿Vas a volver a la medicina? ¿Por qué no regresas a la Argentina? Dos semanas después, arriba la ex esposa del Che con la hija de ambos. Hilda Gadea e Hildita viajan a La Habana procedentes de Lima para conocer la revolución y su nueva patria. Huelga decir que las tensiones para Ernesto se incrementan exponencialmente: entre la tormenta política sobre sus tareas, la presencia de sus padres con su cúmulo de ambivalencias y recuerdos, la aparición de la dos Hildas y su *affaire* con Aleida, resultaba casi inevitable algún tipo de colapso físico. Sobreviene pronto, junto con las eternas dudas introspectivas en torno a su destino.

Una conversación a solas con su padre revela la persistencia de la personalidad errante: "Yo mismo no sé dónde dejaré los huesos."[51] Antonio Núñez Jiménez, que incauta con él La Cabaña, y a quien le había encomendado la negociación con los jefes del cuartel Leoncio Vidal en Santa Clara, rememora el mismo rasgo:

Me lo expuso el día que entramos en La Habana, el 3 de enero de 1959, cuando entrando en la fortaleza de La Cabaña, cruzando el túnel de La Habana que íbamos en el mismo jeep, me dijo: "Mi misión, mi compromiso con Fidel termina aquí, en la llegada a La Habana, porque el acuerdo que yo hice con Fidel fue participar en la lucha guerrillera de Cuba y después tener libertad de opción de pasar a otro lugar para hacer lo mismo que había hecho en Cuba."[52]

Sus padres permanecen en Cuba hasta el 14 de febrero; Celia, su madre, volverá el 1° de mayo, sola. Lo acompañan todavía el 2 de febrero, cuando el Consejo de Ministros expide un decreto genérico pero con dedicatoria para el Che, otorgando la nacionalidad cubana por nacimiento a aquellos extranjeros que combatieron por lo menos dos años contra la dictadura derrocada. Evidentemente sus padres y hermanos descubren los cambios en la fisonomía y, sobre todo, en la sique del hijo pródigo. Se trata ya de un hombre maduro de casi 31 años, con una hija, dos esposas y un empleo. La intensidad y el desgaste de los dos años y medio previos se leen en su rostro. A la mitad del mes de enero, según algunos, unas semanas después de acuerdo con otras fuentes, lo asola un violento ataque de asma que lo condena a ausentarse por varios meses de La Habana, en una villa de veraneo vecina a la capital llamada Tarará.

Antes, sin embargo, deberá supervisar, directamente o desde su ventana en La Cabaña, los fusilamientos de los esbirros de la dictadura: ejecuciones consideradas en aquel momento como justas pero desprovistas del respeto obligado al proceso debido. Las estimaciones varían sobre el número exacto de ajusticiamientos totales, en particular, en La Cabaña durante los primeros días del año. Cables de la Embajada de Estados Unidos, fechados el 13 y 14 de enero, proporcionan la cifra de doscientas ejecuciones.* Historiadores y biógrafos ofrecen cálculos que varían entre las mismas doscientas y has-

---

* Smith (Habana) to Secretary of State (Dept. of State), 14 de enero, 1959 [Confidential], y Foreign Service Despatch, Earl Smith/Embassy to Dept. of State, 13 de enero, 1959 [Confidential], Despatch 725. En un cable fechado el 29 de diciembre de 1959, la estimación de la embajada aumentará a "más de 500" (Braddock/Amembassy to Dept. of State, Subject: Indications and Manifestations of Communism and Anti-Americanism in Cuban Revolutionary Regime, 29 de diciembre, 1959 [copy LBJ Library]).

ta setecientas víctimas del "paredón".* Fidel Castro, años después, y a propósito del número de fusilados en 1959 y 1960, señaló que sumaron 550. Algunos casos fueron claramente ubicados fuera de La Habana: más de cien prisioneros fueron ejecutados por Raúl Castro en Santiago a principios de enero.**

La mayoría de las ejecuciones sobrepasó el ámbito de responsabilidad del Che. A mediados de enero, en parte con motivo de la oleada de protestas de la prensa y el Senado norteamericanos, Castro decide celebrar juicios públicos en el estadio deportivo de La Habana. Dichos tribunales adquirieron notoriedad a raíz del proceso realizado a mediados de enero al mayor Jesús Sosa Blanco, un vicario batistiano de Oriente particularmente sanguinario, y a los coroneles Grau y Morejón. Si bien esta determinación fue desastrosa desde el punto de vista de la imagen del régimen, eximió al Che de toda decisión sobre la vida o muerte de varios de los presos de La Cabaña. Esta potestad se había traducido en decenas de ejecuciones, extrañamente consumadas por otro "internacionalista", el norteamericano Herman Marks, un ex prófugo de Milwaukee que se unió a Guevara en el Escambray.[53]

Prevalecen varias interpretaciones encontradas sobre el papel del Che en los fusilamientos de La Cabaña. Algunos biógrafos que pertenecen a la oposición exiliada al régimen castrista acusan al argentino de disfrutar las ceremonias fúnebres y de haberlas efectuado con delectación, aun cuando reconocen que las órdenes provenían de Fidel Castro. Otros

---

* Esta cifra es citada, entre otros, por el Padre Iñaki de Aspiazú, un sacerdote católico vasco, que investigó el tema con profundidad y simpatía por el régimen revolucionario (Aspiazú, *Justicia revolucionaria*, citada en Leo Huberman, *Anatomy of a Revolution*, Nueva York, Monthly Review Press, 1960, p. 70).
** Daniel James afirma que Guevara le indicó a Félix Rodríguez en La Higuera, Bolivia, que el propio Che confesó que había mandado fusilar a 1,500 enemigos de la revolución (Daniel James, *Che Guevara*, Nueva York, Stein and Day, 1969, p. 113). Pero Rodríguez no menciona este hecho en sus memorias ni en su informe a la CIA ni en una entrevista otorgada al autor en 1995 en Miami.

refieren que Guevara sufría con cada ajusticiamiento y que perdonó a cuantos pudo, aunque no vaciló en acatar las instrucciones cuando estaba convencido de ellas. Así sucedió con José Castaño Quevedo, el jefe de la represión anticomunista de Batista, cuyo indulto solicitaron la Iglesia y otros sectores de la sociedad cubana, y que no obstante fue fusilado sin empacho por el Che. En cambio Huber Matos, defenestrado del Ejército Rebelde en noviembre de 1959, acusado de traición por Fidel Castro y sentenciado a veinte años en la cárcel, recuerda cómo Guevara

> se comunicó con familiares míos para que supieran que él no estaba de acuerdo con que se me aplicara la pena de muerte, que incluso él creía que había sido manejado equivocadamente por Fidel el problema mío. E hizo la sugerencia de que inmediatamente después de concluido el juicio, hiciéramos una apelación.*

La responsabilidad guevarista por los actos de La Cabaña —si bien intransferible, ya que en ningún momento trató el Che de esquivarla— debe ser vista en el contexto de la situación del momento. Ni se trató de un baño de sangre, ni se exterminó a un número significativo de personas inocentes. Después de los excesos de Batista, y en vista de la exacerbación de las pasiones en Cuba en esos meses invernales, más bien resulta sorprendente que el número de muertes y de abusos haya permanecido tan pequeño.

También es cierto, sin embargo, que el Che no albergaba mayores dudas internas sobre el recurso a la pena capital, o a

---

* Huber Matos, entrevista con periodistas ingleses (transcripción), Londres, octubre, 1995. Según Carlos Franqui, "en un momento dado Raúl y el Che pedían el fusilamiento de Matos (y de los demás acusados) y después el Che cambió de posición cuando vio el valor de esas personas discutiendo con Fidel." (Carlos Franqui, entrevista con el autor, San Juan de Puerto Rico, 19 de agosto, 1996.)

los juicios sumarios y multitudinarios. Estaba dispuesto a dar la vida por sus ideales, y opinaba que los demás debían actuar en consecuencia. Si la única manera de proteger a la revolución era fusilando a delatores, enemigos y conspiradores, ningún argumento humanitario o político podía disuadirlo. Despreció las críticas —indudablemente hipócritas— procedentes de Estados Unidos, aduciendo el imperativo superior de la defensa de la revolución. Nunca permitió ni el atisbo de una reserva sobre la vinculación entre medios y fines, entre precedentes y acciones futuras, entre antecedentes históricos previos y consecuencias nefastas por venir.

Poco después de instalarse en La Cabaña, agobiado por los múltiples dramas de su existencia, lo derrumba un ataque asmático que en realidad rebasa los alcances tradicionales de su enfermedad. Los disparadores de la enfermedad pueden haber sido los de siempre. Pertenece al grupo triunfante, mas fue marginado del sitio preciso que le hubiera correspondido, y es objeto de una serie de comentarios inquietantes provenientes de Fidel Castro. O puede tratarse simplemente de un agotamiento general. Padece un principio de enfisema* y un cuadro general de *surmenage*: cansancio, debilidad, anemia, estrés.

Una conjunción de circunstancias fortuitas hace entonces de la comunidad veraniega de Tarará el centro de las actividades políticas e ideológicas del Che en febrero y marzo de su primer año en La Habana. Algunos testigos recuerdan haberlo visitado en la casa de playa desde el 17 de enero.** Allí al borde del mar, a veinte kilómetros de La Habana, se empezará a reunir el llamado "Grupo de Tarará", una especie

---

* El informe radiológico del servicio médico de las fuerzas armadas dice: enfisema pulmonar doble y difuso (Cupull y González, *Un hombre bravo*, La Habana, Capitán San Luis, 1994, p. 392).

** "[El Che vivía en] una moderna y confortable casa de veraneo en la playa de Tarará... Allí le visité el 17 de enero de 1959" (José Pardo Llada, *Fidel y el Che*, Barcelona, Plaza y Janés, 1989, p. 123).

de gobierno paralelo que, a la par de las autoridades visibles del nuevo régimen iniciará, a pocos días del triunfo, la construcción de un proyecto económico, social y político alterno. El Che permanecerá en la playa hasta principios de abril, las más de las veces tumbado en la cama como le confiesa en una carta a su viejo amigo Alberto Granado, pero lúcido y apto para trabajar papeles.* En Tarará se fraguarán varias de las decisiones centrales del primer año de la revolución. También allí redactará el Che sus primeros escritos estrictamente políticos, empezando por el texto más famoso de todos, con la excepción de su *Diario* de Bolivia: *La guerra de guerrillas.*

Su retiro de La Habana fue pronto publicitado por un adversario del régimen, quien de inmediato criticó agriamente la adjudicación de una residencia lujosa al austero comandante Guevara. El Che divulgará entonces en una carta abierta y contrita su padecimiento y necesidad de descanso, pero callará el otro motivo de su alejamiento de La Cabaña:

> Les aclaro a los lectores de *Revolución* que estoy enfermo, que mi enfermedad no la contraje en garitos ni trasnochando en cabarets, sino trabajando más de lo que mi organismo podía resistir, para la revolución. Los médicos me recomendaron una casa en un lugar apartado de las visitas diarias.[54]

La explicación de por qué el Che aceptó dejar sus labores en La Cabaña y justificar su descanso y lujo mediante la enfermedad —algo insólito en él— se debe precisamente al trabajo, de enorme importancia, que pudo desarrollar en Tarará, lejos de ojos y oídos inquisidores.

---

* "Pensaba ir con Fidel a Venezuela. Acontecimientos posteriores me impidieron hacerlo; pensaba ir un poco después y una enfermedad me retiene en cama." (Ernesto Guevara a Alberto Granado, citada en Alberto Granado, *Con el Che Guevara de Córdoba a La Habana*, Córdoba, Ediciones Op Oloop, 1995, p. 87.)

La existencia misma del grupo de Tarará permanecerá en un relativo sigilo hasta los años ochenta.* Las deliberaciones al borde del mar, que continuarán, una vez restablecido el Che, en la casa de Castro en Cojimar, tendrán varias aristas. Entre las de menor importancia, dos merecen ser citadas: la creación de la seguridad del Estado en Cuba, y los primeros intentos cubanos de exportar la revolución. El 14 de enero se reúne con Raúl Castro y Camilo Cienfuegos, con su segundo en la sierra y en la "invasión", Ramiro Valdez, y con Víctor Piña, del PSP, para empezar a construir "un órgano de características secretas que se responsabilice de la seguridad del Estado revolucionario".[55] Muy pronto, Valdez quedará a cargo del G-2 del ejército, Efigenio Amejeiras de la policía, y Raúl, en el ejército, se encargará de suplir las deficiencias del nuevo Estado con los cuadros de la sierra. Osvaldo Sánchez, miembro de la dirección del PSP, responsables del Comité Militar del Partido, y uno de los primeros comunistas en haber subido a la sierra a conferenciar con los guerrilleros, acompaña a Ramiro Valdez.[56] Ángel Ciutah, un comunista español veterano de la guerra civil y exiliado desde entonces en Moscú, es enviado por los servicios soviéticos para ayudar; de acuerdo con Carlos Franqui, desempeñará un papel clave en la construcción de la seguridad cubana, en parte gracias al nexo que teje con el Che, cuyas simpatías por la causa republicana española se remontaban a su más remota infancia y a los fundamentos centrales de su escasa politización juvenil.** Para

_____

* Hugh Thomas, por ejemplo, señala los nombres de los autores de la Ley de Reforma Agraria, pero omite cualquier referencia a la casa de Tarará y al secreto que rodeaba las reuniones que allí se celebraban. Carlos Franqui tampoco sabía de la existencia de las deliberaciones de la playa (Carlos Franqui, entrevista, *op. cit.*).

** Carlos Franqui, entrevista, *op. cit.* Es poco probable, en cambio, que el Che haya forjado cualquier tipo de vínculo con los otros españoles mencionados a este respecto por Franqui en sus libros: Ramón Mercader, el asesino de Trotsky, y su hermano Joaquín.

noviembre, cuando se produce la detención, juicio y condena de Huber Matos, el primer hijo de la revolución en ser devorado por ella, el nuevo aparato de seguridad del Estado se halla bien aceitado. El Che, a través de varios de sus colaboradores más o menos cercanos —como, por ejemplo, un francés funesto de nombre Alberto Lavandeyra— incidirá de manera decisiva en la construcción de ese aparato.

Un segundo aspecto, de mayor envergadura para la vida futura del Che, aunque en esos momentos le dedicará exiguos minutos y recursos, atañe a las expediciones revolucionarias lanzadas desde Cuba hacia otros países. En 1959, el nuevo régimen cubano participó en la organización de tentativas de exportación revolucionaria a Panamá, Nicaragua, República Dominicana y Haití. El gobierno de Castro reconoció orgullosamente su involucramiento en los intentos de derrocar a Somoza y Trujillo, negando las otras dos. El Che tuvo algo que ver en las cuatro.*

En abril de 1959 un grupo de cien exiliados panameños atraca en su país procedente de Cuba. La autoridad revolucionaria negó cualquier responsabilidad, pero Raúl Castro hizo un viaje relámpago a Houston para encontrarse con su hermano durante su gira hemisférica para rendirle cuentas del asunto; será nuevamente regañado por el primogénito de la familia. En junio, se produce la invasión de República Dominicana encabezada por Delio Gómez Ochoa, un oficial del Ejército Rebelde y ex combatiente de la Sierra Maestra. Los diez cubanos y doscientos originarios de la patria de Trujillo fueron masacrados horas después de su desembarco.

---

* Un informe secreto del Departamento de Defensa con fecha del 15 de abril de 1959 dice: "Guevara controla a los llamados grupos de liberación organizados en Cuba presumiblemente para las invasiones posibles de Nicaragua, Haití y la República Dominicana. Él favorece a los grupos con dirigencias comunistas, y se opone a los demás." (Departament of Defense, *Working Papel for Castro Visit: Summary of the Present Status of the Cuban Armed Forces*, 15 de abril, 1959 [*secret*]. National Archives, RG 59, Lot. File 61D248, Reg. Affairs 1951/19621, Box 16 of 18, College Park, Maryland.)

La expedición a Dominicana estaba emparejada con otra, análoga y simultánea, a Haití. Desde los primeros días de enero, un escritor haitiano, René Depestre, aterrizó en La Habana; venía de Puerto Príncipe. Un día después de su arribo, el Che lo convocó a sus aposentos en La Cabaña, donde conversaron largamente de poesía, de Jacques Romain y el *Gobernador del rocío*, de América Latina y de Haití. Pronto el Che se convence de la necesidad de derrocar a Duvalier, el recién instalado dictador de la mitad francófona de la isla de Hispaniola, que entre otras truhanerías, había cometido la de ser aliado de Batista. El escritor de inmediato concertó un encuentro entre el Che y Louis Desjoie, un senador haitiano de centro derecha y de cierta edad, que le había disputado las elecciones a Papa Doc a mediados de la década. Se formaliza el acuerdo entre los haitianos y el Che para organizarse y entrenarse, y durante los meses de abril y mayo, unos cincuenta haitianos, blancos y negros, reciben instrucción militar en Oriente. Según Depestre, el Che los visitaba de vez en cuando y era el verdadero supervisor de la operación. La invasión a Haití debía suceder días después de la de Dominicana, aunque se preveía más bien una acción de asalto que una guerrilla prolongada. Con el fracaso dominicano aborta la maniobra, aunque de todas manera Desjoie ya había comenzado a titubear en vista de la radicalización del proceso cubano.*

Finalmente, el 1º de junio, aviones procedentes de Costa Rica depositan a numerosos "internacionalistas" de procedencia cubana en Nicaragua. Se producen varios choques, hasta que los guerrilleros fueron expulsados a Honduras. Allí, la tropa hondureña ejecuta a unos y captura a otros, liquidando de inmediato el foco en ciernes. Obtiene de trofeo una carta del Che Guevara a las autoridades cubanas, rogándoles prestar

---

* Esta versión proviene del propio René Depestre, quien más allá de la posible licencia poética propia de... un poeta, parece ser una fuente digna de confianza (entrevista con el autor, Princeton, 27 de octubre, 1996).

ayuda a los nicaragüenses antes de que partieran de Cuba.[57] Treinta años después, Tomás Borge, el dirigente sandinista, recordará los acontecimientos de aquel 24 de junio de 1959, en territorio hondureño, cuando uno de los guerrilleros nicaragüenses:

> Se desplomó disparando una subametralladora M-3. La había adoptado desde que llegaron los dos aviones de Cuba con el cargamento de armas enviado por el Che Guevara, que fue posible gracias a la complicidad del presidente [de Honduras] Ramón Villeda Morales, admirador del Che.*

Las reuniones en Tarará y en la casa de Castro en Cojimar fueron dedicadas principalmente a tres temas de fondo: la reforma agraria, la alianza castrista con el PSP y la construcción del ejército revolucionario. El Che ocupará un sitio privilegiado en los tres ámbitos. Como recordará Antonio Núñez Jiménez veinte años después: "Durante dos meses, efectuamos reuniones por las noches en Tarará donde el Che repone su salud [...] La labor es secreta."[58] La convergencia de los tres temas en el tiempo, el espacio, la sustancia y las personas nublará la percepción de muchos, entonces y después.

La radicalización del régimen a partir de los primeros meses del año, y sobre todo después de mayo de 1959, no provino de una mayor influencia de los Comunistas con mayúscula, cuyo acercamiento fue un efecto, no una causa de la deriva hacia los extremos. El ala izquierda, la orientación comunista, genérica y con minúsculas, la conforman y empujan dos personajes: Raúl Castro y el Che Guevara, pero ante todo el segundo. Fidel Castro obviamente dirige el proceso, toma

---

* Tomás Borge, *La paciente impaciencia*, Managua, Vanguardia, 1989, p. 149. Luego vuelve sobre el tema Borge: "Nos dio 20,000 dólares que [...] se usaron en la guerrilla de Río Coco y Bocay." (*Ibid.*, p. 167.)

sus decisiones animado por sus propios motivos, pero como todo político de inspiración genial, responde a presiones, influencias, opiniones y al convencimiento de aquellos en quienes confía. En el terreno de la formación del ejército y de la distribución de la tierra, y en menor medida en lo tocante a los comunistas, a quien más fe le tiene es al Che Guevara.

La reforma agraria fue el punto más sensible de la política económica y de la relación con Estados Unidos. La primera posición radical esgrimida por el Che al respecto surge en una conferencia que dicta el 27 de enero ante la Sociedad Nuestro Tiempo. Dicha ponencia ha sido frecuentemente destacada por su contenido y por el contraste entre las tesis allí defendidas y las posturas públicas de Castro y del gobierno en aquel momento.[59] Pero su trascendencia es en realidad mayor de la que suponían analistas como Theodore Draper, quienes no intuían en aquel momento la existencia de las reuniones de Tarará. En esos mismos días, comenzaron a reunirse, entre otros, figuras como Alfredo Guevara, joven cineasta comunista, amigo cercano de Fidel Castro desde que asistían a la universidad y hasta la fecha; Oscar Pino Santos, periodista económico cercano al Partido; Antonio Núñez Jiménez, el geógrafo que se unió al Che en Las Villas y también afín a la doctrina marxista al estilo PSP; Vilma Espín, esposa de Raúl Castro; y el Che. Trabajan varios meses, al margen de otras instituciones del gobierno, incluyendo al ministro de Agricultura, Humberto Sorí Marín, autor de la ley anterior, expedida en la Sierra Maestra en noviembre de 1958. Alfredo Guevara recuerda así las labores del grupo: "Nos reuníamos cada noche hasta el alba en la casa del Che, luego Fidel venía y cambiaba todo. Nadie sabía en qué estábamos."[60]

En su conferencia del 27 de enero, y en una entrevista posterior con dos periodistas chinos publicada años después, el Che es muy explícito sobre el carácter insuficiente de la reforma anterior. Indica la dirección hacia la que debe orientarse el nuevo y definitivo esfuerzo de repartición de la tierra:

cambiar latifundios por cooperativas. La entrevista con los chinos es significativa, porque si bien se celebra el 16 de abril, un mes antes de la promulgación de la nueva ley de reforma agraria, el Che afirma categóricamente que ésta tendrá lugar. Revela su contenido y principales disposiciones, con detalle y sin fallas.[61] Sabía ya perfectamente cómo venía; su conocimiento se originaba en su propia participación. La ley se diseñó en su casa, bajo sus auspicios. El eje del renovado empeño agrario no debe ser la diseminación de pequeñas parcelas entre los campesinos, sino la estatización o la transformación en cooperativas de las propiedades azucareras, cafetaleras, tabacaleras y de otros cultivos.

El objetivo guevarista es político, más que económico: destruir el latifundio como fuente de poder de la oligarquía y de los terratenientes extranjeros, más que redistribuir riqueza a través de la fragmentación de la tierra atomizada en miles de parcelas pequeñas. El Che deduce que una reforma de esa índole provocará un enfrentamiento severo tanto con los propietarios cubanos, principalmente los azucareros, como con los norteamericanos. El cosquilloso dilema de la indemnización también es tratado por Guevara: bajo el esquema de compensación estipulado en la Constitución de 1940 y la Ley de la Sierra, la expropiación de tierras sería lenta y tediosa. Por último, el Che entiende que la creación de un hipotético instrumento de aplicación del reparto de la tierra, el futuro Instituto Nacional de la Reforma Agraria (INRA), puede convertirse en una poderosa palanca para radicalizar la revolución. Podrá fungir como una especie de gobierno paralelo institucionalizado, con su propia orden del día, ritmos y recursos.

El problema económico es real. A base de pura azúcar, la economía cubana difícilmente progresaba. En 1925, la zafra había superado los cinco millones de toneladas; en 1955 fue ligeramente superior a cuatro millones. Pero la población se incrementó entretanto en un 70%, y sus exigencias se multiplicaron en un factor aun mayor. De allí que la diversificación y la industrialización fueran las palabras de moda, no sólo entre revolucionarios y marxistas, sino también en el seno de la comunidad tecnocrático-empresarial. Ahora bien, si las exportaciones representaban casi el 40% del ingreso nacional, y el 80% de las mismas correspondían al azúcar, no existían oportunidades de diversificar, industrializar o incluso lograr un crecimiento a tasas más elevadas sin afectar la estructura agrícola del país.* Mientras el capital extranjero y cubano siguiera concentrado en la caña, que permitía altas ganancias a corto plazo, con un mercado seguro y precios atractivos, y mientras ese sector de la clase empresarial dominara la política y la economía de la isla, no había porvenir. Quebrar el poder de esa oligarquía, desconcentrar la economía y elevar los ingresos de los campesinos pobres, constituía la verdadera agenda del Che. Para ello, era crítico expropiar los latifundios, colectivizar la propiedad de la tierra y diversificar los cultivos y las exportaciones. En las palabras cristalinas del Che:

Cuando proponemos una reforma agraria y promulgamos leyes revolucionarias para lograr esta meta rápidamente, consideramos especialmente la redistribución de la tierra, la creación de un gran mercado interno y la realización de una economía diversificada. Por el momento, el propósito de la reforma agraria es la promoción de la producción de azúcar y la mejora de las técnicas

* El informe de una misión del Banco Mundial que visita la isla en 1950 no discrepaba con este diagnóstico y los remedios propuestos: "Se deben perseguir los siguientes objetivos: 1. Que Cuba sea menos dependiente del azúcar al promover otras actividades, no al reducir la producción de azúcar. 2. Expandir las industrias existentes y crear nuevas industrias que produzcan productos derivados del azúcar o que usen el azúcar como materia prima. 3. Promover vigorosamente exportaciones no azucareras para reducir el énfasis en el producto único. 4. Avanzar en la producción en Cuba, para el consumo interno, de alimentos, materias primas y bienes de consumo hoy importados." (Banco Mundial, *Informe sobre Cuba*, citado en Huberman, *op. cit.*, p. 108.)

de producción. En segundo lugar, debemos permitirle al cultivador que tenga su propio campo, alentar la apertura de tierras vírgenes y cultivar toda la tierra cultivable. En tercer lugar, debemos aumentar la producción, y disminuir las importaciones de granos básicos [...] debemos procurar la industrialización nacional... que requiere la adopción de medidas de protección para industrias nuevas, y de un mercado de consumidores para los nuevos productos. Si no abrimos las puertas del mercado a los guajiros sin poder de compra, no habrá cómo expandir el mercado interno.[62]

El Che tenía plena conciencia de las implicaciones de sus tesis, así como del rumbo que en realidad trazaban. Las insertaba en una estrategia de largo plazo, límpida a sus ojos, y acorde con futuros procesos revolucionarios en otros países:

El régimen antipopular de Cuba y su ejército ya han sido destruidos, pero el sistema social dictatorial y sus fundamentos económicos aún no han sido abolidos. Parte de la gente de antes sigue trabajando dentro de las estructuras nacionales. Para proteger los frutos de la victoria revolucionaria y permitir el desarrollo continuo de la revolución, debemos dar otro paso hacia delante.[63]

Aunque la reforma agraria promulgada el 17 de mayo de 1959 —días después del retorno de Fidel Castro de un exitoso viaje a Estados Unidos, Brasil, Uruguay y Argentina— revestirá aspectos moderados, sus implicaciones no lo serán tanto. Ciertamente consentía la permanencia de grandes plantaciones de azúcar y arroz, preveía también pagos compensatorios relativamente acelerados y a tasas de interés remuneradoras; las cooperativas, efectivamente, se diferenciaban notoriamente de los kholkhoz soviéticos. Pero Estados Unidos condenó las medidas con rigor inusitado en una nota diplomática del 11 de junio; las cotizaciones de las compañías azucareras en la Bolsa de Nueva York descendieron y los objetos de las confiscaciones —la United Fruit, el King Ranch, por mencionar a algunos— inmediatamente iniciaron la confección de represalias. Los ganaderos de Camagüey, afectados igualmente, se lanzaron a todo tipo de conspiraciones; la región formará un nido contrarrevolucionario por años.

A raíz de la tempestad desatada por dicha Ley de Reforma Agraria, el presidente Manuel Urrutia dimite de sus funciones el 13 de julio, después de una renuncia astuta y transitoria de Fidel Castro al puesto de primer ministro. Se abre así la puerta a la expulsión de muchos de los liberales del gobierno, y a una alianza mucho más estrecha con los comunistas. El elemento detonador de la crisis radicó en la intencionalidad del Che de llevar a cabo una reforma agraria de fondo, y en su decisión y capacidad de impulsarla en las reuniones de Tarará y, después, de Cojimar. El INRA, al recibir la responsabilidad por la salud rural, la vivienda y educación rurales; al poder establecer centros de suministro de maquinaria y otros servicios al agro; y al encargársele el proceso de industrialización del campo, se transformaba justamente en el tipo de "órgano revolucionario" al que el Che aspiraba.* El primer director del INRA, bajo la presidencia formal de Fidel Castro, será nada menos que Núñez Jiménez, el autor de la ley y cercano colaborador del argentino desde Santa Clara; y el primer administrador del Departamento de Industrias del INRA, un virtual Ministerio de Industrias del país, será precisamente el Che Guevara.

---

* "El INRA, presidido por Fidel, fue el bastión desde donde se realizó la Revolución en aquellos primeros meses, fue el organismo que dio la estocada a fondo a la burguesía y al imperialismo. No era táctico cambiar de golpe el Consejo de Ministros. Todavía nuestro pueblo no estaba preparado ideológicamente para que se escenificase una batalla abierta entre la Revolución y la contrarrevolución, emboscada dentro del propio gobierno. Fidel duplicó en el INRA las más importantes funciones del Gobierno Revolucionario." (Núñez Jiménez, *En marcha con Fidel*, La Habana, Letras Cubanas, 1982, p. 309.)

Desde antes de reponerse en Tarará, Guevara desempeñará otro papel central en el curso de la revolución: la formación del ejército, y en particular su preparación ideológica. En la fortaleza de La Cabaña, el Che promueve una serie de proyectos de instrucción y educación de la tropa. La idea que tenían los dirigentes al respecto no permitía mayores vacilaciones; según Raúl Castro, "El Ejército Rebelde es un ejército político cuyo objetivo es defender los intereses del pueblo."[64] El Che formula la meta con mayor precisión y franqueza:

> Tenemos que ir rápidamente a la reestructuración del Ejército Rebelde, porque al paso hicimos un cuerpo armado de campesinos y de obreros, analfabetos muchos de ellos, incultos y sin preparación técnica. Tenemos que capacitar este ejército para las altas tareas que tienen que arrastrar sus miembros y capacitarlos técnica y culturalmente. El Ejército Rebelde es la vanguardia del pueblo cubano.[65]

La nueva fuerza castrense será el principal pilar del régimen revolucionario, en esos meses y hasta finales de siglo. En parte se deberá a la misión que el Che le encomienda, y a su manera de inculcarle una ideología y una motivación determinadas. Muy pronto, el Che inaugura varios cursillos de formación para oficiales y tropa. Siguiendo los pasos de las Escuelas de Instructores de Tropas en el Segundo Frente de Raúl Castro (unidades en manos de los miembros del PSP), en La Cabaña se instalan lo que serán las entidades precursoras de las Escuelas de Instrucción Revolucionaria (EIR). Los colaboradores comunistas del Che en la sierra o en la "invasión" —Armando Acosta, Pablo Ribalta, otros como el hispano-soviético Ángel Cuitah— forman el núcleo de instructores. Ligar la formación ideológica del ejército con la presencia de los comunistas en La Cabaña no era absurdo. Las divergencias del Che con el PSP eran ante todo tácticas; él era, en ese momento, un marxista-leninista ortodoxo. Muchos de sus mejores cuadros procedían del PSP, y no disponía de recursos humanos ilimitados para estrenar la capacitación del ejército. Había que trabajar con celeridad, y echar mano de los hombres utilizables. Convicción y conveniencia volvían a fundirse en la acción del Che: recurrió al PSP porque concordaba con ellos en lo esencial, y porque carecía de alternativas para una tarea que debía efectuarse a la brevedad.

Pronto comenzó a correrse la voz de que en La Cabaña se gestaba un proceso de formación ideológica radical. Un primer indicio de que algo importante sucedía en la fortaleza aparece en una nota de la embajada norteamericana, fechada el 20 de marzo, avisando que:

> La Embajada ha estado recibiendo informes cada vez más frecuentes durante las últimas semanas sobre la penetración comunista en La Cabaña. Dichos informes se refieren al personal que ha incorporado el Comandante Ernesto Che Guevara, a la orientación de los cursos de educación que se imparten, y al funcionamiento de los tribunales revolucionarios. Ha sido difícil, sin embargo, obtener pruebas concretas y precisas de la infiltración comunista en La Cabaña.[66]

El cable se refiere posteriormente —de manera contradictoria— a una serie de exposiciones de arte, de sesiones de ballet y de recitales de poesía organizados por el Departamento o la Dirección de Cultura en La Cabaña.* Otro reporte, redacta-

---

* En un cable del 14 de abril de 1959, la Embajada de Estados Unidos confirmaba: "Buena parte del esfuerzo comunista en Cuba se dirige hacia la infiltración de las Fuerzas Armadas. La Cabaña parece ser el principal bastión comunista, y su comandante, Che Guevara, es la figura principal cuyo nombre aparece vinculado al comunismo. Cursos de adoctrinamiento político se han establecido entre la tropa bajo su mando en La Cabaña. Los materiales utilizados en estos cursos, algunos de los cuales la Embajada ha revisado, siguen la línea comunista." (Foreign Service Despatch, Braddock Embassy to Dept. of State, 14 de abril, 1959, Growth of Communism in Cuba [Confidential], Foreign Relations of the United States, 1958-1960, Department of State, Central Files, LBJ Library.)

do por el Departamento de Defensa casi en la misma fecha, menciona la creación de una entidad innovadora en las fuerzas armadas. Con la designación de G-6 y el título de Dirección de Cultura, surge una unidad cuyo propósito ostensible es la alfabetización de los reclutas iletrados, pero que además ofrece instrucción marxista. El informe concluye que la "penetración comunista ha sido particularmente eficaz en la zona de La Habana gracias a la posición de comandante de Ernesto Che Guevara, el número 3 en Cuba y un izquierdista si no es que un comunista".[67]

Desembocamos así al tercer aspecto toral de la actividad del Che durante esos meses. A principios de enero, Fidel Castro inicia un esfuerzo de acercamiento y alianza con el Partido Socialista Popular. Lo hace partiendo de las convergencias que se habían producido en la Sierra Maestra a raíz de la estancia de Carlos Rafael Rodríguez, y a la incorporación de cuadros del PSP al Segundo Frente de Raúl Castro y a la columna del Che. También parte de la creación, en octubre de 1958, del Frente Obrero Nacional Unificado (FONU), donde debían converger sindicalistas del PSP y del 26 de Julio. El empeño no carecerá de contradicciones y roces —abundarán las polémicas entre *Hoy*, el reeditado órgano del Partido Socialista Popular, y *Revolución*, el flamante diario del 26 de Julio—, y de secretos. Según el relato del viejo dirigente comunista Fabio Grobart, los máximos líderes de la sierra y del PSP empezaron a reunirse sigilosamente en la casa de Cojimar de Fidel desde enero. A Castro lo acompañaban el Che, Camilo y Osmany Cienfuegos (el hermano del ídolo guerrillero de la sierra, miembro del PSP y que permaneció en México durante la guerra), Ramiro Valdez y en ocasiones, Raúl Castro. Por el partido figuraban Carlos Rafael Rodríguez, el secretario general, Blas Roca, y Aníbal Escalante, miembro del buró político. De acuerdo con Roca:

Empezamos a reunirnos en cuanto llegaron a La Habana Fidel, el Che y Camilo. No le informábamos a los militantes, sólo a un grupo de dirigentes. El éxito de las negociaciones obligaba a impedir que los americanos tuvieran un motivo para intervenir, como lo habían hecho en Guatemala, y tuvimos que conservar el secreto hasta entonces.[68]

Los tropiezos se presentaron de manera prematura, con las elecciones sindicales de finales de enero. Al desintegrarse la vieja dirigencia oficialista de la Confederación de Trabajadores de Cuba, tanto los sindicalistas del PSP como los del 26 de Julio procuraron encabezar la antigua central. Los segundos vapulearon a los primeros, orillando a los comunistas a una política de pujas maximalistas en materia salarial para recuperar su vieja hegemonía en el seno del movimiento obrero. La polémica fue pública —ocupó planas enteras de *Hoy* y de *Revolución* a lo largo del verano— y duró todo el año, hasta que en noviembre, el PSP fue barrido en las elecciones del Congreso de la CTC. Sólo la intervención de Fidel Castro les evitó una evicción completa del sindicalismo cubano. Pero las pugnas y las rivalidades entre militantes sindicales —u otros— del 26 de Julio y el PSP no debe oscurecer el hecho fundamental de la unidad que poco a poco se iba forjando entre las dos direcciones. En ese menester, la personalidad del Che ocupó un sitio privilegiado.

La explicación de fondo de su injerencia en la construcción de las coincidencias con los comunistas no yacía en alguna simpatía personal por ellos, aunque con la excepción de Raúl Castro, Guevara contaba con más colaboradores del PSP que cualquier otro dirigente. El punto de apoyo de la convergencia residía en las posiciones de Che sobre un abanico de temas que, naturalmente, lo acercaba a los comunistas. En realidad, el comunista del 26 de Julio era él, tanto como Raúl Castro y, como recueda Carlos Franqui, "Raúl era en determinado momento más discreto que el Che".[69] La fuerza y presencia de los cabecillas y militantes el PSP se debía en parte a su concordancia con el argentino, y no al revés, Arnoldo Martínez Verdugo, ex secretario general del Partido Comunista

Mexicano, quien pasó varios meses en aquel año de 1959 en La Habana, recuerda cómo el Che protegía desde entonces al PSP. En un local del Partido donde varios mexicanos aguardaban su retorno a México, un día tocaron la puerta; era un hombre con una orden firmada por el Che exigiendo el desalojo inmediato del local porque había sido requisado por la Comisión de Recuperación de Bienes que dirigía Guevara. El cuadro del PSP que recibe el aviso le advierte al enviado: "Siéntese, usted no sabe por lo visto dónde está; nosotros somos un partido revolucionario que participó en la victoria del 1 de enero." Tomó el teléfono, contestó el Che y no, no, no los echaron.[70] Más allá de la reforma agraria y de la formación ideológica del nuevo ejército, el Che iba asumiendo gradualmente posturas clásicas del marxismo en América Latina. El hecho de que más adelante rompa con dichas posturas, y con los comunistas cubanos y sus padrinos soviéticos, no interfiere para que durante casi cuatro años compartiera a pie juntillas sus enfoques.

En varias intervenciones públicas durante esos meses, el Che fue a la vez deslindándose formalmente del PSP y definiéndose con claridad como el ala izquierda del movimiento. En los primeros días de enero reinaba todavía una cierta confusión en los círculos oficiales norteamericanos sobre el santo y seña ideológico del Che Guevara.* Para abril, y en

---

* En una reunión que celebró el subsecretario de Estado, Roy Rubottom, con el embajador de la Argentina en Washington el 6 de enero, se le informó al alto funcionario norteamericano: "El embajador dijo que había conversado durante dos horas con el general Montero, que es amigo del padre de Guevara. El embajador dijo que le preguntó al general su opinión del joven Guevara. El general respondió que los Guevara eran una vieja y conservadora familia de San Juan (*sic*) y que los sentimientos del muchacho eran completamente democráticos y para nada comunistas. Había luchado contra Perón, y luego había ido a Perú donde se casó con una muchacha peruana. El embajador dijo que le comentara esto al secretario Rubottom porque sabía que algunos pensaban que Guevara tenía tendencias comunistas" (Department of State, *Memorandum of Conversation between Roy Rubottom and Argentine Ambassador Barros Hurtado* [Confidential], 6 de enero, 1959).

particular después de una larga entrevista que concediera el 28 de abril al programa *Telemundo pregunta*, sus opiniones habían llamado notoriamente la atención de sectores importantes de la sociedad habanera, y de la embajada de Estados Unidos. La embajada le atinó, en lo esencial:

> Ernesto Che Guevara, jefe de La Cabaña, si no es un comunista formal, está tan cercanamente identificado con la doctrina comunista como para ser indiferenciable de los comunistas [...] El Che Guevara y Raúl Castro, debido a su orientación política, su popularidad y el control que ejercen sobre las fuerzas armadas, representan el peligro más importante de infiltración comunista dentro del gobierno actual. La medida de su influencia sobre Fidel Castro no se conoce, pero probablemente sea considerable. Puede en particular constituir un factor importante en la renuencia de Castro de alinearse claramente con el mundo libre en el conflicto Este-Oeste.[71]

En el citado programa de televisión, el Che hizo gala de talentos diplomáticos y retóricos para responder a la serie de interrogantes relativos a sus inclinaciones ideológicas, a su punto de vista sobre la Unión Soviética, el PSP, la reforma agraria, la participación cubana en una revuelta en Panamá, etc. Pero a pesar de su hábil manejo, era evidente para quien hubiera visto la emisión que el Che no sólo era afín a las posiciones comunistas, sino que defendía tanto el principio como la realidad de una alianza con el PSP. Debe haberse manifestado en forma semejante en diversas reuniones privadas: el ex médico cordobés no solía recurrir a un doble lenguaje. Así lo confirma el informe que rindió un tabacalero cubano a la embajada norteamericana en mayo de 1959.*

---

* La veracidad del reporte se corrobora por un comentario del Che sobre las causas que a su entender motivaron la caída de Arbenz en Guatemala, un

El doctor Napoleón Padilla fue uno de los principales en el Forum Tabacalero, un grupo creado por el gobierno revolucionario para mejorar las condiciones y la producción en la industria correspondiente. El representante gubernamental era el Che, de modo que Padilla pudo observarlo de cerca y escucharlo con atención a lo largo de varias semanas, al punto que, de acuerdo con su informe, el Che le ofreció la gerencia de la fábrica estatal de cigarrillos que pensaba fundar. Según Padilla, el Che era violentamente antinorteamericano, oponiéndose a la venta de productos estadounidenses, incluso aquéllos fabricados en Cuba, como la Coca-Cola, los zapatos de tenis marca Keds o los cigarrillos norteamericanos; no deseaba la presencia de capital procedente de Estados Unidos en Cuba, ni buenas relaciones con Washington. Describía al Ejército Rebelde como el "defensor del proletariado" y "el principal brazo político de la revolución del pueblo". Padilla también aseveró que, según el Che, el nuevo ejército constituiría una de las principales fuentes de "adoctrinamiento" del pueblo cubano y que participaría en obras útiles, pero que siempre estaría presto para defender a la revolución, que sería atacada inevitablemente por Estados Unidos ya que se oponía de modo fundamental a sus intereses.[72]

La narración de Padilla contiene exageraciones —el Che "habló con frecuencia de la manera en que controla a Fidel Castro"— y deducciones propias —"Guevara y Raúl Castro quieren crear un sistema soviético en Cuba"— pero no parece descabellada la versión que ofrece. El Che, en efecto, así pensaba, y expresaba sin ambages sus sentimientos. Este tipo de

tema de moda en Cuba en esos días. Según el informante de la Embajada, el Che consideraba que la libertad de prensa había sido uno de los factores de la derrota de 1954, que debió haberse limitado y que en Cuba resultaba imprescindible hacerlo. Gracias a los recuerdos de Ronaldo Morán sobre sus conversaciones con el Che en la Embajada argentina en Guatemala, sabemos que, en efecto, así pensaba el entonces imberbe espectador revolucionario. (Véase nota 98, capítulo 4.)

comentarios se producían en el mismo momento en que Fidel Castro recorría la costa este de los Estados Unidos, tratando de convencer a la opinión pública y al *establishment* norteamericanos de sus "buenas" intenciones en torno a una serie de asuntos delicados: la reforma agraria, el comunismo, la Unión Soviética, etc.* La incongruencia puede haber sido producto de varios factores.

Es posible que Fidel Castro, gracias a su extraordinario talento histriónico, haya buscado hacer buena letra con sus anfitriones estadounidenses, intuyendo exactamente lo que deseaban escuchar, para ganar tiempo en el enfrentamiento ineluctable con Washington. Castro ha demostrado a lo largo de casi cuatro decenios en el poder que es enteramente capaz de sostener dos o más discursos contradictorios y simultáneos con la mano en la cintura. Desde esta perspectiva, Fidel decía un cosa allende el estrecho de Florida, el Che y Raúl otra en la isla, y ante cualquiera que reclamara la incompatibilidad de ambos pronunciamientos, Castro sencillamente renegaba de su

---

* "Según la opinión del Departamento de Estado, el Fidel Castro que vino a Washington fue un hombre con su mejor comportamiento que siguió el consejo de sus ministros acompañantes y aceptó la dirección de un experto en relaciones públicas con los americanos. El resultado logrado por Castro, en términos de una recepción favorable del público y de los medios, puede entonces considerarse maquinado. Al mismo tiempo, no debemos subestimar el efecto causado en Castro por la amistad y apertura del pueblo y oficiales americanos, y su voluntad para escuchar su alegato de entender a la revolución cubana. Cuando partió de Washington a Princeton, el 20 de abril, estaba seguramente más cálido en su comportamiento hacia los oficiales del Departamento que lo despidieron que cuando llegó. Por su aparente franqueza y sinceridad logró neutralizar muchas de las críticas, por parte de la prensa y del público en general, que habían surgido en su contra. Con respecto a su posicion frente al comunismo y la Guerra Fría, Castro cuidadosamente indicó que Cuba permanecería en el campo occidental." (Robert Murphy [Deputy Undersecretary of State] to Gordon Gray [Special Assistant to the President for National Security Affairs], 1 de mayo, 1959, *Unofficial Visit of Primer Minister Castro to Washington —a Tentative Evaluation* [Confidential]. Declassified Documents Catalogue, Carrollton Press, Washington, enero/febrero, 1989, núm. de serie 137, vol. XV, núm. 1.)

hermano y del Che, con el pleno conocimiento y aquiescencia de sus subalternos.

Es igualmente factible que Fidel en aquel momento aún no hubiera definido el curso de la revolución y buscara situarse en un centro inestable, efímero pero eficaz por un tiempo. Y por último, también cabe la posibilidad de que en aquella coyuntura Castro le dijera a cada interlocutor lo que deseaba oír, con la convicción del político magistral que era y que sólo nace de una absoluta creencia propia. Cuando Fidel conversaba con sus acompañantes en Estados Unidos —Regino Boti, Felipe Pazos, etc.— y les daba la razón en sus consejos cautelosos y sensatos, lo hacía con la misma sinceridad que cuando convenía con Raúl y el Che que era preciso avanzar aceleradamente hacia la profundización del cauce revolucionario. Unos terminarían por sentirse engañados, otros verían confirmados sus vaticinios y aspiraciones, pero en el momento de la interlocución con Fidel, todos juraban que les decía la verdad. Así era.

La relación entre Fidel y el Che se consolida en esos meses, aunque atraviesa por algunas tiranteces. El estilo era demasiado diferente para que no surgieran de vez en cuando altercados o divergencias. Fidel hablaba sin parar; el Che perseveraba en su parquedad. Fidel era un político que dosificaba la expresión pública de sus pensamientos y definiciones; el Che vertía al ámbito público todo lo que pensaba. Fidel vivía en un suntuoso desorden consuetudinario y permanente; el Che era un hombre organizado, disciplinado, puntual y austero. El Che creía saber lo que quería, políticamente hablando; Fidel se encontraba siempre a la búsqueda de un rumbo, y era susceptible de corregirlo, matizarlo o revertirlo súbita y constantemente. Fidel de la sierra volvía a su mundo: se hallaba en su elemento. El Che descubría un entorno inédito: sus amigos, su familia, su juventud estaban lejos y pertenecían a una etapa superada de su vida.

Los comentarios atribuidos a Fidel en esos meses, y en particular mientras visitaba Estados Unidos e inmediatamente después de su regreso a Cuba, deben haber herido al Che en algún recoveco de su sensibilidad. Desde enero circularon rumores de aseveraciones críticas o ácidas de Fidel hacia el Che. Lázaro Ascencio, un combatiente del Escambray que cenó con Fidel Castro en la ciudad de Cienfuegos durante la escala del caudillo en su marcha triunfal de Oriente a La Habana, recuerda un extraño comentario del líder máximo. Hablando del comandante norteamericano William Morgan —colega de Gutiérrez Menoyo y que sería fusilado más adelante—, Fidel advirtió que debería largarse de Cuba. Ante el desacuerdo de Ascencio, arremetió contra el Che: "Todos estos extranjeros son unos mercenarios. ¿Sabes lo que voy a hacer con el Che Guevara? Lo voy a mandar a Santo Domingo a ver si lo mata Trujillo. Y a mi hermano Raúl lo voy a enviar como ministro o diplomático o como embajador a Europa."* A tal punto corrió el rumor que un periodista le preguntó al Che si "es cierto que vas a encabezar una expedición para liberar Santo Domingo, y que vas a acabar con Trujillo."[73]

Más tarde, y tal vez con mayor apego a la realidad, Jules Dubois, un periodista norteamericano que entrevistó a Castro en la sierra y mantenía contactos (por no decir más) con los servicios estadounidenses, le informó el 10 de junio al encargado de asuntos del Caribe y México del Departamento de Estado acerca de sus recientes conversaciones. Personas allegadas a Castro, decía, le aseguraron que se había convencido de la existencia de un proceso de infiltración y propaganda "comunista" en La Cabaña, y que la iba a rectificar de inmediato. El primer paso consistiría en expulsar al Che Guevara del país. Para ello se proponía utilizar la invitación oficial del presidente de Egipto, Gamal Abdel Nasser, para conmemorar la expropiación del Canal de Suez. Dubois incluso vaticinó

---

* Citado en Georgie Anne Geyer, *Guerrilla Prince*, Bosston, Little Brown, 1991, p. 201. La autora afirma que otro testigo de esa cena, Emilio Caballero, corroboró la versión de Ascencio.

que durante el recorrido por Medio Oriente, a Guevara le podría dar un prolongado y severo ataque de asma.[74]

Aunque las apostillas de Castro fueran ficticias, algún dicho semejante sin duda habrá pronunciado. Probablemente se trataba de pruebas, de astucias de desinformación, de esas grandes maniobras de Fidel Castro para despistar y confundir, que le han permitido permanecer en el poder durante casi cuarenta años en circunstancias terriblemente adversas. El Che no podía ignorar este proceder de su amigo y jefe, pero tampoco desconocía la implacable frialdad del mismo en sus alianzas y lealtades. A lo largo de toda su residencia en el poder —y aun desde la universidad— Castro exhibirá simultáneamente una gran fidelidad a sus amigos mientras se encuentren fuera de la política real, y una insólita capacidad para darles la espalda a compañeros cercanos cuando los imperativos políticos así lo exijan.

En esos primeros días candorosos y memorables de la victoria, el Che podía creer más en las mañas bien intencionadas de Fidel que en su duplicidad y despiadada indiferencia. Pero debía sospechar que, quizá, algo había de cierto en las versiones imperantes. Detrás de ellas se perfilaba una lógica típicamente fidelista. Prevalecía una aguda pugna por un lado entre lo que Carlos Franqui ha llamado el lado nacionalista del 26 de Julio, y por el otro, Raúl Castro y el Che, que conformaban el ala procomunista. Como recuerda Franqui, "Fidel Castro, siendo un político mucho más hábil que su hermano y su lugarteniente preferido, pensaba que si se enfrentaba a Estados Unidos antes de tiempo, hubiera sido fatal. Por esa razón trataba de que todos creyeran que él seguía con su clásica postura contraria a los comunistas."[75] Se produjeron algunos conflictos, incluso en materia de la reforma agraria, cuando el Che, Raúl Castro y los comunistas mandaron a los campesinos a ocupar tierra y Castro pronunció un violento discurso oponiéndose. En una ocasión, sucedió en el Tribunal de Cuentas de La Habana un altercado tan ríspido entre los hermanos Castro que Raúl "terminó llorando".[76]

Todo ello resultaba aun más desconcertante al colocarlo en el contexto del viaje de Fidel Castro a Estados Unidos, al que el Che se había opuesto,* y durante el cual los consejeros moderados del príncipe se habían adueñado de la intimidad con Fidel. Las declaraciones de Castro en Washington y Nueva York fortalecían la sensación de incertidumbre y escepticismo que podían haber invadido un pequeño resquicio del inconsciente guevarista. Así y todo, el Che mantiene su posición, libra sus batallas y vence en muchas de ellas. La Ley de Reforma Agraria de mayo representa un triunfo parcial del argentino. No era la gran reforma a la que aspiraba, pero fue mucho más lejos de lo previsto. La salida de Sori Marín del gobierno y, semanas después, de Manuel Urrutia de la presidencia, así como la radicalización incipiente en julio de 1959, también constituyen logros del héroe de Santa Clara.

El 2 de junio celebra su segunda boda. Después de aclarar su enredo con Hilda y formalizar el divorcio, Ernesto tiene despejado el camino para casarse con Aleida. Hasta su muerte, la militante peruana creerá que perdió a su marido por Aleida: "Cuando un hombre se enamora de otra mujer, no hay nada que una esposa pueda hacer."[77] A ello se deberá, en parte, la tirantez y antipatía que prevalecerá, también hasta su muerte, entre Hilda Guevara Gadea y su madrastra.[78] La ceremonia se realiza en casa de uno de las escoltas del Che, Alberto Castellanos, con dos testigos: Raúl Castro de nuevo, y Efigenio Amejeiras, flamante jefe de la policía del régimen revolucionario. Los novios se trasladan de inmediato a Tarará de viaje de bodas: no muy lejos, no muy distinto, no muy duradero.** Los días de luna de miel le causarán una fuerte

_____

* "El Che [...] no participaba de la idea del viaje, aunque se cuidó de decirlo" (Gambini, El *Che Guevara*, Buenos Aires, Paidós, 1968, p. 231).

** Jean Cormier, sin duda debido a un error de fuentes, señala que Aleida se encontraba embarazada e insinúa que Ernesto se casó con ella por la obligación establecida en la sierra de que todo guerrillero que preñara a su compañera debería contraer matrimonio con ella (Jean Cormier, *Che Guevara*, París, Les impresión al Che. Durante el viaje a la India, donde compartía el cuarto con Guevara, José Pardo Llada leerá indiscretamente una carta del comandante a su esposa, de una rara explicitud sexual, "absolutamente pornográfica".[79] Después de Hilda en México y las condiciones poco propicias para el amor en la sierra, pasar días de asueto en la cama con una cubana guapa y diestra impacta forzosamene al adusto guerrillero.

Matrimonio o no, el 5 de junio se ratifica la decisión de Castro de mandarlo a una interminable gira por Medio Oriente, la India y Japón. Una semana después, parte rumbo al encuentro con un mundo desconocido, y con una vieja y querida amiga: la alteridad añorada. Permanecerá fuera de Cuba durante tres meses: una extraña ausencia, contradictoria y exótica, la primera de una larga serie de periplos por el globo, útiles para la revolución, cautivantes para él, pero inevitablemente ensombrecidos por el barrunto de un destierro, necesario, provechoso y transitorio. Todos estos alejamientos encierran un misterio: el último, a Bolivia, conducirá a la muerte.

Editions da Rocher, 1995, p. 265). Aleidita, la primera hija del Che con su segunda esposa, nace en noviembre de 1960; de tal suerte que su madre no puede haber estado embarazada de ella en junio de 1959, La única posibilidad sería que Aleida March hubiera tenido una interrupción de embarazo (voluntaria o no).

Capítulo VI
"Cerebro de la Revolución", retoño de la URSS

A decir de un cable de la Embajada de Estados Unidos, la partida del Che en su peregrinaje afroasiático, originalmente prevista para el 5 de junio de 1959, aconteció una semana después.[1] Los motivos de la demora se reducen a dos posibilidades: su luna de miel en Tarará, o la llegada a La Habana por esos días de Enrique Lacayo Farfán, un dirigente revolucionario nicaragüense susceptible de recibir apoyo cubano. Lo más probable es que la prórroga del viaje se debiera a la conspiración en Nicaragua, y no a una inesperada debilidad sentimental.

Finalmente, el 12 de junio Guevara emprende su circunnavegación oriental y europea, acompañado por sus escoltas —José Argudín, Omar Fernández y Francisco García Valls—, un par de funcionarios y un matemático de nombre Salvador Villaseca, quien se incorpora a la comitiva en El Cairo; en la India se integra el periodista José Pardo Llada. La gira comprendió la visita a países cuyo interés e importancia política y económica para Cuba era palmario —Japón, Yugoslavia, la India y Egipto—, además de otras naciones menos relevantes como Ceylán, Indonesia, Pakistán, Sudán y Marruecos. Nunca se aclaró la verdadera naturaleza del viaje, aunque circularon múltiples especulaciones, todas ellas provistas de cierta lógica. Después de los ya mencionados triunfos del Che en la lucha interna, resultaba comprensible que Fidel hubiera optado por resguardarlo mediante una larga ausencia. Durante esa ausencia, sucede la primera gran crisis de la revolución: la renuncia del presidente Urrutia, la salida de varios ministros liberales del gobierno y la consolidación del giro a la izquierda del régimen. El 26 de Julio se celebra el aniversario del asalto al Moncada con un acto multitudinario en La Habana; nadie podía culpar al argentino de la radicalización del gobierno; se encontraba a miles de kilómetros.

Ciertamente la presión de diversos sectores cubanos y norteamericanos en torno a Guevara iba en ascenso; las severas derrotas sufridas por los liberales y por Estados Unidos se atribuían cada vez con mayor frecuencia —y en parte con razón— al fortalecimiento del Che y de Raúl Castro. Pero si el viaje constituyó un "semiexilio", como arguye Pardo Llada, éste no duró mucho tiempo.* A su regreso en septiembre, el Che se responsabilizó de inmediato del Departamento de Industrias del INRA y, semanas más tarde, del Banco Nacional de Cuba.

Quizá el Che era el único colaborador cercano y confiable de Fidel, dotado de los atributos necesarios para cumplir cabalmente misiones de representación revolucionaria en el exterior. Raúl Castro, que a última hora acudió a una sesión especial de la OEA, celebrada en Santiago de Chile el 15 de agosto de 1959, hizo el clásico papelón: conflictivo, mal vestido y arrogante. Por otra parte, el Che todavía no asumía responsabilidades específicas que requirieran de su presencia continua. Fidel podía muy bien privarse de sus servicios y consejos por un tiempo. Además, el oficio diplomático y la pericia internacional de los rebeldes triunfantes eran aún virtualmente nulos. Pudieron haber imaginado que un recorrido como el que seguiría el Che durante tres meses revestiría una enorme trascendencia para la revolución. Sin embargo, el viaje era perfectamente prescindible. Y por último, al cabo de seis meses en La Habana, es probable que el argentino ansiara

---

* En la opinión de Carlos Franqui, se combinaban dos factores: "Cada vez que en Cuba alguien estaba en desgracia lo ponían adelante, era una manera de sacarlo, y, además tal vez el Che tenía algún interés de conocer esos países." (Carlos Franqui, entrevista con el autor, San Juan de Puerto Rico, 19 de agosto, 1996.)

nuevos horizontes y los lugares incluidos en el itinerario eran demasiado atractivos para un fanático de lo desconocido: el viaje representaría el primer encuentro del Che con la alteridad extralatinoamericana.

El punto de partida fue El Cairo, donde el Ráis, Gamal Abdel Nasser, ya para ese entonces un héroe del nacionalismo árabe y del panislamismo, lo recibe con todos los honores. Visita las pirámides y Alejandría, donde pernocta en el palacio real de Montaza; revisa los trabajos iniciales de la presa de Asuán, y el Canal de Suez y Port Said. Durante quince días de estancia logra consolidar una amistad duradera con Nasser; regresará a las riberas del Nilo dos veces poco antes de irse de Cuba. La crisis del Canal de Suez en 1956 y la suspensión de las compras inglesas de algodón egipcio impresionan al Che: "provocó una situación de extraordinario peligro del que afortunadamente salió por la aparición de un comprador para toda su cosecha, como lo fue la Unión Soviética".[2] Hubiera podido llegar a la misma conclusión a propósito de Asuán. Cuando Eisenhower y John Foster Dulles suspenden el financiamiento norteamericano, Nasser se dirige a Khruschev y logra una sustitución adecuada. Un año después, Estados Unidos cancelará sus adquisiciones de azúcar cubana y las empresas Esso, Shell y Texaco se negarán a refinar petróleo soviético en Cuba. En ambos casos, la Unión Soviética fungirá como suplente. Sin duda el ejemplo egipcio le sirvió al Che de aliciente y lección.

El Departamento de Estado consideró exitosa la visita a Egipto,* pero Nasser guardará un recuerdo diferente de su primera conversación con el *condottiere*. Sin duda, el Che se empeñó en no discutir con sus anfitriones, como lo recuerda

---

* "In that country [Egypt] the mission was apparently successful." (Memorandum from the Deputy Director of Intelligence and Research to the Secretary of State; Subject: Che Guevara's Mission to Afro-Asian Countries", 19 de agosto, 1950, citado en Foreign *Relations of the United States (FRUS), 1958-1960*, vol. VI, p. 590.)

Salvador Villaseca, a quien el Che señaló específicamente algunos temas delicados; asimismo giró instrucciones a cada miembro de su delegación sobre lo que no podían hablar, según el país. Por ejemplo, en Cuba se había llevado a cabo una reforma agraria radical, pero en Egipto se les prohibió a los visitantes tocar el tema, ya que según el Che muchos de los líderes egipcios eran latifundistas. "No íbamos a pelear, sino al contrario, a hacer amistad",[3] relata Villaseca.

No obstante, en sus memorias el Ráis evoca un breve diálogo muy diferente sobre la reforma agraria, suscitado por una extraña pregunta del Che:

> ¿Cuántos refugiados egipcios tuvieron que irse del país? Cuando el presidente Nasser le respondió que muy pocos, y que la mayoría eran egipcios "blancos", personas de otras nacionalidades naturalizados, el Che se molestó. "Esto significa, dijo, que no ha pasado mucho en su revolución. Yo mido la profundidad de la transformación por el número de gente afectada por ella y que sienten que no caben en la nueva sociedad." Nasser le explicó que pretendía "liquidar los privilegios de una clase pero no a los individuos de esa clase". Guevara insistió en su punto de vista y por ende poco resultó de la visita. El presidente Nasser le otorgó escasa atención a los cubanos y a sus políticas.[4]

La etapa subsecuente fue la India: doce días dedicados al turismo (Agra y el Taj Majal), a la economía (fábricas de aviones y centros de investigación) y a la sociología (la pobreza de Calcuta) durante los cuales, debido al calor bochornoso, el Che padeció repetidos ataques de asma. Pardo Llada consideró inútil la visita; comenta una larga cena con Nehru en la antigua residencia de los virreyes del imperio en la que el Che procuró en vano extraerle al fundador de la república alguna reflexión sustantiva sobre cualquiera de los temas álgidos del momento.[5] Asimismo, los servicios de inteligencia de Washington, en su balance sobre la ruta guevarista, apuntaron que "no se establecieron vínculos comerciales con la India, donde la misión cubana encontró un magro éxito".[6] La vasta cultura y sensibilidad del Che le permitieron, sin embargo, interesarse por las complejidades de la civilización hindú, y abordar los clásicos dilemas con más perspicacia que otros visitantes. De esta experiencia el Che extrae enseñanza que aplicará en Cuba, no necesariamente con razón, pero sí con una lógica innegable: "La base del desarrollo económico de un pueblo está condicionada por la tecnificación del mismo."[7]

En Japón, el Che "causó buena impresión", según los norteamericanos, aunque tampoco fue posible alcanzar acuerdos de comercio o de financiamiento.[8] La estancia duró también doce días, alternó sesiones de trabajo —visitas a fábricas, puertos, reuniones con empresarios— con turismo cultural (el Monte Fuji, luchas de sumo) y político (Hiroshima, Nagasaki). De nuevo, la experiencia es ante todo didáctica: se vincula al bagaje cultural propio y se enfila hacia los objetivos políticos por venir:

> Hay que tener presente que en el mundo moderno, la voluntad de realización es mucho más importante que la existencia de materias primas [...] No hay ninguna razón para que la industria siderúrgica no se lleve a cabo en nuestro país.[9]

En efecto, para el Che el secreto del éxito japonés parece estibar en la voluntad; pera que otros emulen el milagro nipón, basta que compartan o esperen ese prodigio de deseo y disciplina colectiva que fue el Imperio del sol naciente. Es cierto que estas crónicas de viaje del Che, publicadas a su regreso a Cuba en la revista de las Fuerzas Armadas, *Verde Olivo*, que él acaba-ba de fundar, no se prestaban a largas disquisiciones y finos matices. Pero salta a la vista cómo la sensibilidad cultural y social del Che rebasaba aún ampliamente su discernimiento económico e incluso político.

Su aparente afinidad y admiración por el régimen de Sukarno en Indonesia ilustran este desfase. El Che elabora una aparente analogía: "De todos los países visitados, quizás la República de Indonesia es la que ha desarrollado en los últimos tiempos un trayecto histórico social más parecido al nuestro."[10] Coloca lado a lado la lucha indonesia y cubana por la emancipación nacional; en Ahmed Sukarno descubre a "un auténtico líder nacional" que "interpretando la voluntad popular y las necesidades reales del pueblo" niega a los "contrarrevolucionarios el derecho a sembrar la cizaña y atentar contra el régimen que es expresión de la lucha armada del pueblo".[11] Lo ubica en una categoría privilegiada al preguntar: "¿No será Fidel Castro un hombre de carne y hueso, un Sukarno, un Nehru, un Nasser?"[12]

Más allá de las exacciones del protocolo, se entrevén la incomprensión, la ingenuidad y los fervientes deseos del Che que, en su conjunto, conducirán a su debacle africana de 1965. Sukarno era efectivamente un dirigente nacional, surgido de la lucha por la independencia de su país y, en la Conferencia de Bandung de 1955, cumplió un papel destacado en la creación de lo que sería el Movimiento de Países No Alineados. Pero al igual que la mayoría de los líderes de la descolonización afroasiática (con excepciones como Ho Chi Minh, Nehru, Nyerere y quizá, por unos años, Nasser), también era un político profundamente corrupto, taimado y reaccionario, que prefería mil veces la conservación de los privilegios de la nueva élite a la que pertenecía que organizar y depender de las masas desamparadas de su patria. Conjugó una retórica encendida y la innegable dignificación de la identidad nacional indonesia con un despilfarro y una ostentación faraónicas; su autoritarismo condujo, a final de cuentas, al conocido y sangriento desenlace: el contragolpe del general Suharto de 1965 y la masacre de medio millón de comunistas. No sería el último líder tercermundista que le tomará el pelo al Che Guevara. La historia de su lance africano es, en buena medida, la historia de los sucesivos embustes en los que cae preso en el Congo. Como veremos, nunca se repuso la expedición africana de la desidia y la corrupción de dirigentes congoleses, como Gaston Soumialot, Laurent Kabila y Christopher Gbenye, quienes supuestamente encabezaban una lucha de emancipación en su propio país. El Che terminará por darse cuenta, pero ya será tarde. En una carta inédita dirigida a Fidel Castro desde las riberas del lago Tanganika, el 5 de octubre de 1965, el Che se refiere en los términos siguientes a los líderes congoleses que habían sido recibidos como reyes en La Habana y en quienes él también había depositado su confianza:

> Soumialot y sus compañeros les han vendido un tranvía de grandes dimensiones. Sería prolijo enumerar la gran cantidad de mentiras en que incurrieron [...] Conozco a Kaila lo suficiente como para no hacerme ninguna ilusión sobre él [...] tengo algunos antecedentes [sobre Soumialot] como son la ristra de mentiras que les endilgara, el hecho de que tampoco se digna venir por estas tierras malditas de Dios, las frecuentes borracheras que se pega en Dar es Salaam donde vive en los mejores hoteles [...] Se les dan [sumas enormes] a los paseantes, de una sola vez para vivir bien en todas las capitales del mundo africano, sin contar que ellos son alojados por cuenta de los principales países progresistas que muchas veces les pagan los gastos de viaje [...] el whisky y las mujeres no figuran en el rubro de los gastos que cubren los gobiernos amigos y eso cuesta, si se quiere de buena calidad.*

---

* Ernesto Che Guevara, *Pasajes de la guerra revolucionaria (el Congo)*, Dar es Salaam, 1966, p. 86. Como ya señalamos en el capítulo II de este libro, dicho escrito del Che, basado en sus diarios de campaña del Congo, permanece inédito hasta la fecha, aunque ha sido citado frecuente y prolijamente,

Para cuando el Che se percató de la calidad de sus aliados en el Congo, su expedición agonizaba. La explicación no sólo yace en su ignorancia de la situación en el terreno, sino en su afán por desentrañar virtudes políticas inexistentes en una alteridad siempre embrujante. La alteridad cultural y étnica envuelta en la ideología de "la multitud de hermanos de esta parte del mundo que espera [...] el momento de consolidar el bloque que destruya... la dominación colonial" ejercerá una formidable atracción sobre el Che.[13] Su compromiso con la revolución, con la política y la lucha es ya demasiado firme como para despreciar el embalaje ideológico de los objetos de su deseo o admiración. Sin embargo, se trata igualmente de un hombre fascinado en exceso por el encanto de la otredad, por las diferencias que distinguen a cada civilización, por las razas, la literatura, por la arquitectura e historia diferentes, para reducir todo al reino de la política. A partir de ese viaje, en el seno del imaginario guevarista tendrán que convivir las dos facetas: la afinidad política y la diversidad cultural, que juntas desplegarán sobre él la seducción que el esfuerzo y el sacrificio exigen. En vista de las dificultades insalvables de inventar una alteridad cultural en Europa oriental u occidental —inexistente para alguien con los antecedentes familiares del Che— o en la América Latina ya conocida, y debido a la escasez mundial de coincidencias de cultura y política, su horizonte se poblará cada vez más de montajes artificales de convergencia política. Los dirigentes congoleses *tendrán* que ser revolucionarios, porque son "otros"; los indígenas de las alturas bolivianas *tendrán* que aprestarse a empuñar las armas; Mao y los líderes chinos *tendrán* que encontrarse dispuestos a

---

sobre todo en un libro aparecido en México en 1994. *El año en que estuvimos en ninguna parte*, editado por Paco Ignacio Taibo II, Froilán Rodríguez y Félix Guerra, en México. La autenticidad del manuscrito completo que obra en poder del autor fue verificada por diversos lectores que conocen el texto original, incluyendo a Jesús Parra, uno de los secretarios del Che en la Sierra Maestra.

ayudar a la revolución mundial y en particular a la africana. Las desilusiones del Che serán inagotables; sus empeños por hallar nuevas confluencias, perpetuamente renovados.

El tránsito por Ceylán y Pakistán no merece mayor comentario, excepto para insistir en el carácter ligeramente quijotesco del viaje. Sigue siendo incomprensible la presencia del tercer hombre de la revolución cubana, en plena exacerbación de las pugnas internas y externas de la isla, paseando tres días por Colombo y Karachi. En cambio, la semana en Yugoslavia se antoja estimulante en extremo para el Che. Es el primer país socialista que visita y si bien se trata de un socialismo ligeramente *sui generis*, identifica algunos aspectos que le atraen por parecer pertinentes para Cuba, y en todo caso dignos de elogio. Es, para Guevara, "quizá el más interesante de todos los países visitados".[14]

Interesante y sorprendente: sólo se ha colectivizado el 15% de la tierra, a pesar de ser un país "declaradamente comunista";[15] goza de "una libertad de crítica muy grande, aunque hay un solo partido político [...] y los periódicos [...] lógicamente siguen las orientaciones gubernamentales dentro de cierto margen de discusión y polémica [...] Puedo asegurar [...] que en Yugoslavia hay un amplio margen de libertad dentro de las limitaciones que impone un sistema de dominación de una clase social sobre otras".[16] Su marcada reticencia frente al modelo de autogestión reside en la excesiva disponibilidad de productos de lujo, frente a la carencia de un curso estratégico de largo plazo: "No hay en mi concepto una insistencia lo suficientemente grande en recalcar los grandes rumbos de la industrialización, lo que debería llevarse a cabo en un país pobre y subdesarrollado como Yugoslavia."[17] En una entrevista realizada treinta años después, su acompañante Omar Fernández recuerda cómo el Che le solicitó armas a Tito durante un prolongado almuerzo en su coto de caza de Brioni, pedido que Tito rechazó pretextando las deficiencias de la raquítica producción yugoslava. Días después, el Che leyó la noticia de una venta de armas de Yugoslavia a un país árabe: "¡Qué bonita neutralidad!", habría de exclamar.[18]

Al igual que en Bolivia cinco años antes, desconcierta cómo el Che omite por completo cualquier referencia al nexo entre la ubicación geopolítica de Yugoslavia y su régimen interno. El vínculo entre reformas moderadas y mayores niveles de libertad y consenso en lo interno, con un menor grado de enfrentamiento con Washington en lo externo, no aparece registrado en los análisis del Che. Más aún, brilla por su ausencia cualquier comentario relativo a acciones contradictorias de Estados Unidos. Así, en Egipto, no menciona que un factor importante para la devolución del Canal de Suez fuera justamente la condena estadounidense en la ONU, en noviembre de 1956, a los preparativos de la invasión franco-inglesa a Port Said. Sin la reprobación de Washington, el eje Tel Aviv-Londres-París tal vez hubiera revertido la expropiación del canal, y logrado el derrocamiento de Nasser. De igual manera, el Che no relaciona los "peculiares" rasgos del "comunismo" yugoslavo con la virtual neutralidad del mariscal Tito en el conflicto Este-Oeste. Se hubiera podido oponer al socialismo "goulash" a la yugoslava (previo a la especie húngara), o al contrario, felicitarse del margen interno que permitía una notable neutralidad internacional. Optó sencillamente por dejar de lado el tema de la ubicación titista en el escenario mundial.

De hecho, el Che no deseaba tratar asunto alguno que debilitara o matizara sus posiciones o las de Fidel Castro en la lucha cubana. Reconocer para el público isleño la compatibilidad hipotética de neutralidad y "comunismo" (aunque después hubiera que precisar la definición de este término) podía mermar la firmeza de la resistencia ante las embestidas norteamericanas. Y teñía, quizás, de grises y medias tintas el maniqueísmo necesario para la futura confrontación con Estados Unidos, enfrentamiento inevitable y deseable, a ojos del Che. Podemos atrevernos a insinuar que en sus primeros escritos públicos, posteriores al triunfo de la revolución, el Che ya subordina a los imperativos políticos los temas tocados y la manera de abordarlos. No esconde la verdad, pero sí la tuerce a la luz de las exigencias de la brega política cubana.

No es de extrañarnos que, a estas alturas, el Che Guevara se haya entregado en cuerpo y alma a la revolución; todo lo demás es accesorio. La mejor fuente al respecto es una carta del propio Ernesto, en la que abre su corazón a la verdadera mujer de su vida: Celia, su madre. En una comunicación insólita el Che explica por qué no debe extrañar que someta el contenido de sus escritos al objetivo político que persigue. Conviene reproducirla *in extenso*, ya que dice más sobre las transformaciones de nuestro personaje que mil especulaciones:

Querida Vieja: Un viejo sueño de visitar todos los países se produce hoy. [...] Además, sin Aleida a quien no pude traer por un complicado esquema mental de esos que tengo yo. [...] Se ha desarrollado mucho en mí el sentido de lo masivo en contraposición a lo personal: soy siempre el mismo solitario que va buscando su camino sin ayuda personal, pero tengo ahora el sentido de mi deber histórico. No tengo casa, ni mujer, ni hijos, ni padres, ni hermanos; mis amigos son amigos mientras piensen políticamente como yo y sin embargo estoy contento, me siento algo en la vida, no sólo una fuerza interior poderosa, que siempre la sentí, sino también una capacidad de inyección a los demás y un absoluto sentido fatalista de mi misión me quita todo miedo. No sé por qué te escribo esto, quizá sea sólo nueva añoranza de Aleida.*

* Una fotocopia del texto original, en papel membretado de Air India, fue entregada a *Chichina* Ferreyra por José González Aguilar. *Chichina* se la facilitó al autor. La carta no lleva fecha, pero por el itinerario debe haber sido escrita el 2 o 3 de julio de 1959. Ha sido citada en Massari, Roberto, *Che Guevara. Grandeza y riesgo de la utopía*, Navarra, Txalaparta Editorial, 1993, p. 342; y el facsímil en Ernesto Guevara Lynch, *Mi hijo, el Che*, La Habana, 19 Planeta, 1989, p. 323; y Paco Ignacio Taibo II, *Ernesto Guevara... op. cit.*

Extraña que un hombre recién casado le confíe a su madre que no tiene esposa, aunque sea figurativamente. Pero la carta revela muchos sentimientos más que las tácitas desventuras matrimoniales. Indica que el Che ha decidido, tan conscientemente como sólo puede hacerlo un hombre de su temple, que todo en su vida se subordinará a la devoción por su causa. Los amores, los amigos, todo lo personal, estará supeditado a su "misión", a su "deber histórico". Echa de menos a Aleida —la menciona dos veces— pero también ella es colocada en un segundo plano. No ocupará un sitio central en su vida. Y el "sentido fatalista" que le "quita todo miedo" y que lo conducirá a la muerte en La Higuera, lo imbuye ya por completo. Por mucho que el hijo haya exagerado con su madre algunos de sus rasgos de más reciente asimilación, he aquí una figura con una clara idea de la muerte y de la posesión de un destino propio. Nada de lo que realice el Che a partir de ese momento se puede abstraer de estas dos balizas mentales y emotivas: un desafío a la muerte y el sentido de una providencia en la vida.

El 10 de septiembre regresa a La Habana. Mucho ha cambiado, y pronto lo envuelve el torbellino caribeño. Inicia sus labores en el INRA, como director de Industrias, lo cual significa más de lo que parece, ya que al expropiarse muchos de los ingenios azucareros (llamados centrales en Cuba) y al situarse bajo la férula del INRA, el Che asume las responsabilidades más relevantes de la economía del país.* Al principio, el propio Fidel y Núñez Jiménez, director operativo del INRA, se abstienen de confirmar en público la designación del Che; no se hace ningún anuncio

---

* Y no sólo económicas: el 30 de septiembre una fuente confiable informaba a la Embajada de Estados Unidos que el Che había presidido dos reuniones de dirigentes militares a las que también había asistido Raúl Castro (Amembassy Habana to Sec. State, Dispatch # 509, 5 de octubre, 1959, United States, State Department Files IX, 814-817 [Confidential], p. 2).

público.* No importa, en Washigton se tiene ya plena conciencia de los reveses recién sufridos:

> Contrariamente a nuestras esperanzas anteriores, las fuer-
> zas moderadas (en particular el grupo del Banco Nacio-
> nal) por el momento han perdido la batalla por ejercer la
> mayor influencia sobre Castro. Nuestros enemigos jura-
> dos, Raúl Castro y Che Guevara, están al mando. Pode-
> mos descontar que van a acelerar la reforma agraria
> radical, así como las medidas para destruir o herir los
> intereses norteamericanos en la minería, el petróleo y
> los servicios públicos.[19]

A los pocos días, el 26 de noviembre, se hará público el nom-
bramiento de Ernesto Guevara como director del Banco Nacional de Cuba (el instituto emisor central de moneda).
Durante más de cuatro años, primero en el Banco y luego en
el Ministerio de Industrias, estará a cargo de la economía de la
isla. Para bien y para mal, uno de los frentes decisivos del
avance revolucionaro figura en manos de un médico argentino prosoviético y radical, con escasos conocimientos económicos, pero con una idea cristalina de lo que quería y una
disciplina y organización únicas en Cuba en esos momentos.

La designación del Che al frente del Banco Central no
ocurrió como reza la anécdota, según la cual Fidel Castro preguntó en una reunión quién era economista, a lo cual el Che
respondió que él, sólo para después aclarar (demasiado tarde)
que había escuchado "comunista", en vez de "economista",
Fidel Castro sabía perfectamente que el Che carecía de conocimientos económicos, pero los economistas a su disposición

---

* El disimulo no sirvió de nada. En un cable fechado el 2 de septiembre de
1959, una semana antes del retorno del Che a La Habana, el embajador
Philip Bonsal informaba a Washington que Guevara "podría ocupar un papel
importante en los programas de industrialización" (Bonsal to Rubottom, 2
de septiembre 1959 [Confidential], in FRUS, ... p. 594).

no eran confiables para las tareas por realizar. De la gente en la que Castro podía depositar su confianza, el Che era quien poseía mayores conocimientos de economía. Había leído algo, y en el INRA había tenido un par de meses de experiencia. Su viaje en misión relativamente comercial también le aportó alguna pericia. La decisión de encomendarle la oferta de dinero y la política de financiamiento de las nuevas empresas creadas en el INRA no era, pues, del todo descabellada desde el punto de vista político. La desaparición de Camilo Cienfuegos en noviembre y la designación definitiva de Raúl en la Defensa le vedaban otras opciones al caudillo. Para la economía quedaba el Che y punto.

El momento era oportuno también para que Castro enviara una señal a los norteamericanos y a la oligarquía cubana sobre quién mandaba en la isla y cómo lo hacía. Washington comprendió, antes de los cambios en el gabinete a finales de noviembre, que sus aliados del grupo del Banco Nacional habían perdido la batalla de lo que era ya una guerra. La investidura del Che en el Banco Nacional acompañó a otras sustituciones: de liberales por castristas incondicionales. Fidel designa también a Raúl Castro en el Ministerio de Defensa, y a Augusto Martínez Sánchez, secretario de Raúl, en el Ministerio de Trabajo, para consolar al PSP después de su derrota estrepitosa en las elecciones para el Congreso de la CTC. Los cambios se consuman en la estela de la detención y el encarcelamiento de Huber Matos, cuyo juicio fue el detonador del nuevo timonazo hacia la izquierda dado por Fidel en noviembre. El caso de Matos también dio lugar a la primera aparición del aparato de seguridad, y del terror, en Cuba. Matos es acusado junto con otros de conspirar contra la revolución. Las pruebas elaboradas en su contra son protosoviéticas, y típicamente fabricadas por los servicios de inteligencia: rumores, cartas, intervenciones telefónicas, delaciones. La verdad de la conjura nunca se comprobó; la oposición de Matos al rumbo escogido por Fidel no requería, en cambio, de mayor demostración.

El tránsito del Che por el Banco Nacional durará catorce meses. Huelga decir que durante ese lapso no se ocupará exclusivamente de política monetaria, de las reservas en divisas, o incluso de la política macroeconómica en su conjunto. Además de sus ocupaciones en el ejército, en la diplomacia y en la escritura, seguirá cursos de matemáticas, de economía, de aviación y, hacia el final, de ruso. Pero las actividades del Banco lo ocuparán de modo primordial; es allí donde adquiere su reputación por el orden y la puntualidad, así como por su enorme capacidad de trabajo. Aparecía en su oficina a media mañana, y no abandonaba el edificio del Banco sino después de las dos o tres de la madrugada. Su escritorio estaba siempre ordenado; despachaba papeles rápidamente, y la eterna palabrería típica de sus colaboradores cubanos fue por un tiempo desterrada del gobierno de Cuba.

Durante ese año también se consolidan dos características adicionales de su desempeño cotidiano: la irreverencia y las interminables tertulias nocturnas, a veces conspirativas; otras, simples conversaciones, donde cualquiera podía irrumpir en su oficina en el Banco para conversar de mil y un temas. La irreverencia se plasma simbólicamente en las famosas denominaciones de la divisa cubana firmadas "Che". Increpado a este respecto por su corresponsal cubano, contestó:

> Si bien mi manera de firmar no es la acostumbrada por los presidentes de banco [...] esto no significa en modo alguno que yo le esté restando importancia al documento sino que el proceso revolucionario aún no ha terminado y que, además, se deben cambiar las escalas de valores.[20]

La vocación iconoclasta del eterno universitario se refleja en su informalidad gestual y protocolaria en el despacho. Recibe siempre a sus visitantes vestido de verde olivo, a veces con los pies sobre la mesa de trabajo, obligando a interlocutores dignos de su antipatía a hacer antesalas interminables y celebrando relaciones de igualdad y camaradería con empleados subalternos. Se trata, como casi todo en el Che, de una irreverencia rebuscada, sólo parcialmente espontánea: el argentino busca generar una imagen y confirmar la que tiene de sí mismo. La irreverencia no invade la sustancia; al contrario, el Che será recordado en esos meses por su seriedad en el estudio de los expedientes, su puntualidad y eficiencia en las labores, y por su empeño en el trabajo.

Asimismo, muchos conservan el recuerdo de la impresionante versatilidad intelectual del Che, y su verdadera inclinación por lo universal. Todos los temas, todos los países, todas las personalidades, le atraían y aportaban algo, unos más que otros. Tenían prelación los argentinos, los revolucionarios, los intelectuales. Pero en esos años proliferaron en el mundo de la izquierda latinoamericana, europea y estadounidense, los "amigos" del Che, aquellos a quienes recibía a la medianoche en sus aposentos con el mate en la mano y el puro en la boca, relajado y ávido de información, de ideas, de mensajes. Por allí desfilaron Sartre y Simone de Beauvoir, René Dumont y Charles Bettlelheim, John Gerassi y C. Wright Mills, Ernesto Sábato y Lázaro Cárdenas. Allí se fraguaron incontables conspiraciones, complicidades y proyectos disparatados; allí también se construyeron lealtades y un cariño que sobrevivirían al Che y a su tragedia crística.

Se ocupa del Banco sin mayores conocimientos económicos; por ello, sus primeras determinaciones son prudentes y relativamente ortodoxas. Su preocupación inicial recayó en proteger las magras divisas disponibles: limitó las importaciones, primero suntuarias, luego de todo tipo; aceleró las ventas de azúcar en el primer trimestre de 1960, para incrementar las reservas, y buscó sustituir algunas importaciones pagaderas al contado con trueque o acuerdos a largo plazo. La necesidad de ahorrar divisas, de escapar a la camisa de fuerza de las compras en dólares o monedas más fuertes, las delicias aparentes del trueque o de la "zona rublo" marcarán su bautismo en la gestión gubernamental. La exigüidad de recursos será una obsesión, y la tentación de soluciones rápidas y sencillas contra el calvario del dólar como instrumento de cambio internacional lo cautivará en más de una ocasión.

La ideología lo conduce a ciertos disparates preliminares, por ejemplo, la reducción inmediata de los sueldos y prestaciones de lo que era, al igual que en casi todos los países latinoamericanos, una burocracia honesta, competente, conservadora y bien pagada. Ernesto Betancourt, subdirector del Banco en el momento de toma de posesión del Che, quien renuncia a las tres semanas, lo recuerda con respeto y afecto, simultáneamente ingenuo y eficiente. La manera en que zanjó la discusión sobre los elevados honorarios devengados a los funcionarios del Banco ilustra esta combinación. La secretaria de Betancourt en aquel momento ganaba 375 dólares al mes. Llegó el Che y exclamó: "El sueldo máximo que hay que pagar aquí es 350 dólares, nadie debe ganar más de 350 dólares." El grueso de los empleados ya habían comprado casas y construido su nivel de vida en torno a sueldos más altos; sencillamente, se irían. "A mí no me importa, que se vayan; traeremos estibadores o cortadores de caña aquí para hacer el trabajo del campo y les pagamos ese sueldo." Después se dio cuenta de los desaguisados que hicieron los "proletarios", y rectificó el rumbo.[21]

Lo mismo ocurrió con el retiro de Cuba del Fondo Monetario Internacional. Al verse obligado a girar instrucciones respecto a una votación de Cuba en el Fondo, el Che decidió oponerse a la recomendación técnica de los expertos. Betancourt recuerda el siguiente intercambio:

No, mire, nosotros nos vamos a retirar del Fondo Monetario eventualmente porque nos vamos a unir con la Unión Soviética, que está 25 años por delante de los Estados Unidos en tecnología. "Entonces le dije: 'Comandante, si es decisión del gobierno retirarse del Fondo Monetario, perfecto. Yo quiero que usted tenga clara una cosa: nosotros tenemos en estos momentos un préstamo de 25 millones de dólares del Fondo Monetario, que si nos retiramos vamos a tener que pagar y nada más nos quedan 70 millones de reservas. No nos conviene en este momento acabarnos esas reservas porque estamos a final del año y hasta que empiece la zafra en enero no empiezan a entrar los dólares'.", "¡Ah!, pero yo no sabía eso, me han dicho que ellos no nos han prestado nada." Le digo: "A usted lo que le han informado está equivocado. Quien nunca le ha prestado dinero a Cuba ni bajo Batista ni ahora es el Banco Mundial, pero el Fondo Monetario sí." El Che rectificó: tardó un año más en retirarse del Fondo Monetario.[22]

Guevara aún no se familiarizaba con las teorías económicas que un grupo de asesores marxistas chilenos, mexicanos y argentinos pronto le endilgarán, ni mucho menos de las ideas soviéticas a las que se aproximaría en el futuro. Procuró operar con el equipo saliente del Banco; por desgracia, sus integrantes decidieron partir, primero a sus casas, luego a Miami. Frente a este vacío se insertaron los consejeros. Tanto por motivos ligados a la detención de Matos y a la remoción de Felipe Pazos, como por su renuncia a avalar la política del Che en el Banco, la mayoría de los funcionarios se retiraron paulatinamente del Instituto Central. El Che aprendía rápido,* pero también requería de técnicos, y comenzó a convocar a los que se hallaban disponibles. Éstos se integrarán a sus

---

* Según uno de sus asesores argentinos, Néstor Lavergne, "el Che siguió un seminario de economía que una parte bastante grande del tiempo fue dedicado al estudio de *El capital*. Lo hacía Anastasio Mancilla, un doctor, español soviético, refugiado, que era realmente un brillante conocedor de la economía marxista." (Entrevista con el autor, Buenos Aires, 16 de febrero, 1995.)

esquemas, que no eran propiamente económicos, sino éticos y políticos. Betancourt lo recuerda así:

> El Che jamás fue un marxista integrado. Él era un tipo izquierdista latinoamericano, con nociones marxistas pero no de formación del Partido. Tan es así que llega al Banco y sabiendo que era un individuo con un conocimiento limitado de economía marxista, le pide a Juanito Noyola, un economista marxista mexicano, que le dé clases. El Che era muy sistemático en sus cosas e iba con Juanito a clases dos veces por semana para que Juanito le explicara lo que era la economía marxista.[23]

En aquel entonces como ahora, las grandes tesis del desarrollo económico latinoamericano partían de algunos ejes sencillos: la industrialización vía la sustitución de importaciones; la diversificación de los mercados, de los suministros y de los productos de exportación; un papel determinante o en todo caso central para el Estado en la economía; y la necesidad de una reforma agraria significativa —de radicalidad diversa según los países. En esto consistía el llamado consenso cepalino. La izquierda latinoamericana se distinguía del resto del espectro básicamente por criterios cuantitativos: mayor industrialización y con más rapidez, mayor diversificación y más a fondo, una reforma agraria más profunda y un Estado más grande, más poderoso y más intervencionista en la economía y la sociedad.

El Che en un principio no se planteaba esquemas económicos mucho más ambiciosos o audaces de lo que la CEPAL proponía. Si acaso, sólo contemplaba medidas afines a las que sus asesores de izquierda como Noyola, el chileno Alban Lataste, el ecuatoriano Raúl Maldonado, el argentino Lavergne y otros le podían sugerir. Entre ellas, según Maldonado, destacaba la ambición de monopolizar el comercio exterior de la isla, que representaba la mitad de producto nacional; el proyecto del Che para el Banco Nacional consistía justamente en transformarlo en una especie de Banco de Comercio Exterior.[24] El Che comprobaría paulatinamente que el monopolio de los intercambios con el exterior constituía una condición *sine qua non* para una relación institucional con la Unión Soviética, como la que se propondría negociar a finales de 1960 durante su visita a los países socialistas. Pero la estrategia política del enfrentamiento con Estados Unidos y con la oligarquía cubana iba a despedazar toda articulación estrictamente económica, y ése era el punto débil —o fuerte, según como se mire— del Che. Hasta el fin de sus días pensaría que lo económico debía ocupar un lugar secundario en la política y en la vida de los hombres. Impregnado de un pensamiento ético y humanista más que marxista o histórico, insistiría siempre en la necesidad de abolir las relaciones mercantiles o basadas en el dinero entre los hombres. Buscaría constantemente que las sociedades se rigieran por otro tipo de reglas. De allí la escalada contra los norteamericanos en torno a distintos temas: la cuota de azúcar, la refinación del petróleo soviético, la compra de armas a Europa y después a la Unión Soviética, las expropiaciones de distintos activos de propiedad norteamericana.

En todos estos frentes, se produjo una radicalización política inevitable del régimen y una paulatina ruptura con Estados Unidos. Se trata para el Che de fines en sí mismos y de potentes palancas de cambios; tesis que llegó a compartir con Castro pero a un ritmo y con modalidades propias. Como él proclama: "La presencia de un enemigo estimula la euforia revolucionaria y crea las condiciones necesarias para realizar cambios de fondo."[25] En un documento secreto fechado el 23 de marzo de 1960, el director central de inteligencia de Estados Unidos (y jefe de la CIA) resumía la situación en Cuba e ilustraba el alcance del Che en el antagonismo con Washington atribuido justamente a sus posturas:

Bajo la dirección de Raúl Castro y bajo la influencia del Che Guevara, las fuerzas armadas, la policía y las agencias de investigación han sido unificadas, purgadas de profesionales de la época de Batista y de otros elementos anticomunistas y han sido sometidas a un proceso de adoctrinamiento comunista; se está entrenando y armando una milicia civil de obreros y campesinos.[26]

La citada confrontación con Estados Unidos así como la imperiosa necesidad de encontrar otros compradores de azúcar le posibilitaba el acercamiento, a sus ojos, necesario y deseable con la Unión Soviética. Por último, esperaba que todo ello permitiera ampliar la fuerza del Estado cubano en la economía, no tanto como una meta intrínsecamente meritoria, sino como un avance hacia el destierro del aspecto económico de las relaciones humanas. Si el Estado controla todo, las relaciones entre los hombres no degenerarán debido a categorías como el dinero, el salario, el intercambio, la competencia y la rivalidad.

El proceso de expropiación de tierras se había acelerado durante los últimos meses de 1959, en parte debido a la movilización campesina, y como resultado de los golpes de timón de Fidel Castro. Las indemnizaciones se hacían esperar y, cuando se formalizaban, carecían por completo de los requisitos solicitados por Estados Unidos. No eran inmediatas, adecuadas ni efectivas. Las tensiones internas y externas se exacerbaban, y seguirían durante todo el año de 1960, en particular entre enero y julio. En este último mes coincidieron dos acontecimientos cruciales: la cancelación de la compra estadounidense de la cuota gubernamental de azúcar, y la expropiación de las refinerías del país, por negarse a refinar el petróleo soviético obtenido por Cuba en sustitución del suministro venezolano. El Che cumplió un papel decisivo en la crisis de julio de 1960, y en la solución soviética que se pondría en práctica.

La relación con Moscú se teje desde temprano. En octubre de 1959, Antonio Núñez Jiménez fue abordado por un personaje clave en nuestro relato: Alexander Alexeiev, un hombre inteligente, sensible y conmovido, incluso treinta y cinco años después, por un inmenso cariño hacia Cuba y los cubanos, así como por la revolución que le permitió acercarse al trópico y a su historia. Llega a La Habana el 1 de octubre de 1959, enviado formalmente como funcionario del Ministerio de Relaciones Exteriores de la Unión Soviética, junto con una delegación de periodistas cubanos y con visa de periodista. A ello se debe que se le viera como corresponsal, pero nunca disimuló su verdadera misión.* Propicia un encuentro con Fidel, para entregarle un regalo y establecer contacto a nombre del gobierno soviético. Se reúne antes con el Che, a quien considera "casi un comunista".[27] "Fue el primer dirigente cubano que me recibió, el 12 de octubre de 1959, en el INRA."[28] Según Alexeiev, "nuestras evaluaciones respecto a diferentes sucesos mundiales resultaron idénticas, sin divergencias de criterios".[29] El Che se encargó rápidamente de organizar el encuentro con Castro, que se celebró el 16 de octubre.

De la conversación con Castro surge una idea. Después de su paso por Nueva York y Naciones Unidas en noviembre, el vicepriMer ministro de la Unión Soviética, Anastas Mikoyan, tenía previsto viajar a México para inaugurar una exposición industrial soviética. Dicha exposición podría luego trasladarse a La Habana; Mikoyan acudiría a la inauguración. Los datos sobre la autoría de la iniciativa de la exposición son borrosos; Núñez Jiménez se la atribuye a una gestión de Camilo Cienfuegos, antes de fallecer.** Castro, por su parte, se la presentó al soviético como una idea de Núñez Jiménez, que ha-

---

* Según varias fuentes, desde la Segunda Guerra Mundial, Alexeiev trabajaba para los servicios de inteligencia de la Unión Soviética. Entre otros lo propone Karen A. Jachaturov, de quien se dice lo mismo, ex director de la agencia soviética de prensa Novosti (entrevista con el autor, Moscú, 1 de noviembre de 1995).
** Véase Antonio Núñez Jiménez, *En marcha con Fidel*, La Habana, Letras Cubanas, p. 318. Según Georgie Anne Geyer, la astucia de la exposición provino de Fidel; la de la visita de Mikoyan, de Alexeiev (Georgie Anne Geyer, *Guerrilla Prince*, Boston, Little Brown, 1991, p. 250).

bía visitado la exposición en Nueva York. En cualquier caso, Alexeiev de inmediato se trasladó a México para tratar el asunto con Mikoyan, quien accedió en el acto; se fijó preliminarmente la fecha para el 28 de noviembre. Pero los cubanos prefirieron que la visita soviética no coincidiera con un congreso religioso convocado en esas fechas, y todo se pospuso para el año siguiente. Ramiro Valdez, el hombre del Che, y Héctor Rodríguez Llompart, un colaborador de Carlos Rafael Rodríguez, se desplazaron a México para reprogramar la reunión.[30] A escasos días se confirma que Mikoyan acudirá a la inauguración de la Feria Industrial en La Habana, el 3 de febrero de 1960.

Aquí entra en escena otro curioso personaje soviético: Nikolai Leonov, el funcionario de la KGB que había conocido a Raúl Castro en Viena en 1953, y al Che en México en 1956. Escoltó a Mikoyan a México en 1959, como intérprete y guardaespaldas, y cuando el número dos de la Unión Soviética viaja a Cuba, lo acompaña también. Recibe una encomienda delicada: escoger los regalos para los anfitriones cubanos. Para sus conocidos Raúl y el Che, el agente de inteligencia selecciona obsequios contraintuitivos, pero sintomáticos: "Al Che, que le gustan armas, le compramos dos armas, una pistola muy buena y otra pistola deportiva de alta precisión, con su dotación de municiones. A Raúl le compré un juego de ajedrez porque él jugaba muy bien ajedrez."[31] Llegando a La Habana, Leonov busca al Che en su domicilio de Ciudad Libertad, donde —para desconcierto del ruso— sus ayudantes lo despiertan a media mañana. Se reencuentran como antiguos conocidos, quizá con mayor afecto y afinidad de lo que la fugaz relación de México ameritaba; sólo habían transcurrido cuatro años desde su anterior encuentro, pero qué diferencia. El Che preguntó por la familia de Leonov y cómo iban las cosas por allá. Leonov le dijo que venía para ver cómo se está desarrollando la Revolución cubana y le entregó las pistolas de regalo. Como recuerda Leonov, "abrimos las cajas con armas, las probó, sin disparar, le gustaron".[32]

El Che cumple una función destacada en las negociaciones con Mikoyan, sobre todo en el momento de las tratativas sobre el monto, la duración y el sentido estratégico de la cooperación soviética. Después de recibir a Mikoyan en el aeropuerto, el siguiente encuentro fue secreto e histórico. Así lo narra Leonov:

Che estuvo presente en la conversación clave, que se desarrolló en una casita de pesquería que tenía Fidel en la Laguna del Tesoro. Hicimos el viaje en un helicóptero soviético, que era parte de la exposición. Fidel llamó al Che como acompañante, la segunda persona de la delegación cubana. La delegación rusa estaba formada por Mikoyan y el embajador de la Unión Soviética en México y yo de intérprete, con la misión de traducir y de tomar notas porque no teníamos grabadoras por razones de seguridad. El helicóptero aterrizó en el entarimado de aquella casita de pesquería donde nos quedamos todos. Se desarrolló la conversación en una situación absolutamente espectacular: no estábamos en el cuarto, sino paseando por el entarimado, por encima de los pantanos, se oye el rugido de las rana toro, los sonidos de la noche tropical. La conversación se limitó a dos o tres puntos básicos: apertura de relaciones, era febrero, no teníamos embajada, Mikoyan dice que para tener contacto hay que abrir una embajada, allá y acá, para tener un contacto formal, esto lo resolvieron rápidamente. Después surgió otra pregunta, el crédito; aquí participó Che Guevara, apoyando la tesis de Fidel. La esencia fue que Mikoyan tenía instrucciones de prometer nada más 100 millones de dólares. Fidel decía que eso era poco, que con 100 millones de dólares no se puede comenzar la reorganización de toda la vida económica y menos en pleno conflicto con Estados Unidos. Lo que planeaba era la reorganización económica de Cuba para el campo socialista y 100 millones de dólares era poco. Dice Mikoyan: "Bueno, agotamos esos 100 millones y seguiremos hablando para aumentarlo más." El Che decía: "Al tomar el paso histórico, es mejor tener una decisión mucho más profunda, de mayor seguridad para el futuro, no es una cosa para bromear reorientar un país de un lugar para otro. Si ustedes nos dejan a mitad del camino con 100 o 200 millones de dólares, eso no resuelve nada."[33]

En la opinión de Alexeiev, "el Che fue el arquitecto principal de la colaboración económica soviético-cubana",[34] mas no necesariamente de todos los capítulos de la cooperación. Las ventas de armas soviéticas a Cuba, por ejemplo, no se pactaron durante la visita de Mikoyan.* De acuerdo con Alexeiev, no fue sino un mes después, a raíz de la explosión del barco francés *La Coubre* en La Habana el 4 de marzo, donde perecieron más de cien cubanos y se destruyó un cargamento entero de fusiles y municiones, que Castro, en secreto, le pidió armas a la Unión Soviética vía Alexeiev.[35] Raúl Castro negociará el traslado en julio de ese mismo año en Moscú.

Gracias a la visita de Mikoyan, el régimen revolucionario logra varios objetivos. Obtiene cien millones de dólares de créditos no atados; consolida el compromiso de la Unión Soviética de seguir comprando azúcar (la decisión de una transacción pequeña se había negociado antes y, en realidad, desde épocas de Batista, Moscú era cliente azucarero de la isla), además del establecimiento de relaciones diplomáticas. Faure Chomón, el ex dirigente del Directorio que combatió al lado del Che en Santa Clara es nombrado embajador de Cuba en

_____

* "De armamento no se habló en definitiva. Se habló de consejeros, de consejeros de todo tipo, tanto civiles como en otros campos de construcción... y ése fue el tercer punto que se tocó. Y con eso ya terminamos porque el Che, si no me acuerdo, regresó de allá para La Habana. La conversación dejó contentos a todos." (Nikolai Leonov, entrevista con el autor, Moscú, 28 de octubre, 1995.)

Moscú. Sergio Kudyavtsev, anterior responsable de una misión de espionaje en Canadá, representará a su país en La Habana. Y, finalmente, los cubanos aseguran la entrega de petróleo soviético en cantidades importantes y crecientes, a cambio del azúcar que compraría la Unión Soviética.

El problema del petróleo era lacerante, y el embrollo correspondiente constituyó la primera experiencia conflictiva internacional del Che Guevara. Las refinerías americanas importaban el crudo de Venezuela, lo vendían a los consumidores de energía, en pesos que cambiaban en el Banco Nacional, para a su vez reembolsar a los proveedores venezolanos. El Che iba acumulando retrasos en el pago a las compañías, y éstas comenzaban a presionarlo. La primera entrega de aceite soviético arribó al puerto de La Habana el 19 de abril de 1960: un cargamento pequeño, obtenido gracias a la visita de Mikoyan. Las negociaciones con las empresas no prosperaban; el representante de las compañías, Tex Brewer, se quejaba amargamente de las amenazas y la terquedad de Guevara. Finalmente el Che aceptó comprometer un finiquito del pago por cuentas anteriores, a condición de que las refinerías compraran 300 000 barriles de petróleo soviético. En contubernio con el Tesoro norteamericano, y sin consultar a la Embajada de Estados Unidos en La Habana, las empresas se negaron a refinar el crudo soviético. El 6 de junio el embajador norteamericano Philip Bonsal le informó en un cable "sólo para sus ojos" a su superior en Washington de un encuentro con Brewer:

> La política de su empresa [la Esso] había sido, partiendo de la premisa que el gobierno de Estados Unidos no se involucraría en el tema, que sería inevitable refinar el crudo ruso, tal y como lo deseaba el gobierno cubano. La premisa era falsa, sin embargo. En una reunión celebrada quizá el 3 de junio, en la oficina del secretario del Tesoro Anderson, con Thomas Mann representando al Departamento de Estado y el señor Barnes a la CIA, la

Texaco y la Esso fueron informadas de que una negativa a refinar el petróleo ruso sería consistente con la política de Estados Unidos hacia Cuba [...] Creo que el gobierno de Cuba va a intervenir las refinerías y que tratará de aumentar las entregas soviéticas [...] Si logra operar las refinerías y mantener un flujo adecuado de productos, habrá alcanzado un triunfo significativo, comparable al de Egipto cuando demostró su capacidad para operar el Canal de Suez.*

Un cable del 22 de junio del embajador inglés a la Foreign Office puso de relieve el acumen del Che durante toda la negociación y el desenlace frontal. Guevara comprendió claramente que "existe una potencia que tiene el petróleo, los barcos para transportarlo, la voluntad de transportarle y la decisión de hacerlo". El enviado de Su Majestad sacó una conclusión evidente: "Si esto es así, no veo cómo la presión diplomática y la amenaza de suspender suministros pueda surtir el menor efecto".[36] Castro procedió en consecuencia, ordenando que las refinerías procesaran el crudo de la URSS o se atuvieran a las consecuencias; el 29 de junio las nacionalizó, en una decisión anunciada por el Che. Éste había salido airoso de su primer enfrentamiento internacional. El rumbo que propo-

---

* Bonsal to Rubottom, 6 de junio, 1959 (Secret-Eyes Only), FRUS... Un testimonio adicional confirma que las empresas fueron utilizadas para propiciar un enfrentamiento con la revolución. Proviene del comentario que el representante de la Royal Dutch Shell ofrece de una reunión en la Foreign Office en Londres: "El sr. Stephens explicó que esperaba que el gobierno de Su Majestad [HMG] se uniera a los gobiernos de Estados Unidos, Holanda y Canadá si se tomaba alguna acción diplomática conjunta. Consideró que en vista de que el Departamento de Estado había en definitiva promovido la acción de las empresas americanas como una contribución económica poderosa hacia la caída de Castro, a ellas les correspondía actuar primero, incluso antes de que los cubanos tomaran medidas específicas contra las compañías." (Foreign Office 371/148295, Record of Meeting, June 20 in Sir Paul Gore-Booth's Room [Confidential], punto 8, 21 de junio, 1960.)

nía era el correcto: la inevitable confrontación con Washington permitió concientizar y radicalizar a los adeptos de la revolución, y el apoyo de Moscú había resultado crucial y confiable. El Che cabalgaba en caballo de hacienda.

Días después, la administración Eisenhower suspende la compra de azúcar cubana, y el Che y Castro, invocando los acuerdos suscritos con Mikoyan en febrero, solicitan a Khruschev que realice al menos una compra simbólica de la anterior cuota norteamericana. Gracias al trabajo previo y a la simpatía de Nikita Khruschev por la revolución cubana (no necesariamente compartida por el resto de la Dirección soviética), a las 6 en punto de la mañana siguiente, el Kremlin anuncia la decisión de adquirir la totalidad de la cuota estadounidense de ese año.[37]

Es preciso introducir un factor adicional en la descripción de los motivos de Nikita. Aunque en Cuba la información y sensibilidad al respecto eran mínimas, Moscú se hallaba inmersa en el conflicto sino-soviético. El 21 de junio se había celebrado en Bucarest el Congreso del Partido Comunista (Obrero) de Rumania, donde se produjo el primer enfrentamiento público entre los dos grandes del socialismo real. En privado, Khruschev tildó a la delegación china de "locos", "trotskistas" y "guerreristas".[38] El Comité Central del Partido Comunista de la Unión Soviética se reunió justamente el 11 de julio de 1960; en dicho pleno se aprobó la propuesta de Khruschev de retirar a todos los técnicos soviéticos de China. Como lo señaló en 1970 el periodista francés K. S. Karol, para la Dirección rusa el apoyo a Cuba fue la coartada perfecta para desatar su ofensiva antichina por aquellos días. Nadie podía acusar a los soviéticos de blandenguería ante Estados Unidos, o de falta de solidaridad frente a los países y pueblos del Tercer Mundo, en el momento preciso en que salvaban a Cuba del ostracismo y la debacle económica.[39]

El Che, que desde principios de 1960 había lanzado una campaña contra la cuota de azúcar comparándola a una forma de esclavitud que obligaba a Cuba a seguir produciendo caña, podía vanagloriarse de su triunfo.* Nadie sino él buscó la interrupción de la cuota, condujo al acercamiento con la Unión Soviética, dirigió las negociaciones económicas con Mikoyan en febrero y logró por fin la sustitución de Washington por Moscú. El 9 de julio, en el apogeo del enfrentamiento con Washington en torno al petróleo y el azúcar, Nikita Khruschev declara en Moscú que los artilleros soviéticos defenderán a Cuba con misiles si fuera necesario. Castro confirma la oferta rusa, aunque advierte que debía ser interpretada "metafóricamente".

Guevara, nunca dispuesto a quedarse atrás, declara de inmediato que "Cuba es, además, hoy, una isla gloriosa en el centro del Caribe, defendida por los cohetes de la más grande potencia militar de la historia".[40] Ciertamente días después los dos dirigentes modularían el tono de su belicosidad, Fidel aclarando que la independencia de Cuba descansaba en la justeza de su causa y no en los misiles soviéticos; el Che subrayando que cualquier intento de transformar a Cuba en un satélite soviético sería resistido hasta el final.[41] Por ello, resultaba comprensible que al cabo de sendas visitas privadas a la URSS de Núñez Jiménez en junio y Raúl Castro en julio, fuera el comandante Ernesto Guevara quien encabezara la primera delegación oficial cubana a la Unión Soviética, en octubre de 1960. Será el punto culminante de la infatuación guevarista con el socialismo realmente existente.

Fidel y el Che crean a través de las negociaciones con la Unión Soviética las condiciones para agudizar el antagonismo con Estados Unidos. Disponen ya de una red protectora tan-

---

* Incluso pensaba el Che que Estados Unidos no podría cancelar la cuota: "Imposible quitarla [la cuota de azúcar], porque Cuba es el mayor, el más eficaz y más barato proveedor de azúcar de Estados Unidos... Imposible liquidar la cuota del azúcar." (Ernesto Che Guevara, "La guerra de guerrillas", en *Escritos y discursos*, La Habana, Editorial de Ciencias Sociales, 1977, t. 1, p. 182.)

to en materia de ventas de azúcar como de aprovisionamiento de petróleo y, pronto, de armas. Pueden proceder con el endurecimiento interno, giro que si bien no involucra de manera directa al Che, cuenta con su apoyo y en alguna medida es inspirado por él. Incluso es el Che quien crea el primer "campo de trabajo" en Cuba, en esos meses, justamente, en Guanahacabibes.[42] Aunque él mismo pasara allí unos días, por voluntad propia, sienta así uno de los más odiosos precedentes de la revolución cubana: la internación de disidentes, homosexuales y, más tarde, de enfermos de sida. Su racionalización retrospectiva es franca, precisa y lamentable:

a Guanahacabibes no se envía sino en casos dudosos a la gente que debiera ir a la cárcel. Yo creo que la gente que debe ir a la cárcel debe ir a la cárcel de todas maneras. Así sea un militante viejo, así sea quien sea, debe ir a la cárcel. A Guanahacabibes se manda a la gente que no debe ir a la cárcel, la gente que ha cometido faltas a la moral revolucionaria de mayor o de menor grado con sanciones simultáneas de privación del puesto y en otros casos no de esas sanciones sino como un tipo de reeducación mediante el trabajo. Es trabajo duro, no trabajo bestial, más bien las condiciones del trabajo son duras y tampoco son condiciones bestiales.[43]

La libertad de prensa se coarta. Varios periódicos cierran, y las principales estaciones de radio son requisadas por el gobierno. La Universidad se ve presionada para alinearse con el gobierno; los profesores de abolengo y de criterio independiente abandonan el país. La radicalización, por supuesto, alcanza a ambos bandos. La oposición al régimen, alentada por Washington y por las tradicionales pasiones políticas cubanas, llega a extremos insospechados. Reformistas del 26 de Julio se unen a los ex batistianos preferidos por la CIA para combatir a sus nuevos enemigos: los hermanos Castro y el Che Guevara. La contrarrevolución pasa a acciones más drásticas: el sabotaje, la quema de la zafra, los asesinatos de milicianos alfabetizadores en el Escambray, y varias expediciones armadas enviadas desde el exterior. Estados Unidos también pone en marcha decisiones irreversibles; procura el derrocamiento de Fidel Castro por cualquier vía. Se echan a andar los preparativos que desembocarán en la agresión de Playa Girón. La vorágine se apodera de los destinos de todos, pero algunos saben adónde los conduce, y otros no.

El Che era uno de los que lo sabían, y eso le otorgaba una fuerza política descomunal. En un cable secreto (sólo para los ojos de su superior en Washington), el embajador de Estados Unidos informa en julio del rumor de que el Che había patrocinado una especie de golpe de Estado. No se atrevió a confirmar la suposición, pero aclaró: "Estoy convencido de que Guevara es el verdadero gobernante de este país en este momento, aunque no podría gobernar por mucho tiempo sin Fidel."[44] El 8 de agosto la revista *Time* dedicó su portada al Che, adjudicándole el título de "cerebro" de la revolución, siendo Fidel el corazón y Raúl el puño.[45] Pontificaba la revista de Henry Luce:

> Es el más fascinante y el más peligroso de los miembros del triunvirato. Portador de una sonrisa de dulzura melancólica que muchas mujeres encuentran devastadora, el Che conduce a Cuba con cálculos de gran frialdad, con vasta competencia, una elevada inteligencia y un gran sentido del humor.[46]

Viento en popa, el 22 de octubre de 1960 aterriza el Che Guevara en Moscú; busca ratificar y profundizar los programas de cooperación con la URSS. Era la segunda etapa de un periplo que duraría dos meses —una vez más, la larga salida de Cuba— y que sería medianamente aleccionador para el Che. De nuevo la lejanía, la alteridad y la inquietud lo arrastran.

Deja atrás a Aleida embarazada de ocho meses, una situación económica precaria y una serie de proyectos "internacionalistas" pendientes. No importa: navegar es preciso.

El viaje había sido preparado con antelación. Desde el 1 de septiembre el Che notificó al recién llegado embajador soviético en La Habana que él abanderaría la delegación a Moscú.[47] Su primer objetivo concreto era asegurar que la URSS comprara el azúcar que Estados Unidos iba a adquirir el año siguiente. Guevara planteó al embajador soviético su preocupación: Estados Unidos no iba a levantar los tres millones de toneladas de azúcar previstos para 1961, y por lo tanto Cuba esperaba que la URSS supliera la demanda faltante.[48] El director del Banco Nacional enmarcó la solicitud cubana en un esquema de integración dentro del bloque socialista, y planteó la posibilidad de celebrar "conferencias o encuentros con representantes de otros países socialistas en Moscú". La visita también serviría para resolver algunos asuntos específicos y otros algo espinosos como la solicitud de envío de especialistas bancarios soviéticos (una especie de *contradictio in adjecto*) a Cuba, ya que Fidel Castro tenía la intención de nacionalizar todos los bancos privados a fin de año. Por último figuraba en la agenda la reventa de gasolina cubana a terceros países, como Canadá, a partir de excedentes de crudo soviéticos (un ardid que duraría hasta finales de los años ochenta, proporcionándole a Cuba montos nada despreciables de divisas).[49]

Previo a la visita a la URSS se programó una escala en Checoslovaquia, donde tuvo lugar el primer encuentro del argentino con un país del Pacto de Varsovia; ahí firmó un convenio de cooperación que abarcaba una línea de crédito por veinte millones de dólares y el establecimiento en Cuba de la industria automotriz checa (tractores y camiones básicamente). La estancia en la URSS duró un poco más de dos semanas. La delegación cubana recorrió los lugares obligados: la Casa Museo de Lenin, el metro de Moscú, el Mausoleo de Lenin y Stalin, la Plaza Roja el día del aniversario de la Revolución de Octubre, ocho fábricas moscovitas y un *sovkhoz* en las afueras de la capital. Además los isleños asistieron a un concierto de la filarmónica y a dos funciones del Ballet Bolshoi. Asimismo, el viaje incluyó entrevistas con Khruschev y Mikoyan, para conversar, entre otras cosas, sobre la elección de John F. Kennedy a la presidencia de los Estados Unidos, celebrada justo en esos días, además del recorrido obligatorio por las diversas instancias del aparato soviético (la editorial de literatura extranjera, un encuentro con el cosmonauta Yuri Gagarin, la Casa de la Amistad entre los Pueblos, la universidad, un hospital, el circo, etc.). Posteriormente partieron a Leningrado, donde visitaron el Instituto Smolny y el acozarado Aurora, el Hermitage y el Palacio de Invierno, para después dirigirse a Stalingrado y Rostov sobre el Don.

En una palabra, el Che recibió el clásico *tour* de amigo de la URSS heroica y socialista. Una revisión cuidadosa del programa de su visita sugiere que por un lado faltaban motivos para saturar la agenda, y por ello era preciso inventar pretextos, distracciones y actividades "de relleno". Pero por otra parte, se trataba de impedir que tuviera tiempo libre, pues podría haberlo dedicado a ver otras cosas y otra gente.[50]

Por supuesto el Che no logra el cerco que le tienden sus anfitriones, y no logra ver las viviendas típicas soviéticas, el campo, Siberia o las partes menos gloriosas o alentadoras de la vida rusa. A los soviéticos este aislamiento les pareció perfecto, justificando su "falta de contacto con la gente humilde de la calle, porque era uno de esos populistas". El Che dedicó su tiempo a conversaciones con funcionarios con quienes podía "resolver problemas de su gobierno que no podía resolver en la calle".[51]

El 16 de noviembre abandonó Moscú con la misma admiración por la patria del socialismo que cuando arribó, aunque ciertos descubrimientos lo desconcertaron innegablemente. En una cena de amigos en la casa de Alexeiev, comprueba que la vajilla es de una porcelana finísima y comenta: "¿Los proletarios de veras comen en platos de ese tipo?"[52] Pero Carlos Franqui recuerda un episodio más ilustrativo del estado de ánimo geopolítico e ideológico del Che al volver a La Habana:

> A mi regreso a La Habana, en un Consejo de Ministros, tuve un incidente con el Che Guevara. Conté lo ocurrido en Praga con las *tuzeras* (las jóvenes checas de los hoteles). Y las tiendas de los *tuzex* (los funcionarios checos de la Nomenklatura). El Che, que había pasado en los mismo días que nosotros, al frente de una delegación, nos desmintió: "Son mentiras tuyas. Tú y tus prejuicios." "No digo mentiras, Che. Ni tengo prejuicios. Ni estoy ciego como tú, que lo ves todo color de rosa." "Digo que es mentira. Pasé por allí igual que tú y no vi nada."*

Su ingenuidad se explica: no conocía el mundo socialista, no había seguido las grandes discusiones de los años cincuenta en Europa occidental, y su contacto con la intelectualidad marxista del mundo apenas comenzaba. Su falta de pasado militante o siquiera politizado empezaba a surtir efectos. Por ello quizá, el Che no se empapó de los vigorosos debates del deshielo kruschoviano. Un año después de su breve paso por la capital rusa, se publicó en Moscú, entre otros textos herejes, *Un día en la vida de Iván Denisovich*, de Alexander Soljenitsin. Durante su estancia en Moscú, se celebra un Congreso de 81 partidos comunistas procedentes del mundo en-

---

* Carlos Franqui, *Retrato de familia con Fidel*, Barcelona, Seix Barral, 1981, pp. 186-187. Quizás el Che era un poco menos ingenuo de lo que insinúa Franqui. Raúl Maldonado recuerda cómo Alberto Mora, uno de los jóvenes asesores guevaristas fue acosado por una doncella moscovita durante la estancia en la URSS. Orgullosamente le informó a su comandante cómo había resistido a sus perversos avances, para recibir la inclemente réplica del Che: "¡Qué clase de maricón eres!" (Raúl Maldonado, entrevista con Paco Ignacio Taibo II; facilitada al autor por este último, México, D. F., 16 de marzo, 1996.)

tero, donde chinos y soviéticos se enfrascan en una lucha fratricida e irreversible y donde comunistas italianos y franceses protagonizan una agria disputa sobre la desestalinización. El Che pasa de noche. Riñe con el embajador cubano Faure Chomón cuando éste se opone a que deposite una ofrenda floral en la tumba de Stalin. Los motivos para no hacerlo eran tan cubanos como soviéticos; un año después, en noviembre de 1961, el Padrecito de los Pueblos sería retirado del Mausoleo donde reposaba con Lenin, para ser enterrado en los muros del Kremlin.

En Moscú el Che recibe sus primeras lecciones sobre la intensidad y complejidad del incipiente conflicto sino-soviético. Desde antes de partir, los diplomáticos soviéticos con sede en La Habana habían insistido en varias ocasiones en su disposición de convocar a una reunión de la llamada "mesa redonda" de países socialistas en Moscú. Las razones eran evidentes: la URSS prefería repartir la compra del azúcar cubano entre todos sus aliados. De los tres millones de toneladas que el Che había solicitado que comprara la URSS, Khruschev sólo aprobó la adquisición de 1.2 millones. Se invitó por tanto a los demás países del bloque a adquirir los 1.8 millones de toneladas restantes.

El *quid* del asunto, sin embargo, residía en la participación china en la mesa redonda. Anatoly Dobrynin, entonces subsecretario de Relaciones Exteriores, citó al embajador chino en Moscú para informarle de la visita del Che, e invitarlo a integrarse a la mesa redonda. El Che le envió una nota a Faure Chomón el 26 de octubre de 1960 desde Praga (carta que extrañamente aparece en los archivos del Ministerio de Relaciones Exteriores de la URSS) instruyéndolo a su vez para que convocara a todos los países socialistas, en particular a China.[53] El Che sucumbió, por así decirlo, a la trampa soviética. Los funcionarios de Moscú aspiraban a que la cooperación entre China y Cuba sucediera bajo su patrocinio. Huelga decir que los chinos no mordieron el anzuelo. En una nota de

Dobrynin al viceministro Pushkin, fechada el día de la llegada del Che a Moscú, se informa que, a pesar de la insistencia de Moscú, "todavía no hay respuesta de Pekín" sobre la participación en la mesa.[54] Los chinos no asistieron a la reunión.*

Surgieron otros desencuentros del Che con los avatares de la confrontación sino-soviética. De creer la versión de Nikolai Leonov, éste —el traductor y sombra perenne del Che durante su estadía rusa— fue invitado por el virtual vicepresidente cubano a acompañarlo a Pekín y a Pyong Yang. Guevara temía que en Corea del Norte no hubiera traductores del español al idioma local; pero sólo provocó la airada negativa de Pekín de otorgarle la visa de entrada.[55] Una vez en la tierra de Kim-Il-Sung, el intérprete/espía se vio obligado a albergarse en la Embajada soviética, mientras que la delegación cubana se hospedaba en una casa típica de protocolo. Lógico: ni los chinos ni los coreanos veían con buenos ojos la presencia de un agente de la KGB en la delegación cubana, aunque aparentara ser sólo traductor.

Por último, en la capital soviética Guevara se topa con la celebración de la ya mencionada conferencia de 81 partidos comunistas y obreros. La reunión comienza durante los primeros días del Che en Moscú y se prolonga hasta su regreso de su viaje lateral a Pekín y Pyong Yang. Para la URSS, el propósito del cónclave multitudinario consistía en lograr una condena unánime del movimiento comunista internacional a las tesis "guerreristas y aventureras" de Mao Tse Tung. Al regresar de China, y ser informado de las conclusiones de la Conferencia, el Che aclara que "no participamos en la redacción del comunicado de los partidos comunistas y obreros, pero la apoyamos totalmente". Aseveró también que "la de-

---

* Según el Che, los países que firmaron el Convenio Multilateral de Pagos fueron "todos los países socialistas de Europa y la República Popular de Mongolia" (Ernesto Che Guevara, "Comparecencia televisada de la firma de acuerdos con los países socialistas", 6 de enero, 1961, en Ernesto Che Guevara, *Escritos...*, t. 5, p. 8).

claración de los partidos era uno de los acontecimientos más importantes de nuestra época"; alabó la "solidaridad militante del pueblo soviético y del pueblo cubano"; y declaró que "Cuba debía seguir el ejemplo del desarrollo pacífico mostrado por la URSS",[56] un claro espaldarazo a la posición de Moscú.

El congreso de 1960 fue el primer gran intento de Khruschev de excomulgar a los maoístas de la iglesia comunista. Si bien no prosperó enteramente la tentativa soviética, China se halló aislada y acorralada, a tal punto que su único aliado, Enver Hodja, de Albania, se retiró el 25 de noviembre del congreso golpeando la puerta. Todo indica que el Che, a pesar de la presencia de una delegación del PSP cubano presidida por Aníbal Escalante, no se enteró de las vicisitudes de la enorme bronca sino-soviética, ni de la celebración misma del congreso:

> El hecho de que el Che Guevara no supiera nada del desarrollo de la Conferencia de los 81 me fue explícitamente confirmado por uno de los que lo acompañaron a Moscú. Me pareció sorprendente, ya que la conferencia atravesó por momentos dramáticos y su desenlace permaneció incierto hasta el último minuto [...] Por increíble que pareciera, la familia desunida de los Partidos Comunistas, en pleno pleito, conservaba sus costumbres de "secretos entre iniciados", al punto que un Che Guevara progresista, revolucionario y amigo por excelencia del bloque socialista, no tenía el derecho de estar informado, ni siquiera parcialmente, de la situación. Estos métodos no dejarían de pesar sobre la evolución del Che, quien, después de haber sido uno de los más cálidos partidarios de la URSS en Cuba, se convirtió en uno de sus críticos más severos.[57]

En China el Che permaneció casi dos semanas. Conoció a Chou-en-Lai, y fue presentado a un Mao Tse Tung de edad avanzada pero lúcido todavía. El Gran Timonel, desplazado parcialmente por Liu Shao Chi, pagaba los garrafales errores del Gran Salto Adelante con un virtual exilio político interno, que se clausuraría tres años después con su famosa declaración de "fuego contra el cuartel general", que desataría la Revolución Cultural. El Che sostuvo tres encuentros con Mao. De acuerdo con un biógrafo reciente, que no cita fuentes, el dirigente chino le habría confiado su disposición de apoyar la lucha de Patrice Lumumba en el Congo Belga; saldría de Pekín persuadido de la pureza de la variedad oriental del marxismo-leninismo contemporáneo.[58] La República Popular China se comprometió a comprar un millón de toneladas de azúcar en 1961, y el Che fue homenajeado por Chou-en-Lai en la Gran Sala del Pueblo. En su discurso, el emisario de la isla estableció varias semejanzas entre la revolución cubana y la china, citó como ejemplo al comunismo chino y afirmó que había despejado un "nuevo camino para las Américas". Todo ello condujo al Departamento de Estado en Washington a concluir que el Che había tomado el partido de Pekín en el conflicto sino-soviético, una conclusión prematura y superficial, pero premonitoria.[59] En realidad se manifestaba aquí la primera postura incómoda y a la postre insostenible del Che en torno al conflicto sino-soviético: por un lado avala los resultados ligeramente antichinos de la conferencia de Moscú, pero también expresa su simpatía y admiración por la revolución dirigida por Mao. Con el tiempo, esta acrobacia ideológica y geopolítica se tornaría irrealizable. Antes de partir, el 24 de noviembre, es avisado del nacimiento de su primera hija del segundo matrimonio. Su ausencia durante el parto confirma las confesiones que hiciera a su madre: lo único que cuenta para él es la revolución; las tareas que la conciernen se anteponen a todo lo demás.

Dependiendo de la procedencia, las percepciones acerca de la visita del Che a Moscú, Pekín y Pyong Yang son contradictorias: un éxito, un fracaso, o entre azul y buenas noches.

Los norteamericanos la consideraron más bien fructífera para Cuba, aunque dudaban de la materialización de los resultados: "Mr. [Allen] Dulles [director de la CIA] informó que el Che Guevara había vuelto a Cuba con muchísimos acuerdos que, de ser cumplidos (una eventualidad según Dulles poco probable), resultarían en que más de la mitad del comercio de Cuba se efectuará con el Bloque [Socialista]."[60] Los ingleses albergaban una sospecha diferente:

> Uno de mis colegas fue informado por el embajador cubano [en Moscú] que la misión de Guevara partió para Pekín decepcionada con los resultados prácticos de su visita a Moscú, a pesar de la gran calurosidad de su recibimiento público. Una fuente cercana a Khruschev informa que la política soviética consiste ahora en evitar cualquier acto que pudiera poner en tela de juicio las relaciones con la [próxima] administración Kennedy y que los cubanos han sido notificados que deben evitar provocaciones indebidas [...] Los cubanos sufren de una penuria seria de dólares [...] y la URSS no ha querido hacer nada que alivie dicha penuria. Tal vez Guevara haga otro esfuerzo a su regreso de China de obtener dólares de la URSS.[61]

El Che sin duda impresionó a sus interlocutores. No esperaban que los visitantes caribeños y rumberos demostraran tal apego al trabajo y a la sustancia. Sabía valorar el tiempo y disciplinaba a su delegación, y cumplía con el protocolo por hora y por minuto. Como recuerda Leonov, "fuera de la costumbre de los mexicanos y de los latinoamericanos, era muy puntual, no parecía latinoamericano para nada".[62]

Al mismo tiempo, mostraba una serie de desatinos económicos que no podían más que desconcertar a sus flamantes socios:

> Quería convertir a Cuba en un Estado industrializado. Cuba no tiene metal y esto serviría de base para la cons-

trucción de maquinaria, de transporte. Pensaba convertir a Cuba en un país exportador de metal y laminado en la zona del Caribe. Se oponían todos los técnicos soviéticos, decían que era una locura económicamente, que en Cuba no hay carbón de piedra, ni mineral de hierro y que hay que transportar todo allá y esto encarece mucho la producción de hierro. Además Cuba no tiene mano de obra preparada. El Che no encontraba argumentos suficientes para convencerlos. Le daban más y más cálculos de que eso sería antieconómico y esta discusión duró varios días. Él insistía. Explicaba que así formaría una clase obrera y un mercado porque ahora no lo hay porque no hay metal. Él insistía en el aspecto social, más bien estratégico, y la parte soviética más bien en los cálculos económicos, de costos, de mercado: "Ni mercado grande para una planta siderúrgica tienen ustedes para 1 millón de toneladas al año, ¡imagínense!, en 15 años ustedes tienen 15 millones de acero allá. ¿Qué van a hacer con eso?"*

Después de visitar China y Corea del Norte, el Che viajó dos veces a Moscú antes de firmar y emitir, el 19 de diciembre, dos meses después de su llegada, el comunicado conjunto y el acuerdo de compras de azúcar. Su rápida visita a Berlín, en la Alemania Democrática, ayudó a encontrar compradores para el dulce cubano. Fue una estadía notable sólo por una razón adicional, pues allí conoció a una joven traductora argentino-alemana, Tamara Bunke Bider, quien moriría ametrallada cruzando el Río Grande en Bolivia seis años después con el nombre

---

* Nikolai Leonov, entrevista, *op. cit.* Al respecto, Anatoly Dobrynin recordó años después: "Guevara era imposible; quería una pequeña siderúrgica, una fábrica de automóviles. Le dijimos que Cuba no era lo suficientemente grande para sostener una economía industrial. Necesitaban divisas, y la única manera de obtenerlas era haciendo lo que hacían mejor: cultivar azúcar." (Citado en Richard Goodwin, *Remembering America*, Nueva York, Harper and Row, 1988, p. 172.)

de *Tania*; empezó a colaborar con el Che en distintas tareas desde mucho antes de unirse con él en las alturas andinas. Según Severo Tuffino, el corresponsal de *L'Unitá* en La Habana, *Tania* fue invitada poco tiempo después a La Habana por Armando Hart, a iniciativa de Fidel Castro, para "tener contento al Che".

De vuelta La Habana, el Che presenta por televisión las conclusiones de su viaje. Por un lado, procura disipar las dudas que pudieran haber surgido en Cuba ante la prolongación de su estancia fuera del país, así como por la demora en la firma del comunicado. Aclara que las negociaciones se tardaron debido a su complejidad. Se trataba de reorientar de la noche a la mañana prácticamente todo el comercio exterior de un país hacia un bloque económico con el que nada lo unía: ni el clima, ni el sistema de medidas, ni el idioma, ni la cultura. Parece convincente la explicación que ofrece de los motivos por los cuales los países socialistas finalmente accedieron a sus peticiones, de cómo los convenció, y de las grandes ventajas para Cuba de los convenios, una vez rotos los nexos económicos con Estados Unidos. En su informe, el Che hace gala de un dominio de los expedientes, de un aplomo televisivo y de una habilidad argumentativa superadas sólo por Fidel Castro, y notables para alguien por completo carente de experiencia en estas faenas.

El Che regresa a Cuba con algunas ideas más definidas sobre el mundo socialista y sus diversos componentes. Al rendir cuentas de su viaje por televisión, confiesa una admiración y un deslumbramiento probablemente sinceros pero que desentonaban ya con las realidades conocidas de esos países. Su comentario sobre la situación en China, por ejemplo, apenas un años después de la catástrofe del Gran Salto Adelante, con sus trastornos generalizados en la economía, la sociedad y la política, se acerca mucho a la visión idealizada que gran número de viajeros recogieron en esos años de ascuas:

Naturalmente, no se va a pretender decir que el nivel de vida de China alcanza al de los países desarrollados del mundo capitalista, pero no se ve absolutamente ninguno de los síntomas de miseria que se ven en otros países de Asia que hemos tenido oportunidad de recorrer, incluso mucho más desarrollados, como el mismo Japón. Y se ve a todo el mundo comiendo, todo el mundo vestido —vestido uniformemente, es cierto, pero todo el mundo correctamente vestido—, todo el mundo con trabajo, y un espíritu extraordinario.*

Sus apreciaciones sobre los países socialistas en general, si bien compartidas en esa época por millones de comunistas en el mundo, también contradecían las impresiones que muchos otros, anteriormente simpatizantes del socialismo real, comenzaban a formarse. El Che no parece estar engañando a los cubanos; cree lo que dice, pero empieza a arrinconarse a sí mismo. La distancia entre sus creencias y la realidad es tal y su honradez intelectual tan profunda, que a la hora del desengaño, el desencanto será demoledor. Tanta honestidad al formular el balance conduciría necesariamente a la tragedia; expectativas como las que él mismo describe a continuación eran simplemente desproporcionadas:

El espíritu de humanidad de esos pueblos [socialistas], es algo que realmente convence de que definitivamente no podemos contar como gobiernos amigos sino, en primer lugar, con esos países del mundo. Y, además, la fuerza, la tasa de desarrollo económico tan grande, la pujanza que demuestran, el desarrollo de todas las fuerzas del

* Ernesto Che Guevara, "Comparecencia televisada", en *Escritos...*, t. 5, p. 14. Su comentario sobre la visita a Corea del Norte es aún más revelador: "De los países socialistas que visitamos personalmente, Corea es uno de los más extraordinarios. Quizás es el que nos impresionara más de todos ellos." (*Ibid.*, p. 19.)

pueblo, nos hacen a nosotros estar convencidos de que el porvenir es definitivamente de todos los países que luchan, como ellos, por la paz del mundo y por la justicia, distribuida entre todos los seres humanos.[63]

La distancia ulterior del Che frente a la URSS y los estragos que el conflicto sino-soviético surtirá en sus epopeyas africana y boliviana, pertenecen aún al futuro. Pero se nota ya el germen de dos grandes incomprensiones: la verdad del carácter de la Unión Soviética, y la de la naturaleza irremediable del cisma entre Moscú y Pekín, y entre sus respectivos partidarios. El tiempo que el Che estuvo al frente del Banco Nacional no lo dedicó, sin embargo, a la economía sino de modo exclusivo a las negociaciones con la Unión Soviética y China. Dos facetas de su actividad durante esos catorce meses merecen relatarse, no sólo por la importancia que revistieron en la vida del Che, sino también por sus consecuencias para Cuba y América Latina. La primera se refiere a su papel en el lanzamiento de la noción del trabajo voluntario; la segunda concierne a la publicación del texto más influyente del Che, *La guerra de guerrillas*, y a su compromiso con el esfuerzo cubano por exportar la revolución a todo el continente. Se trata de la huella más duradera y controvertida que dejará el Che; a partir de 1960, su peso en estos menesteres comenzará a sentirse de verdad.

Desde el 23 de noviembre de 1959 se inauguran las jornadas de trabajo voluntario en Cuba. Se inician en la Ciudad Escolar Camilo Cienfuegos, en el Caney de Las Mercedes, de la provincia de Oriente. La denominación y el objetivo del proyecto —una escuela bautizada con el nombre del recién fallecido Camilo—, así como el hecho de que el contingente constructor fuera dirigido por Armando Acosta, su colega comunista de Las Villas, tuvieron que ver con la participación del Che. Durante algunos meses, el Che aterrizaría cada domingo en su avión oficial para coadyuvar a la construcción de la escuela, al lado de los trabajadores de la industria zapatera de Manzanillo y de un centenar de soldados del Ejército Rebelde.[64] Pero más allá de los detalles incidentales, ese día nace un concepto y todo un programa. Con el principio de la zafra en diciembre, el Che empieza a participar con mayor asiduidad en las tareas voluntarias.

En la construcción, en la industria textil, en la descarga de los buques procedentes de los países socialistas, y por supuesto en la zafra, el Che predica con el ejemplo. Más allá del evidente goce que le provocaba encontrarse con los cubanos de carne y hueso —gente que al final de cuentas no conocía—, y del desafío físico que implicaba para él enfrentar el polvo de las tejedoras y de la caña, su intención era eminentemente política. Desde 1960, pensaba que el mejor estímulo para el trabajo debía ser la emulación revolucionaria; creía que era preciso motivar a los cubanos e involucrarlos en la revolución. Para Guevara, el trabajo voluntario era una labor grata "que se realiza con alegría, que se realiza al son de cánticos revolucionarios, en medio de la camaradería más fraternal, en medio de contactos humanos que vigorizan a unos y otros, y a todos elevan".[65]

Era también un detonador del despertar revolucionario, una escuela de aprendizaje de la revolución. Se trata de una escuela creadora de la conciencia, es el esfuerzo realizado en la sociedad y para la sociedad como aporte individual y colectivo y va formando esa alta conciencia que nos permite acelerar el proceso de tránsito... El trabajo voluntario es parte de esa tarea de educación.[66]

Los fines de semana voluntarios comenzaron a hacerse famosos. Unos componían canciones exaltándolos (hasta Chile llegarán los ecos: "Los domingos solidarios del trabajo voluntario", como reza la tonada de Isabel Parra); otros los lamentaban amargamente. La participación guevarista poseía un doble efecto: por un lado fortalecía su imagen como dirigente dispuesto a sacrificarse con los demás, y a hacerlo con auténtico ánimo, no como una tara. Por el otro, servía de ejemplo: posibilitaba la masificación del trabajo voluntario. Las películas del Che cortando caña, hilando tejidos, cargando sacos de arroz y cavando zanjas pasaron a formar parte de la filmoteca y de la iconografía del Comandante. Como era de suponerse, le redituaba enormemente en materia de popularidad. No todos lo líderes de la revolución igualaban su entrega a las faenas finsemaneras.

El problema surgió con el abuso de la idea y, cuando la necesidad imperiosa de aumentar la producción de azúcar transformó el principio en un vicio de sobreexplotación del trabajador cubano. Como precepto político, ideológico y cultural, el trabajo voluntario en Cuba cumplía un propósito encomiable. Como método de prolongación de la jornada laboral y de reducción del salario real, era contraproducente y antieconómico. El Che vislumbró estos dilemas más adelante:

> El trabajo voluntario no debe mirarse por la importancia económica que signifique en el día de hoy para el Estado; el trabajo voluntario fundamentalmente es el factor que desarrolla la conciencia de los trabajadores más que cualquier otro.[67]

Como se veía en la fallida zafra de los diez millones en 1970, nada disloca tanto a una economía como una transferencia masiva de mano de obra de un sector a otro, incluso si se trata de un desplazamiento "voluntario".

Con el tiempo, las aparentes aunque ficticias ventajas económicas del trabajo voluntario le imprimirán carices cada vez más coercitivos. El incumplimiento con lo "voluntario" entrañará diversas sanciones, desde el ostracismo hasta la denuncia por "contrarrevolucionario". El Che no atestiguará todo esto, y su contribución al altruísmo innegable de la revolución cubana forma parte de las páginas más líricas de la historia de la gesta isleña. Pero la perversión o deformación de su tesis lo seguirá como un espectro: su propia muerte provendrá en parte de la distorsión guevarista de sus mismos preceptos.

La versatilidad del Che en las tareas de gobierno y de la revolución se acentuará en esos meses. Junto con sus responsabilidades ortodoxas en la economía y la diplomacia tradicional, seguirá ocupándose de su tema predilecto con una frecuencia y atención crecientes. Las perspectivas de la revolución en América Latina constituyen su verdadera pasión, aunque en los hechos el tiempo que le consagra será todavía accesorio. En estos años comienza a entrevistarse con dirigentes latinoamericanos, de manera más sistemática y organizada que en 1959, y a adquirir ideas más nítidas de las distintas corrientes. Su reflexión sobre América Latina cubre tres frentes: la reacción regional ante las agresiones de Estados Unidos a la isla, el comportamiento de la izquierda tradicional, y la difusión de las enseñanzas de la revolución cubana.

A partir de la reunión celebrada en Costa Rica de la Organización de Estados Americanos, en agosto de 1960, resulta evidente que Washington se propone, al igual que en el caso de Guatemala en 1954, arropar su embestida anticomunista y antisoviética con el apoyo del mayor número posible de gobiernos hemisféricos. Desde 1960, el Che desarrolla un sofisticado análisis geopolítico de la región, algunas de esas hipótesis aparecen en sus artículos de *Verde Olivo*. El siguiente informe de una conversación con el embajador de la Unión Soviética en Cuba exhibe un pensamiento complejo y matizado en torno a los motivos y la racionalidad de las distintas posturas continentales:

El Che dijo: Gobiernos de estos países (de América Latina) —proseguía Guevara— tiene un juego doble. De los labios para fuera se pronuncian contra la intervención en los asuntos de Cuba pero votan con los norteamericanos contra Cuba. [Los] gobiernos reaccionarios de América Latina se muestran firmes en apariencia con respecto a Washington para presionar a los norteamericanos para recibir más créditos y otras formas de ayuda. Intentan aprovechar el sólo hecho de la existencia de la Cuba revolucionaria para el chantaje de Estados Unidos. Éstos, por miedo a la repetición de la revolución cubana en otros países, empezaron a brindar una ayuda más generosa para detener el desarrollo del proceso revolucionario en la región. Pero América Latina está hirviendo y en el año que viene hay que esperar explosiones revolucionarias en varios países, en primer lugar en Perú y Paraguay. Estos procesos sin duda alguna se acelerarán si Estados Unidos, con el apoyo de los gobiernos reaccionarios, se atreve a llevar a cabo algunas acciones contra Cuba. Claro que las intervenciones revolucionarias en estos países lo más probable serán aplastadas por las fuerzas armadas norteamericanas que acudirán a los llamados de los gobiernos reaccionarios de estos países. En otros casos lamentablemente la Unión Soviética y otros países socialistas no podrían ayudar a los pueblos de tales países como Argentina, Uruguay, Chile o Perú.[68]

El Che comprendió cabalmente la actitud de Estados Unidos, así como la de sus aliados en la región. La Alianza para el Progreso, lanzada por John F. Kennedy año y medio después de la conversación de Guevara con Kudriavtsev, obedecerá a esa lógica: evitar nuevos estallidos revolucionarios mediante la canalización hipotética de cuantiosos recursos a los países al sur del río Bravo. En este rubro, las predicciones del Che serán centelleantes. También tendrá razón —aunque en menor grado— en su pronóstico sobre la postura de los gobiernos latinoamericanos. Predijo atinadamente que dichos gobiernos mantendrían una resistencia mínima frente a Washington, siempre y cuando pudieran arrancarle más concesiones, y a condición de que el grado de enfrentamiento no excediera determinados límites. Guevara sobrestimó sin embargo la firmeza de los latinoamericanos —incluso por motivos pragmáticos como los que señala— ya en plena escalada entre La Habana y Washington. Como se comprobó después, con la excepción de México, todos los gobiernos de la región aceptaron tarde o temprano el *diktat* de Washington y cercenaron sus relaciones diplomáticas y comerciales con la isla. Por último, también acertó al lamentar que la URSS no pudiera esgrimir la misma generosidad con otros países que la que mostraba con Cuba. Chile, por ejemplo, resintió en carne propia esa restricción soviética diez años más adelante.

Donde los vaticinios del Che fueron certeros es en lo tocante a las "explosiones" en el continente. Ni en Perú ni en el Paraguay, ni en ningún otro país con excepción de Chile y por una vía muy distinta y dos lustros más tarde, se confirmaron las previsiones guevaristas. Tuvo que transcurrir casi otra década después del episodio de la Unidad Popular en Chile para que en Centroamérica se produjeran levantamientos revolucionarios significativos. Precisamente porque el Che tenía razón en sus análisis, erró en sus proyecciones. Estados Unidos, en efecto, ayudaría militarmente a los gobiernos *in situ*, y les transferiría cantidades considerables de recursos (por lo menos, en comparación con los montos del pasado). Gracias en parte a ese esfuerzo que posteriormente se denominaría "contrainsurgente", la revolución en América Latina no tuvo lugar. La otra razón por la que no existió el final feliz que esperaba el Che residía en una de sus apreciaciones adicionales: la caducidad de la izquierda existente.

En otra conversación sostenida con el embajador soviético en esas mismas fechas, Guevara, tal vez con una dosis de franqueza desacostumbrada para el enviado de Moscú, le expuso a su interlocutor algunos de sus pensamientos sobre la izquierda regional. Así lo informó Kudriavtsev:

Guevara empezó a hablar en tono brusco. Dijo: los dirigentes de izquierda en América Latina no aprovechan la situación revolucionaria, se comportan como cobardes, no van a las montañas y no empiezan la lucha abierta contra sus gobiernos venales. Los partidos de izquierda de otros países de América Latina, subrayó Guevara, tienen condiciones mucho mejores para la lucha armada y la victoria que el pueblo cubano. Políticos tales como [Vicente] Lombardo Toledano [de México] sólo frenan el proceso revolucionario [...] es un verdadero oportunista. Nosotros estamos seguros de que la lucha activa contra el imperialismo norteamericano que está llevando a cabo Cuba ahora va a revolucionar masas populares de los países de América Latina. A fin de cuentas allí se destacarán líderes realmente revolucionarios que serán capaces de llevar al pueblo contra sus gobiernos venales y reaccionarios de ahora y llegar a la victoria. Por eso nosotros consideramos que todos los intentos del gobierno cubano de realizar negociaciones con EU para arreglar nuestras discrepancias no van a tener éxito. Al contrario, podrían ser entendidos por los pueblos de los países de América Latina como una debilidad de Cuba. Nos hace falta superar el sentimiento de fatalismo que está muy difundido entre los pueblos de países de América Latina, de que es imposible luchar contra el imperialismo norteamericano.[69]

Lo sorprendente es que ya para esas fechas el Che pudiera cavilar así a propósito de los partidos de izquierda en América Latina. El ejemplo que menciona carecía de pertinencia: Lombardo Toledano era todo eso y más, pero no pertenecía al Partido Comunista Mexicano, y su organización, el Partido Popular Socialista, ya se había entregado por completo al gobierno de México. En cambio, era válida su queja contra los partidos tradicionales: en efecto, no eran revolucionarios. Y su presagio en torno al surgimiento de nuevos liderazgos en el seno de la izquierda latinoamericana también se ratificará. En todos los países del continente, gracias al ejemplo y al apoyo de la revolución cubana, emergieron grupos y personalidades más jóvenes, frescos y radicales en su enfoque libertario. Se convalidaría así la premisa según la cual la intransigencia y la firmeza cubanas ante Estados Unidos servirían de ejemplo para esa nueva generación de la izquierda hemisférica.

Sin embargo, la parte esencial de su análisis no se cumplió, y en ello se le fue la vida al Che. Las vastas masas empobrecidas de América Latina no siguieron nuevos liderazgos salidos del crisol habanero. A pesar de todos los esfuerzos y sacrificios, los partidos comunistas no se transformaron en adalides revolucionarios, ni los castristas y guevaristas que proliferaron en las universidades y selvas iberoamericanas arrastraron a las masas dejadas a su suerte por los comunistas. El Che tuvo de nuevo razón en sus análisis, mas no en su recetario. Lo admirable, que conviene subrayar una y otra vez, es la constancia y presciencia del argentino. Desde el inicio mantuvo las mismas ideas, fincadas en diagnósticos similares, ligadas a las mismas esperanzas. Donde con mayor claridad aparecerá esta visión del Che será, por supuesto, en *La guerrilla de guerrillas*, cuyo prólogo aparece desde comienzos de 1960 en el diario *Revolución*, y cuyo texto completo será editado por el Ministerio de las Fuerzas Armadas en la segunda mitad del año. La salida a la luz pública no estará exenta de contratiempos: al día sguiente de haber publicado el primer capítulo, Carlos Franqui, director del periódico, recibe una llamada de Fidel Castro pidiéndole que no salga lo demás. Franqui contesta que en todo caso se pongan de acuerdo los dos dirigentes; le informa al Che, con quien no tenía relaciones particularmente cordiales; éste acepta la negativa de Castro.[70]

Las tesis más fuertes, famosas y preñadas de consecuencias para América Latina aparecen en la primera página; el Che ya había adquirido un rigor y un orden de exposición notables. Según el autor, las tres aportaciones de la revolución cubana a la "mecánica de los movimientos revolucionarios en América" son:

1. Las fuerzas populares pueden ganar una guerra contra el ejército.

2. No siempre hay que esperar a que se den todas las condiciones para la revolución; el foco insurreccional puede crearlas.

3. En la América subdesarrollada el terreno de la lucha armada debe ser fundamentalmente el campo.[71]

A ello el Che agrega un par de advertencias, en alguna medida complementarias y a la vez contradictorias, que se volvieron, como las primeras tesis, virtuales apotegmas de la lucha armada en América Latina:

> Donde un gobierno haya subido al poder por alguna forma de consulta popular, fraudulenta o no, y se mantenga al menos una apariencia de legalidad constitucional, el brote guerrillero es imposible de producir por no haberse agotado las posibilidades de la lucha cívica... La lucha guerrillera es una lucha de masas, es una lucha de pueblo; la guerrilla como núcleo armado es la vanguardia combatiente del mismo, su gran fuerza radica en la masa de la población.[72]

Aquí el Che dejó varias lagunas conceptuales que rápidamente fueron colmadas por autores de las más variadas exégesis de los escritos del Comandante. La primera no es la más significativa, pero ilustra las dificultades de interpretación que ofrecen las consignas guevaristas, sobre todo cuando de su lectura adecuada depende la vida o muerte de muchos. De la última tesis central se puede desprender que toda América es subdesarrollada, y por ende a lo largo y ancho del continente la lucha será en el campo; o bien que en aquellas partes de América Latina donde efectivamente subsista el subdesarrollo, la guerrilla tendrá que asentarse en áreas rurales; en las que no, no. Salvo en países donde la tesis no cabía —en el Uruguay, por ejemplo, cuya capital comprende más de la mitad de la población— la tesis se interpretó de la primera forma. Entendida así, es falsa, pasajera y peligrosa. Gajos considerables de las sociedades latinoamericanas se despojarían de muchos de los rasgos del subdesarrollo —entre ellas la preponderancia de la población y pobreza rurales— en esos mismos años; otras lo harían muy pronto, y muchas vidas —entre otras las de dos entrañables amigos del Che: su escolta Hermés Peña y Jorge Ricardo Masetti, el periodista argentino— se perderían en las selvas y páramos de América Latina, habitados sólo por las guerrillas y los ejércitos.

La interpretación de la guerra en Cuba, que subyace a las tres tesis torales es, por lo menos, discutible. Prejuzga la cuestión central del debate: si la guerrilla le ganó al ejército, o si Batista perdió sin que fuera derrotado su ejército. El Che coloca todo el peso de su autoridad y habilidad en el carácter militar de la lucha en Cuba y América Latina. Presupone que, a final de cuentas, se enfrentan dos ejércitos, uno vence y el otro pierde. En los treinta y cinco años que siguieron a la publicación de *La guerra de guerrillas*, una sola vez se volvió a producir el milagro —en Nicaragua en 1979— y tampoco ocurrió de la forma como vaticinó el Che.

Además, en el texto se entrevé una flagrante contradicción conceptual. Si la guerrilla puede crear las condiciones de un foco, la ausencia de las mismas obviamente no impide el inicio de un foco. Entre otras, la vigencia de un régimen "democrático", bajo ciertas circunstancias deja de ser un obstáculo, lo cual contradice la advertencia sobre la vigencia de un régimen "democrático". En otras palabras, se pueden encender focos insurreccionales incluso en aquellos países donde impera un orden constitucional —por ejemplo Venezuela o Colombia—, ya que las condiciones de lanzamiento no tienen que anteceder al principio de la lucha. Y en efecto, muy pronto brotarán focos en todo el continente, sin mayor respeto por las precauciones iniciales del Che.

Muchas de las demás tesis ya habían sido expuestas en discursos del Che o en sus relatos de guerra. El estatuto de "revolucionario agrario", del guerrillero que reparte tierras en su travesía por la sierra o la selva; la analogía con los jesuitas ("el guerrillero es el jesuita de la guerra"); el guerrillero que sólo combate cuando posee la certeza de ganar; la transformación paulatina del ejército guerrillero en ejército regular: todos estos temas pueblan las páginas de *La guerra de guerrillas*, donde en una forma más sistematizada y clara reviven las posturas de la épica encumbrada de 1957 y 1958.

También se intercalan todo tipo de indicaciones técnicas: sobre los armamentos más apropiados, la importancia del tipo de calzado necesario para la lucha armada, etc. El texto está plagado de intuiciones o reflexiones sumamente perceptivas del Che, y de instrucciones en un elevado grado de detalle que, a pesar de su precisión, pueden confundir a más de uno. Es el caso de las indicaciones sobre los atributos físicos y anímicos óptimos del guerrillero, incluyendo la utilidad de la pipa "pues permite aprovechar al máximo, en los momentos de escasez, todo el tabaco de los cigarros o el que queda en las colillas de los puros".[73] El Che no tenía por qué saber cómo reaccionarían los miles de jóvenes universitarios que durante treinta años partirían ilusos e indefensos a la masacre, con o sin pipa: nadie es totalmente responsable de la sagacidad o inmadurez de sus lectores. Tampoco podía prever que uno de sus discípulos tardíos, el subcomandante Marcos en Chiapas, elevaría la receta de la pipa a alturas mediáticas internacionales jamás soñadas por el propio Guevara.

Entre las percepciones particularmente rutilantes, destacan pasajes como el siguiente sobre la relación inversamente proporcional entre lo desfavorable del terreno para la guerrilla y su carácter adecuado para la vida humana; ilustra la impresionante capacidad del argentino de utilizar la percepción de un neófito inteligente y culto a ámbitos generalmente reservados a especialistas ignorantes en otras materias:

> Todos los medios favorables, todas las facilidades para la vida del hombre hacen tender a éste a la sedentarización; en la guerrilla sucede todo lo contrario: mientras más facilidades haya para la vida del hombre más nómada, más incierta será la vida del guerrillero. Es que en realidad se rigen por el mismo principio [...] todo lo que es favorable a la vida humana con su secuela de comunicaciones, de núcleos urbanos y semiurbanos de grandes concentraciones de gentes, de terrenos fácilmente trabajados por la máquina, etc., colocan al guerrillero en una situación desventajosa.[74]

Otras intuiciones importantes comprendidas en el libro se refieren a la interacción entre pueblo y guerrilla que, como comprobamos en los capítulos anteriores, reviste un valor emblemático para el Che. El guerrillero y el campesino se educan y transforman mutuamente; éste instruye a aquél e influye de manera decisiva sobre él, radicalizándolo y mostrándole la realidad de su mundo. Y no faltan en el texto las referencias obligadas —y de ninguna manera falsas u obsequiosas— al liderazgo de Fidel:

> Fidel Castro resume en sí las altas condiciones del combatiente y el estadista y a su visión se debe nuestro viaje, nuestra lucha y nuestro triunfo. No podemos decir que sin él no se hubiera producido la victoria del pueblo, pero sí que esta victoria hubiera costado mucho más y fuera menos completa.[75]

Por desgracia, en lugar de considerar que no cualquiera es un Fidel Castro, y que sin un liderazgo particularmente audaz, visionario y multifacético, las perspectivas de éxito palidecen innegablemente, muchos entusiastas latinoamericanos deducirán que cualquiera podía ser Fidel Castro. Otros más, incluyendo al Che, concluirán que el talento del caudillo de extracción gallega era sustituible por otras virtudes. El error le costará la vida al Che y a innumerables adeptos de sus tesis.

Más allá de estas consideraciones y de aquellas sobre el papel de la mujer, la sanidad, el adoctrinamiento, etc., *La guerra de guerrillas* debe juzgarse por su función y sus efectos, y no tanto por su intención o su contenido puntual. Se trata de un manual, forzosamente simplificador y resumido, apto, de manera inevitable, para lecturas rápidas, entusiastas e ingenuas. Encerrará la enorme ventaja de ser a la vez accesible e inteligente, y de movilizar a sectores enteros de la juventud latinoamericana alrededor de causas justas, contra argumentos especiosos y paralizantes: para triunfar, había que atreverse; para osar, había que creer. El Che le entregó a un par de generaciones de las Américas la herramienta para creer, y el ardor que nutre la audacia. Pero Ernesto Guevara también es responsable por la cuota de sangre y de vidas que se tuvo que pagar. Sus errores incluyen el énfasis indebido en lo técnico y militar; las enseñanzas que saca de una contienda cuya película sólo observó por la mitad; la pretensión de resolver los enormes obstáculos de toda transformación social por la mera expresión de la voluntad; el desconocimiento radical por el Che de las condiciones políticas, económicas y sociales de gran parte de América Latina, empezando por su Argentina nativa y Brasil; y por último, la subestimación de su propio impacto, de su indiscutible excepcionalidad. Su muerte le permitirá ignorar cómo y por qué tantos universitarios de la emergente clase media de la región marcharon al matadero con toda inocencia. Pero sus errores constituyen culpas que pertenecen por lo menos parcialmente a su pasivo, deudas que se deben por lo menos en parte cargar a su cuenta. No fue el único responsable de los despropósitos guerrilleros de la izquierda latinoamericana, pero fue uno de los responsables.

El Che deja el Banco Nacional de Cuba en vísperas del mayor triunfo de la revolución cubana: la victoria de Playa Girón el 22 de abril de 1961. Los meses que fungió como banquero no lo marcaron físicamente, salvo por la gordura liviana que adquirió a fuerza de muchos viajes, horarios imposibles y falta de ejercicio. Aunque todo ello podría deberse a un nuevo remedio que comienza a utilizar para el asma: la cortisona. Ricardo Rojo cita al Che como fuente; al encontrarlo subido de peso, a mediados de 1961, Guevara le explica que se debe al uso de la cortisona.* Y en efecto, médicos especialistas en asma que han revisado algunas de las fotos de Guevara en esos años le detectan la "cara de luna" y sobrepeso que suelen acompañar el empleo de la cortisona. Kilos más, kilos menos, su ángel perdura y se descubre en una de las historias más embrujantes del Che. A pesar de su talante ligeramente envanecido en esos meses, de su agotamiento por el trabajo, de la enfermedad y de su acostumbrado desaseo personal, un fotógrafo cubano con genio y suerte lo capta por casualidad, un día de gloria y luto en La Habana.

De nuevo, la suerte desempeña un papel insólito en la construcción de las imágenes del Che. La placa que recorrerá el mundo, la del cartel que siete años después lo incorporará al imaginario social de una generación entera; que penetró en los dormitorios y en las pancartas de millones de estudiantes y que confirmó la prestancia crística del Che vivo, para acompañar la estampa igualmente crística del Che muerto tendido en la batea de Vallegrande, será tomada casi por accidente. Al carácter completamente natural y a la vez iconográfico deberá su éxito la foto: el Che se atravesó por el lente de Alberto Korda un instante fugaz, en ruta, como siempre, a otra parte. Korda cuenta las peripecias del azar fotográfico:

---

* "No es sebo, no, aquí no te queda tiempo." (Ricardo Rojo, *Mi amigo el Che*, Buenos Aires, Legasa, 1994, primera edición, 1968, p. 102.)

Al día siguiente de la explosión del La Coubre, se improvisó una tribuna en la esquina de 12 y 23. Fidel Castro presidía el acto donde pronunció un discurso por las víctimas del sabotaje; la calle estaba llena de gente y de flores que llovían sobre los féretros que iban pasando. Yo trabajaba como fotorreportero del periódico *Revolución*, el órgano del Movimiento 26 de Julio. Me encuentro en un plano más bajo que la tribuna, con una cámara Leika de 9 mm. Usé mi telefoto pequeño y recorrí los personajes que están en el primer plano de la tribuna: Fidel, Jean-Paul Sartre y Simone de Beavoir. El Che estaba parado atrás de la tribuna, pero hay un momento que yo paso por un espacio vacío, que está en el frente de la tribuna y de un segundo plano hacia la tribuna, emerge la figura del Che. Sorpresivamente se me mete dentro del visor de la cámara y disparo. Acto seguido, me doy cuenta de que la imagen de él es casi un retrato y tiene el cielo atrás, limpio. Viro la cámara en vertical y tiro un segundo disparo. Eso en menos de 10 o 15 segundos. El Che se retira de ahí y no vuelve. Fue una casualidad.[76]

Hacía frío ese día de marzo en La Habana; el Che portaba una chamarra de plástico con cierre que le había prestado un amigo mexicano. Atuendo inusual pues: le daba una esbeltez que ya no solía presentar. El periódico no publicó la foto de Korda; sobraban escenas pictóricas de la manifestación. Seis años más tarde, Giangiacomo Feltrinelli, el editor y militante italiano, de regreso de Bolivia camino a Milán, se detuvo en La Habana. Buscó a Korda para llevarse unas fotos del Che, convencido como estaba de que el Che no saldría vivo del trance boliviano. Sin pagar un centavo, escoge la foto de 1960 en los actos del La Coubre; semanas después, al morir el Che, produce el cartel más tachueleado de la historia, y los estudiantes de Milán comienzan a abanderar sus manifestaciones de duelo y combate con ella. Forma parte de un díptico iconográfico. Si la foto de Freddy Alborta del Che muerto en la lavandería de Nuestra Señora de Malta despojaba a millones de jóvenes de la presencia de su héroe, la de Korda les devolvía al Che vivo: con los ojos puestos en un horizonte indescifrable, el pelo al viento, el rostro despejado y limpio.

Capítulo VII
"No vale la pena morir bellamente"

El Che Guevara no nació para banquero. El 21 de febrero de 1961 es designado ministro de Industrias, un cargo que en los hechos equivale al mando sobre el conjunto de la economía cubana. Allí permanecerá hasta su despedida inicial de la isla en el invierno cubano de 1965; allí ganará sus grandes batallas ideológico-económicas; allí sufrirá sus primeras y definitivas derrotas, que lo inducirán a buscar otros caminos hacia el poder y la gloria. Quizá sabía que su reloj en el Ministerio tenía el tiempo marcado: el secretario que trabajó con él desde La Cabaña, Manuel Manresa, recuerda lo que dijo al ocupar el despacho del ministro: "Vamos a pasar aquí cinco años y luego nos vamos. Con cinco años más de edad, todavía podemos hacer una guerrilla."[1] Durante tres años, el ex médico acumulará una racha de victorias y conquistas. Le impondrá su sello al curso de la revolución cubana en casi todos los ámbitos. Son los años dorados del Che Guevara en Cuba: cuando nacen sus hijos, cuando escribe sus libros, y cuando comienza a germinar la semilla de su mito.

La salida del Banco Nacional coincide —un par de meses de diferencia mediante— con el momento de mayor resonancia y encanto de la revolución. Playa Girón o Bahía de Cochinos, como suele conocerse allende el estrecho de Florida, consagra el triunfo cubano contra la administración Kennedy y los conspiradores de Miami. Corrobora también de manera inconfundible las tesis del Che. Entre el 17 y el 21 de abril de 1961, un pequeño ejército y una numerosa milicia, intempestivamente armadas por la URSS y dirigidas con maestría por Fidel Castro y sus lugartenientes, frustran un intento audaz pero absurdo, gestado en las entrañas mismas de la Casa Blanca y de la CIA, para derrocar al régimen revolucionario. La expedición subversiva es vencida gracias al apoyo popular del régimen, a su liderazgo, a los errores de los exiliados y a los titubeos de John F. Kennedy en la Casa Blanca, pero también, según el Che, como resultado de las alianzas internacionales de Cuba.

Desde antes de la invasión, el Che vuelve a vincular la defensa de la isla al paraguas atómico de la URSS: "[Los imperialistas] saben que no pueden atacar directamente, que hay cohetes con carga atómica que se pueden poner en cualquier lado."[2] En los días previos al desembarque los veteranos de la Sierra Maestra le imprimieron el golpe definitivo al timón ideológico. En un discurso iracundo ante una tensa multitud en La Habana, en la víspera del ataque, Fidel Castro proclamó el carácter socialista de la revolución cubana, entronizando un curso consumado en realidad meses antes. Desde octubre del año anterior, el gobierno había nacionalizado, con dos ráfagas expropiatorias, prácticamente la totalidad de las empresas en manos de la burguesía cubana (el 13 de octubre, requisando 376 empresas) y de intereses estadounidenses (el 24 de octubre, adueñándose de 166 propiedades). La conversación que tuvo el aún entonces director del Banco Nacional con el azucarero más rico y poderoso de Cuba, Julio Lobo, ilustra la determinación del rumbo escogido desde octubre de 1960. Guevara convocó a Lobo al banco; allí le aclaró que "somos comunistas, y nos es imposible permitir que usted, que representa la idea misma del capitalismo en Cuba, siga como está".[3] Podía largarse o integrarse a la revolución, para lo cual el Che le ofrecía el puesto de director general de la industria azucarera del país, despojándolo obviamente de sus haciendas, pero manteniéndole el usufructo de su molino preferido. Lobo respondió que lo pensaría y tomó el próximo avión para Miami.

Formalmente, el Che no cumple una función directa en Girón y en la afirmación de la naturaleza socialista del régimen, pero su papel fue decisivo en el trazo de la ruta que llevó a sendos desenlaces. Sus tesis fundamentan las decisiones tomadas por la Dirección revolucionaria; sus vaticinios y apuestas se confirman durante esa primavera que albergaba todas las esperanzas y toleraba todos los optimismos. Dos días antes de Girón, el cosmonauta soviético Yuri Gagarin se convierte en el primer hombre en transitar por el espacio; tres meses después festejará el aniversario del asalto al Moncada en Cuba en compañía de Fidel Castro y del Che Guevara. El futuro le pertenecía al socialismo. Todo parecía posible, y muchos de los derroteros seguidos en los años subsiguientes deberán su primacía a la sensación —ineluctable, justificada, comprensible— de omnipotencia de los dirigentes cubanos. Antes de cumplir la edad de Cristo en la cruz, habían "derrotado al imperialismo". Para mediados de 1963, los errores cometidos y las imprudencias en las que ocurrieron empezarán a entreverse en la penumbra de la escasez, de las luchas intestinas y de las tensiones con la Unión Soviética. Pero durante más de dos años, el Che Guevara disfrutará una oportunidad única para un revolucionario y un intelectual: experimentar libremente con una economía, con una sociedad y, en el fondo, con la naturaleza humana. Su sitio en el firmamento iconográfico del siglo veinte, ante todo, al énfasis que le otorgó, en su fogosa ingeniería social, a este último desafío.

Todo se remonta a Girón. Desde marzo de 1960 la administración Eisenhower había iniciado los preparativos para derrocar a Castro por la fuerza; la CIA comenzó a reclutar a enardecidos exiliados en Miami y a entrenarlos en distintos parajes centroamericanos, principalmente en Guatemala. No era ninguna casualidad que las labores se desarrollaran allí mismo donde la Agencia había cosechado uno de sus mayores triunfos de la Guerra Fría: la deposición de Jacobo Arbenz siete años antes. Varios de los operadores de la nueva tentativa de sedición norteamericana, entre ellos David Atlee Phillips, habían participado en el ejercicio de 1954. Para cuando Eisenhower entrega el gobierno a John F. Kennedy el 20 de enero de 1961, ya rotas las relaciones diplomáticas con Cuba, los planes de desembarco se hallaban muy adelantados. Sólo faltaba la luz verde del nuevo gobierno de Washington para zarpar.

El esquema era relativamente sencillo, y por ello, descabellado. Partía de una suma de análisis mal hechos y tendenciosos, según los cuales la población cubana, agobiada por privaciones y el terror del régimen, aclamaría con los brazos abiertos a una expedición de exiliados con prestigio y valor. Las fuerzas armadas rebeldes, descontentas y divididas, según los informantes de la CIA, se alzarían contra el gobierno a las primeras de cambio. Bastaría que los "luchadores por la libertad" pudieran afianzar una cabeza de playa en la isla —cerca del Escambray, donde ya existía una oposición armada al gobierno—, recibir reconocimiento y refuerzos externos (es decir, de Estados Unidos) y desplegar un incansable esfuerzo propagandístico, para que cayera el régimen o, en todo caso, se enfrascara en una guerra civil.

Desde un principio, el plan preveía un involucramiento norteamericano restringido. Estados Unidos y la CIA se limitarían a organizar a los sediciosos de Miami, los armarían y los entrenarían. Los proveerían de los buques para transportarlos de Guatemala a Cuba vía Nicaragua, de los aviones que destruirían —en tierra— a la magra aviación castrista. Por último, tal vez, acompañarían la invasión a través de algunos agentes encubiertos. Pero no habría una presencia estadounidense explícita y directa. El Departamento de Estado se opuso a ella, y Kennedy, a pesar de sus eternas vacilaciones, terminó por aceptar el veto de sus consejeros diplomáticos. La participación norteamericana dependería de la consolidación de un gobierno provisional que solicitara ayuda.

Las mismas reticencias de Kennedy lo condujeron a imponer varias mutaciones en el plan inicial. Se cambió el lugar del desembarco a Bahía de Cochinos, en la Ciénaga de Zapata —una selección extraña, ya que se trataba del sitio de pesca preferido de Fidel Castro (donde se celebró la reunión con Anastas Mikoyan, citada en el capítulo anterior) y en el que el régimen revolucionario había invertido mucho dinero en vastos e ilusos proyectos de rehabilitación. Los carboneros de la zona, los únicos habitantes de la ciénaga, figuraban entre los hijos predilectos de la revolución, debido a su pobreza y marginación, y al efecto del comandante en jefe. Pero ni la CIA ni los exiliados sabían todo esto, o en todo caso, no se lo contaron a Kennedy ni a sus principales asesores.[4] Tampoco le explicaron al ingenuo ocupante de la Casa Blanca que al optar por Bahía de Cochinos se excluía una contingencia clave para los invasores, en caso de no poder resistir en la costa: refugiarse en el Escambray, como lo había hecho Castro en la Sierra Maestra.[5] La nueva cabeza de playa se hallaba a muchos kilómetros de los cerros protectores, separada de ellos, justamente, por el impenetrable pantano de la Ciénaga.

De lado norteamericano, Girón fue una trágica comedia de errores. Kennedy no detuvo el desembarco, por temor a mostrarse blando y vacilante ante los viejos guerreros de la CIA y del Pentágono; tampoco le suministró la fuerza suficiente para que prosperara. Cuando la primera embestida aérea procedente de Nicaragua fue denunciada en Naciones Unidas por el canciller cubano Raúl Roa, Kennedy condicionó el envío de la segunda oleada de bombardeos destinados a destruir en tierra a la aviación cubana a que la brigada invasora hubiera capturado la pista de aterrizaje vecina a Bahía de Cochinos. Requería de la coartada según la cual los bombarderos B-26 habían despegado de allí. Pero la brigada no podía asegurar la pista porque no tenía parque, del que carecía porque los barcos anclados en alta mar no la podían abastecer, ya que no se podían acercar a la costa, porque la aviación cubana se los impedía. Aviación cubana que debió haber sido destruida por los ataques aéreos que

Kennedy no permitió.* En el fondo, Girón, visto desde Washington, fue un gran malentendido. La CIA engatusó a Kennedy, persuadiéndolo de que la población cubana se levantaría en armas, y Kennedy a su vez engañó a su agencia de inteligencia con la verdad. Los operadores en el terreno nunca creyeron el presidente de los Estados Unidos toleraría que una fuerza expedicionaria de mil quinientos hombres armados y organizados por su gobierno fuera al matadero. Lo toleró.

Del lado cubano, Girón constituyó la prueba palpable de dos atributos innegables de la revolución: su arraigo popular y la intuición política de Fidel Castro. La dirección cubana sabía, evidentemente, de la inminencia del disparate de Bahía de Cochinos. Sus servicios de inteligencia habían infiltrado a la comunidad conspiradora de Miami, e incluso a los reclutas del exilio acuartelados en Guatemala. Cuba se alistaba para resistir, y trataba de acelerar los envíos de armas procedentes del bloque socialista. Al no llegar a tiempo los MIG-17 soviéticos ni los tanques ni transportes blindados, ni haber dispuesto del plazo necesario para entrenar a un ejército profesional en forma —las FAR incluían apenas 25 000 hombres—, Castro no tuvo más remedio que armar a la población. Jamás se hubiera atrevido a hacerlo si no contara con la certeza de su apoyo y lealtad. Los 200 000 milicianos formados en anticipación de la embestida de Bahía de Cochinos desempeñaron un papel central en la victoria. Le permitieron a Castro desplegar fuerzas ligeras y dispersas en casi todos los posibles sitios de desembarco, utilizándolos como disparadores

---

* Desde enero un memorándum de la CIA aclaraba: "La fuerza aérea y la flota naval cubana deben ser destruidas o neutralizadas antes de que los buques anfibios nuestros se acerquen a la playa. Si no es el caso, corremos el riesgo de un desastre." Como señala Wyden, el autor del libro citado: "La CIA quería un máximo de poder aéreo; el Departamento de Estado exigía una mínima presencia aérea, para mantener la ficción de que la invasión partía de Cuba." (Wyden, *Bay of Pigs, The Untold Story*, Nueva York, Simon and Schuster, 1979, p. 135.)

de alarma. La preparación de las milicias estuvo a cargo, en buena medida, del Departamento de Instrucción de las FAR, capitaneado desde 1960 por el Che. En este sentido, el aporte guevarista a la victoria, si bien indirecto, fue singular y crucial. Sin las milicias, la estrategia militar de Castro era inviable; sin el Che, los milicianos no hubieran sido confiables.

Como ha dicho un historiador norteamericano, Castro tuvo el instinto político necesario para "creerle a Kennedy cuando éste excluyó firmemente el uso de fuerzas de Estados Unidos contra Cuba".[6] Comprendió que el plan de la Casa Blanca consistía en reproducir la experiencia guatemalteca: una invasión indirecta, una cabeza de playa, la formación de un gobierno provisional, y la extensión de ayuda y reconocimiento. Para malograr la maniobra, Castro intuyó que era preciso desarticular a la fuerza invasora de inmediato, antes de que todo eso pudiera suceder; para ello, había que concentrar toda su fuerza en el lugar de la invasión lo más pronto posible. Asimismo, debía aprovechar la minúscula fuerza aérea a su disposición —quince viejos y destartalados B-26, tres T-33 de entrenamiento, y seis Sea Furies— para hundir o alejar a los barcos de abastecimiento de los expedicionarios, obligando a éstos a prescindir de refuerzos, comunicaciones, parque y combustible para sus vehículos anfibios. En buena medida, la batalla de Playa Girón se ganó en el aire.

Ciertamente, Castro también había formulado planes estratégicos para defender a Cuba de una incursión estadounidense como tal: Raúl Castro quedaba a cargo de la provincia de Oriente, Juan Almeida del centro de la isla, y Ernesto Guevara de Pinar del Río, La Habana y el occidente en general. De allí que el Che no tuviera mayor injerencia en los combates de Girón propiamente dichos. Además, en las primeras horas de la agresión se le va un balazo en la comandancia de Consolación del Sur, en Pinar del Río, atravesándole la mejilla y debilitándolo varios días; pasará casi 24 horas en el hospital. Castro, convencido como estaba de que Girón era el principal teatro de operaciones de los contrarrevolucionarios, desde el segundo día concentró allí la totalidad de sus fuerzas. Se jugó el todo por el todo en Bahía de Cochinos, y ganó. Los cubanos de la isla perdieron 161 hombres; los de Miami 107, pero 1 189 pertenecientes a la infortunada brigada fueron tomados presos. Más adelante Castro los canjeó a Kennedy por 52 millones de dólares en comida y medicinas.

Meses más tarde, medio en broma, medio en serio, el Che Guevara le agradeció el fiasco de Playa Girón al enviado de Kennedy a la Conferencia de Punta del Este: "Gracias a ustedes pudimos consolidar la revolución en un momento particularmente difícil."[7] Tenía razón: Girón le permitió al régimen cerrar filas y apretar tuercas, montar el formidable aparato de vigilancia y seguridad que serían los Comités de Defensa de la Revolución y el Ministerio del Interior, y al mismo tiempo tildar a cualquier adversario como agente o títere de Washington. Como lo informó el embajador de la Gran Bretaña al Foreign Office:

> Fidel Castro logró en 1961 conducir a su país firme y verdaderamente al campo comunista contra los deseos y los instintos de la mayoría de su población. Éste fue un *tour de force* que, yo creo, ni siquiera el prodigioso Fidel Castro hubiera podido efectuar si no fuera por ese modelo de desastre que fue la invasión de abril, una operación que, vista desde aquí, hizo que la campaña de Suez (de 1956-JGC) pareciera un *picnic* exitoso [...] Dudo si alguna vez el prestigio de los Estados Unidos haya estado más bajo que aquí poco después de la invasión.[8]

Entre el 15 y el 17 de abril más de cien mil personas fueron detenidas en La Habana: el Teatro Blanquita, La Cabaña, el parque de béisbol de Matanzas y el Castillo del Príncipe se colmaron de presuntos conspiradores contra el régimen. Sus principales dirigentes —varias decenas— fueron fusilados en esos mismos días, o poco después. Se acentuó la deriva hacia la cerrazón y "el dogmatismo", como se llamó después. El Che le confiaría al embajador soviético: "Los órganos de contraespionaje cubano iban a reprimir decididamente a los contrarrevolucionarios y no les permitirían levantar la cabeza de nuevo como había sucedido en vísperas de la agresión."[9] Se formalizó la alianza con el Partido Socialista Popular, que rápidamente se aprovechó de la decisión de formar el nuevo partido denominado Organizaciones Revolucionarias Integradas (ORI) para hegemonizarlo. Y como anotó el embajador inglés, cuyas observaciones no tienen desperdicio:

> Una red interconectada de comités revolucionarios y de organizaciones tales como los Comités de Defensa de la Revolución, la Juventud Rebelde, las Asociaciones de Mujeres Revolucionarias, han surgido en todo el país, creando células en las fábricas, en las granjas colectivas, en el ejército, en las milicias y los sindicatos. La evidencia nos muestra que han desempeñado sus funciones con mucha más resolución, orden y disciplina que lo que se hubiera esperado de los cubanos. A través de ellas, el gobierno opera y organiza todo, desde la campaña de alfabetización hasta las protestas en los pueblos, desde la aplicación de las medidas de seguridad contra los contrarrevolucionarios hasta la distribución de las libretas de racionamiento. Gracias a ellas el gobierno se mantiene cerca del pueblo y sabe lo que piensa. Corrige así los "pensamientos equivocados" antes de que se extiendan y utiliza todo tipo de medios, justos e injustos, para persuadir a todos de la causa.[10]

Pero antes que nada, Girón permitió consolidar un rumbo económico y político, y desafiar con vigor a Estados Unidos ante el resto de América Latina. Precisamente en este último ámbito, el Che tendrá a su cargo una doble tarea. En primer lugar encabezará la delegación cubana a la Conferencia de Punta del Este, donde Douglas Dillon, secretario del Tesoro de John F. Kennedy, anuncia los detalles de la Alianza para el progreso, lanzada con gran pompa el 13 de marzo de 1961. En Uruguay, el virtual hijo pródigo fungirá como oráculo de la denuncia: fuerte tras la victoria de Playa Girón, le corresponderá censurar no sólo a Dillon y al supuesto Plan Marshall para la región, sino a los gobiernos latinoamericanos timoratos y sumisos. En segundo lugar, llevará la encomienda de Fidel Castro de buscar un diálogo con algún representante de la administración Kennedy, de preferencia entre los jóvenes "genios" procedentes de las universidades. El Che desahogará ambas faenas con aplomo y destreza, y al mismo tiempo con la hipérbole y la intransigencia que ya lo caracterizaban.

La decisión de acudir a la reunión interamericana se tomó desde antes. El Che se la comunica al embajador soviético Kudriavtsev desde el 26 de julio, aunque le pide que la mantenga en secreto. Le expone su intención de contrastar en su discurso la asistencia soviética a Cuba con la que proclamaría Kennedy a través de su enviado.[11] En su designación como jefe de la delegación imperó la misma dinámica que en los viajes anteriores. El Che era el único dirigente de máximo nivel de la revolución, además de Castro, que podía satisfacer todos los requisitos de la figuración internacional; Raúl Roa, el canciller, a pesar de su prestigio intelectual, carecía de la estatura interna o internacional para un papel de esa envergadura. Además, el Che se deleitaba en ello: las misiones al exterior le encantaban. Le permitían establecer diversos contactos, frecuentar personalidades diferentes y alejarse de la rutina burocrática de Cuba.

Guevara había captado la lógica de Washington. Si la revolución cubana constituía una amenaza mayor para los intereses de Estados Unidos en América Latina, éstos debían tolerar un mal menor para evitar que el mal mayor se repitiera. Dicho mal menor consistía ante todo en la trasferencia de recursos y, en una escala más pequeña, en impulsar reformas políticas y sociales tendientes a desactivar los ánimos insurreccionales en el continente. Las instrucciones secretas para la delegación norteamericana reflejaban una inspiración idéntica a la que el Che había previsto casi un año antes en su conversación con el embajador soviético en La Habana:[12]

1. Darle una asistencia prioritaria a América Latina, sobre todo durante los próximos diez años, para mejoras en la educación y la salud, para reformar el sistema y la administración tributarias, la vivienda, una mejor y más equitativa utilización de la tierra, la construcción de carreteras y otras instalaciones públicas, establecer empresas productivas y mejorar la distribución del ingreso. 2. Otorgarle una atención especial a las mejoras en las zonas rurales y en las condiciones de vida de los grupos indígenas y campesinos. 3. Instar y ayudar a todos los países a establecer planes de desarrollo equilibrados y de largo plazo.[13]

El Che comprendió que la estrategia no carecía de ingenio, y por ello se vio obligado a diseñar una réplica a la vez ambiciosa y eficaz. Lo hizo en consonancia con la época, y con sus convicciones sobre las perspectivas de éxito de la economía cubana. Recordémoslo: es la era en que Nikita Khruschev amenaza con "enterrar" a los americanos, y con superar dentro de diez años la producción estadounidense de acero (producto considerado entonces por la URSS como el paradigma de la modernidad industrial). Es el momento en que la tesis sobre la coexistencia pacífica, ideada por el Kremlin, desata una competencia feroz entre las dos superpotencias, ante todo en materia económica. De allí la lógica del Che en Punta del Este: el terreno en el que Cuba más claramente superaría, en su opinión, a los demás países de América Latina mientras no consumaran su propia revolución, sería el económico. Gracias a la revolución, al socialismo y a la ayuda de la URSS, la isla alcanzaría niveles de desarrollo y bienestar insospechados para las demás naciones de la zona, a pesar de la presunta "asistencia" norteamericana. El Che escogerá este terreno porque era el predilecto de los marxistas de su tiempo, porque era el que le había sido encomendado, y porque ante los lacerantes dilemas de América Latina, parecía el campo idóneo para la contienda.

El avión del Che aterriza en Montevideo el 4 de agosto. Lo aclama una manifestación —multitudinaria según algunos; decepcionante, de acuerdo con otros— de jóvenes que lo escoltarán en caravana hasta el balneario de la oligarquía rioplatense, normalmente cerrado en el invierno austral. Es una especie de regreso triunfal a casa: de la Argentina vienen a verlos sus padres, hermanos, amigos y amigas de la escuela o la universidad. Como lo recuerda una de sus conocidas de su juventud que lo fue a visitar a Punta del Este:

> Preguntó por todos los amigos, por toda la gente que él quería; qué habían hecho, qué no habían hecho; por *Chichina*, por estos señores viejos, los tíos de *Chichina*, me preguntó mucho. Y bueno, por algunos amigos con los que él tenía algún tipo de unión, no me preguntó por todos, sino por los que le interesaban.[14]

De nuevo no lo acompaña Aleida. Se atrevió a dejarlo solo en manos de su madre y de los recuerdos amorosos de juventud. Según el memorándum secreto que Richard Goodwin le escribió a John F. Kennedy sobre su encuentro con el Che, al llegar éste a la fiesta donde conversaron "las mujeres se le echaron encima".[15] Los días en el Uruguay revestirán también, pues, ese rasgo: el reencuentro con la familia y los amigos de antaño, en medio de interminables tertulias y conspiraciones en las suites y salones de los hoteles y casinos de Punta del Este.

El discurso del Che en la Conferencia del Consejo Interamericano Económico y Social mostró varias aristas dignas de mencionar. La primera fue sin duda su insistencia en remover el cuchillo en la herida: una y otra vez Guevara les recordó a los delegados latinoamericanos que los fondos que eventualmente lograran arrancarle a Estados Unidos se los debían, de manera fundamental, a la revolución cubana:

> Esa nueva etapa comienza bajo el signo de Cuba, territorio libre de América, y esta conferencia y el trato especial que han tenido sus delegaciones y los créditos que se aprueben, tienen todos el nombre de Cuba, les guste o no les guste a los beneficiarios.[16]

Tenía toda la razón, pero esta verdad difícilmente podía congraciar al representante de Cuba con las demás delegaciones de América Latina. Enseguida comparó la cifra de recursos anunciada por Douglas Dillon —veinte mil millones de dólares a lo largo de la próxima década, una suma a la sazón astronómica— con el monto propuesto por Fidel Castro —treinta mil millones— en un discurso pronunciado en Buenos Aires dos años antes. Anotó que con "un poquito más que se empuje y llegamos a los 30 mil millones", para luego advertir que por el momento el Congreso de los Estados Unidos sólo había aprobado quinientos millones de dólares de financiamiento para la Alianza para el Progreso. La tónica era escasamente diplomática, pero eficaz. En el fondo, decía el Che, Estados Unidos ha entendido que la alternativa para América Latina es dinero o revolución, y esa disyuntiva favorece incluso a gobiernos entreguistas como los allí representados, a condición de que no se dejaran esquilmar por los "yanquis". Lo cual sin embargo sucedería de cualquier manera; por ello, en la opinión del Che, la Alianza desembocaría en un fracaso rotundo a mediano plazo.

Una segunda reflexión guevarista que resultaría premonitoria residió en su pliego petitorio. Fue una de las primeras ocasiones en que se planteó la agenda de lo que por años fue la aspiración de muchos países del Tercer Mundo, con independencia de su signo ideológico. Por primera vez un país del mundo en desarrollo presentaba una agenda económica internacional dirigida al mundo industrializado en su conjunto, y a nombre del llamado Tercer Mundo en su totalidad. La lista incluía precios estables para las materias primas exportadas por los países pobres; acceso a los mercados ricos y reducción de aranceles y de barreras no arancelarias; financiamiento desprovisto de condicionamientos políticos; pactos de asistencia financiera y técnica, etc. No había nada allí que organismos como la CEPAL, representada en la conferencia por Raúl Prebisch, compatriota del Che y virtual fundador del desarrollismo latinoamericano, no hubiera propuesto anteriormente. Ni tampoco difería mucho el planteamiento de la retahíla de demandas que esgrimirían diversos gobiernos del Tercer Mundo en los años por venir. Pero la elocuencia guevarista, y la explicitud y precisión con las que pronunció su alocución le prestaban un carácter excepcional. Según el informe secreto de Dillon a Kennedy:

> Señor presidente: el discurso de Guevara fue una presentación magistral del punto de vista comunista. Claramente identificó a Cuba como un miembro integral del bloque, hablando de nuestras hermanas repúblicas socialistas. Dado que atacó a la Alianza para el Progreso en su totalidad y todo lo que la conferencia se propone realizar, no causó mayor impresión entre los delegados. Sin embargo, Guevara se dirigió, por encima de los delegados, a los pueblos de América Latina, y desde aquí no podemos juzgar el éxito que tenga en ese empeño.[17]

El meollo del discurso del Che consistió en su enfoque comparativo y en sus pronósticos exaltantes y desorbitados:

> La tasa de crecimiento que se da como una cosa bellísima para toda América es de 2.5%... Nosotros hablamos

de 10% de desarrollo sin miedo alguno... ¿Qué piensa tener Cuba en 1980? Pues un ingreso per capita de 3,000 dólares, más que Estados Unidos actualmente... Que se nos deje en paz; que nos dejen desarrollar, que dentro de veinte años vengamos todos de nuevo, a ver si el canto de sirena era el de Cuba revolucionaria o era otro.[18]

En general, el pronunciamiento del Che fue moderado y conciliador. Repetidas veces, a lo largo de los diez días durante los cuales transcurrió la conferencia, enfatizó la disposición de Cuba de permanecer dentro de la comunidad interamericana, de ser incluida en la recién creada Asociación Latinoamericana de Libre Comercio (ALALC), de no provocar el fracaso de la Alianza, y de procurar un entendimiento con Estados Unidos. Llegó incluso a la media verdad (o franca mentira, según se prefiera) en su afán negociador, razonable y diplomático: "Lo que sí damos es garantía de que no se moverá un fusil de Cuba, de que no se moverá una sola arma de Cuba para ir a luchar a ningún otro país de América."[19]

En todo caso la promesa se podría cumplir en el futuro, ya que, en el pasado inmediato, había sucedido exactamente lo contrario, y bajo la supervisión directa del Che. Tampoco, por cierto, se ceñiría a la verdad en los meses y años venideros: se encontraban ya en curso los preparativos para diversas incursiones guerrilleras en Venezuela. Los cubanos podrían argumentar, como lo hicieron, que su promesa dependía del respeto norteamericano a otros principios, y que el incumplimiento estadounidense justificaba el suyo. Pero en esa ocasión sí se abrió una brecha desacostumbrada entre la retórica del Che y su propio conocimiento de los hechos.

Más allá de los mecanismos de autoconvencimiento que los cubanos siempre han utilizado para justificar las oscilaciones de sus posturas, el hecho es que el mandato del Che en Punta del Este incluía claramente el intento de suavizar el enfrentamiento con Washington y con el resto de América

Latina, ya sea en la realidad, ya sea a ojos de terceros. El discurso era, en efecto, prudente en relación con Estados Unidos, sobre todo en comparación con las expectativas —desmesuradas, como siempre— que la prensa internacional había levantado. Se temía que allí mismo el Che empuñara una ametralladora y amedrentara a los delegados; que lanzara un llamado a la insurrección continental; y que maldijera el día en que Estados Unidos había nacido.* El mismo jefe de la delegación norteamericana parece haber concluido que la moderación del Che le redituó de manera significativa entre los latinoamericanos, atribuyéndola a motivos muy precisos:

> Guevara no ha podido trastocar la conferencia, pero no creo que ése haya sido su objetivo. Al mantener posiciones relativamente moderadas en las sesiones de trabajo, ha dificultado considerablemente cualquier acción de corto plazo siguiendo las ideas colombianas (de censurar a Cuba en la OEA por aliarse a la URSS-JGC). Estoy convencido que ésta fue su principal meta aquí y temo que haya cosechado un éxito considerable.[20]

Un propósito análogo puede haber suscitado el encuentro del Che con Richard Goodwin, el joven asesor de Kennedy enviado al balneario del Atlántico Sur como miembro subalterno de la delegación estadounidense. Aunque la existencia de la reunión fue publicitada casi de inmediato, el contenido sólo fue parcialmente revelado en 1968 por Goodwin en un artí-

---

* Un discurso del Che pronunciado días antes de Girón justificaba en alguna medida ese temor. Se refirió a los norteamericanos como "los nuevos nazis del mundo [...] no tienen ni siquiera la trágica grandeza de aquellos generales alemanes que hundieron en el holocausto más grande que conoce la humanidad a toda Europa y que se hundieron ellos en el final apocalíptico. Esos nuevos nazis, cobardes, felones, y mentirosos [... han sido] vencidos por la historia." (Ernesto Che Guevara, "Discurso a las milicias en Pinar del Río, 15 de abril de 1961, en *Escritos y discursos*, La Habana, Editorial de Ciencias Sociales, 1977, t. 5, p. 73.)

culo publicado en *The New Yorker*. Y debieron pasar más de treinta años para que fuera desclasificado el memorándum de Goodwin a Kennedy informando de su conversación con el Che. La historia que sigue se basa en dicho memorándum.

La iniciativa provino del bando cubano.* Todo empezó cuando un diplomático argentino transmitió a Goodwin un clásico reto guevarista: "El Che ve que a usted le gustan los puros; a que no se atreve a fumar habanos de verdad, de Cuba". Goodwin respondió que con gusto, sólo que ya no había en Estados Unidos. Esa noche fueron entregadas en su habitación dos magníficas cajas de caoba repletas de los habanos más finos, una para él, la otra más elaborada y con el sello de la República de Cuba, para el presidente Kennedy.** Las acompañaba una tarjeta del comandante Ernesto Guevara. Al día siguiente Goodwin recibió un mensaje del Che: deseaba hablar con él.[21]

En varias ocasiones durante la Conferencia, diversos intermediarios procuraron juntar a Guevara y a Goodwin. Se programó una reunión para el último día del cónclave, pero Douglas Dillon la prohibió. El grado de animosidad pública entre los dos países, sobre todo cuando Cuba se negó a votar la declaración final, imposibilitaba un acercamiento. Ya al clausurarse la conferencia, se realizó otra tentativa —esta vez fructífera— en Montevideo durante un convivio ofrecido por un diplomático brasileño. Allí se produjo el encuentro entre los dos funcionarios, primero en presencia de varios testigos, luego a solas en una pequeña sala del departamento del anfi-

---

* Uno de los periodistas presentes al comienzo de la reunión, el francés Daniel Garric de *Le Fígaro*, afirmó que "el presidente Kennedy había buscado ese encuentro y que Guevara no había puesto ninguna dificultad." (Daniel Garric, citado en Gregorio Selser, *Punta del Este contra Sierra Maestra*, Buenos Aires, Hernández, 1969, p. 111.)

** Goodwin aún conserva la caja destinada a Kennedy en su casa de Concord Massachusetts; la expuso en su oficina de la Casa Blanca y en el Departamento de Estado el tiempo que trabajó allí. (Richard Goodwin, entrevista con el autor, Concord, Massachusetts, 5 de mayo, 1995.)

trión brasileño. La plática duró tres horas, incluyendo un breve periodo de banalidades, saludos y despedidas.

De acuerdo con el enviado de Kennedy, fue el Che quien condujo la reunión. Goodwin se limitó a escuchar y a tomar nota de las palabras de su interlocutor, para informar a Kennedy. Guevara se expresó de manera "desapegada", sin polémicas, propaganda o insultos, y de vez en cuando con humor. En su memorándum, el norteamericano subraya que el Che "no dejó ninguna duda que se sentía completamente libre de hablar a nombre de su gobierno, y rara vez deslindó sus observaciones personales de la posición oficial del gobierno cubano. Tuve la impresión de que había preparado cuidadosamente sus palabras; las organizó muy bien".[22]

El Che empezó aclarando que Estados Unidos debía entender que el proceso cubano era irreversible y socialista; que no podía ser derrotado ni mediante rupturas o divisiones internas, ni por ninguna otra forma que no implicara una intervención militar directa. Habló del impacto de la revolución en América Latina; advirtió que Cuba proseguiría con el acercamiento a los países del Este, basado en la "simpatía natural que existía y en las convicciones comunes sobre la estructura adecuada del orden social". Reconoció enseguida las dificultades de la revolución: la "contra" y el sabotaje; la pequeña burguesía hostil al proceso; la Iglesia Católica; la escasez de refacciones debido al conflicto con Estados Unidos y la falta de divisas. Aceptó en particular los desequilibrios que enfrentaba Cuba, ya en ese momento, en sus cuentas externas; habían acelerado en exceso el proceso de desarrollo y las reservas en divisas se desangraban peligrosamente. Cuba no podía importar los bienes de consumo básicos que su población requería.[23]

Como era previsible, Guevara manifestó que Cuba deseaba alcanzar un *modus vivendi* con Washington, y para ello estaría dispuesta a dar una serie de pasos significativos. Entre ellos, destacaban el pagar con bienes comerciables los activos expropiados a ciudadanos norteamericanos (un tema aún pendiente treinta y cinco años después, *dixit* Helms-Burton); no establecer alianzas militares o políticas con el bloque socialista; celebrar elecciones libres en Cuba una vez que se hubiera institucionalizado el partido "único"; incluso, aseguró el Che, entre risa y risa, comprometerse a "no atacar Guantánamo". Hasta allí nada nuevo. Lo inédito surgió en torno al tema del fomento a la revolución en el resto de América Latina. A sabiendas de que hablaba frente a diplomáticos de Brasil y Argentina, el Che, sin jamás aceptar que en efecto Cuba había armado, entrenado y patrocinado a grupos guerrilleros en otros países, sugirió que entendía perfectamente que cualquier arreglo con Washington implicaría la suspensión de tales actividades. En su caso, Cuba abordaría el tema en ese entendido.

Al volver a Washington al día siguiente, Goodwin se entrevistó con Kennedy, a quien le relató lo ocurrido y a instancias de quien redactó el memorándum ya citado. Circuló en los más altos niveles del gobierno de Estados Unidos, pero, según Goodwin, Kennedy nunca le respondió explícita y formalmente.[24] El memorándum recomendaba una política más matizada de Estados Unidos hacia Cuba —menos "obsesiva"— pero basada aún en acciones encubiertas y "de sabotaje de puntos álgidos de plantas industriales como las refinerías" y "estudiando el problema de una guerra económica contra Cuba". Sugería la continuación de presiones económicas, de maniobras militares y de desinformación, y de propaganda.[25] Pero también instaba a que se mantuviera el diálogo "subterráneo" con Cuba, arguyendo que si hasta el Che —el comunista más convencido del gobierno cubano— se proponía explorar la posibilidad de diálogo con Estados Unidos, "tal vez había otros líderes cubanos aún más dispuestos a llegar a un entendimiento con Estados Unidos". Ello permitiría descubrir, quizás, la existencia de "escisiones en el liderazgo máximo".

La iniciativa cubana nunca prosperó, surgió en un momento inoportuno para Kennedy. El gobierno de Rómulo Betancourt en Venezuela se hallaba asediado por la izquierda y los militares, y una reconciliación entre Cuba y Estados Unidos hubiera fortalecido a la izquierda y provocado un golpe de Estado. Además, Castro se había fortalecido demasiado y cualquier signo de distensión con él habría sido interpretado como un triunfo suyo, "obligando a Estados Unidos a resignarnos a la existencia de un gobierno comunista, antiamericano en América Latina, lo cual hubiera aumentado el atractivo de otros movimientos en otras partes".[26]

Mientras los cubanos no abran sus propios archivos —suponiendo que existan— y los últimos personajes con vida y conocimiento de causa permanezcan callados, no sabremos con exactitud cuáles fueron las intenciones de Fidel Castro y el Che Guevara al buscar el diálogo con Washington. Guevara ciertamente menospreció el significado de la reunión al volver a Cuba e informar de su misión:

> Nosotros fuimos invitados por unos amigos brasileños a una pequeña reunión íntima, y allí estaba el señor Goodwin. Tuvimos una entrevista, que fue más bien personal, entre dos huéspedes de una tercera persona [...] sin representar en ese momento a nuestros respectivos gobiernos. Ni yo estaba autorizado para tener ningún tipo de conversación con un funcionario norteamericano, ni él tampoco [...] En fin, fue un intercambio corto, cortés, frío, como corresponde a dos funcionarios de países oficialmente enemigos, ¿verdad?, pero que no tenía la mayor trascendencia hasta que algún periodista o funcionario la dio a la publicidad. Eso fue todo.[27]

Extraña que alguien como el Che, que pocos meses antes de Girón le había asegurado al embajador soviético en La Habana que cualquier reencuentro cubano con Estados Unidos perjudicaría la causa de la revolución en América Latina, de repente mudara drásticamente de opinión. Asimismo, resulta difícil creer cómo Fidel Castro pudo pensar que después de

Bahía de Cochinos, Kennedy se encontraría dispuesto, por algún motivo bizarro, a aceptar el *modus vivendi* con Cuba que justamente había rechazado al llegar a la presidencia. La explicación de la CIA, así como la de Douglas Dillon, del giro en la postura cubana —aunque no del encuentro con Goodwin— consistió en especular que Castro buscaba evitar el aislamiento cubano dentro de la región. Le atribuían poder explicativo igualmente a la creciente crisis económica por la que atravesaba Cuba.[28] Sin descartar una cierta novatez o ingenuidad persistente en el seno de la dirección cubana, podemos especular que la verdadera razón del empeño por hablar con Goodwin y de mandar el mensaje a la Casa Blanca yacía en otra parte. Posiblemente consistía ya sea en un intento por convencer a los gobiernos del Brasil y la Argentina —cuya postura sería decisiva en las próximas deliberaciones de la OEA tendientes a condenar a Cuba— de la buena voluntad isleña para con Estados Unidos; ya sea en la insistencia soviética de que Cuba hiciera todo lo posible por avenirse con Estados Unidos antes de ingresar en el campo socialista y ampararse contra toda agresión con el paraguas atómico de Moscú.

Khruschev no vio con buenos ojos la declaratoria fidelista del carácter socialista de la revolución en abril. La inteligencia norteamericana informó que, durante su visita a Moscú a finales de 1960, el Che le había solicitado misiles a Khruschev, pero éste rechazó tajante la petición.[29] Las profesiones de fe marxista-leninista de Castro, elípticas el 26 de julio de 1961, y brutalmente explícitas el 1 de diciembre de ese mismo año, despertaron escaso entusiasmo en Moscú. Al tiempo, crecía el escepticismo en la capital rusa sobre la sagacidad de la decisión de echarse a cuestas la tambaleante economía cubana. Resulta factible suponer entonces que, antes de precipitarse a una aventura, Moscú presionara a los cubanos para que agotaran todas las opciones de diálogo con Washington, sobre todo apenas un par de meses después de la fracasada reunión en la cumbre de Viena entre Kennedy y Khruschev. En esta hipótesis, Castro y el Che, en lugar de oponerse a la recomendación soviética, la siguieron al pie de la letra. Dieron como prenda de su buena disposición la presencia del Che, el más antinorteamericano de los dirigentes de la isla, en los esfuerzos para entablar el diálogo con Washington, y la elección de una oportunidad discreta, propicia y a la vez inocultable, para llevar a cabo la gestión. Incluso resolvieron que el Che le expusiera planteamientos sensatos a su interlocutor estadounidense, en vista de la eventualidad de que los propios norteamericanos informaran a los soviéticos, por una vía u otra, del tenor de la conversación. Cuando después de tanto empeño se comprobara que no había nada que hacer, Khruschev carecería de argumentos para rechazar las demandas de ayuda de Cuba.

Existen interpretaciones alternativas. Entre ellas figura aquella vinculada con las siguientes etapas del periplo del Che Guevara por América Latina, el único que realizaría en la región antes de hundirse en la ratonera boliviana. De Montevideo partió, dizque en secreto, a su Buenos Aires querido: una visita relámpago de un día para entrevistarse con el presidente Arturo Frondizi. Circuló la versión de que antes de Playa Girón, Frondizi, junto con su colega brasileño, Janio Quadros, había propuesto al mandatario norteamericano una mediación con Cuba. No rindió frutos la iniciativa, pero sentó un precedente. De allí que el propio Frondizi, al comprobar la moderación del Che en sus discursos, haya pensado que la ocasión era venturosa para lanzar un nuevo intento mediador. La entrevista duró setenta minutos, el 18 de agosto, en la residencia presidencial de Olivos. Acto seguido el Che se despachó un buen bife argentino en compañía de la esposa y la hija de Frondizi, para después dedicar unos minutos a visitar a su tía Maria Luisa y luego volver, como vino, a Montevideo, de donde partió de inmediato al Brasil. El sigilo convenido se mantuvo, por lo menos ese día; veinticuatro horas después estalló el escándalo, provocando por lo pronto la renuncia del canciller argentino. A tal punto suscitó controversias el paso fugaz del Che Guevara por la ciudad de su juventud, que el golpe de Estado que derrocara menos de un año más tarde a Arturo Frondizi fue atribuido por muchos a su visita.

En una declaración en 1992, Frondizi aseguró que John F. Kennedy le había pedido que se reuniera con el Che, ya que el presidente norteamericano quería "recomponer la relación con Cuba después del fracaso de Bahía de Cochinos. Tanto Kennedy como Quadros y yo creíamos que Guevara era un comunista amigo de Estados Unidos, mientras que Fidel Castro era el hombre de la URSS".[30] Análisis insólito y dudoso: nada indica que Kennedy pensara algo por el estilo. Por su parte Janio Quadros, quien condecoraría al Che con la Gran Orden del Cruzeiro del Sur en Brasilia un par de días después, también sufriría de la *gettatura* del cubano errante. Renuncia a la presidencia del Brasil una semana más tarde, en un gesto extraño, pasional y nunca claramente explicado. El recién publicado relato de su jefe de prensa ilustra tanto las complicaciones políticas del momento como el comportamiento del Che en estas ceremonias:

> Janio saludó rápidamente al ministro revolucionario de Cuba que, en un uniforme simple, cansado y somnoliento —había viajado toda la noche—, no parecía estar a gusto en la ceremonia. El presidente le pasó el collar por el cuello y le entregó la caja con el diploma y la medalla. Guevara agradeció con pocas palabras. Después se produjo un silencio constreñido. Janio invitó al ministro a entrar a su despacho y, percibiendo la incomodidad del homenajeado, se volteó para su jefe de protocolo y le dijo: "Ministro, quítele ese collar a Guevara." Al día siguiente comenzaron los rumores —que se confirmarían después— según los cuales varios militares se proponían devolver sus condecoraciones al gobierno en protesta por el tributo a Guevara.[31]

Al cabo de una ausencia de más de dos semanas el Che vuelve a La Habana. Allí enfrenta nuevos y más graves retos para la revolución. Uno —el más importante— consiste en la vara con la que el Che había declarado en Punta del Este que Cuba quería ser juzgada: el desempeño de su economía. Empezaba a hacer agua. El otro era político, e involucraba el enorme desafío de institucionalizar el poder revolucionario a través de la creación de un partido, único y vertical.

A partir de Girón, Castro y los dirigentes revolucionarios echan a andar un arduo proceso de construcción de un partido. En julio de 1961, Fidel Castro anuncia la formación de las organizaciones revolucionarias integradas u ORIS, constituidas por la confluencia de tres corrientes: el Movimiento 26 de Julio, el Directorio Estudiantil Revolucionario —o lo que sobrevivía de él— y el Partido Socialista Popular. En su discurso del 26 de julio, Fidel bautiza al partido de presumible creación inminente con el nombre preciso pero no muy lírico de Partido Único de la Revolución Socialista. No obstante los llamados de Castro, corre el tiempo y el mentado partido no aparece, aunque el trabajo organizativo comienza a desarrollarse. Sólo que en manos de los organizadores disponibles, a saber los comunistas del PSP, ya que los del 26 de Julio y del Directorio que permanecían en Cuba se dedicaban a actividades de gobierno o de defensa. Y los comunistas, encabezados por Aníbal Escalante, segundo jefe de toda la vida, se propusieron construir, justamente, un partido comunista a la vieja usanza. Fueron acaparando el poder y los hilos de la organización; fijaron las reglas del juego y llenaron los principales puestos con hombres de su confianza. Castro comenzó a alabarlos en público de manera desconcertante, y confesó, sin gran verosimilitud, su definitiva conversión al "marxismo-leninismo" en diciembre de 1961. Cuando a finales de enero de 1962 Cuba es suspendida como miembro de la OEA en una nueva reunión en Punta del Este, el caudillo lanza la Segunda Declaración de La Habana, y reitera, con mayor vehemencia que nunca, el carácter socialista de la revolución.

Las disputas dentro del movimiento revolucionario sobre la composición, naturaleza y destino del nuevo partido se intensifican. El 9 de marzo se designa la primera junta directiva de las ORI: trece fidelistas y diez comunistas, pero entre los primeros, posiblemente varios le guardaban mayor lealtad al Partido que a Fidel. Durante las próximas semanas suceden varios balbuceos de conformación de la dirigencia máxima que, junto con una secuencia de incidentes públicos, así como una ausencia de varias semanas de la palestra de Fidel, Raúl y el Che, reflejan una lucha interna descarnada.*

Concluyó el 27 de marzo, cuando Castro desata una violenta diatriba contra Aníbal Escalante, acusándolo de haber incurrido en todos los vicios políticos imaginables, agrupados bajo el pecado del "sectarismo". Fue destituido de la dirección de las ORI, y se produjo en términos generales un modesto aflojamiento de la línea dura, ortodoxa, en una palabra, estalinista, que había imperado en Cuba desde meses atrás.

El Che nunca vio con buenos ojos la creación de las ORI bajo la férula del PSP y de Escalante. Junto con Juan Almeida, Raúl Castro y Osmany Cienfuegos, participó de lleno, aunque con la máxima discreción, en el grupo investigador de la

---

* Un embajador occidental bien informado describió así el desenlace del conflicto en su informe confidencial a su capital: "La evidencia sugiere que el periodo de retraimiento de la luz pública fue utilizado por Castro tanto para movilizar el apoyo de sus seguidores personales como para demostrarles a los viejos comunistas que no podían mantenerse en el poder sin él. Por fin como solución de transacción, a los viejos comunistas les entregó posiciones importantes en la esfera económica, sobre todo a Carlos Rafael Rodríguez en el INRA, mientras que los nuevos comunistas (los fidelistas-JGC) recibieron una clara mayoría en la dirección de las ORI. Castro, con este apoyo mayoritario, entonces pudo excluir al viejo comunista Aníbal Escalante, convertido en el chivo expiatorio de la entrega del control de la revolución en manos de los viejos comunistas." ("Ambassador George P. Kidd, Canadian Embassy, Havana, to Under-Secretary of State for External Affairs, Ottawa", 18 de mayo, 1962 [confidencial], FO371/62309 Ref 8664, Foreign Office, Londres.)

conducta de Escalante, que derivó en su remoción del liderazgo del nuevo partido.[32] En una entrevista ofrecida cuatro años más tarde a una revista egipcia, dirá que

> Escalante empezó a copar todas las posiciones importantes. Recurrió a ideas de aislamiento que no permitían la construcción de un partido del pueblo [...] Algunos de los cuadros de antes llegaron a posiciones de liderazgo y disfrutaron de varios privilegios —guapas secretarias, Cadillacs, aire acondicionado. Pronto se acostumbraron; prefirieron mantener las puertas cerradas para disfrutar del aire acondicionado, dejando el calor cubano afuera. Y allí se paraban los obreros, afuera.[33]

No obstante la denuncia contra Escalante, poco cambia. El Che aún no se distancia de los comunistas, pero comienza, a partir de las ORI y del papel de Aníbal Escalante, a verlos con una mirada diferente. Algo semejante ocurrirá, meses después, con la Unión Soviética, pasada la crisis de octubre y, más que nada, al comprobarse las vicisitudes de la ayuda socialista a Cuba. No estaban desvinculados ambos temas: para muchos observadores y participantes, no fue ninguna casualidad que Castro haya lanzado su ofensiva contra Escalante apenas una semana después de decretar el racionamiento de una importante cantidad de bienes de primera necesidad, medida impuesta por la penuria de importaciones, enrarecidas por la presión de las cuentas externas y el déficit comercial con la URSS. La economía cubana se hundía, bajo el mando de Ernesto Guevara.

El Che tenía prisa, en la economía y en todo: como le confió Fidel Castro a Régis Debray en enero de 1967, siempre iban un paso adelante, ya del ritmo de la música, ya de la historia.[34] Las alegres y presumidas cuentas que expuso en el Uruguay representaban apenas la punta del témpano. En Cuba, se imponía retos disparatados, a sí mismo y a la rápidamente desquiciada economía de la isla. No sin razón: los rezagos, las carencias, la pobreza y las exigencias de las masas dignificadas y enardecidas por la revolución aconsejaban en apariencia un paso veloz, aunque insostenible a plazo. Con "85% de la economía en manos del pueblo, el total de los bancos, la industria fundamental y el 50% del campo", se podía empezar a planificar.[35]

A mediados de 1961, el ministro de Industrias anuncia un primer plan cuatrienal con sus debidas y ambiciosas metas:

> La adopción de una tasa [...] de crecimiento de 15% al año; alcanzar en 1965 el autoabastecimiento de productos alimenticios y de materias primas agropecuarias, excepto en aquellos renglones en que las condiciones materiales lo impidan; decuplicar la producción de frutas y otras materias primas para la producción conservera [...]; construir 25 000 viviendas rurales y de 25 000 a 30 000 viviendas urbanas [...]; alcanzar en el plazo del primer año del Plan la ocupación plena de la fuerza de trabajo [...]; mantener estables los precios al por menor y al por mayor; una producción de 9.4 millones de toneladas de azúcar en 1965; un crecimiento del consumo global de alimentos con una tasa del 12% anual.[36]

En una palabra se trataba de duplicar el nivel de vida para 1965. El objetivo era producir en Cuba la mayoría de los productos anteriormente importados, aumentar el consumo aunque fuera básico de los cubanos, y extender la educación y la salud a la totalidad de la población, todo ello sin menoscabo de la producción de azúcar. Estos objetivos eran todos encomiables, pero incompatibles simultáneamente. En su manejo de la economía, el Che pagó muy cara su inexperiencia y falta de formación, pero también su perenne defecto político: el desfase entre la estrategia y la táctica, entre el largo plazo y lo inmediato, entre la visión grandiosa y la rutina burocrática. El descalabro de la economía cubana hacia finales de 1961, y sobre todo en 1962-1963, se deberá tanto a factores estructurales e inamovibles, como a errores contingentes de conducción, reconocidos en su mayoría por el propio Che durante el verano de 1963:

> El primer tropiezo fue la idea de la industrialización a tambor batiente, inspirada por la experiencia estalinista, explicable en parte por la euforia del triunfo de Girón y la ayuda del bloque socialista, en parte por la premura política. Aun si los países del Este hubieran entregado puntualmente las fábricas donde se produciría lo que antes se importaba, creando así una nueva clase obrera —metas esenciales para el Che— y forjando la independencia económica del país, subsistían dos problemas de fondo. El primero —donde se estrelló el esquema— abarcaba las materias primas: con qué carbón y hierro se iba a producir el acero, con qué aceites el jabón, con qué tela la vestimenta, con qué cuero los zapatos. Ciertamente, una cuota de las materias primas se podía procurar mediante los convenios con los países socialistas, pero muchas debían importarse de la zona de divisas. Y no había divisas, carencia que constituía, precisamente, el segundo problema. Escaseaban a su vez por dos motivos. Uno se originaba en los mismos éxitos de la revolución cubana, ya que la redistribución del ingreso y de la riqueza hacia abajo, así como las campañas de alfabetización y vacunación, contribuyeron a elevar de manera sustancial, directa o indirectamente, el consumo de la población. El segundo nacía, como casi todo en Cuba, del azúcar.

En materia educativa, si antes de 1959 el 40% de los niños de seis a catorce años permanecía al margen de la escuela, para 1961 dicho porcentaje había bajado a 20%. La campaña de alfabetización de ese año redujo el índice de analfabetismo de 23% a 3.9%, aunque cifras como éstas siempre dejan algo que desear en cuanto a su veracidad o precisión. En total participaron casi 270 mil maestros, entre ellos más de 120 mil adultos.[37] Para 1965, el porcentaje de la población infantil matriculada en la escuela en Cuba superaba en un 50% al promedio del resto de América Latina, y era superior al de cualquier otro país de la región.[38] En el ámbito de la salud, se construyeron hospitales y clínicas, se impulsaron campañas de vacunación y se desplegó un enorme esfuerzo de formación de médicos para sustituir a los que emigraron a Miami. Todo esto costaba mucho dinero, generaba demanda y aspiraciones, y arrojaba mínimos rendimientos económicos de corto plazo. No obstante, los réditos políticos eran infinitos, y a ello se debió que la revolución haya salido airosa de un trance económico harto difícil.

Muchos observadores extranjeros pasaban por alto estos avances. Sólo embajadores perspicaces como el de la Gran Bretaña los detectaban y, sobre todo, desprendían de ellos las enseñanzas correspondientes:

En vista de que nuestras vidas se han vuelto menos placenteras, los diplomáticos occidentales tendemos a olvidar cómo la revolución ha favorecido a ese sector (los pobres, los negros, los de menos de 25 años, los pequeños empleados con altos cargos). Nuestros contactos se limitan a la alta clase media contrarrevolucionaria, lógicamente resentida. No vemos el entusiasmo de los campesinos que viven en sus nuevas colonias, de la clase obrera que usa los antiguos clubes de lujo y las nuevas playas públicas por primera vez, sus niños disfrutando de jardines de juego absurdamente bien equipados. Aún más importantes son las reacciones naturales y sanas de los jóvenes, casi todos humildes, que responden a los llamados a trabajar por un futuro mejor y por una causa que creen justa. No podemos valorar la fuerza de estas emociones, de sus convicciones y de su lealtad.[39]

El problema residía en la raquítica respuesta de la oferta interna de bienes y servicios a una demanda acrecentada. Ésta debía por tanto saciarse con importaciones, lo cual requería divisas cada vez más escasas. Por lo demás, esfuerzos excepcionales como la campaña de alfabetización y la creación y mantenimiento en pie de guerra de las milicias, con independencia de sus efectos políticos y sociales, dislocaban la producción interna de artículos de consumo cotidiano.* Muy pronto, dichos bienes empezaron a faltar en Cuba; desde el 14 de abril de 1961, casi un año antes de la introducción de la libreta de racionamiento, el Che le confiaba al embajador soviético que sería ineluctable, aunque políticamente funesto, racionar el aceite y el jabón.[40] En realidad, la escasez de comida se había presentado desde finales de 1960.

Un segundo factor decisivo complicaba aún más las cosas: el azúcar, como siempre en la historia de Cuba. Entre la sequía, la tala anticipada de cañaverales en ciernes en 1961, la decisión más o menos consciente de reducir la superficie sembrada, y la falta de mano de obra disponible gracias a la reforma agraria (los guajiros recién dotados de tierras ya no querían cortar caña, con toda razón), comenzó a decaer la producción.** Entre 1961 y 1963 disminuyó 14% la superficie cosechada, 42% la molienda, y 33% el rendimiento por

---

* "En el trabajo de la industria en general", proseguía Guevara, "ejercía una influencia negativa la casi permanente movilización de gran parte de hombres jóvenes al ejército o a las milicias populares." (MID-1904-30-I-62, Sergei Kudriavtsev, "Notas de conversación del 8 de diciembre de 1961 con el ministro de Industrias, Ernesto Guevara", 18 de diciembre, 1961 [secreto], Archivo del Ministerio de Relaciones Exteriores, Moscú.)
** De hecho el Che trató de moderar las iniciales ansias antiazucareras de Fidel Castro. Carlos Franqui recuerda una reunión de 1961 en la que el Che se opuso a que Fidel se pronunciara en público contra la caña "porque con las influencias que tenía Fidel sobre la caña en Cuba, el peligro es que acabaran con toda la caña; igual Fidel Castro hizo el discurso contra la caña y el desastre fue total." (Carlos Franqui, entrevista con el autor, San Juan de Puerto Rico, 19 de agosto, 1996.)

hectárea. En 1961, debido a la inercia y al corte prematuro, la zafra alcanzó la cifra récord de 6.8 millones de toneladas; en 1962, cayó a 4.8 millones, y en 1963, a 3.8 millones. Un estudio elaborado por economistas ingleses y chilenos con acceso a las fuentes de información del Ministerio de Industrias, describía así la catástrofe azucarera:

> Los factores imprevisibles de la declinación de 1962-63 fueron, en primer término, la sequía y, en segundo lugar, una política deliberada del gobierno dirigida a reducir la producción de azúcar en bien del objetivo largamente pregonado de la diversificación agrícola. Esta decisión [...], quizá el error aislado más importante de la política agraria desde la Revolución, fue adoptada en la época de gran éxito cuando se acababan de lograr la cosecha de 1961 y la victoria de Playa Girón.[41]

El dilema provenía en parte de una realidad incontrovertible: la URSS no quería, o no podía, costear indefinidamente las extravagancias cubanas. Theodore Draper concluyó que los cubanos se habían comportado desde 1960 como si los soviéticos les hubieran extendido "no una línea de crédito de 100 millones de dólares sino una cuenta abierta e indefinida".[42] Sólo que la URSS ahora reclamaba el pago de esa deuda. La propensión de los cubanos a derroche —y en esto el Che pecaba de los mismos excesos y descuidos que ellos— se trasluce en la carta del ministro de Industrias al vicepremier Mikoyan el 30 de junio de 1961. Se trata de una verdadera lista de compras, exorbitante por el costo y la ambición que revela. Entre otros pedidos, la carta solicitaba "el aumento de la potencia de la primera construcción del hierro colado blanco, edificada por la URSS, de 250 mil toneladas a 500 mil; el aumento de la potencia de la refinería de petróleo de un millón a dos millones de toneladas al año; empresas de la industria química y de celulosa por un valor de 157 millones de rublos; una central termoeléctrica en Santiago de Cuba con capacidad de 100 mil kilowatios de potencia; diversos técnicos y especialistas".[43]

De esta madeja de factores diversos se derivaba una consecuencia demoledora para la economía cubana: un desequilibrio crónico en las cuentas externas. El consumo interno en auge, las exportaciones de azúcar a la baja y una disponibilidad acotada de recursos externos se combinaron para generar un déficit insostenible en la balanza de pagos. Encerraría implicaciones de largo alcance para el futuro de la revolución. El aprieto de entonces no encontraría solución ni en aquel momento, ni ahora, a más de treinta años. Para huir del monocultivo del azúcar, Cuba requería de la industrialización. Para industrializarse necesitaba divisas y la manera más fácil de conseguirlas, ayer y siempre, era vendiendo azúcar. Tal vez Cuba hubiera podido asegurar divisas exportando otras materias primas o productos de base. Pero el mercado obvio para este tipo de expansión era el norteamericano, que se había cerrado.[44]

Pero por encima de estos elementos estructurales, una serie de factores circunstanciales también vinieron a agobiar a la maltrecha economía de la isla. En 1961 y 1962, según estimaciones de agrónomos favorables al régimen, la mitad de la cosecha de frutas y verduras se quedó en rama o sin levantar; los cuellos de botella de mano de obra, transporte y almacenamiento hacían estragos en el consumo y el nivel de vida cubanos. Para marzo de 1962, Fidel Castro se ve obligado a decretar el racionamiento de una gran variedad de productos de primera necesidad: arroz, frijoles, huevo, leche, pescado, pollo, carne de res, aceite, pasta de dientes y detergentes. Antes, el Che había efectuado una primera autocrítica en televisión, reconociendo que había elaborado "un plan absurdo, desconectado de la realidad, con metas absurdas y con recursos que eran de sueño".[45]

En efecto la ayuda socialista no cumplió con las expectativas que despertó. Si bien en volumen y en última instancia los soviéticos y sus aliados entregaron lo prometido, ni los plazos ni la calidad de los suministros se hallaron a la altura de las esperanzas y necesidades cubanas. Las fábricas, los bienes de consumo y los insumos industriales resultaron poseer una calidad y modernidad muy inferiores que aquellas previstas por el Che. Desde 1961 comienza el argentino a formularle reproches al embajador soviético, dirigiéndolos en un primer momento a los países de Europa del Este, aunque podemos suponer que hablaba de Pavel para que entendiera Yuri:

> Guevara señaló que ciertas dificultades en su economía se crean por algunos países socialistas. Los checos, por ejemplo, están llevando a cabo respecto a Cuba una política comercial muy dura que a veces se parece a una política de relaciones entre países capitalistas y no socialistas.[46]

Por último, una serie de decisiones administrativas del Che —inspiradas en sus concepciones teóricas— también enmarañaron la gestión económica. Entre ellas destaca la centralización de las decisiones dentro de la industria estatal cubana, así como la tendencia a abolir las transacciones contables en moneda del intercambio entre las empresas paraestatales. La magnitud del aparato burocrático colocado en manos de Guevara era descomunal: toda la industria azucarera, las compañías telefónica y eléctrica, la minería, la industria ligera; más de 150 000 personas y 287 empresas en total, incluyendo fábricas de chocolate y de bebidas alcohólicas, imprentas y constructoras. Las concepciones del Che sobre la centralización y las relaciones interempresas emergen desde su arribo al Ministerio, aunque no se convertirán en puntos álgidos de las polémicas que lo opondrán a los técnicos comunistas y soviéticos sino hasta 1963-1964, cuando serán rotundamente derrotados.

La centralización inicial fue menor de la que se impondría más adelante. Pero aun al crearse el Ministerio, por ejemplo, cada empresa entregaba la totalidad de sus ingresos al mismo, y éste a su vez le devolvía las sumas necesarias para su gasto, tanto corriente como de inversión. Ninguna empresa conservaba dinero. Al no existir transacciones monetarias entre empresas, el mercado quedaba definitivamente proscripto. De allí que los visionarios planes de expansión del Ministerio carecían de cualquier sustrato de realidad:

> Se hicieron complicados planes para explotar los yacimientos minerales de Oriente, para que Cuba se autoabasteciera de acero, para la construcción de maquinaria de todas clases, incluidas cortadoras de caña mecánicas, para crear una nueva refinería de petróleo, para hacer nuevas instalaciones eléctricas, para una mayor expansión química, para la producción de papel a partir del bagazo, de hormonas a partir de la cera de caña, de caucho a partir del butano... Ya que Cuba tenía unas reservas de níquel tan grandes, ¿por qué no ocupaba su puesto de segundo país productor del mundo?[47]

La impresionante disciplina y organización del Che le sirvieron enormemente en el Ministerio, pero al mismo tiempo le acarrearon serias desventajas. Guevara logró imponerse un orden, una puntualidad y una minuciosidad fuera de serie en su trabajo; pensó que los demás procederían en consecuencia y que gracias a ello los incontables problemas técnicos del Ministerio se resolverían. Uno de sus colaboradores recuerda la forma en que el Che llevaba el Ministerio; la manera exacta de llegar a las 8 en punto, y cómo todo el mundo tenía que estar en la reunión. A las 8 con diez minutos cerraba la puerta del Consejo y no podía entrar nadie, ni siquiera el viceministro. A las 12 en punto terminaba, aunque alguien estuviera diciendo en esos momentos: "Tengo la forma de tumbar al imperialismo en dos días"; a las 12 en punto el Che decía: "Señores, los veo en la tarde." Tenía una capacidad de síntesis deslumbrante; resumía las conclusiones de una reunión de 3 horas en unos diez minutos. Era una persona excepcionalmente organizada. "El Che hizo lo que todavía no se había hecho en Cuba."[48] O como dijo otro colega suyo que discrepó con el Che en otros ámbitos: "Trajo a Cuba una competencia administrativa y una diligencia que no se había alcanzado, ni antes ni después."[49]

Esta disciplina coexistía con un afán organizador irrealizable, que hacía caso omiso de los trastornos que un empeño análogo había desatado en la URSS y los países socialistas, en muchos sentidos mejor situados y dotados para ese propósito. Según el mismo colaborador del Che, las políticas generales del Ministerio se fijaban en las reuniones de control el segundo domingo de cada mes en que caían. Empezaban a las 2 de la tarde y a veces terminaban el lunes a las 2 o 3 de la mañana. Las fábricas estaban organizadas por empresas; las empresas pertenecían a ramas; las ramas tenían consolidadas sus empresas. El responsable de la rama mecánica, que agrupaba nueve empresas, tenía consolidados todos los índices de producción económicos de las nueve empresas y de las fábricas de las empresas. Dependía de un viceministerio, el de la Industria Ligera, que controlaba 4 ramas; y ese viceministerio supervisaba las 4 ramas y el Ministerio comprendía tres sectores: el viceministerio de Industria Ligera y el de Industria Pesada, más Conducción Industrial.

> El segundo domingo de cada mes salteado, lloviera, tronara o relampagueara, empezaba el Che a discutir empresa por empresa las desviaciones, es decir, por qué incumplió este plan de producción, en qué rubro lo incumpliste, etcétera.[50]

Los auténticos orígenes de la centralización y las relaciones entre empresas difieren en parte de la justificación *ex post* que el Che les atribuyó más adelante, ya en plena polémica con sus adversarios. Al principio de las expropiaciones, en 1960, algunas empresas nacionalizadas disponían de cuantiosos fondos propios, y otras, al contrario, estaban quebradas o subsistían con un magro flujo de caja. En el Departamento de Industrias del INRA, y principalmente desde el Banco Nacional, el Che resolvió que todas las empresas depositaran sus recursos propios en cuentas en el instituto central, para que desde allí se asignaran los fondos en función de las prioridades estratégicas de la revolución. No era absurdo el planteamiento, sobre todo si se pensaba que la calidad profesional de los cuadros revolucionarios tendería a ser superior en las instancias más neurálgicas —i.e., el Banco Nacional— que en las empresas individuales.

Por otra parte, si bien el Che sobreestimó las virtudes administrativas que el capitalismo criollo le heredó a la revolución cubana el adelanto de las comunicaciones —carreteras, télex, teléfono— así como la contabilidad avanzada y las reducidas dimensiones de la isla efectivamente coadyuvaban a la idea de una centralización extrema. Una vez definida como deseable, era fácil descubrir todo tipo de factores que la alentaran y le brindaran mayores grados de viabilidad que en la URSS, por ejemplo:

> Nosotros somos un país pequeño, centralizado, con buenas comunicaciones, con un solo idioma, con una unidad ideológica que cada vez se va acentuando más, con una unidad de dirección, con un respeto absoluto por el dirigente máximo de la Revolución, donde no hay discusiones, con una unidad de dirección donde nadie disputa la más mínima cosa de poder... Todo el país está movilizado hacia un fin común, cualquier problema administrativo serio que obligue a nuestros cuadros a moverse no puede llevar más de un día de camino porque tenemos incluso aviones, además hay teléfonos, hay telegrafía, ahora vamos a unir todas las empresas mediante un sistema de teléfono y microondas.[51]

Lo que más adelante se llamaría el Sistema Presupuestal de Financiamiento, cuya defensa enfrentaría al Che con Carlos Rafael Rodríguez y con los técnicos soviéticos, tuvo ese origen lógico y comprensible. Pero muy rápidamente, como veremos en el capítulo siguiente, Guevara comenzó a racionalizar tanto la centralización extrema, como la ausencia de relaciones monetarias entre las empresas. Sus argumentos pertenecían más bien al ámbito de la teoría marxista que al de la economía, y mostraban un singular desinterés por las condiciones específicas prevalecientes en Cuba. La hemorragia de las clases medias, el caos administrativo que cualquier revolución arrastra consigo, la parvedad de recursos debido al embargo, la falta de divisas y experiencia, todos ellos constituían factores que dificultaban, aun en el mejor de los casos, un sistema como el que imaginaba el Che. La fina relojería con la que pensaba organizar la economía cubana, ciertamente pequeña y de fácil manejo, no existía en la isla ni, probablemente, en ningún país del mundo, capitalista o socialista.

Desde febrero de 1963, en un artículo titulado "Contra el burocratismo", Guevara ofrece una primera justificación de la excesiva centralización del sistema, basada directamente en sus orígenes. Debido a las raíces mismas de la revolución, surgió lo que llama el "guerrillerismo administrativo": todo por la libre, cada quien por su lado, "haciendo caso omiso del aparato central de dirección".[52] De allí que fuera imprescindible "organizar fuertes aparatos burocráticos" que lanzaran una "política de centralización operativa, frenando exageradamente la iniciativa de los administradores". Más tarde en 1964, el Che reconocería que el sistema padecía de serios defectos, entre otros la falta de cuadros, la burocracia, una información imperfecta de quienes tomaban las decisiones, y severas fallas en el aparato de distribución.[53] Pero en el momento defendió la centralización a capa y espada, así como toda la serie de nociones que contribuyeron a deteriorar una situación económica de por sí catastrófica.

La tarea que se impuso el Che, y que la revolución le encomendó, era probablemente inasequible. La industrialización a marcha forzada, a grandes zancadas, había resultado factible en la Unión Soviética de Stalin, con los recursos del país más grande del mundo, a un costo humano inimaginable entonces, y con un desenlace económico patético, que sólo se conocería años más tarde. El Gran Salto Adelante de Mao en China también arrojó cuentas desastrosas, y un precio humano intolerable para una nación occidental. Con la mano que le repartieron al Che, el juego era imposible de ganar. Supuso que gracias a la URSS y al voluntarismo desenfrenado propio y de los militantes adeptos a su causa se podrían paliar los infinitos obstáculos que impedían la consecución de las metas trazadas. Una ambición más mesurada, menos intensa, hubiera generado logros más duraderos, evitando los dolorosos tropiezos en puerta. Pero el Che no cabía en esa visión recortada, ni el curso político interno y externo escogidos por Castro y por él hubieran embonado con ella. Dado el contexto internacional, los recursos de Cuba y el rumbo político de la revolución, la mayoría de las tesis del Che estaban condenadas primero a triunfar, y luego a ser abandonadas, sin que las posturas sustitutivas encajaran en su ideario o sensibilidad.

La mejor prueba del fracaso de las políticas de los primeros años yace en las críticas feroces que el propio Che le enderezó. En una etapa preliminar, su visión permanecía superficial o francamente simplista, aunque siempre más directa que la de los demás dirigentes. Así, ya en la primera reunión nacional de producción celebrada el 27 de agosto de 1961, desafía a su auditorio:

Ustedes ahora me recibieron con un aplauso nutrido y caluroso. No sé si sería como consumidores o simplemente como cómplices [...] Creo que más bien como cómplices. En Industrias se han cometido errores que han dado por resultado que hubiera fallas considerables en el abastecimiento de la población [...] A cada momento hay que cambiar directores, hay que sustituir administradores, hay que enviar a otros a que mejoren su capacidad cultural y técnica, otros a que mejoren su posición política [...] el Ministerio muchas veces ha dado órdenes sin consultar a las masas, ha ignorado muchas veces a los sindicatos y ha ignorado a la gran masa obrera [...] y a veces las decisiones de la clase obrera [...] se han tomado sin la más mínima discusión con la dirección del Ministerio [...] Hay actualmente escasez de pasta de dientes. Es preciso puntualizar el porqué. Desde hace cuatro meses hubo una paralización en la producción; había, sin embargo, un gran stock. No se tomaron las medidas urgentes requeridas, precisamente porque había una reserva muy grande. Después, empezaron las reservas a bajar, y no llegaban las materias primas [...] Entonces, llegó la materia prima, un sulfato bicálcico fuera de las especificaciones necesarias, para hacer la pasta de dientes [...] Los compañeros técnicos de esas empresas han hecho una pasta de dientes [...] tan buena como la anterior, limpia igual, pero después de un tiempo de guardarla se pone dura.[54]

Por cierto que la conferencia en cuestión produjo una de las pocas divergencias públicas entre el Che y Fidel. Después de que Guevara hubiera proclamado la existencia de una "crisis en la producción", Castro, a pesar de la catarata de denuncias, críticas y quejas de sus propios funcionarios económicos, sentenció sin ambages: "No hay crisis de la producción." Seis meses más tarde vendría el racionamiento y, a lo largo de todo el año de 1962, un mayor número de cuestionamientos guevaristas al desempeño económico de la revolución, sobre todo en las reuniones del Ministerio de Industrias. Allí, el Che censura repetidamente al Ministerio y a la marcha de la economía, aunque persiste la naturaleza acotada y superficial de sus críticas. Se aferra aún a la convicción de que los problemas se pueden resolver con entusiasmo, fervor revolucionario y voluntad de hierro. Como recordó Charles Bettelheim, el economista francés que desde una óptica marxista celebraría una tirante polémica con el Che en 1964 sobre esta amalgama de problemas, Guevara recurría sistemáticamente a métodos discursivos para corregir errores y deficiencias. Corría de fábrica en fábrica, agitando, arengando, movilizando y convenciendo a sus interlocutores.[55] Cuando este método no surtía los efectos deseados, perseveraba tercamente hasta lograr su cometido, o tener que pasar a otro conjunto de dificultades. El mismo Che explicaba su perspectiva:

> Relacionado con el problema del entusiasmo, de la falta de entusiasmo, de la necesidad de avivar el entusiasmo revolucionario, existe el campo de la emulación. Nosotros hemos dejado caer totalmente la emulación. Se ha dormido totalmente, hay que despertarla abruptamente. La emulación tiene que ser la base que mueva constantemente a la masa y debe de haber gente que esté pensando constantemente en la forma de avivarla. No es tan difícil buscar una forma, otra forma, poner a la gente en la lucha.[56]

En una extraña mezcla de realismo y utopía, de reconocimiento descarnado de los reveses de la revolución y de llamados constantes a repetir el camino andado pero con mayor ahínco, el Che vuelve a la carga. No abjura de sus convicciones, ni de su análisis; será sólo en 1964 que esbozará una explicación más compleja del callejón sin salida en el que parece haberse adentrado la experiencia cubana. Por ahora, se lamenta y exalta:

> [Cuba es el] primer país socialista de América, la vanguardia de América, y no hay malanga, no hay yuca y no hay lo demás; y aquí [en La Habana] el racionamiento es más o menos, pero vaya usted a Santiago y la carne son

cuatro onzas por semana; que todo falta y que hay pláta-
nos nada más y que la manteca es la mitad; que todo en
La Habana es el doble. Todas esas cosas son difíciles de
explicar y lo tenemos que explicar mediante una política
de sacrificio donde la Revolución, los jefes de la Revolución, marchen allí a la cabeza de la gente.[57]

A partir de mediados de 1963, comienza a manifestar, por
escrito o en discursos y entrevistas, una serie de deslindes más
explícitos y sustanciosos frente a los despropósitos perpetra-
dos. Asumió con hidalguía las consecuencias de sus denuncias, al comprobar que las alternativas viables al rumbo seguido
en 1961-1962 resultaban odiosas: necesarias, pero amargas.
Entre seguir pugnando por lo imposible, o aceptar la coexistencia ambivalente con un curso inevitable pero ingrato y despreciable, prefirió la *fuite en avant* hacia el África, Bolivia y la historia.
Cualquier otra salida se antojaba innoble. De haber sido Guevara
quien consumara el giro radical de la política económica que la
realidad imponía, hubiera podido permanecer en Cuba con
todos los honores correspondientes a su cargo y prestigio. Pero
de esa factura no se hacen los mitos ni los héroes. Pronto comenzó a cobrar una conciencia creciente del dilema en el que la
revolución y él se habían enfrascado. Lo resumió con trágica
candidez —para un dirigente político— en una nueva conversación con el embajador soviético, a mediados de 1962, al solicitar que se acelerara la construcción de una empresa metalúrgica
en Oriente, cuya creación había anunciado —de modo teme-
rario— desde octubre. Ya se había dirigido a Mikoyan a este
propósito en la carta citada anteriormente:

> Nuestro gobierno ya le hizo al pueblo muchas promesas
> diferentes, las cuales lamentablemente no puede cum-
> plir. A mí no me gustaría que nuestras promesas de crear
> la industria metalúrgica como una base principal de la
> industrialización del país resultaran vanas. Claro que

nosotros tendríamos que tener más cuidado en las promesas que hacemos, y hablarle al pueblo sólo de lo que podemos cumplir. Pero si las promesas ya están dadas, hay que cumplirlas.[58]

En un discurso pronunciado a puerta cerrada en un seminario de planificación celebrado en Argel el 13 de julio de 1963, el Che advierte un conjunto de errores teóricos —ya no de ejecución— que condujeron a la grave situación económica del país. Primero los ubica en un marco conceptual:

> Fundamentalmente en el orden de la planificación hicimos dos cosas contrapuestas, imposibles de unir [...] Por un lado, copiamos bastante detalladamente las técnicas de planificación de un país hermano; por el otro, mantuvimos la espontaneidad de muchas de las decisiones, sobre todo de tipo político, pero con implicaciones económicas, que hay que tomar cada día en el proceso de Gobierno.[59]

Sugiere un ejemplo de la falta de análisis y de información con el que operó la revolución durante los primeros años. Al plantearse el problema del crecimiento, se formuló antes la meta de un 15% anual, para luego estudiar cómo lograrla: "Para un país de monocultivo, con todos los problemas que les he contado, crecer un quince por ciento era sencillamente ridículo."[60]

Enseguida dirige una serie de críticas más específicas a la gestión económica inicial, centradas en tres puntos. Primero, Cuba se esforzó por volverse autosuficiente en un gran número de bienes de consumo e intermedios, que se podían obtener a un menor costo en países amigos. En segundo lugar, "cometimos el error fundamental de desdeñar la caña de azúcar, tratando de hacer una diversificación acelerada, que trajo como consecuencia el descuido de las cepas de caña, lo que unido a una sequía fuerte que nos azotó durante dos años, provocó una caída grave en nuestra producción cañera".[61] Y, por último, revela que:

> En la distribución del ingreso, dimos demasiado énfasis en los primeros momentos al pago de salarios más equitativos, sin considerar suficientemente el estado real de nuestra economía [...] Se da el fenómeno de que en un país donde todavía hay desocupados, en la agricultura falta mano de obra [...] y cada año tenemos que hacer levas de trabajadores voluntarios.[62]

El nuevo rumbo se definirá por la imagen especular de las políticas seguidas hasta entonces. Será el único posible, pero no el que el Che desea. Intuyó —tal vez antes que nadie— que la política económica de la revolución era insostenible, y lo reconoció ante la población cubana con una lealtad y un candor insólitos. Pero aún no asimilaba plenamente las implicaciones del naufragio; en 1962 la naturaleza desagradable de las únicas alternativas posibles permanecía insospechada para él. Posiblemente no será hasta la firma del convenio de largo plazo de compras de azúcar por la URSS, el 21 de enero de 1964, cuando comprenderá que el único sendero posible es uno que no acepta recorrer. En cambio el desencanto con la santa alianza cubano-soviética se asoma desde 1961, aunque no se vuelve público sino hasta los primeros días de 1965. Su disparador residirá en lo que el mundo denominó la crisis de octubre, del Caribe o de los cohetes, cuando en 1962 nos acercamos a la orilla del precipicio nuclear como nunca antes o después.* La injerencia del Che en la confrontación

---

* En sus memorias el legendario jefe del contraespionaje del Este alemán, Marcus Wolf, atribuye a Manuel Piñeiro la siguiente frase lapidaria sobre los sentimientos del Che: "Se encontraba terriblemente decepcionado por la decisión soviética de retirar los misiles de Cuba." (Marcus Wolf, *Man Without a Face*, Times Brooks, 1997, p. 310.)

del otoño meridional de aquel año se produjo en tres etapas: antes, cuando fue decisiva; durante, en la que casi no existió; y después, cuando de nuevo brilló por su contundencia.*

En varias ocasiones durante 1961 el Che invocó el manto protector atómico de la URSS. Su tesis, nada misteriosa, postulaba una realidad indiscutible: mientras Estados Unidos no desistiera de sus intentos de derrocar por la fuerza al régimen revolucionario de La Habana, éste tenía el derecho y la obligación de defenderse como pudiera. Además de las milicias, las fuerzas armadas regulares, la aviación y el apoyo popular, la instalación de misiles de corto o mediano alcance de la URSS en Cuba revestiría un poderoso efecto disuasivo. Cuba se volvería una especie de gatillo atómico de las fuerzas balísticas soviéticas: un ataque contra la isla sería respondido por la URSS, desde Cuba, de un modo semejante al de los cohetes norteamericanos estacionados en Alemania y en Turquía. La convicción que guardaban los cubanos hasta el verano de 1962 de que Kennedy, la CIA y Miami buscarían a toda costa cómo sacarse la espina de Girón, empeñándose en montar una nueva invasión, constituía un formidable aliciente para buscar la extensión de la cobija nuclear soviética a Cuba.

Ciertamente, en una serie de conversaciones con diversos mandatarios latinoamericanos durante los meses previos a la crisis —desde Rómulo Betancourt de Venezuela, en diciembre de 1961, hasta Adolfo López Mateos de México, en junio de 1962— John F. Kennedy les aseguró a sus interlocutores que Estados Unidos "no preveía en ese momento ninguna acción unilateral contra el régimen de Castro".[63] Pero La Habana creía exactamente lo contrario o, en todo caso, eso quiso

---

* En los últimos años han proliferado las conferencias y reuniones sobre esos memorables "trece días", como los llamó Robert Kennedy, y si bien no todo se ha aclarado, mucho se sabe hoy que hace algunos años aún se ignoraba. Las páginas que siguen descansan en buena medida en las nuevas fuentes que se han abierto. A partir de ellas se ha tratado de reconstruir el involucramiento del Che, más que de elaborar una recapitulación de la crisis en su conjunto.

que los soviéticos pensaran. Castro aducía el contenido de una entrevista concedida por Kennedy al periodista y operador político de Khruschev, Alexei Adzhubei, yerno del premier de la URSS y director de *Izvestia*. Según Adzhubei, durante un almuerzo de tres horas celebrado en la Casa Blanca el 31 de enero de 1962, Kennedy empleó la analogía húngara para justificar su política hacia Cuba. Adzhubei concluyó, en su informe a Khruschev, remitido también a Castro, que el mandatario norteamericano había optado por una nueva tentativa de derrocarlo por las armas.* Según las fuentes soviéticas que se han pronunciado recientemente al respecto, a raíz de la entrevista a Adzhubei los cubanos plantearon con vehemencia el tema de la defensa de Cuba. De tal suerte que, a finales de abril o principios de mayo de 1962, en la capital rusa, Khruschev tomó la decisión, motivado por la convicción unánime de todos los protagonistas soviéticos, de que Estados Unidos había resuelto liquidar al régimen castrista.[64]

Según los recuerdos de Alexander Alexeiev —recién nombrado embajador en La Habana en mayo de 1962, después de

---

* Los americanos siempre cuestionaron la versión soviética de esta plática, pero aún no han desclasificado el memorándum de conversación presidencial pertinente. La historia de la conversación de Kennedy con Adzhubei comienza con el reportaje del periodista francés Jean Daniel, publicado días después de la muerte de Kennedy. Allí, Daniel cita a Fidel Castro afirmando que fue el informe de Adzhubei sobre su plática en la Casa Blanca que le dio la certeza de que los norteamericanos querían invadir. En diciembre de 1963, Pierre Salinger, secretario de prensa de Kennedy, y McGeorge Bundy, jefe del Consejo de Seguridad Nacional, afirmaron, en público el primero, en un memorándum privado al columnista Walter Lippman el segundo, que Kennedy nunca utilizó la analogía húngara en el sentido que la interpretó Adzhubei, es decir como una amenaza, sino como un ejemplo de cómo una superpotencia puede ponerse nerviosa cuando ve surgir un grupo hostil cerca de sus fronteras. Ambos, Salinger y Bundy, insistieron en que Kennedy fue categórico con Adzhubei al decirle que Estados Unidos no tenía la intención de invadir a Cuba (véase McGeorge Bundy, "Memorandum for Walter Lippman", 16 de diciembre, 1963, y Transcript, White House News Conference with Pierre Salinger, 11 de diciembre, 1963, pp. 9-10).

que Kudriavtsev se había ganado la animosidad de Fidel—fue convocado al Kremlin, en el despacho vecino al de Nikita, a una reunión en la que participan el propio premier, el vice-premier Anastas Mikoyan, Frol Kozlov (secretario del Comité Central del PCUS), el ministro de Defensa Malinovski, el canciller Andrei Gromyko y el mariscal S.S. Biryuzov, comandante de los cohetes estratégicos de la URSS. Así se desarrolló el encuentro, según su memoria de elefante:

> Sólo se le puede ayudar a Cuba con un paso muy serio, advierte Khruschev. Nosotros decidimos que si Cuba acepta, colocaríamos cohetes de mediano alcance en la isla. Y preguntó: ¿Cómo tomaría la noticia Fidel? Mikoyan contestó que no aceptaría, ya que su estrategia se basa en la fuerza de la opinión pública mundial y de América Latina. Si hay cohetes y bases de la URSS en Cuba, entonces sería igual que Estados Unidos. Todos se callaron, salvo Malinovski, que gritó: ¡Cómo no va aceptar nuestra ayuda una revolución socialista, si hasta la República española la aceptó! Se decide enviar una delegación a Cuba, compuesta por Rashidov (Sharif Rashidov, jefe del PC de Uzbekistán-JGC), Biryuzov y yo. Khruschev nos advierte: No queremos llevar a Cuba a una aventura, pero los americanos aceptarán los misiles si los metemos antes de sus elecciones de noviembre. Él quería salvar a Cuba, mantener la paz y fortalecer al campo socialista.[65]

Arriban en los primeros días de junio a La Habana. Raúl Castro no sabía a qué venían, pero igual los espera en el aeropuerto. Biryuzov incluso viajaba clandestinamente, con el seudónimo de ingeniero Petrov. Alexeiev le confía a Raúl que el tal ingeniero Petrov es el jefe de la cohetería soviética, y que le urge hablar con Fidel. Éste los recibe de inmediato; Alexeiev toma notas para traducir y registrar para la historia; en ellas se consigna que los soviéticos abrieron diciendo que Khruschev pensaba que el remedio más fuerte para ayudar a Cuba consistía en colocar cohetes en la isla. Fidel respondió que la tesis era muy interesante, pero innecesaria para salvar a la revolución cubana. En cambio si ese remedio podía fortalecer al campo socialista, valía la pena pensarlo. En cualquier caso, no podía contestar en ese momento.[66] Al día siguiente se celebra un nueva reunión, a la que asisten, por la parte cubana, Raúl y Fidel Castro, el Che, el presidente Osvaldo Dorticós, Carlos Rafael Rodríguez y Emilio Aragonés. Fidel da la respuesta cubana: afirmativa, no tanto para defender a la revolución cubana sino al campo socialista. Como reconocerá Castro treinta años después:

> A nosotros no nos gustaban los misiles; si se tratara sólo de nuestra defensa, no los hubiéramos aceptado. No tanto por el peligro sino por el daño que podría infligirle a la imagen de la revolución [...] en América Latina. Los misiles nos transformaban en una base militar soviética, algo que tendría un elevado costo político para nuestra imagen. Si se tratara de nuestra defensa nada más, no hubiéramos aceptado los misiles.*

Propone enviar a Raúl a Moscú en fechas próximas para concretar el acuerdo. Poco después el ministro de Defensa de Cuba se traslada a la capital rusa; allí el mariscal Malinovski le somete un borrador de acuerdo que Raúl revisa página por pá-

---

* Fidel Castro, "Transcripción de sus palabras en la conferencia sobre la crisis del Caribe", La Habana, 11 de enero de 1962, Foreign Broadcast Information Service, citado en Lawrence Chang and Peter Kornbluh, eds., The Cuban Missile Crisis, Nueva York, The New Press, 1992, p. 332. Obviamente, Castro habló en español; la transcripción es una versión ya traducida al inglés, que hemos retraducido al español. De tal suerte que puede haber discrepancias menores entre las palabras originales de Castro en español y las citas incluidas aquí.

gina. El convenio prevé el envío de 42 000 tropas soviéticas a Cuba y 42 cohetes de 24 metros de extensión. Khruschev pide que no se lleve a cabo ningún contacto con La Habana por radio o por cable, convencido como está de que los norteamericanos pueden interceptar las comunicaciones cubanas, y que el factor sorpresa será decisivo. En agosto, Alexeiev regresa a Cuba, con el convenio revisado en el portafolio; se lo entrega a Fidel Castro, quien lo encuentra demasiado técnico. Pide que especifique cómo Cuba solicitó la asistencia soviética, y la inclusión de un preámbulo más político. Como no se podía negociar a control remoto —debido a la exigencia de sigilo de Khruschev— alguien tenía que ir a Moscú a finiquitar el acuerdo. Fidel decide comisionar al Che y a su más cercano colaborador, Emilio Aragonés, secretario general de la incipiente organización unitaria del partido revolucionario.

Nada de este relato contradice las revelaciones hechas por otros soviéticos, aunque sí difiere de las impresiones que conservan los principales protagonistas norteamericanos, incluso treinta años después. En las conferencias de Cambridge y Hawk's Cay, celebradas en 1987; en otra de Moscú en 1989; y por último en una en La Habana, convocada en enero de 1992, y en la que participaron varios actores centrales de la crisis; éstos revisaron sus distintas interpretaciones. Según personalidades como Robert McNamara (el secretario de Defensa de Estados Unidos), McGeorge Bundy (el consejero de Seguridad Nacional), Theodore Sorensen (el principal asesor político de Kennedy), o bien simplemente no sabían —y seguían sin saber— cuáles eran las motivaciones de Khruschev, o pensaban que éstas tenían que ver con el equilibrio estratégico, con Berlín, las bases de Estados Unidos en Turquía, o con las luchas intestinas en el Kremlin. Sorensen, por ejemplo, especula que como Khruschev no actuó en público, firmando un convenio abierto con Cuba, sino subrepticiamente, debe haber albergado algún motivo distinto de los evidentes.[67] Los actores estadounidenses difirieron también —entre ellos y con sus contrapartes soviéticas y cubanas— en torno a sus apreciaciones sobre la verdadera política de la administración hacia Cuba. Según Bundy, "imperaba un gran frustración en Washington en el otoño de 1962 en relación a Cuba, así como una gran confusión sobre qué hacer. No teníamos la intención de invadir, pero en Moscú creían que íbamos a hacer más de lo que estábamos haciendo".[68] A lo cual respondió McNamara: "No teníamos ningún plan para invadir a Cuba y yo me hubiera opuesto fuertemente de haberse sugerido". Después matizó: "No había ninguna *intención* de invadir, y las operaciones encubiertas eran muy ineficaces, aunque los soviéticos las consideraban ominosas."[69]

Sergo Mikoyan, el hijo de Anastas a quien acompañó a Cuba en noviembre de 1962, fue enfático en afirmar que la iniciativa provino de Khruschev, que en efecto no hallaba otra manera de impedir una inminente invasión norteamericana a Cuba. Cuando en 1992 Robert McNamara le preguntó a Andrei Gromyko por qué la URSS desplegó cohetes con cabezas nucleares en Cuba, el ex canciller soviético respondió sin ambages que el propósito era fortalecer la estabilidad defensiva de Cuba. Y prevenir las amenazas en su contra. "Es todo."[70]

Según el hijo de Mikoyan, Khruschev le había sugerido la idea —retorcida y a medio coser— a su padre a finales de abril de 1962; el vicepremier disintió, arguyendo que los cubanos lo rechazarían, y que los norteamericanos se enterarían y pondrían el grito en el cielo. Le asombró la aceptación de Fidel, así como las garantías ofrecidas por Biryuzov de que los cohetes podían ser emplazados disimuladamente.[71] Sergo Mikoyan no descarta que los militares soviéticos hayan abrigado otros motivos para enviar los misiles; pero, al igual que sus demás compatriotas, cree que la razón principal para enviar cohetes a Cuba fue la defensa de Cuba, "aunque Malinovsky y otros hablaban del equilibrio estratégico". El problema era que Khruschev nunca contempló una reacción norteamericana negativa. "Al contrario, pensó que las relaciones entre las dos superpotencias mejorarían."[72]

Quizás también Khruschev buscaba soluciones fáciles para mejorar el equilibrio nuclear con Estados Unidos; los militares soviéticos pueden haber deseado probar el sistema de defensas e inteligencia norteamericanos. Pero si Khruschev utilizó a Castro, éste hizo lo mismo con el premier de la URSS. Conviene recordar que si la iniciativa de los cohetes partió de Moscú, en varias ocasiones anteriores Fidel Castro y el Che Guevara habían imaginado la opción de los misiles; Carlos Franqui había interrogado a Khruschev al respecto en Moscú.* Incluso Oleg Daroussenkov, el futuro encargado de la relación de Cuba con el Partido Comunista de la URSS —y en ese momento profesor de ruso del Che en La Habana— se asombró de su primer encuentro con su pupilo, en julio de 1961, en compañía del consejero económico de la Embajada de la URSS, Nikolai Kudin: "Bueno, Kudin, preguntó al Che, ¿nos atacan los americanos o no?" Los norteamericanos estaban apenas pasando el horizonte, y el Che parecía pensar que necesitaban los misiles para que no entraran.[73]

La conspiración, pues, no brotaba de la nada; a muchos se les había ocurrido la idea previamente. Fidel Castro enfatizó en 1992 que él personalmente se había abstenido de mencionar el tema de los misiles en sus discursos, sugiriendo que Khruschev y "algunos camaradas" (cubanos, quizás se refería al Che) en cambio sí presumían de ellos.[74] Pero ya vimos que el propio Castro tocó por lo menos una vez el tema de los misiles en 1960 (ver capítulo anterior).

En todo caso, llegando el Che y Emilio Aragonés a Moscú a revisar el texto del acuerdo, se amanecen con la novedad

---

* Un biógrafo del Che afirma, sin proporcionar la fuente, que en Moscú en 1960 el Che habría declarado: "Este país está dispuesto a arriesgar todo en una guerra atómica de una destrucción inimaginable para defender un principio y para proteger a Cuba." (Philippe Gavi, *Che Guevara*, París, Editions Universitaires, 1970, p. 96.)

de que Khruschev sigue vacacionando en Crimea. Los atiende Leonid Brezhnev, ya para entonces un importante jerarca de la URSS, que les dice: "No, no, vayan a ver a Nikita, yo no quiero saber de eso. Háblenlo con Nikita."[75]

Se encaminan de inmediato a Yalta, para reunirse con el premier soviético. Allí, le insisten a Khruschev sobre el punto más delicado de la iniciativa: el sigilo. Exponen más o menos los mismos argumentos que Mikoyan en aquel momento y que Sorensen treinta años más tarde; no era ni deseable ni factible mantener la operación en secreto. Las discusiones con Nikita Khruschev tuvieron lugar en un muelle a orillas del Mar Negro. Khruschev, Malinovsky y un intérprete militar, el Che y Aragonés se sentaron juntos los unos del otro, abrigándose así del incipiente frío otoñal. La preocupación principal de los cubanos consistía en convencer a sus aliados de que el secreto de la operación iba a ser de poca duración. Sus servicios de inteligencia ya habían recogido datos de emigrantes cubanos en Estados Unidos o de cartas a familiares, diciendo que se estaban desplegando cohetes en la isla. Varios habían visto pasar un camión cargado de cohetes enormes. Khruschev fingía incomprensión; sólo decía: "Hay que apurarse."[76]

Según el Che, era preferible firmar abiertamente un convenio militar entre los dos países.[77] Khruschev responde que no es posible, sobre todo porque la correlación de fuerzas militares desfavorece a la URSS. Promete que, si se enteran los norteamericanos y pasa algo, despachará a la flota del Mar Báltico a Norteamérica para equilibrar el balance.[78] En conversaciones ulteriores, Fidel Castro ha confirmado este relato, indicando que él mismo instruyó al Che y a Aragonés para que pugnaran porque se hiciera público el acuerdo militar y, en su caso, el envío de los cohetes. Khruschev, en efecto, se rehusó a hacerlo, y como Castro había decidido "dejar que Nikita tomara la decisión final",[79] así fue. Khruschev levantó la reunión con su bravuconería característica. "Si los yanquis descubren los cohetes, mando a la flota del Báltico."[80]

Aragonés y el Che alzaron las cejas, se preguntaron si realmente era factible el envío de la flota báltica fuera de su mar tradicional por primera vez desde 1904, pero finalmente se avinieron a la resolución soviética.[81] Khruschev aceptó todas las modificaciones propuestas por los cubanos, "sin poner ni quitar una coma".[82] Cuando regresa el Che a La Habana a mediados de septiembre, después de una ausencia de una semana, lleva un mal sabor en la boca. Algo le molesta: si no es confesable el proyecto, ¿será sostenible? En la versión de Aragonés:

> El problema no estaba en el envío de los cohetes. Ellos decían que los cohetes venían para proteger la independencia de Cuba de un ataque americano. Para eso sólo hacía falta una declaración solemne del Estado soviético: si ellos atacaban a Cuba es un ataque a la Unión Soviética. El papelito hubiera sido importante, pero claro, los cohetes son mucho más importantes que el papelito. Nosotros en Cuba queríamos que fuera un pacto público porque la aprobación del loco éste de Khruschev se hace únicamente con seis miembros del Secretariado del Partido de Cuba Fidel Castro, Raúl Castro, Che Guevara, Blas Roca, Carlos Rafael Rodríguez y Emilio Aragonés. Nadie más sabía nada de eso.*

---

*Aragonés, entrevista con el autor, La Habana, 23 de enero, 1996. En las palabras ulteriores de Castro: "La URSS hubiera podido declarar que un ataque a Cuba equivaldría a un ataque a la URSS: hubiéramos podido tener un acuerdo militar. Hubiéramos podido alcanzar la meta de la defensa de Cuba sin la presencia de los misiles. Estoy absolutamente convencido de ello." (Fidel Castro, "Transcripción de sus palabras...", p. 336.) Es el mismo punto de vista que expresarán tres consultores contratados por el secretario de la Defensa en Estados Unidos para escribir la historia de la contienda armamentista: "Si los soviéticos hubieran querido proteger a Cuba al ligar sus intereses de defensa con los de Cuba, parece que hubiera bastado un tratado de defensa mutua y una presencia militar soviética diseñada específicamente para la defensa contra ataques aéreos y contra una invasión anfibia, sin convertir a Cuba en un blanco estratégico altamente vulnerable e inevitable. Aunque se

El Che aún no desconfiaba de la URSS; no se imaginaba que Khruschev pudiera retirar los misiles en el contexto de un enfrentamiento con Washington. Tampoco había asimilado del todo la terrible inferioridad nuclear de la URSS en relación con Estados Unidos: creía aún en ese momento en la vigencia de una paridad básica entre las dos superpotencias. De acuerdo con Aragonés, incluso regañó a su compañero de viaje por sus dudas. Al regreso de Moscú, se encontraron con unos cubanos en Checoslovaquia y Aragonés se quejó del acuerdo. El Che replicó: "¡Cómo puedes ser así!" Guevara había comprado entero el compromiso soviético.*

Las tesis de Khruschev resultan ser menos descabelladas a la distancia de lo que parecían; los vaticinios del Che se cumplieron sólo parcialmente. Sabemos hoy —porque así lo insinuaron los participantes soviéticos en Moscú en la reunión en enero de 1989, y porque así lo aseveró categóricamente Fidel Castro en la conferencia de La Habana en enero de 1992— que 20 de los 42 misiles instalados por la URSS en Cuba *estaban armados con ojivas nucleares*. Y seis lanzacohetes tácticos cargados con nueve misiles *con cabezas nucleares* se

---

pueda argumentar que una presencia soviética defensiva en sí misma hubiera parecido provocadora, además de encontrarse al final de una línea logística muy larga, no hubiera elevado la puja tanto como una fuerza nuclear ofensiva." (Ernest R. May, John Steinbruner, Thomas W. Wolfe, *History of the Strategic Arms Competition*, Office of the Secretary of Defense, Historical Office, marzo, 1981 [ultrasecret], p. 482, citado en The National Security Archive, *The Soviet Estimate: U.S. Analysis of the Soviet Union* 1947-1991, Washington, 1995.)

* Aragonés, entrevista, *op. cit*. Vale la pena subrayar un elemento que el lector cuidadoso ya habrá detectado: las versiones proporcionadas por Emilio Aragonés y Alexander Alexeiev son casi idénticas, incluyendo detalles, secuencias y causalidades. Huelga decir que a estas alturas no existe comunicación alguna entre ellos. Aragonés vive en La Habana, un jubilado en semidesgracia; Alexeiev, viejo ya y de mala salud, pasa buena parte de su tiempo en el hospital de la *Nomenklatura* en las afueras de Moscú. Sus recuerdos coinciden de manera notable, porque los acontecimientos dejaron una huella perdurable en su mente, y porque son ciertos.

hallaban listos para ser utilizados contra una hipotética invasión estadounidense.[83] Ingresaron en Cuba sin que Washington se percatara de ello. Arthur Schlesinger y Robert McNamara, ambos presentes en la conferencia de La Habana en 1992, casi se caen de la silla al enterarse de ello.[84] Asimismo, el número de tropas soviéticas que efectivamente arribaron a Cuba fue mucho mayor del que sospechaban los estadounidenses. Los cuarenta y dos mil soldados disfrazados con ropa de invierno y hasta esquís de nieve, fueron calculados por los norteamericanos como 4 500 a principios de octubre, luego 10 000 en el apogeo de la crisis, y finalmente 12 000-16 000 al final. Estimaciones posteriores arrojaron la cifra de 22 000 hombres; Castro ha confirmado la cifra de 42 000 presentada por Alexeiev y por Sergo Mikoyan.[85] En otras palabras, los soviéticos *sí* lograron infiltrar misiles, ojivas atómicas, tropas y equipos antiaéreos sofisticados en Cuba *antes* de que la inteligencia norteamericana reparara en ello. A tal punto que en un memorándum *top secret and sensitive* a Kennedy fechado el 3 de septiembre (menos de un mes antes de la crisis), Walt Rostow, consejero del Departamento de Estado, informaba al presidente que, de acuerdo con los reportes de la CIA, "las entregas soviéticas de material militar a Cuba de los últimos días no constituyen una amenaza sustancial a la seguridad de los Estados Unidos".[86]

Lo que falló no fue el sigilo, sino la voluntad de utilizar las armas introducidas furtivamente en la isla. Ni Khruschev, ni el comandante soviético de los misiles en Cuba se atrevieron a dar la orden de disparar cuando se agudizó la confrontación. Los militares soviéticos *in situ* tenían autonomía de mando para lanzar los misiles con ojivas nucleares; el avión de espionaje norteamericano U-2 derribado en los cielos cubanos el 27 de octubre lo fue por instrucciones giradas en la guarnición soviética en Cuba, no en Moscú. La crisis se acentúa cuando Kennedy, al enterarse de la presencia de misiles de la URSS en Cuba, y del envío de otros que se encuentran aún en alta mar, impone una cuarentena marítima, exigiendo el retiro de los cohetes ya emplazados. Khruschev primero patalea, luego parpadea (en la frase de Dean Rusk), y el 28 de octubre cede ante el ultimátum de Washington. A cambio del retiro de los misiles y de una inspección correspondiente por Naciones Unidas —que Castro nunca admitió— la URSS consiguió la promesa de Estados Unidos de no invadir Cuba —aunque nunca se plasmó en un documento— y el retiro de los misiles estadounidenses de Turquía —obsoletos, ciertamente, y en un *quid pro quo* jamás reconocido por Washington.

Castro se sintió horriblemente defraudado, ofendido y despreciado por la URSS, tanto por el hecho en sí de la rendición, como por haberse enterado de la decisión vía la radio. Al tomar conocimiento de la resolución soviética, enfurece y trata de Khruschev de "hijo de puta, pendejo y culero".[87] Logró restaurar su dignidad pero, obviamente, no pudo impedir el retiro de los misiles. En la Universidad de La Habana, un par de días después, proclamará en público que a Khruschev le faltaron "cojones".[88] Rechaza el mismo día la promesa ofrecida por Estados Unidos de no invadir la isla, y presenta su lista de demandas: el fin del bloqueo, el término de las actividades subversivas contra su gobierno desde territorio estadounidense y Puerto Rico, el cese de los sobrevuelos de reconocimiento y de hostigamiento, y la devolución de la base de Guantánamo.

La consigna coreada en La Habana —"Nikita mariquita, lo que se da no se quita"— resume bien el estado de ánimo que imperaba en Cuba, tanto en el seno del pueblo como en la dirección revolucionaria. Las consiguientes tribulaciones para Khruschev eran evidentes: se exponía a las críticas inclementes de los chinos —"es la mayor traición desde aquella de la socialdemocracia alemana al inicio de la Primera Guerra Mundial"—[89] así como de sus enemigos internos en la URSS. Aunque hoy sabemos que su defenestración en octubre de 1964 no fue motivada por la debacle del Caribe, algún efecto debe haber surtido. La prueba de la importancia que Khruschev le otorgaba a la relación con Cuba, y al peligro que entrañaba la incesante crítica china, aparece en una extraordinaria carta dirigida por el premier soviético a Castro el 31 de enero de 1963, y hecha pública en enero de 1992. A lo largo de treinta y un páginas, con intermitentes diatribas apenas veladas contra los chinos, y con una que otra consideración ominosa para Cuba, Khruschev trata de convencer a Castro de que visite la URSS esa primavera. Lo invita a pescar, a cazar y a pasear por el campo juntos, para que cicatricen las heridas de octubre. Reconoce que

> la crisis ha dejado una huella en nuestras relaciones, que no son o que eran antes de la crisis. Esto nos preocupa. Durante la crisis del Caribe, nuestros puntos de vista no coincidieron siempre [... Por eso] hoy cualquier paso imprudente o incluso aspereza en nuestras relaciones podría generar varios problemas. Bajo estas condiciones, la serenidad y el autocontrol son necesarios. Ya le he dicho, camarada Fidel, que hoy impera en nuestra relación con ustedes un cierto grado de resentimiento y esto daña la causa, y naturalmente daña a Cuba y a nosotros. Sin rodeos, daña a nuestro partido y a nuestra patria, pero tampoco le benefician a usted.[90]

Castro aceptó la invitación. Durante su estadía en la URSS renegoció diversos convenios económicos y militares, y dejó atrás las tiranteces y furias de octubre y noviembre del año anterior. No tenía alternativa: Khruschev simplemente no podía seguir ayudando a Cuba mientras que ésta lo insultara por claudicar ante Kennedy y Estados Unidos. De hecho, desde noviembre de 1962, para sanar las fracturas y resarcir el maltrecho prestigio de la URSS ante la opinión pública mundial y sus rivales chinos, Khruschev despachó a Mikoyan a La Habana. Durante tres semanas el "cubano del PCUS", como le llamaban en Moscú, procuró convencer a los cubanos de que aceptaran las distintas vertientes del acuerdo con Kennedy, y sobre todo, de que cesaran las críticas públicas a Khruschev. Lo logró a medias.

Durante la crisis de octubre como tal, el Che prácticamente no se involucra en las decisiones tomadas en La Habana. Al igual que en la época de Girón, fue enviado a Pinar del Río, al mando de toda la región occidental de la isla, presto para repeler la posible invasión norteamericana, si no en el momento de su consumación, por lo menos en una eventual guerrilla posterior. Rafael del Pino, el piloto y héroe de Girón, fue convocado por Fidel Castro desde el segundo día de los sobrevuelos norteamericanos para asesorarlo en materia de aviación. Según Del Pino, que fungió como *aide de camp* personal de Fidel durante toda la crisis, durmiendo en el cuarto adjunto a su cuartel general, el Che no tuvo ningún encuentro con Castro hasta que concluyó la crisis el 28 de octubre.[91] Acaso conversaron por teléfono, pero al no disponer los cubanos de *scramblers* para encriptar sus comunicaciones, difícilmente pudiera haberse tratado de intercambios sustantivos.[92] Las personas claves cercanas a Fidel, de acuerdo con los recuerdos de Del Pino, fueron el comunista Flavio Bravo y el jefe de la Dirección de Inteligencia del Ejército.[93] El Che no compartió realmente con Castro las peripecias y la tragedia de la crisis del Caribe en su etapa de octubre.

En cambio, participó de lleno en el desenlace de la crisis. Según Ricardo Rojo, se encontraba al lado de Fidel cuando éste se entera de la decisión soviética de retirar los misiles y lo ve patear la pared de pura rabia.[94] El Che se resignó ante el giro que cobraron los acontecimientos, pero a diferencia de Fidel Castro, las implacables realidades de la política de Estado en los tiempos de la Guerra Fría le repugnaban.* No calló

---

* Su carta a Anna Louise Strong en Pekín, el 19 de noviembre, constituye una prenda de la terrible ambivalencia que lo habitaba: "La situación aquí en Cuba es de alarma de combate; el pueblo espera la agresión en pie de guerra

su disgusto con la misma discreción o tacto ulteriores de Fidel; al periódico del Partido Comunista de Gran Bretaña le confesó su encono, aunque después no se publicara toda la expresión de su ira:

> Si nos atacan, lucharemos hasta el final. Si los cohetes hubieran permanecido en Cuba, los hubiéramos utilizado todos, dirigiéndolos contra el corazón de Estados Unidos, incluyendo Nueva York, en nuestra defensa contra la agresión. Pero como no los tenemos, lucharemos con lo que tenemos [...] Algunos en Europa dicen que se ha ganado una gran victoria. Pero nosotros decimos que si bien la guerra se ha evitado, eso no significa que se ha asegurado la paz. Y preguntamos si a cambio de una ganancia menor sólo hemos prolongado la agonía. Hasta ahora, lo único que ha sucedido es que se ha evitado el enfrentamiento.*

Su incapacidad de tolerar la ambivalencia lo delataba. Desde los primeros días después de la crisis había mostrado su mal humor y coraje, tal como lo confesó a Oleg Daroussenkov, su mejor amigo soviético en Cuba. Un día al terminar la crisis se

---

[...] Si llegamos a sucumbir (lo que será después de vender muy caras nuestras vidas) se podrá leer en cada rincón de nuestra isla algún mensaje parecido al de las Termópilas. De todas maneras, no estamos estudiando la pose para el gesto final; queremos la vida y la defenderemos." (Ernesto Guevara a Anna Louise Strong, 19 de noviembre, 1962, citada en Ernesto Che Guevara, *Cartas inéditas*, Montevideo, Sandino, 1968, p. 14.)

* Ernesto Che Guevara, "Entrevista al *Daily Worker*", noviembre de 1962, reproducido en *Foreign Broadcast Information Service Propaganda Report, Changing Pattern of Fidel Castro's Public Statements*, 7 de diciembre, 1962, pp. 23-24. El informe afirma que las primeras tres frases citadas no fueron incluidas en la versión publicada de la entrevista, pero que el corresponsal del *Daily Worker* en efecto las transmitió a Londres (*Ibid.*, p. 25). Carlos Franqui ha corroborado esta supresión y sugiere que hubo una llamada de Fidel al Che: "Recuerdo una cierta referencia de Fidel de que el Che siempre decía lo que pensaba." (Carlos Franqui, entrevista, *op. cit.*)

fueron a tirar y a hablar de todo y nada, el Che "se quejó de que con esos grandes —se refería a Khruschev— no se puede tratar. Un día te dicen una cosa, otro día otra. Khruschev me había asegurado que si pasaba algo mandaba la flota del Báltico a Cuba y ¿dónde estaba la flota? El Che estaba echando pestes".[95]

Debe haber vivido la abdicación soviética como una traición; hasta cierto punto lamenta que el colofón de la crisis no haya residido en la inmolación:

Es el ejemplo escalofriante de un pueblo que está dispuesto a inmolarse atómicamente para que sus cenizas sirvan de cimiento a las sociedades nuevas y que, cuando se llega, sin consultarlo, a un acuerdo por el cual se retiran los cohetes atómicos, no suspira de alivio, no da gracias por la tregua; salta a la palestra para dar su voz propia y única; su posición combatiente, propia y única, y más lejos, su decisión de lucha, aun cuando fuera solo, contra todos los peligros y contra la mismísima amenaza atómica del imperialismo yanqui.[96]

El Che estuvo presente en todas las pláticas con Mikoyan, salvo una. Sus intervenciones se limitaron a enfatizar los perniciosos efectos del retiro soviético de los cohetes para la revolución latinoamericana. Y también a lanzar bromas macabras pero que distendían el ambiente. Alexeiev recuerda una a costa del traductor soviético Tikhmenev, quien en uno de los momentos de peor tensión por error le atribuyó a Fidel el haber comparado a Mikoyan con U Thant. El vicepremier enfureció, primero con Castro, y luego con su intérprete al comprobar que el insulto provenía del segundo. Al interrumpir la sesión para un descanso y calmar los ánimos, el Che se acercó a Tikhmenev, colocó su pistola automática Makharov en la mesa y le sugirió discretamente que... se suicidara.[97]

El último intercambio entre el Che y Mikoyan —hecho público en 1995 por investigadores rusos y estadounidenses—

encierra un interés excepcional, ya que muestra la disposición de Guevara, y el abismo que ya lo separaba de la dirección soviética. Conviene citarlo *in extenso*, a título de conclusión de esta etapa dorada del Che Guevara en Cuba, y como preámbulo de las definiciones y desencantos por venir:

GUEVARA: Quisiera decirle, camarada Mikoyan, que, con toda sinceridad, como consecuencia de los acontecimientos recientes se ha creado una situación extremadamente complicada en América Latina. Están titubeando muchos comunistas que representan a los partidos latinoamericanos y también otras agrupaciones. Están todos apesadumbrados por las acciones de la Unión Soviética. Varias agrupaciones se han resquebrajado. Están surgiendo nuevos grupos, nuevas fracciones. Ahora bien, estamos profundamente convencidos de la posibilidad de la toma del poder en varios países de América Latina, y la práctica nos enseña que no sólo es posible tomar el poder sino conservarlo en varios países. Por desgracia muchos grupos latinoamericanos creen que en el comportamiento de la Unión Soviética durante los acontecimientos recientes se cometieron dos errores serios. En primer lugar el canje (es decir, la propuesta de cambiar los cohetes soviéticos en Cuba por los cohetes de Estados Unidos en Turquía-JCG) y segundo, la concesión abierta. Me parece que esto nos lleva a concluir que ahora podemos esperar un reflujo del movimiento revolucionario en América Latina, que se había fortalecido considerablemente en el periodo reciente. He expresado mi opinión personal pero he hablado con total sinceridad.

MIKOYAN: Claro, es preferible hablar con sinceridad. Es mejor dormirse que escuchar discursos mentirosos.

GUEVARA: Yo también lo pienso... Los Estados Unidos, al lograr el retiro de los misiles soviéticos de Cuba en cierto sentido han obtenido el derecho de prohibirles a otros países que proporcionen bases militares. Esto lo piensan no sólo muchos revolucionarios sino también los representantes del FRAP en Chile y de varios movimientos democráticos. En mi opinión, aquí yace el meollo de los acontecimientos recientes. Aun en el contexto de todo nuestro respeto por la URSS creemos que las decisiones que tomó fueron equivocadas... Creo que la política soviética tuvo dos debilidades. No comprendieron el significado del factor sicológico para Cuba. Esto fue expresado de manera original por Fidel Castro: "Estados Unidos quiso destruirnos físicamente pero la URSS con la carta de Khruschev a Kennedy [el 27 de noviembre, aceptando el retiro de los misiles; JGC] nos destruyó jurídicamente."

MIKOYAN: Pero nosotros pensamos que estarían ustedes satisfechos. Hicimos todo lo posible para evitar que Cuba fuera destruida. Vemos vuestra disposición a morir bellamente pero pensamos que no vale la pena morir bellamente.

GUEVARA: En cierta medida tiene usted razón. Ofendieron nuestros sentimientos al no consultarnos. Pero el peligro principal consiste en la segunda debilidad del comportamiento soviético. Ustedes reconocieron el derecho de Estados Unidos de violar el derecho internacional. Esto le ha causado un gran daño a la política de la URSS. Esto nos preocupa. Puede traer dificultades para el mantenimiento de la unidad de los países socialistas. Nos parece que ya hay grietas en la unidad del campo socialista.

MIKOYAN: Esto también nos preocupa. Estamos tratando de fortalecer nuestra unidad, y con ustedes, camaradas, estaremos siempre a pesar de las dificultades.

GUEVARA: ¿Hasta el último día?

MIKOYAN: Sí, dejemos que mueran nuestros enemigos. Nosotros debemos vivir y dejar vivir... El camarada

Guevara ha evaluado los acontecimientos pasados en un tono pesimista. Respeto su opinión pero no estoy de acuerdo con él. Trataré en nuestra próxima reunión de convencerlo, pero dudo de que lo logre... Estoy satisfecho con mis reuniones con ustedes... Básicamente hemos llegado a un entendimiento sobre el protocolo de acuerdo. Pero debo decir que yo pensaba que entendía a los cubanos, y después escuché al camarada Che y ahora entiendo que no, todavía no los entiendo.

ALEXEIEV: Pero el Che es argentino.

MIKOYAN [al Che]: Reunámonos y hablemos... Le hemos apostado mucho a Cuba en un sentido material y moral, y también en un sentido militar. Piénselo. ¿Les estamos ayudando desde nuestra sobreabundancia? ¿Cree usted que nos sobran cosas? Ni nos alcanza para nosotros. No, queremos preservar la base del socialismo en América Latina. Ustedes nacieron como héroes antes de que madurara la situación en América Latina, pero el campo socialista aún no tiene la plena capacidad de ayudarles. Nosotros les damos barcos, armas, técnicos, frutas y verdura. China es grande pero por ahora es un país pobre. Llegará el día cuando venceremos a nuestros enemigos. Pero no queremos una bella muerte. El socialismo debe vivir. Perdone la retórica.*

---

* "Memorándum de conversación: Anastas Mikoyan con Osvaldo Dorticós, Ernesto Guevara y Carlos Rafael Rodríguez", 5 de noviembre de 1962, [Ultra secreto] citado en Cold War International History Project. *Cold War Crisis*, Woodrow Wilson International Center for Scholars, primavera, 1995, boletín no. 5, p. 105. International Center for Scholars, Washington D. C., p. 105. La versión citada proviene de los archivos del Ministerio de Relaciones Exteriores de Rusia. Ha sufrido varias traducciones: por Alexeiev, del español al ruso, al tomar notas en la conversación en 1962; del ruso al inglés en 1995, y del inglés al español por el autor.

Ya desde entonces la imagen crística de la bella muerte se leía en el rostro del Che. Quizás Mikoyan, un ruso-armenio culto al fin, recordaba la escena de *La guerra y la paz* cuando Napoleón, después de su derrota en la Berezina y al contemplar el cuerpo postrado (pero en realidad aún con vida) del príncipe Andrei, exclama a nadie en particular *Quelle belle mort.*

Capítulo VIII
Con Fidel, ni matrimonio ni divorcio

No sólo fueron años de cohetes y cuotas azucareras para el Che en Cuba. En esa etapa ve crecer su familia, su fama y su ansia de movimiento perpetuo. En mayo de 1962 nace Camilo, su primer hijo, que lleva el nombre de su compañero de la Sierra Maestra; en 1963 nacerá Celia, la tercera niña. Aleida, quien lo acompañaba al principio en la mayoría de sus desplazamientos por el interior de la isla, se dedica cada vez más al hogar. La cómoda pero discreta residencia que ocupan en el número 772 de la calle 47, entre Conill y Tulipán, en el Nuevo Vedado, se llena de niños, de un feroz pastor alemán —a decir de los vecinos— y de una esporádica y fugaz presencia de Guevara. Si sumamos los viajes al extranjero y las giras por la provincia cubana, los días en La Habana resultan escasos. Como relata el nieto mayor del Che, evocando los recuerdos de su madre, "nunca paraba en casa".[1] No habrá formado la familia burguesa que tanto temía en Buenos Aires, pero la vida hogareña a la que consagra tan poco tiempo se parece mucho a lo que hubiera construido en cualquier otro lugar. Mantiene y nutre su gusto por la literatura; dedica largas horas libres a escribir, ya sea cartas o diarios, o bien los artículos o ensayos que sigue publicando a un ritmo desenfrenado.

Conserva su ascetismo y la estricta observancia de las normas autoimpuestas de ética revolucionaria. Hasta donde puede, procura evitar cualquier abuso del poder, cualquier privilegio que pudiera trastocar sus principios o su autoimagen. Aleida, cubana al fin y ama de casa enfrentada al suplicio cotidiano de las colas, las privaciones y el "resolver" isleño, en ocasiones aprovecha el automóvil oficial, la escolta y las influencias para asegurar por lo menos las condiciones mínimas de supervivencia. El Che la regaña, la manda en camión al mercado y a las diligencias hogareñas: "No, Aleida, tú sabes que el auto es del gobierno, no mío, y por lo tanto tú no puedes aprovecharte de él. Tú viajas en ómnibus, como todo el mundo." Ricardo Rojo, que pasa un par de meses con él a principios de 1963, recuerda cómo, según Aleida y la madre del Che, éste se empeñaba en extraer del gobierno sólo lo indispensable para vivir. La casa en la que habitaba, una mansión confiscada a un rico emigrante, estaba desnuda por dentro, a pesar de los innumerables regalos que Guevara recibía en sus giras por el mundo. El Che sencillamente remitía los regalos, desde piezas de adorno, hasta artesanías e instrumental eléctrico, a los centros de formación de jóvenes de toda la isla; tal como él los recibía, sin quitarles el embalaje.[2]

Pero fuera de sus labores estrictamente administrativas y diplomáticas, las horas se le iban en una obsesión teórica, política y personal: el destino de la revolución en América Latina, y de manera creciente, en África. Si su preocupación principal en torno a la crisis del Caribe consistió en las nefastas consecuencias de la rendición soviética para la lucha en el continente, fue porque se obstinaba cada vez más en un propósito exclusivo: reproducir el modelo cubano en otras latitudes, con los medios disponibles y al costo que fuera. Las premisas teóricas de su obcecación se remontan a un ensayo que data de 1961, "La revolución cubana ¿excepción o vanguardia?" En aquel artículo, el Che describe rápidamente los rasgos de la revolución cubana que a su entender constituyen excepciones en el contexto latinoamericano: la figura y "fuerza telúrica" de Fidel Castro, y la manera como "el imperialismo fue tomado por sorpresa". Enseguida reseña el conjunto de características que en su opinión son comunes y constantes en América Latina: la actitud timorata de la burguesía; la presencia de latifundios y de un campesinado pobre —"el fenómeno que asoma sin excepciones en todos los países de América Latina y que ha sido sustrato de todas las injusticias cometidas"— y el hambre del pueblo. Por último, el Che sintetiza los aportes de la victoria cubana: "La posibilidad de triunfo y el destino del triunfo." Remata con una conclusión lapidaria:

> La posibilidad de triunfo de las masas populares de América Latina está claramente expresada por el camino de la lucha guerrillera, basada en el ejército campesino, en la alianza de los obreros con los campesinos, en la derrota del ejército en lucha frontal, en la toma de la ciudad desde el campo.[3]

Guevara retoma estas tesis en otro ensayo, que tendrá una mayor repercusión, publicado en *Cuba Socialista* en septiembre de 1963: "La guerra de guerrillas: un método". Reitera la vigencia de sus axiomas anteriores, e insiste en la viabilidad y la necesidad de la lucha armada en América Latina. La diferencia con los textos de 1960 y 1961 estriba en la muy superior disposición en 1963 del régimen cubano de "exportar la revolución". Ciertamente durante los primeros años sobraron las ocasiones cuando el Che o los demás cubanos incurrieron en prácticas peculiares: envíos de armas, de fondos, entrenamiento de guerrilleros, ayuda en documentación, logística, etc. Pero no parecía tanto una política de Estado como una vocación existencial.

En cambio, a partir de la expulsión de Cuba de la OEA en 1962 y de la ruptura de relaciones diplomáticas de la mayoría de los países de América, desapareció cualquier incentivo para que los cubanos desistieran de sus ardores revolucionarios —sediciosos o subversivos, desde la óptica de los gobiernos— en la región.* Además, en 1963 la posición del Che como figura de Estado en Cuba se encontraba en una etapa más consolidada. De tal suerte que sus textos fueron percibidos por muchos gobiernos latinoamericanos no como la opinión de un mero intelectual o guerrillero cubano, por destacado y emblemático que fuera, sino como una definición de la política del Estado cubano. Sin embargo, la gran diferencia entre 1960-1961 y 1963-1964 estriba en el papel personal del Che: ahora se comprometerá de manera directa en las aventuras revolucionarias cubanas.**

Su primer amor guerrillero fue naturalmente su Argentina natal. Los fundamentos teóricos esbozados durante esos primeros años encuentran una pronta e insistente aplicación con sus compatriotas, muchos de ellos reunidos en el festejo de la independencia gaucha en La Habana, el 25 de mayo de

---

* De hecho los costos impuestos por el Che a la creación de un foco en el manual original desaparecieron en este ensayo; no figura para nada, por ejemplo, el obstáculo que podía representar un régimen constitucional democrático para una guerrilla. Entre otros, Matt D. Childs, en un ensayo titulado "A Historical Critique of the Emergence and Evolution of Ernesto Guevara's Foco Theory" (*Journal of Latin American Studies*, Cambridge University Press, 1995, No. 27, pp. 593-624), enfatiza la diferencia de enfoques entre la teoría inicial del Che y su revisión en 1963. Childs critica tanto al autor como a Régis Debray por no valorar esta diferencia en un libro anterior del autor. Sin embargo conviene subrayar que la diferencia conceptual entre los dos enfoques del Che no se reflejó directamente en el comportamiento de los grupos armados y del aparato cubano, que desde el comienzo —desde 1959, como hemos mostrado— se lanzaron a la lucha armada en América Latina, sin preocuparse demasiado de la vigencia o no de un orden constitucional.

** Un signo adicional e indeleble de la diferencia reside en que para este momento los soviéticos le contestan al Che. El 11 de noviembre de 1963, aparece un artículo firmado por Demetri Levonov en la versión en español de la *Revista de la URSS*, titulado "La coexistencia pacífica fortalece el frente de la lucha contra el Imperialismo". De acuerdo con la embajada inglesa en La Habana, "el artículo puede ser leído como una réplica al artículo de Guevara sobre la guerrilla publicado en *Cuba Socialista* en septiembre, al que contradice francamente." (Havana Telegram to Foreign Office, Counter-Revolutionary Activities, 10 de enero, 1964 [confidencial], Foreign Office, FO371/174003, Public Record, Office, London.)

1962. No fue posible "resolver" un asado argentino cabal, pero sacrificaron una ternera medio muerta de hambre, que junto con el mate bastó para celebrar la ocasión.

En presencia de toda la comunidad argentina de La Habana, incluyendo a John William Cooke, representante de Perón, de Tamara Bunke, la joven traductora/maestra argentino-alemana que un año antes se había incorporado a la revolución cubana, de los doscientos técnicos argentinos enviados por el Partido Comunista Argentino (PCA) en solidaridad con Cuba, de los artistas, científicos y escritores argentinos radicados en La Habana,* el Che pronuncia un discurso que ilustra a la vez su fuerza y su debilidad, sus obsesiones y sus fracasos. El Instituto de Amistad Cubano-Argentino le había pedido que hablara, invitación que aceptó sin mayor agrado, ya que sabía del avispero que lo esperaba. Como lo recuerda un militante argentino presente en la reunión, el Partido Comunista, que había llegado en un avión especial con técnicos a La Habana, tenía malas relaciones con Cuba; la isla abogaba por la violencia revolucionaria y el Partido no estaba de acuerdo. Muchos de los argentinos comenzaron a recibir instrucción de milicias. La dirección intuyó de inmediato que Cuba estaba preparando grupos armados dentro del propio Partido Comunista y que se estaba haciendo un trabajo de zapa a la Dirección. Ello condujo a una situación muy tirante, al borde de la ruptura, sobre todo cuando el delegado del PCA es retirado de Cuba. "Yo voy a hablar en el acto el 25 de mayo, pero siempre y cuando no me pongan condicionantes."[4]

---

* Casi cuatrocientos, según uno de ellos (véase Carolina Aguilar, citada en *Tania, la guerrillera inolvidable*, La Habana, Instituto Cubano del Libro, 1974, p. 108). Un informe ultrasecreto de la embajada de la URSS en La Habana, tildaba al artículo de "ultrarrevolucionario que raya en aventurerismo". Según la embajada, el Che "no conoce las tesis del marxismo-leninismo." (Informe de Embajada No. 47784, 28 de enero 1964 [ultrasecreto], Archivo Estatal de Rusia, Centro de Conservación de la Documentación Contemporánea, Fondo No. 5, Lista No. 49, No. 655, Moscú.)

Así que el Che rápidamente se adentraba en aguas turbulentas, y pronto se halló en una situación delicada. Por un lado, estaba absolutamente convencido de que la lucha armada y sólo la lucha armada podía hacer triunfar la revolución en Argentina. Asimismo, no dudaba de que únicamente era posible vencer al ejército y a la oligarquía de su país de origen a través de la unidad de todas las fuerzas políticas susceptibles de incorporarse a la brega. Pero por otro lado, resultaba que una de esas fuerzas, el Partido Comunista, dirigido por el legendario y funesto *apparatchik* argentino-soviético Víctor Codovilla, rechazaba sus tesis foquistas, mientras que las demás se disputaban un liderazgo que en muchos casos no merecían. O bien disponían de grandes talentos pero una rala representatividad real —el caso de Cooke, a pesar de su vínculo personal con Perón—[5] o bien constituían una especie de morralla política de la izquierda socialista o castrista, por completo desvinculada de la Argentina.

Cooke, ya alejado del peronismo aunque no de un Perón en el exilio, pronuncia también un discurso incendiario en apoyo a las tesis del Che. Recuerda que todos los grandes héroes de la liberación latinoamericana habían sido guerrilleros.[6] Y el Che no se anda por las ramas, convocando tanto a la unidad de enemigos consuetudinarios como a empuñar armas que muchos no poseen ni desean poseer:

> Pensamos en que somos parte de un ejército que lucha en cada pedazo del mundo, y aprestémonos a celebrar otro 25 de mayo, no ya en esta tierra generosa, sino en tierra propia, y bajo símbolos nuevos, bajo el símbolo de la victoria, bajo el símbolo de la construcción del socialismo, bajo el símbolo del futuro.[7]

Las palabras, los gestos y sobre todo las intenciones del comandante Guevara no pueden sino preocupar a muchos de los asistentes, sobre todo a aquellos afines al Partido Comunista. Sus llamados a la unidad en el peronismo, y entre todos los revolucionarios, a la guerrilla, y a la violencia revolucionaria, antagonizaron a los comunistas. "Se arma un despelote el otro día." Y una encendida discusión entre delegados.[8]

Discusión áspera, sin duda: los comunistas se enfurecen y hasta censuran las palabras del Che en sus publicaciones. Guevara se encuentra de pronto en un estado radical de desamparo, preso de sus aspiraciones revolucionarias y guerrilleras, y de la ausencia radical de soportes para realizarlas. Su única opción es la que Cuba —y él mismo— seguirá en repetidas oportunidades durante esos años: provocar escisiones más o menos explícitas dentro de los partidos comunistas latinoamericanos, entrenando a militantes en Cuba sin conocimiento ni venia de sus dirigentes, e intrigando para que esos activistas se apoderen de la Dirección de los respectivos partidos. Una carta privada escrita por "amigos argentinos" (comunistas) a Alcira de la Peña, miembro del Buró Político del Partido Comunista Argentino, exiliada en Moscú, ilustra las tensiones existentes:

> Mis relaciones con nuestro famoso compatriota [Ernesto Guevara] van de mal en peor y todo esto por el hecho que tuvo y sigue teniendo que ver con nuestro querido partido. Yo agarré a sus amigos Cooke y Eguren y el grupo que estaba adiestrándose. Su defensor era Guevara; a través de él se financiaba esa actividad. Entre miembros de ese "comando" se encontraba el grupo de trotskistas que decían que cuando apliquemos lo [...] que estamos estudiando no vamos a hacer ninguna diferencia entre "gorilas" [militares antiperonistas] y "comunistas estalinistas".[9]

La conquista por adentro nunca sucederá, pero despertará infinidad de susceptibilidades y resentimientos por parte de las direcciones afectadas. El Che comienza a comprender que si se propone montar una guerrilla en la Argentina, o en cualquier otra parte, se verá forzado a construirla solo, es decir, con reclutas individuales, apartados de las organizaciones existentes.

El caso de la propia Tamara Bunke, con quien Guevara solía departir en distintas fiestas y celebraciones del trabajo voluntario, así como en las constantes acogidas a delegaciones extranjeras, fue sintomático. Algunos de los argentinos presentes en el asado del 25 de mayo se habían vuelto a reunir un par de días más tarde, para comentar los incidentes y tomar previsiones. Varios, con excepción de Tamara, manifestaron su desacuerdo con el Che. Imbuida del espíritu de sacrificio de sus padres y del ímpetu incauto que la conduciría a la muerte en Bolivia cinco años después, Tamara se levanta, grita y azota la puerta: "Yo me voy, yo aquí no pierdo el tiempo."[10]

El Che tendrá que hacer su revolución latinoamericana con las Tamaras y sin los Codovillas. En lo individual, sale ganando; desde el punto de vista de masas y político, la pérdida es evidente. Esto será más palpable en el caso de la Argentina, donde ni el Partido Socialista, ni los comunistas, ni Perón se hallaban dispuestos sinceramente a lanzarse a la delirante gesta armada. Cuando Cooke vuelva a su país dos años después, la soledad del Che en su aspiración argentina se intensifica. Pero no su interés: ya en esos días le confiaba sus verdaderas intenciones a algunos residentes argentinos en La Habana que lo visitan en el Ministerio. Lo sorprendieron con su plano de Argentina sobre el escritorio. Sacó su mate y pasaron horas tomando mate como argentinos, e intercambiando anécdotas. Una en particular impresionó a sus interlocutores: "La revolución —dijo el Che— se puede hacer en un momento determinado y en cualquier lado del mundo." "¿En cualquier lado del mundo?", preguntaron. "¿Inclusive en Argentina o en La Paz?" El Che contestó: "Hasta en Córdoba se puede hacer la guerrilla."[11]

En torno a varios países latinoamericanos persistía el dilema detectado en los primeros años, pero ahora se veía agravado por la perseverancia del Che, así como por las resistencias cada vez mayores de la URSS, y de los partidos comunistas latinoamericanos. Habían fracasado los intentos iniciales en Venezuela, Nicaragua y Guatemala. La represión de los gobiernos —incluso aquellos de corte democrático— se agravaba, y los riesgos para las grandes organizaciones de masas inspiradas o dirigidas por los comunistas se acrecentaban. En esas condiciones, la propensión de estos últimos por el combate armado —nunca muy pronunciada— disminuía día a día. Los comunistas le ruegan a Moscú que interceda ante los cubanos para moderar sus ánimos insurreccionales; ya inmersos en suficientes enredos con sus socios tropicales, los soviéticos prefieren la discreción al pleito público, por el momento. El resultado neto es la nula disposición de los candidatos naturales a la lucha armada en América Latina —los cuadros comunistas— y la irritación creciente del Che Guevara.

Frente a tanta resistencia y a una objeción recurrente —las circunstancias no están maduras—, el Che revisa sus planteamientos originales. Donde antes insistía en que la implantación de un foco guerrillero requería de la vigencia de una serie de condiciones previas, ahora coloca el acento en un virtual autocumplimiento de los requisitos: el foco genera sus propias condiciones de posibilidad. ¿Qué viene primero, la modificada tesis teórica del Che, según la cual el foco crea sus condiciones de triunfo, volviendo irrelevante la inexistencia previa de las mismas; o la ausencia radical de dichas condiciones que, aunada al empeñamiento del argentino por fomentar la revolución *hic et nunc*, exige una justificación retrospectiva mediante la teoría de la autopropagación del foco? Fue sin duda la imposibilidad de descubrir a los revolucionarios reales la que inducirá al Che a teorizar su decisión de prescindir de ellos. Al final, morirá solo, inmerso en el silencio de campesinos bolivianos y cuadros comunistas ausentes; su foco en Ñancahuazú creó todo salvo las condiciones de triunfo.

En este entorno político borrascoso y preñado de contradicciones es que se produce un acontecimiento crucial en la historia de la revolución cubana: la interminable estancia de Fidel Castro en la URSS en la primavera de 1963. Por más de cuarenta días y cuarenta noches, Fidel recorre el país más grande del mundo, sellando con la dirigencia soviética pactos pletóricos de implicaciones para el futuro de la economía y la política de la isla. A pesar de la invitación explícita del embajador soviético en La Habana, el Che no acompaña a Fidel, aunque durante el viaje se negociarían acuerdos comerciales e industriales de gran envergadura y de su más estricta incumbencia. Lo que es más, Guevara sólo se enteró del contenido de los acuerdos celebrados por Castro con sus anfitriones soviéticos como hecho consumado.[12] Tanto mejor: el principal convenio surgido del viaje de Fidel fue asignarle a Cuba el inevitable y triste destino de productor de azúcar y algunas otras materias primas y agrícolas en la división socialista del trabajo, abdicando ahora explícitamente de lo que en los hechos se había abandonado hace varios meses, a saber, el esfuerzo de industrialización. El Che no perdonará a la URSS tan fácilmente como Fidel su traición de octubre, y no se resignará tan rápidamente como el caudillo a la dependencia soviética.*

Atrás quedaron las recriminaciones e insultos del otoño anterior. Castro fue homenajeado, aclamado, adulado con innegable espontaneidad por las masas rusas, uzbecas, ucranianas y georgianas, así como por los dirigentes soviéticos,

---

* Al comentar la caída de Khruschev en noviembre con su amigo y profesor de economía Anastasio Cruz Mancilla, el Che expresará: "Jamás le perdonaré a Khruschev la manera en que resolvió la crisis del Caribe." ("Nota de conversación del 6 de noviembre de 1964 del agregado de la embajada de la URSS en Cuba, E. Pronski, con el profesor de la Universidad de La Habana Anastasio Cruz Mancilla", 13 de noviembre 1964 [secreto], Archivo Estatal de Rusia, Centro de Conservación de la Documentación Contemporánea, folio No. 5, lista No. 49, documento No. 759.)

quizá de manera menos sincera. Fidel a su vez no escatimó alabanzas y proclamas admirativas por la patria del socialismo, sobre todo a su retorno a La Habana, el 3 de junio de 1963. Si durante los meses de octubre y noviembre de 1962 se podían discernir algunas coincidencias entre el discurso chino y las emociones cubanas en torno a Khruschev, éstas quedaron desterradas para siempre de la política real castrista. De vez en cuando —por ejemplo el 26 de julio de ese año—, Fidel esgrimirá de nuevo argumentos y posturas que algunos interpretarán como pro chinos y medianamente antisoviéticos.* Pero, aunque Cuba mantenía su neutralidad en el conflicto chino-soviético, en los hechos el alineamiento cubano con la URSS cobraba cada vez mayor vuelo. A cambio, los soviéticos convalidaban, de los labios para afuera, el principio de la lucha armada en América Latina, pero envolvían su apoyo en tal cantidad de reservas y cláusulas contingentes que cualquier partido comunista latinoamericano podía abstenerse perfectamente de emprender la vía militar sin violar las disposiciones moscovitas.

A las dudas del Che sobre la sagacidad y decencia de una reconciliación tan precipitada con la URSS, se vino a sumar otro factor de escepticismo: los incesantes coqueteos de Fidel con Washington, que siempre toleraban interpretaciones contradictorias, más aún, en ellas residía su razón de ser.

---

* El FBI, que por extraños motivos se interesaba también en Cuba, pero cuya pericia ideológica dejaba mucho que desear, comenta en un informe secreto de Inteligencia: "Desde el 26 de julio de 1963, Castro ha mostrado descontento y frialdad hacia la URSS, al tiempo que exhibe una tendencia a apoyar a los comunistas chinos en su disputa con los soviéticos. Diplomáticos cubanos han señalado que los dirigentes cubanos están completamente decepcionados del trato que recibieron de la URSS y que el gobierno cubano se halla más cerca que nunca de los chinos." (Federal Bureau of Investigation, "Current Intelligence Analysis" [secreto], 27 de noviembre de 1963, p. 2, NSF, Country File, Cuba Country, vol. A, #64 memo, Gordon Chase File, LBJ Library.)

En la primavera de 1963, una reportera de la televisión norteamericana, Lisa Howard, logró una entrevista con Castro en la que éste parecía señalar su anuencia a un entendimiento con Kennedy. La respuesta estadounidense no tardó y fue, por supuesto, negativa. La periodista reincidió en sus esfuerzos mediadores, desembocando para septiembre de ese mismo año en conversaciones preliminares entre el representante permanente de Cuba ante la ONU, Carlos Lechuga, y el periodista y diplomático norteamericano, William Atwood.

Todo ello ocurría bajo los auspicios y buenos oficios de Howard, que sostenía una relación cercana con René Vallejo, el médico y asistente personal de Fidel Castro. Le había ayudado a encontrarse con el comandante en jefe en el mes de mayo, e incluso ofreció mandar un avión a Estados Unidos con el propósito de trasladar a un enviado de Kennedy a La Habana. Cuando Washington rechazó este ofrecimiento, Vallejo —con Howard y Atwood escuchando vía teléfono— propuso viajar él mismo a Estados Unidos, de modo clandestino, para entablar el diálogo. Con la muerte de Kennedy el 22 de noviembre se suspendió la gestión, sin que fuera posible saber si hubiera prosperado y si Castro se hallaba realmente dispuesto a efectuar las concesiones que Washington requería para una normalización.

En varias conversaciones entre cubanos y estadounidenses, aparecía el siguiente argumento norteamericano:

Castro estaba descontento con su dependencia frente a la URSS, el embargo le hacía un daño terrible a Cuba, y deseaba algún contacto con Washington para normalizar sus relaciones con Estados Unidos, aunque esto no fuera del agrado de sus lugartenientes más duros, entre otros el Che Guevara [...] Existía un distanciamiento entre Castro y la fracción de la dirigencia encabezada por el Che sobre el futuro de Cuba [...] Guevara y los demás comunistas se oponían a cualquier entendimiento y consideraban que Castro era poco confiable.*

No era necesariamente válido el análisis, como tampoco era del todo cierto el distanciamiento entre Fidel y el Che en esos meses. Incluso es posible que por razones distintas hayan coincidido en la necesidad de un relanzamiento del apoyo a grupos revolucionarios en América Latina, el Che por principio y por desencanto con la URSS, Fidel porque no obtuvo el respiro que anhelaba en Moscú ni con Estados Unidos. La agudización de las dificultades internas tal vez también contribuyó al renovado activismo castrista en las selvas y ciénagas de la región. Pero una cosa era pertrechar a revolucionarios latinoamericanos; otra muy distinta era confrontar a la Unión Soviética. Para el Che ambas estaban emparejadas, y simplemente no toleraba la ambivalencia implícita en los malabarismos de Fidel. Éste se regocijaba en ellos; aquél los aborrecía.

Al inicio de 1964 el Che concede una entrevista televisada a Lisa Howard, donde reitera los mismos argumentos, con el mismo énfasis que Castro. Altos funcionarios de la Casa Blanca felicitarán a Howard por el programa con el Che, reconociendo incluso el aplomo y la destreza de Guevara en su manejo de los temas.[13] Al revisar los *rushes* de la entrevista treinta años más tarde, con cortes y todo, no puede uno más que inclinarse ante la simpatía, la seguridad y la fuerza interna

---

* Las citas provienen de varios documentos relativos al intercambio cubano-estadounidense realizado entre septiembre y noviembre de 1963. El primero es el memorándum de William Atwood para McGeorge Bundy, asesor presidencial para Seguridad Nacional, fechado el 18 de septiembre (sin clasificación), recomendando aceptar el contacto con los cubanos. El segundo es un memorándum de Atwood a Gordon Chase, fechado el 8 de noviembre (secreto) informando sobre los contactos de Atwood con Lisa Howard, Carlos Lechuga y René Vallejo en La Habana. (Memorandum from William Atwood to McGeorge Bundy [secret], 18 de septiembre de 1963, LBJ Library. Memorandum William Atwood a Gordon Chase, 8 de noviembre de 1963, "United States Mission to the United Nations", LBJ Library.)

del Che, que hasta para encenderle un cigarro a la periodista se deslizaba por el set con una elegancia y seducción fuera de serie. A pesar de encontrarse pasado de peso, lánguido y hasta desapegado, como aparece en la pantalla, el Che sigue siendo un hombre de belleza excepcional. La mirada crística de su lecho de muerte es ya imborrable: una inefable y pasajera tristeza en los ojos anuncia una tragedia futura y aceptada. Aún no libra las batallas por venir, pero en alguna parte de su inconsciente, sabe que ha perdido ya su guerra en Cuba.

Por lo pronto, días después del regreso de Castro de la URSS, Guevara empaca de nuevo y se dirige a Argelia, donde a principios de julio de 1963 se conmemora el primer aniversario de la independencia. Permanecerá tres semanas en aquel país, recorriéndolo en su totalidad. Camino a Argel, reflexiona sobre el conjunto de acontecimientos y cambios ocurridos en los meses anteriores: la reconciliación con Moscú, los balbuceos castristas con Washington, la catastrófica situación económica de la isla, sus desavenencias con el resto del equipo gubernamental, su paulatina evicción del mando en materia de política económica.

En un seminario sobre planificación celebrado en la capital del país, reconocerá el fracaso de la tentativa de diversificación comercial e industrialización, así como la debacle de la economía cubana; nada muy distinto de lo que pensaban Fidel, los rusos y los comunistas cubanos. Pero de sus dudas no se deducía de manera directa el rumbo que comenzaba a seguir la revolución, tanto en materia económica como de política exterior. Argel será entonces el punto de partida de tres iniciativas personales del Che, una de carácter económico, y dos de proyección internacional. En materia internacional, el Che comienza a preparar el terreno de su nueva fuga hacia adelante, que como ya se dijo se consumará un par de años más tarde.

La primera de las iniciativas guevaristas externas se centrará en la Argentina, donde naufragará menos de un año después, la segunda en cambio se desarrollará en el África, y perdurará. La joven república argelina enfrentaba una crisis ominosa y debilitante en sus fronteras occidentales. El rey Hassan de Marruecos, en parte por cuenta propia, en parte manipulado por los servicios franceses y norteamericanos, había declarado una guerra larvada contra Argelia por los territorios del Sahara oriental. Ahmed Ben Bella y el FLN hecho gobierno carecían de medios para defenderse, más no de simpatía en el mundo. Contaban, entre otras, con la solidaridad cubana, tejida desde tiempo atrás por la simultaneidad de ambas luchas, por la asistencia de una importante delegación cubana a la proclamación de la independencia, en julio de 1962, así como por la visita de Ben Bella a La Habana en vísperas de la crisis de octubre. Durante esa escala, Fidel Castro y el Che ofrecen al mandatario árabe ayuda técnica, médica y, en su caso, militar para defender la recién nacida República magrebiana. La primera misión médica cubana compuesta por cincuenta y cinco personas, llega a Argel el 24 de mayo de 1963, cinco semanas antes que el Che. Nada más normal, pues, que cuando las tropas marroquíes ocupan varios puestos fronterizos argelinos en septiembre de 1963, provocando el 8 de octubre el principio de la llamada Guerra del Desierto, los cubanos se apresten a auxiliar a sus amigos. La superioridad marroquí en armas y entrenamiento amenazaba con convertir el conflicto en un estrepitoso descalabro argelino; según el embajador cubano en Argel, un por intermediario suyo, Ben Bella rápidamente solicita ayuda a Cuba. Con el espíritu de internacionalismo y aventura que había caracterizado a los cubanos desde su acceso al poder, Castro responde afirmativamente. La versión que conserva Ben Bella es ligeramente distinta. Según sus recuerdos, la idea de la ayuda fue más bien cubana:

> Cuando fui a La Habana en septiembre de 1962, Castro insistió mucho en que Cuba tenía una deuda con Argelia, contraída antes de la independencia, y que tenía que pagar. Cuando vino el Che a Argelia, insistió también en

pagarla, pero en especie: con azúcar. Y en octubre estaba por salir el barco de Cuba con el azúcar para saldar la deuda. Cuando nos ataca Hassan, yo no pedí nada; pero el canciller Abdel Azziz Bouteflika vio al embajador Serguera y habló con él. Y los cubanos metieron un batallón de ochocientos hombres con 70 tanques en el barco de azúcar. Yo me enteré de eso cuando me viene a ver Serguera días después y me enseña una hoja de papel, arrancada a un cuaderno escolar, donde le avisan que en el barco de azúcar vienen también ochocientos hombres y 70 tanques. Pero nunca participaron en los combates porque en esos días Hassan pidió negociaciones. Fue porque mandamos nosotros trescientos mil civiles a la frontera para ocuparla, y los americanos presionaron a Hassan para que desistiera.[14]

De acuerdo con la versión cubana, reconstruida por el historiador italoamericano Piero Gelijeses, Castro, a pedido de Ben Bella, envía primero a un grupo de oficiales cubanos, encabezados por Flavio Bravo, el hombre de la crisis de los misiles.[15] Los oficiales recibirán en Orán al Grupo Especial de Instrucción y a otros contingentes, que en total sumaron 686 hombres, acompañados de 22 blindados, el conjunto comandado por Efigenio Amejeiras. Aunque los cubanos hubieran preferido mantener la operación en silencio, la prensa mundial publica la noticia a los pocos días del desembarco. Días después, Ben Bella entabla pláticas con Hassan y el 19 de octubre el presidente argelino y el rey de Marruecos se reúnen en Bamako, la capital de Malí, y firman un cese al fuego. Antes de volver a la isla los cubanos permanecieron en suelo argelino seis meses, dedicados a entrenar a un número importante de soldados argelinos y entregando el material que habían traído con ellos.

Para quien sería el primer embajador de Cuba en Argelia y asistente del Che en parte de su aventura africana, Jorge

Serguera, la ayuda cubana fue crucial para Ben Bella en su empeño por derrotar a la ofensiva marroquí:

> ¿Cómo no iba a pedir negociaciones, si Hassan tenía tres tanques y nosotros le llevamos ahí 60 tanques? Nuestra ayuda fue lo decisivo, Argelia no podía negociar acosada por los norteamericanos, acosada por los ingleses y acosada por todo el mundo.[16]

De allí la creciente cercanía y complicidad cubano-argelina, ya fuera en la preparación militar y el suministro de armamento a intentos guerrilleros de América Latina, o actuando conjuntamente en diversas aventuras africanas. Se trata de la primera expedición cubana en el África, y como siempre, el Che era todo menos ajeno a ella. La relación política que establece Cuba con Argelia, y el vínculo personal que el Che forja con Ben Bella, se transformarán en pilares de la política africana de Cuba y en el punto de partida de las peripecias guevaristas en el continente negro durante los dos siguientes años.

Tal grado de entendimiento alcanzará la relación Cuba-Argelia que el cargamento de armas descubierto en Venezuela a finales de ese año, y cuya denuncia sirvió de pretexto para la aplicación de sanciones a Cuba por la OEA, provino muy probablemente de Argelia. En una entrevista al diario trotskista francés *Rouge* en octubre de 1987, Ben Bella reveló que en 1963 el Che, a nombre de Fidel Castro y de la dirección cubana, le pidió que Argelia se hiciera cargo de encaminar armas y cuadros entrenados en Cuba a América del Sur, ya que Cuba se encontraba bajo una vigilancia estrecha. La respuesta, según el ex presidente argelino, fue un "sí espontáneo".[17] El 28 de noviembre de 1963 el gobierno de Raúl Leoni reveló que había descubierto un depósito de tres toneladas de armas en el departamento costero de Falcón: 18 bazookas, 4 morteros, 8 cañones sin retroceso, 26 ametralladoras y 100 fusiles de asalto con insignias cubanas en las culatas. De acuerdo con los indicios disponibles —ambiguos pero sugerentes—, la reunificada guerrilla venezolana convenció a los cubanos, entre otros al Che, quien seguía de cerca los temas venezolanos, de que enviaran una cantidad considerable de armas, ya que con eso bastaba para derrocar al régimen de Caracas. La mejor solución habría sido el traslado de una parte del armamento ligero despachado a Argelia, ya redundante después del cese del fuego de Bamako firmado por Hassan y Ben Bella.

A pesar de la creciente participación del Che en la política africana, ésta por el momento ocupaba únicamente un lugar secundario al lado de otro objetivo internacional que se había fijado: la implantación de un foco guerrillero en la Argentina. Existía, sin embargo, un nexo entre ambos temas: Jorge Masetti, el periodista argentino que entrevistó al Che en la Sierra Maestra en 1958. El 10 de enero de 1962 el carguero cubano *Bahía de Nipe* llegaba a Casablanca para descargar cantidades considerables de armamento para el FLN y para recoger heridos argelinos y trasladarlos a Cuba.[18] Masetti recibió el barco, a nombre de los servicios de la revolución cubana.

Masetti había permanecido en Cuba luego del triunfo de la revolución. Allí fundó —con el apoyo del Che y la colaboración, entre otros, de Gabriel García Márquez— *Prensa Latina*, la agencia cubana de prensa y de varios otros menesteres. Desde 1961, Masetti renunció a *Prensa Latina*, en parte porque no se entendía con los cubanos de la agencia, en parte porque tampoco hizo buenas migas con los comunistas argentinos que trabajaban allí. A finales de 1961 Masetti negocia con el gobierno provisional de la República de Argelia el primer embarque de armas cubanas para la guerrilla argelina: el *Bahía de Nipe*. Se queda varios meses en Argelia, hasta la independencia, para después volver por un tiempo a Cuba. En noviembre de 1962, se despide de su hijo recién nacido y parte de nuevo para el Magreb, donde recibirá entrenamiento militar.

Una vez fracasada la maniobra de Guevara y de John William Cooke de traer a Perón a La Habana y convertirlo en el padrino de la lucha armada en la Argentina, el Che se resigna a operar en Argentina con los medios de a bordo: con Masetti, un grupo de compatriotas heroicos y confundidos, y con sus colaboradores cubanos más cercanos. Cuando el Che llega a Argelia, a principios de julio de 1963, antes de resolver el drama del contingente de médicos cubanos en Sétif —que se queja de no haber recibido el estipendio prometido— y después de asistir al seminario de planificación, se encontrará precisamente con Masetti, quien ya había recibido su encomienda: la jefatura de la guerrilla argentina.

Entrenado en Cuba y en Argelia, y con alguna experiencia de combate en ese país,[19] Masetti a su vez reclutará a algunos disidentes comunistas y estudiantes universitarios argentinos, todos ellos al margen de las formaciones políticas de la izquierda tradicional. Pronto se ve obligado a incorporar a la expedición a varios cubanos. Tres participan directamente en ella; otros dos se involucran sólo en los preparativos. Hermés Peña, uno de las escoltas del Che, pereció en la selva argentina de Salta; Alberto Castellanos, oficial de transporte, en cuya casa el Che celebró su boda con Aleida en 1959, fue capturado y pasó cuatro años en la cárcel de Argentina. José María Martínez Tamayo, el primero en ocuparse de la expedición argentina, y *Papi*, su asistente de alto rango más cercano, acompañaron al Che al Congo y prepararon el terreno de la lucha en Bolivia, donde moriría unos meses antes que su comandante. Llega a La Paz en julio de 1963 para despejar el terreno para el arribo de los demás. Y el hoy general de cuerpo del Ejército y ministro del Interior de Cuba, Abelardo Colomé Ibarra, *Furri*, fue enviado por Raúl Castro —de quien hasta la fecha es el más estrecho colaborador— para "coordinar toda la operación",[20] primero a Buenos Aires con uno de los argentinos, el pintor Ciro Bustos. De Buenos Aires, *Furri* se trasladó a Tarija, en Bolivia, de donde partió la incursión guerrillera hacia el norte de la Argentina. Allí hacen contacto todos: Masetti, Martínez Tamayo, el propio *Furri*, encargado de las armas, Hermés Peña y Alberto Castellanos, responsable de la organización y seguridad de su jefe, quien también ha decidido incorporarse a la expedición.

Posiblemente Masetti efectúa un primer viaje clandestino a la Argentina en 1962, acompañado de Hermés Peña.* En cualquier caso, en el verano de 1963 los presuntos guerrilleros llegan a Bolivia, disfrazados como miembros de una delegación comercial argelina. Entre septiembre y diciembre de ese año entran y salen de la Argentina, donde localizan a varios candidatos para el foco de Salta.** Justamente en septiembre se une a ellos Alberto Castellanos, y a principios de 1964 ingresan todos de manera definitiva a territorio argentino, de donde no saldrán con vida Masetti ni Peña. Nunca pudieron reclutar más allá de un pequeño grupo formado por jóvenes inexpertos, abnegados pero totalmente ineptos para la lucha guerrillera. Su saga repercutirá en la opinión pública argentina sólo lo suficiente para alertar a las fuerzas armadas: no despertará simpatía alguna.

Disponemos de tres elementos para aseverar que Ernesto Guevara tenía toda la intención, desde su paso por Argelia quizá, de abandonar Cuba e ir a pelear a su país de origen. En primer lugar, los dirigentes de aquella guerrilla pertenecían, todos prácticamente, al círculo más íntimo de colaboradores del Che: dos miembros de su escolta, su mejor amigo periodista, y su colaborador cubano de mayor cercanía. Castellanos afirma que el jefe de la escolta — Harry Villegas *Pombo*— no fue llamado porque era de origen africano y el Che les dijo

---

* El hijo de Masetti, Jorge, da la fecha genérica de 1962 para el retorno de su padre a la Argentina; su última presencia pública en Cuba fue una aparición televisada en el juicio a los capturados de Girón (véase Jorge Masetti, *La Loi des Corsaires*, París, Stock, 1992). Lo confirmó el propio Jorge Masetti hijo, en una conversación telefónica con el autor, el 5 de septiembre de 1996.
** Ricardo Rojo señala cómo se reunieron en varias ocasiones Masetti, el Che y él en La Habana entre principios de febrero y mediados de abril de 1963. La imprecisión constante de fechas en el libro de Rojo obliga a una cierta reserva al respecto.

a todos: "Donde vamos, no hay negros."[21] Por su parte, José Argudín, el cuarto integrante del grupo de guardaespaldas, fue marginado por el Che, según Castellanos, por haber seducido a la mujer de Peña en su ausencia.[22] En las dos expediciones subsiguientes del Che lo acompañarán todos los miembros de su escolta y muchos integrantes de la vieja guardia de la Sierra y "la invasión": *Pombo, Papi, Tuma* (Carlos Coello). Sencillamente por la personalidad de nuestro personaje no es posible creer que contemplara el envío de sus colaboradores más apegados a una misión tan peligrosa sin haber resuelto incorporarse él mismo.

En segundo lugar, cuando el Che manda llamar a Castellanos a la escuela de oficiales de Guantánamo e indica que ha decidido encargarle una tarea que puede durar veinte años, avisó: "Yo voy pronto. Te vas a esperar ahí, vos vas a hacer el grupo de la gente y están ahí hasta que yo llegue."[23] Para enero de 1964, *Papi* y Castellanos se encuentran ya en Tucumán, con el fin de contactar a unos posibles reclutas argentinos (según Castellanos, trotskistas); llevaban entre otras cosas, veinte mil dólares para entregárselos a un doctor Canelo, de Tucumán. Castellanos recuerda:

> Entonces *Papi* me contó que el Che no iba en esos momentos, que le mandara un recado a [...] Masetti, que el Che en esos momentos no iba porque estaba complicado, que iría un tiempo después. No decía por qué. Por lo menos a mí no me dijo. No, que en esos momentos no podía ir, que lo esperáramos, que siguiéramos explorando y que [...] no incorporáramos campesinos hasta que no empezáramos a pelear.[24]

Treinta años después en La Habana, Castellanos nunca tuvo la menor duda de que su jefe pensaba unirse al grupo guerrillero de Salta. En cuanto a la presencia de Colomé, uno de los hombres más cercanos a Raúl Castro, y de la lógica de la misión, no había margen alguno de confusión. *Furri* siempre estuvo vinculado a Raúl desde la Sierra Maestra y al Segundo Frente. Raúl se comprometió con la operación, todo el mundo dio su apoyo porque "esto es del Che. El apoyo de Cuba se da en todas esas cosas porque él sí se iba de aquí en el '63".[25] Por último, existe el enigma del *nom de guerre* que escoge Masetti en Salta: Comandante Segundo o Segundo Sombra. En ambos casos se ha interpretado como un guiño en dirección del Che: ya porque el "primer" comandante iba a ser Guevara, o porque si Segundo Sombra era un personaje de la narrativa argentina de los años veinte, Martín Fierro era una figura clave de la literatura decimonónica gaucha, y el Che solía utilizar ese apodo. Cualquiera que fuera la explicación, es demasiado obvio el *double entendre* para no deducir de este cúmulo de evidencias que Ernesto Guevara poseía el propósito categórico de enrolarse en la guerrilla argentina entre finales de 1963 y principios del año siguiente. Sus instrucciones a Castellanos —"no recluten a campesinos por el momento, dedíquense sólo a explorar la zona"— pueden entenderse como una confirmación de esta tesis: no debían iniciarse los combates hasta que él arribara a la zona de operaciones.

Quizás el detonante de su decisión de incorporarse a la expedición salteña fue la prolongada estancia de Castro en la URSS en mayo de 1963; tal vez haya sido la propia estadía del Che en Argelia. En una hipótesis o en la otra, su estado de ánimo era transparente y manifiesto. En cualquier caso, en el camino de Argelia a La Habana, en julio, el Che hace escala en París, donde permanece un par de días y reflexiona sobre el destino que le aguarda en Cuba, en vista de la reconciliación de Fidel con la URSS y de las crecientes polémicas económicas en las que se ve enfrascado. Ofrece en la Ciudad de las Luces una charla en la Maison de l'Amérique Latine, en pleno Saint-Germaine. Allí se topa con Carlos Franqui, que vive, desde principios de 1963, un semiexilio intermitente en Argelia y Europa. Las relaciones entre ellos no eran buenas: en varias ocasiones se disputaron en Cuba, pero acababan de celebrar una virtual reconciliación en Argelia, donde Franqui había entrevistado a Ben Bella y había inaugurado una exposición de arte cubano. Según relata Franqui en sus memorias, coincidieron en muchos puntos:

> Éramos los dos amigos de Ben Bella. El Che buscaba otros caminos. Consideraba muy difícil la situación cubana, a pesar de la aparente pausa del sectarismo y la crisis del Caribe. Fue uno de nuestros mejores encuentros.[26]

El Che le pone un brazo en el hombro a Franqui y se van caminando por el bulevar. Guevara intenta convencerlo de que regrese a Cuba, sin negar los problemas de la isla, ni sus propios roces con Castro. Y allí, bajo los castaños en flor del verano parisino, pronuncia la frase que, si nuestra comprensión del personaje se aproxima a la verdad, lo condenará pronto a alejarse de su amigo, de su compañero de armas, de su jefe: "Con Fidel, ni matrimonio ni divorcio."[27] Actitud insostenible para el Che: en ella se sintetizaba una ambivalencia imposible, la coexistencia de sentimientos y posturas incompatibles entre sí, e inaguantables para él. La fuga hacia adelante, a la guerrilla argentina, debió ser pospuesta por las dificultades internas de la revolución, todavía insuperables a finales de 1963. No será hasta el año entrante cuando comience el diseño de una nueva salida, el inicio de una nueva etapa vital. Era más inminente de lo que el Che sospechaba.

La guerrilla de Jorge Masetti se hunde en la desgracia y la tragedia. A base de ajusticiamientos internos y de un aislamiento feroz con las ciudades, y ante el retorno de la democracia representativa en la Argentina en octubre de 1963 a través de la elección a la presidencia de Arturo Illia, cae fácil presa de las fuerzas armadas. La competencia y el poderío del Estado argentino aniquilan el contingente y los sueños del periodista de la Sierra Maestra. La columna fue destruida después de haber sido debilitada por sus propias divisiones y excesos, por las infiltraciones y la persecución militar, y por la agresividad del medio ambiente. Castellanos fue capturado el 4 de marzo de 1964; lo defiende en su inicio Gustavo Roca, el amigo cordobés del Che, quien solicita a su paisano ayuda para sus compañeros. Nadie sabrá de la relación entre Castellanos y Guevara sino hasta la muerte de éste en Bolivia, cuando se publica la foto de la boda del Che y Aleida, donde aparece como anfitrión. La maleza salteña se traga a Masetti; Castellanos ofrece la siguiente explicación, casi extraída de *El tesoro de la Sierra Madre*, de por qué nunca fue encontrado su cadáver, aunque el Che haya despachado a varios enviados a buscarlo. Traía más de 20 mil dólares encima, junto con una cantidad de dinero argentino y dos relojes Rólex. Los gendarmes probablemente se lo encontraron. Si no había muerto por inanición, lo mataron, se apoderaron de la plata, repartiéndola entre ellos y dándolo por desaparecido. Si aparecía el cadáver tenía que aparecer la plata.[28]

En casi todos los sentidos, la operación de Salta fue un ensayo general para la de Bolivia, que tendría lugar tres años más tarde. En Cochabamba, los cubanos conocieron al equipo de comunistas bolivianos comisionados desde 1963 por Mario Monje, secretario general del Partido, para coadyuvar a ciertas misiones de lucha armada en la región: los hermanos Peredo, Rodolfo Saldaña y Luis Tellería. Son los mismos que con *Papi* Martínez Tamayo quedarán a cargo en 1966 del trabajo preliminar para la guerrilla del Che en el país andino. Es posible también que Tamara Bunke, *Tania*; quien arriba a Bolivia en octubre de 1964, haya sido destacada más para determinar el destino de Masetti, y en su caso para ayudar a rescatar a los sobrevivientes, que para organizar en lo inmediato una nueva guerrilla en Bolivia.* Ciro Bustos, detenido

---

* Esta tesis la sugiere Ulises Estrada, quien fuera pareja de *Tania* en esos años, quien además confirma la tesis de la intención del Che de ir a la Argentina: "Bueno, lo de Masetti fueron dos oficiales cubanos de la columna con Masetti y él veía esa guerrilla para después, o sea, crear la guerrilla madre y después incorporarse él a la guerrilla. Y *Tania* estaba dentro de eso." (Ulises Estrada, entrevista con el autor, La Habana, 9 de febrero, 1995.)

con Régis Debray en Bolivia en abril de 1967 al abandonar el campamento del Che, y en quien recaía la responsabilidad de vincular la expedición boliviana con la Argentina, figura ya entre los participantes en la saga de Salta. Sale de La Habana con *Furri*, llega a Buenos Aires con él, e incluso visita a Castellanos en la cárcel en varias ocasiones.[29]

Tal vez el Che no pensaba participar desde un primer momento en la guerrilla de Salta, pero su disposición a hacerlo más adelante es palmaria. Si conocemos ya al protagonista de estas páginas, sabemos que las muertes de Masetti y Peña, y la aprehensión de Castellanos, deben haber surtido un impacto devastador en su conciencia. Llovía sobre mojado: se trata de la segunda vez que entrañables amigos suyos fallecen en combate, en circunstancias que pudieran haberlo incluido a él. En diciembre de 1961, se despide en La Habana de Julio Roberto Cáceres, *Patojo*; su amigo querido, su compañero de viaje desde la frontera guatemalteca, su colega fotógrafo en las calles del Distrito Federal, cuyo retrato colgará después en su oficina del Ministerio de Industrias. Cáceres cae luchando en Guatemala, escasas semanas después de integrarse a la guerrilla. ¿Por qué morían ellos, poniendo en práctica sus ideas y métodos? ¿Quizás debiera compartir su suerte, o demostrar en los hechos que no era fatal el desenlace mortal?

No se requiere, entonces, gran perspicacia para entender que las relaciones del Che Guevara con los partidos comunistas de América Latina y con la Unión Soviética comienzan a tensarse a lo largo de 1963. Y como ello sucede justo en el momento en que Cuba se adentra en un periodo de mayor afinidad —alineamiento, dirían algunos— con Moscú, las tiranteces se agudizan de modo ineluctable. Desde abril de ese año, el ideólogo del PCUS, Mikhail Suslov, decreta que los partidos comunistas de América Latina "se equivocarían si colocaran todas sus esperanzas en la lucha armada, y que la revolución no puede acelerarse o hacerse a la medida, ni puede ser alentada desde fuera".[30] Por el momento nada será inmanejable ni explícito; pero conforme se acrecientan las divergencias económicas e internacionales entre el Che, por un lado, y los soviéticos, los comunistas cubanos y latinoamericanos, por el otro, las veladas discrepancias y recriminaciones discretas se transformarán en pugnas cada vez más abiertas y estridentes. Antes de pasar al análisis, abstracto pero indispensable, de las grandes discusiones económicas que opondrán al Che a los "ortodoxos", conviene revisar algunas tomas de distancia guevaristas con la URSS.

Antes de la salida de Fidel Castro a Moscú, el Che se reúne con el embajador soviético, Alexander Alexeiev, para revisar algunos de los aspectos técnicos del viaje. Comenta que las cartas de Khruschev a los dirigentes cubanos sobre temas comerciales constituían ejemplo de sensibilidad y sabiduría, pero que la carta citada en el capítulo anterior de Nikita a Castro era "enojosa". Cuando Alexeiev le pregunta si no quiere acompañar a Fidel a la URSS el Che le preguntó, mitad en serio, mitad en broma, si eso sería útil, ya que en Moscú lo consideraban un "patito feo" y un "pendenciero".[31] A lo cual Alexeiev contestó:

> Que yo sabía, la cosa era totalmente contraria, porque en nuestro país lo apreciaban precisamente por su honestidad y sinceridad. Por su firmeza en la defensa de sus ideas, aunque sean a veces hasta erróneas, por su coraje de saber reconocer sus errores, y la afición a las pendencias no es para nosotros un defecto.[32]

Otro incidente conflictivo sucede a mediados de abril de 1963. De acuerdo con reportes confidenciales de la inteligencia militar de los Estados Unidos, en esas semanas comienzan a ser desmantelados contingentes importantes de las milicias cubanas. En el mismo movimiento, las instalaciones militares de San Antonio de los Baños, en las afueras de la capital, y en San Julián, en Pinar del Río, son colocadas bajo control soviético. El comandante cubano de la base aérea fue detenido por negarse a entregarla a los oficiales soviéticos; fue liberado sólo gracias a la intervención personal del Che.[33]

A finales de 1963, cuando el conflicto entre la URSS y China se acentúa y aumenta la presión soviética para que Cuba se deslinde más claramente de Pekín, el Che comienza a quejarse acremente con sus amigos rusos del comportamiento de los "burócratas" soviéticos, que cada día lo hostigan más. Conversando con su profesor de ruso y amigo Daroussenkov, le propone que la embajada de la URSS en La Habana organice un torneo de ajedrez y lo invite, ya que así podrá atemperar las disonancias con algunos funcionarios que lo consideran un "prochino ferviente". El Che interrumpe las protestas de Daroussenkov con un dejo de amargura:

> Algunos compañeros soviéticos tienen una tendencia, al apreciar mi punto de vista sobre temas como la guerra de guerrillas como el método principal de liberación de pueblos latinoamericanos, o del problema de la autogestión financiera contra el sistema de financiamiento presupuestal, a pesar que son posiciones chinas y con base en esto sacar la conclusión que Guevara es prochino. ¿Y acaso no puedo yo tener mi propia opinión sobre estas cuestiones, independientemente de lo que piensen los chinos?*

---

* MID-463-26.XII.63 Oleg Daroussenkov, "Nota de conversación del 20 de diciembre de 1963 con el Ministro de Industrias Ernesto Guevara", 26 de diciembre, 1963 [secreto], Ministerio de Relaciones... A partir de mediados de 1963, al quedar Cuba formalmente incluida en el bloque socialista, los cables de la embajada de la URSS en La Habana iban con copia al Departamento del Comité Central del Partido Comunista de la URSS encargado de las relaciones con los países socialistas. El jefe de dicho departamento, a quien se dirigían las copias, era Yuri Andropov. La primera acusación directa al Che de ser pro chino aparece en los cables soviéticos en febrero de 1963. Proviene de un alto dirigente del Partido Socialista Obrero Húngaro, Istvan Tempe, que pasó varias semanas en La Habana: "Algunos dirigentes cubanos [Che Guevara, Vilma Espín] están bajo una fuerte influencia de los chinos." ("Nota de conversación del 28 de febrero de 1963 Istvan Tempe", 4 de marzo, 1963, Archivo Estatal de Rusia Centro de Conservación de la Documentación Contemporánea, folio N5, lista 49, documento N653.)

El problema chino resultaba cada vez más irritante y frecuente para el Che; se sentía agredido por los soviéticos. A finales de 1963 le reprocha amargamente a Alexeiev que ya no lo visita por considerarlo pro chino, éste contesta que no es cierto pero le miente al Che cuando el argentino pregunta si ha leído su ensayo sobre la guerrilla en América. El embajador soviético prefiere no entrar en el debate, como prefiere en efecto frecuentar menos al Che.[34] Aceptaba, aunque lo encorsetaba, la postura cubana de neutralidad: "No se puede publicar (un artículo de Paul Sweezy sobre Yugoslavia) por la línea que nosotros tenemos de neutralidad absoluta, de no mezclarnos en nada que sea sobre la polémica chino-soviética."[35]

El Che se sentía ya herido por el acoso a los prochinos en Cuba y en todas partes, y de alguna manera la embestida antichina lo engloba.* En una conversación anterior con Daroussenkov, se había visto forzado a realizar diversos malabarismos para explicar lo que el encargado del PCUS en La Habana llamó una "campaña de propaganda antisoviética de la embajada china local". El enviado ruso protestó porque se "difundía literatura antisoviética con solicitud escrita de hacerla conocer a los especialistas soviéticos que trabajan en unas u otras organizaciones cubanas".[36] El Che defendió a los chinos, pretextando que se trataba de una provocación por parte de una embajada del bloque socialista que podía ser la albanesa, ya que él había discutido el asunto personalmente

_____

* Sergo Mikoyan recordó años después la siguiente escena del Che en Ginebra, cuando la Conferencia de la UNCTAD de la que hablamos más adelante: "Che señaló con un ademán de la cabeza a un chino sentado en la butaca y sonrió, diciendo que había quienes lo consideraban prochino. Estos pobres se quedaban aquí para registrar todos sus movimientos y encuentros. Y realmente, el chino impenetrable y preocupado seguía allí también pasadas unas tres horas, cuando, ya después de pasear y hablar mucho en la habitación, nos alejamos, dejando a Guevara ante la mesa con un montón de papeles." (Sergo Mikoyan, "Encuentros con Che Guevara", en *América Latina*, Academia de Ciencias de la URSS, Instituto de América Latina, 1974, núm. 1, p. 193.)

con el embajador chino y éste le había negado cualquier injerencia al respecto. Incluso los folletos habían sido investigados por los laboratorios de la seguridad cubana, que detectaron una procedencia distinta a la china. La literatura había llegado a Cuba a través de la valija diplomática de una embajada, y en su divulgación estaban involucrados algunos trotskistas cubanos y un trotskista argentino funcionario del Ministerio de Industrias, que se hallaba bajo observación.[37] El Che se volvía "chino" *malgré lui*, aunque no disimulaba su respeto por Mao (a Mancilla le dijo que era una persona sabia) ni su agradecimiento por la ayuda de la República Popular a Cuba:

> La dirección china ocupa respecto a Cuba una posición que nos es difícil criticar. Nos dispensa una ayuda considerable, que no podemos despreciar. Pedimos, por ejemplo, armas a los checos; se negaron. Los chinos accedieron en cuestión de días y ni siquiera nos cobraron el pago declarando que no se venden armas a los amigos.[38]

El cerco geopolítico, ideológico, burocrático y afectivo a su alrededor comenzó a cerrarse. Si en 1963 el Che viajó poco por el mundo, en 1964 pasará meses enteros fuera de Cuba. *La fuite en avant* se inicia de nuevo.

El nudo de la discordia entre China, la URSS y el Che no era exclusivamente ideológico, ni se refería sólo al apoyo a movimientos revolucionarios en otros países. El verdadero sustrato del diferendo residía en la política económica, tema al que ahora debemos abocarnos. En enero de 1964, Fidel Castro regresa a Moscú para negociar con la URSS la especialización cubana en materia azucarera. El Che concuerda en cuanto al principio abstracto y a la autocrítica sobre el abandono de la caña en los años anteriores, pero discrepa sobre las implicaciones que dicha decisión entraña.

Tampoco puede felicitarse por las consecuencias del segundo viaje de Fidel. Un análisis estadounidense del mismo subraya que la URSS presionó fuertemente y con éxito a Castro para que frenara "su impulso natural de promover revoluciones violentas". En particular Moscú evitó cualquier injerencia cubana en la crisis panameña que estalló en aquel momento.* Logró que Cuba aceptara poner orden en su economía interna y que, sin condenar a China como lo hubieran deseado los soviéticos, adoptara una actitud menos equidistante en el conflicto entre la URSS y Pekín.[39] Castro cedió menos de lo que los dirigentes rusos exigían, pero en los meses siguientes la insistencia se incrementaría, y las concesiones de Castro, también. Si nos remitimos al informe rendido por el gobierno de Brasil al de Estados Unidos por la vía del secretario de Estado Dean Rusk, comprobamos que el embajador soviético en Brasilia le manifestó al presidente brasileño Castelo Branco que:

> Fidel Castro ha roto sus vínculos con Pekín; el gobierno de Cuba ha suspendido sus nexos con China y se halla pacíficamente dispuesto hacia otros países, en particular Brasil y Estados Unidos. Las armas encontradas en Venezuela en noviembre del año anterior y que motivaron la expulsión de Cuba de la OEA [...] podían haber sido enviadas por los chinos. Muchos de los panfletos revolucionarios y otra propaganda guerrillera atribuida a Cuba en realidad provenía de agentes chinos.[40]

Unos meses después, en noviembre de 1964, se celebraría en La Habana una reunión de partidos comunistas de América

* Y en efecto, los norteamericanos reconocieron que: "No existe ninguna evidencia que vincule a Castro con los motines en Panamá... No hay nada que muestre que el líder cubano haya estado en consultas con los castristas panameños o que haya entregado apoyo material para ser usado en los motines." (Department of State, Bureau of Intelligence and Research, INR to Secretary, "Castroist and Comunist Involvement In the Panamanian Disorder", 31 de enero de 1964 [secret], NSF, Country File, Cuba Cables, vol. 1, LBJ Library.)

Latina a la que no se invitaría a ningún grupo pro chino ni al partido de Pekín, y cuyo comunicado final claramente se inclinaría por las posiciones soviéticas, a tal punto que los chinos recibirían fríamente a una delegación enviada desde el cónclave de marras para mediar entre la URSS y Mao.[41] La angustia del Che se derivaba del mismo dilema que padecieron los millones de jóvenes que colgaron su foto y exhibieron su emblema en las interminables y multitudinarias manifestaciones de finales de los años sesenta. Querían los fines, pero no los medios; aceptaban las metas, mas no los pasos necesarios para alcanzarlas. En su discurso de Argelia, el Che acepta con toda claridad que la diversificación antiazucarera fue un error, pero rechaza las consecuencias lógicas de la reconcentración en el azúcar. Lo hace porque las transformaciones económicas en curso en la URSS generan en él una serie de reacciones negativas que, sumadas a sus diferencias con la URSS en materia de comercio internacional y de la revolución en América Latina, se erigen en fuentes cada vez más abundantes de disensión y amargura frente a Moscú.

Sus críticas al socialismo realmente existente ya son explícitas, aunque no públicas, y se parecen cada vez más a las reservas y a las dudas planteadas por los chinos. Se manifiestan desde la "izquierda", atribuyendo los fracasos en distintos ámbitos de la URSS al giro derechista adoptado por Khruschev. En otra analogía con los chinos, el Che larga sus amarres con la URSS a raíz de las entregas tardías de la ayuda y del incumplimiento de las promesas industriales. En esos meses de 1963 se produce un doble desencanto del Che con la URSS: en primer término, comprueba que las fábricas, la tecnología, la maquinaria y el transporte que efectivamente se descarga de los buques soviéticos en el puerto de La Habana son de una calidad lamentable, de un atraso aterrador. En segundo lugar, descubre que muchas cosas sencillamente no llegan, o bien porque no las envían, o porque no existen. El comandante comprende que la URSS es a la vez menos capaz de ayudar de lo que él pensaba, y más mezquina en brindar la asistencia que sí puede aportar.*

El Che Guevara comienza a deslindarse de la Unión Soviética desde posiciones radicales, que hoy podríamos llamar fundamentalistas, y que se parecen como dos gotas de agua a las denuncias chinas el revisionismo ruso. En una reunión del Ministerio, celebrada el 12 de octubre de 1963, formula sus discrepancias con la mayor precisión que se le conoce hasta ese momento, aunque no se dieron a la luz pública. Guevara ya había cobrado plena conciencia de las mutaciones en curso en la Unión Soviética y de los enormes aprietos económicos que aquel país confrontaba. Apuros cuya solución no ubica en una liberalización reformadora, ni mucho menos en una reforma a la Gorbachov, sino al contrario en una mayor centralización económica y en el destierro de la ley del valor de todas las transacciones en Cuba salvo en el comercio internacional con los países capitalistas. Su diagnóstico es inapelable:

Los problemas agrícolas que la Unión Soviética tiene hoy, de algún lado vienen [...] Algo anda mal [...] A mí se me ocurre, también instintivamente, que eso tiene que ver con la organización de los koljoses y de los sovjoses, la descentralización, o el estímulo material, la autogestión financiera, además algunos problemas, naturalmente, como tienen ellos las tierras particulares para los

---

* En un memorándum de Inteligencia de 1965, la CIA consideraba que los motivos principales del fracaso del esfuerzo de industrialización cubano eran: "1. la escasez de equipo, materiales y mano de obra calificada; 2. la falta de experiencia en la construcción pesada; y 3. la falta de disciplina en la planificación económica y la programación." (Central Intelligence Agency, Intelligence Memorandum, "Cuba: Delay and Misdirection of the Industrial Production Program, 1950-1965", noviembre de 1965 [secreto], NSF, Country File, Cuba, W. Bowdler File, vol. I #8 report, LBJ Library, p. 1.)

koljosianos; en fin, el poco cuidado que se le ha dado al desarrollo de los estímulos morales sobre todo en el campo, preocupados por infinidades de problemas que tenían [...] Así que la Unión Soviética hoy tiene una catástrofe agrícola del mismo tipo de la que tenemos nosotros, indica que algo anda mal [...] Cada día hay más indicios de que el Sistema que parte de la base de países socialistas ya debe de cambiar.[42]

El Che toma claramente partido en una de las polémicas más álgidas dentro de la URSS. La disputa oponía a los partidarios de la liberalización económica khruscheviana, de la introducción de reformas económicas de descentralización, de una planificación más flexible, en una palabra de una "perestroika" *avant la lettre* identificada generalmente con los economistas Memtchinov, Trapeznikov y sobre todo Yevsey G. Liberman, con los adversarios de dichas reformas. El problema para Cuba yacía en el hecho, correctamente detectado por el Che, de que la influencia soviética en esos momentos no era de radicalización y profundización del socialismo, sino de lo que consideraba como un retroceso, como un paso hacia lo que los chinos llamarán despectivamente el "comunismo goulash", en vista del origen húngaro de muchas de las concepciones correspondientes.

El ministro de Industrias liga la nueva prioridad atribuida a la agricultura y al azúcar con un menosprecio o abandono del esfuerzo de industrialización. Relaciona la mayor vinculación a la URSS con el empeño de descentralización en ese país, con la llamada autogestión financiera y con los estímulos materiales, todo ello en oposición al sistema presupuestario del cual es defensor. Vincula ese sistema, a su vez, con los estímulos morales y con la centralización de las decisiones y de las inversiones. Guevara mete en un mismo saco al conjunto de posturas rivales, aunque la conciencia que sus adversarios podían guardar de la interrelación entre cada postura no fuera evidente. Por su parte, sus contrincantes, esto es, los dirigentes de las empresas estatales y los altos funcionarios que los representan, bien podían ser discípulos de Liberman sin saberlo, como lo recuerda uno de los asesores franceses de aquella época. Los adalides de la autonomía de las empresas y de la autogestión financiera eran tales por las realidades administrativas cotidianas, no por influencia soviética o por fidelidad a Liberman.[43]

El Che englobaba todo en una discusión teórica sobre el papel de la llamada Ley del Valor en el socialismo. El término extirpado de la economía clásica inglesa y de *El capital* de Marx, se transforma en esa polémica en un eufemismo de lo que hoy se denomina "mercado". Según Guevara, en la URSS regía la ley del valor o el mercado de un modo reprobable. Identificaba la vigencia de la ley del valor con sus *bêtes noires* —la descentralización, los estímulos materiales y la autogestión financiera—. Se convenció de que:

> El Sistema Presupuestario es parte de una concepción general del desarrollo de la construcción del socialismo y debe ser estudiado entonces en su conjunto. El Sistema de Presupuesto [... implica un] sistema de dirección de la economía [...] y todas las relaciones que tiene, las relaciones entre los estímulos morales y los estímulos materiales en la construcción del socialismo. Todas esas cosas están unidas. En autogestión financiera tiene que haber el estímulo material como palanca fundamental, tiene que haber descentralización, y toda una organización de planes que contemple estas relaciones [...] En el Sistema Presupuestario tiene que haber otro tipo de plan, otro tipo de concepción del desarrollo, otro tipo de concepción del estímulo material.[44]

Como se percatarán los expertos rusos y franceses que asesoran al Che en esos fatídicos años de 1963 y 1964, sus preocupaciones no eran estrictamente económicas. Victor Bogorod y Charles Bettelheim, dos economistas franceses de inspiración marxista que asesoran a los cubanos a principios de los años sesenta, convienen en que no dominaba la economía, ni le interesaba demasiado; la parte que más gozaba de su trabajo consistía en el contacto en las empresas con los obreros, con el personal.[45] En el fondo, lo que el Che se proponía era abolir las relaciones mercantiles, monetarias, basadas en el valor, entre los hombres y mujeres de Cuba y entre las empresas del sector estatal. La verdadera explicación de sus posiciones supuestamente técnicas sobre el sistema presupuestario, sobre los estímulos morales, sobre la concentración del mando en la industria de Estado, se halla en el último ensayo de su vida, que será el más recordado: *El socialismo y el hombre en Cuba*. Pero las tesis sobre "el hombre nuevo" no aparecen sino hasta 1965; la polémica en 1963 y 1964 se lleva a cabo sobre bases económicas, terreno en el que el Che está condenado porque ni sus conocimientos técnicos ni el entorno internacional le permiten vencer. Sobre los tres temas definidos por Alban Lataste, un antiguo colaborador chileno que acompañó al Che en el primer viaje a Moscú pero que después discrepó con sus posiciones, el argentino perdería en toda la línea:

1) La aplicación del principio del interés material individual y colectivo en la gestión económica. 2) El perfeccionamiento del régimen de salarios reales y nominales de manera de alcanzar una verdadera equivalencia entre el esfuerzo desplegado y la retribución. 3) El mejoramiento del sistema de precios tanto como elemento redistributivo del ingreso nacional como factor de cálculo económico.[46]

La derrota del Che se deberá precisamente a su insistencia en plantear las disyuntivas de manera global y ruda, de convertir cada pequeño desacuerdo en la expresión puntual de una divergencia de fondo, general y omnímoda. Tendía a elevar la discusión de algunos de estos puntos a la categoría de altos principios filosóficos o doctrinarios de asuntos de simple técnica administrativa.[47]

Más adelante, después de su alejamiento definitivo de toda responsabilidad económica en la isla, algunas de sus tesis fueron retomadas por la dirección, en parte por una nueva disputa de Castro con la URSS, y en parte como resultado de una relativa mejora de la economía en 1965. Hasta la propia gesta internacionalista del Che les devolverá actualidad a sus posturas internas en Cuba, ya no como tesis económicas, sino como postulados morales o éticos. La revolución tratará de revivirlos en el ocaso de su independencia frente a la URSS, de nuevo en 1969. Pero como lo señala uno de sus principales adversarios intelectuales en esos años, Carlos Rafael Rodríguez, las tesis económicas y contables puestas en práctica en esos años "no tenían nada que ver con el Che".[48] Según un comentario de Fidel Castro en 1987:

> Algunas ideas del Che en cierto momento fueron mal interpretadas, e incluso mal aplicadas. Ciertamente nunca se intentó llevarlas seriamente a la práctica, y en determinado momento se fueron imponiendo ideas que eran diametralmente opuestas al pensamiento económico del Che.*

En el discurso de Argel, el Che hace explícito su arrepentimiento por el abandono anterior del azúcar, y por las políticas que desembocaron en el deterioro de la balanza de pagos. Relaciona el fracaso económico con los defectos de la planifi-

---

* "Una de las herejías más grandes que se cometió en este país fue suponer que lo que estábamos haciendo entre 1967 y 1970, el descontrol económico que prevaleció podía realizarse [...] bajo la invocación del Che" (Fidel Castro Ruz, "En el acto central por el XX aniversario de la caída en combate del Comandante Ernesto Che Guevara", *Cuba Socialista*, La Habana, noviembre-diciembre de 1987, p. 93).

cación socialista en Cuba, y con los excesos de ambición y nobleza que ya hemos subrayado. Es preciso recalcar, sin embargo, que si bien reconoce haber subestimado la importancia de la caña, no se resigna a un futuro monoproductor y especializado para Cuba. Afirma con toda claridad que el futuro no puede visualizarse de ese modo:

> La estructura de monoproducto de nuestra economía todavía no ha sido superada después de cuatro años de revolución. Pero ya están dadas las condiciones de lo que podrá constituir con el tiempo una economía sólidamente asentada sobre bases de materias primas cubanas con una diversificación de producción y un grado de técnica que le permita figurar en los mercados del mundo. Estamos desarrollando nuestras propias líneas de producción, y pensamos que [...] en el año 1970 habremos sentado las bases suficientes para un desarrollo independiente de nuestra economía, basado fundamentalmente en una técnica propia, sobre materias primas propias, elaboradas en términos generales con equipo propio.[49]

Con el tiempo se comprobará que los acuerdos firmados por Castro durante su viaje a la URSS en 1963 y ratificados a inicios de 1964 equivalían a encajar a la economía cubana en el papel de monoproductor de azúcar e importador de bienes de consumo, de energía y de maquinaria ligera. Ciertamente el margen era exiguo:* la monoproducción de azúcar se imponía probablemente como el mejor recurso posible, o en todo caso el único disponible. Pero no era el del Che, ni uno del cual podía vanagloriarse en el extranjero, sobre todo en América Latina. Entre otras razones, por una que detectó oportuna-

---

* Los países socialistas llegaron incluso a afirmar que cumplirían con sus compromisos de ayuda para 1964, pero que no podían prometer nada para el futuro. Como lo informó el *Financial Times* de Londres en un artículo publicado el 29 de julio de 1964.

mente el embajador canadiense, George Kidd, a quien ya hemos citado en varias ocasiones por la lucidez de sus análisis:

> Ahora parece que los dirigentes cubanos quieren transformar a la isla en una Nueva Zelanda tropical en lugar de una Suiza del Caribe [...] Sin duda es sensato que Cuba sea sensible a las necesidades de su principal cliente [la URSS ...] Pero es difícil ver cómo un programa económico de esta índole puede resultar atractivo para los nacionalistas de izquierda de América Latina, que exigen una rápida industrialización en buena medida del tipo que emprendió Cuba al principio.[50]

El acuerdo entre Guevara y los demás sobre la insuficiencia de la producción azucarera no se traducía en una convergencia correspondiente sobre el rumbo a seguir. He aquí la primera gran discrepancia sustantiva con Castro y los demás. Al igual que en otros casos, algo de razón le asistía al argentino. Como lo reconocieron unos años después críticos incisivos y conocedores de la política agrícola cubana, era sin duda razonable reenfatizar la economía agrícola, aunque quizás ello no requería del abandono de tantos proyectos industriales. El Che tal vez no se haya equivocado queriendo apoyar tanto a la industria. Parecía lógico restablecer la prioridad azucarera... Pero como preguntó el agrónomo francés René Dumont era preciso, en esta primera etapa, rebasar el umbral realista de 8.5 millones de toneladas. Saber si planteamientos más matizados y equilibrados hubieran resultado compatibles con el carácter y enfoque del Che era otro asunto.[51]

El diferendo sobre la industrialización y el azúcar quedó de manifiesto en una discusión privada que entabla el Che con Daroussenkov, a propósito del nuevo énfasis agrícola y de la entrega de un combinado metalúrgico prometido por la URSS. En Cuba imperaba ya un agrio debate sobre la construcción de dicho combinado. En un cable confidencial de la embajada inglesa al Foreign Office de diciembre de 1963, un funcionario de Londres le envió al consejero Eccles —probablemente el funcionario de MI5 en La Habana— una síntesis de la evaluación de la inteligencia inglesa:

> Debido a la necesidad de desarrollar la agricultura, la industrialización va a tener que esperar hasta después de 1965. El Che Guevara se ha quejado de que muchas de las instalaciones industriales entregadas no sirven... el dr. Castro ha declarado que la tarea de la industria es asistir a la agricultura produciendo maquinaria agrícola y fertilizantes; indicó que la construcción de un enorme combinado de acero por la Unión Soviética, previamente considerado como uno de los proyectos cubanos más importantes y fuertemente publicitado en la prensa de la isla, podría ser pospuesto o abandonado.[52]

El Che no contradice abiertamente a Castro, pero sus dudas y deslindes se traslucen claramente en el informe de una conversación enviado por Daroussenkov a Moscú:

> A mi pregunta que cómo entonces habría que entender las palabras de Fidel Castro [...] que la agricultura sería la base del desarrollo de la economía cubana para los próximos decenios y que desde el punto de vista económico quizá sería más provechoso invertir dinero no en la construcción de un combinado metalúrgico sino en los trabajos de regadío, la industria química y construcción de maquinaria agrícola, Guevara contestó que la cuestión de que si hace falta construir o no el combinado metalúrgico todavía no está decidida. Hay muchos argumentos a favor de su construcción [...] En las condiciones actuales que existen en el mundo, cualquier país que no tenga su propio metal va a tener dificultades permanentes en el desarrollo de su economía [...] La Unión

Soviética trata de satisfacer nuestra demanda, pero a veces no es capaz de hacer esto por la causa tan simple de que él mismo sufre dificultades por algunos tipos de la producción que nos hace falta. Tomemos como un ejemplo la hojalata. Nos promete grandes perspectivas el desarrollo de la producción de frutas enlatadas, pero para eso hace falta gran cantidad de hojalata especial que la Unión Soviética no puede mandarnos. A Cuba le hace mucha falta desarrollar su industria de construcción de barcos. Nosotros vivimos en una isla. Nuestro comercio se realiza por mar, y nosotros no tenemos prácticamente nuestra propia flota, ni pesquera. Pero para poder construir barcos modernos hace falta acero, y ¿dónde se podría conseguir? Claro que no importándolo a través del océano [...] Algunas personas dicen que como Cuba no tiene su propio coque entonces el costo de metal sería muy alto y por eso no les conviene a los cubanos desarrollar su siderúrgica. Pero ellos olvidan que se puede aplicar una tecnología progresiva y la organización avanzada de la producción, entonces la importación de coque ya no sería problemática —por ejemplo, la metalurgia en Japón trabaja no sólo con el coque traído sino con la mena traída y compite con éxito con otros países—. En una palabra, la cuestión de construcción o no del combinado siderúrgico todavía no está resuelta, e insistiremos firmemente en su construcción.[53]

El problema no era únicamente de estrategia de desarrollo. La agricultura cubana, dirigida desde el INRA por Carlos Rafael Rodríguez a partir de 1961, se regía por principios a los cuales el Che se oponía categóricamente. En el agro —que hasta 1964 excluía la industria del azúcar— prevalecían los estímulos materiales, la autogestión financiera de las empresas, elevados diferenciales de salarios según normas de trabajo, y programas de inversión relativamente descentralizados. Es decir, se le pagaba más al que trabajaba más;* cada empresa conservaba sus recursos y sólo entregaba excedentes al INRA o a los bancos; en una palabra, se toleraba o incluso se alentaba la vigencia de "la ley del valor" en el socialismo. Incluso, al cabo de la segunda reforma agraria, promulgada en octubre de 1963, subsistía un 30% de tierras privadas. Otorgarle la prioridad a la agricultura entrañaba pues una clara preferencia por sus rasgos más característicos; atribuirle una preponderancia total, como fue el caso, implicaba, a ojos del Che, imprimirle al conjunto de la economía un sello nocivo para el socialismo que aspiraba a construir en su patria adoptiva. Si bien acepta que el sistema centralizado —el que priva en la industria— puede convivir con los estímulos materiales —que imperan en toda la economía—, considera que los estímulos morales no son compatibles con la llamada autogestión financiera en la agricultura: "El estímulo moral con la autogestión financiera sí que no camina ni dos pasos. Se enreda en sus propias patas y se cae de cabeza pero seguro, es imposible."[54]

En pocas palabras, la plena aplicación de la "ley del valor" congelaría el *statu quo*, el equilibrio existente entre agricultura e industria, entre regiones y entre ciudad y campo. Como lo aclaró el Che tal vez en un momento de descuido o informalidad: "Ahora sí, por mí es evidente que donde se uti-

---

* La siguiente conversación entre el Che y Alexeiev ilustra la creciente polémica sobre este punto: "Guevara me comunicó que en este momento en todas las ramas de la industria se introdujeron las normas de trabajo, para la elaboración de las cuales prestaban gran ayuda los especialistas soviéticos. Dijo que no estaba de acuerdo con la remuneración progresiva y declaró que él aplicaría sólo los estímulos morales —le dije a Guevara que se equivocaba profundamente pensando que era posible aumentar la productividad sin estímulos materiales—. Contestó que en este momento el objetivo principal no era el aumento de la productividad sino la introducción de nuevas tecnologías y desarrollar la conciencia revolucionaria." (Alexander Alexeiev, "Nota de Conversación del 25 de diciembre de 1963 con el Ministro de Industrias Ernesto Guevara", 29 de enero, 1964 [secreto], Archivo Estatal de Rusia..., folio No. 5, lista No. 49, documento 760.)

liza, al hablar de métodos indirectos, La Ley del Valor, exactamente allí estamos metiendo el capitalismo de contrabando."[55] En la síntesis de uno de los estudios más recientes de lo que se llamó "El gran debate":

> Ernesto Guevara y otros creían que Cuba no podía permitir que la ley del valor determinara las inversiones sin renegar de la posibilidad de superar el subdesarrollo. La industria no gozaba de la ventaja comparativa de la agricultura, y por lo tanto no era tan "rentable". La planificación a partir de la autogestión financiera reforzaría el desarrollo desigual y la especialización. El sistema presupuestario de planificación centralizada le permitía al Estado planificar la economía en su conjunto, corregir las desigualdades pasadas y promover un desarrollo más equilibrado. El hecho de que Cuba era un país pequeño con riquezas limitadas y una economía abierta obligaba al Estado a canalizar los recursos más abundantes: la voluntad, la energía y la pasión del pueblo cubano. La autogestión financiera abogaba por los incentivos materiales por razones de eficiencia y racionalidad. Pero los estímulos materiales privatizaban la conciencia y la ineficiencia no se limitaba a los recursos económicos. Los estímulos morales desarrollarían la conciencia en tanto palanca económica, y promoverían la creación de nuevos seres humanos.[56]

Cuando el 3 de julio de 1964, el Che pierde el control de la industria del azúcar, que pasa a conformar un ministerio separado —ciertamente dirigido por Orlando Borrego, uno de sus colaboradores más cercanos— escucha pasos en la azotea.* En

---

* Al principio, el Che no le dio mayor importancia a la separación del Ministerio: "Habrá dos ministerios nuevos [...] Uno, naturalmente, el del Azúcar con Borrego, que es nada más que una separación de la empresa" (Guevara, *Actas del Ministerio de Industrias*, p. 508. Ver n. 43, p. 533).

ese mismo instante Osvaldo Dorticós sustituye a Regino Boti en el Ministerio de Economía, y es designado jefe de la Juceplan; es un segundo golpe contra el Che, no porque mantenga una mala relación con Dorticós, sino porque se crea un polo alternativo, igualmente poderoso que él, en la conducción de la economía. Escribe durante ese año un nuevo capítulo de la polémica, a través de la publicación de tres ensayos sobre los grandes temas que lo separan de los soviéticos, los comunistas y los técnicos: la centralización, el sistema presupuestario y los estímulos materiales. Charles Bettelheim comentará treinta años más tarde que en el diagnóstico del Che siempre se asomaba un sesgo burocrático. Divisaba la economía cubana desde las alturas de las grandes empresas del Ministerio de Industrias, donde era factible establecer formas de control adecuadas. Pero para la infinidad de pequeñas empresas que habían sido nacionalizadas en 1963 no era posible ejercer un control centralizado: no había capacidad administrativa, cuadros ni recursos. Sus ilusiones centralizadoras padecían de gigantismo: no veía los retos que los cambios efectuados en la economía y la sociedad cubanas oponían a su esquema.[57]

Sobre todo, en esos meses el Che expone el punto nodal de su pensamiento sobre este conjunto de temas, formulado ciertamente con la jerga marxista de la época, pero diáfano en su implicación y sinceridad:

> La conciencia de los hombres de vanguardia [...] puede avizorar los caminos adecuados para llevar al triunfo una revolución socialista [...] aunque [...] no existan objetivamente las contradicciones entre el desarrollo de las fuerzas productivas y las relaciones de producción que harían imprescindible o posible una revolución.[58]

En esta respuesta a Bettelheim, el Che concluye que si bien Cuba puede no estar "lista" para una planificación tan precisa y amplia como él quisiera, para los estímulos morales como él los concibe, para la centralización extrema de la industria que propugna, eso no importa. Lo esencial es que surja y se consolide una conciencia lo suficientemente avanzada entre el grupo dirigente cubano y entre los sectores más avanzados del pueblo, para que en efecto se puedan "forzar las etapas", como él sugiere. Esta postura abarca todas sus polémicas: sobre el azúcar y la industria, sobre la centralización y el presupuesto, sobre los estímulos morales y materiales. No se trata, en el sentido estricto, de tesis económicas, sino de postulados políticos que parten de una premisa: la conciencia (vista en general como la voluntad por el Che) es condición suficiente y necesaria para ir adelante; lo administrativo viene después, y es secundario.

Hasta cierto punto, Guevara tenía razón. De haber existido una conciencia tal como él la invocaba, no hubiera sido imposible planificar como reloj una economía tan sencilla como la cubana, ni centralizar todo en unas cuantas manos, ni ordenar precios, salarios e inversiones con criterios morales. Y sin duda, en determinados momentos de la revolución cubana, esa conciencia parecía aflorar: Girón, la crisis del Caribe, la alfabetización, etc. El gran drama del Che consistió en el carácter inevitablemente efímero de la conciencia más aguda y elevada, y en su propia incapacidad de distinguir entre la aptitud propia para mantener todas las cuerdas tensas y el ánimo vivo, y la imposibilidad de que los demás hicieran lo mismo.

De la industrialización se pasaba a la centralización, al sistema presupuestal y a la dirección central de las inversiones, de los salarios y de la banca; de todo ello, a los estímulos morales *versus* los estímulos materiales, que en realidad eran el punto de partida. La intensidad de las discusiones variaba; algunas podían pretender como lo hizo Carlos Rafael Rodríguez más de veinte años después, que el Che y él sólo tuvieron "pequeñas diferencias en la concepción de los estímulos".[59] Y en efecto, al analizar las divergencias del Che con el resto de la dirección económica cubana, se puede argumentar que casi todas eran de grado o matiz más que de fondo. Lo cual no obstaba para que las discusiones se tornaran en ocasiones violentas: un técnico soviético recuerda una reunión en el INRA de la cual el Che salió tan rápido y furioso que dejó varada a su escolta en el Instituto. Un hombre con las pocas pulgas del Che difícilmente podía debatir asuntos de relevancia histórica con moderación y ecuanimidad.[60]

Para velar la acrimonia de las disensiones, la autoridad cubana montó una operación retrospectiva para minimizar las disonancias con Guevara, insistiendo en que se trataba sólo de énfasis distintos. Así, en el asunto de los estímulos, Rodríguez aduce que el Che nunca planteó la eliminación de los estímulos materiales, lo cual es cierto. Tampoco es válida la afirmación de que los demás cubanos exigieron la eliminación pura y sencilla de los estímulos morales. Pero la contradicción, sea por grado o por sustancia, era real: para el Che el énfasis debía recaer en el estímulo moral, y para los demás, inevitablemente correspondía al estímulo material.* Con el segundo viaje de Fidel Castro a Moscú, se cierra el ciclo. En materia económica el alineamiento con la URSS es casi total y, de hecho, ventajoso para Cuba, ya que la maltrecha tesorería isleña acumula reservas, aprovecha un elevado precio mundial del azúcar y la certidumbre que brinda un mercado garantizado a largo plazo.

El último año del Che Guevara en Cuba comienza estando él medianamente marginado de la conducción cotidiana de la economía. No por ello se aleja de la dirección cubana en

---

* La siguiente es una expresión particularmente nítida de este punto: "Entonces, se está haciendo el centro de todas las cuestiones la discusión 'el estímulo moral' y el estímulo moral no es en sí el centro [...] el estímulo moral es la forma [...] predominante que tiene que adoptar el estímulo en esta etapa de construcción del socialismo [...] pero tampoco la forma única... el estímulo material está vigente." (Guevara, *Actas del Ministerio...*, p. 345.)

otros temas, ni desatiende sus tareas o aficiones particulares. Desde principios de 1963 se vuelca de nuevo al trabajo voluntario. En la zafra de aquel año establece todo tipo de récords en cuanto al corte y a las horas consecutivas de labores. Su ejemplo posee un doble filo: por un lado fortalece el espíritu revolucionario de los líderes cubanos y muestra que los dirigentes siguen siendo capaces de asumir los mismos compromisos y sacrificios que le exigen al pueblo; por otro lado, sirve para resolver un problema. En efecto, a partir de 1963, debido al desplome de la zafra, y de 1964, por la decisión de volver a la caña, la mano de obra escasea. El campo aún no se vacía, pero la población rural ha disminuido, y la mecanización prometida por los soviéticos y anhelada con toda su alma por el Che —quien probará y participará en el diseño de varios artefactos— no llega. Con todo, Guevara va madurando en su evaluación del trabajo voluntario y de sus propias reacciones, y confiesa que si el esfuerzo no se planea bien, resulta insostenible:

> El domingo pasado me tocó ir a trabajo voluntario a perder el tiempo y realmente me pasó lo que nunca me pasa a mí en un trabajo voluntario, salvo la caña, y es que estaba mirando el reloj cada quince minutos para ver cuándo se acababan las horas para irme, porque es que no tenía sentido.[61]

El trabajo voluntario era una solución parcial para el dilema de la falta de brazos. La ley del servicio militar obligatorio, instituido en diciembre de 1963 —los primeros reclutas serán llamados en marzo de 1964— y la ley de normas de trabajo y clasificación salarial, ambas promulgadas en la primera mitad de 1964, constituyen otras soluciones al mismo problema. La consolidación de las fuerzas armadas y el acotamiento de las milicias también siguen un propósito análogo, y fortalecen la hegemonía de la dirección en su conjunto, pero merman la influencia del Che: ya no es la misma. Ni el exilio de Miami ni la mafia de Estados Unidos le atribuyen la fuerza de antes: sólo están dispuestos a pagar veinte mil dólares por su cabeza, mientras que la de Fidel Castro vale, para ellos, cien mil. [62]

El Che sigue escribiendo sus ensayos y otorgando entrevistas a diversos medios internacionales como uno de los voceros más eficaces, tal vez el más creíble, de la revolución cubana, junto con Castro. Observa cómo se empantana la revolución en América Latina, a pesar de los esfuerzos en Venezuela, Guatemala y Perú. Se siente solo y se encuentra estancado. A la directora de una escuela primaria de provincia le escribe: "A veces los revolucionarios estamos solos, incluso nuestros hijos nos miran como a un extraño."[63] Cada día tiene menos que hacer en Cuba; crecen sus deseos de movimiento, de alteridad y de situaciones tajantes, desprovistas de ambivalencia. Es un año de tránsito, que no podrá prolongarse eternamente. Él lo sabe: a finales de marzo, días antes de partir para un nuevo periplo europeo y africano, recibe en su despacho durante varias horas a Tamara Bunke. Concluido su entrenamiento como agente de los servicios de inteligencia cubana, el comandante Guevara la había convocado para darle las siguientes órdenes: "Radicar en Bolivia, donde debía establecer relaciones dentro de las fuerzas armadas y la burguesía gobernante, viajar por el interior del país [...] y esperar por un contacto que habría de indicarle el momento de la acción definitiva."[64] El contacto sería él, dos años después.

Otros factores inducen a su próxima partida, además de las derrotas en materia de política económica y del acercamiento de Cuba con la URSS. El 19 de marzo de 1964 nace en La Habana Omar Pérez, vástago de Ernesto (sin llevar su apellido) y de Lilia Rosa López: el único hijo confirmado del Che concebido fuera de matrimonio, aunque no el único del que se tengan indicios. Lilia Rosa, una guapa habanera de unos treinta años, conoció al Che en La Cabaña en 1959; todavía en 1996 asistía a la conmemoración anual de la toma del cuartel el 2 de enero. Omar Pérez (debe su nombre a Omar Khayan, el autor de las *Rubayat*, una edición que el Che obsequió a Lilia Rosa), fiel a su origen, poeta y traductor disidente, recluido un tiempo en los campos de trabajo cubanos por negarse al servicio militar y oponerse al régimen, no niega la cruz de su parroquia.* Conserva los ojos, las cejas y sobre todo la sonrisa de su padre: cuando se le presenta alguna razón para la alegría, se le ilumina la cara, como cuando al Che se le atravesaba un motivo de regocijo en el rostro. Omar no habla de su filiación. Tiene el cabello negro, largo y lacio, las cejas protuberantes, los ojos tristes y misteriosos de su padre, y la marca indeleble de su descendencia en sus gestos, la mirada y la discreción.

Un buen día a finales de los años ochenta, Lilia Rosa apareció en casa del entonces compañero de Hilda Guevara Gadea, la hija mayor del Che, con un paquete de libros del comandante Guevara con dedicatorias pletóricas de frases y palabras que delataban el tipo de vínculo que había imperado entre ellos. Reivindicó ante Hilda su relación con el Che y, sobre todo, le presentó a Omar, quien casi de inmediato se volvió amigo entrañable de la primogénita de Guevara. Hildita, como todos le decían en Cuba, ya estaba enferma de cáncer, de trago y de depresión, provocados en parte por el ostracismo del que siempre había sido víctima por parte de la viuda del Che y de sus medios hermanos. Hasta su muerte, en agosto de 1995, Omar y ella compartirían una parte especialmente bella de la herencia del padre: su carácter rebelde e inconforme. Para Hilda Guevara nunca cupo la menor duda de que Omar era su hermano; así lo trataba, y así les rogó a sus hijos que lo consideraran.**

---

* Lilia Rosa gentilmente indicó al autor el origen del nombre de su hijo, así como las circunstancias en las que conoció al Che, en una carta fechada el 2 de noviembre de 1996.

** La historia de Omar es conocida en Cuba, de la misma manera que circulan otras versiones sobre hijos naturales del Che. Uno en particular, Mirko, fue incluso investigado durante un tiempo en los años ochenta, para después ser dejado en paz por las autoridades. El caso de Omar es diferente por una sencilla razón: el nieto mexicano del Che, Canek Sánchez Guevara, le aseveró

Ignoramos si el Che supo del nacimiento de su hijo en 1964 pero, en cualquier caso, la situación no debe haber sido fácil para el Che. Siempre se había opuesto por principio a las recurrentes aventuras de sus colegas en la dirección revolucionaria, y había resistido con relativo éxito a las incontables tentaciones del trópico y el poder. Pero algo sucedió a mediados de 1963, si no es que antes, que debe haber agudizado su creciente intranquilidad en la isla.

De allí su actitud más moderada y flexible en torno a los temas delicados en el Ministerio de Industrias, como lo muestran los pasajes siguientes relativos al caso del compañero Mesa, director de la Empresa de Juguetes. Casado y con hijos, Mesa se enamoró de su secretaria, y fue visto con ella en condiciones poco protocolares. El caso fue planteado ante el Che el 11 de julio de 1964, cuatro meses después del nacimiento de Omar. Su respuesta merece ser escuchada:

> Todavía nadie ha establecido que en las relaciones humanas tenga un hombre que vivir con una mujer todo el tiempo [...] Yo decía que no sabía por qué tanta discusión, porque considero que es un caso lógico que le puede suceder a cualquiera, incluso habría que analizar si la sanción [...] no es extrema [...] Evidentemente para que se produzca un hecho, es porque la mujer quiere, si no sería un delito grave, pero sin el consentimiento de la mujer no hay tal cosa [...] Nosotros hemos defendido en no ser extremistas en estas cosas; además hay un poquito de beatería socialista en una serie de manifestaciones de éstas y la verdad verdadera es que si uno pudiera andar metido en la

---

al autor, tanto en La Habana como en México, en una conversación privada y en una entrevista grabada, que su madre así se lo presentó a Omar, y así lo quería. La suma de versiones ampliamente difundidas, del parecido físico y del testimonio de la hija del Che nos parece suficiente para dar por buena esta versión. (Canek Sánchez Guevara, entrevista con el autor, La Habana, 26 de enero de 1996 y ciudad de México, 15 de agosto de 1996.)

conciencia de todo el mundo habría que ver quién tira la primera piedra en estos asuntos [...] Nosotros siempre hemos sido partidarios de no extremar la cosa, y sobre todo no hacer de esto una cosa capital y además que no esté en boca de todo el mundo, que pueda incluso llegar a destruir hogares que podrían no destruirse pues son cosas bastante naturales, bastante normales, y que suceden.[65]

La inquietud lo conduce, como siempre, al viaje. El 17 de marzo se embarca camino a Ginebra, encabezando la delegación cubana a la primera Conferencia de Naciones Unidas sobre Comercio y Desarrollo (UNCTAD), cuyo secretario general es su compatriota y conocido Raúl Prebisch. Permanecerá fuera de Cuba durante un mes, la mayor parte del tiempo en Suiza, con breves escalas en Praga y en París, y un par de días en Argel para conversar con su amigo Ben Bella. Su pieza oratoria en Ginebra es trascendente y de fondo; anuncia —entre líneas— varios de los temas que dominarán su pensamiento y discursos durante el siguiente año.

Al subir al estrado, lo recibe la sala del Palais des Nations con un tremendo aplauso; era ya un personaje legendario.[66] Comienza con un reclamo; faltan y sobran delegaciones como China, Vietnam del Norte y Corea del Norte, entre las primeras; Sudáfrica, entre las segundas. Enseguida coloca una pica en Flandes, ideológica y política:

> Entendemos claramente —y lo decimos con toda franqueza— que la única solución correcta a los problemas de la humanidad en el momento actual es la supresión absoluta de la explotación de los países dependientes por parte de los países capitalistas desarrollados, con todas las consecuencias implícitas en ese hecho.[67]

El discurso es breve, retórico, inteligentemente irónico ("los imperialistas alegarán que la culpa del subdesarrollo la tienen los subdesarrollados"), pero carente de propuestas o de gran vuelo. Es respetuoso de los países socialistas, pero sin más: el énfasis lo coloca en repetidas ocasiones en las naciones pobres, en los pueblos "que luchan por su liberación", en "los pobres del mundo", pero no en la Unión Soviética. La menciona pocas veces, y anuncia sutilmente el problema que comienza a obsesionarlo, y que contribuirá a sus desavenencias con el régimen cubano.

Se refiere primero al llamado deterioro de los términos de intercambio, según el cual los precios de las materias primas exportadas por los países subdesarrollados tienden a bajar, mientras que los precios de los bienes y servicios que importan de los países industrializados suelen subir; por lo tanto, los pobres se ven obligados a exportar cada vez más para importar lo mismo. El Che apunta que "muchos países subdesarrollados llegan a una conclusión de bases aparentemente lógicas": que en las relaciones comerciales con los países socialistas "estos se benefician con el estado de cosas existente".[68] Continúa explicando que se debe reconocer esta realidad "honesta y valientemente", para luego añadir que, sin embargo, los países socialistas no son culpables de esta inequidad. Además, cuando se establecen acuerdos de largo plazo, como el que negoció Cuba con la Unión Soviética, la situación cambia. No obstante, las palabras que utiliza para describir el pacto azucarero con la URSS ("relaciones de nuevo tipo") muestran que si bien mantiene su convicción de que no es lo mismo comerciar con el bloque socialista que con el campo capitalista, sus ilusiones ya no son las de antes. Lo hiere el mal trato y el aislamiento de que fue objeto por parte de las delegaciones socialistas. Ya no era, si alguna vez lo fue realmente, parte de la familia:

> Guevara se quejó de su mala impresión de los contactos con los compañeros soviéticos y de otros países socialistas en Ginebra, que no le tuvieron confianza. La delegación

cubana estaba aislada; las de Europa del Este se reunían y discutían y sólo después, para cumplir con el protocolo, se consultaba a Cuba. Fue un disgusto para él.*

Su estancia en la ciudad de Rousseau encierra elementos enigmáticos. Pocos o ninguno de los jefes de delegación a la UNCTAD se instalaron en Ginebra durante todo el mes entero que duró la conferencia. Su relación con los demás latinoamericanos era tensa; según un integrante de la comitiva mexicana, ni siquiera lo invitaban a las reuniones del grupo regional.[69] Vivía en un pequeño hotel modesto cerca del lago, donde lo acompañaba un nutrido equipo de seguridad; se relajaba en convivios celebrados en casas de algunos de los delegados mexicanos, donde bebían tequila, cantaban tangos y boleros, y donde le salía lo argentino. También dejaba entrever una auténtica nostalgia por México; se mantenía informado, preguntaba por gente y acontecimientos, recordaba sus días en el país azteca con un afecto que tal vez no adquirió hasta después de partir a Cuba. Un día, el mexicano lo descubrió caminando solo por las orillas del lago Léman, deteniéndose por un rato largo en una de las rocas que lindan el lago, contemplando el Salève a la distancia; meditaba quizás las desgarradoras disyuntivas que enfrentaría al volver a Cuba.

El viaje relámpago a Argelia —formalmente para asistir al primer Congreso del Frente de Liberación Nacional— servirá también para revisar con Ben Bella el curso de los acontecimientos en África. Para ese entonces, las luchas de liberación

---

* Oleg Daroussenkov, "Nota de Conversación del 29 de abril de 1964 con Ernesto Guevara", 18 de mayo, 1964 [secreto]. Archivo Estatal de Rusia..., folio 5, lista No. 49, documento 760. El académico norteamericano Rober J. Alexander, quien conoció al Che en Guatemala y lo volvió a ver en Cuba, recuerda cómo el representante de Cuba ante el Comité Internacional del Azúcar de aquel momento le contó que había cenado con el Che en Ginebra y que éste "se la pasó echando pestes contra la URSS." (Robert J. Alexander al autor, 5 de diciembre, 1995.)

en el continente ya recibían una atención constante del Che; en su discurso en Ginebra, invoca en varias ocasiones a Patrice Lumumba; la reaparición de los combates en el Congo y la debilidad del gobierno de Moise Tshombé empiezan a interesarle sobremanera. Se reúne en Argel con algunos de los dirigentes congoleses del exilio. Su sexto sentido le avisa que la rebelión de 1961, apagada desde el asesinato de Lumumba pero aún latente, se hallaba al borde de un nuevo estallido.* Su involucramiento no es puramente académico. Desde enero había logrado que Pablo Ribalta, su viejo colaborador de la Sierra Maestra, de origen afrocubano, fuera nombrado embajador en Tanzania. La recién formada república incluía la isla de Zanzíbar, donde Cuba sostenía relaciones con el Partido Nacionalista desde septiembre de 1961, y a cuyos combatientes y militantes había entrenado.[70]

En su trayecto de regreso a Cuba, el Che se detiene en París, donde almuerza con Charles Bettelheim en un restorán del Boulevard Saint-Michel, en pleno Barrio Latino. Le confiesa que se había equivocado en su juicio e ilusiones sobre la Unión Soviética, en la confianza que había depositado en sus promesas.[71] De París regresa a La Habana, a la polémica económica y a las tareas administrativas del Ministerio. Las cumple con diligencia, pero sus intervenciones en diversas reuniones muestran un susurro de aburrimiento, una insinuación de cansancio. Decae su interés por los temas económicos y declina su poder en las deliberaciones respectivas. En esos

---

* En eso coincidía el Che con un estimado nacional de Inteligencia de la CIA, fechado el 5 de agosto de 1964, y por lo tanto redactado en la primavera de ese año, que comenzaba diciendo: "En meses recientes la disidencia regional y la violencia han cobrado proporciones preocupantes y generado la amenaza de un colapso de la autoridad gubernamental." (Director of Central Intelligence, "Special National Intelligence Estimate: Short Term Prospects for the Tshombe Government in the Congo", 5 de agosto, 1964 [secreto], The Declassified Documents Catalogue, Carrollton Press, vol. XVI, #5, sept.-oct., 1990, núm. serie 2439.)

días se refuerza el equipo de asesores soviéticos en el Banco Nacional. De acuerdo con un cable de la embajada del Reino Unido:

> Algunos observadores lo ven [dicho fortalecimiento] como una prueba de que los rusos están asumiendo una responsabilidad más detallada para hacer funcionar la economía cubana, y de cómo los gobiernos cubano y soviético se han comprometido a mayor grado de control soviético.*

Para noviembre, el Che se encuentra listo para navegar de nuevo, ahora como delegado cubano a los festejos conmemorativos de la revolución rusa. La visita se antoja de particular importancia, ya que acababa de ser defenestrado Khruschev, y aunque no sobraba el cariño entre los cubanos y Nikita después de la crisis del Caribe, los flamantes jerarcas moscovitas eran unos ilustres desconocidos para los isleños; incluso la manera en que Khruschev había sido destituido, y la forma en que su caída en desgracia fue anunciada, le dejaron al Che un muy mal sabor en la boca.[72] Todo indica que la estancia en Moscú fue un éxito protocolar, pero vacía de sustancia. Varios testigos recuerdan al Che en el vuelo de regreso de Murmansk a La Habana, eufórico, ligeramente pasado de copas, y relatando anécdotas de su vida íntima que no solía contar. A ese viaje se remonta una de sus conversaciones con Daroussenkov, cuando confiesa que aceptó casarse con Hilda Gadea en un

---

* Havana Telegram No. 48 to Foreign Office, Cuba: Political Situation, 23 de noviembre, 1964 (restringido), FO 371/174006, Foreign Office, Public Record Office, Londres. El Che ya tenía atravesados a los funcionarios del Banco, y en particular a los asesores socialistas: "Ustedes saben que nosotros siempre hemos tenido relaciones bastante tirantes con el Banco, prácticamente desde que yo salí del Banco. Siempre fue a través de los asesores checos, también soviéticos, el abanderado de la autogestión financiera." (Ernesto Che Guevara, *Actas del Ministerio...*, 11 de julio, 1964, p. 530.)

momento de excitación etílica. También de ese vuelo data su maravilloso comentario a Salvador Cayetano Carpio, dirigente del Partido Comunista de El Salvador, al estar sentado el Che entre los secretarios generales del partido mexicano, Arnoldo Martínez Verdugo y Mario Monje, de Bolivia: "Aquí me tenés, Carpio, sentado entre un monje y un verdugo."[73]

Al volver de la URSS, convoca una de las últimas reuniones privadas que celebrará con sus colaboradores en el Ministerio de Industrias. Expondrá con una franqueza brutal sus impresiones sobre los países socialistas y por qué se opone a las llamadas "reformas económicas" procedentes de Europa del Este y de la URSS. Conviene reproducir varios pasajes; además de ser inéditos, reflejan con gran fidelidad los dilemas que ya atribulaban al argentino, próximo a partir en su nueva odisea:

En Moscú tuve una reunión con todos los estudiantes [cubanos] que querían platicar. Entonces los invité a la Embajada. Se me juntaron como 50. Yo fui dispuesto a dar una tremendísima batalla contra el sistema de autogestión. Bueno, pues yo nunca había tenido un auditorio en ese tipo de descarga más atento, más preocupado y que más rápido entendió las razones mías. ¿Ustedes saben por qué? Porque estaban ahí, y porque muchas de las cosas que yo las digo, y que las digo aquí en forma teórica porque no las sé, ellos sí las saben. Las saben porque están ahí, cuando van al médico, cuando van al restaurante, cuando van a comprar algo a las tiendas, y entonces pasan hoy en la Unión Soviética cosas increíbles [...] En un artículo Paul Sweezy dice que Yugoslavia es un país que va al capitalismo. ¿Por qué? Porque en Yugoslavia funciona la Ley del Valor, y cada día funciona más. Khruschev había dicho [que era interesante lo que sucedía] en Yugoslavia, que incluso mandó a gente a estudiar [...] Pues eso que él vio en Yugoslavia y que le pareció tan interesante, en Estados Unidos está mucho más desarrollado porque es capitalista [...] En Yugoslavia hay la Ley del Valor; en Yugoslavia se cierran fábricas por incosteables; en Yugoslavia hay delegados de Suiza y Holanda que buscan mano de obra ociosa y se la llevan a su país a trabajar en [...] las condiciones de un país imperialista con la mano de obra extranjera [...] En Polonia, se va por el camino yugoslavo, claro, se retrae la colectivización, se vuelve a la propiedad privada de la tierra, se establece toda una serie de sistemas cambiarios especiales, se tiene contacto con los Estados Unidos [...] En Checoslovaquia y en Alemania ya se empieza a estudiar también el sistema yugoslavo para aplicarlo. Entonces tenemos que ya hay una serie de países que están todos cambiando el rumbo, ¿frente a qué? Frente a una realidad que no se puede desconocer, y es que, a pesar de que no se diga, el bloque occidental de países está avanzando a ritmos superiores al bloque de la democracia popular. ¿Por qué? Ahí, en vez de ir al fondo de ese por qué, que hubiera de resolver el problema, se ha dado una respuesta superficial y entonces se trata de reforzar el mercado, empezar la Ley del Valor, reforzar el estímulo material.[74]

Ya para ese momento el Che se había forjado una idea nítida y definitiva de los países socialistas, en su aspecto interno. Perdían en la competencia con Occidente, no por apego a los axiomas del marxismo-leninismo sino por traición o abandono de los mismos. Al comprobar su fracaso en la rivalidad con el capitalismo, resolvían cambios de rumbo indispensables, pero en la dirección opuesta a la correcta, y a la que el Che pregonaba. Si a todo ello agregamos la exacerbación del conflicto chino-soviético, vemos cómo el Che se acerca peligrosamente al final de su cuerda, al borde del precipicio. Los comunistas con los que se topó en el avión de vuelta de Moscú venían de Pekín; junto con Carlos Rafael Rodríguez tomaban parte de una misión latinoamericana para mediar en la disputa entre los dos grandes del socialismo, la iniciativa emanaba entre otros de una propuesta del mexicano Martínez Verdugo formulada en la reunión de partidos comunistas de América Latina celebrada en esos días en La Habana. Los cubanos influyeron en la decisión de ir a China; organizaron el viaje y quizás indujeron la iniciativa de Martínez Verdugo; maniobraron para que Carlos Rafael Rodríguez figurara en la delegación como vocero. Mao, según el mexicano, los recibió con afecto, pero de inmediato les exclamó: "Ustedes vienen enviados por los revisionistas; no estamos de acuerdo con ustedes, pero les damos la bienvenida."[75] La gestión mediadora no prospera; el Che volverá a intentarla un par de meses después; fracasará de nuevo.

Cobra una nueva vigencia la idea de interceder en el conflicto, entre otras cosas porque el Che, Cuba y las potencias socialistas, están a punto de ser arrastradas por la vorágine africana. Desde el verano de 1964, Pierre Mulele, el ministro de Educación de Lumumba y su virtual heredero político y espiritual, había reencendido la rebelión congolesa en la región centro occidental de Kwilu. El Comité Nacional de Liberación había hecho lo propio en el oriente y norte del país, cerca de Stanleyville. Todos se levantaron en armas contra el régimen de Tshombé, impuesto tres años antes por Naciones Unidas, los belgas y la CIA. Se tambaleaba el gobierno congolés, y Estados Unidos y Bruselas se aprestaban a auxiliar a sus aliados. Cuando en agosto los rebeldes toman Stanleyville, Bélgica y Estados Unidos se alarman. Un par de meses después envían batallones de paracaidistas a recapturar la ciudad, a aplastar la insurrección, recuperar el control del este del país, y según ellos, impedir un baño de sangre. Ya se había producido una masacre al entrar los rebeldes a Stanleyville, cuando tomaron de rehenes al cónsul norteamericano, a docenas de misioneros estadounidenses, a trescientos ciudadanos belgas, y fusilaron a veinte mil congoleses de la clase media ilustrada.[76]

La nueva rebelión en el Congo surtirá un doble efecto en la mente del Che y de los cubanos. Por un lado, los persuadirá de que por fin había resucitado la lucha anticolonialista de Lumumba; por el otro, y en refuerzo del primer impacto, la intervención de las potencias coloniales y de Washington parecerá confirmar en los hechos el carácter antiimperialista de la renovada rebeldía en el África. Por dos razones, pues, el Che se comprometerá de lleno con la causa congolesa: entrar en campaña para combatir al imperialismo, y para apoyar una justa lucha en curso.

La campaña, justamente, comienza en Nueva York; continuará en África a finales del año que termina, y a lo largo de todo 1965. El 9 de diciembre, apenas tres semanas después de su regreso de la URSS, el Che hace de nuevo las maletas: va a Naciones Unidas. Su designación como jefe de la delegación cubana ante la 19a Asamblea no causa mayor impresión en La Habana y, junto con su misión a la UNCTAD meses atrás, es vista por algunos observadores como una muestra de la pérdida de poder:

> El nombramiento de Che Guevara para encabezar la delegación cubana a las Naciones Unidas parece ser menos importante. Guevara también representó a Cuba en la UNCTAD en Ginebra, y en cualquier caso sus consejos políticos parecen tener menos peso que nunca.[77]

Al emprender el camino que lo llevará a la gloria, el Che se acercaba también a su ocaso en Cuba. Los escasos ocho días que permanece en Estados Unidos —la primera vez que visita ese país desde su paso por Miami, quince años antes— le permiten pocos momentos de descanso. Sus actividades serán de lo más variadas, en algunos casos hasta excéntricas. Su vieja amiga Laura Berquist, de la revista *Look*, pretende organizarle una reunión con intelectuales y periodistas neoyorquinos. Berquist es amiga de infancia de Bobo Rockefeller, viuda de Whinthrop, ex gobernador de Arkansas, quien posee una espléndida *townhouse* frente a la misión cubana ante la ONU. Qué mejor manera de cumplir con los imperativos de una seguridad agobiada por manifestaciones anticastristas. Allí se dan cita los izquierdistas de Nueva York para conversar con el Che. Le traduce Magda Moyano, hermana de Dolores, vecina de Córdoba y prima de *Chichina* Ferreyra, a quien interroga sobre la juventud y el pasado, ya lejanos. El Che participa igualmente en el programa de televisión dominical *Face the Nation*, en el cual su desempeño resulta tan virtuoso y eficaz que algunos gobiernos de América Latina protestan ante la Casa Blanca por el espacio que la cadena norteamericana CBS le brindó al Che.* Asimismo, se reúne y conversa en secreto con el senador demócrata y liberal, Eugene McCarthy; y realiza infinitos cónclaves con delegados árabes y africanos en los pasillos y en el salón de delegados del Palacio de Vidrio. Allí prepara el viaje que, a partir del 18 de diciembre, lo llevará a nueve países en tres meses, y a la decisión de abandonar Cuba para siempre.

El discurso del Che es incendiario, por su tono, por su contenido y por la personalidad del orador. Reiterar la posición tradicional de Cuba frente a Estados Unidos —incluyendo los llamados cinco puntos de octubre de 1962— y a América Latina —abarcando como siempre la denuncia de la OEA y los "títeres" latinoamericanos—, lo novedoso consisti-

---

* "Varias delegaciones latinoamericanas han protestado por lo que consideran una publicidad innecesariamente útil para Fidel Castro como resultado de la entrevista en la CBS de Che Guevara. [...] También están molestos porque la prensa de Estados Unidos no le dio mayor cobertura a las réplicas de los latinoamericanos al discurso de Guevara en Naciones Unidas." (Department of State, Incoming Telegram, Cuba: Che Guevara CBS Interview [confidential], 14 de diciembre, 1964, NSF, Country File, Activities of Leading Personalities, Cuba, cable #62, LBJ Library.)

rá en el énfasis africano.* Será recordado también porque, al igual que en el pronunciamiento de Ginebra, pero de manera más explícita, se traslucen ya sus distancias frente a la URSS y los países socialistas. El deslinde guevarista sigue siendo elíptico, pero ya despojado de los eufemismos de su discurso de Ginebra:

> También hay que esclarecer que no solamente en relaciones en las cuales están imputados Estados soberanos, los conceptos sobre la coexistencia pacífica deben ser bien definidos. Como marxistas, hemos mantenido que la coexistencia pacífica entre naciones no engloba la coexistencia entre explotadores y explotados, entre opresores y oprimidos.[78]

Pero los pasajes más vibrantes serán aquellos dedicados al Congo, y sobre todo a la operación aerotransportada de Stanleyville:

> Quizás hijos de patriotas belgas que murieron por defender la libertad de su país, son los que asesinaron a mansalva a millares de congoleños en nombre de la raza blanca, así como ellos sufrieron la bota germana porque su contenido de sangre aria no era suficientemente elevado [...] Nuestros ojos libres se abren hoy a nuevos horizontes y son capaces de ver lo que ayer nuestra condición de esclavos coloniales nos impedía observar; que la "civilización occidental" esconde bajo su vistosa fachada un cuadro de hienas y chacales. Porque nada más que ese

---

* A tal punto sorprendió la insistencia guevarista sobre el Congo que los trabajos preparatorios del Departamento de Estado en anticipación del discurso del Che ni siquiera mencionan la posibilidad de que toque el tema del Congo (Véase WG Bowdler a Cleveland, Guevara Plenary Speech, 10 de diciembre, 1964, Nueva York. NSF, Country File, Activities of Leading Personalities, Cuba, LBJ Library).

nombre merecen los que han ido a cumplir tan "huma-
nitarias" tareas al Congo. Animal carnicero que se ceba
en los pueblos inermes; eso es lo que hace el imperialismo con el hombre, eso es lo que distingue al "blanco"
imperial [...] Todos los hombres libres del mundo deben
aprestarse a vengar el crimen del Congo.[79]

De sus conversaciones con norteamericanos —las únicas de
las cuales se conservan notas accesibles— se desprende un vigor permanente en la defensa de la revolución, una renuencia
a diferenciarse en lo más mínimo de Fidel Castro. En la televisión, se abstiene de tomar partido entre la URSS y China,
prefiriendo hacer hincapié en la obligación de la unidad. Deja
entrever algunas reservas frente a la URSS, pero con una discreción tal que conduce a otros a interpretar sus posturas.* Se
distingue con mayor claridad el rasgo que detectó Tad Szulc,
quien participó en el programa *Face the Nation* y luego charló
largamente con Guevara: "El Che se había distanciado de la
política económica y se dedicaba a los contactos con el Tercer
Mundo [...] Parecía gustarle mucho esta misión."[80]

Su conversación con McCarthy, el senador liberal de
Minnesota que tres años después se transformaría en el principal adversario de la guerra de Vietnam en Estados Unidos,
forzando a Lyndon Johnson a desistir de su ambición
reeleccionista en 1968, contiene un dato curioso. La reunión
se llevó a cabo a instancias, nuevamente, de la infatigable Lisa
Howard. Procuró convencer a sus contactos en la administración Johnson de que utilizaran la presencia del Che en Naciones Unidas para encontrarse con él; sin duda le sugirió a

* El primer funcionario con el que se reunió el Che en Nueva York, Enrique
Bernstein, de Chile, le informó después a la embajada de Estados Unidos en
Santiago que el Che había expuesto "por completo la línea de Pekín."
(WTDentzer/AmEmbassy Santiago a ARA/DOS Washington [confidencial],
21 de diciembre, 1964. NSF, Country File, Activities of Leading Personalities,
Cuba, #57 cable, LBJ Library.)

Guevara una gestión análoga. Desde un principio Washington vio con escepticismo el ardid de la reportera:

> El asunto Che Guevara ha subido al nivel del subsecretario George Ball. La idea por ahora es usar a un inglés de las Naciones Unidas para hacer el contacto. (Ball y todo el mundo concuerdan en que debemos mantenernos alejados de Lisa Howard.) El inglés le diría al Che mañana: "Un colega americano me informa que una fuente de prensa le ha dicho que usted tiene algo que decirle a un funcionario americano. Mi colega americano no está seguro de la calidad de su fuente. ¿Es cierto?" Ball y los demás en el Departamento de Estado creen que no debemos tomar la iniciativa. Si las modalidades para montar la operación sólo se pueden lograr mostrando interés, no vale la pena [...] Dudo de que el Che tenga algo que decirnos que no sepamos, aunque puede valer la pena escucharlo.[81]

Como no se concretaba la reunión con los funcionarios de Washington, el Che accede a las súplicas de su amiga Howard y conversa durante un par de horas con McCarthy, en el departamento de la periodista. Según el informe de McCarthy a George Ball al día siguiente, el comandante de la revolución se mostró sumamente confiado. Afirmó que la Alianza para el Progreso fracasaría y que Centroamérica y Venezuela se hallaban al borde del estallido. Dedicó algo de tiempo a revisar los temas álgidos de la agenda bilateral —sobrevuelos, venta de medicinas, Guantánamo, la CIA en Cuba, etc. Pero lo que más impacta de los memoranda de conversación recientemente desclasificados —en realidad sólo se supo de la identidad del interlocutor del Che en 1994—[82] es el candor, la irreverencia o franca desfachatez con la que el Che se jacta del apoyo cubano a la revolución latinoamericana. De acuerdo con las notas de McCarthy:

Guevara no trató de disimular las actividades subversivas desarrolladas por Cuba. Admitió explícitamente que entrenaban a revolucionarios y que lo seguirían haciendo. Sentía que ésta era una misión necesaria para el gobierno cubano en vista de que la revolución ofrecía la única esperanza de progreso para América Latina.[83]

Justo en el momento en que Fidel Castro trata de canjear su apoyo a la revolución continental por una coexistencia pacífica con Washington,* en el instante preciso en que la nueva dirigencia soviética parece optar por reducir las anteriores tensiones con Estados Unidos, el Che, en el contacto cubano-norteamericano de más alto nivel en varios años, se vanagloria del compromiso internacionalista de La Habana. El episodio no puede más que recordarnos el comportamiento del joven médico argentino en la estación migratoria de la ciudad de México, con una década y una vida entera de por medio: proclamando a diestra y siniestra que él era comunista, ¡y qué!

Su estado de ánimo antinorteamericano había alcanzado grados extremos. En un discurso en Santiago de Cuba a principios de diciembre —antes de partir a Nueva York—, expuso sin ambages sus verdaderos sentimientos:

> Debemos aprender esta lección, aprender la lección sobre el aborrecimiento absolutamente necesario del imperialismo, porque ante ese tipo de hiena no hay más solución que el aborrecimiento, no hay más salida que el exterminio [...] Debemos acatar esta lección de odio.[84]

Todo el año de 1964, y sobre todo en los meses y semanas finales del año, el Che despedía una sensación de inquietud,

* En una larga entrevista concedida a Richard Eder del *New York Times* publicada el 6 de julio de ese año, Castro "propuso un acuerdo para cesar la ayuda a las guerrillas en América Latina" si Washington suspendía su asistencia a los exiliados de Miami. (*The New York Times*, 6 de julio de 1964, primera plana.)

ansiedad y cambio de piel. Fueron muchos sus amigos y simples conocidos que presintieron que su existencia se encontraba en vísperas de una modificación radical. Faltan los vaticinios registrados de un desenlace trágico, pero abundan las corazonadas políticas y personales, desprovistas de dramatismo o angustia. Citemos dos. Una proviene de un consejero en La Habana del gobierno de Su Majestad, que desde 1964 informaba a Londres de su premonición profesional: "No me sorprendería si hasta el propio Guevara pronto recibiera un empleo más apropiado —o una sinecura diseñada para liberarlo para sus importantes funciones de relación con otros latinoamericanos."[85]

La segunda es de un italiano, un periodista de *L'Espresso*, Gianni Corbi, que pasó varias semanas en Cuba en el verano de 1964, y muchas horas conversando con Guevara:

> No me sorprendería ver al Che Guevara y a sus vendedores viajeros de la revolución permanente en América Latina sacudirse el polvo cubano-castrista de sus pies y dirigirse a las montañas. Cuando volvamos a oír de ellos, estarán encabezando bandas guerrilleras en las cimas yermas de los Andes.[86]

Se cierra un ciclo para el Che en Cuba. Aunque en 1966, escondido, enfermo y deprimido, residirá todavía varios meses en la isla, su fase cubana está por concluir. Volverá del África el 16 de marzo de 1965, para emprender la aventura congolesa cinco semanas después; en realidad, desde que parte para Nueva York en diciembre de 1964 ha dejado atrás su vida en Cuba. Las grandes decisiones aún no se consuman; faltan las peripecias africanas y argelinas de las páginas que siguen. Pero la suerte está echada, sobre todo en el intersticio donde convergen dos epopeyas de nuestra época: la de Castro y la del Che Guevara.

Durante ese largo año de 1964, cuando el Che pierde sus amigos y sus batallas, en el que emprende infinidad de luchas y polémicas sobre innumerables temas conflictivos y cruciales para la revolución cubana, comprueba dos características inconfundibles de su desempeño. Por un lado, Castro lo quiere, lo respalda en sus desorbitados proyectos argentinos, argelinos, venezolanos y, ahora, africanos. Nunca le regatea el lugar que se ha ganado, ni le reprocha sus deslices o exabruptos. No tiene, por tanto, nada que reclamarle. Pero también comprueba que Fidel, el fiel de la balanza por excelencia, no toma su partido. Deja que el Che libre sus combates y sufra sus reveses; no le escatima sus esporádicos y aislados triunfos, pero nunca se coloca de su lado. En ocasiones, porque debe ubicarse en el bando contrario, pues *révolution oblige*; en otras oportunidades, porque Castro sencillamente no comparte las tesis guevaristas.

Coyuntura tras coyuntura, pleito tras pleito, el Che comienza a entender que está solo; no contra Fidel, pero tampoco con él. Pero como Castro está en todo, no contar con el caudillo es carecer de lo esencial: el apoyo necesario para salir adelante. La situación del Che es insostenible, como lo es el par de posibles consignas que la resumen: con Castro, ni matrimonio ni divorcio; ni con Fidel ni en contra de él. Nada tan insoportable para Ernesto Che Guevara como esta madeja de ambivalencias, contradicciones y media luz crepuscular. Era hora de marcharse.

Capítulo IX
El corazón de las tinieblas
del Che Guevara

Como dijo Ahmed Ben Bella: "Llegamos tarde al Congo."[1] Ernesto Guevara dedicará su antepenúltimo año de vida a apoyar una lucha que ya había terminado, en un país desmembrado, en el corazón de un continente atravesado por fracturas milenarias e injerencias trágicas y rocambolescas. Entre otras, figura la que enfrentó a cubanos revolucionarios comandados por el Che contra pilotos cubanos encuadrados por la CIA, a miles de kilómetros de la tierra que los vio nacer. Sí *hubo* una rebelión en el Congo; en su conjunto, fue la insurrección armada más importante del África negra desde la lucha por la independencia.* Pero para cuando el Che emprende lo que será el viaje preparatorio de su expedición al Congo, la nueva revuelta había sido vencida, aplastada por paracaidistas belgas, mercenarios de Rodesia y sudafricanos, y aviones estadounidenses. *Opération Dragon Rouge*: así se llamó el exitoso intento de la ex potencia colonial y de la nueva potencia imperial de relevo para recuperar la ciudad de Stanleyville.**

---

* Es preciso subrayar la diacronía: la coyuntura de la independencia, de la muerte de Lumumba y de los "gendarmes katangueses" había concluido hacía casi un lustro.

** Desde los años setenta se cambiaron enteramente los nombres del ex Congo belga. El propio país, antes conocido como Congo-Leopoldville, pasó a llamarse Zaire. La capital, justamente Leopoldville, adquirió el nombre de Kinshasa. La capital de las provincias orientales originalmente llamada Stanleyville, fue bautizada como Kisangani. Elisabethville fue rebautizada Lumumbashi, y Albertville, Kalemie. Utilizamos la vieja nomencaltura, ya que es la que imperaba en aquel momento.

La crisis estalló en julio de 1964. La frágil paz e integridad territorial logradas a sangre y fuego en 1962 por Naciones Unidas, Washington y Bruselas se deshilvanaban. Una vez neutralizado el peligro de la separación de la región minera del Alto Katanga, la Organización de la Unidad Africana (OUA) perdió interés por mantener a los cascos azules en el Congo; la misión de la ONU azules, desgastada por una encomienda cara y desacreditada, se retiró a mediados de 1964. Al partir, dejó un vacío, en el que se infiltraron rápidamente las mismas fuerzas políticas y sociales de principios de la década.

De inmediato se incendiaron las llamas de la rebelión lumumbista en Occidente. Una revuelta dirigida por Pierre Mulele, exiliado durante un tiempo en Pekín, donde conquistó el apoyo maoísta, se inaugura el primero de enero de 1964. Será "la primera gran insurrección campesina en un país africano independiente",[2] o, de acuerdo con un biógrafo admirativo, "la primera gran revolución popular contra el neocolonialismo en el África posindependiente".[3]

Pronto renuncia el primer ministro del Congo, y el presidente Kasavubu nombra en su lugar al desprestigiado dirigente de las guerras de independencia, Moisés Tshombé, probablemente con el aliento de la Société Générale de Bruselas, órgano tutelar de la semicolonia congoleña. Tshombé era vilipendiado por los mandatarios de la OUA, y en particular por la facción más radical —el llamado Grupo de los Seis, compuesto por Nasser, Ben Bella, Nkrumah de Ghana, Sekou Touré de Guinea, Nyerere y Modibo Keita de Malí—,* que aún lo responsabiliza de la muerte de Lumumba. La rebelión se extiende entonces hacia el oriente, donde la dirigen varios antiguos colaboradores de Lumumba, así como un revolucionario de credenciales dudosas, Gaston Soumialot. Todos ellos

---

* Según Ben Bella, estos mandatarios formaban un grupo aparte en todas las reuniones de la OUA; consultaban y complotaban entre sí (Ben Bella, entrevista con el autor, Ginebra, 5 de noviembre, 1995).

se habían organizado desde octubre de 1963, en un Comité de Liberación Nacional (CLN), que recibirá apoyo de la URSS, de los cubanos y de la propia OUA. Desde principios de 1964, el CLN había establecido bases en el vecino país de Burundi, en las riberas occidentales el Lago Tanganika. El 18 de junio de 1964 cae Albertville, un importante centro minero; en agosto, los rebeldes capturan Stanleyville,[4] la capital que portaba el nombre del periodista del *New York Herald* de fama livingstoniana. La estrategia del CLN de ubicarse en Burundi es clave: después de la derrota de fin de año, sólo se conservará intacta esa base de los rebeldes. Allí desembarcará el Che Guevara en abril del año siguiente: el verdadero fin del mundo.

Existían en suma, dos rebeliones, dos dirigencias, y dos guerrillas en el Congo: la del CNL en oriente y el norte, y la de Pierre Mulele en occidente. La primera disponía de mayor apoyo africano y soviético; la segunda estaba más organizada, poseía mayor profundidad y cohesión ideológica, y tal vez echaba raíces más hondas en la sociedad congoleña. Mulele era un dirigente natural; si es que lo hubo, el heredero de Lumumba. Pero su campaña nunca rebasó los límites de su base tribal —Bapendes y Bambundas— y regional: Kwilu y el noroeste del país. El CLN, en cambio, llegó a cubrir un espacio territorial más vasto, pero sus dirigentes desde el comienzo se ganaron una bien merecida fama de corruptos, cobardes y conflictivos. El radicalismo de ambos movimientos era muy relativo; la dirección del CLN sostenía relaciones tanto con el canciller Paul-Henri Spaak, de Bélgica, como con el jefe de la CIA en el Congo, Lawrence Devlin.[5] De todos modos constituyó una amenaza suficiente para los intereses económicos belgas —simbolizados por la arquetípica *Union Minière du Haut Katanga*, dueña secular de la inmensa riqueza minera del Congo; para los intereses geopolíticos de Estados Unidos— que no podía permitir un avance soviético en África en plena campaña electoral para la Presidencia; y para sudafricanos y katangeses —que temían represalias por sus fechorías de comienzos de la década.

Muy pronto la CIA, con la ayuda, entre otros, de pilotos cubanos anticastristas; Sudáfrica, gracias a la presencia de centenares de mercenarios liderados por el legendario Mike (el *Loco*) Hoare; y Bélgica, con el envío de hasta 450 soldados en un papel inicialmente de asesores y después de combate deciden liquidar la rebelión. Para noviembre de 1964, al cabo de una campaña que ya había aislado a los rebeldes en Stanleyville, sólo faltaba el golpe de gracia: la Operación Dragón Rojo con 545 paracaidistas belgas depositados en la capital oriental del país por la aviación norteamericana.

Las consecuencias fueron previsibles: un baño de sangre, incluyendo la masacre de miles de congoleños a manos de los mercenarios sudafricanos, y en efecto, el asesinato a mansalva de cerca de ochenta rehenes occidentales. La condena internacional fue ensordecedora, pero el éxito militar resultó palmario. Los rebeldes, llamados simbas, sobrevivirían en la zona por años, pero para finales de noviembre se encontraban en plena desbandada, "y en marzo de 1965, con la caída del pueblo de Watsa en la frontera oriental del Congo, la rebelión había sido derrotada [...] Después de *Dragon Rouge* [...] la rebelión dejó de constituir una amenaza seria".[6]

La intervención en Stanleyville y las atrocidades cometidas a partir de este acontecimiento fueron el objeto de las denuncias elocuentes y apasionadas que el Che planteó en Naciones Unidas. Muchos interpretarán el revés de Stanleyville como una etapa de la lucha; en realidad, la reconquista de los blancos marcará la interrupción hasta 1996 de la rebelión de masas, generalizada y viable, en el Congo oriental.

En Kwilu, la revuelta durará formalmente hasta 1968, cuando Pierre Mulele se entrega al gobierno de Mobutu Tsetse Seko en el marco de una paz negociada y es rápidamente descuartizado. Sus restos fueron consumidos por el río Congo y sus cocodrilos. En realidad, desde la división interna, de origen tribal, que surge en marzo de 1965, el mulelismo iba en picada; ese día, una grave derrota quebró el prestigio de Mulele y la fe en el porvenir del movimiento. La unidad del mulelismo fue rota; muchos jóvenes abandonaron la guerrilla. Fue la única decisión tribalista de Mulele, pero tuvo repercusiones desastrosas para él.[7]

Por todo ello, Ben Bella se lamentó del retraso de la intervención progresista; por esta razón, y muchas otras, la expedición del Che nacerá derrotada. Sin saberlo, Guevara se proponía respaldar una lucha clausurada, definitivamente subyugada por sus enemigos. Cuando el 18 de diciembre de 1964, el Che se embarca en el Aeropuerto Kennedy de Nueva York rumbo a Argel, la nueva insurrección en el este congolés ya había concluido. Toda su gesta en África remará contra la corriente; ésa es su enorme debilidad. Al mismo tiempo, descansará en hechos reales: las primeras grandes movilizaciones de masas, armadas e insurreccionales, contra el régimen poscolonial, en un país en el centro del continente, tan importante para todos que desde Washington hasta Pekín se ocupaban de él y conspiraban para dominarla. Un país tan ingobernable y desdichado que, treinta años más tarde, se convertiría en el epítome del naufragio de la descolonización: devastado por el sida, la corrupción, la violencia y la pobreza extrema, carecerá de cualquier razón aparente de ser. En la región oriental de los llamados Grandes Lagos, tendrían lugar algunas de las más crueles tragedias modernas de hambruna, genocidio y migración. Muchos de los actores de 1965 seguirán presentes en 1997, desempeñando de nuevo un papel dramático.

Al parecer la *tournée* africana del Che fue programada desde Nueva York, o bien por el embajador cubano en Argel, Jorge *Papito* Serguera.* Los soviéticos tampoco fueron con-

---

* En un cable de la embajada de Estados Unidos en La Haya se advierte que fuentes holandesas en La Habana informaron que ninguna de las misiones locales de los países que visitó el Che fueron avisadas de su inminente visita.

sultados.* El comandante Guevara se detiene una semana entera en Argel, donde organiza el resto de la gira, que inesperadamente durará casi tres meses. Con Ben Bella revisa la situación en África; se reúne, en un primer encuentro, con algunos dirigentes congoleños y con líderes de los movimientos de liberación nacional de las colonias portuguesas: Angola, Mozambique y Guinea-Bissau. De entrada, comprende que en el caso del Congo existen dos serios problemas para resucitar la lucha y brindarle perspectivas de victoria. El primero consiste en la unificación de las dirigencias, así como la centralización del mando y la coordinación de las operaciones militares. Durante los meses siguientes, en su infinidad de escalas a lo largo y ancho de ocho países africanos, el Che volverá una y otra vez sobre este tema, siempre en vano.

El segundo dilema era igualmente complejo. Se reducía a asegurar y compatibilizar la ayuda soviética y china a las dos facciones en lucha: Mulele, ayudado por los chinos, y el Comité de Liberación Nacional, por los soviéticos. El conflicto chino-soviético no sólo se entrometía en los debates africanos, sino que en ocasiones entorpecía una asistencia que, por otro lado, no fluía con la rapidez y facilidad que hubieran sido deseables. De ahí un tercer cometido para el Che durante esos meses: comprometer al máximo a los demás dirigentes africanos —como Ben Bella y Nasser— para que supliaran la asistencia china y rusa a los rebeldes congoleños.

El 26 de diciembre el Che parte para Bamako, capital de Malí, seguramente a sugerencia de Ben Bella, quien conside-

---

(Department of State, Airgram AmEmbassy The Hague to DOS. "African Travels of Che Guevara", 16 de febrero, 1965 [confidencial], NSF, Country File, Box 17, Vol. 4 #71 Airgram, LBJ Library.)
* En una plática con Oleg Daroussenkov el 8 de diciembre en La Habana, en la víspera de su salida a Nueva York, el Che no menciona para nada su intención de seguir camino a África. (Oleg Daroussenkov, "Nota de Conversación del 8 de diciembre de 1964 con Ernesto Guevara", 10 de diciembre, 1964 [secreto], Archivo Estatal de Rusia Centro de Conservación de la Documentación Contemporánea, folio No. 5, lista No. 49, documento 758.)

raba a Modibo Keita, el jefe de Estado maleño, como el de mayor antigüedad y respeto entre los gobernantes del Grupo de los Seis.[8] La visita no recibió la jerarquía esperada: el comunicado conjunto no fue firmado por algún miembro del Politburó o un ministro de mayor estatura protocolar. El presidente Keita acostumbraba vacacionar en navidad, y no se organizó ninguna recepción multitudinaria en las calles de Bamako; la cobertura de prensa fue escasa. La visita sin duda se programó a última hora.

En Malí el Che subrayó el error cubano de haberse acercado y alineado en exceso con la URSS y China. Así se lo dijo al ministro maleño que lo recibió.[9] El 1 de enero, continúa su viaje a la República Popular del Congo (Brazzaville), donde anuncia que veinte jóvenes recibirán entrenamiento militar en Cuba. Allí se forja una de las relaciones más sólidas de Cuba en África: meses después, arribará a Brazzaville un contingente de tropas cubanas encabezado por Jorge Risquet para integrar el cuerpo de guardias presidenciales del mandatario Jean-François Massemba Debat. Parte de los soldados que acompañarán al Che al Congo en abril de 1965 se unirán posteriormente a ese destacamento, que a su vez permanecerá en Brazzaville mucho después de que el Che haya abandonado los parajes africanos. Asimismo, la huella del encuentro de Guevara con Agostinho Neto, jefe y fundador del Movimiento Popular para la Liberación de Angola, subsistirá por años: hasta la salida de las tropas cubanas de la ex colonia portuguesa en 1992.

Del 7 al 14 de enero Guevara se detiene en Guinea; allí mantenía una vieja relación con Sekou Touré, quizás el líder africano que mayor simpatía le guardaba a la revolución cubana. La recepción fue más efusiva que en Malí, salvo cuando el cubano se incorpora a la comitiva presidencial para una entrevista con el mandatario senegalés Lepold Senghor, en el puesto fronterizo de Labe. El poeta de la *negritude* y sus colaboradores se "indignaron" ante la presencia de Guevara en las pláticas entre africanos. El Che reiteró la necesidad del apoyo a los movimientos de liberación en África; enfatizó de nuevo la importancia de la unidad en el "combate al imperialismo". Era preciso construir la unidad congoleña y de los demás movimientos, y afianzar la cercanía con los países socialistas —en particular con los dos grandes. Pero esta última noción era de doble filo. En un cable secreto, la CIA le atribuía al Che la siguiente motivación en África:

> Alertar a sus amigos africanos de no acercarse demasiado a los comunistas soviéticos o chinos [...] De acuerdo con Guevara, si bien Cuba seguía dedicada al socialismo, los funcionarios cubanos estaban muy descontentos con el grado de injerencia en sus asuntos internos por parte de la URSS y China. Guevara dijo que ya era tarde para que Cuba hiciera algo al respecto, pero no para que los africanos rectificaran. Añadió que los cubanos se encontraban especialmente preocupados por sus amigos argelinos, y que compartió su preocupación directamente con Ben Bella.*

---

* Central Intelligence Agency, Intelligence Information Cable, Statements of Ernesto Che Guevara on the Primary Purpose of his Mission to Africa (secreto). El cable cita información fechada hacia finales de diciembre de 1964, y lleva fecha de 15 de enero de 1965, NSF, Country File, Cuba, vol. 4, LBJ Library. La verosimilitud que conviene otorgarle proviene del hecho de que, un mes y medio después, el Che hará pública su ira contra la Unión Soviética, justamente en Argel. Además, el reporte de esta advertencia de Guevara de evitar relaciones más estrechas con la URSS y China fue retomado en un informe de la sección de Inteligencia e Investigación del Departamento de Estado, firmado por su director Thomas Hughes, dirigido al secretario de Estado. Conociendo a Hughes y a Adrián Basora, quien redactaba los informes sobre Cuba en esos años, resulta difícil concebir que darían por buena una información de origen dudoso (Véase INR/Thomas Hughes, 19 de abril, 1965, NSF, Country File, Cuba, Activities of Leading Personalities, #18 memo, LBJ Library).

En Ghana, además de largas conversaciones con Kwame Nkrumah, el clásico líder independentista carismático y corrupto, el Che conoce a Laurent Kabila, el dirigente congolés de la región vecina al Lago Tanganika, donde finalmente establecerá su base guerrillera tres meses más tarde.* Treinta años más tarde, Kabila, el principal interlocutor del Che en el Congo, encabezará la rebelión tutsi en el Zaire oriental que formará parte de la crisis humanitaria de finales de 1996; seguía procurando una liberación del Congo para la cual había solicitado la ayuda del Che Guevara desde 1965.

A finales de enero, Guevara vuelve a Argel para cotejar notas con Ben Bella, y decidir el siguiente paso. A partir de ese momento comienza a inclinarse por participar directamente en el combate congoleño; en una entrevista concedida al órgano oficial del FLN, *Alger Ce Soir*, reconoce que la crisis en el Congo es un problema africano, pero que Cuba se encuentra moralmente comprometida con la lucha de ese país. Para entonces, el Che ya se ha formado algunas ideas centrales sobre el África, el Congo, y sobre su propio destino. Como recuerda Ben Bella, Guevara concluyó que "África era el continente del mundo donde el terreno era más favorable para grandes cambios; África era donde se prefiguraba el relevo de la lucha antiimperialista".[10] O, como explicara Jorge Serguera, para el Che África era una especie de tierra de nadie, donde las grandes potencias aún no procedían a un nuevo reparto de esferas de influencia, y donde por tanto se antojaba factible una lucha triunfante.[11] Y el Congo Leopoldville era el país, o mejor dicho el territorio, donde las perspectivas parecían más hala-

---

* Éste es en todo caso el recuerdo de Óscar Fernández Mell, quien conoció a Kabila en Dar es Salaam y pasará cuatro meses con el Che en el Congo (entrevista con el autor, La Habana, 24 de agosto, 1996).

güeñas. Gracias a las formidables guerrillas de Occidente y a la unificación de las fuerzas en Occidente bajo la égida del Comité Nacional de Liberación, se entreabrían posibilidades reales de triunfo. Más aún, al enfrascarse Estados Unidos en Vietnam, las probabilidades de una nueva intervención directa y masiva de Washington resultaban más remotas. Por último, aunque el Congo carecía de salida al mar salvo Cabinda, entre Congo Brazzaville y la Angola portuguesa, le sobraban fronteras: con el Congo Brazzaville, la República Central Africana, Sudán, Uganda, Zambia, Tanzania, Ruanda-Burundi (en aquella época un solo país). Era una Bolivia africana; no será la última analogía entre los dos países y las dos aventuras guevaristas.

Para Serguera, otro elemento decisivo en la opción de internarse en el África estribaba en la situación geoestratégica de este territorio. De acuerdo con el embajador cubano en Argelia, quien fue acusado de haber embarcado al Che en África y de pintarle un panorama demasiado optimista,[12] Guevara apostó a que la Unión Soviética toleraría un apoyo cubano a la lucha y a la revolución en África, aunque no fuera el caso por el momento en América Latina. El éxito en África, a su vez, podría coadyuvar a que Moscú se mostrara más anuente a los respaldos cubanos a la revolución en Latinoamérica.[13] Así, según Serguera, conforme avanza su odisea africana, el Che se conmueve por la miseria, el atraso y la opresión colonial y racial que caracterizan al continente africano desde el siglo anterior. También comprueba en los hechos la división de las fuerzas progresistas, la mediocridad de las dirigencias en lucha y la posibilidad de incidir realmente en el desarrollo de los acontecimientos, incluso con poca fuerza y recursos. En cambio, subestima dos consideraciones vitales: la capacidad de los norteamericanos de proceder de la misma manera, es decir, de influir seriamente con una inversión pequeña, y cómo las pugnas internas de las direcciones políticas reflejan, indirecta pero fielmente, las fracturas tribales o étnicas. Donde toda falla es en la idea de "pueblo": en buena parte del África, y así seguirá siendo el caso durante las sucesivas intervenciones cubanas —Brazzaville, Angola, Etiopía (Eritrea y Ogaden)— el "pueblo" no existe. Era falsa la idea según la cual el enfrentamiento con la metrópoli o, después de la descolonización, con "el imperialismo", bastaba para unificar a sectores secularmente confrontados, sin mayores rasgos comunes que una frontera impuesta por la herencia colonial.

Durante esos meses el Che hizo dos escalas en El Cairo: una, muy breve el 11 de febrero, de regreso de China, y otra, de doce días, en marzo, justo antes de su retorno a Cuba. De las conversaciones que sostuvo con Nasser, se conservan los apuntes de Mohammed Heikal, publicados un año después de la muerte del Rais.* De buenas a primeras, Nasser detecta en el argentino una "profunda angustia personal" y una sombría tristeza interna. El Che al principio no quiso compartir sus penas; sólo contó que se dirigía a Tanzania para estudiar la situación de los movimientos de liberación en el Congo, pero Nasser sintió que no abrigaba un gran entusiasmo al respecto. Al regresar de Tanzania, acompañado por Pablo Ribalta, el embajador de Cuba en Dar es Salaam, el Che le confiesa que en Tanzania recorrió los campamentos guerrilleros en la zona del vórtice Congo-Tanzania-Burundi. Había resuelto partir al Congo a encabezar personalmente la ayuda cubana a los luchadores congoleños:

Creo que iré al Congo porque es el lugar más caliente en el mundo hoy. Con la asistencia de los africanos, a través del Comité en Tanzania, y con dos batallones de cuba-

---

* Mohammed Heikal, *The Cairo Documents*, Garden City, Nueva York, Doubleday & Company Inc. 1973. Conviene leer los recuerdos de Heikal con precaución, no porque invente, sino porque la mecánica de su confección puede contribuir a una imagen borrosa. En todo caso el sentido general de los recuerdos de Nasser coincide con otros testimonios sobre el estado de ánimo del Che en esos momentos.

nos, creo que podemos golpear a los imperialistas en el corazón de sus intereses en Katanga.

Nasser le manifiesta su asombro y procura disuadirlo. Insiste que un dirigente blanco y extranjero que mandara a negros en el África podría parecer una emulación de Tarzán. De todas maneras, el Che busca convencer al presidente de la República Árabe Unida de que preste ayuda en el Congo; Nasser acepta colaborar, pero sin enviar tropas, aduciendo que eso sería un error: "Si va al Congo con dos batallones cubanos y si yo mando un batallón egipcio con usted, se va a llamar intervención extranjera y hará más daño que bien." Al cabo de sus múltiples y largas conversaciones, Nasser concluye que el Che no estaba muy convencido de su decisión: "He pensado ir al Congo, pero viendo lo que sucede allí me inclino a aceptar su punto de vista de que sería dañino. También pensé ir a Vietnam." En la última plática el Che aclaró que, de cualquier manera, no se quedaría en Cuba. La obsesión del Che con la muerte impresionó al Rais; según Heikal, expresó una tesis casi erigida en apotegma:

El momento decisivo en la vida de cada hombre es el momento cuando decide enfrentarse a la muerte. Si la enfrenta, será un héroe, tenga éxito o no. Puede ser un buen o mal político, pero si no enfrenta la muerte, nunca será más que un político.

Parte de este testimonio concuerda con el de Ben Bella, quien recuerda que el Che también le comunicó su intención de incorporarse a la lucha en el Congo; el argelino conserva igualmente en la memoria su afán por persuadir al Che de desistir de su delirio. O por lo menos de no colocarse en posición de profeta, o de poseer ánimos de Mesías con la población africana, ya que el tema racial revestía varias facetas de gran delicadeza: "La situación en el África negra no era asimilable a la que imperaba en nuestros países; le advertimos al Che, Nasser y yo, de lo que podía suceder."[14]

En El Cairo, Guevara celebra varias reuniones con algunos de los dirigentes congoleños, quienes desde la derrota de noviembre se habían visto obligados a exiliarse. Gaston Soumialot vive en la isla de Zamalek; allí conversa en diversas ocasiones con el Che, quien también se entrevista de nuevo con Laurent Kabila, uno de los dos vicepresidentes del Comité de Liberación Nacional, siendo el otro Pierre Mulele, que no salía del Congo. La ausencia de Mulele y el aniquilamiento del frente de Stanleyville se contraponían a la necesidad imperiosa de justificar la recepción de dinero y de ayuda destinada a la lucha en su conjunto. La solución consistió en magnificar el frente de Kabila, en el cual escaseaban los combatientes, las armas y la moral revolucionaria. Su única ventaja residía en su retaguardia en Tanzania. Cuando el Che visita los campamentos a mediados de febrero, comprueba las complicaciones inherentes a esta lucha, y las divisiones feroces que prevalecen entre los distintos grupos. Mas no termina de asimilar el hecho de que la ribera occidental del lago Tanganika como frente de combate apenas si merece el nombre. De allí que persevere en la idea de enviar tropas cubanas para entrenar y fortalecer a los congoleños, pero no a pelear con ellas, ni mucho menos en su lugar, como sucederá. El Che esperará meses enteros en el Congo aguardando que Laurent Kabila conduzca los combates. Todavía a su salida del Congo, Guevara conservará cierta confusión sobre lo que acontecía en su propio frente, aunque ya habrá comprendido lo que ocurrió en las demás regiones:

Hay dos zonas donde se puede decir que existe algo de revolución organizada, ésta en la que estamos y una parte de la provincia donde está Mulele, que es la gran incógnita. En el resto del país sólo existen bandas desconectadas que sobreviven en la selva; todo lo perdieron sin combatir, como perdieron sin combatir Stanleyville.[15]

En realidad, la lucha en la región donde se internará el Che dependía casi exclusivamente de la presencia de los cubanos; por su parte la rebelión de Mulele se hundía en una prolongada agonía. La revolución en el Congo había concluido, antes de empezar.

Tres testigos cubanos han confirmado la disposición del Che de lanzarse a la aventura congoleña antes de volver a La Habana. El primero es Pablo Ribalta, a quien el Che había enviado de avanzada a Tanzania, como embajador, desde febrero de 1964. Ribalta no vacila en afirmar que desde su participación en Naciones Unidas, el Che ya estaba decidido a meterse de lleno en la lucha en algún país.[16] De acuerdo con el testimonio de *Papito* Serguera, "ya hay una conspiración, saliendo de Argel, ya está decidido a ir al Congo".[17] Y *Benigno*, el coronel Dariel Alarcón Ramírez, uno de los tres sobrevivientes de la guerrilla de Bolivia, que asumirá desde ese momento un papel decisivo en la vida del Che, hasta el día de su captura, convirtiéndose en una fuente excepcional para los dos años subsiguientes, narra en su libro cómo fue comisionado al África desde antes. Se topa con el Che en Argelia en diciembre de 1964, en ocasión de un accidente que sufre una de sus escoltas; cuatro meses más tarde, se incorpora a la expedición al Congo. En Argelia, concluye *Benigno*, el Che decidió ir para el Congo:

Yo considero que él lo decide en Argelia porque en aquellos momentos es que el Che empezaba a ser acusado de trotskista y de prochino. En Argelia me manda para el Congo: "Vete con Ribalta y espera por allá.*

* Dariel Alarcón Ramírez, *Benigno*, entrevista con el autor, París, 3 de noviembre, 1995. *Benigno* fue "nombrado jefe de la escolta personal del Che, cuando él era presidente del Banco Nacional de Cuba". (*Revista Habanera*, La Habana, enero 1995, p. 16.)

Así, es evidente que fue durante su largo peregrinar africano que el Che se inclina por comprometerse personalmente con la lucha en el Congo, aunque ya portaba una predisposición marcada a tomar sus distancias con Cuba. Sólo faltaban tres elementos para consumar la decisión. Uno fue su estancia en Pekín a finales de enero; y otro, la intervención del Che —famosa por significar su ruptura con la URSS— en el seminario de planificación celebrado en Argel el 24 de febrero de 1965. Finalmente fue decisivo su paso por Tanzania y los campamentos de supuestos guerrilleros en el Congo.

El viaje a China se produce en un contexto de tensiones crecientes entre Cuba y Pekín. Desde el año anterior, se había gestado un creciente alineamiento de Fidel Castro con las posturas rusas en el conflicto chino-soviético. La neutralidad previa se transforma primero en esfuerzo mediador —la visita de la delegación de los partidos comunistas, encabezada por Carlos Rafael Rodríguez, que suscita un rechazo maoísta—, y luego en una virtual identificación cubana con Moscú. Aunque persistían tensiones con la URSS, la elección cubana resultaba cada vez más palmaria. La evolución ocurrida entre 1964 y 1966 fue resumida así por el estudioso más distinguido de la política exterior cubana:

Apenas siete días después de la denuncia del Che Guevara de la colusión soviética con el capitalismo en Argel, Raúl Castro viaja a Moscú para asistir a una Reunión Mundial de Partidos Comunistas. La reunión fue boicoteada por los chinos, consumando de manera definitiva la escisión en el movimiento comunista internacional. Cuba, que no había respondido en otras invitaciones a las reuniones prosoviéticas de los partidos en marzo y junio de 1964, finalmente lo hizo, adoptando el partido de la URSS contra los chinos. El 13 de marzo [dos días antes del retorno del Che a Cuba; JGC]

Fidel Castro advirtió a los chinos que 'la división frente al enemigo nunca fue una estrategia correcta, una estrategia revolucionaria'. Siguió un rápido deterioro de las relaciones chino-cubanas, junto con una mejora provisional de las relaciones soviético-cubanas. Para mediados de 1965, China estaba invadiendo Cuba con su propaganda, sobre todo dirigida a los militares cubanos [...] Anunció que compraría menos azúcar de la prevista, y que entregaría menos arroz de lo pactado. Se negó a otorgarle más créditos a Cuba.

El 2 de enero de 1966, en la inauguración de la llamada Tricontinental, Castro denunció al gobierno de China.*

La reunión de los partidos comunistas de noviembre en La Habana revistió una importancia considerable, tanto para los soviéticos como para los cubanos. Por un lado, Cuba logró una conquista para nada despreciable: un apoyo mucho más consistente de los partidos comunistas de América Latina a la revolución y al régimen de La Habana.[18] Si recordamos los ácidos comentarios del Che sobre la insuficiencia del compromiso de los partidos con la epopeya isleña, podemos valorar la importancia de esa decisión comunista. A cambio, los soviéticos y los dirigentes de los partidos latinoamericanos le arrancaron a Cuba dos concesiones de primera magnitud. Para

---

* Jorge Domínguez, *To Make a World Safe for Revolution: Cuba's Foreign Policy*, Cambridge, Harvard University Press, 1989, pp. 68-69. Ésta también era la opinión del Departamento de Estado en Washington: "En el invierno de 1964-65 Cuba se desplazó definitivamente al bando soviético de la disputa chino-soviética... En cuatro temas claves —relaciones con los chinos, relaciones con Estados Unidos, la revolución latinoamericana y los problemas económicos cubanos— la URSS pudo jalar a Castro hacia sus posiciones." (Thomas Hughes to The Secretary, INR Research Memorando núm. 21, The Cuban Revolution: Phase Two (confidencial), 10 de agosto, 1965, p. 9, 10. NSF, Country File, Cuba, W.G. Bowdler file, vol. I, #46 memo, LBJ Library.)

empezar, de ahora en adelante la coordinación y la alianza de los grupos de inspiración cubana en el continente se llevaría a cabo a través de los partidos locales, con el objetivo de construir amplios frentes políticos y vastas campañas continentales. En segundo término la conferencia aprobó una condena vigorosa (en el comunicado de la reunión) a las "polémicas públicas y las actividades fraccionalistas", es decir, a los chinos y a sus adeptos en América Latina.[19] Si bien Fidel Castro puede haber considerado que el auténtico sentido de la conferencia consistía en evitar las divisiones y llamar a la unidad sin tomar partido, Mao y los comunistas pekineses la vieron con ojos muy diferentes; la consideraron como parte de la ofensiva soviética "revisionista".

Algunos latinoamericanos y, posiblemente, los propios cubanos comprendieron que una definición tan explícita podía acarrear problemas con los chinos; por ello se atrevieron a viajar a Pekín, procurando suavizar el impacto de la reunión. Pero tal vez por la presencia en su seno de viejos comunistas como Rodríguez y los chilenos, la misión enviada a China en noviembre exacerbó la irritación china y arrestó la mediación al fracaso. Peor aún, se suscitaron verdaderos altercados entre Rodríguez y Mao Tse Tung, cuando al hablar Mao de América Latina tocó de refilón el tema de la revolución cubana. Mario Monje, el secretario general del Partido Comunista de Bolivia, aún recuerda los comentarios despreciativos del Gran Timonel, así como la reacción del cubano:

> Mao dijo que lo de Cuba era una manifestación nacionalista pequeño burguesa; se levanta Carlos Rafael y declara que él no puede permitir que se hable así de la revolución cubana, ni que se ponga en duda el papel del Comandante Fidel Castro.[20]

Ello no obstó, sin embargo, para que el Che y los cubanos, cada quien por razones distintas, emprendieran un segundo esfuerzo mediador para salvar los muebles cubanos, o en el peor de los casos, los del Che. Guevara abrigaba varios motivos directos e inmediatos para intentarlo. Quería comprobar que la responsabilidad del conflicto ocasionado en noviembre entre Mao y la delegación encabezada por Carlos Rafael Rodríguez, su principal adversario en Cuba, correspondía a los chinos y no al sobreviviente del PSP, como lo creyó originalmente el Che.[21] En La Habana, Castro le confía a Monje que:

> nosotros habíamos elegido al Che porque conocíamos el conflicto que hubo con ustedes en Pekín, mandamos al más próximo de nosotros a averiguar y se confirmó. Nadie había mentido. El Che había verificado el enfrentamiento que hubo y punto: la culpa era de los chinos.[22]

Además, Guevara sabía que resultaría sumamente difícil para él despojarse del estigma prochino. Por ello, un enfrentamiento abierto y virulento entre Pekín y La Habana —como sucedió en los meses siguientes— entrañaría una serie de dilemas muy serios, quizá insuperables; para el Che Guevara, dilemas de los cuales había aprendido a huir velozmente. La ambivalencia inherente en el hecho de ser el único cubano prochino —o en todo caso no antichino— en pleno conflicto político-ideológico, podía resultarle intolerable.* Era mejor evitar el diferendo, en lugar de verse devorado por él.

Por último, el Che comprendía a cabalidad que cualquier iniciativa de Cuba en África, por lo menos en el Congo

---

* Huelga decir que los chinos y los latinoamericanos prochinos no le facilitaban las cosas. Así, un informe de Inteligencia militar de Estados Unidos señalaba en marzo de 1965 cómo un grupo prochino del Perú —el Movimiento de Unidad Reformista— repartió entre sus militantes el ensayo del Che, *La guerra de guerrillas: Un método*, con el título adicional: "Una interpretación de la Segunda Declaración de La Habana." (Dept. of Defense Intelligence Report, No. 2230027265, Cuban-Supported Political Subversive Activity [confidential], Miami, 25 de marzo, 1965 [copy LBJ Library].)

y en Tanzania, requería necesariamente del visto bueno de China. Pekín había acumulado una experiencia admirable en la zona; su asistencia técnica —por ejemplo, la construcción del ferrocarril de Tanzania al Atlántico— era muy bien recibida. Nyerere les guardaba un afecto real a los dirigentes chinos —Chou en Lai visitaría Dar es Salaam en octubre de 1965— y Pierre Mulele era a la vez el líder congolés más sólido y más pro chino. Sin la anuencia china, no parecía posible una incursión en el África para Cuba ni para el Che Guevara.

De tal suerte que a finales de enero de 1965, se inicia en La Habana una nueva misión mediadora, encabezada por el secretario de organización del nuevo partido cubano, Emilio Aragonés, amigo y colaborador del Che, y Osmany Cienfuegos, gente de toda la confianza de Fidel y de la que ostensiblemente se excluye a cualquier miembro del viejo PSP. Después de aguardar más de un mes el retorno del Che a Argel, donde supuestamente se encontraba según los organizadores del viaje —el equipo de Manuel Piñeiro, *Barbarroja*, del Ministerio del Interior en La Habana—, Aragonés prefiere dirigirse a París y esperarlo allí.* Al cabo de unos días el Che se les une, y después de una breve estancia en la capital francesa, donde descansan y establecen contactos, se embarcan vía Paquistán (para no transbordar en Moscú, pues eso podría ofender a los chinos) hacia Pekín.

Según las versiones públicas, el viaje cubano terminó en catástrofe. Mao se negó a recibir a la delegación; las discusiones, conducidas del lado chino por Liui Shao Chi, presidente de la República, y Deng Xiao Ping, secretario general del Partido, no desembocaron en nada. Con ello se descartó categóricamente la posibilidad de una reconciliación con la URSS o

---

* Emilio Aragonés, entrevista, con el autor, La Habana, 23 de enero, 1996. La *boutade* de Aragonés de que Piñeiro no sabía en realidad dónde se encontraba el Che ni cuándo arribaría a Argel confirma que: el Che manejó su gira por el África en buena medida sólo con Serguera, avisando lo menos posible al aparato de La Habana de sus desplazamientos y siguientes pasos.

de una puesta en sordina de las polémicas. Chou en Lai sólo accedió a enviar un barco cargado de armas a Tanzania para los combatientes congoleños, en el entendido de que los entrenarían asesores cubanos. Quizá los cubanos no se percataron —no tenían como hacerlo— de que el país más poblado de la Tierra se hallaba en vísperas de una de las recurrentes convulsiones que lo cimbraban con asombrosa frecuencia: la Gran Revolución Cultural Proletaria, que Mao desataría dentro de muy pocos meses desde la ciudad prohibida. En ese contexto, resultaba inconcebible cualquier avenencia con los rusos, o incluso con Cuba.*

En realidad, de acuerdo con la versión de Emilio Aragonés, las conversaciones se desarrollaron de manera más matizada y compleja. Los chinos no se apartaron de su tesis básica, a saber, que:

El Partido Comunista Cubano equivocadamente se había puesto de parte de los soviéticos. Según ellos, nosotros no éramos malos, nosotros éramos buenos comunistas, pero nos habían confundido. Nosotros no aceptábamos eso, a nosotros no nos había confundido nadie, los que se confundieron fueron ellos.[23]

A pesar del esmero con que el Che preparó su intervención, y de una exposición excepcionalmente hábil, todo fue en vano.

---

* Según un informe de conversación del agregado Pronski de la embajada de la URSS en La Habana, Anastasio Mancilla, el profesor de economía del Che, éste "expresó una profunda satisfacción a propósito de la explosión por los chinos de su primera bomba atómica en octubre de 1964. Esto era bueno, opinó Guevara ya que la República Popular se había convertido en una potencia atómica y podía hablar con otros países como gran potencia; incluso Guevara se pronunció negativamente respecto a la aposición de la URSS de no transferir los secretos atómicos a China. Ello había obligado al pueblo de China a grandes sacrificios". E. Pronski, "Nota de conversación del 6 de noviembre de 1964", Archivo Estatal de Rusia..., folio 5, lista 49, documento 759.

Gracias a una argumentación excelsa y a fundamentos de hierro, los chinos, según Aragonés, no tenían más remedio que callar y avenirse. Los cubanos se levantaron de la reunión convencidos de que habían transformado por completo la falsa impresión que tenía China de su alineamiento con la URSS. Magna sorpresa se llevaron al día siguiente, cuando Deng Xiao Ping repite la misma letanía, como si no hubiera sucedido nada el día anterior. Los isleños se quedaron atónitos; como recuerda Aragonés, aún no comprendían el estilo oriental de negociar, que consistía en reiterar una y otra vez el mismo planteamiento, dijera lo que dijera el interlocutor. Que el Che haya ganado algunos debates no impidió que perdiera la discusión. Cuando Liu Shao Shi le reprochó, por ejemplo, que el gobierno cubano hubiera invitado a La Habana a Gilberto Vieyra, el líder de los comunistas colombianos que había equiparado a Mao con Hitler, el Che replicó con su afilada ironía porteña: "Si ustedes han rehabilitado a Pu-Yi, el último emperador, ¿por qué no habremos de rehabilitar a un pobre comunista colombiano?" No hubo respuesta, ni consecuencia de la esgrima verbal.[24]

No obstante, a pesar de las disonancias de fondo, los anfitriones le extendieron a sus invitados la tradicional y espléndida hospitalidad local. Siempre los atendieron bien, e incluso al final insinuaron que si solicitaban una audiencia con Mao, habría una respuesta afirmativa. Al final de la última reunión, la delegación china preguntó si el Che y sus acompañantes tenían algún otro interés, aparte de recorrer un tramo de la Muralla China. Ofrecían de hecho una entrevista con Mao, donde serían absueltos. Para los cubanos, ello implicaba reconocer que el Partido Comunista Cubano, el partido revolucionario, había sido "confundido" por los revisionistas. Como recuerda Aragonés: "El Che, Osmany y yo acordamos no pedir nada más, para no darles ese gusto."[25] Tal vez cometieron un error.

De Pekín el Che se encaminó a Dar es Salaam, adonde arriba el 13 de febrero. Lo recibe un ministro de segundo plano en el aeropuerto, y la prensa informa de su visita en páginas interiores. Quizá Julius Nyerere ya sospechaba lo que iba a ocurrir. Al llegar comprobó una primera consecuencia de su fracaso en China: a la cena oficial ofrecida por el canciller de Tanzania acudieron todos los embajadores africanos y el representante de la URSS, pero nadie de la embajada china.[26] Sea como fuere, el Che comienza de inmediato a discutir con los dirigentes congoleños las modalidades de una posible ayuda cubana. Le expresa a Laurent Kabila que en su opinión el problema del Congo es un problema que atañe al mundo entero, no solamente a África; en consecuencia,

> le ofrecí a nombre del gobierno unos 30 instructores y las armas que pudiéramos tener y aceptó encantado; recomendó premura en el envío de ambas cosas, lo que también hizo Soumialot en otra conversación; este último recomendó la conveniencia de que los instructores fueran negros.[27]

Para formarse su propia idea de la verdadera disposición de lucha de los llamados *freedom fighters* africanos, el Che celebra diversos encuentros con ellos; una de dichas reuniones se transforma en una sesión tumultuaria, con más de cincuenta asistentes de una decena de países. A sus encendidas solicitudes de ayuda, el Che respondió con cautela y firmeza:

> Les hice una exhortación, analizando los pedidos que, casi unánimemente, nos habían hecho en cuanto a ayuda monetaria y entrenamiento de hombres; expliqué el costo de entrenar un hombre en Cuba, la cantidad de dinero y de tiempo que se invierte y la poca seguridad de que resultaran combatientes útiles para el movimiento [...] Por tanto les propuse que el entrenamiento no se realizara en nuestra lejana Cuba, sino en el Congo cercano, donde se luchaba, no contra un títere cualquiera como

era Tshombé, sino contra el imperialismo norteamericano [...] Les hablé de la importancia fundamental que [...] tenía la lucha de la liberación del Congo [...] La reacción fue más que fría; aunque la mayoría se abstuvo de toda clase de comentarios, hubo quienes pidieron la palabra para reprocharme violentamente por ese consejo. Aducían que sus pueblos, maltratados y envilecidos por el imperialismo, iban a reclamar si se producían víctimas que no lo serían de la opresión en ese país, sino de una guerra por liberar otro Estado. Traté de hacerles ver que aquí no se trataba de lucha dentro de fronteras sino de guerra contra el amo común, omnipresente [...] pero nadie lo entendió así. Quedó claro en nosotros la impresión de lo mucho que tiene que caminar el África antes de alcanzar una verdadera conducción revolucionaria, pero nos quedaba la alegría de haber encontrado a gentes dispuestas a seguir la lucha hasta el final. Desde ese momento, estaba planteada la tarea de seleccionar un grupo de cubanos negros y enviarlos, voluntariamente por supuesto, a reforzar la lucha del Congo.[28]

Existían antecedentes: desde 1961 Cuba proporcionaba entrenamiento a revolucionarios de Zanzíbar y en un campamento de entrenamiento del ejército popular argelino en las montañas de Kabilia se encontraban diez técnicos cubanos formando argelinos y africanos de varios países, incluyendo Tanzania.[29] Las múltiples discusiones del Che con los dirigentes congoleños en Argelia, y con los líderes africanos en Malí, Brazzaville y Conakry, también sentaban precedentes. Paulatinamente se configuran las condiciones y el contenido de la asistencia cubana, que consistiría en enviar a treinta asesores —que no desempeñarían papel alguno de combate—, armas y equipo de comunicaciones. Cuba también se comprometió a coadyuvar a la coordinación y unidad de los distintos grupos congoleños, así como a gestionar el apoyo de otros gobiernos africanos, de ser necesario hacerlo: Argelia, Egipto, Congo-Brazzaville, etcétera.* En ningún momento se planteó la posibilidad de que el propio Che dirigiera la operación; por el contrario, se buscaría mantener un bajo perfil para no atraer la atención ni provocar represalias de las potencias occidentales. Los futuros consejeros cubanos comenzaron su entrenamiento en la isla desde entonces. Rafael del Pino recuerda cómo ya en enero de 1965 se le instruye mandar a un grupo de oficiales negros de la fuerza aérea de Pinar del Río a un sitio especial.[30] Todavía no se sabía bien quiénes irían, ni para qué, ni exactamente a dónde; pero la operación ya estaba en marcha; sólo faltaban algunas decisiones personales.

El Che regresa a Argel para participar a principios de marzo en la Conferencia Afroasiática de Solidaridad. También decidió volver a la tierra de Ben Bella para revisar con él su experiencia en Pekín y resolver qué hacer. Es probable que en Pekín el Che todavía no hubiera tomado la decisión de partir al Congo. En su diario, al comentar que no había compartido Laurent Kabila su intención de dirigir él mismo las operaciones cubanas en el Congo, explica que aún no había resuelto ir al Congo.[31] Se encuentra apenas a la mitad de su odisea, y varios acontecimientos decisivos aún no se producen; el discurso de rompimiento con la URSS en Argel, el 25 de febrero, fue uno de ellos.

Un factor que probablemente intervino en el contenido y el tono del pronunciamiento del Che en Argel fue la firma en Moscú, el 17 de febrero, de un protocolo de largo plazo

---

* Inteligencia militar de Estados Unidos sugería otro capítulo del acuerdo, a saber, que el Che "propuso la entrega al gobierno de Cuba de los prisioneros cubanos (exiliados) en misión en el Congo. Cosime Toribio, un piloto cubano exiliado, era prisionero de los rebeldes congoleses. Castro instruyó a Guevara que Toribio fuera entregado a Cuba como condición para iniciar el envío de 400 a 500 hombres al Congo para combatir con los rebeldes." (Department of Defense Intelligence Report, No. 2210002365, Proposed GOC Aid to Congo Rebels, 23 de marzo, 1965 [confidencial], Miami.)

entre Cuba y la URSS sobre comercio y medios de pago. Preveía un aumento en el comercio bilateral, así como un incremento considerable en las entregas cubanas de azúcar. Las negociaciones se habían prolongado durante tres meses, sugiriendo que no carecieron de tensiones y disgustos de ambos lados. Los cubanos se quejaron en particular de los elevados precios que los soviéticos les cobraban en materia de maquinaria y equipo. Incluso circularon rumores de que Castro había despedido al negociador en jefe cubano, el economista Raúl Maldonado. Pero Fidel no tenía otra salida, a pesar de los lamentos del Che o de la arrogancia de la URSS.

El discurso del Che en Argel comienza con una reafirmación de la ya tradicional tesis guevarista:

> Desde que los capitales monopolistas se apoderaron del mundo, han mantenido en la pobreza a la mayoría de la humanidad, repartiéndose las ganancias entre el grupo de países más fuertes. El nivel de vida de esos países está basado en la miseria de los nuestros; para elevar el nivel de vida de los pueblos subdesarrollados hay que luchar, después, contra el imperialismo. Y cada vez que un país se desgaja del árbol imperialista, se está ganando no solamente una batalla parcial contra el enemigo fundamental, sino también contribuyendo a su real debilitamiento.[32]

Hasta allí, nada nuevo ni trascendente. Pero en el siguiente párrafo el Che lanza una auténtica diatriba contra los países socialistas:

> El desarrollo de los países que empiezan ahora el camino de la liberación debe costar a los países socialistas [...] No debe hablarse más de desarrollar un comercio de beneficio mutuo basado en los precios que la ley del valor... opone a los países atrasados. ¿Cómo puede significar

"beneficio mutuo" vender a precios de mercado mundial las materias primas que cuestan sudor y sufrimiento sin límites a los países atrasados, y comprar a precios de mercado mundial las máquinas producidas en las grandes fábricas automatizadas...? Si establecemos ese tipo de relación entre los dos grupos de naciones, debemos convenir en que los países socialistas son, en cierta medida, cómplices de la explotación imperial... del carácter inmoral del cambio. Los países socialistas tienen el deber moral de liquidar su complicidad tácita con los países explotadores de Occidente.[33]

El Che formula enseguida una serie de propuestas, más o menos precisas y utópicas, que en su conjunto equivalen a un llamado a la solidaridad de los países socialistas para financiar el desarrollo del Tercer Mundo, y a una serie de denuncias no tan veladas al comportamiento vigente del bloque socialista. Luego vuelve al tema de las relaciones con los países capitalistas, para advertir contra las ilusiones de las inversiones conjuntas o de la concurrencia entre países vecinos del mundo en desarrollo. Concluye con una exhortación apasionada y elocuente a "institucionalizar nuestras relaciones", es decir, a crear algún tipo de unión en los países del Tercer Mundo y del campo socialista, no sin antes tocar el tema que más le preocupa en ese instante: el de las armas destinadas a las luchas de liberación. De nuevo, embiste contra los países socialistas, aunque reconoce que en esta materia su comportamiento específico hacia Cuba ha sido ejemplar:

Si constituye un absurdo el pensar que un director de empresa de un país socialista en guerra vaya a dudar en enviar los tanques que produce a un frente donde no haya garantía de pago, no menos absurdo debe parecer el que se averigüe la posibilidad de pago de un pueblo que lucha por la liberación [...] Las armas no pueden ser mercancía en nuestros mundos; deben entregarse sin costo alguno y en las cantidades necesarias y posibles a los pueblos que las demandan para disparar contra el enemigo común. Ése es el espíritu con que la URSS y la Revolución Popular de China nos han brindado su ayuda militar [...] Pero no somos los únicos.[34]

Según Ahmed Ben Bella, el Che sabía perfectamente lo que hacía.* Tenía plena conciencia del asombro que despertaría en distintos círculos y de los aprietos en los que colocaba a Fidel Castro y a la revolución cubana. No podía desconocer las implicaciones de su intervención, ni las repercusiones que ésta cobraría. Los soviéticos ya lo tenían en la mira; su simpatía, real y atribuida, hacia los chinos, su viaje a Pekín, sus andanzas africanas, y su oposición tenaz a las recomendaciones rusas para la economía cubana habían suscitado una alta dosis de animadversión en Moscú. Tampoco ignoraba el grado de acercamiento que Cuba y la URSS habían alcanzado desde el comienzo de su peregrinaje mundial a principios de noviembre. Entendía a cabalidad que sus críticas a la Unión Soviética caerían como un balde de agua helada en La Habana, y causarían una seria desavenencia con Fidel Castro. La intensidad de la disputa era lo que estaba por verse. Pero debemos concluir que, al igual que en México en 1956 y en Nueva York en 1964, a través de los exabruptos del Che hablaba un inconsciente a flor de piel. La provocación era su forma predilecta de expresión en momentos de alta tensión; frente al inminente peligro de ahogo ante la ambivalencia, la definición exacerbada, extrema, innecesaria, constituía el único alivio. Tal vez así convenga leer el discurso de Argel: como

* "Discutimos toda la noche su discurso; estaba completamente consciente de lo que iba a decir, era un hombre tremendamente simpático pero terriblemente dogmático y terco en sus posiciones ideológicas." (Ben Bella, entrevista, *op. cit.*)

un acto provocador, fríamente meditado, pero gestado en el intersticio de la angustia y la reflexión.

Durante los dos días gélidos y oscuros que duró su escala involuntaria en Shannon, el 13 y 14 de marzo, camino a Cuba, el Che pudo reflexionar sobre su futuro inmediato y de mediano plazo. Rafael del Pino piloteaba el *Britannia* de Cubana de Aviación enviado para repatriarlo. El Che jamás viajaba solo, pero esta vez no lo acompañaba nadie. Osmany Cienfuegos iba en el vuelo, pero por separado; venía de una reunión preparatoria para una nueva conferencia de partidos comunistas en Moscú. El vuelo se demoró para llegar a Irlanda, y allí se averió; Guevara buscó finalmente a del Pino para conversar y a su pregunta "¿Qué sucede con el África?", el Che respondió: "No, el África está muy jodida; es tan difícil la gente, tan distinto." Empezó a explicar que en África la gente todavía no poseía el sentido de la nacionalidad, porque cada tribu tenía su jefe, su pedacito de tierra y su nación, aunque vivieran en el mismo país, y remató: "Es muy difícil, pero hay posibilidades de hacerlos sentir la revolución, porque los cubanos tienen esa facilidad."*

La situación en Cuba había mejorado en relación con la del año anterior. Incluso el Departamento de Estado en Washington identificó varias señales de entusiasmo en la zafra y de un desempeño económico más halagüeño.[35] Las circunstancias que le habían impedido partir a la Argentina un año atrás se desvanecían. Asimismo, aunque había perdido batallas ideológicas y de política económica, guardaba por lo menos la satisfacción de que sus adversarios tampoco habían ganado. Carlos Rafael Rodríguez acababa de ser removido como director del INRA, y además de Fidel Castro como pre-

---

* Rafael del Pino, entrevista, *op. cit.* Cienfuegos había acompañado a Raúl Castro a Moscú; la distancia que según Del Pino prevaleció entre el Che y él durante el vuelo quizás era un preludio de lo que ocurriría al llegar a La Habana.

sidente, había sido designado al frente del Instituto un joven fidelista, Raúl Curbelo.

El Che podía irse, si así lo deseaba. Existían poderosos motivos políticos y personales para hacerlo. Su marginación de los temas económicos era patente: no sólo ya no participaba en las negociaciones con los soviéticos, ni en la determinación de la política económica, sino que todas sus tesis habían sido prácticamente derrotadas. En marzo, circuló el rumor de que debido a la enfermedad de Raúl Roa, el canciller en funciones, Guevara sería nombrado ministro de Relaciones Exteriores.* No se antoja muy verosímil esta interpretación: después del acto de acusación lanzado por el Che contra la URSS en Argelia, difícilmente podía fungir como canciller de un país del bloque socialista. Es más plausible la interpretación de Severio Tuttino, corresponsal de *L'Unità* en Cuba. Además de ser el más acucioso de los periodistas internacionales basados en la isla, Tuttino gozaba de accesos inmejorables en el seno de la nomenclatura cubana —entre otras contaba con la simpatía de Manuel Piñeiro, jefe de inteligencia—, y poseía el bagaje político e intelectual requerido para comprender las vicisitudes de la coyuntura cubana. En un largo cable de la embajada británica, ésta remitió la interpretación de Tuttino a Londres: Castro habría decidido remover al Che de su responsabilidad en los temas económicos, relevo ya consumado en los hechos a través de su ausencia y del traslado de sus

---

* El rumor aparece en dos cables secretos de la embajada del Reino Unido en La Habana y de la embajada del Reino Unido en Washington, ambos al Foreign Office. En el segundo cable se señala que la información procede del Departamento de Estado; en el primer cable los ingleses en La Habana le otorgan poca credibilidad al rumor (Lord Harlech to Foreign Office, No. 581, 10 de marzo, 1965 [secreto], FO 371/AK1015, Public Records Office, London, y Mr. Watson to Foreign Office, No. 186, 13 de marzo, 1965 [secreto], For/317/AK1015, *ibid.*). También existe un cable americano al respecto: Central Intelligence Agency, Intelligence Information Cable, "Alleged Current Activity of Che Guevara" [secreto], 2 de junio de 1965, NSF, Country File, Cuba, Activities of Leading Personalities, #14 cable, LBJ Library.

principales colaboradores. Pero por amistad, respeto y necesidad, Fidel le había ofrecido al Che un alto cargo en el ámbito político de la revolución, que mostrara con toda claridad que conservaba su confianza y la jerarquía que le correspondía. El Che, según Tuttino, hubiera aceptado renunciar al Ministerio de Industrias, pero habría rechazado cualquier otro puesto, aduciendo que si bien las ideas en las que él creía habían sido vencidas, consideraba que era un error descartarlas. Así las cosas, resultaba erróneo, deshonesto y fútil "trabajar para algo en lo que no creía".[36]

Por otro lado, después del aniquilamiento de la guerrilla en la Argentina y de las debilidades evidentes de los movimientos en Colombia, Venezuela y Guatemala, el Che parece haberse resignado a la remota probabilidad de un triunfo revolucionario en América Latina que no provoque una intervención inmediata de Estados Unidos. Un informe inglés afirma que en Argel hasta el indomable Che Guevara parecía pesimista sobre la posibilidad de que surgieran más "Cubas" en América Latina; "Estados Unidos intervendría para evitarlo", dijo.*

Abundaban, sin embargo, los motivos para pensar que la vehemente oposición de Moscú a nuevas aventuras cubanas en América Latina no era extrapolable al África: los propios soviéticos suministraban armas a los rebeldes congoleños, aunque sólo fuera para no perder la figura ante los chinos. Además la apuesta norteamericana en el Congo y otros países vecinos, sin ser despreciable, no era comparable con la que

---

* British Embassy in Habana, Research Memorandum, "Che Guevara's African Venture", sin fecha [secreto] FO 371/AK1022, Foreign Office, Public Records... Este informe es idéntico, salvo algunos comentarios adicionales como el que citamos aquí, al del Departamento de Estado, del mismo título, fechado el 13 de abril de 1965, con clave RAR-13 [copia LBJ Library]. Esto sólo confirma que entre los servicios ingleses y norteamericanos, tanto en Cuba como en muchos otros países, imperaba una estrecha cooperación. Véase Thomas Hughes to The Secretary, Che Guevara's African Venture, INR/DOS (secreto), 19 de abril, 1965, NSF, Country File, Cuba, Activities of Leading Personalities, #18 memo, LBJ Library.

prevalecía en el hemisferio americano. Si no había ya nada que hacer en Cuba, y en América Latina por el momento el panorama no toleraba mayor optimismo, el destino debía ser África. No subsiste mayor misterio sobre la disposición del Che. Su determinación no tolera titubeos; sólo falta consultar con Fidel, obtener el apoyo necesario, y poner manos a la obra.

Pero no sólo de razones políticas vive nuestro personaje, por revolucionario que fuera. Por lo menos dos consideraciones adicionales lo empujan hacia una nueva fuga hacia delante. La primera es la que ya se mencionó con anterioridad: su pareja fracturada, su vida hogareña hecha añicos. Como le confiesa a Nasser: "Ya he roto dos matrimonios."[37] Vuelve a estar ausente en un parto de Aleida; ahora se trata del nacimiento de su hijo Ernesto, el 24 de febrero de 1965. La fiebre del movimiento se apodera de nuevo del comandante Guevara, y el estado precario y convulso de sus relaciones afectivas, al igual que tantas otras veces, en lugar de atarlo lo propulsa hacia una nueva lejanía. Como lo aleja también una nueva pérdida, que si bien ya es adivinada por el Che, apenas se confirma en París, a finales de enero de ese año. Allí se encuentra con Gustavo Roca, su amigo cordobés, quien había asumido la defensa de los sobrevivientes de la guerrilla de Jorge Masetti en los tribunales argentinos. Roca le comunica los detalles de la hecatombe de Salta: la noticia debe haberle dolido hasta el alma al Che, tanto por la caída de sus amigos, como por la inevitable culpa que despertaba todo el episodio. Ya no era posible seguir mandando a otros a la guerra, con o sin fusil.

Por último, figuraba la relación con Fidel Castro. Ni matrimonio ni divorcio, había jurado el Che, pero la compatibilidad de esta consigna con su permanencia en Cuba se tornaba cada día más frágil. No podía capitular ante las tesis que Castro, de una manera u otra, impulsaba o avalaba en la isla; tampoco quería —ni podía— romper con él; nunca contempló la eventualidad de jugar el papel de Trotsky, o más bien del Antitrotsky, es decir, del dirigente marginado que se defiende cuando todavía dispone de las armas para hacerlo. En Irlanda, mientras esperaba las refacciones del avión descompuesto, el Che pudo revisar su vida en Cuba; decidió esperar hasta encontrarse en La Habana para tomar una determinación. Pero lo esencial de la suerte estaba echado.

El 15 de marzo aterriza en La Habana; habían transcurrido tres meses desde su salida. Lo reciben en el aeropuerto Fidel, Raúl, el presidente Dorticós y Aleida, su esposa. Algo anda mal: en lugar de una conferencia de prensa o un informe televisado de los resultados de la gira, Guevara desaparece durante varios días, encerrándose cuarenta horas con Fidel, Raúl y algunos más para discutir los temas pendientes. Hasta la fecha no disponemos de ningún testimonio directo de aquel tormentoso intercambio: ni Fidel ni Raúl han hablado acerca de la reunión, ni siquiera a sus amigos más entrañables. De existir notas del Che al respecto, su viuda no las ha hecho públicas. No obstante, dos testigos indirectos han relatado su versión; así podemos precisar el contenido de un diálogo que de todas maneras tiene lugar cuando lo esencial ya está resuelto. La conversación con Fidel puede haber constituido un catalizador, un gatillo, pero no la causa definitiva de la salida del Che de Cuba. Menos de un mes más tarde, en los mismos días en que el Congreso de los Estados Unidos aprueba la resolución del Golfo de Tonkín, que inicia formalmente la guerra de Vietnam, se irá de la isla.

Benigno, el sobreviviente de Bolivia, el artillero del Congo y ayudante de Camilo Cienfuegos en la Sierra Maestra, proporcionó la siguiente reconstrucción de la disputa entre Raúl y el Che, y de la negativa de Fidel de tomar partido. Por la calidad de la fuente,* porque la versión corresponde a lo que ya descri-

---

* El 9 de octubre de 1996 el diario boliviano *La Razón* publicó las evaluaciones que hizo el Che de sus hombres en la campaña de Bolivia; el documento fue capturado junto con el Che en octubre de 1967 pero jamás había sido divulgado. En dicho documento aparece la siguiente evaluación de *Benigno*: "11-3-67 tres meses: Muy bueno, un muchacho simple, sin doblez, fuerte,

bimos de la postura de Fidel en torno a las polémicas del Che, y por la semejanza del diálogo con una discusión entre Carlos Franqui y Raúl Castro, donde el hermano menor de Fidel acusa al Che un año antes de ser prochino, conviene otorgarle a este relato una verosimilitud extrema.* Por tratarse de un testimonio inédito, lo reproducimos *verbatim*, sin correcciones de estilo ni recortes más que de repeticiones idiomáticas:

El Che fue acusado de trotskista y de prochino. Regresando de Argelia, sé que hubo una conversación muy fuerte entre él y Fidel, en la que él salió muy disgustado, que lo llevó a irse para Tope de Collantes como una semana, con unos ataques de asma muy fuertes. Lo sé por el compañero Argudín, uno de los guardaespaldas personales de él. Argudín está en sus funciones de guardaespaldas. A mí me lo platica porque él y yo somos compañeros de la escolta y yo estaba ausente y él me dice: "Coño, estoy preocupado." "¿Qué pasa?" "Oí una bronca muy grande entre el Fifo y el Che." Y entonces le digo: "¿Y de qué era?" Dice: "Estaban discutiendo de la política china y estaban discutiendo de otro

modesto y trabajador al máximo, siempre mantiene el espíritu; 11-6-67, 6 meses, muy bueno, ha tenido pequeñas fallas en la tarea de distribuir la comida. En todo lo demás es de primer orden. 11-9-67, nueve meses: Muy bueno. Se forma, ha mejorado totalmente sus pequeñeces anteriores." Comparadas con las despiadadas evaluaciones que hizo Guevara de otros elementos, ésta constituye un testimonio de confianza y admiración comparable sólo con una o dos más.

*Carlos Franqui, *Retrato de familia con Fidel*, Barcelona, Seix Barral, 1981, pp. 464-470, en particular p. 466. En una entrevista Franqui le proporcionó al autor una versión más detallada y pertinente del mismo diálogo sostenido entre Raúl, el Che y Franqui, en el Palacio de la Revolución, el 1° de enero de 1964: "Entonces de pronto Raúl suelta 'Porque tú y el Che son prochinos', cuando yo oí eso me quedé totalmente sorprendido en cuanto al Che; eso lo sacó Raúl Castro de la revista *Revolución* que hacía este abogado francés Vergés que sin permiso del Che publicó un artículo de él e hizo una foto de la exposición mía. Claro que Raúl sabía que el Che tenía simpatía por China." (Carlos Franqui, entrevista con el autor, San Juan de Puerto Rico, 19 de agosto, 1996.)

líder soviético", porque él era semianalfabeto. Entonces yo empecé a mencionarle algunos líderes. Me dice: "No, es uno que ya está muerto. Es ése que le dicen Trotsky y entonces le dijeron al Che que él era trotskista. Se lo dijo Raúl. Raúl es el que le dice que es un trotskista, que estaba claro que con sus ideas era un trotskista." Argudín me dice que el Che se para muy violento, como con ganas de irse arriba de Raúl y le dijo a Raúl: "Eres un estúpido, eres un estúpido." Dice que le repitió la palabra estúpido tres veces y de ahí él mira para Fidel, según Argudín, y Fidel no tiene respuesta. O sea, calla. Otorga. Y al ver aquella actitud sale molesto, tira la puerta y se va. Y ahí, a pocos días, viene la decisión, así prematuramente, de irse al Congo. Se fue una semana a Topes de Collante, al sanatorio que hay en el centro del país en el Escambray. Le dieron unos ataques de asma terribles, parece que por el disgusto. Entre Argudín y yo existían esas cosas, cuando él no estaba trabajando estaba trabajando yo, si teníamos alguna participación en alguna reunión muy grande de algo de eso, yo después le contaba a Argudín lo que se había dicho. Y cuando él estaba de servicio él me contaba a mí [...] Así él me lo cuenta como una semana después, dos días antes de irme con el barco a Dar es Salaam.*

Carlos Franqui narró en un libro su versión de la acalorada discusión y de las causas que la motivaron. Su fuente fue Celia Sánchez, la asistente, compañera y confidente de Fidel Castro, que falleció en 1980:

---

* Dariel Alarcón Ramírez, entrevista con el autor, París, 7 de marzo, 1996. Un documento apócrifo, el llamado Informe R-Habana, atribuido a la Inteligencia Este-alemana, da cuenta de un padecimiento psicosomático del Che inmediatamente después, y de delirios y alucinaciones en esos días. Sin duda todo ello no aconteció, pero el ataque de asma al que se refiere *Benigno* puede explicar el rumor, y su descanso en el sanatorio de Tope de Collantes puede haber sido confundido con una hospitalización prolongada (Frederic Hetmann, *Yo tengo siete vidas*, Salamanca, Loguez Ediciones, 1977, p. 128).

Lo cierto es que Guevara a su llegada a Cuba, esperado en el aeropuerto por Fidel Castro, Raúl y el presidente Dorticós, enérgicamente amonestado, acusado de indisciplina y de irresponsabilidad, de comprometer las relaciones de Cuba con la URSS, con Fidel furioso por su irresponsabilidad en Argel, como dijo a muchos, incluido el cronista. Guevara reconoció que lo que le decían era cierto, que él no tenía derecho a decirlo en nombre de Cuba, que aceptaba su responsabilidad, pero que ése era su modo de pensar y no podía cambiarlo. Que no esperasen ni una autocrítica pública, ni una excusa privada a los soviéticos, y con aquel su humor argentino dijo que lo mejor era que él mismo se autocastigase, que se iba a cortar caña.[38]

Raúl Castro también llegaba de Moscú. El mismo día en que el Che pronunciaba su diatriba en Argel, el hermano de Fidel, junto con Osmany Cienfuegos, celebra importantes reuniones con la nueva dirigencia soviética en la capital rusa. En particular asistieron ambos a una reunión preparatoria de la Conferencia de Partidos Comunistas del mundo (sin China) programada para marzo. Obviamente Raúl recibió los reclamos por la actuación del Che de viva voz de los dirigentes soviéticos, ya no sólo sobre la conducción económica guevarista y su insolencia en Argelia, sino sobre sus repetidas posturas de simpatía y apoyo hacia China. Raúl Castro, el hombre que siempre había defendido el vínculo cubano con el bloque socialista, el que obtuvo las armas y luego los misiles para defender a la isla, el que más incidió para forzar un alineamiento con la URSS y contra China, fue también quien recibió la retahíla de quejas de los soviéticos contra el Che. Apenas concluida la discusión en La Habana el 18 de marzo, Raúl viaja de nuevo a Polonia, Hungría, Bulgaria y dos veces a Moscú, para tranquilizar a los dirigentes socialistas y asistir a la Conferencia de Partidos Comunistas.* Raúl por convicción, y Fidel por realismo, comprendieron que la incongruencia de patear el pesebre y prolongar la indefinición en el conflicto chino-soviético sencillamente era insostenible. Si por añadidura en esos días estalló el cúmulo de resentimientos personales acumulados por Raúl contra el Che es secundario; el Che había perdido la batalla, y nadie, ni siquiera Fidel Castro, lo podía salvar.

Es probable que en ese momento se decidió formar un contingente de unos cien hombres, comandados por el Che, para entrenar y apoyar a los *freedom fighters* congoleses, y de ser necesario, para combatir a su lado, aunque nunca en su lugar. Tal vez algunos combatientes fueron seleccionados antes de la apresurada resolución; a otros, como a los subordinados de Rafael del Pino en la fuerza aérea, se les convocó unos cuantos días después del retorno del Che a Cuba. A Del Pino le ordenan escoger a la tropa "más negra" de la base de Holguín, sobre todo combatientes con experiencia de artillería antiaérea, ya que numerosos pilotos cubanos anticastristas luchaban contra los rebeldes en el Congo. Seleccionó a quince, incluyendo al teniente Barcelay, que con el nombre de *Changa* o *Lawton*, salvaría la vida del Che ocho meses más tarde en las orillas barrosas del lago Tanganika.[39]

Confluyen un gran número de factores en la determinación cubana de colocar una fuerza expedicionaria en el corazón del África. Si persistía la sombra de una duda en la mente del Che, el comportamiento de Fidel la disipó, aunque no porque hayan disputado, ni porque Castro le reprochó su arremetida antisoviética en Argelia, su chinofilia o su virtual abandono durante tres meses de las tareas administrativas. Por acostum-

---

* Según la CIA, Moscú presionó a Fidel Castro para que enviara a su hermano a la Conferencia de Partidos; el caudillo cubano accedió (véase Central Intelligence Agency, Directorate of Intelligence, "Castro and Communism: The Cuban Revolution in Perspective", Intelligence Memorandum, 9 de mayo, 1966 [secreto], NSF, Country File, Cuba, Bowdler file, vol. 2, Box 19, #71 report, LBJ Library p. 18).

brado que ya estuviera el Che a las abstenciones de Fidel en las sucesivas polémicas de la revolución, el no haber tomado partido a su favor en esta ocasión y pasar por alto las acusaciones de Raúl lo dejaron sin alternativa. Había llegado la hora de partir. Afortunadamente, el camino se hallaba despejado: existía una lucha en la que podía participar con dignidad y eficacia. Incluso como sugiere Serguera, existía la posibilidad, gracias a los éxitos alcanzados en África,[40] de convencer más adelante a los soviéticos y a sus amigos comunistas para que acogieran con agrado las incursiones cubanas en América Latina. Si el espacio para un nuevo intento latinoamericano permanecía cerrado por el momento, la llave para abrirlo podía encontrarse justamente en el Congo. Además, la penetración cubana en el continente negro no se limitaba a la presencia del Che en el Congo Leopoldville, pues pocos meses después un contingente de cubanos fue enviado al Congo Brazzaville. Para mediados de 1966, más de seiscientos soldados y oficiales cubanos se encontraban en tierras africanas; en el verano de ese año rescataron al presidente Alphonse Massemba-Debat de un golpe de Estado.

Por lo demás, los grupos rebeldes congoleños, sin ser ideales, poseían el gran mérito de existir. Simbolizaban la primera lucha poscolonial del África independiente, requerían de la asistencia cubana, y la química inicial del Che con ellos no había sido negativa. Para Guevara, ese esquema sustituía de manera adecuada y provisional aquel que realmente deseaba desde 1963: volver a su Argentina natal, aunque las condiciones para ello brillaran por su ausencia. De acuerdo con Emilio Aragonés, quien pronto se uniría al Che en el Congo, se enfrentaban dos obsesiones: la del Che por regresar a su país de origen y hacer allí la revolución, y la de Fidel Castro por salvarlo de lo que estaba convencido sería una muerte segura en manos de la Gendarmería gaucha:

Yo sabía que su sueño era ir para la Argentina; ése era su objetivo final. A mí me parece que Fidel estimula o facilita el viaje del Che a África para librarlo del viaje a la Argentina. Fidel sabe que la Gendarmería argentina no es lo mismo que los soldados de Tshombé. Fidel le encuentra una buena solución en una expedición al África en que el peligro de que se metan los yanquis era menor. Yo creo que el África se la vendió Fidel, yo pienso que el Che vino bastante enamorado de África porque él habló con todos los dirigentes africanos y salió muy entusiasmado de ahí. A mí me parece que Fidel se le montó en cuanto que era un riesgo menor, en vez de que se nos vaya para la Argentina lo demoró en África en donde va a ser distinta la cosa porque ahí no va a haber una reacción tan brutal, ni hay ningún país que pueda tenerla, tampoco le van a dar tanto vuelo a una cosa que está pasando en una selva. Esto es subjetivo, no he hablado del tema con Fidel. Lo que quería Fidel era ganar tiempo. Fidel no podía oponerse al trato hecho con el Che en México pero le buscaba todas las vías de que no se lo mataran.[41]

El famoso pacto de México al que se refiere Aragonés permite la separación entre el Che y Fidel; no la produce. En efecto, en varias ocasiones Castro ha contado que al producirse la integración del Che al equipo del *Granma* en 1956, ambos convinieron que cuando el Che quisiera seguir su camino no se lo impediría ninguna consideración de Estado ni obligación política. Gracias a este acuerdo, el Che puede marcharse sin remordimientos, aunque de hecho a lo largo del próximo año y medio se le desgarra el alma por despedirse de un país y un gobierno tan carente de cuadros confiables y calificados. Si algo hizo vacilar al Che en su empeño por partir fue la idea de abandonar un barco provisto de un capitán magistral pero de pocos y mediocres tenientes. En los *idus* de marzo concluye la discusión entre los dos amigos con estas palabras, amargas, puntuales y terminantes del Che, y con la resignación agridulce de Fidel:

Bueno, a mí la única alternativa que me queda es irme de aquí para el carajo y, por favor, si me pueden dar alguna ayuda en lo que me propongo hacer, la quiero de inmediato y si no, me lo dicen también para ver quién me la puede brindar. Fidel le dijo: "No, no, en eso no hay problema."[42]

El Che hace sus maletas y prepara su despedida, esta vez para un largo rato. El 22 de marzo celebra su última reunión en el Ministerio de Industrias; ofrece un par de charlas, una de orden general, la otra en el seno del Consejo de Dirección. En ambas relata sus experiencias en el continente negro, y destaca la afinidad de la cultura cubana con la de África, subrayando las raíces africanas de la Cuba moderna. Obviamente no menciona que se dirige al Congo. Desde el primer momento convino con Castro que su ausencia se justificaría argumentando que se había ido a cortar caña a Oriente. El engaño era verosímil; todo el mundo sabía que en efecto el Che era aficionado al trabajo voluntario; se trataba ante todo de ganar tiempo.* La cobertura fue diseñada con tal meticulosidad que a veces los propios fantasmas del Che desvirtuaban. Un asesor que trabajaba con él en el décimo piso del Ministerio recuerda cómo un domingo en la noche, a finales de marzo, cuando ya habían comenzado a embodegar documentos, llegó el Che con su chofer, y subió a su despacho. El radio del coche estaba prendido y la cajuela abierta para cargar papeles. En el radio tocaban tangos; en la cajuela se veían un machete y los guantes para la zafra, lo que indicaba que el Che partiría para Oriente al corte de caña. Cuando Guevara bajó de su oficina, se

---

* Incluso el italiano Severio Tuttino no descartó que en efecto durante una semana o dos el Che se haya marchado a los cañaverales, imponiéndose una especie de autocastigo por haber incumplido instrucciones, al hablar a nombre propio en Argelia; igual no se arrepentía. Carlos Franqui comparte esta creencia: "Yo creo que es verdad conociéndolo y sabiendo su manera de ser." (Carlos Franqui, entrevista, *op. cit.*)

escuchaba la voz de Carlos Gardel cantando el tango de la nostalgia: "Adiós muchachos, compañeros de mi vida"; "suban el volumen", indicó. El chofer trató de apagar la música, y el Che en una de sus clásicas descargas le gritó: "Coño, te dije que le subieras a la radio."[43]

La pantalla no duraría para siempre, y más adelante, sería preciso informar del paradero del Che, pero ya para entonces Guevara y sus expedicionarios se hallarían sanos y salvos en las colinas de África. Antes de partir el Che envió libros, regalos y elípticas cartas de adiós a varios amigos, y escogió a los principales colaboradores que viajarían con él: Víctor Dreke, un combatiente negro del Directorio; *Papi* (José María Martínez Tamayo), *Pombo* (Harry Villegas) que ahora sí podía ir justamente por ser negro, y algunos más. De los aproximadamente ciento treinta cubanos que finalmente desembarcarían en las riberas del lago Tanganika, casi todos eran negros y muchos se enrolaron voluntariamente en las filas de la expedición. Pero un número importante de "voluntarios" desconocían por completo su destino geográfico y político. Es cierto que los imperativos de seguridad estrechaban los márgenes, pero la ignorancia de los "internacionalistas" del sentido de su misión entrañaría consecuencias nefastas. Como escribiría el Che a fin de año, devastado por la derrota y la disentería:

> Muy pocas de nuestras figuras militares principales o los cuadros intermedios con preparación seria eran negros. Al hacernos el pedido de enviar preferentemente cubanos negros, buscamos entre los mejores elementos del Ejército que tuvieran alguna experiencia combativa y el resultado es que nuestro grupo tiene... muy buen espíritu de combate y conocimientos precisos de la táctica sobre el terreno, pero poca preparación académica [...] Lo cierto es que nuestros compañeros tenían una base cultural muy escasa y un desarrollo político relativamente bajo también.[44]

Si a eso agregamos que, como exclamaría Aragonés en el Congo meses más tarde, "Coño Che, nadie sabe qué cojones hacemos aquí", se entiende que el descontento, la rabia y la indisciplina rápidamente se apoderarían de sectores importantes de la tropa cubana. Pero, para variar, el Che tenía prisa: todo el proceso de selección, entrenamiento y traslado duró menos de dos meses. Al alba del 2 de abril de 1965, con la cabeza rapada y una prótesis en la boca, el Che, Dreke y *Papi* salen del aeropuerto José Martí de La Habana hacia Dar es Salaam. El propio Castro revelará veinte años después: "Yo mismo le sugerí al Che la idea de que había que ganar tiempo, esperar; él quería desarrollar cuadros, desarrollar más la experiencia".[45] Por ello, la versión que Carlos Franqui atribuye a Celia Sánchez y según la cual el Che partió de Cuba sin que él y Castro se hayan podido despedir, suena cierta.[46]

A mediados de abril, Castro manda llamar a Franqui tarde una noche; los escoltas del comandante lo conducen a la casa de la Calle 11 donde encuentra a un Fidel desconocido, dando tumbos como león enjaulado en la azotea. Sólo dos veces Franqui lo había visto así: en la estación migratoria de Miguel Schulz en México, y en la Sierra Maestra en junio de 1958, cuando la contraofensiva de Batista se acercó a medio kilómetro de su cuartel general. Castro le ordena que busque a Giangiacomo Feltrinelli y a un periodista italiano prestos a volver a su país, para decirles que el rumor de la muerte de Guevara en República Dominicana era falso; el Che estaba bien y se había marchado a Vietnam. Franqui lo disuade, convenciéndolo de que despertaría más sospechas de las que disiparía. Pero el ex director de *Revolución* comprende dos cosas: que el Che no está en Vietnam, y que Fidel arrastraba un malestar enorme por no haberse despedido de su amigo. Guevara decidió marcharse, con o sin el abrazo de Castro: "Después Celia me dijo que Fidel estaba muy apenado porque no había podido ver al Che antes de irse; había tenido tanto trabajo que no se había podido despedir del Che y que el Che había dejado la carta."[47]

De manera igualmente precipitada e improvisada pero audaz se organiza el envío de los demás combatientes —que irán llegando a cuenta gotas a Tanzania—, el embarque de las armas, y los avisos pertinentes a las familias y los gobernantes interesados. El 19 de abril arriba el primer contingente a la capital tanzana, encabezado por el Che. A los cuatro días, según Víctor Dreke, se internan por la sabana camino a Kigoma, un pueblo de mala muerte a las orillas del lago, punto de partida para la travesía lacustre hacia el Congo.[48]

El hermetismo del Che —quien le dedicaba una enorme trascendencia al carácter sigiloso de la operación— contrastaba con la necesidad política de Fidel Castro de mantener informados a sus principales socios. El itinerario que siguieron la mayoría de los combatientes era clásico: La Habana-Moscú-Argelia-El Cairo-Dar es Salaam.[49] Pero para evitar filtraciones o excesos de curiosidad, incluso de países amigos, el recorrido del Che fue mucho más prolongado y tortuoso, extendiéndose por diecisiete días. En su propio texto, desde las primeras páginas, Guevara anuncia que aún no puede divulgar las etapas que tuvo que transitar para llegar a Tanzania. Por una fuente de Inteligencia cubana que en aquel momento trabajaba en la embajada de Cuba en Praga, sabemos que el Che, Dreke y *Papi* arribaron a la capital checa directamente desde la isla, y que permanecieron allí algunos días, sin que los soviéticos se enteraran del paso del Che. Es posible incluso que haya sido necesario efectuar un viaje menos directo, vía Bélgica, París y Madrid, un enorme esfuerzo en vano, ya que simultáneamente Fidel Castro compartía con el embajador soviético en La Habana uno de los secretos mejor guardados del mundo.*

---

* Es la opinión de un extraño personaje, ex agente de los servicios de la dictadura franquista en España, que mezcla en sus relatos fantasías desorbitadas con pequeños granos de verdad e ingenio (véase Luis M. González-Mata, Cisne, *Las muertes del Che Guevara*, Barcelona, Argos Vergara, 1980, p. 19).

Alexander Alexeiev fue a visitar al Che al Ministerio de Industrias a finales de marzo. Le preguntó si iría al corte de caña en Camagüey con Fidel, donde se había invitado al cuerpo diplomático. El Che respondió que no, que él se iba a "cortar de verdad, en Oriente", lo que provocó un consejo tardío de Alexeiev a su amigo: "No tiene sentido pelearse, Che"; "pues igual no voy", contestó el comandante. Sensibilizado por la tensión imperante, el embajador se encuentra con Castro en Camagüey, el 18 o 19 de abril. Fidel lo toma del brazo y, apartándolo de los demás, le susurra al oído:

> El Che no fue a cortar caña a Oriente; se fue para el África. El Che piensa que África es una tierra de nadie, donde ni Europa, ni la URSS ni Estados Unidos tienen hegemonía; es un lugar propicio para Cuba. Tú sabes que es un revolucionario y que puede servir al mundo así. No lo comuniques a Moscú por radio o clave, pero quiero que lo sepas e informes personalmente a tus dirigentes cuando puedas.[50]

Y según Alexeiev, la URSS jamás protestó ni trató con Castro el tema de la presencia del Che o de los cubanos en el Congo, por lo menos a través de su representación diplomática. La opinión del embajador y la de sus superiores en Moscú era que si Fidel decidió que el Che debía ir al Congo, estaba bien. Oleg Daroussenkov y Nikolai Leonov, al igual que otros funcionarios soviéticos encargados de la relación con la isla en esos años, afirman lo mismo. La URSS tenía conocimiento de lo que sucedía, pero no puso nunca ninguna objeción ni se entrometió en los enjuagues cubanos en África. La deferencia de Fidel sin duda fue útil, sobre todo si Raúl Castro hizo lo propio en Moscú a principios de abril, al asistir a la Conferencia de Partidos Comunistas, tal y como ya lo señalamos. El Che, en cambio, literalmente ni a su madre le informó de sus planes, dando lugar a una serie de trágicas confusiones.

Al volver a La Habana en marzo, el argentino se encuentra en la capital cubana con Gustavo Roca, cuyo regreso a Buenos Aires es inminente. Guevara pide que sea portador de una carta para su madre, quien estaba al borde de la muerte debido a un cáncer que padeció desde los años cuarenta. La carta, fechada el 16 de marzo, fue recibida por Celia en el hospital a mediados de abril. Por su respuesta, enviada a Cuba a través de Ricardo Rojo y publicada por éste en 1968, sabemos que el Che le confesó a su madre que pensaba renunciar a la conducción revolucionaria y retirarse a cortar caña durante un mes, para después dirigir durante cinco años una fábrica. En esa misiva el Che advertía a su madre que no fuera a Cuba por el momento, y le contaba acerca de la familia, del nacimiento de su hijo Ernesto, todo ello con un tono protocolario que Celia le reprocha amargamente. La respuesta de la madre nunca le llega al Che, y sin duda así resultó mejor porque las preguntas maternas sobre la idea de hacer "el trabajo de Castellanos y Villegas" (sus escoltas) y la posibilidad de marcharse a Argelia o Ghana si en Cuba ya no lo querían, no eran de fácil contestación.

A mediados de mayo, la salud de Celia se deteriora. Pide a Rojo que llame a La Habana para hablar con su primogénito. Aleida contesta y le avisa que el Che se encuentra bien y que está en Cuba, pero inaccesible. Un par de días después, Aleida se comunica de nuevo con Celia, para confirmarle que Ernesto no puede ser localizado. Huelga decir que la conmoción en la familia argentina fue mayúscula; dos días más tarde, Celia fallece. Sus hijos no sabrán hasta mucho después dónde se encontraba el hermano mayor en aquellos días, ni por qué no pudo ponerse al teléfono con su madre agonizante. Roberto Guevara, el siguiente hijo de Celia, no se enteró de la estancia de Ernesto en el Congo hasta finales de 1967, cuando viajó a Cuba para entrevistarse con Fidel después de la ejecución de su hermano en Bolivia. Hasta en la muerte de su madre la revolución le impuso su ley al Che; los diplomáticos soviéticos conocían su paradero con mayor precisión que su consternada familia en Buenos Aires.

A partir de su desaparición el 22 de marzo, y hasta el 5 de octubre de 1965, cuando Fidel Castro leyó la carta de despedida del Che de Cuba, proliferarán los rumores y enigmas en torno al santo y seña del Che y al estado de sus relaciones con Castro.* Los servicios cubanos coadyuvarán a la confusión mediante una serie de maniobras de desinformación: que si el Che fue a pelear contra los *marines* en República Dominicana; que si fue divisado por un cura en el estado de Acre en Brasil; que si yacía enfermo en un sanatorio en Cuba; que si Castro lo había fusilado. La inteligencia estadounidense también hizo correr versiones con el propósito de incitar a que alguien dijera la verdad, pero sin éxito, salvo, como veremos, en el Congo mismo. El profesionalismo de los cubanos en esta materia —una vez no es costumbre— y la obsesión del Che con el sigilo y la clandestinidad aseguraron que no se produjeran indiscreciones sino hasta junio, e incluso entonces la CIA no quiso creer el informe de sus enviados.

En cambio, la creciente distancia de fondo entre Castro y el Che se hizo cada vez más pública y transparente. Las embajadas y los servicios la detectaron con claridad y la analizaron con esmero, si bien tardíamente. El mejor resumen aparece en un memorándum de inteligencia de la CIA, redactado el 18 de octubre de 1965, pocos días después de que Fidel revelara la decisión del Che de buscar la revolución en otros parajes.[51] Además de reseñar las divergencias previas entre el Che, los rusos y los comunistas, el análisis norteamericano pasa re-

---

* La desaparición del Che también suscitó dudas y críticas de amigos de los cubanos, como lo muestra la siguiente pregunta formulada por la revista de izquierda norteamericana, *Monthly Review*, editada por Paul Sweezy y Leo Huberman: "¿Fidel Castro tiene conciencia de lo que está realmente en juego en el caso Guevara? ¿Se da cuenta de que cada día de demora en el esclarecimiento del misterio contribuye a la angustia y a las dudas de revolucionarios honestos, y a la alegría de sus enemigos?" (Citado en Léo Sauvage, *Le Cas Guevara*, París, Editions La Table Ronde, 1971, p. 49.)

vista a los deslindes de Fidel Castro con el Che durante el año transcurrido. Empieza el 21 de enero, cuando el comandante en jefe anuncia que para la zafra de ese año los mejores cinco mil macheteros recibirán diversos premios, tales como motonetas, viajes al extranjero y vacaciones en hoteles cubanos de primera clase: era el fin de los estímulos morales. Asimismo, desde diciembre del año anterior, el gobierno había anunciado un programa piloto de salarios contractuales, de reparto de utilidades y de premios para los trabajadores en general. Posteriormente, en su discurso del 26 de julio en Santa Clara, con un inmenso retrato del Che de telón de fondo, Castro despotrica contra los estímulos morales y la centralización administrativa:

> Ni métodos idealistas que conciban el total de los hombres guiados disciplinadamente por los conceptos del deber, porque en la realidad de la vida no podemos pensar en eso [...]; ni tampoco aquellos caminos que buscan, por encima de todo, despertar en el hombre el egoísmo [...] Absurdo sería que intentáramos que la gran masa de hombres que ganan el pan cortando caña fuesen cada uno de ellos a hacer el máximo esfuerzo diciéndoles que han de hacerlo por un deber, independientemente de si gana más o si gana menos.[52]

El 28 de septiembre, Fidel vuelve a la carga, aseverando en un discurso que es "partidario de la administración y el desarrollo locales".[53] Por último, a la lista de deslindes fidelistas conviene agregar la composición del Comité Central del recién fundado Partido Comunista de Cuba, cuyo anuncio el 1 de octubre motivó la lectura de la carta del Che a Fidel. Se entendía que el Che no figurara entre los miembros; en su carta de despedida, justamente, había renunciado a su ciudadanía cubana. Pero sus más cercanos colaboradores en el Ministerio de Industrias tampoco ingresaron al máximo órgano de dirección del nuevo partido. Más aún, los únicos ministros del gabinete *excluidos* del cuerpo colegial fueron Luis Álvarez Rom, el ministro de Finanzas aliado con el Che en su disputa con el Banco Nacional; Orlando Borrego, ministro del Azúcar; y Arturo Guzmán, que sustituyó al Che en Industrias. Salvador Villaseca, el profesor de matemáticas amigo del Che y ex director del Banco, tampoco fue incorporado. El equipo económico del Che había sido aniquilado políticamente.

Guevara no se queda con los brazos cruzados. Responde en dos tiempos, primero en una entrevista que aún hoy no aparece en ninguna edición de sus obras completas en Cuba, realizada por la revista egipcia *Al Talía*, y publicada en abril de 1965; segundo, lo que es probablemente su *opus magna*, *El socialismo y el hombre en Cuba*, un texto enviado a Carlos Quijano, director de la revista *Marcha* en Uruguay, y publicado originalmente en abril de 1965. En la entrevista al semanario egipcio, Guevara arremete contra dos tesis, una provista de una pertinencia cubana directa, la otra ligada al conflicto chino-soviético. A propósito de los estímulos materiales, el Che declara sin ambages que los yugoslavos, por ejemplo, han "dado preferencia a los estímulos materiales" y que eso debe ser "liquidado"; rechaza asimismo la participación obrera en la determinación de los salarios, y la existencia de los sistemas de premios y reparto de utilidades. Dice:

> Una industria "automatizada" que distribuye sus altos ingresos exclusivamente entre sus trabajadores privilegiados niega dichos recursos al conjunto de la comunidad. Los esfuerzos de los obreros en estas empresas de altos ingresos, equivalen a los esfuerzos invertidos por los campesinos en sus propias parcelas. Estas condiciones crean un grupo privilegiado y fortalecen los elementos de naturaleza capitalista.[54]

Se trata de una respuesta directa a las medidas establecidas en Cuba en esos meses. En cuanto a la postura internacional de

Yugoslavia, el Che delata sus sentimientos contradictorios y su exasperación con el estado del movimiento comunista internacional:

> Diferimos de dos maneras del experimento yugoslavo: en nuestra reacción al estalinismo y en nuestra oposición a que la Unión Soviética nos dicte sus ideales de economía y liderazgo.[55]

Aunque las sucesivas traducciones —del español al árabe, del árabe al inglés, y del inglés de nuevo al español— pueden desviar el sentido de la frase; la demarcación del Che con los yugoslavos frente al estalinismo se produce desde una clara óptica china. No comparte el virulento antiestalinismo de Tito; al contrario, su posición se asemeja más a la de los chinos, que ven en el antiestalinismo titista y khruscheviano una marca letal de revisionismo.

En *El socialismo y el hombre en Cuba*, Guevara vuelve sobre los estímulos morales, y responde a la vez a algunas de las críticas dirigidas a sus concepciones:

> La tentación de seguir los caminos trillados del interés material, como palanca impulsora de un desarrollo acelerado, es muy grande. Se corre el peligro de que los árboles impidan ver el bosque. Persiguiendo la quimera de realizar el socialismo con la ayuda de las armas melladas que nos legara el capitalismo (la mercancía como célula económica, la rentabilidad, el interés material individual como palanca, etcétera), se puede llegar a un callejón sin salida. Para construir el comunismo, simultáneamente con la base material hay que hacer al hombre nuevo. De allí que sea tan importante elegir correctamente el instrumento de movilización de las masas. Ese instrumento debe ser de índole moral, fundamentalmente, sin olvidar una correcta utilización del estímulo material, sobre

todo de naturaleza social. Como ya dije, en momentos de peligro extremo es fácil potenciar los estímulos morales; para mantener su vigencia, es necesario el desarrollo de una conciencia en la que los valores adquieran categorías nuevas.[56]

Guevara describe de nuevo los errores cometidos por los dirigentes cubanos en el pasado, y revisa las especificidades cubanas que no necesariamente vincula con dichos errores. El nexo entre la dirección caudillista de Fidel Castro —que el Che exalta— y el "revisionismo" —que condena— sencillamente no aparece en su ideario o maquinaria mental; aquí yace tal vez una de las claves de su dificultad en formular una crítica eficaz y a la vez constructiva del proceso revolucionario en su conjunto. Si juntamos los pasajes sobre Fidel y sobre las equivocaciones cubanas, comprendemos el desamparo del Che, abalanzándose contra las desviaciones en la isla, y al tiempo glorificando algunas de las causas más profundas de las mismas:

> En las grandes concentraciones públicas se observa algo así como el diálogo de dos diapasones cuyas vibraciones provocan otras nuevas en el interlocutor. Fidel y la masa comienzan a vibrar en un diálogo de intensidad creciente hasta alcanzar el clímax en un final abrupto, coronado por nuestro grito de lucha y de historia. Lo difícil de entender, para quien no viva la experiencia de la Revolución, es esa estrecha unidad dialéctica existente entre el individuo y la masa [...] En nuestro país, el error del mecanicismo realista no se ha dado, pero sí otro de signo contrario. Y ha sido por no comprender la necesidad de la creación del hombre nuevo [...] La reacción contra el hombre del siglo XIX nos ha traído la reincidencia en el decadentismo del siglo XX; no es un error demasiado grave, pero debemos superarlo, so pena de abrir un ancho cauce al revisionismo.[57]

Por último, el Che incluye una breve pero indicativa reflexión sobre su propia aventura como revolucionario, sobre la relación entre su autoimagen y la noción que se ha formado del hombre nuevo. El hombre nuevo es, en cierto sentido, el comunista cubano, el veterano de la Sierra Maestra y del trabajo voluntario, de Girón y de la crisis del Caribe, de las misiones internacionales y de la solidaridad; es, en una palabra, el Che Guevara. Nunca careció de capacidad de autoanálisis y de una idea propia de su destino; más aún, la fantasía de un destino particular lo habita y lo obsesiona desde su juventud y las noches bajo las estrellas en Chuquicamata y la Amazonia peruana. Por ello funde al hombre nuevo con el dirigente revolucionario, que pone el ejemplo; por eso se identifica él mismo con aquel hombre nuevo que nunca vio la luz en la Cuba de antaño, ni en la de hoy:

> En nuestra ambición de revolucionarios, tratamos de caminar tan aprisa como sea posible, abriendo caminos [...] con nuestro ejemplo [...] Los dirigentes de la Revolución tienen hijos que en sus primeros balbuceos no aprenden a nombrar al padre; mujeres que deben ser parte del sacrificio general de su vida para llevar la Revolución a su destino; el marco de los amigos responde estrictamente al marco de los compañeros de Revolución. No hay vida fuera de ella. En esas condiciones, hay que tener una gran dosis de humanidad, una gran dosis de sentido de la justicia y de la verdad [...] Todos los días hay que luchar porque ese amor a la humanidad viviente se transforme [...] en actos que sirvan de ejemplo.[58]

Muy pronto, sin embargo, el Che deja atrás sus polémicas marxistas y empeños cuasitestamentarios; se aleja vertiginosamente de las intrigas habaneras así como de sus desaciertos económicos. Ya está de nuevo en campaña, atraído por el embrujante misterio africano y la excitación del combate. Al cabo de algunos incidentes menores y una creciente impaciencia, en los últimos días de abril llega al campamento de Kibamba de los *freedom fighters*, donde una guardia rinde honores a los asesores recién llegados. Allí, en la ribera occidental del Lago Tanganika, se presentan los cubanos: Dreke o *Moja* (número uno, en swahili); Martínez Tamayo o *M'Bili* (número dos); y el Che, o *Tatu* (número tres), que figura como médico traductor. Permanecerán siete meses en la región, a la espera de una guerra que se dilatará en llegar.

De entrada, surge un dilema: informar o no a los congoleses, y a los dirigentes de Tanzania, de la verdadera identidad de *Tatu*. Kabila, el principal dirigente de la zona, prefiere que el Che no difunda la noticia de su presencia en el Congo; el embajador cubano en Dar es Salaam no le informará al presidente Juluis Nyerere sino hasta la salida del Che en noviembre. Como recuerda ahora, lo abrumaban las presiones contradictorias. Por un lado el Che ingresa en Tanzania con la venia de las autoridades locales y le insiste al embajador que informe cuanto antes de su presencia. Por el otro, La Habana le ordena repetidamente que se abstenga de comunicar la personalidad de *Tatu* al gobierno anfitrión. Ribalta, como recuerda ahora, se volvía loco entre tanta exigencia contradictoria.[59]

El motivo de la irresolución y de la ambigüedad era evidente, y poderoso. De por sí la llegada de más de cien asesores cubanos podía internacionalizar el conflicto; pero la noticia del papel dirigente del Che Guevara atraería una tal cantidad de mercenarios sudafricanos y de represalias belgas y norteamericanas que cualquier ventaja procedente de la solidaridad cubana se vería rápidamente neutralizada. Además, Kabila seguía en El Cairo, donde una conferencia de apoyo a la rebelión congoleña formó el Consejo Supremo de la Revolución, presidido por Gaston Soumialot. Así, gracias a la ausencia de todos estos dirigentes por contumacia, el Che disponía de un excelente pretexto para justificar su decisión de adentrarse en el Congo sin avisarle a nadie:

Para ser sincero, temía que mi ofrecimiento provocara reacciones demasiado agudas y alguno de los congoleses, o el mismo gobierno amigo [de Tanzania], me pidieran abstenerme de entrar en la lid.[60]

No tarda mucho el Che en percatarse de que buena parte de su estancia en el Congo se dedicará a esperar que algo suceda: la llegada de Kabila; la reparación de un campamento; la solicitud de autorización de trasladarse a otra colina; el desembarco de provisiones o de visitantes de La Habana. Se consagra a quehaceres médicos, a procurar el entrenamiento de la tropa congoleña y a esperar. Como lamenta en su diario,

teníamos que hacer algo para evitar un ocio absoluto [...] Todavía nuestra moral se mantenía alta pero ya comenzaban las murmuraciones entre los compañeros que veían pasar los días infructuosamente.[61]

A inicios de mayo, terminan de llegar los cubanos y se incorpora un segundo de Kabila, que trae la consigna de su jefe de mantener en reserva la identidad del Che. Entre tanto, Guevara se compenetra de los misterios de la *dawa*: la creencia mágica de los soldados congoleses en una poción que los *mugangas* o brujos les untaban en el cuerpo, y que posee una fuerza sobrenatural que protege de las balas enemigas, si uno cree en ella. Guevara asimila que si bien la *dawa* puede estimular el valor y el combate, también puede revertirse contra los cubanos si perecieran muchos nativos en combate, culpando de ello a la falta de fe de los profanos.

Casi de inmediato el errante revolucionario sufre las consecuencias políticas y personales de su situación. Por una parte, lo azota una fiebre tropical feroz, que le provoca un "extraordinario decaimiento, quitándome el ánimo hasta de comer"; su salud, siempre precaria, no se prestaba a las adversidades naturales de la región. Peor aun, el jefe interino de la lucha decide dar una instrucción absurda —atacar Albertville, una ciudad minera importante situada a unos doscientos kilómetros al sur del campamento de Kibamba—. De ninguna manera existían condiciones para una empresa de esa índole, pero escaseaban las nítidas líneas de mando necesarias para contrarrestarla. Ni Kabila ni su lugarteniente se encontraban en situación de mandar, o bien porque no estaban presentes, o bien porque carecían por completo de la capacidad para hacerlo. Pero el Che, tampoco: no era el jefe. Con razón se verá diezmado por constantes ataques de asma, y perderá la cuarta parte de su peso durante la estancia; se hallaba en el reino mismo de la ambivalencia, como lo describe bien Óscar Fernández Mell, su compañero de armas de Santa Clara, enviado por Fidel para respaldarlo: "Él no estaba ahí de jefe ni nada; le correspondía una actitud que era de las que más le chocaba a él: mandar a la gente y no ir él."*

A finales de mayo llega Osmany Cienfuegos de visita, portando la novedad del inminente fallecimiento de Celia, en Buenos Aires; la noticia deprime aún más a Guevara. Se trasluce su estado de ánimo en el resumen mensual de mayo que consigna en su diario:

> El defecto mayor de los congoleses es que no saben tirar [...] La disciplina aquí es muy mala, pero da la impresión de que en el frente la cosa cambia [...] Hoy podemos decir que la aparente mayor disciplina de los frentes era falsa [...] La característica del Ejército Popular de Liberación era la de ser un ejército parásito, no trabajaba, no entrenaba, no luchaba, exigía de la población abastecimiento y trabajo, a veces con dureza extrema. Está claro

---

* Óscar Fernández Mell, entrevista, *op. cit.* De acuerdo con algunas versiones, el general Fernández Mell, en aquel momento viceministro de Salud, fue enviado al Congo como castigo, por un escándalo que involucraba a su esposa, Odalys Fuentes, una artista de novelas (véase Dariel Alarcón Ramírez, *Benigno*, entrevista, *op. cit.*).

que un ejército de este tipo solamente podía tener justificación si, como su contrapartida enemiga, de vez en cuando luchara [...] Tampoco cumplía ese requisito [...] la Revolución congolesa estaba irremisiblemente condenada al fracaso debido a sus propias debilidades internas.[62]

La catástrofe imperaba en toda la región, no sólo en el campamento de Kibamba. Las misiones exploratorias que delegaba el Che a distintos poblados —a Baraka, a Lulimba, a Katenga— resultaban desalentadoras. Borracheras, despilfarro, excesos y pereza: no existía ninguna voluntad de combate o resistencia. Al tiempo, abundaban las armas: los envíos de la URSS y de China, vía Tanzania, continuaban. En junio, Chou en Lai visita a Nyerere en Dar es Salaam; se consolida el apoyo chino a la lucha congolesa; y aparece otro pretexto para que Kabila permanezca fuera de la zona de combate. Su segundo se ahoga en esos días, dejando al desamparado ejército sin mando político, ya que era de los mejores hombres, enviado justamente por Pierre Mulele como enlace entre su rebelión y la del lago Tanganika. Trancurría el tiempo sin actividad alguna: dos meses, y "todavía no habíamos hecho nada". El único objetivo militar factible de ser embestido seguía siendo Albertville, que constituía un blanco muy por encima del alcance de los revolucionarios congolenses y de sus consejeros cubanos. En realidad, el Che Guevara se había hundido en una madriguera: cuando los mercenarios sudafricanos de Mike Hoare y su pequeña aviación terminaran de operar en la frontera con Sudán y Uganda y se dirigieran hacia el sur, no habría manera de resistir.

En parte para hacer algo, en parte para prevenir este tipo de desenlace, el Che y Kabila convienen por la vía epistolar un ataque al pueblo de Front de Force, o Bendera, situado a unos cuarenta kilómetros de la base de los cubanos, camino a una presa hidroeléctrica a su vez cercana a Albertville. En realidad el Che hubiera preferido limitar las hostilidades al pueblo de

Katenga, más pequeño y accesible. Kabila insiste en Bendera, a pesar del riesgo de alertar a las fuerzas de Tshombé de la presencia cubana. El Che ya ansiaba implicarse directamente en las operaciones, pero desistió de hacerlo por no contar con una autorización expresa de Kabila. Dreke dirige a los poco menos de cuarenta cubanos y ciento sesenta soldados ruandeses que participarán en la tentativa de toma de Front de Force.

El ataque, emprendido en los últimos días de junio, se convierte en un desastre militar y, peor aún, exhibe la presencia cubana. Cuatro soldados procedentes de la isla mueren; sus cadáveres son recuperados por los mercenarios. Los combatientes cubanos no respetaron la instrucción terminante del Che de despojarse de todas sus pertenencias y documentos antes de entrar en la refriega; los sudafricanos, al examinar los cadáveres y sus pertrechos, rápidamente dedujeron la nacionalidad de sus contrincantes.* Se lo comunicaron de inmediato a los asesores norteamericanos que permanecían en el Congo; así es como Lawrence Devlin, jefe de estación de la CIA, se cerciorara de que los rebeldes en la región de Albertville reciben apoyo cubano.** La noticia se propala a gran velocidad; un par de semanas más tarde, la prensa de Dar es Salaam la publica, y la delgada pantalla de la misión se desvanece. En su síntesis del mes de junio, el Che escribe: "Es el balance más pobre hasta el momento actual." Kabila sigue sin dar señales de vida, pero cada vez que el Che sugiere informarle por lo

---

* Mike Hoare relata en sus memorias cómo descubrieron el pasaporte y un detallado diario de un cubano caído en combate; el pasaporte describía el itinerario para llegar al África; el diario lamentaba cómo "los congoleses eran demasiado perezosos incluso para cargar el cañón de 76 mm y sus obuses". (Richard Gott, "The Year Che Went Missing", *The Guardian Weekend*, 30 de noviembre, 1996, p. 30.)

** No es hasta el 6 de julio que la embajada de Estados Unidos informa de los cadáveres cubanos, y hasta el 21 de septiembre cuando da por confirmado el número de cubanos destacados en el Congo: 160. Se equivocaban por unos cuarenta (véase Godley/ AmEmbassy/ Leopoldville to SecState [secreto], 21 de septiembre, NSF, Country File, Congo, vol. XI, #7 cable, LBJ Library).

menos al gobierno de Tanzania de su existencia, el líder africano se opone.

Huelga decir que la derrota de Front de Force mermó la moral de los expedicionarios cubanos, quienes comprueban con amargura y resentimiento que los congoleses se niegan a pelear: tiraban los fusiles y huían, o sólo disparaban al aire. Varios miembros de la tropa plantearon formalmente su deseo de volver a Cuba. El que más dolor le causó al Che fue el caso de *Sitaini* o el *Chino*, uno de sus ayudantes desde la Sierra Maestra, que alegó no haber sido informado de la duración de la guerra (de tres a cinco años, según el Che). Por tratarse de un miembro de su guardia personal, Guevara no podía permitir su deserción; sin embargo, forzarlo a permanecer a su lado contra su voluntad resultó terriblemente contraproducente. Por primera vez el Che sufre en carne propia —y en condiciones de guerra— los efectos de su intransigencia: los demás simple y llanamente no pueden mantenerse a su mismo nivel, pues carecen de la voluntad, de la mística y de la visión para enfrentar circunstancias tan adversas como las del Congo en los años sesenta.

Finalmente, el 11 de julio Guevara se reúne con Kabila; la permanencia del africano dura pocos días, ya que enseguida regresa a Dar es Salaam, según él para confrontar a Soumialot, de paso por la capital tanzana. La nueva partida de Kabila terminó por devastar a la tropa congoleña; con toda razón, le resultaba incomprensible por qué los jefes ni siquiera aparecían en la zona de combates, ya sin hablar de figurar entre ellos o dirigirlos. También se agudizaba la disputa en el seno de los cubanos; dos médicos y varios miembros del Partido Comunista propusieron retirarse de la lucha, y el Che reaccionó con violencia (menor, según él, que en el caso anterior). El argentino sabía que de no hacer algo, la expedición peligraría; decide partir al frente, pero de inmediato se topa con la resistencia de los jefes congoleños. La razón era obvia, según el Che: se desacreditarían ellos mismos ante los combatientes cuando éstos percibieran que el dirigente cubano se aventuraba al frente, mientras que ellos no se atrevían.

Las noticias mejoran levemente a finales de julio, ya que una emboscada en la que participan 25 cubanos y 25 ruandeses prospera; pero algunos cubanos persisten en su deseo de regresar a su país. El Che describe su propia situación con ironía y tristeza: "sigo de becario".[63] Por ello, el 16 de agosto, cuando ya no le preocupa contar con la anuencia de Kabila, se lanza al frente, llegando esa misma noche a la zona de Front de Force, agotado, y sintiéndose como "delincuente". Allí comprueba la gran cantidad de armas disponibles y la total dispersión de grupos y fuerzas en la carretera a Albertville. Para ese momento ya se siente más cercano a los acontecimientos: realiza una emboscada que lo involucra en una balacera; la adrenalina empieza a fluir. Su balance del mes de agosto es el más optimista hasta esa fecha:

> Se acabó la beca para mí, lo que significa un paso de avance. En general este mes se puede anotar como muy positivo; a la acción de Front de Force hay que agregar el cambio cualitativo dado por la gente. Mis próximos pasos serán visitar a Lambo en Lulimba y hacer una visita a Kabambare, luego convencerles de la necesidad de tomar Lulimba y seguir así; pero para todo ello es necesario que esta emboscada y las acciones subsiguientes den resultado.[64]

Las desventuras del Che en el Congo no pasaban desapercibidas en La Habana, aunque la información era fragmentaria y coloreada por el optimismo beato de las fuentes. Después de la derrota en el primer ataque a Front de Force, el Che envía una carta a Fidel a través de Antonio Machado Ventura, médico cubano y alto funcionario que había ido más o menos de visita. Al llegar la carta a La Habana, Castro convoca a Emilio Aragonés y al general Aldo Margolles a una reunión en la Calle

11 con Osmany Cienfuegos y Manuel Piñeiro quien, según Aragonés, hasta ese momento no había tenido ninguna injerencia en la aventura africana del Che. A tal punto que meses antes, Piñeiro fue a buscar a Aragonés a sus oficinas de la Secretaría de Organización del Partido con un periodista mexicano de la revista *Siempre*, preguntando por el Che, sin saber que llevaba más de un mes en el Congo.

Al llegar Aragonés, Fidel le dice: "Lee esto." Se trataba de la carta del Che donde se percibía sin disimularlo el terrible embrollo en el que estaba sumido. Narraba el desastre de Front de Force, donde los africanos habían huido, y donde el Che había perdido a varios oficiales; algunos soldados africanos en desbandada habían asaltado un camión de refrescos y de bebidas. Según Aragonés, Fidel no se equivocaba; sabía que no era la carta de alguien arrepentido o desesperado, sino de un espíritu lúcido y profesional. Pero otros, entre ellos Piñeiro, vieron la carta como la de un pesimista; la reacción fue: "Coño, éste está pendejo." Fidel lo medita y en definitiva decide despachar a Aragonés y a Óscar Fernández Mell al África. No los manda para rescatar al Che, sino para ayudarle; ya si no tiene salvación el asunto, entonces deberán traérselo de regreso a Cuba.[65]

Fernández Mell conserva un recuerdo ligeramente distinto. Cuando Manuel Piñeiro lo va a buscar a la playa donde se encontraba de vacaciones, siente que le brindan la oportunidad de ir a combatir con su amigo y ex jefe, pero no le pintan un panorama alarmante de la situación en el Congo:

> Yo había hablado con Piñeiro y Piñeiro me había dicho todo lo contrario: que aquello era un fenómeno, que era un éxito, que el combate de Fuerza Bandera había sido exitoso y que todo estaba bien. Eso fue lo que a mí me dijeron y con esa impresión es la que yo salgo porque Aragonés tampoco me dijo nada, ni me aclaró nada de la carta del Che, ni yo sabía de la existencia de esa carta.[66]

Entre finales de agosto y el 21 de noviembre, cuando los cubanos se marchan finalmente del Congo, Aragonés y Fernández Mell no se apartarán del Che. No recuerdan que éste les haya brindado una bienvenida particularmente afectuosa, pues interpretó su llegada como la premonición de problemas que se avecinaban para continuar su misión en el Congo.* A ambos les sorprende que "al Che prácticamente lo tenían preso en la base y no lo dejaban ni moverse y eso que pidió permiso 200 veces".[67] El Che fue perdiendo paulatinamente los estribos, tornándose cada vez más recurrentes sus descargas contra los congoleses y sobre todo contra los cubanos que "se rajan", y exigiéndose a sí mismo y a los demás dosis crecientes de sacrificio y esfuerzo. Con frecuencia creciente recurría al castigo más severo de todos: dejar a los culpables sin alimentos por uno, dos o tres días, argumentando que se trataba de la sanción más eficaz en una guerrilla.

Sus colaboradores recién llegados se quedaron atónitos cuando, por ejemplo, Fernández Mell como jefe de Estado Mayor de la expedición le ruega al Che que pida botas a Kigoma para la tropa cubana y a cambio recibe la réplica lapidaria: "Los negros andan descalzos, los cubanos también tiene que hacerlo." O cuando le avisa que se deben solicitar vitaminas y sales para mejorar la dieta de los cubanos y obtiene la siguiente contestación: "¿Los pueblos subdesarrollados, acaso pueden comer vitaminas?" El médico cubano se opuso a tal obstinación del Che y se ganó a cambio una serie de críticas y comentarios sarcásticos. Sin embargo, se dio cuenta de que la tropa para ese entonces abrigaba una opinión devaluada de su líder y estaba dispuesta a correr riesgos considerables para salvarse de la debacle. Una noche, a la luz de las

---

* "Al enterarme de la personalidad de los compañeros que venían, tuve miedo de que portaran algún mensaje instándome a regresar a Cuba" (Ernesto Che Guevara, *Pasajes de la guerra revolucionaria (el Congo)*, La Habana, manuscrito inédito, pp. 66-67).

fogatas, uno de los combatientes cubanos le entregó un papel a Aragonés que decía: "Compañero, usted es miembro del Secretariado del Partido igual que el Che. El Che está obcecado y usted tiene que sacarlo de aquí."[68] El grado de insubordinación era intolerable para una guerrilla, pero el aislamiento y la introspección del Che eran insostenibles.

Los refuerzos cubanos confirmaron también que la precaria situación militar se deterioraba rápidamente debido a la respuesta del gobierno y de los sudafricanos frente al leve repunte cubano de agosto. En efecto, como lo relata el jefe de Estado Mayor belga de OPS/SUD —la misión militar de Bélgica en Albertville—, un trabajo de inteligencia más minucioso con los prisioneros había permitido corroborar en septiembre que los rebeldes se habían fortalecido y que "la certeza de la presencia de numerosos cubanos en suelo congolés agravaba la amenaza rebelde contra las ciudades de Albertville y Kongolo".* En consecuencia, el grupo militar belga decide retomar la iniciativa y pasar a la ofensiva lo más pronto posible. Encabezados por el Quinto Batallón de Comandos sudafricano, dirigido por Mike Hoare con un total de 350 hombres, en dos meses cercan a los rebeldes en su base de Kibamba. Costó más trabajo del que habían enfrentado en el resto del Congo; los guerrilleros, y en particular los soldados ruandeses, comenzaban a defenderse con mayor ahínco. Al mismo tiempo conviene señalar, como lo hace el comandante belga ya citado, que la tropa oficial padecía de los mismos

* Maj. Bem Hardenne, "Les Opérations Anti-Guerilla dans l'Est du Congo en 1965-1966", informe presentado en febrero 1969, mimeo, pp. 19-20. Al igual que los belgas, la CIA y el Departamento de Estado valoraban la presencia de los cubanos: "Aunque el número de cubanos haya sido exagerado, no es sorprendente que su presencia perturbe a OPS/SUD [los belgas]. Incluso un pequeño número de 'asesores' en papeles de liderazgo combativo puede darles a los rebeldes la espina dorsal necesaria para resistir al ejército congolés y convertirse en un verdadero problema" (Godley/AmEmbassy/Leopoldville to SecState [secreto], 21 de septiembre, 1965, NSF, Country File, Congo, vol. XI, #7 cable, LBJ Library).

defectos combatientes que los insurrectos: arrojaban sus armas al comenzar los disparos, no apuntaban nunca, huían a las primeras de cambio y constantemente propagaban el mito de la invencibilidad de los rebeldes. A pesar de todo esto, los dos batallones —el de los mercenarios sudafricanos y del ejército congolés encuadrado por los belgas— avanzaban de manera incontenible hacia el lago; no capturarán a sus adversarios, pero los obligarán a retirarse del país y volver a Tanzania.

Tal como lo temía Guevara, la confirmación de la presencia de los cubanos alertó a las autoridades congolesas y a la CIA; de acuerdo con el mayor Hardenne,

> los sudafricanos señalan que las unidades rebeldes muestran disciplina y agresividad, y que se desplazan en el terreno como tropas bien entrenadas. No detectan a ningún cubano, pero están seguros de su presencia debido a que varios mensajes en español fueron interceptados por las radios portátiles del Quinto Batallón de Comandos.[69]

En la batalla de Baraka, a finales de octubre, donde caen cientos de rebeldes, los sudafricanos vislumbran a varios cubanos blancos dirigiendo a los insurrectos, pero no logran apresar a ninguno. La estación local de la CIA, por su parte, se había convencido ya de que *Tatu* era el Che Guevara, pero nunca pudo convencer a la dirección en Estados Unidos de su hallazgo. Lawrence Devlin, el jefe de estación que fuera acusado años después de ser el autor intelectual del asesinato de Patrice Lumumba a comienzos de 1961, lo sospechaba desde antes. Les mostró a doce prisioneros rebeldes que afirmaban haber conversado con *Tatu* en Kibamba y después en Bendera, fotos del Che. En unas Guevara portaba bigote, en otras aparecía con barba, y en algunas más totalmente rasurado. Once de los doce prisioneros afirmaron que *Tatu* era el hombre de las fotos, lo cual le confirió al descubrimiento un alto grado de certidumbre.[70] Poco después, al analizar los diarios de los cubanos fallecidos en combate, Devlin dio por segura la presencia del comandante Guevara en el Congo, pero en la sede de la CIA en Langley, Virginia, nunca lo escucharon.[71] Como especula Fernández Mell, tal vez a los norteamericanos no les importaba si el Che estaba o no estaba en el Congo.* Tal vez, como lo sugiere el médico militar, el hecho de que nunca se hubiera publicitado su presencia en el Congo impidió que

> El Che se hubiera podido desarrollar como el verdadero jefe guerrillero que era y no con tanto temor de la mierda de Kabila y del gobierno de Tanzania. Quizás esa falta de información influyó en que el Che no se desarrollara en África como el gran guerrillero y el gran hombre político que yo conocí.[72]

Gustavo Villoldo, uno de los ex combatientes cubanos de Girón enviados por la CIA al Congo para ayudar al gobierno de Tshombé, recuerda con cariño la oportunidad de combatir contra el Che en África. Pero lamentó amargamente que el grupo de asesores cubanos volviera indemne a Cuba. Los cubanos anticastristas —blancos todos, según Lawrence Devlin— querían aniquilar a los cubanos castristas —todos negros, salvo el Che, *Papi*, *Benigno*, Fernández Mell y Aragonés— quienes ya al final sólo buscaban salir de la ratonera. Salvo algunos ametrallamientos desde el aire contra la carretera a Albertville,

---

* En un informe secreto sobre la situación en el Congo fechado el 26 de agosto, la CIA resumía: "Aunque los insurgentes aún controlan la zona de Fizi sobre el Lago Tanganika, están quietos en el resto del país... Varios miles de rebeldes se han atrincherado en la zona de Fizi. Están bien armados, probablemente acompañados por algunos asesores cubanos y chinos, parecen estar mejor entrenados y más dispuestos a luchar que sus colegas en el noreste." (Central Intelligence Agency, Intelligence Memorandum, "Situation in the Congo" [secreto], 26 de agosto, 1965, NSF, Country File, Congo, vol. XI, #106 memo, LBJ Library.)

los cubanos de ambos bandos nunca se enfrentaron directamente; cuando lo hubieran podido hacer, la noche del 21 de noviembre, el encuentro no sucedió. No es imposible que el Che y los cubanos que lo acompañaran en la locura africana debieran lo que restaba de sus vidas al escepticismo de los operadores de la CIA en Estados Unidos; como veremos, la fuga por el lago a fines de noviembre encierra varios enigmas aún no resueltos.

Los meses de septiembre y octubre los ocupa el Che en recorrer la zona. Visita Fizi, Baraka, Lilamba y otros poblados, en todos los cuales los caciques locales y las tropas le solicitan dinero y soldados cubanos. En varias ocasiones, al deambular por las pistas que comunicaban a un pueblo con otro, el Che sufre ataques de la aviación mercenaria y anticastrista, sin jamás correr verdadero peligro. Se debate constantemente entre la opción de dispersar su pequeña tropa —en realidad, como él dice, nunca dispondrá de más de cuarenta hombres en condiciones de combatir debido a las enfermedades y castigos— para encuadrar y afirmar a los combatientes congoleses, o concentrarlas, creando una fuerza eficaz y poderosa. Para finales de septiembre, sin embargo, todo se desmoronaba. El propio Che se reprochará su ceguera:

> Nuestra situación se iba tornando cada vez más difícil y diluyéndose entre nuestras manos el proyecto de Ejército, con todo su arsenal de armas, hombres y municiones. Todavía impregnado de no sé qué ciego optimismo, no era capaz de ver esto.[73]

Una de las explicaciones de esa fe sin fundamento era que nadie se atrevía a hablarle con la verdad: "Nadie lo encaró nunca."[74] Incluso los cubanos de alto rango temían que cualquier duda que expresaran, cualquier cuestionamiento que emitieran, fuera considerado por el comandante como una muestra de cobardía. Por otro lado, el Che siempre pensó en términos de analogías con la Sierra Maestra: esperaba que los congoleses algún día reaccionaran; no lo hicieron.*

A principios de octubre vuelve a aparecer José Antonio Machado Ventura, el ministro cubano de Salud. Traía noticias de la visita apoteósica de Gaston Soumialot a La Habana, y un mensaje de Fidel Castro donde, según el Che, el caudillo cubano le aconsejaba: "No desesperarme, pedía que me acordara de la primera época de la lucha y recordaba que siempre estos inconvenientes sucedían, puntualizando que los hombres eran buenos."[75]

Esto reforzaba la sospecha y el coraje guevarista de ser tachado de pesimista en Cuba, siendo que incluso disimulaba la adversidad a la que se enfrentaba. El 5 de octubre envía una larga misiva a Fidel Castro, cuyos párrafos principales conviene reproducir *in extenso*:

> Recibí tu carta que provocó en mí sentimientos contradictorios ya que en nombre del internacionalismo proletario cometemos errores que pueden ser muy costosos. Además, me preocupa personalmente que, ya sea por mi falta de seriedad al escribir o porque no me comprendes totalmente, se pueda pensar que padezco la terrible enfermedad del pesimismo sin causa. Cuando llegó tu presente griego [Aragonés] me dijo que una de mis cartas había provocado la sensación de un gladiador condenado y el Ministro [Machado Ventura] al comunicarme tu mensaje optimista, confirmaba la opinión que tú te hacías. Con el portador podrás conversar largamente y te dará sus impresiones de primera mano [...] Te diré solamente que aquí, según los allegados, he perdido mi fama

---

* Emilio Aragonés, entrevista, *op. cit.* Aragonés se pregunta todavía hoy cómo puede haber sido tan ciego el Che: "Yo no sé si lo decía creyéndolo o lo decía un poco porque él no quería irse, no quería que se desmantelara aquello, no sé. Pero era muy difícil que él, un hombre tan inteligente como él, creyera que eso no iba a fallar."

de objetivo manteniendo un optimismo carente de bases, frente a la real situación existente. Puedo asegurarte que si no fuera por mí este bello sueño estaría totalmente desintegrado en medio de la catástrofe general. En mis cartas anteriores les pedía que no me mandaran mucha gente sino cuadros, les decía que aquí prácticamente no hacen falta armas, salvo algunas especiales, sino al contrario, sobran hombres armados y faltan soldados y les advertía muy especialmente sobre la necesidad de no dar dinero sino con cuentagotas y después de muchos ruegos. Ninguna de estas cosas han sido tomadas en cuenta y se han hecho planes fantásticos que nos ponen en peligro de descrédito internacional y pueden dejarme en una situación muy difícil [...] Olvídense de todos los hombres en dirección a agrupamientos fantasmas; prepárenme hasta cien cuadros que no deben ser todos negros [...] traten con mucho tacto lo de las lanchas (no olviden que Tanzania es un país independiente y hay que jugar limpio allí). Manden a la brevedad los mecánicos y un hombre que sepa navegar para cruzar el lago con relativa seguridad [...] No vuelvan a incurrir en el error de soltar dinero [...] Confíen un poco en mi criterio y no juzguen por las apariencias. Sacudan a los encargados de suministrar una información veraz, que no son capaces de desentrañar estas madejas y presentar imágenes utópicas, que nada tienen que ver con la realidad. He tratado de ser explícito y objetivo, sintético y veraz; ¿me creen?[76]

El Che se refiere al final a un problema que lo va a agobiar hasta el final de sus días. Desde mediados de ese año, la responsabilidad de su seguimiento, apoyo, comunicación y logística había pasado a manos de Manuel Piñeiro, es decir, del viceministro del Interior, y su llamada "Sección de Liberación". La salida de Aragonés de Cuba le retira el encargo al partido; Osmany Cienfuegos viaja cada vez más y por tanto carece del aparato necesario para realizar la faena. Desde principios de agosto llegan dos funcionarios de Piñeiro a Dar es Salaam: Ulises Estrada, responsable de África (es de origen africano; será embajador de Cuba en Jamaica a mediados de los años setenta, de donde será expulsado por exceso de travesuras e injerencia); el otro es un oficial menor de nombre Rafael Padilla. A ellos se refiere el Che cuando le advierte a Castro que desconfíe de los informes procedentes de Tanzania. Quien haya conocido a lo largo de los años al equipo de Piñeiro, después reagrupado en el Departamento de América del Partido Comunista, sabe que, entre sus muchas virtudes, destacan dos enormes defectos.

Quien se dedica a exportar la revolución tiene que creer en ella; quienes requieren dinero, armas, apoyo moral y diplomático de manera constante para sus peripecias revolucionarias en el exterior no pueden convertirse en aves de mal agüero. Piñeiro y sus colaboradores siempre fueron los mejores abanderados de las luchas en América Latina y en África; su entusiasmo y su fe nunca flaquearon. Pero la contrapartida de ese fanatismo consistió de manera inevitable en informes ilusos, ingenuos o francamente maquillados del estado real de cada gesta. La tendencia a la exageración, al menosprecio de los obstáculos, a la incapacidad de evaluar con sensatez las correlaciones de fuerza, figura como una constante consustancial al trabajo del llamado Ministerio de la Revolución. El Che sufrió las consecuencias de las quimeras del aparato. En África no fueron mortales; en Bolivia, sí.

El segundo defecto de los servicios cubanos dedicados a fomentar insurrecciones y victorias en el mundo fue la impericia, ineluctable en una joven revolución dispuesta a todo pero que carecía de los cuadros adecuados para alcanzar sus fines. El encargado en La Habana —el que "llevaba" los asuntos del Congo, Bolivia, El Salvador o Nicaragua— dependía del responsable en el terreno; Piñeiro descansaba en ambos, y Fidel en Piñeiro. La información procedente del frente va a resultar desastrosa, y las conclusiones que de ella deducirán Piñeiro, Raúl y Fidel Castro, eran totalmente falsas. Por eso el Che le pide que no hagan caso a los informes que llegan de Dar es Salaam; por eso el Che aterrizó en Bolivia un año más tarde en condiciones totalmente contrarias a cualquier posibilidad de éxito.

Además de su ánimo, devastado por las disensiones en el seno del contingente cubano y por los reveses en la lucha, la salud del Che también se deterioraba día a día. Lo azotó una diarrea salvaje, probablemente disentería. Su humor y su resistencia no daban para mucho más; su decaída se reflejaba en el trato que brindaba a congoleños y cubanos, incluso a la gente más cercana:

> El estado de ánimo ya no estaba ni a la mitad. Creo que por eso lo atacaba más el asma, inclusive lo atacó una diarrea, que le duró casi como dos meses, más el asma que lo hostigaba constantemente. Iba flaqueando y flaqueando y estaba todos los días de muy mal humor. No quiero decir que nos tratara mal, no, pero sí lo veíamos siempre solo con su librito, leyendo y no lo veíamos con aquella disposición, no se reunía continuamente con nosotros, como lo hacía en un primer momento. Veíamos que no era el Che que nosotros estábamos acostumbrados a ver. Preguntábamos: "¿Qué le pasará al Che?" No sé, uno le fue a preguntar y le salió en mala forma; ése era un comentario que existía entre nosotros.[77]

Como si faltara algo para terminar de derrumbarlo, entre el 6 y el 10 de octubre cae como bomba una noticia: la lectura por Fidel Castro en La Habana de la carta de despedida del Che Guevara. Se trata de la famosa misiva donde el Che se despide de Cuba y de Fidel, despojándose de sus cargos, de sus títulos y de la ciudadanía cubana; en una palabra, cuando renuncia al poder y comienza su peregrinaje público hacia la crucifixión, abandonando antes todos sus bienes terrenales. Recapitula la historia de sus años en la isla y asume la entera responsabilidad por sus actos posteriores, cualesquiera que fueran. La lógica de la lectura resultaba incontrovertible: se anunciaba la composición del Comité Central del Partido Comunista, y nadie hubiera comprendido que el Che no apareciera sin mediar explicación alguna. Por lo demás la campaña internacional y los rumores sobre su paradero y destino se desbordaban; la presión era inaguantable.* Más allá de la belleza del texto de Guevara —es probablemente su escrito más depurado, más sentido— la divulgación desató una carambola de efectos en todo el mundo, pero sobre todo en el pequeño círculo de cubanos enfermos y acosados en el Congo.

Aragonés y Fernández Mell guardan recuerdos divergentes sobre la manera como el Che supo que Fidel leyó su carta. El primero jura que fue junto con los demás a través de una emisión de Radio Pekín; el segundo, que Dreke le informó, después de haber recibido un paquete de cartas y revistas de La Habana; los dos cubanos de alto rango recuerdan en todo caso el desconcierto y la resignación que mostró el Che al enterarse de la lectura de Fidel. En las apreciaciones personales que aparecen en la conclusión de su diario, el Che sugiere que la carta hizo estragos entre la tropa. Provocó que

> los compañeros vieran en mí, como hace muchos años, cuando empecé en la Sierra, un extranjero en contacto con cubanos; aquel momento, el que estaba de llegada, ahora el que estaba de despedida. Había ciertas cosas comunes que ya no teníamos [...] Me separaba de los combatientes.[78]

---

* "En un momento determinado resultó inevitable publicar la carta, pues ya era muy perjudicial toda aquella campaña sin una respuesta y una explicación a la opinión internacional, y no quedó más alternativa que publicar la carta." (Fidel Castro, citado en Gianni Miná, *Un encuentro...*, *op. cit.*, p. 327.)

Pero en realidad la consecuencia más grave de la publicación de la carta no era el entorpecimiento de su vínculo con los soldados cubanos. Le quemaba sus naves al Che; siendo como era, la carta cerraba de manera irremediable la opción de volver a Cuba, siquiera provisionalmente. La idea de una mentira pública le resultaba odiosa e inadmisible: si había dicho que se iba, no podía volver. A ello se debe sin duda su violenta reacción. Un testigo directo, *Benigno*, recuerda un episodio mucho más cargado de intensidad y drama:

> Cuando Dreke viene y le comunica que en Cuba se ha dado un acto donde Fidel ha dado lectura a la carta, el Che estaba sentado en un trozo de palo... Estaba hasta con fiebre en esos momentos, aparte que estaba atacado por el asma y la diarrea, se paró y echó un brinco y le dice: "Repíteme eso, repíteme eso, ¿cómo es?" Entonces Dreke un poco que se asusta y le dice: "No, *Tatu*, mire, fue así y a mí me comunicaron." Empieza entonces a explicarle, entonces él empieza a caminar para allá, para acá, y a decir cosas que no entendíamos: "Comemierdas", decía; "son unos imbéciles; son unos estúpidos". Nosotros nos fuimos apartando porque cuando él se molestaba dejábamos a la fiera sola, no le hacíamos sombra. Nadie quería estar alrededor porque ya teníamos la experiencia de cuando él se molestaba.*

Los problemas se multiplican y las soluciones aparecen cada vez más lejanas. Incluso algo que pudiera llenarle el corazón de alegría y nostalgia al Che —participar en su primer y único combate en el Congo— deviene en desastre. El 24 de octubre

---

* Dariel Alarcón Ramírez, *Benigno, op. cit.* En otras entrevistas y en su propio libro, *Benigno* ha sugerido la misma versión pero en circunstancias distintas. Según esos relatos, el Che habría convocado a varios de sus colaboradores para escuchar el discurso de Fidel por radio.

es atacado su campamento y donde se ha construido un depósito de pólvora y equipo —morteros, radios, etc—. Duda entre el repliegue y la resistencia, optando por la segunda. Igual se espantan los congoleses y el propio Che gira la orden de retirada, después de resistir en una loma durante algunas horas. Se pierde el polvorín, el equipo, y la posición; los congoleses de nuevo desempeñan un papel lamentable. El Che concluye en su diario: "Personalmente, tenía la moral terriblemente deprimida; me sentía culpable de aquel desastre por imprevisión y debilidad".[79] Quizás ya para entonces el Che había llegado a la misma conclusión que el encargado de África para el Consejo de Seguridad Nacional en Washington, quien le informaba a su jefe, McGeorge Bundy, el 29 de octubre de 1965: "La guerra en el Congo probablemente ha terminado."[80]

A partir de esa fecha, la relación con la tropa cubana decae de modo dramático; nadie cree en las perspectivas del triunfo; muchos, cada vez más (la mitad, comenta el Che), retornarían a Cuba si pudieran. Las quejas se multiplican; unos protestan que si las revoluciones no se exportan y los congoleses no se incorporan a la lucha, ¿qué estamos haciendo aquí? Aragonés incluso le recuerda al Che que él es cubano desde hace más tiempo y por tanto sabe que los comentarios de la tropa se dirigen cada vez más contra los dirigentes. Como recuerda Aragonés, las indicaciones del Che rayaban en lo absurdo: exigía que se le quitara la comida al enemigo, pero el enemigo no tenía comida, y no había tal enemigo: "Entonces comíamos yuca sin sal." Los cubanos se indignan al sentir que los congoleses se niegan a cargar equipo y comida, gritando que no son camiones ni cubanos como para andar cargando kilos de material. Peor aún, demandan una atención y un cuidado desproporcionados. Hacia finales de su estancia en el Congo, en uno de los campamentos fuera de la base de Kibamba, mientras el Che leía alguno de sus libros perennes, se escuchan los sonidos premonitorios de un bombardeo; levantando levemente la cabeza de su lectura, el Che instruye a Fernández Mell: "Ocúpate de que pongan a un cubano en la punta de cada casita para que no vayan a salir desprendidos los congoleses." Vuelve a su libro; a los pocos minutos viene el ataque de las huestes de Mobutu. Los cubanos no distinguen por cuál de las dos vías de acceso —y de escape— avanzan los mercenarios y los congoleses oficialistas; por ende, el Che no sabe por dónde batir la retirada. Cuando ya los bombardeos y los golpes de mortero del enemigo imposibilitan la inmovilidad, el Che decide: "Vamos por el camino de abajo; ojalá que vengan por el otro camino."[81] Todo se reducía ya a un "ojalá".

A partir de octubre cuatro factores contribuyen a la salida final de los cubanos del Congo. Su situación empeoraba día a día, conforme van avanzando los mercenarios y el ejército congolés hacia el lago, y caen los poblados donde anteriormente predominaban los rebeldes. En su balance del mes de octubre, el último que redactará en el Congo, el Che asevera sin ambages:

> Mes de desastre sin atenuantes. A la caída vergonzosa de Baraka, Fizi y Lubonja [...] se agrega [...] un descorazonamiento total de los congoleses [...] Los cubanos no están mucho mejor, desde *Tembo* y *Siki* [Aragonés y Fernández Mell] hasta los soldados.[82]

De tal suerte que, aun en ausencia de otros acontecimientos, la gesta guevarista en el Congo arribaba a su fin: o el Che escapaba, o lo capturarían, o bien se inmolaría a orillas del lago Tanganika. Los cubanos fueron cercados progresivamente por la montaña al oeste, el lago al oriente, y los mercenarios al norte y sur. Pero dos factores adicionales contaron igualmente para desbaratar los sueños africanos del Che Guevara.

Gracias a las cartas del Che y a los testimonios de sus enviados, Fidel Castro comenzó a entrever que la iniciativa africana no prosperaba, por lo que mandó refuerzos en materia de comunicaciones a Tanzania, así como nuevos marinos con barcos más apropiados para que en caso de ser necesario organizaran la retirada. Otra vez envía a Osmany Cienfuegos al Congo para persuadir al Che de abandonar la expedición, reconocer la derrota y salvarse.[83] Por último, Fidel escribe una carta que es recibida por el Che el 4 de noviembre:

> Debemos hacer todo menos lo absurdo; si a juicio de *Tatu* nuestra presencia se hace injustificable e inútil debemos pensar en retirarnos; debe actuar conforme situación objetiva y espíritu hombres nuestros; si consideran debe permanecer, trataremos de enviar cuantos recursos humanos y materiales consideren necesarios; nos preocupa que ustedes erróneamente tengan temor que la actitud que asuman sea considerada derrotista o pesimista; si deciden salir *Tatu* puede mantener actual regresando aquí o permaneciendo otro sitio; cualquier decisión la apoyaremos; evitar todo aniquilamiento.[84]

La carta expresa el deseo innegable de Fidel de que el Che se retire, y a la vez le ofrece una salida: el regreso a Cuba o una nueva epopeya en alguna otra parte. Castro se imagina que retornar a la isla, después de la lectura de la carta, no es factible. Ya maquinaba una alternativa.

Los sucesos del mes de octubre en el Congo asestarán el golpe definitivo a la quijotesca, absurda y heroica tentativa de dirigir una revolución en el corazón de las tinieblas. En efecto, el 13 de octubre de 1965, en vísperas de una reunión en la cumbre de la OUA por celebrarse en Accra, el presidente

---

* Varios autores sospechan de la participación de la CIA y de Lawrence Devlin en el derrocamiento de Kasavubu el 25 de noviembre, pero no necesariamente en el de Tshombé. Algunos piensan, sin embargo, que se trató de dos etapas de una misma operación. Véase, por ejemplo, Ellen Ray, William Schapp, Karl Van Meter y Louis Wolf (eds.), *Dirty Work, The CIA in Africa*, vol. 2; Secaucus, Lyle Stuart, 1979, p. 191. La cercanía de Devlin con Mobutu puede

Kasavubu despide al primer ministro Tshombé.* Un mes más tarde de la salida del Che del Congo, Kasavubu fue derribado por Mobutu. Una vez eliminado Tshombé, el mandatario congolés se presenta ante la OUA con un espíritu conciliador; ha cumplido con el requisito más importante exigido por la organización para hacer las paces con él. Por su parte, el grupo de estados radicales pierde motivos para seguir ayudando a los rebeldes; de por sí, varios líderes ya habían desistido de hacerlo. Ben Bella fue depuesto por Houari Boumedienne en junio; Obote, de Uganda, ya había suspendido la asistencia desde su país; Nkrumah caería en pocos meses. Julius Nyerere, el principal sostén de los rebeldes, se hallaba casi solo, y sin grandes pretextos para seguir respaldando una lucha que sola se extinguía y se autoconsumía en sus divisiones perpetuas.

Nyerere incluso le propone a Kasavubu que de regreso de Accra se reúna con los rebeldes. Entabló pláticas con el Congo Brazzaville para reducir igualmente la ayuda de aquel país fronterizo a la rebelión de Pierre Mulele. De modo que para finales de octubre, la coyuntura regional se había transformado radicalmente; el frente de los países progresistas se desmoronó al mismo tiempo que se desintegraba el frente en Baraka, Fizi y Kibamba. Sólo faltaba que Nyerere, en conformidad con las resoluciones de la cumbre de Accra sobre la no intervención en los asuntos internos de los países miembros de la OUA, solicitara el retiro de los cubanos, a la par del de los mercenarios sudafricanos. Lo hace al iniciarse el mes de noviembre. Mike Hoare abandona el Congo ese mismo mes, aunque algunos de sus hombres tardarán hasta el otro año para partir. El día 1 de noviembre llega un mensaje de Nyerere

---

confirmarse mediante este comentario inapelable del embajador de Estados Unidos en Leopoldville, Godley: "Devlin está más cerca de Mobutu que cualquier no congolés que yo conozca." (AmEmbassy to SecState, 25 de noviembre, 1965 [secreto], National Security File, Country File, Congo, vol. XII, Cable #47, LBJ Library.)

al campamento del Che, solicitando formalmente la suspensión de la ayuda a Cuba, invocando las decisiones de la Accra. Así se agota la política de ayuda a lo que restaba de la rebelión congoleña. Para el Che, se trata del "golpe de gracia a una revolución moribunda".

Pero el demacrado y desnutrido argentino no daba su brazo a torcer. Mientras permanecieron en el Congo los mercenarios sudafricanos, no consideraba justo abandonar la lucha, a menos que los congoleses lo exigieran así. En una reunión, celebrada a mediados de noviembre, con los únicos dirigentes en vista, ya con el anillo de defensa de la base en la ribera del lago en pleno colapso, el Che plantea las alternativas: "Resistencia y muerte, o retirada." El cabecilla congoleño de oficio pide la palabra y objeta:

> No, no estoy de acuerdo con lo que tú dices. Si nosotros no somos capaces de poner un congolés, uno solo, al lado de cada uno de los cubanos para que se mueran con ellos, no podemos pedirles a los cubanos hacerlo.

A lo que el Che responde:

> La decisión tiene que ser de ustedes y tiene que ser muy clara, es decir, no puede haber ambigüedades, lo que ustedes determinen que tenemos que hacer nosotros, eso es lo que vamos a hacer, pero claramente la decisión es de ustedes.[85]

Parecía inminente el último combate de inmolación. Los cubanos insisten en el requisito de la solicitud formal de retiro: "Ustedes nos hacen un documento donde dice que consideran que los auxiliares cubanos deben retirarse ya que su presencia aquí hace que sea más grande la represión."

El Che reitera: "Miren, ya están aquí, están acá, la situación para nosotros es la de estar preparados para el enterramiento final; aquí la cosa es clara: resistencia y muerte o reti-rada".[86] Obtiene satisfacción y se dirigen todos los cubanos a los barcos, prestos para cruzar a Kigoma y la salvación.

Al Che, sin embargo, le faltaba un último intento de mantener vivo el sueño africano. A punto de montarse en las lanchas, les avisa a Aragonés y a Fernández Mell que prefiere quedarse con unos cuantos hombres y emprender su larga marcha: más de mil quinientos kilómetros atravesando el Congo hasta Kwilu para unirse a Mulele en occidente y prose-guir la lucha. Sus entrañables amigos de la isla no entienden la posición del Che. Fernández Mell tira el sombrero al suelo y pierde —ahora sí— la paciencia. Aragonés, más dúctil y más viejo, argumenta:

> Óyeme, Che, yo he seguido aquí todo lo que tú has di-cho, sin discutir, con muchas ganas a veces de discutir, al pie del cañón, como un subordinado. Pero Che, te lo digo, ni cojones que tú te atrevas a decirme a mí que me vaya con la tropa y tú te quedas.

El Che asiente, pero no ha dicho la última palabra. Enseguida inventa otro pretexto:

> Yo me voy a quedar aquí con cinco hombres fuertes para rescatar a los cubanos muertos o desaparecidos [...] La idea de desalojar completamente e irnos como había ve-nido, dejando allí campesinos indefensos y hombres ar-mados pero indefensos, dada su poca capacidad de lucha, derrotados, y con la sensación de haber sido traiciona-dos, me dolía profundamente.[87]

Los barcos se llenaban de mujeres y niños, las familias de las aldeas rebeldes se precipitaban a las playas del lago huyendo del incontenible avance de los mercenarios. El encargado cu-bano de las lanchas, *Changa* o *Lawton*, se desconcierta ante el espectáculo de sus barcos tan bien cuidados, rebasados de mujeres y niños gritando que no los abandonen, y su comandante en tierra negándose a zarpar. El Che se repliega a su última línea de defensa: primero las mujeres y los niños, *Lawton* contesta que ésa no es la orden que tiene y le explica al Che: "Mire, estos negros son de aquí de la selva, están dispuestos a vivir aquí. A estos negros no son a los que buscan los mercenarios. A los que buscan es a usted y a los negros cubanos." El Che insiste: "Cuando lleguen aquí van a masacrar a esta gente." Y *Lawton* remata: "Sí, pero yo tengo órdenes de que a los que no pueden masacrar es a ustedes y hay que sacarlos. Yo lo respeto a usted y cumplo todas sus órdenes, pero aquí estoy cumpliendo órdenes de Fidel y si lo tengo que amarrar a usted para llevármelo, yo lo amarro y me lo llevo."*

Es, como deplora el Che al iniciar su diario del Congo, la historia de un fracaso.[88] Las razones son múltiples; unas las señala acertadamente el desencantado comandante guerrillero; otras, detectables ahora a treinta años de distancia, se le escapan. En efecto, como Ben Bella lamentó al inició de este capítulo, el Che llegó tarde al Congo. Sucedió así porque sus tiempos, los de sus demonios y ansias, no eran ni podían ser los de las bregas africanas. Guevara quiso repetir en el Congo su historia de la epopeya de la Sierra Maestra; ni la copia ni el original correspondían a la realidad. Quizás el peor desmentido a las aspiraciones y delirios del Che reside en un curioso pie de página que puede servir de colofón a este relato desorbitado.

Tres fuentes de indiscutible autoridad formulan un mismo interrogante, y ofrecen respuestas diferentes, en una extraña recreación de *La Mandrágora* de Maquiavelo. ¿Cómo escaparon un centenar de cubanos y decenas de combatientes ruandeses y rebeldes de otras etnias, atravesando de día un

---

* Este diálogo enloquecedor fue relatado al autor por *Benigno*, y corroborado, por separado, por Aragonés y Fernández Mell. La existencia de tres fuentes amerita su reproducción textual, con la licencia que los años transcurridos y la hipérbole cubana autorizan.

lago patrullado intensamente por veloces lanchas sudafricanas, de la CIA y del ejército congolés? *Benigno* circunscribe la incógnita con la mayor precisión: rodeados de barcos enemigos, en sus lanchas agujereadas y sobrecargadas, con el enemigo en pleno conocimiento de sus horarios e itinerarios, los cubanos se resignaron a combatir en el lago hasta el último hombre; no fue necesario. Nadie los vio, o quienes los vieron, desistieron de abrir fuego y aniquilarlos.* El desenlace desconcertó a muchos: los cubanos pudieron huir indemnes, cuando estaban cercados. La misión de Bruselas enfureció; no estaban convencidos los belgas de que los cubanos se hubieran marchado para siempre. Lawrence Devlin ofrece una explicación, que en las entrañas del África milenaria no suena inverosímil: "Dispuse una lancha para impedir que los cubanos cruzaran el lago; se descompuso, y los cubanos nos evadieron. Nunca me lo perdonaré."[89] El mayor Ben Hardenne confiesa su perplejidad ante los hechos; ésta es su relación de los mismos:

> Las condiciones atmosféricas habían mejorado notablemente, el puesto de mando de OPS/SUD dirigía las operaciones desde un avión DC-3. Se da cuenta de la huida de los cubanos a bordo de numerosas embarcaciones que atraviesan el lago o navegan por la costa hacia el sur. Por razones que permanecerán siempre inexplicadas, los aviones y los barcos del ANC, piloteados por mercenarios, no solamente no están allí a pesar de las órdenes formales al respecto, sino que no responden a los llamados del

---

* Dariel Alarcón Ramírez, *Benigno*, entrevista, *op. cit.*: "A mí me sorprendió sobremanera por el lugar donde pasamos en la madrugada, era para mí tan imposible pasar por ahí y que no nos vieran porque nosotros pasamos entre dos fragatas, tuvimos que apagar los motores y entonces todos nosotros tirarnos, los que sabíamos nadar tirarnos al lago, ir empujando la balsa aquella y pasar entre las dos fragatas, que se veían ahí. Yo por lo menos esperaba que de un momento a otro empezaran a cañonearnos. Era humanamente imposible que no nos vieran."

avión con el puesto de mando. Esta mala ejecución de las órdenes permitió la fuga de los cubanos.[90]

Para Jules Gérard-Libois, que con el Centre de Recherche et d'Information Socio-Politique (RISP) en Bruselas lleva treinta años estudiando las guerras del Congo, es incomprensible la renuencia de los belgas, sudafricanos y cubanos anticastristas de impedir la salida del Che del Congo. Según él, las órdenes de OPS/SUD para los batallones congoleses bajo su jurisdicción estipulaban claramente que era preciso preservar la vida de los cubanos. Los dos pilotos belgas de la CIA fueron consignados a su cuarto de hotel; según Gérard-Libois, el jefe de base de la CIA en Albertville le confesó a dos oficiales belgas que había recibido instrucciones de no provocar ningún incidente con los cubanos antes del 1 de diciembre. Las instrucciones de la CIA para la aviación y las lanchas bajo su mando ordenaban la "destrucción operativa del enemigo"; no se cumplieron.* Gérard-Libois relaciona este enigma con un hecho que se producía en los mismos días, del otro lado del mundo: el llamado acuerdo migratorio de Camarioca entre Cuba y Estados Unidos, negociado a través del embajador suizo en La Habana, y que previó la salida durante varios meses de decenas de miles de cubanos deseosos de abandonar la isla. A lo largo del primer año de vigencia, más de 45 000 cubanos se acogieron a sus disposiciones emigrando a Florida.

El 27 de octubre Castro había pronunciado un discurso donde anunciaba su disposición a dejar salir de Cuba a quien quisiera hacerlo. Según él, la dificultad de esa salida provenía de Washington, que se negaba a otorgar visas de entrada. La declaración de Castro abre las puertas a un acuerdo, que se negocia a través de la embajada de la Confederación Helvética

---

* Estas apreciaciones me fueron amablemente comunicadas por Jules Gérard-Libois, en varias conversaciones telefónicas, sobre todo el 18 de noviembre de 1995 y diciembre de 1995, y en varias actas fechadas a principios de 1965.

en Cuba y se anuncia el 4 de noviembre en las dos capitales, mediante declaraciones de prensa simultáneas. Gérard-Libois considera que después del logro de este convenio tan difícil de alcanzar —habrá que recordar que el tema migratorio reaparecerá en la relación bilateral con la misma complejidad en 1980 con el éxodo del *Mariel,* y en verano de 1994, con el drama de los balseros— los norteamericanos preferían evitar cualquier acto que pudiera entorpecer o sabotear el pacto migratorio. Conforme a esta óptica, parece lógico que Washington hubiera advertido a todas sus misiones en el mundo que evitaran cualquier roce o enfrentamiento con los cubanos, por el motivo que fuera en esas semanas, hasta que no se echara a andar y se consumara el acuerdo de Camarioca. Obviamente no se imaginaban que tal indicación permitiría que escapara el Che Guevara; se trataba sencillamente de una orientación general que los funcionarios estadounidenses en el Congo pudieron haber malinterpretado. Con ello aseguraron la salida de los combatientes isleños arrinconados en Kibamba.

Ninguno de los oficiales norteamericanos involucrados en la madeja de coyunturas y misterios de la época recuerda instrucción alguna en este sentido, ni le brinda mayor credibilidad a esta tesis. Devlin dice que él nunca recibió ninguna orden de esa naturaleza, y a petición del autor, consultó con sus subordinados en Albertville (en particular con Richard Johnson) y tampoco descubrió antecedente alguno. Gustavo Villoldo, uno de los combatientes cubanos anticastristas presentes en el Congo, jura que jamás hubiera aceptado una orden de esa índole, pero que en cualquier caso, ésta nunca existió. Finalmente, William Bowdler, el diplomático norteamericano que desde el Departamento de Estado negoció el acuerdo de Camarioca, tampoco conserva un recuerdo de algún *quid pro quo* semejante, o de una tal decisión proveniente de Washington.

Y sin embargo, el misterio persiste: ¿cómo y por qué salió el Che del Congo? No sería la última de las ironías de su historia que en efecto deba su sobrevivencia en el África a una extraña y afortunada coincidencia; los escasos dos años que le restaban de vida quizás deban abonarse a una tácita convergencia de intereses entre Fidel Castro, las autoridades migratorias y diplomáticas de los Estados Unidos, y la CIA y los mercenarios sudafricanos en las cercanías del lago Tanganika. De haber terminado allí sus días, no sería menor su sacrificio ni más endebles los fundamentos en los que se erigió después uno de los mitos más poderosos de nuestro siglo; pero habría sido diferente. La historia avanza de lado, o enmascarada.

Nadie como el propio Che para evaluar su actuación en la guerrilla congolesa; nunca perderá su capacidad de autoanálisis ni su lucidez a este respecto. Cierra el último libro de su vida con una descarnada valoración de su desempeño en el África:

Me vi trabado por la forma un tanto anormal en que entré al Congo y no fui capaz de superar ese inconveniente. En mis reacciones fui desparejo; mantuve mucho tiempo una actitud que podría calificarse de excesivamente complaciente, y, a veces, tuve explosiones muy cortantes y muy hirientes, quizás por una característica innata en mí; el único sector con que mantuve relaciones correctas fue con los campesinos, pues estoy más habituado al lenguaje político, a la explicación directa y mediante el ejemplo, y creo que hubiera tenido éxito en este campo [...] En cuanto al contacto con mis hombres, creo haber sido lo suficientemente sacrificado como para que nadie me imputara nada en el aspecto personal y físico, pero mis dos debilidades fundamentales estaban satisfechas en el Congo; el tabaco, que me faltó muy poco, y la lectura que siempre fue abundante. La incomodidad de tener un par de botas rotas o una muda de ropa sucia o comer la misma comida de la tropa y vivir en las mismas condiciones, para mí no significa sacrificio, sobre todo el hecho de retirarme a leer, huyendo de los problemas cotidianos, tendía a alejarme del contacto con los hombres, sin contar que hay ciertos aspectos de mi carácter que no hacen fácil intimar. Fui duro, pero no creo haberlo sido excesivamente, ni injusto; utilicé métodos que no se usan en un ejército regular, como el de dejar sin comer; es el único eficaz que conozco en tiempo de guerrilla. Al principio quise aplicar coerciones morales, y fracasé. Traté de que mi tropa tuviera el mismo punto de vista que yo en cuanto a la situación, y fracasé; no estaba preparada para mirar con optimismo un futuro que debía ser avizorado a través de brumas tan negras en el presente. No me animé a exigir el sacrificio máximo en el momento decisivo. Fue una traba interna, síquica, para mí. Para mí era muy difícil quedarme en el Congo; desde un punto de vista del amor propio de un combatiente, era lo que cuadraba ser; desde el punto de vista de mi actividad futura, si no lo que más convenía, era indiferente en el momento actual. Cuando sopesaba la decisión, jugaba en mi contra el que supiera lo fácil que me resultaba el sacrificio decisivo. Considero que debí haberme sobrepuesto en mi interior al lastre de ese análisis autocrítico e imponer a una determinada cantidad de combatientes el gesto final; pocos, pero debíamos habernos quedado [...] He salido con más fe que nunca en la lucha guerrillera, pero hemos fracasado. Mi responsabilidad es grande; no olvidaré la derrota ni sus más preciosas enseñanzas.[91]

Capítulo X
¿Traicionado por quién, en dónde?

La vida cesó de sonreírle al Che Guevara, pero su prodigiosa voluntad y suerte perdurarían al tiempo de una aventura final. El hombre que emerge de la derrota del Congo conserva su fuerza interna, sus convicciones y los grandes rasgos de su carácter, pero deja algunas plumas en el camino. Había perdido más de cuarenta libras, no pesaba ni cincuenta kilos; el asma y la disentería lo azotaban con una crueldad y frecuencia descomunales.* Peor aún, el desánimo y la desesperación provocados por el cierre de los accesos hacia su destino devinieron rápidamente en depresión. Durante varias semanas yace tendido en una minúscula habitación y una oficina acondicionadas para su convalecencia en el primer piso de la embajada de Cuba en Dar es Salaam.

Sin embargo, pronto comienza a reponerse, primero de las diversas enfermedades que lo agobian, y posteriormente del decaimiento síquico que empieza a desvanecerse conforme avanzan sus planes para el futuro. Como recuerda alguien que lo acompañó durante esos meses en Tanzania: "Yo no creo que él salió con espíritu de derrota sino con espíritu crítico hacia la dirección política de la organización, con un espíritu de comprensión y amor hacia las brigadas congoleñas."[1]

Desde que se acogió a la hospitalidad de Pablo Ribalta en la capital de Tanzania, el Che tomó dos decisiones terminantes:

---

* Según Colman Ferrer, su secretario en Tanzania, "estaba flaco, descolorido, con mala alimentación" (entrevista con el autor, La Habana, 25 de agosto, 1995).

no volvería a Cuba, y su próximo destino sería Buenos Aires. Lo recuerda bien *Benigno*: "Él no quiere regresar a Cuba, no quiere regresar a Cuba por nada."[2] La razón era transparente: la lectura pública de su carta de despedida por Fidel Castro. Ni siquiera en la más hermética clandestinidad deseaba violar su compromiso; si había renunciado a todo en Cuba, no podía retornar vencido y cabizbajo. Además, el rumbo que seguía la economía cubana le resultaba ya completamente ajeno; sus colaboradores habían sido marginados del Comité Central del flamante Partido Comunista; sus tesis internacionales se estrellaron contra las duras realidades del atraso y la idiosincrasia africanas. No tenía, en el fondo, dónde regresar. Por ello, volvió al punto de partida: ahora sí, emprendería el retorno, no como hijo pródigo que se reintegra al seno patrio y familiar, sino para hacer la revolución donde siempre quiso hacerla: en la Argentina.

Ángel Braguer, *Lino*, uno de los encargados de Bolivia en los servicios cubanos, no albergaba dudas al respecto. Desde su postración en Dar es Salaam, el Che no perseguía más que un solo propósito: dirigirse a Buenos Aires, con o sin preparación, recursos y acompañantes:

> Era una forma muy heroica que planteó, casi sin condiciones. Era como quedarse a la orilla del lago Tanganika, casi sin ningún apoyo. Era muy similar a quedarse combatiendo a la orilla del río, casi a campo descubierto, contra una fuerza superior y que te estaba doblegando.*

Los meses pendientes del Che encierran un intenso forcejeo entre La Habana y Dar es Salaam: Guevara lanzándose de manera incesante para el sur, Castro y Cuba inventando nue-

---

* Ángel Braguer, *Lino*, entrevista con el autor, La Habana, 24 de enero, 1996, *Benigno* da exactamente la misma versión en su libro de memorias, publicado en París en 1995, y que suscitó diversas y violentas reacciones oficiales cubanas (véase Dariel Alarcón Ramírez, *Benigno, Vie et Mort de la Révolution Cubaine*, París, Fayard, 1995, p. 108).

vos subterfugios y señuelos para evitar una tragedia en manos de la Gendarmería argentina, a la que Emilio Aragonés tanto temía y con tanta razón. Una de las primeras armas que Castro utiliza para evitar ese viaje es Aleida; otra será Ramiro Valdez, el amigo más cercano del Che en Cuba y tutor de sus hijos en caso de fallecimiento. Pablo Ribalta recuerda el paso de Aleida por Tanzania: "Su esposa llegó a Dar es Salaam. Paraban en la cancillería. El Che estaba muy afable, muy contento, hablaban de los muchachos, se abrazaron... Ella se quedó hasta después."[3] Según una fuente del aparato cubano:

> Se da un juego con Fidel para que no vaya a la Argentina y regrese a Cuba. Fidel manda a Aleida y a otros a verlo. El Che quería ir directamente a Buenos Aires. Fidel le inventa Bolivia, usando los recursos que existen en ese país, para convencerlo de regresar a Cuba y no ir a la Argentina.[4]

El Che se convence paulatinamente de la aventura boliviana, o en todo caso de pasar por Bolivia camino a la Argentina, mas no de volver a Cuba. Desde el otoño austral despacha a José María Martínez Tamayo, *Papi*, a Bolivia, para preparar la ruta a su país de origen; éste llega en marzo a La Paz. También gira instrucciones a *Pombo* y a *Tuma* para que se dirijan al país andino, recuperen unas valijas cargadas de dólares y lo esperen en la frontera con la Argentina; en realidad sus dos ayudantes se detienen en Cuba, donde las autoridades los hacen cambiar de planes, por lo menos hasta julio, cuando también desembarcan en la capital boliviana.[5]

Mientras se desahogan las consecuencias de sus dos dramáticas resoluciones, el Che aprovecha el tiempo libre para su actividad preferida, después del combate y la lectura: escribir. Con las notas consignadas durante los siete meses de estancia en el Congo, inicia la redacción del libro que hemos citado continuamente en el capítulo anterior: *Pasajes de la guerra re-*

volucionaria (el Congo). Colman Ferrer, un joven secretario de la cancillería cubana comisionado en Dar es Salaam, funge como asistente; el Che le dicta, basándose en sus apuntes de campaña; Ferrer transcribe; Guevara revisa y corrige. En sus escritos, el Che evalúa el personal, y, al decir de Ferrer, ve pasar los días "haciendo tiempo, preparando las condiciones para otro escenario". Ciertamente no se aburre; como recuerda Óscar Fernández Mell:

> Una de las grandes virtudes del Che es la manera en que él, aunque puede tener sus gustos exquisitos de entretenerse y de pasar el tiempo. Él podía leer horas, la pasaba de maravilla aunque estuviera solo.[6]

Trabajaba con extrema minuciosidad. Según recuerda Ferrer, "tenía mucho cuidado en las cosas que iba a escribir, evitando caer en el error. Era muy cuidadoso, analizaba, volvía otra vez a releer lo que resultaba de la grabación".[7] Se concentraba por completo en la escritura, y les prestaba escasa atención a sus pasatiempos preferidos:

> Escribía día y noche. Sólo se distraía a veces jugando algunos partidos de ajedrez conmigo. Un día que le estoy dando jaque mate, me miró como si no se hubiera dado cuenta de lo que había pasado, se le veía que no estaba en el juego realmente.[8]

Finalmente, al concluir el mes de febrero, o a principios de marzo de 1966, el Che acepta partir a Praga para planear su próxima etapa vital.* El encargado de conducirlo a la capital

---

* La fecha de finales de febrero proviene de varias fuentes: Fernández Mell, que permanece más tiempo en Dar es Salaam; Ulises Estrada, que acompaña al Che en el viaje a Praga vía El Cairo; Colman Ferrer, que recuerda cuánto tiempo trabajaron juntos en el manuscrito de *Pasajes...*; y Pablo Ribalta.

checa fue Ulises Estrada, el responsable para África de los servicios de Piñeiro.* En Praga el Che residirá cuatro meses recluido, recuperándose de la enfermedad y de la depresión —Castro envía a sus médicos de cabecera a atenderlo—, y organizando desde allí la nueva expedición. Los funcionarios cubanos que los reciben, entre ellos José Luis Ojaldo, del equipo de Piñeiro, inicialmente los alojan en un apartamento citadino, para después ocupar una casa en las afueras, como a veinte kilómetros de la ciudad, rumbo al pueblo de Lídice. Ulises se mantendrá al lado del Che en Praga durante un mes; después lo releva Juan Carretero, quien posteriormente adquirirá fama como *Ariel*, el destinatario y emisor de los mensajes cifrados entre La Habana y Bolivia, así como Alberto Fernández Montes de Oca, alias *Pacho* o *Pachungo*, con quien Guevara viajará a Bolivia en noviembre. Estrada recuerda su estancia en Checoslovaquia en tonos sombríos: el invierno centro-europeo, el estado de ánimo del Che, la incertidumbre sobre el futuro, no confirmaban un cuadro de alegría y esperanza precisamente:

> Estuve con él hasta que decidió que regresara a Cuba. Nosotros vivíamos en un apartamento de trabajo, donde se suponía que el Che podría tener calma. Vivíamos un poco en zozobra. No salíamos a la calle y cuando salíamos, con el compañero José Luis [*Ojaldo*] siempre íbamos a las afueras de Praga, a restaurantes alejados de la ciudad, en el campo. Yo llamaba mucho la atención, las camareras me tocaban el pelo, y entonces él conversó conmigo y me dijo: "Mira, no me vayan a descubrir por ti, porque tú llamas mucho la atención, donde quiera

---

* "Pero todo el mundo regresó para Cuba y él se quedó solo allí en Tanzania y entonces a mí se me orientó sacarlo de Tanzania y llevarlo a un lugar seguro hasta que él decidiera qué iba a hacer." (Ulises Estrada, entrevista con el autor, La Habana, 9 de febrero, 1995.)

que vamos te miran, tienes el privilegio de ser negro y en otro lugar te discriminan y aquí te admiran, yo voy a pedirle a Fidel que me mande a otra gente."*

Fueron quizá los peores meses de su vida: oscuros, tristes y solitarios, preñados de ambivalencia, inundados por la incertidumbre del ambiente. Según una versión verosímil pero no comprobada, el Che tardó semanas en recuperarse de una especie de intoxicación provocada por algún caduco medicamento antiasmático de fabricación soviética. Seguía abatido por la enfermedad y se hallaba sujeto a una infinidad de presiones contradictorias; la vida lo había despojado de las certezas que le permitían resistir a esas presiones y fijar su propio norte. Los meses se alargaron, interrumpidos únicamente por el esfuerzo de guardar el sigilo frente a sus anfitriones, y de organizar, a control remoto, una nueva tentativa de encendido revolucionario. Los checos nunca comprobaron la presencia en su país de Ernesto Guevara, o por lo menos eso suponen hasta hoy sus acompañantes. Los soviéticos tampoco se enteraron: la obsesión guevarista por guardar el secreto aseguró que sus desplazamientos no se detectaran fácilmente, aunque parece dudoso que Fidel Castro se haya abstenido de avisar a Moscú del paradero de su famoso y conflictivo compañero. En todo caso, los movimientos de diversa índole deben haber despertado alguna sospecha. ¿Por qué de repente aparecen en el centro de Europa tantos conspiradores cubanos?

En efecto, en la lucha que emprende Castro para persuadir al Che por lo menos de posponer el retorno a Buenos Aires y realizarlo con una preparación adecuada, se vale de

---

* Ulises Estrada, *op. cit.* Paco Ignacio Taibo II, en su biografía del Che, cita pasajes semejantes de esta mismas entrevistas. En el contexto de un fecundo y solidario intercambio de documentación y fuentes, Taibo y el autor compartieron información obtenida en algunos casos por uno de los dos. En este caso, la entrevista fue concedida al autor, quien se la facilitó a Taibo.

todo tipo de recursos.* Aleida lo visita de nuevo, instándolo a regresar; Ramiro Valdez viaja nuevamente a Praga; *Benigno* se topa con él en Moscú en un cambio de avión, y hoy cree que Ramiro es quien convence al Che de volver a Cuba.[9] Tamara Bunke, *Tania*, la traductora argentino-alemana transformada en agente de los servicios cubanos, también se traslada a Praga, de acuerdo con Ulises Estrada,** quien fue su amante durante más de un año.*** Al cortarse la comunicación cubana con Tamara en La Paz, es convocada a Praga para evaluar su trabajo y las diversas posibilidades que aquel país ofrece:

> *Tania* se quedó sin comunicaciones durante un año en La Paz. Finalmente, hubo un contacto con ella en México y después en Checoslovaquia. Ahí se le cambiaron las claves. Fue en Checoslovaquia donde se rehízo su prepa-

---

* En su entrevista con Gianni Miná en 1987, Fidel Castro confirma que Guevara se negaba a volver a Cuba: "[El Che] no quería regresar porque a él le daba mucha pena volver a Cuba después de publicada la carta [...] Pero al fin yo lo persuado de que regrese, que es lo más conveniente para los fines prácticos de lo que él quería hacer." (Fidel Castro, entrevista de Gianni Miná, Oficina de Publicaciones del Consejo de Estado, La Habana, 1988, p. 327.)
** Estrada, entrevista, *op. cit.* A partir de los documentos recogidos por la CIA en Bolivia, Daniel James, un biógrafo del Che con acceso a información de los servicios norteamericanos, reconstruyó parte del itinerario de *Tania*. Según James, ella sale de Bolivia a mediados de febrero de 1966, vía Brasil; de allí se traslada a México, llegando el 14 de abril y, a partir del 30 de abril "se pierde". Aunque James deduce que fue a Cuba a recibir instrucciones del Che, hoy sabemos que Guevara seguía en Praga, y que ella en realidad se dirigía a Checoslovaquia, aunque puede haber hecho escala en La Habana (Daniel James, *Che Guevara: Una biografía*, México D. F., Diana, 1971, p. 268-269).
*** Estrada, entrevista, *op. cit.* *Tania* se refiere a Estrada en una carta a sus padres escrita el 11 de abril de 1964; espera que no le "roben a mi Negrito antes que yo vuelva, entonces me voy a casar [...] Si habrán enseguida mulatitos no sé [... Él es] flaco, alto, bastante negro, típicamente cubano, muy cariñoso". (Instituto Cubano del Libro, *Tania, la guerrillera inolvidable*, La Habana, 1974, p. 195.)

ración y se le enseñaron los códigos, el horario radial y toda esa serie de cosas operativas. Se hicieron en Praga.[10]

Según Ulises Estrada, los cubanos consiguieron una finca fuera de Praga para efectuar ahí las reuniones del Che con Tamara Bunke, donde "estuvo él con *Tania*".* Así, el rumor sobre el romance del Che con la agente argentino-alemana, si bien no nació en Praga, ya que los múltiples encuentros casuales de ambos en reuniones y fiestas en La Habana alimentaban desde antes la especulación, se fortaleció sobremanera. Entre los servicios cubanos circula incluso la especie de que el verdadero motivo por el cual Guevara se deshizo de Estrada en Praga fue para despejar el terreno con *Tania*; no es imposible. Tampoco se puede descartar la versión según la cual se suscitó un tremendo desaguisado matrimonial entre Guevara y su esposa durante una de las visitas de Aleida a la capital checa, debido justamente a la cercanía de *Tania*. El caso es que todas estas visitas, maniobras y promesas comienzan a confortar el escenario de la expedición del Che a Bolivia. Todos —Aleida, Fidel Castro, Manuel Piñeiro, los subalternos clásicos del Che, sus amigos, *Tania*— se empeñan en construirle una opción y persuadirlo de su viabilidad.

La cuadratura del círculo no era fácil. Por un lado, para evitar una tragedia en la Argentina, era preciso diseñarle al Che una alternativa que fuera viable a sus ojos y de preferencia cercana a su patria. Se intentó Venezuela. Carlos Franqui recuerda cómo Fidel Castro empleó sus buenos oficios ante la

---

* Otra confirmación de la presencia de *Tania* en Praga proviene de los archivos secretos del Partido Comunista de Alemania Oriental (SED). Allí aparece una carta de un colaborador argentino de la revista *Problemas de la Paz y del Socialismo* dirigida a los padres de *Tania* el 27 de abril de 1969, que dice: "Habíamos conocido a su hija, como ustedes recuerdan [...] Durante su estada [*sic*] en Praga, nos visitó varias veces." (Institut fur Marxismus-Leninismus beim Zentral Komitee der SED, Zentrales Parteiarchiv, SED Internationale Verbindungen, Argentinien 1962-72, DY 30/IV A2/20/694, Berlín.)

guerrilla venezolana para que acogiera al Che en su seno;[11] de acuerdo con Franqui, la respuesta fue negativa. Teodoro Petkoff, el líder guerrillero venezolano, preso en aquel momento en la cárcel de San Carlos, hoy en día ministro de Estado, confirma que en efecto se recibió una petición de esa naturaleza, pero que fue rechazada.[12] Germán Lairet, ex representante de las FALN en La Habana, recuerda que llovía sobre mojado: desde 1964 los cubanos habían sondeado acerca de una posible integración del Che a la lucha de la guerrilla venezolana.* Pero ésta agonizaba; las divisiones internas, la contraofensiva del gobierno y el entorno internacional no ofrecían garantías de seguridad para Guevara. Sobre todo, los interesados preferían mantenerlo alejado, ya que, según Petkoff, la injerencia de alguien como el Che hubiera confirmado todas las acusaciones de extranjería proferidas contra los combatientes. A principios de 1967, con el Che en Bolivia y la guerrilla venezolana en las últimas, Fidel Castro lanzará una diatriba feroz contra sus dirigentes, acusándolos de traición por haber abandonado las armas. No era ésa la tierra de asilo apropiada para el comandante Guevara.

Perú constituía otra opción. Por lo menos desde 1963 las luchas guerrilleras de Luis de la Puente y Hugo Blanco habían entreabierto posibilidades interesantes. Pero en realidad la movilización semitrotskista de Blanco en el valle de la Convención concluyó con la detención de su líder el 29 de mayo de 1963; semanas después, otro núcleo, encabezado por

---

* Germán Lairet, conversación telefónica con el autor, octubre, 1996. Régis Debray proporcionó en 1974 una versión contraria, según la cual fueron los venezolanos, y en particular Luben Petkoff, hermano de Teodoro, quienes hubieran invitado al Che a su país, invitación que rechazó el Che por no querer "subirse a un tren en marcha" (Régis Debray, *La Critique des Armes*, t. 2, *Les Epreuves du Feu*, París, Seuil, 1974, pp. 21-22). No son incompatibles las dos versiones; es posible que Fidel haya reactivado la oposición venezolana en 1966 porque los venezolanos habían mostrado interés en 1964 por la posible incorporación del Che.

el joven poeta Javier Heraud, fue aniquilado al ingresar al país desde Bolivia, en Puerto Maldonado. En cuanto al foco más típicamente castrista de De la Puente, al cabo de ciertos éxitos alcanzados en una ofensiva de junio de 1965, sus columnas fueron diezmadas entre septiembre de ese año —cuando cae su líder en combate— e inicios del años siguiente. El último suspiro, un nuevo frente dirigido por Héctor Bejar, desapareció en diciembre de 1965. Además, el Partido Comunista del Perú se había opuesto sistemáticamente a todos estos empeños, argumentando que las condiciones imperantes carecían de madurez, y que la vía armada no era la indicada. De tal suerte que, a pesar de sus intenciones originales, los cubanos se ven obligados a informar a los peruanos de la decisión de "nuestro gobierno de comenzar la lucha primero en Bolivia, y posteriormente en Perú".* Aducían que las condiciones no eran propicias. Invitan a los peruanos a seguir colaborando con ellos, enviando hombres a Bolivia para participar en la guerrilla del país contiguo, y posteriormente formar el núcleo de su propia guerrilla.

Ya no quedaba mucha tela de donde cortar, si se deseaba evitar que las tradicionales rencillas entre fidelistas y comunistas en América Latina se erigieran en un obstáculo, tanto para el desarrollo de las operaciones como para inducir al Che a abandonar su despropósito argentino. Peor aún, resultaba indispensable convencer al Che de que cualquier esfuerzo sustituto de la partida a la Argentina representaba únicamente un peldaño hacia su patria. De allí brota la idea de organizar

---

* Harry Villegas, *Pombo, El verdadero diario de Pombo*, La Paz, La Razón, 1996, p. 17. Hasta 1996, la única versión disponible del diario de *Pombo* era una traducción al inglés, retraducida al castellano, entregada por la CIA a los editores Stein and Day en 1968. A finales de 1996, el Banco Central de Bolivia, en cuyas bóvedas se encuentran resguardados los documentos de la campaña del Che en Bolivia, permitió la entrada a dos periodistas para revisarlos así como la publicación de algunos, entre ellos la versión original del diario de *Pombo* aquí citada.

una guerrilla madre, de donde se efectuarían diversos desprendimientos, siendo el principal precisamente el que se adentraría en la Argentina. Por todas estas razones y por los recursos de los que disponían los cubanos en Bolivia, ese país ofrecía las mejores posibilidades de éxito.* Sólo faltaba convencer de ello a los bolivianos y al Che.

En efecto, Bolivia proporcionaba una serie de ventajas en apariencia inmejorables para la fundación de un foco guerrillero. Para empezar, dentro del Partido Comunista (PCB) se había formado desde tiempo atrás un núcleo de cuadros vinculado con los cubanos. Otro pequeño grupo de estudiantes bolivianos había recibido entrenamiento militar en Cuba en 1965; varios morirían con el Che en la guerrilla; otros permanecerían varados en La Habana durante la epopeya boliviana. Como recuerda Mario Monje, el secretario general del partido, desde 1962 se tejió una relación peculiar entre el PCB y La Habana. En aquel año los comunistas peruanos habían enviado un contingente de estudiantes a visitar Cuba; allí fueron entrenados militarmente sin la venia del Partido, como solía suceder. Después quisieron volver al Perú, pero uniformados y armados, listos para luchar, ingresando a su país desde Bolivia, la mejor vía clandestina. Cuando los cubanos le ruegan a Monje que ayude a los peruanos éste responde que mejor se dirijan al Partido Comunista Peruano. A lo cual los

---

* Según Mario Monje, el secretario general del Partido Comunista de Bolivia, el Che se lo confesó explícitamente: "Es que la única parte donde tenemos una estructura seria era Bolivia y los únicos que tienen algo real para la lucha son los bolivianos y yo no contaba con eso en la Argentina que está en un periodo larvario y en el Perú que todavía recién comienza". A lo cual el boliviano respondió: "Pero esta estructura no es para ustedes; ustedes quieren aprovechar una estructura que no han creado." (Mario Monje, entrevista con el autor, Moscú, 25 de octubre, 1995.) Esta versión corresponde también con la que entrega al argentino Ciro Bustos a sus interrogadores bolivianos de su conversación con el Che en la guerrilla de Bolivia ("Account by Ciro Roberto Bustos of his Stay with Guevara's Guerrillas in Bolivia", citado en Jay Mallin, ed., *Che Guevara on Revolution*, University of Miami Press, 1969, p. 200).

cubanos replican: "El Partido peruano mandó a Cuba a esta gente pero ahora no quiere asumir responsabilidades."[13]

El asunto se empantana y pronto requiere de un viaje de Monje a La Habana, y de varias conversaciones con Manuel Piñeiro y, finalmente, de una entrevista con el propio Fidel. El hecho de que el partido boliviano se brincara al peruano y alentara a un grupo de guerrilleros entrenados en Cuba a penetrar en territorio del país vecino sin el acuerdo ni conocimiento del segundo violaba las reglas de relaciones entre "partidos hermanos". Fidel puso toda su autoridad en la balanza e intentó un último esfuerzo con Monje:

> Miren, nosotros hemos tenido nuestra experiencia. No vamos a oponernos a que estos jóvenes hagan la suya. Si yo solicito a ustedes, al margen de la opinión que tengan, ayudar al paso de estos muchachos a su país, que se les dé la oportunidad que nosotros hemos tenido, ¿por qué no darles la misma oportunidad? Ellos son tan jóvenes como fuimos nosotros jóvenes. ¿Por qué no ayudan a pasar a esta gente en nombre del internacionalismo proletario?[14]

Desde entonces se crea el aparato militar y clandestino del Partido boliviano. Ello acarreaba riesgos reales para el PCB y para otros partidos latinoamericanos. Poco después los cubanos reinciden, al solicitar nuevamente la cooperación de Monje para montar la expedición de Jorge Masetti en Salta. Un ayudante del Che se presenta ante Monje y le declara a quemarropa: "Éste es un pedido del Che, vengo por encargo del Che. Y yo deseo que seas tú solo el que nos ayude en la operación para mandar gente a la Argentina."[15] Monje responde que no podía comprometerse solo y que se vería obligado a informar al resto de la dirección, en particular a Jorge Kolle, en aquella época número dos del PCB, y relevo de Monje como secretario general a partir de 1968. Al ser informado

Kolle, increpa a su jefe: "Otra vez te metes en esta cosa, primero a un lado y ahora del otro. De esto tenemos que avisar a los argentinos, que los cubanos se andan metiendo en sus asuntos, que los cubanos están queriendo meterse ahí." Monje acepta, pero pregunta: "Si ellos mandan gente, ¿qué vamos a hacer? El Che está detrás de esto y me han pedido que les cree la logística."[16] Conviene recordar que el Partido Comunista Argentino figuraba entre los principales enemigos de la línea castrista en América Latina, y Víctor Codovilla, su máximo líder, se había opuesto con particular vehemencia y obstinación a las tesis guevaristas. No importaba: hacia finales de 1963, Fidel Castro reiteró el pedido personalmente, enfatizando que se trataba de una operación del Che. Y, para endulzarle la píldora a Monje, expone sus tesis sobre Bolivia:

> Yo tengo mucha pena por ustedes, por Bolivia, porque es muy difícil hacer lucha guerrillera allí. Ustedes son un país mediterráneo, hubo la reforma agraria; entonces, su destino es ser solidarios con los movimientos revolucionarios de otros países porque uno de los últimos países en lograr su liberación será Bolivia. La lucha guerrillera en Bolivia no es posible.[17]

Tesis que el Che avalará en una conversación con Monje —para gran sorpresa de este último—, en La Habana, en 1964:

> Yo estuve en Bolivia, conozco Bolivia y es muy difícil hacer la lucha guerrillera en Bolivia. Ha habido reforma agraria y esos indios no creo que se sumen a la lucha guerrillera; por eso ustedes tienen que ayudar a las acciones en otros países.[18]

Como ya señalamos, José María Martínez Tamayo, el asistente del Che, llegó a Bolivia en marzo de 1966. De inmediato comienza sus indagaciones en torno a una nueva misión del

Che, aprovechando todos estos antecedentes y su antigua amistad —que remonta al tema Masetti— con varios comunistas bolivianos, entre ellos los hermanos Inti y *Coco* Peredo, Jorge Vázquez Viaña, Rodolfo Saldaña, Luis Tellería Murillo, Orlando Giménez, *Camba*, y Julio Luis Méndez, *el Ñato*. Todo parecía prestarse a una operación exitosa en Bolivia. Por un lado, ya existía un pequeño destacamento, joven y familiarizado con los cubanos y con sus actividades en el país; por el otro, la dirección nacional del PCB comprendía que a pesar de los coqueteos de los isleños con sus disidentes prochinos, La Habana no se había inmiscuido en la vida interna del Partido, ni se propuso jamás, hasta entonces, instalar un foco guerrillero en Bolivia, a diferencia del Perú, la Argentina, Venezuela, Guatemala y, más recientemente, Colombia. Por lo menos formalmente, los comunistas bolivianos se mostraron anuentes al arreglo.

Pero esto no significaba que Monje, Kolle o los demás miembros de la dirección nacional —a diferencia de los integrantes de la juventud del Partido— tuvieran alguna simpatía por la vía armada, o dispusieran de un margen sensible de independencia frente a Moscú. Entre los archivos secretos de la ex URSS aparece el protocolo de una reunión del Politburó del Comité Central del PCUS, en el que se aprobaba un presupuesto estipulando un pago de 30 000 dólares al PCB para 1966, y otros 20 000 dólares para el Frente Nacional de Bolivia, el brazo electoral del partido.[19] Se trataba de una suma considerable, que prácticamente bastaba para sufragar muchos de los gastos de la organización, y representaba un poderoso factor persuasivo.

Así pues, por astucia ladina, Monje y el resto de la dirección comunista se habían mostrado menos reacios que otras agrupaciones latinoamericanas a involucrarse en la lucha armada. Monje cursó una sesión de adiestramiento guerrillero en Cuba durante el primer semestre de 1966; les facilitó a los cubanos el pequeño aparato clandestino del PCB y varios miembros —los hermanos Peredo, entre otros— también pasaron semanas o meses formándose militarmente en la isla. Si se suman los antecedentes conspirativos de los bolivianos con las características geográficas del país —cinco fronteras, valles y cumbres, trópico y nieve— Bolivia surgía como una alternativa casi natural a la ansiada lucha argentina de Ernesto Guevara. La vigencia —o ausencia— de condiciones políticas internas para detonar un proceso revolucionario nunca desempeñaría un papel determinante; lo esencial era encontrarle una salida al Che, y disponer de los recursos para ello.

Durante toda su primavera en Praga, el Che continuó forcejeando con La Habana sobre su destino ulterior, al tiempo que avanzaban los preparativos en Sudamérica. Mientras más se aferraba a la idea de regresar a la Argentina, directamente, o vía Bolivia, más se intensificaban la presión y la seducción del gobierno de La Habana para convencerlo de volver a la isla, organizarse debidamente, escoger él mismo su grupo de apoyo, entrenarlo, y sólo entonces dirigirse a Bolivia. En un diálogo reproducido por Monje, el 31 de diciembre de 1966, Guevara confiesa el origen de las tensiones:

CHE: "Tú sabes que yo salí de Cuba en paso de parada. Fidel me insistió varias veces para que vuelva, pero yo estuve acorralado en un departamento, en un país [Checoslovaquia; C] buscando, tratando de encontrar una salida. Yo no podía ya volver a Cuba, no podía volver a aparecer. Para mí eso estaba cerrado."

MONJE: "¿Y para qué esa solución la encuentras aquí? Tú vienes a caer aquí a una trampa."[20]

No se puede descartar que uno de los grandes malentendidos —o de los enormes engaños— de toda esta saga consista en el matiz entre el paso por Bolivia y la creación de un foco en Bolivia. Mario Monje, el culpable, según Fidel Castro, de la traición fatal que condujo al Che a la muerte, esgrime como uno de los principales argumentos a su favor el que el caudillo le pidiera inicialmente algo muy distinto a lo que sucedió posteriormente. Según Monje, cuando él se entrevistó con Castro en mayo de 1966, de regreso de un viaje a Moscú, en el avión de Fidel entre Santiago y La Habana, Castro le dijo:

> Oye Monje, yo te agradezco toda la ayuda que nos has dado siempre, has cumplido todo lo que se te ha pedido. Ahora hay un amigo mutuo que quiere volver a su país y te pido que tú escojas personalmente a la gente para proteger a este hombre. Nadie puede dudar de su condición de revolucionario. Él quiere volver a su país. En los asuntos de Bolivia no me meto.[21]

Monje accede de inmediato, en vista de la historia ya recorrida y de que, en esta ocasión, ya no se trata de peruanos o argentinos, sino de un jerarca de la revolución cubana cuyo destino es la Argentina. El boliviano no titubea en comprometerse, ni tarda en adivinar que se trata del Che Guevara. El resto de la Dirección del PCB no lo sospechaba, pero adoptó la misma interpretación acerca de las intenciones cubanas.* Así lo confirma Jorge Kolle:

> Creíamos que se trataba de una reproducción de la experiencia de Masetti, porque si bien no nos daban el guión, nosotros éramos parte de una serie de hechos que nos daban una percepción de lo que se estaba haciendo y hacia dónde se estaba haciendo. Ñancahuazú está en un territorio más próximo a la Argentina, está más cerca de

---

* Desde agosto de 1966, Jorge Kolle intuyó que los cubanos se traían algo entre manos. En el Congreso del Partido Comunista Uruguayo, celebrado ese mes en Montevideo, Kolle le confía a Rodney Arismendi, el dirigente del partido anfitrión, que existe "un proyecto guerrillero orientado hacia el Cono Sur en el cual los cubanos desempeñan un papel predominante". (Véase Régis Debray, *La guerrilla del Che*, México D. F., Siglo XXI, 1975, p. 79.)

la Argentina o del Paraguay que de La Paz, está en una zona donde no hay población de donde pueda alimentarse la guerrilla, en una provincia, cordillera, que tiene casi la extensión de Cuba, 82 mil Km cuadrados, con 40 000 habitantes. Nosotros creímos que se trataba de trasladar un grupo a la Argentina.[22]

El PCB pone a disposición de los cubanos a los cuatro cuadros que ya habían colaborado con ellos: Roberto *Coco* Peredo, Jorge Vázquez Viaña, el *Loro*, Rodolfo Saldaña y Julio Méndez, el *Ñato*. Casi de inmediato los tres primeros son despachados a La Habana para recibir un nuevo adiestramiento militar; volverán en julio, vía Praga, donde posiblemente se encuentran con el Che. Al regresar se encargan de reunir a un grupo de miembros de la Juventud Comunista, para enviarlos, junto con Inti Peredo, el hermano de *Coco*, a un entrenamiento militar en Cuba. La maniobra entonces era mucho más ambiciosa y complicada de lo que se proclamaba: se trataba nada más y nada menos que de establecer una guerrilla madre en Bolivia. El *Altoperuano*, como le decían sus correligionarios a Monje por su carácter inescrutable y ladino, ahora cree que Fidel lo engañó, y es altamente probable que así fuera.

Pero no se puede desechar otra hipótesis: al realizar el trato con Monje, tal vez Castro pensaba que el Che insistiría en atravesar Bolivia para reintegrarse a su país de origen; aún no lo persuadía de detenerse en Bolivia, en lugar de abalanzarse a una muerte segura en la Argentina. Si Fidel engatusó o no a Monje, no se sabe. Los comunistas bolivianos nunca quisieron enfrentar directamente a los cubanos mediante una oposición categórica a la lucha armada en su país. Cuando *Pombo* y *Tuma* aparecen en La Paz a finales de julio, y celebran su primera reunión con miembros del Partido, éstos aseguraban que Monje se uniría a la lucha armada, y que si no, el resto del Partido sí cumpliría.[23] En esa misma reunión el propio Monje promete a los delegados del Che por lo menos 20 hombres para la guerrilla. Al sondear los cubanos a Monje sobre la posible integración del Che a la lucha, el boliviano responde que "si así fuera, lucharía a su lado hasta donde fuera".[24] Nadie jugaba cartas abiertas, y todos se vanagloriaban de sus dotes de disimulo, como lo confesaría años después Jorge Kolle: "Yo me jacto de tenerlos completamente despistados porque un día me ponen como pro guerrillero y otro día me ponen como antiguerrillero, o sea, estoy despistando a los cubanos."[25]

Según William Gálvez, el hipotético autor de una biografía oficial inédita del Che, su residencia en Praga se prolonga hasta julio.* Una vez colocados todos los elementos en su debido lugar, Guevara decide volver a Cuba. Lo espera Raúl Castro en el aeropuerto de Rancho Boyeros, en son de paz y reconciliación. De inmediato se traslada a una casa de descanso en San Andrés de Taiguanabo, en la cordillera de los Órganos, donde durante varias semanas se terminará de reponer de los estragos que le causaron sus años de ausencia. Comienza asimismo a preparar en serio la nueva gesta, esperando evitar, en esta ocasión, los errores que condujeron a la debacle en el Congo. Pero como uno de sus amigos lamentará años más tarde, su obsesión por no repetir los yerros de África lo empu-

---

* "Cuando el Che se llamó Ramón", entrevista con William Gálvez, revista *Cuba Internacional*, 1995, núm. 296, p. 31. El general Gálvez en teoría escribió un relato de la estancia del Che en el Congo, que incluso fue premiado en 1995 por Casa de las Américas, pero que reviste la peculiaridad de... no haber sido publicado. Sin duda, es el primer libro que recibe un premio antes de terminarse de escribir. Es probable que las mismas razones que desde 1967 han imposibilitado a cualquier cubano el escribir una biografía del Che, y que han impedido aun la publicación de documentos como las Actas del Ministerio de Industrias o *Pasajes...*, dificulten la terminación y edición del texto de Gálvez. *Benigno* señala que el Che vuelve a Cuba en abril de 1966, pero probablemente adelanta la fecha. Huelga decir que como este capítulo de la vida del Che sigue envuelto en el misterio en Cuba, los "cronólogos" cubanos no proporcionan ninguna información sobre esos meses, aunque dan la fecha del 20 de julio para su retorno a Cuba. (Véase Dariel Alarcón Ramírez, *Benigno, op. cit.*, p. 113, y Adys Cupull y Froilán González, *Un hombre bravo*, La Habana, Ediciones Capitán San Luis, 1995, p. 309.)

jará a cometer incontables equivocaciones adicionales; en Bolivia hizo lo que debió haber hecho en Congo, y viceversa.

Esta vez, selecciona él mismo al personal. Uno por uno, con el comandante René Tomasevich, con el equipo de Piñeiro y con Raúl Castro, revisa los integrantes de la lista. Muchos que insistieron en ser incluidos no lo fueron: Ulises Estrada, Emilio Aragonés, Alberto Mora, Haydé Santamaría, y varios más. Comienza a establecer comunicaciones con el país andino, y a determinar en dónde, con quién y cuándo conviene estrenar las operaciones. De inmediato surgen disyuntivas: operar en la zona de Bolivia llamada el Alto Beni, en el noroeste del país, y en particular en una microrregión semitropical de nombre Los Yungas, vecina a La Paz; o en el sureste, en la cuenca del Río Grande, cerca de Camiri, la capital petrolera del país; acordarse en el Partido Comunista de Bolivia, que, según Fidel Castro y Manuel Piñeiro, se hallaba ya plenamente comprometido con la tentativa armada, o buscar alianzas con los grupos maoístas detectados por el Che, entre otros aquel encabezado por Óscar Zamora, a quien Guevara había conocido en La Habana en 1964, antes de su expulsión del PCB por prochino; depender por completo del aparato cubano, y en particular de la gente de Piñeiro y de Raúl, que tanto lo habían decepcionado en el Congo y que revelaron grados de incompetencia y frivolidad insólitos, o montar paralelamente una red propia de comunicaciones, apoyo, logística e información. Entre julio y noviembre, cuando finalmente abandona la isla para siempre, el Che se debatirá entre estas alternativas, sin llegar nunca a arbitrar de un tajo entre ellas, salvo en lo tocante a la ubicación del foco. E incluso en esta materia, la decisión será más bien producto de las circunstancias que de una deliberación ponderada y consciente.

Una vez escogidos los principales combatientes —casi todos, cuadros vinculados con el Che desde la "invasión", incluyendo a varios que lo acompañaron al Congo y otros que trabajaron con él en el Ministerio de Industrias—, éstos son acuartelados en un campo de entrenamiento en Occidente. Allí permanecen hasta su traslado a la villa del Che en San Andrés, donde se produce una escena célebre. René Tomasevich condujo a los futuros y antiguos guerrilleros a la terraza, donde de pronto aparece un hombre mayor de edad y de estatura media, calvo, con lentes e imberbe, que de inmediato comienza a insultarlos, tildándolos de "comemierdas" e ineptos, poco aptos para la lucha armada. Se irritan de modo creciente hasta que el *Rubio*, Jesús Suárez Gayoll, viceministro de Industrias y compañero del Che desde la batalla de Santa Clara, lo reconoce y abraza a su viejo patrón.[26] La veintena de reclutas se enorgullecen y brincan de felicidad; el honor de haber sido seleccionados rebasa cualquier duda o temor que pudiera habitarlos. No saben, desde luego, que casi todos perecerán en el páramo boliviano.

Poco después del cumpleaños de Fidel Castro, el 13 de agosto, empiezan los entrenamientos en serio. El Che comparte con sus hombres el ritmo desenfrenado y todas las faenas físicas y burocráticas. Comienza por leerles la cartilla: tendrán que olvidarse de su estatuto de oficiales y reconvertirse en soldados rasos, porque eso serán en Bolivia. Las sesiones de tiro se inician a las seis de la mañana, una hora después de la diana. A las once, toca una hora de descanso, para después emprender una marcha forzada de doce kilómetros por las colinas aledañas, con una mochila de veinte kilos a cuestas. Gozan nuevamente de una hora de reposo a las seis de la tarde, para reanudar el trabajo una hora después con cursillos de cultura general: idiomas, historia, matemáticas y español. A las nueve, para terminar, dos horas de quechua: destino boliviano obliga. La lógica del Che era evidente: para evitar los descalabros del Congo, requería de guerrilleros bien formados militar y políticamente, conscientes de lo que hacían y decididos a morir. Necesitaba un batallón de Che Guevaras.

Los fines de semana reciben visitas, ya sea de altos funcionarios, o de Fidel Castro que, según *Benigno*, se presentó en varias ocasiones. Explicó a los integrantes de la nueva expedición guevarista los objetivos y la racionalidad de la misma: desviar la atención de Estados Unidos. En la óptica de Castro, las obligaciones asumidas por Cuba en materia de producción azucarera imponían una participación desmedida de la población en la zafra cada año; se atrasaban la educación y el esfuerzo por diversificar la economía. Cada combatiente le costaba a Cuba diez mil dólares; era preciso imponerle al "imperialismo" un costo de cien mil dólares por cada guerrillero derrotado. Así, la lucha en Bolivia sería a muerte y prolongada; duraría de cinco a diez años. Gracias a ella, se alejaría por lo menos una parte de la presión contra Cuba.

La racionalidad expuesta por Fidel, sin ser absurda, representaba en el fondo una justificación *ad hoc* y retrospectiva de una decisión tomada por otros motivos. Se inscribía ciertamente en una tradición, joven aunque innegable: el apoyo de Cuba a los movimientos revolucionarios en el resto del continente. Con un pequeño contraste: en el caso de Bolivia, a diferencia de Venezuela, Nicaragua, Haití o incluso Colombia, no existía tal movimiento; los cubanos constituían la vanguardia, no una fuerza de apoyo. La supuesta disposición del PCB a lanzarse a la lucha armada no equivalía a un foco preexistente; los cubanos y el Che no llegaron a respaldar un intento inaugurado antes de su arribo, sino a detonar ellos mismos la explosión guerrillera. Se llevaba al extremo la tesis de la innecesaria vigencia de condiciones propicias: ahora las condiciones se creaban desde fuera. Por primera vez desde la invasión de República Dominicana en 1959 —que desembocó en la masacre de todos los expedicionarios—, un número elevado de combatientes cubanos era comisionado para pelear en América Latina en ausencia de un núcleo previamente compuesto por luchadores locales.

La guerrilla boliviana se diseñó y construyó de principio a fin para el Che Guevara. Ya que era indispensable fundar un foco, resultaba preferible dotarlo de un sustrato estratégico que privarlo de toda racionalización política. De allí que se ideara el alegato *ex post* de la distracción del imperialismo y de la ruptura del cerco a Cuba; en efecto, una victoria revolucionaria en otro país le brindaría un respiro a la isla. Sólo que si la lucha conducente a dicha victoria se identificara en exceso con Cuba, el precio a pagar por el régimen resultaría tan elevado como los réditos que derivaran de él. Así sucedió un decenio después, con la Nicaragua sandinista, incluso sin una presencia cubana tan decisiva como en Bolivia. Los beneficios para Cuba fueron reales; los costos, igualmente.

Parecía una última apuesta de Fidel Castro; se jugaba cara o cruz. Si la aventura boliviana fructificaba y triunfaba la revolución en ese país, o si el foco madre conducía al éxito en una nación limítrofe, el asedio a la isla se quebraría, abriendo nuevas perspectivas para Cuba. En el caso contrario, Castro se resignaría ante el carácter inevitable del alineamiento con Moscú, hasta que surgiera una nueva tregua o el margen de maniobra se ensanchara. Durante el tiempo de la sobrevivencia del Che en Bolivia, un poco antes y un lapso después, Castro cambió innegablemente de discurso y de ánimo frente a la URSS: volvió a apoyar las tentativas insurreccionales en el continente, y a principios de 1968 atravesó por la peor crisis en sus relaciones con la Unión Soviética, al suspenderse las entregas de petróleo ruso a Cuba. Pero después de la derrota definitiva del Che y de los focos restantes en otros países, la realidad le pasó a Castro la factura. En agosto de 1968, ante la invasión soviética de Checoslovaquia, Fidel se pliega y avala una medida que marcó para siempre el porvenir del socialismo en el mundo y en Cuba. Fue la verdadera consecuencia de la debacle boliviana del Che. Otro futuro aguardaba a América Latina de no haber sido acribillado el argentino en La Higuera. Sólo que efectos no son causas; Bolivia fue una solución de compromiso, no un concepto estratégico.

A partir de agosto de 1966 las labores preparatorias se intensifican. Varios bolivianos reciben entrenamiento en Cuba; simultáneamente, *Pombo, Papi* y *Pachungo* se ufanan en definir los últimos detalles en Bolivia. Tamara Bunke (*Tania*), de vuelta en La Paz al cabo de su viaje a Praga, funge como enlace; esconde a los cubanos, los pone en contacto con distintos sectores locales, y asegura la logística: dinero, casas de seguridad, documentos y armas. Pronto, sin embargo, los cubanos comprenden que no todo es miel sobre hojuelas, y que algo anda mal en el Alto Perú.

La relación con el partido boliviano se enreda. Cuando Monje y los demás dirigentes del PCB advierten que los cubanos no pretenden sólo transitar por Bolivia hacia la Argentina sino establecerse en su país, se molestan terriblemente. Al solicitarle los cubanos los veinte hombres prometidos, el dirigente boliviano finge ignorancia. Explica que "tiene problemas con su Comité Central que se opone a la lucha armada". Los lugartenientes de Guevara intuyen que impera "mucha incertidumbre acerca de la decisión de unirse a la lucha armada". Nada avanza, los planes se encuentran detenidos: "Hay poco entusiasmo y apatía por el asunto." Concluyen que "somos los únicos que hacemos toda la organización y ellos no nos están ayudando".[27] Lógicamente, al informar del caos y la adversidad a La Habana, provocaban desánimo y desconcierto: "Están locos [allá] porque nada está listo aquí."[28]

La situación se agrava cuando en aquel invierno austral de 1966 entra en escena un personaje heterodoxo: el escritor francés Régis Debray, quien ya había visitado el país en 1963, en parte debido a sus tenues vínculos con el maoísmo parisino de la revista *Révolution* y de Paul Vergés, en parte gracias a los ahorros de su esposa venezolana, Elisabeth Burgos. Ahora se hallaba en Bolivia comisionado por Fidel Castro con un propósito distinto: completar el estudio de las distintas regiones del país para determinar cuál era la más idónea para un foco, entablar pláticas con los sindicalistas prochinos de Moisés Guevara (un dirigente sindical minero), separados tanto del PCB como del grupo maoísta dirigido por Óscar Zamora, con quien también habló.* El estudio encerraba dos finalidades: escoger el mejor sitio para la guerrilla, pero también reforzar la labor de convencimiento del Che de que el esquema boliviano era factible. La vinculación de Debray con el caudillo cubano no escapaba a nadie; en esas semanas se publica su libro *¿Revolución en la revolución?*

En la mente de Mario Monje, la aparición de Debray en septiembre, junto con la presencia de *Pombo, Papi* y *Tuma* en La Paz y Cochabamba desde julio de 1966, es justamente lo que le pone la pulga en la oreja. La versión planteada inicialmente por Fidel, a saber, que la misión consistía exclusivamente en "pasar" a un alto dirigente cubano a la Argentina, no cuadraba con la llegada de personajes de la talla de Debray y de los ayudantes del Che. Como también recuerda Jorge Kolle, "a Debray lo conocíamos de mucho antes, de sus relacionamientos con los venezolanos y de sus criterios alineados con la disidencia maoísta, con la disidencia china."[29]

Al detectar los comunistas la presencia de Debray en Los Yungas, comprendieron que los cubanos "nos estaban desinformando, que no nos dieron el guión".[30] Cuando Monje ve un día a Régis Debray en Cochabamba, enfurece, e interpela a *Papi* y a *Pombo*:

"¿Qué está haciendo Régis Debray en Bolivia? Ustedes lo conocen pero nosotros no tenemos ningún contacto con él. Él ha venido a que ustedes comiencen la lucha guerrillera." "No", responden los cubanos, "nada tenemos que ver con él". Monje: "Eso habrá que verlo, uste-

---

* "Yo hablé con Zamora; fui a hablarle de la guerrilla. Dijo que sí". (Régis Debray, entrevista con el autor, París, 3 de noviembre, 1995.)

des están queriendo desarrollar la lucha guerrillera aquí, y el compromiso no lo están cumpliendo."*

Se desata una nueva serie de vencidas, ahora entre Monje y la mayoría de la dirección del PCB, por un lado, y Castro y Piñeiro, con el Che de espectador, más o menos inocente, del otro. Los cubanos realizan un juego doble: tratan de incitar a Monje a participar en una lucha armada que éste no desea encender en su país, por considerarla inviable.** Al mismo tiempo, procuran infiltrar y dividir al Partido Comunista de Bolivia, reforzando como pueden a la fracción partidaria de la vía militar, compuesta por dirigentes como los Peredo, Jorge y Humberto Vázquez Viaña, y por la juventud encabezada por Loyola Guzmán. Era lógico que el Che y los cubanos se identificaran con esos interlocutores en el Partido. Preexistían lazos de solidaridad, afecto y experiencias comunes, así como una gran afinidad ideológica. Para no colocar a sus amigos ante la desgarradora disyuntiva de optar entre la lucha armada y la disciplina partidaria, era preciso que Guevara y los cubanos no rompieran con la dirección del PCB.*** Más tarde, el 31 de

---

* Mario Monje, entrevista, *op. cit.* Debray confirma que en efecto, él no conocía a *Papi* ni a *Pombo* (Régis Debray, entrevista con el autor, París, 3 de noviembre, 1995).
** A pesar del encono que persiste entre Monje y Kolle, sus visiones respectivas son coincidentes. Así, Kolle afirma: "¿Cómo íbamos a meternos en un proyecto que habíamos combatido? Fuimos solidarios con la Revolución Cubana toda la vida, toda la vida, y estábamos dispuestos a aguantarnos lo que sea, incluso que nos digan traidores, cobardes, lo que sea, en función de proteger a la Revolución. Pero una cosa es el hecho histórico de la Revolución Cubana y otra las vicisitudes de los personajes a través de la historia." (Jorge Kolle, entrevista con el autor, Cochabamba, 29 de octubre, 1994.)
*** El Che era consciente del dilema en el que se habían colocado los comunistas dispuestos a incorporarse a la lucha armada. En uno de los primeros registros de su *Diario de campaña*, apunta: "Advertí a los bolivianos sobre la responsabilidad que tenían al violar la disciplina de su partido para adoptar otra línea" (Ernesto Che Guevara, *Diario de Bolivia*, nueva edición anotada, publicada en Carlos Soria Galvarro, *El Che en Bolivia. Documentos y testimonios*, t. 5, La Paz, Cedoin, 1994, p. 63). Ésta es la edición más reciente del *Diario*, y sobre todo, la que contiene anotaciones más detalladas.

diciembre, se producirá la ruptura, la escisión y la abierta hostilidad del PCB; pero hasta entonces era indispensable liberar las relaciones entre cubanos y comunistas de tensiones excesivas. La única manera de lograrlo era mediante embustes y ardides. El Che y sus huestes no se equivocaron en cuanto a la integridad, valentía y compromiso de los comunistas, ya fuera los miembros de la juventud o de la disidencia pro castrista. Pero pagaron un precio elevado, tanto en términos del tiempo y esfuerzo dedicados al PCB en detrimento de otros grupos, como en lo tocante a las consecuencias de tanta ambigüedad y misterio.

Monje pronto inicia sus propias trampas y disimulos. Primero procura cambiar la ubicación de la finca que se va a comprar; ya no en el Alto Beni y Los Yungas —lo que les convenía a los cubanos— sino en función de su propio objetivo: sacar al Che y a los cubanos de Bolivia lo más pronto posible. La diferencia entre el sitio inicial en el noroeste y Ñancahuazú era evidente: el primer lugar carecía de vías de salida; era idóneo para una lucha en Bolivia, mas no para armar una columna madre desde donde se desprenderían contingentes hacia otros países, y mucho menos para pasar rápida y clandestinamente a la Argentina. El sureste, en cambio, era ideal para ese cometido. Enseguida Monje convoca al buró político del Partido y le advierte, en tono solemne: "Señores, la lucha guerrillera comienza en Bolivia en septiembre u octubre. Régis Debray está reconociendo el terreno en Bolivia."[31] Decide viajar a La Habana para consolidar el compromiso inicial con los cubanos o, en el caso contrario, anularlo.

Simultáneamente, Fidel y Piñeiro le ocultan al Che, hasta donde les resulta posible, la complejidad de los sentimientos y de las diversas posturas. Hasta la víspera de su salida, el Che ignoraba en definitiva que Monje no contempla sinceramente su incorporación a la lucha armada, ni que el boliviano ha sido engañado en alguna medida. Menos aún se imagina que los comunistas efectivamente conformes con el plan sólo representan una minoría marginal del PCB. La motivación de Castro es comprensible: el principal atractivo de Bolivia como localización de un foco, a diferencia de la Argentina, reside en los recursos de los que dispone Cuba en ese país. Revelarle al Che los matices involucrados, el escepticismo imperante y la precariedad de dichos recursos se antojaba contraproducente: para el caso, Guevara hubiera respondido que sería mejor partir de una vez para su patria perdida. Se construye así una cadena de engaños, malentendidos, eufemismos y simulaciones que confluyen en una conclusión preliminar: iniciar la lucha armada en Bolivia contra viento y marea. Después, convergerán en un desenlace trágico: el fracaso completo de la tentativa, y la muerte atroz o heroica de todos los participantes directos.

Durante las últimas semanas en San Andrés de Taiguanabo se aceleran los entrenamientos, y comienza la elaboración de las falsas biografías de cada uno de los cubanos: algunos serán uruguayos —el Che—; otros, ecuatorianos —*Benigno*—, y otros más, peruanos y hasta bolivianos; en total, partirán veintiún cubanos.[32] El grupo incluye a cinco miembros del Comité Central del partido, y a dos viceministros de Estado, Guevara diseña un primer plan y el calendario de largo plazo, cuyo incumplimiento será total. La intención consistía en abrir dos frentes, uno cerca de la ciudad de Sucre, otro en el Alto Beni. Para el 20 de diciembre habrían arribado la totalidad de los cubanos seleccionados así como sesenta bolivianos; con este núcleo inicial se crearía, más que un foco guerrillero, una especie de escuela de cuadros de la guerrilla latinoamericana. Las características del campamento debían entonces ser más bien el sigilo, la impenetrabilidad y el aislamiento, y no tanto la inmersión en zonas campesinas pobladas con propósitos de reclutamiento u obtención de víveres. A principios de 1967, se lanzaría un llamado a las direcciones revolucionarias latinoamericanas, para que enviaran a sus mejores cuadros, por las vías de acceso facilitadas por el PCB y Mario Monje.* Del campamento inicial partirían diversas columnas nacionales en dirección a sus propios países, en excursiones de entrenamiento y reconocimiento más que de combate; al cabo de varios ensayos, se internarían en sus respectivos países, el Che conduciendo a la columna argentina.** Antes, sin embargo, el 26 de julio de 1967, la guerrilla haría su primera aparición pública en Bolivia, asaltando el cuartel de Chuquisaca o el de Sucre, con lo que les brindarían a los reclutas su bautizo de fuego.[33] La similitud con la experiencia de la Sierra Maestra —la creación de una columna madre de la cual se desprenden pronto varias otras— saltaba a la vista.

El 15 de octubre era el Día D. A partir de esa fecha se desmonta el cuartel de entrenamiento de San Andrés y se producen de manera escalonada las salidas hacia Bolivia, todas por amplios y alambicados rodeos. El operativo revestirá la gran ventaja de guardar el secreto de modo ejemplar, pero encerrará el inconveniente de exigir un esfuerzo enorme para lograr un efecto efímero. Como el Che le confesará a Renán Montero, uno de sus enlaces urbanos, al encontrarse con él en la frontera con el Brasil a principios de noviembre, los dispositivos de seguridad de las autoridades bolivianas eran mucho más laxos y descuidados de lo que pensaba; tanto empeño

---

* Tal vez algunas partes de este plan fantasmagórico se hubieran podido aplicar. Un informe confidencial de la Sección de Inteligencia del Departamento de Defensa de Estados Unidos señala el 16 de marzo de 1967 que un grupo de revolucionarios panameños pensaban zarpar de su país clandestinamente para dirigirse a la Argentina, donde recibirían entrenamiento militar en un campamento comandado por Ernesto Guevara (Department of Defense Intelligence Report, "Alleged Training of Panamanian Revolutionaries in Argentina", Colón, 16 de marzo, 1967, núm. reporte: 2230024967 [confidencial]).

** Esta versión ya había sido divulgada por Régis Debray en *La guerrilla...*, p. 75. Por su parte, el testimonio de *Benigno* es tanto más valioso ya que confirma la idea del Che desde Cuba, y proviene de alguien que estuvo presente en el campo de entrenamiento (véase *Vie et Mort...*, p. 127).

sigiloso resultó en parte redundante.* O tal vez el esfuerzo iba dirigido hacia otros; es probable que los soviéticos no se enteraran de inmediato de los preparativos, ni de la misión a Bolivia. Esta vez Castro no le informó a Alexeiev.[34] Igual en una nota secreta la CIA relataba un año después que Castro "le informó a Brezhnev que Che Guevara había ido a Bolivia en el otoño de 1966 con hombres y equipo suministrados por Cuba".[35]

De todas maneras los preparativos desgastaron al Che. Días antes de partir de Cuba se produjo un incidente que ilustra la obsesión guevarista con la necesidad de guardar el secreto, así como el estado de ánimo del Che, y de sus compañeros. Aleida solía visitar al Che en el campamento; en vísperas de su salida, cuando a los demás combatientes se les había negado el permiso para despedirse de sus familiares, Ramiro Valdez llega con ella a San Andrés para que acompañe a su marido los últimos días. El Che desata un escándalo espectacular, insultando a Valdez y prohibiéndole a Aleida que descienda del automóvil. En pleno altercado, como en la canción de Carlos Puebla, llegó Fidel. Al comprender lo que sucedía, convenció al Che de que convenía permitirles a todos los expedicionarios ver a sus seres queridos una vez más antes de partir; con ello no se violaría ninguna regla sagrada de la clandestinidad. Guevara acepta, y ya en esas condiciones también accede a que Aleida permanezca en San

* Renán Montero, *Iván*, entrevista con el autor, La Habana, 25 de agosto, 1995. De todas las entrevistas realizadas para este libro, la única que no fue posible grabar ni realizar en presencia de un testigo, fue ésta. Renán Montero nunca ha hablado sobre su papel en Bolivia, ni mucho menos de su participación en Nicaragua, donde combatió desde 1961 con Tomás Borge y el grupo de sandinistas armados por el Che, y en el que fue subjefe de seguridad del Estado entre 1979 y 1990. Un corresponsal extranjero en La Habana acompañó al autor a la casa donde se encontraba de paso Montero, comprobó que en efecto se trataba de Montero, y puede corroborar que Montero accedió a ser entrevistado por el autor. Pero no estuvo presente en la entrevista.

Andrés.* Las desorbitadas exigencias que se imponía a sí mismo y sobre todo a los demás, contribuirían de manera nada despreciable a la debacle boliviana.

El aparato de desinformación montado para la expedición a Bolivia era impresionante; de haberse consagrado tanto tiempo y esfuerzo a los demás aspectos, otro gallo hubiera cantado. Ramiro Valdez y los servicios del Ministerio del Interior fabricaron una leyenda para cada combatiente, según la cual se dirigían a la URSS a estudiar. Les entregaron cartas, postales y documentos falsos, para que sus familiares se persuadieran del destino que les aguardaba, y hasta anotaron una lista de los regalos típicos de los países socialistas que deseaban obsequiar a sus esposas e hijos.

Cuentan que justo antes de salir, en el barranco de San Andrés, donde se había colocado un cable para tiro con blanco móvil, el Che y Fidel se sentaron juntos en un inmenso tronco y sostuvieron su última conversación a solas.** Un oficial del Ministerio del Interior que asistió a todos los entrenamientos pero que finalmente fue excluido de la misión, logró entreoír parte de la plática, y dedujo lo demás por el lenguaje corporal de los dos amigos: Castro hablando, el Che hosco y retraído; Castro intenso y locuaz; Guevara silencioso. El *Caballo*, como siempre se le ha dicho a Fidel en Cuba, insistió en las complicaciones que habían surgido y en las dificultades

---

* Dariel Alarcón Ramírez, *Benigno, Vie et Mort...*, pp. 131-132. El hijo de Jesús Suárez Gayol, el primer muerto cubano en Bolivia, nos confirmó el sentido general de esta anécdota, en compañía de su esposa, Mariel, durante una plática en La Habana, en enero de 1996.

** Esta versión, confiada al autor por una fuente que pidió no ser citada pero que —según la terminología consagrada— ha demostrado ser confiable en el pasado, no contradice necesariamente la que proporcionó Fidel Castro en su entrevista en 1987 con Gianni Miná. Allí Castro describe cómo "el día que se fue" le hizo una broma al Che invitándolo a comer con varios compañeros de la dirección cubana. Nadie lo reconoció; pero ésa no fue la última vez que estuvieron solos Fidel y el Che, ya que en esa ocasión el Che ya se encontraba en la clandestinidad frente a los propios compañeros del Partido.

intrínsecas de la expedición a Bolivia. Subrayó la deficiencia de las comunicaciones con el lejano país andino, y destacó —ahora sí— las reticencias de Monje y la debilidad organizativa de Inti y *Coco* Peredo. Buscaba con ello disuadir al Che, o en todo caso lograr que pospusiera el viaje. Ambos se pararon, y se dieron de palmadas fuertes en la espalda: menos que golpes, más que un abrazo, Fidel casi expresando con la gestualidad genial que lo caracteriza su desesperación ante la tozudez del argentino. Luego se sentaron de nuevo, en silencio. Después, Fidel se levantó, y se fue.

Por última vez en su vida, al Che le ganan las prisas. Comprendía —si bien con grandes lagunas informativas— que buena parte de los planes para Bolivia se desbarataban. Conforme cobraba conciencia de la envergadura del esquema, Mario Monje lo saboteaba de manera inusualmente explícita. Sus encuentros con *Pombo* y las andanzas de Debray le confirmaron sus sospechas, atizadas por los viajes de sus colegas a la isla: los cubanos se proponían montar un foco en el Alto Beni. Entonces se decide a "quemar" la zona, es decir a divulgar, donde debía ser divulgada, la noticia de la intención cubana. Al hacerlo, Monje obliga a los lugartenientes del Che a abandonar el proyecto del Alto Beni o Los Yungas por otro: el del cañón de Ñancahuazú, en el sureste boliviano, un sitio totalmente inapropiado para una guerrilla, aunque adecuado para una remota y apartada escuela de cuadros, o como base de lanzamiento de un nuevo proyecto argentino.* Monje con-

---

* Según Monje, él le aclara eso al Che en su conversación del 31 de diciembre de 1966: "Esta propiedad nosotros la hemos comprado, en primer lugar, para ser un punto de paso hacia el sur, de concentrar fuerzas y trasladarlas. Este lugar es malo. Estratégicamente es muy malo. No sólo porque el monte es escaso, pobre, sino porque no existen concentraciones humanas aquí. Esto es una especie de trampa, aquí no se puede sostener una lucha guerrillera. Hay que salir de aquí, pero salir de inmediato, porque aquí se cae. Éste es un lugar, desde el punto de vista de la lucha armada, mal elegido porque tenía otro propósito." (Mario Monje, entrevista, *op. cit.*)

fiesa hoy que él indujo el desplazamiento hacia Ñancahuazú a sabiendas de que era una ratonera, porque quería acercar al Che lo más posible a la Argentina, evitando de ese modo el estallido de la lucha armada en Bolivia.*

Debray enmaraña aún más el tema, recordando cómo, a su entender, el mejor texto político de su vida fue justamente el informe, encomendado por Fidel, que le entregó a Piñeiro, donde expone por qué el Alto Beni o Los Yungas era la zona más propicia para una guerrilla: clima, geografía, antecedentes políticos, rurales y urbanos, etc.** Pero, según recuerda ahora Debray, el Che jamás recibió el estudio que remitió a Piñeiro, y por tanto no asimiló del todo la enorme diferencia que imperaba entre la zona del Beni y la del sureste.*** En una reunión celebrada en La Habana en abril de 1968 —meses después de la muerte del Che— entre los tres sobrevivientes cubanos de la guerrilla, el hermano menor de los Peredo, Antonio; el hermano de Jorge Vázquez Viaña, Humberto; Juan Carretero o *Ariel*; y Ángel Braguer, *Lino*; *Pombo* aclaró: "La lucha pensábamos desarrollarla al norte [...] No era en Ñancahuazú donde pensábamos operar."[36] Dirigiéndose a *Ariel*, agrega: "Al Che lo engañaron. A nosotros nos habían dicho que ésa era una zona de colonización y no

_____

* Humberto Vázquez Viaña, elemento cercano a la guerrilla, uno de los responsables de la red urbana y hermano de Jorge, el *Loro*, sostiene que Monje también se oponía al Alto Beni porque en la zona subsistían organizaciones campesinas de inspiración maoísta, controladas por sus archienemigos, los prochinos de Óscar Zamora (véase Humberto Vázquez Viaña, *Antecedentes de la guerrilla en Bolivia*, Universidad de Estocolmo, Research Paper, 1988, p. 27).
** Régis Debray, entrevista con el autor, París, 3 de noviembre, 1995. Debray agrega: "Yo hago un informe y se lo doy a Piñeiro. No hablé con el Che."
*** Para Debray, hasta la fecha no queda claro si trabajó en balde por razones cronológicas —cuando él terminó su estudio, el Che ya iba camino a Bolivia— o por razones políticas, es decir debido a la reticencia de Piñeiro y/o Castro a entregárselo. Después le comentaron que su informe en realidad serviría para la apertura del segundo y tercer frente, en el Alto Beni y el Chapare (Debray, entrevista, *op. cit.*).

era así. Hay que revisar los informes que deben estar por allí."[37] Como concluyó Humberto Vázquez Viaña, esto indicaba que la elección de la zona de operaciones de la guerrilla había sido realizada sin un estudio previo serio y consultado: *Pombo* y *Papi* simplemente no conocían el país.* Por lo demás, el Che no disimulaba su descontento con el desempeño de sus enviados; en la versión inexpurgada del diario de *Pombo*, Martínez Tamayo relata que en septiembre fue víctima de una clásica descarga del Che: "Su gran error había sido mandarlo [a Bolivia] pues no sirve de nada", a lo cual *Papi* respondió que el comentario le había dolido hasta el alma, ya que se encontraba en ese país "no porque le interesaran particularmente las cosas de Bolivia sino por lealtad personal al Che".[38]

He aquí una más de las consecuencias del fracaso del Congo: el Che no quiso depender del aparato de inteligencia cubano, sino de sus propios colaboradores. Ninguno de los hombres de Piñeiro fue enviado de avanzada a Bolivia,** ni

---

* Humberto Vázquez Viaña y Ramiro Aliaga Saravia, *Bolivia; Ensayo de revolución continental*, edición provisional para circulación restringida, julio de 1970. *Benigno* sugiere otra explicación de por qué *Papi* Martínez Tamayo acepta la ubicación de Ñancahuazú: "*Papi* era un hombre que se ilusionaba. Las ilusiones vinieron bastante cerca de sus jodederas personales. Pero allá por Lagunilla (cerca de Ñancahuazú) había unas chicas que habían conocido y *Coco* Peredo estaba con una y *Papi* estaba con la otra y aquello los hizo establecer más relaciones en la zona." Parece ligeramente descabellada la idea, pero al conocer las apreciaciones del Che sobre *Papi*, inéditas hasta principios de 1996, la interpretación resulta más plausible, aunque todavía improbable: "7/2/67 [tres meses]. No ha logrado su completo estado físico ni tiene el carácter ideal. Un poco resabioso y resentido, al parecer porque su privilegiada situación del C. se ve muy disminuida en esta constelación." "7/5/67 [seis meses]. Mal. A pesar de que hablé con él, no ha mejorado sus deficiencias y sólo se muestra efectivo y entusiasta en los momentos de combate." (Carlos Soria Galvarro, "El Che evalúa a sus hombres", en La Paz, *La Razón*, 9 de octubre, 1996.)

** "El aparato de Piñeiro, estaba en función de apoyar a Ernesto, para sus acciones ya sea en el Congo, sea para la Argentina o, finalmente, para su acción en Bolivia, pero tampoco ellos habían preparado un aparato en Bolivia. No hubo nadie del equipo de Piñeiro aquí" (Jorge Kolle, entrevista *op. cit.*).

uno de los funcionarios asignados anteriormente a la embajada de Cuba en La Paz fue requerido para viajar al país andino; a Debray no le pudo hacer caso; ni siquiera *Furri*, el confidente de Raúl Castro que participó en los preparativos de la guerrilla de Salta, fue escuchado. Después de las distorsiones de los hombres del aparato en el Congo, el Che desconfiaba de todos salvo de sus colaboradores más cercanos; pero ellos, como él mismo lo reconocerá en su conversación con Monje a fin de año, eran militares, no operadores políticos. Igual, mientras se encontraba en Cuba, las informaciones procedentes de Bolivia eran filtradas por el equipo de Piñeiro. El propio *Barbarroja*, Armando Campos y Juan Carretero lo visitaban casi todos los fines de semana. Según *Benigno*: "Lo que el Che recibía era a través de Piñeiro [...] Iban a llevarle noticias de todo lo que se estaba haciendo en Bolivia, el avituallamiento, la logística y todo lo que informaban eran maravillas."[39] El Che tenía razón en desconfiar de ellos; le hicieron la misma jugada que en el Congo.

Desde agosto Guevara transmitió instrucciones precisas a *Pombo*, *Tuma* y *Papi* para que compraran la finca en el Alto Beni. Pero éstos, manipulados por Monje y constreñidos por la necesidad de mantener relaciones cordiales con él para proteger a sus amigos en el PCB, insistieron en el sureste boliviano. Le presentaron como un hecho consumado a su jefe la compra de una finca en Ñancahuazú y el principio del traslado de las armas allí. El Che cedió, tal vez porque no conocía el texto de Debray, o quizás porque no se formaba todavía una idea clara de su propia intención —¿un foco en Bolivia o una mera escala camino a la Argentina?—, y porque el tiempo apremiaba.* Contradecir a sus delegados en el país andino implicaba volver a empezar todo. Asimismo, habría que de-

---

* *Lino* afirma al contrario de Debray que "el Che sí leyó el estudio del francés, pero que acepta el hecho consumado del sureste porque tenía prisa y, sobre todo, no quería volverse a pelear en Cuba" (*Lino*, entrevista, *op. cit.*).

morar su propia partida a Bolivia, ya que no podía permanecer indefinidamente en las ciudades; debía internarse en algún campamento con cierta celeridad, para evitar indiscreciones y delaciones. Pero el campamento no se podía montar si no se compraba la finca, y no habría finca si no se aprovechaba la que el PCB había elegido justamente en Ñancahuazú. En lugar de esperar, el Che prefiere apresurarse y salir de Cuba cuanto antes. Temía, con razón, que si se dilataba, podían suceder dos cosas: o bien Monje y el PCB lo "quemaban", o Fidel Castro, al intuir que los preparativos fracasaban, abortara la expedición. Como recuerda *Lino*: "No había tiempo para estar montando más nada."*

Al llegar a Bolivia, el Che comprueba la ausencia de los combatientes prometidos o solicitados por Castro y aceptados a regañadientes por Monje. En lugar de reconstruir la relación con los comunistas bolivianos, o con los prochinos de Óscar Zamora —que también deciden abstenerse de participar en la guerrilla, o incluso de reorientar todo hacia el movimiento popular boliviano y los mineros— el Che opta por reclutar a un grupo maoísta disidente, aquél encabezado por el sindicalista Moisés Guevara. Mientras más se relajaban los requisitos de reclutamiento, y se tendían más ampliamente las redes, mayores eran las posibilidades de infiltraciones y de selecciones equivocadas: personas que accedían a incorporarse a la guerrilla por dinero o promesas, y que al primer encuentro con las realidades de la guerra desertarían. Pero escoger a la gente de manera más esmerada hubiera implicado postergar también el inicio de las operaciones; no se podía empezar sin contar entre las filas a combatientes bolivianos y los de Monje se habían reducido a cuatro o cinco cuadros, algunos

---

* *Lino*, entrevista, *op. cit.* Según la versión que dio Ciro Bustos de su conversación con el Che en el campamento, Guevara le indicó que cuando viajó *Papi* Martínez Tamayo a Cuba en septiembre, le informó que o entraba pronto a Bolivia, o no entraría nunca (véase, "Account by Ciro Bustos of his Stay…", p. 201).

de los cuales, además, debían ubicarse en las ciudades; sólo quedaban peruanos resignados y cubanos sobreexcitados. Por ello la presencia de bolivianos, casi de cualquier filiación, se tornaba indispensable. Este conjunto de circunstancias adversas lógicamente hubiera obligado a repensar toda la aventura y en todo caso a posponer la salida de Cuba; el Che, en cambio, ejecuta la última fuga hacia adelante de su vida. A pesar de todo, resuelve proseguir con el calendario previsto, con los planes pendientes, con los medios de a bordo. Un hombre sensato, prudente y provisto de tiempo y paciencia hubiera reculado al sentirse en la orilla del precipicio; aunque entonces nunca habría sido guerrillero. El Che, en cambio, tenía prisa y ansias por salir de Cuba, donde ya no cabía.

Antes de partir se despide de Aleida y de los niños. Disfrazado de funcionario uruguayo y con el seudónimo de *Ramón*, calvo, barrigón y miope, cena con sus hijas, sin revelar su identidad; lo sabrán después, cuando se confirme la noticia de su muerte. El 23 de octubre sale de La Habana rumbo a Moscú en compañía de *Pachungo*, su compañero de viaje. De allí viajará a Praga, luego irá en tren a Viena y Francfort, después a París, Madrid y Sao Paulo, para finalmente llegar a Corumba, en la frontera boliviana, el 6 de noviembre. Los viajeros cruzan sin mayores problemas y, horas después, *Papi*, Renán Montero y Jorge Vázquez Viaña los recogen en un jeep para conducirlos a Cochabamba y La Paz. El jeep casi se voltea cuando Vázquez Viaña, hipnotizado por la cara familiar aunque desconocida de su pasajero, descubre que se trata del legendario comandante Guevara: hasta ese momento no sabía quién era.

Durante mucho tiempo subsistieron diversas versiones y motivos de escepticismo sobre el verdadero itinerario del Che. Por un lado, prevalecen ciertas incongruencias en los pasaportes que utilizó. Cuando el ejército boliviano penetra en su campamento y captura una gran cantidad de documentos, se descubren dos pasaportes uruguayos falsos con las mismas fotos, uno a nombre de Adolfo Mena González, el otro correspondiente a un tal Ramón Benítez Fernández; ambos registran dos sellos de salidas y entradas del aeropuerto de Madrid en fechas distintas de octubre. También circularon profusamente rumores o *sightings* según los cuales el Che estaba en otras partes del mundo. Betty Feijin, la ex esposa de Gustavo Roca, el amigo del Che de Córdoba, recuerda que en septiembre u octubre de 1966 su marido le avisó que se ausentaría unos días; al regresar insinuó que se había reunido con Ernesto Guevara en Tucumán o Mendoza. Nora, la hermana de Betty, casada con un funcionario de la cancillería argentina comisionado en Santiago de Chile, y que frecuentó al Che de joven, jura que un día de primavera en la capital chilena, divisó a Ernesto desde su automóvil, caminando por la calle Monjitas, cerca del Club de Golf. Iba en mangas de camisa, disfrazado pero perfectamente identificable para quien lo conociera bien.* Le hace señas, y el Che responde corporalmente que por favor no manifieste ningún reconocimiento o saludo; Nora sigue su camino. Al informarle a su marido, éste le ruega que se olvide del asunto, ya que de lo contrario se vería obligado a notificar al *attaché* del Servicio de Inteligencia Nacional en la Embajada.**

Se especuló asimismo que el Che pasó por Córdoba; incluso se hospedó en la casa de una familia Beltrán en las afue-

---

* Nora Feijin, conversación telefónica con el autor, Washington DC, 22 de septiembre, 1995. A pregunta expresa, Gustavo Villoldo, uno de los tres enviados por Estados Unidos a Bolivia de origen cubano confirma que el Che estuvo en Chile (Gustavo Villoldo, entrevista con el autor, Miami, 21 de noviembre, 1995).

** Reyna Carranza, la segunda esposa de Gustavo Roca, ha confirmado al autor que Roca le contó que se había entrevistado con el Che en el aeropuerto de la ciudad argentina de Mendoza (casi en la frontera con Chile), que el Che tenía el pelo rubio y portaba lentes, y que venía de Chile. Roca murió en los años ochenta y sus papeles fueron destruidos a finales de los setenta cuando tuvo que exiliarse de la Argentina (Reyna Carranza, entrevista con Marcelo Monje, por encargo del autor. Córdoba, 19 de septiembre, 1996).

ras de la ciudad. Ninguna de estas suposiciones es completamente descartable, en vista del absurdo secreto, aún impuesto por Cuba, sobre esas semanas de la vida del Che. Varios autores, desde el argentino Hugo Gambini hasta los bolivianos González y Sánchez Salazar, mencionan distintas escalas de esta naturaleza en el periplo de Guevara hacia Bolivia. El general Alfredo Ovando, el militar boliviano de mayor rango que participa directamente en la campaña contra el Che, anunció meses después que el *condottiere* había ingresado en territorio boliviano entre el 15 y el 22 de septiembre de 1966, y que volvió de manera definitiva el 24 de noviembre.[40] Daniel James no sólo afirma que el Che estuvo en Bolivia y en varios otros países de América Latina durante la primera mitad de 1966, sino que cita un artículo del periódico mexicano *Excélsior*, publicado el 14 de septiembre de 1966, que consigna el sitio preciso de la entrada del Che en Bolivia, sólo que dos meses antes de la fecha consagrada.[41] Sin embargo, se han publicado ya tantos relatos, y las razones para mantener desinformado al estudioso parecen tan aberrantes, que todo permite concluir que el trayecto que siguió el Che de Cuba a Bolivia, fue, efectivamente, el que se supo desde entonces gracias a los documentos capturados.

En cualquier caso, al terminar su odisea e instalarse a principios de noviembre en el campamento de Ñancahuazú amanece con la novedad de que poco de lo previsto existe o funciona. No hay armas, no hay comunistas más que los conocidos, Monje ni siquiera se halla en el país, el equipo de comunicaciones prácticamente es inoperante, y la zona escogida abarca todo tipo de inconvenientes.* El optimismo guevarista supera los obstáculos y reveses, pero *Benigno*, que llega el 10 de diciembre al campamento, lo describe "en un estado de espantosa impaciencia y de muy mal humor".[42] No importa: el gusto de encontrarse de nuevo en la montaña,

---

* Según *Benigno*, "No hay comida, no hay medicinas, no hay armas." (*Benigno*, entrevista, *op. cit.*).

listo para el combate, despojado del cúmulo de ambivalencias de los últimos meses en Praga y en Cuba, lo calmaron enormemente; ninguna dificultad parecía insuperable, y el grado de preparación de los reclutas cubanos permitió poner en marcha aceleradamente los planes iniciales, a pesar de los tropiezos.

El país donde el Che Guevara se proponía encender la fogata de la revolución latinoamericana ya no era el que él conoció en 1953. La crónica inestabilidad política cedía provisionalmente el paso ante una incipiente y efímera institucionalización, ejemplificada por la elección más o menos democrática de René Barrientos a la presidencia, en julio de 1966. La estrecha vinculación con Estados Unidos, nacida de la misión de Milton Eisenhower en 1953, cuando el Che deambulaba por los valles y picos andinos, se había traducido en una relación cercana, de ayuda y complicidad. Para mediados de los años sesenta, la asistencia militar norteamericana era, en términos *per capita*, la más elevada de América Latina y la segunda del mundo, después de Israel. Más de mil oficiales bolivianos transitaron por la Escuela de las Américas de Panamá. A tal punto se fortaleció la cooperación entre ambos ejércitos que Barrientos solicita un avión de la fuerza aérea norteamericana para iniciar un paseo por Europa, el pedido fue atendido de manera expedita por la embajada de Estados Unidos.* Bolivia era un país típicamente subordinado a Estados Unidos, pero el nacionalismo de la revolución de 1952 le imprimía un sesgo particular a dicha sumisión.

---

* Hurwitch/ AmEmbassy La Paz to Ruehcr/ SecState [secreto], enero 4 de 1966, NSF Country File, Bolivia, vol. IV, Box 8, LBJ Library. El jefe de estación de la CIA en La Paz cuenta en sus memorias inéditas cómo en una ocasión que Barrientos temía haberse enfermado del corazón, la CIA hizo traer un cardiólogo de Estados Unidos para revisarlo: "Barrientos era demasiado amigo de Estados Unidos para descuidar una posible enfermedad." (John Tilton, *Unpublished Memoirs*, chapter 9, p. 113, facilitadas al autor por John Tilton.)

Se trataba todavía, y más que nunca, de una nación pobre; después de Haití, la más atrasada y desamparada de América Latina, donde una gran cuota de la población vivía en zonas rurales, marginadas y miserables. Pero era una miseria *sui generis*, a la mexicana; los campesinos habían recibido tierras gracias a la reforma agraria; los obreros pertenecían a sindicatos poderosos, prohibidos y rehabilitados con asombrosa frecuencia; los recursos naturales —principalmente el estaño, el antimonio y el petróleo— fueron nacionalizados por la revolución; y las fuerzas armadas, siempre prestas a intervenir en el país y detentando el récord de pronunciamientos militares del continente, ostentaban una extraña mezcla de nacionalismo y conservadurismo proamericano reminiscente del Brasil. El Movimiento Nacionalista Revolucionario de Víctor Paz Estenssoro se había retirado del gobierno; la Central Obrera Boliviana (COB) de Juan Lechín se mantenía en la oposición; la sociedad civil boliviana conservaba un vigor y una diversidad de las que pocas otras podían presumir en la región.

Por último, la llegada a la presidencia de Barrientos, hombre de la fuerza aérea pero sobre todo iniciador y devoto partidario del Programa de Acción Cívica de las fuerzas armadas, reflejaba una peculiaridad boliviana adicional. Desde 1952, la coexistencia del viejo ejército formado a principios de siglo por los alemanes y de las milicias campesinas y obreras surgidas de la revolución se tradujo en una íntima imbricación entre militares y caciques campesinos, involucrados en el reparto de tierras. A partir de la creación de la Alianza para el Progreso, la Acción Cívica "le permitió a las fuerzas armadas poder tomar la iniciativa política en las necesidades locales de la población: construcción de escuelas y caminos en las zonas rurales, por ejemplo".[43] Barrientos hablaba quechua con fluidez y gozaba de una verdadera simpatía entre los campesinos. Poco después de asumir el poder como presidente elegido en las urnas, en 1966, firma el Pacto Militar Campesino que, entre otras cosas, estipulaba:

Las fuerzas armadas asegurarán que sean respetadas las conquistas obtenidas por las clases mayoritarias, tales como la reforma agraria, la educación básica, el derecho a la sindicalización [...] Los campesinos por su parte apoyarán y defenderán firme y lealmente a la Institución Militar en todas las circunstancias. Ellos se colocarán bajo órdenes militares contra las maniobras subversivas de la izquierda.[44]

La complejidad de la vida política y cultural de Bolivia rebasaba entonces la visión caricaturesca que muchos cubanos tenían del país: una especie de república bananera encumbrada, provista de riquezas mineras, pletórica de pobres prestos a ser liberados por cualquier benefactor, proviniera de donde proviniera. En particular, la importancia del factor indígena no obstaba para que prevaleciera un fuerte sentimiento nacionalista, cuya vigencia en el seno de las fuerzas armadas en particular daría al traste con muchas de las expectativas del Che Guevara. El país ofrecía, además, una paradoja complementaria. Por un lado, existía un movimiento obrero altamente politizado, concentrado en las minas de estaño y antimonio, organizado en la poderosa Confederación Obrera Boliviana (COB), de inspiración de izquierda e incluso, en ocasiones, trotskista. Por su ubicación en la economía, a pesar de su carácter francamente minoritario, el sindicalismo minero ejercía una influencia desproporcionada en el país. En 1965, los mineros representaban apenas el 2.7% de la población económicamente activa, pero aseguraban el 94% del valor de las exportaciones, que a su vez constituían un altísimo porcentaje del producto nacional bruto: "30 000 mineros del estaño alimentaban a un país de cinco millones de habitantes."[45]

Pero por otro lado, la debilidad de la izquierda en su conjunto también era palpable. Desde la revolución de 1952, había visto socavadas sus bases. El Partido Comunista, los grupos maoístas, las organizaciones civiles, si bien no pasaban desapercibidas, se hallaban fuertemente divididas y peleadas entre sí. Por ello, la CIA, en un informe secreto de 1966, catalogaba a Bolivia como el país "en peligro" menos susceptible de atestiguar un alzamiento revolucionario. Según la CIA, Bolivia figuraba en el último lugar de los nueve países donde prevalecía una inestabilidad suficiente para generar presiones conducentes a una intervención directa de los Estados Unidos.[46]

Ése era el país donde, en noviembre de 1966, el Che pretendía realizar una faena diametralmente opuesta a la que concibió en un principio. Al esfumarse toda posibilidad de convocar a guerrilleros peruanos inexistentes, y al no prosperar de inmediato una serie de iniciativas argentinas, Bolivia se transformó en la cuna del foco continental. Y todo sucedió en Ñancahuazú, el peor de los sitios posibles para asentar un foco guerrillero. Faltaban comunicaciones, población y campesinos sin tierra —incluso los campesinos presentes eran más bien colonos, favorecidos por la reforma agraria. Tampoco abundaban la vegetación, la fauna o el agua, recursos necesarios para la sobrevivencia de una guerrilla. En lugar de un aparato de apoyo complejo y bien organizado, el Che se encuentra con un Partido Comunista de Bolivia reticente y tortuoso por lo que toca a su dirección, entusiasta pero marginal y limitado en cuanto a sus cuadros anuentes. Así y todo, a menos de tres meses de haberse instalado el Che en la cuenca del Río Grande, la escuela de cuadros y de entrenamiento para grupos guerrilleros de todo el continente se convertirá involuntaria e inoportunamente en un teatro de operaciones, y en una zona de combates sin cuartel.

La guerrilla del Che nunca vencerá el maleficio que la azotó desde sus inicios. Transitará de crisis en crisis, a partir de la llegada al campamento a principios de noviembre, hasta el trágico final en La Higuera en octubre de 1967. Más que reseñar las peripecias de la saga boliviana, conocida en muchos de sus detalles por la publicación póstuma del *Diario* del Che, y por la vasta colección de libros al respecto, conviene narrar y analizar las sucesivas tribulaciones por las que atraviesa la expedición, así como las reacciones cada vez más desesperadas y contradictorias de Guevara frente a cada una de ellas. Su destino se acercaba; el Che no tenía un deseo de muerte, pero anhelaba desde muy joven un destino crístico: el sacrificio ejemplar pronto lo alcanzaría.

La primera crisis giró en torno a una inesperada resolución de los titubeos del Partido Comunista. No se podía tolerar la ambigüedad persistente, sobre todo cuando las consecuencias de la apatía del PC amenazaban con convertirse en un auténtico peligro. Las armas no llegaban; la red urbana no cuajaba; los combatientes brillaban por su ausencia, y Mario Monje circunnavegaba por el mundo. Evadía al Che; de regreso de La Habana en junio de 1966, se había negado a transitar por Praga, creyendo, tal vez con razón, que los comunistas querían empatarlo con Guevara y lograr que el famoso y carismático comandante ejerciera personalmente la presión necesaria.* Pero al volver del Congreso del Partido Comunista Búlgaro, en diciembre de aquel año, Castro lo intercepta en La Habana. Le informa que llegando a Bolivia será conducido al campamento del Che, sin precisar dónde se encuentra este último, ni si se halla en territorio boliviano. Monje pudo escuchar a Piñeiro susurrarle a Fidel Castro en su oficina que el pueblo cerca del cual se hallaba el Che portaba un nombre que sonaba a Ancahuázu.**

---

* "Alguien me dijo, no sé si fue Piñeiro: ¿Cómo vas a volver a Bolivia? Voy a volver Moscú-Praga-La Paz. ¿Sabes por qué te estoy preguntando? Puede ser que te demos alguna información en Praga. Entonces yo llegué a Moscú y les dije: Háganme pasaje directo a Bolivia. Nada de Praga. Éstos en Praga me están queriendo hacer algo." (Mario Monje, entrevista, *op. cit.*)

** Mario Monje, entrevista *op. cit.* En un mensaje cifrado de Castro al Che fechado el 14 de diciembre de 1966, y encontrado entre los papeles el Che cuando fue capturado el 8 de octubre de 1967, Fidel avisa al Che que "desinformó" a Monje sobre la ubicación del Che (Carlos Soria Galvarro, *El Che...*, t. 4, p. 299).

Monje arribó a La Paz a finales de diciembre de 1966. Allí convocó a una reunión de urgencia del secretariado del Partido, donde anunció que había sido invitado a reunirse con el Che en un campamento, y solicitó la celebración de sendas sesiones del Buró Político y del Comité Central a su retorno. Monje sabía ya que no sería posible un acuerdo con el Che, y que debía a toda costa conservar la unidad de la dirección del Partido, ya que la fracción castrista —el aparato clandestino, la juventud, etc.— respaldaría a los cubanos y se uniría a la lucha armada.

El 31 de diciembre *Tania* conduce a Monje al cuartel general guevarista, que para entonces era ya un establecimiento cabal, con capacidad para alojar y alimentar a un centenar de hombres, con varias bases secundarias alejadas de la "casa de calamina" en la finca, y puestos de seguridad, un anfiteatro para conferencias, un horno para pan, y un pequeño hospital bien aprovisionado. La finca se había transformado en un parapeto de guerra, seguro con su sistema de comunicaciones, sus cuevas y escondites de comida, medicina, equipo y documentos.

La discusión se anuncia tensa y crucial: si la propuesta del Che descansaba en la colaboración del Partido Comunista de Bolivia, y ahora ésta se desvanecía, salvo por la participación de algunos individuos heroicos y talentosos, pero individuos al fin, ¿qué sentido conservaba todo el proyecto? Según Monje, el Che abrió la boca confesando que él y Fidel lo habían timado:

> En realidad te hemos engañado. Yo diría que Fidel no tiene la culpa, fue parte de mi maniobra ya que te hizo un pedido a iniciativa mía. Inicialmente tuve otros planes y luego los cambié [...] Disculpa al compañero con quien hablaste, él es muy bueno, de absoluta confianza, no es político, por eso no supo ni pudo explicarte mis planes, sé que fue muy descortés contigo.[47]

El "compañero" era *Papi* Martínez Tamayo; los planes iniciales se refieren a la intención original del Che de partir hacia la Argentina. Ya insinuamos esta hipótesis: no es descartable que, en algún momento, Castro efectivamente haya concluido que no podría convencer al Che de desistir de su disparate argentino. Pero tampoco es despreciable la tesis de Monje, colocada aquí en labios del Che: los cubanos lo engañaron; sabían perfectamente que la intención consistía en instalar un foco guerrillero en Bolivia, de la misma manera que tenían plena conciencia de que Monje y el resto del PCB jamás lo aceptarían. Por ello era preciso embaucarlos con la idea del paso hacia el sur.

A continuación el Che invitó a Monje a incorporarse a la lucha armada como jefe político, aclarando que la dirección militar permanecería en sus manos. Monje comunica al Che su decisión de renunciar a la dirección del Partido e integrarse a la guerrilla, pero con tres condiciones. Primero, la construcción de un amplio frente continental, empezando con una nueva conferencia de los Partidos Comunistas de América Latina. En segundo lugar, insistió en que la lucha armada debía combinarse con un esquema insurreccional en las ciudades, el cual sería obviamente coordinado por el PC; subrayó la necesidad de crear un frente político nacional, uniendo a todos los grupos del país, para integrar un comando único revolucionario. Por último, demandó que la lucha no fuera exclusivamente armada, es decir, que se conjugara el esquema guerrillero con otras vías de lucha, y en todo caso, que la jefatura militar se subordinara a la política, para lo cual se autopropuso como cabecilla. No aceptó que un extranjero, por ilustre y experimentado que fuera, dirigiera la lucha. La autoridad máxima debía recaer en un nacional. Según las versiones de algunos de los diarios de los colaboradores del Che, Monje insistió igualmente en la exclusión de los prochinos de Óscar Zamora de la guerrilla, petición a la cual el Che accedió, confesando haberse equivocado con Zamora desde un principio.[48]

Guevara consigna en su diario que las tres condiciones le parecieron artificiales y tramposas: el boliviano en realidad buscaba romper con el Che. Para ello inventó requisitos que a ciencia cierta resultarían inaceptables para su interlocutor.* El Che le advirtió a Monje que su renuncia a la secretaría general del PCB era un error, pero que en todo caso la decisión no le incumbía. En cuanto a la exigencia internacional formulada por Monje, Guevara muestra cierta indiferencia, pero manifiesta un sano escepticismo: era pedirle peras al olmo. Pero sobre todo, Guevara rechazó de un tajo la condición relativa al mando: "No podía aceptarlo de ninguna manera. El jefe militar sería yo y no aceptaba ambigüedades en esto."[49]

Para Emilio Aragonés, éste fue el error fatal de su amigo: un político hubiera accedido a las exigencias de Monje, para después ver cómo las remontaba o las circundaba; según Aragonés, Fidel habría aceptado.** Pero el Che casi prefería prescindir de Monje; tal vez seguía preso de las fábulas del aparato cubano, al creer que la mayoría de los miembros y dirigentes del Partido Comunista se unirían a su causa, abandonando a su secretario general. Por ello quizás anota la siguiente conclusión en su diario: "La actitud de Monje puede retardar el desarrollo de un lado pero contribuye por otro a liberarme de compromisos políticos."*** En esto se equivocaba el Che de cabo a rabo: once días más tarde, Monje obtiene el respaldo

* "Mi impresión es que al enterarse... de mi decisión de no ceder en las cosas estratégicas, se aferró a ese punto para forzar la ruptura." (Ernesto Che Guevara, *Diario...*, p. 73.)
** Monje pretende que Castro le envió en mensaje al Che en diciembre, antes del encuentro, aconsejando que "hagan todas concesiones, salvo en lo estratégico", que podría ser el tema de la dirección (Mario Monje, entrevista, *op. cit.*).
*** Ernesto Che Guevara, *Diario...*, p. 72. En su balance del mes, el Che afirmará resignado: "El Partido está haciendo armas contra nosotros y no sé adónde llegará, pero eso no nos frenará y quizás, a la larga, sea beneficioso (casi estoy seguro de ello). La gente más honesta y combativa estará con nosotros..." (*Ibid.*, p. 88).

total del Buró Político y del Comité Central, que redacta una carta colectiva y unánime a Fidel Castro reiterando la postura esgrimida ante el Che.*

No por ello se perdía la esperanza. Cuando hacia finales de enero de 1967 Jorge Kolle y Simón Reyes se entrevistaron con Castro en La Habana para lograr una reconciliación, Fidel le avisó al Che que sería "duro con ellos". Convinieron en revisar su actitud, al ser notificado de la naturaleza continental del proyecto. Desde cierta perspectiva, se trata de un nuevo engaño: para entonces, ya se habían clausurado las opciones en otros países, si es que alguna vez existieron: la opción peruana había sido abandonada, la argentina no arrancaba, y la brasileña siempre fue una quimera. Fidel trató de suavizar la intransigencia del Che, justificando su empeño en dirigir la guerrilla boliviana a través del carácter supuestamente regional de la misma. Todas las dotes de persuasión del *Caballo* fueron puestas en juego, pero en vano. La reunión cobró visos tormentosos, según el informe secreto que rinde al gobierno alemán un miembro del Buró Político del PCB, Ramiro Otero:

Lucha partisana fue la que se impuso al PC boliviano de parte de camaradas cubanos y de otros países. El PCB se dirigió en una carta a Fidel Castro, pidiendo poder determinar el cuándo y cómo de la lucha. Fidel reaccionó de forma negativa. Resultado: el aparato propagandístico del Partido completamente desintegrado, prohibición del Partido, detención de los miembros del Politburó. [...] El camarada Otero ve contradicciones entre Guevara

---

* "La revolución boliviana y la lucha armada deberán ser planificadas y dirigidas por bolivianos. Nuestra Dirección no se excusa y sí toma seriamente su responsabilidad en este terreno. Tal exigencia no subestima ni rechaza la ayuda voluntaria que pueda recibir de cuadros revolucionarios y militares experimentados de otros países [...] Esta forma de pensar de la Comisión Política, fue unánimemente respaldada por el Comité Central." (Citada en Carlos Soria Galvarro, *El Che...*, tomo 1, p. 51.)

y Fidel Castro. Él cree que "Che" es el más inteligente, pero políticamente más peligroso.*

En La Habana los bolivianos se comprometieron a por lo menos proporcionar ayuda logística al Che, y de ser posible, enviar más gente. Todavía a principios de febrero de 1967, *Pombo* registra en su diario que se espera una nueva visita de Monje.[50] De acuerdo con *Benigno*, fueron hasta treinta y seis bolivianos entrenados en Cuba los que se hubieran podido integrar a la guerrilla, pero esa incorporación simplemente no se dio.[51] La discusión sobre si los nuevos compromisos asumidos en La Habana se hubieran cumplido pronto se vuelve ociosa: al estallar los combates el 23 de marzo, se coartó la posibilidad de cualquier visita del PC a la guerrilla.

Aquí detectamos de nuevo la huella del Congo. Al cabo de ocho meses de languidecer en la sabana africana, debido a las restricciones impuestas por una ausencia de líneas de mando, el Che no podía tolerar ninguna ambivalencia al respecto.** En otras condiciones quizás hubiera aceptado un consejo de dirección, o alguna solución cómoda aunque impráctica que obviara la principal objeción de Monje, sin entregarle el mando. Pero después del calvario congoleño, no tenía ánimo para sutilezas ni arreglos acomodaticios. En ello dejaría la vida.

Las pláticas concluyen con un desacuerdo total; Monje pide dirigirse a los comunistas bolivianos ya incorporados a la

---

* "Informe sobre la situación en Bolivia (con base en el informe de la delegación del PC boliviano en conmemoración de la VII Reunión Partidaria en la RDA", Institut fur Marxismus-Leninismus beim Zentral Komitee der SED, Zentrales Parteiarchiv, SED Internationale Verbindungen, Bolivia 1963-70, DY 30/IV A2/20/142, Berlín).

** Además de ser éste el punto de vista de uno de sus compañeros de armas en el Congo y el de Régis Debray (*La guerrilla...*, p. 103), es también el que el Che le confió a Mario Monje: "Me dijo de la experiencia que había tenido en el África, me comenzó a contar de los problemas que había tenido ahí, de cómo él dependía de determinadas fuerzas que no se movilizaban, que había contradicciones que él no podía resolver" (Monje, entrevista, *op. cit.*).

guerrilla para explicar su planteamiento. El Che accede, agregando que todos aquellos que deseen separarse del campamento y volver con el máximo líder del Partido podrán hacerlo: ninguno lo hace. Monje expone su postura, pero rápidamente comprueba que sus peores temores se confirman: los cubanos le habían "volteado" a su gente en los campos de entrenamiento isleños, en particular a los Peredo. Termina con una advertencia trágica y presiente:

> Cuando el pueblo sepa que esta guerrilla está dirigida por un extranjero, le volverá la espalda, le negará su apoyo. Estoy seguro de que fracasará porque no la dirigirá un boliviano sino un extranjero. Ustedes morirán muy heroicamente, pero no tienen perspectiva de triunfo.[52]

El Che, por su parte, no pierde el semblante, pero acusa el golpe. Según *Benigno*:

> Él trataba de no mostrarlo pero imagínate, aquello lo obligaba a cambiar todo su plan. Nos reúne y nos dice: "Bueno, esto antes de comenzar se terminó. Aquí no tenemos nada que hacer." Nos da la oportunidad tanto a bolivianos como a cubanos que al que quisiera abandonar aquello podía hacerlo, y el cubano que quisiera irse al lado de un boliviano podía hacerlo también, que no se consideraría ni un arrepentido ni un cobarde.[53]

A partir del fracaso de las conversaciones con Monje se acelera el reclutamiento de otros grupos, sobre todo de disidentes prochinos capitaneados por Moisés Guevara. Como ello toma tiempo, el Che aprovecha para organizar una marcha exploratoria y de entrenamiento de varios días, que se transformará en semanas. Deja en la base a cuatro hombres, para recibir a visitantes y nuevos reclutas, y forma tres grupos para realizar la marcha: la vanguardia, integrada por cinco combatientes, dirigida por Marcos (Antonio Sánchez Díaz, el comandante *Pinares*); el centro, a cargo del propio Che, con dieciocho hombres; y la retaguardia, bajo la responsabilidad de *Joaquín* (Juan Vitalo Acuña), compuesta por seis guerrilleros. Los veintinueve expedicionarios —quince cubanos, catorce bolivianos— volverán en harapos, exhaustos y desmoralizados.

El periplo, inicialmente previsto para durar veinticinco días, se prolonga por más de seis semanas, horriblemente arduas, agotadoras y desgastantes. Recorren cañones, cuencas de arroyos convertidos en ríos, caminos y pequeñas aldeas casi deshabitadas; exploran los farallones y desfiladeros hasta el río Grande y el río Masicuri. Dos nuevos reclutas —Benjamín y Carlos— mueren ahogados en la ruta; ambos, sin haber disparado un solo tiro. La vegetación espinosa y tupida, los mosquitos y otros insectos, entre ellos el "boro", una mosca que deposita una larva debajo de la piel, la penuria de fauna para proveer la alimentación de la tropa, las lluvias y los ríos crecidos, conforman un cuadro dramáticamente distinto al de la Sierra Maestra, y al que el Che esperaba. Los exploradores se ven obligados a abrirse paso con machete; al tercer día, lo accidentado del terreno priva a varios combatientes de sus botas. El hambre y la sed los agobian; los reclutas agotan su dotación de alimentos antes de tiempo, y el Che comienza de nuevo a aplicar la madre de todas las sanciones: suspender la comida. Al consumirse las raciones, deciden devorar el caballo que habían comprado días antes; "una orgía de caballo", anotó el Che, con las previsibles consecuencias intestinales. Y, como era de esperarse, las tensiones crecen y las divisiones y pleitos entre los guerrilleros afloran. La marcha fue útil para poner en descubierto estas taras, pero el costo pagado terminó por ser excesivo para una guerrilla en ciernes. Por fin, y casi de manera inevitable, el 17 de marzo se asoma la tragedia: la balsa se voltea en el río desbordado; se pierden mochilas, parque, seis fusiles y un hombre se ahoga: el mejor de los bolivianos en la retaguardia, según el Che.

El 20 de marzo vuelven a la base devastados por casi siete semanas de hambre, sed, agotamiento y disensiones. Al ver al Che por primera vez, sus visitantes se estremecen: era un hombre emaciado, con veinte kilos de menos, con la cara, las manos y los pies hinchados. Se enfrenta a un "caos terrible": por diversas razones que el Che aún desconoce, la cobertura del campamento, de la guerrilla y del mismo comandante se habían hecho añicos. Las deserciones del grupo de Moisés Guevara, las sospechas de los vecinos y el trabajo de inteligencia de los bolivianos y de la CIA, así como los encuentros con varios técnicos petroleros de Camiri, alertaron al ejército boliviano, el cual de inmediato se dirigió a la finca de Ñancahuazú.

Entre el 11 y el 17 de marzo se produjo una serie de acontecimientos a la postre fatales para la guerrilla. A mediados de febrero se habían incorporado los hombres del sindicalista Moisés Guevara: siete individuos, entre ellos uno que acompañará al Che hasta la muerte y que como él fallece ejecutado a sangre fría, y tres que lo traicionan en esos fatídicos días de marzo. Aunque nadie lo sabe en ese momento, la Dirección de Investigación Criminal del Ministerio del Interior ya le había colocado un seguimiento al dirigente sindical; en enero fue detectado en Camiri, junto con sus acompañantes. En marzo, cuando Moisés Guevara se traslada de manera definitiva al campamento, acompañado por *Tania* y *Coco* Peredo, fue seguido de nuevo por la policía. Esta información es remitida a la Cuarta División del ejército con sede en Camiri.[54] El 11 de marzo, Vicente Rocabada Terrazas y Pastor Barrera Quintana, dos de los reclutas comisionados de cacería, se escabullen del campamento principal, arrojan sus armas y huyen hacia Camiri. El 14 de marzo se toparon con la policía, que los entrega a la Cuarta División, donde suministran una información completa y detallada acerca de la guerrilla, el campamento, el número de hombres y, sobre todo, de la presencia del Che Guevara, sus alias, sus fechas de ingreso al país, y varios detalles más. Ambos mencionan al Che, aunque reconocen que nunca lo vieron, ya que había salido en misión exploratoria.* Rocabada confiesa que desde el 12 de enero supo de la identidad del Che, cuando Moisés Guevara lo invitó a unirse a la guerrilla.

Para el puñado de cubanos desamparados se conjugaron dos circunstancias desastrosas. Por una parte, Moisés Guevara fue laxo en su reclutamiento: había exagerado su fuerza y capacidad y para no quedar mal incorporó a hombres sin convicción, ofreciéndoles dinero o becas, en algunos casos, y al mismo tiempo presumiendo de la fuerza de la guerrilla a la que iban a integrarse. ¿Qué mejor estímulo que la oportunidad de combatir bajo las órdenes del legendario Che Guevara? A las primeras de cambio, estos reclutas semivoluntarios y semiconscientes desertaron. La culpa, sin embargo, no correspondió exclusivamente a Moisés Guevara. Sin la atadura del Partido Comunista y obsesionado por la necesidad de ampliar el número de nativos, el Che transmitió a todos, incluyendo a Moisés Guevara, su propia premura por acelerar la integración de bolivianos. Como lo señala en su balance del mes de enero: "lo que más lentamente anduvo fue la incorporación de combatientes bolivianos".[55]

Por otra parte, a pesar de los largos entrenamientos en San Andrés de Taiguanabo, la ausencia del Che provocó un repentino relajamiento de la disciplina entre los cubanos; se violaron normas elementales de seguridad. Los guerrilleros de la isla fueron los que cometieron la mayoría de las infidencias con los hombres de Moisés Guevara; incurrieron en otras durante las distintas visitas que recibieron en el campamento esas semanas, incluyendo la toma casi enfermiza de fotografías —afición a la que el Che también era proclive. La delación de Rocabada y Barrera, y las informaciones precisas y

---

* El texto del interrogatorio, que disipa toda duda de que ésta fue la primera información fidedigna de la que dispuso el ejército sobre la presencia del Che en Bolivia, aparece *verbatim* en Prado Salmon, *Ibid.*, pp. 80-82.

detalladas que éstos remitieron al ejército, el cual ya había sido alertado por otros medios de la posible presencia de hombres armados en la zona, suscitó el envío de una patrulla a investigar la "casa de calamina" en la finca de Ñancahuazú. Con treinta hombres de la marcha exploratoria fuera de la sede central de la guerrilla los restantes se parapetaron en las bases secundarias, dejando sólo en la base principal a uno de los reclutas de Moisés Guevara, Salustro Choque Choque. Al penetrar la patrulla del ejército en la zona, el boliviano se entregó sin resistencia, y en los interrogatorios confirmó toda la información proporcionada previamente por sus dos compañeros. A quinientos metros de la casa se encontraron los restos de un campamento provisional, incluyendo seis maletas de ropa con etiquetas cubanas y mexicanas.

Los datos en poder de los militares bolivianos no se limitaban a aquellos que recabaron de los desertores. El general Ovando revelará meses más tarde que desde finales de febrero las fuerzas armadas disponían de informes según los cuales cinco extranjeros habían interrogado a lugareños en la zona, procurando en particular ubicar los vados del río Grande. Posteriormente esos cinco hombres fueron vistos nadando y ostentando grandes cantidades de billetes de dólares y pesos bolivianos. Por otra parte, el pelotón de vanguardia, dirigido por *Marcos*, al desligarse de los otros dos grupos y volver hacia el campamento antes que ellos, provocó un incidente en la toma de agua de Tatarenda, al vanagloriarse de sus armas y de su carácter de guerrilleros, actuando con arrogancia e indiscreción frente a un técnico petrolero de nombre Epifanio Vargas. El comportamiento de *Marcos* y de sus hombres despertó la sospecha de Vargas, quien primero los siguió, y después corrió a Camiri para denunciarlos.

Existían antecedentes: desde la instalación del foco guerrillero en noviembre, un vecino de la zona, un tal Ciro Algarañaz, se mostró excesivamente interesado por el trajín del campamento, y ofreció ayudar a los supuestos finqueros, pensando que se trataba de una plantación de hoja de coca y fabricación de cocaína. Después asignó a uno de sus peones —bautizado por los guerrilleros como el vallegrandino— la tarea de vigilar la casa de calamina; al acercarse los militares en marzo, contaban con la información y las aprensiones de Algarañaz y el vallegrandino.

Así cuando el jefe de la Cuarta División del ejército boliviano comisionó a una patrulla para inspeccionar la finca, ya habían recibido un buen número de señales que delataban la presencia de un grupo armado. *Marcos* y la vanguardia se cruzan con la patrulla del ejército; los guerrilleros matan a un soldado, y de inmediato se repliegan, evitando el combate y abandonando la finca; los militares se retiran a Camiri, vapuleados pero con el trofeo más preciado: la información segura sobre la existencia de un grupo de "alzados" en el cañón de Ñancahuazú. La guerra había comenzado, en las peores condiciones imaginables. En lugar de poder reponerse de la marcha, descansar, organizar a los nuevos reclutas, atender a las visitas y mejorar el abastecimiento, los combatientes recién reagrupados en su base deberán enfrentar de inmediato las consecuencias de haber perdido su carácter clandestino.

Marcos ya le había colmado la paciencia al Che durante la marcha, por sus repetidos pleitos con los demás, en particular con *Pachungo*, quien también fue víctima de varias descargas del argentino. Al restablecer contacto, enterado del repliegue de *Marcos* y del descubrimiento de la casa de calamina, Guevara explota. Insulta a su jefe de vanguardia, acusándolo virtualmente de cobarde por adoptar una posición defensiva y haber reculado. Una guerrilla no se retira sin luchar; no se gana sin combatir, anota el Che en su diario. Según Régis Debray, la descarga fue violenta: "¿Qué pasa aquí? ¿Qué despelote es éste? ¿Acaso estoy rodeado de cobardes o traidores? *Ñato*, tus bolivianos comemierdas ya no los quiero ver, están castigados hasta nueva orden."[56] No importa que la posición defensiva buscara montar una emboscada; no cuenta que se produjo una larga discusión entre *Marcos*, *Rolando* y *Antonio* (Orlando Pantoja) sobre el dispositivo idóneo. Deprimido por la mala racha de acontecimientos, desgastado por el hambre, la sed y la enfermedad, atosigado por las eternas pugnas intestinas, las envidias y las mezquindades, en una palabra, en circunstancias terriblemente adversas, el Che Guevara toma entonces una de las decisiones más críticas y cuestionables de su vida. Contra sus propias teoría y experiencia, frente a la oposición callada pero expresiva de sus subordinados, organiza una emboscada para el destacamento militar que sin duda aparecerá en los próximos días, en cuanto el cuartel de Camiri reaccione al descubrimiento de los insurrectos y a la muerte de uno de sus hombres. La guerrilla no estaba, de ninguna manera, preparada para iniciar las hostilidades; ni la precaria cohesión lograda, ni la estrategia escogida aconsejaban una iniciativa de esa índole. Por mucho que la primera escaramuza hubiera delatado su existencia, aun en esos momentos era factible huir y evadir el contacto con el enemigo. El Che optó por lo contrario.

Tanto Humberto Vázquez Viaña, integrante de la red urbana y hermano del *Loro*, como Gary Prado, el militar boliviano que captura al Che en la Quebrada del Yuro en octubre, convienen en que la elección de Guevara se antoja inevitable y planeada. Vázquez Viaña considera que tanto la localización como el momento eran los originalmente planeados, y que el Che nunca pensó durar meses sin someter a sus cuadros —bolivianos neófitos y cubanos mal acostumbrados— a la prueba de fuego. El motivo del fracaso no radica, en su opinión, en el carácter prematuro de los combates sino en otros múltiples factores.[57] Prado, por su parte, juzga acertada la decisión del Che, en vista de las circunstancias, ya que las alternativas —huir sin dar la cara o disolver la guerrilla— eran menos atractivas. La fuga no remediaba el descubrimiento por el ejército y la disolución no era factible.[58] Pero el propio Fidel Castro ha declarado que el inicio anticipado de los combates le costó caro a la guerrilla del Che.* No es difícil creer que la confusión del ejército y su tendencia natural a evitar los combates le hubiera permitido a los guerrilleros alejarse y empezar de nuevo sin demasiadas dificultades. Los servicios de inteligencia de Estados Unidos subrayaron repetidamente cómo las patrullas de la Cuarta División acuartelada en Camiri sólo persiguieron a los guerrilleros con gran renuencia y a regañadientes.**

El 23 de marzo, en la quebrada del río Ñancahuazú, la mitad del contingente militar de ochenta hombres enviados al campamento del Che fue atacada por los guerrilleros, en una emboscada de pizarrón. Los sobrevuelos de la aviación alertaron a los "alzados"; la larga experiencia del Che y de sus compañeros les permitió ejecutar la operación con meticulosa perfección. En el enfrentamiento murieron siete integrantes de las fuerzas armadas, incluyendo un oficial; catorce más se rindieron, entre ellos cuatro heridos; en tanto que la guerrilla no sufrió ninguna baja. El botín capturado abarca 16 fusiles y dos mil tiros, tres morteros con proyectiles, dos metralletas Uzi, una subametralladora y dos equipos de radio. Desde el punto de vista estrictamente militar y táctico, la operación constituye todo un éxito: un bautizo de fuego victorioso, efi-

---

* La CIA sí pensaba que los acontecimientos se adelantaron: "El profesionalismo de los guerrilleros se logró a pesar del hecho de que fueron descubiertos accidentalmente mucho antes de que se sintieran preparados para comenzar realmente las operaciones." (Central Intelligence Agency, Directorate of Intelligence, Intelligence Memorandum, "The Bolivian Guerrilla Movement: An Interim Assesment", 8 de agosto, 1967 [secreto], NSF, Country File, Bolivia, vol. IV, Box 8, Intelligence Memo, LBJ Library.)
** Después de mucha insistencia, las patrullas del ejército comenzaron a darle seguimiento a los informes de extraños con barba en el sureste boliviano. El 23 de marzo se tropezaron accidentalmente con un escondite guerrillero." (Central Intelligence Agency, Intelligence Memorandum, Cuban- Inspired Guerrilla Activity in Bolivia, 14 de junio, 1967 [secreto], National Security File, Intelligence File, Guerrilla Problem in Latin america, Box 2, Memo, núm. 6, LBJ Library.)

caz y económico. Pero a partir de ese momento, una pequeña banda aislada y agotada de hombres mal armados y subalimentados deberá enfrentar todo el poder de un ejército indudablemente mediocre, pero respaldado por Estados Unidos. Ya nadie puede disimular: existe una guerrilla en Bolivia y en ella participan extranjeros y bolivianos. Su ubicación, fuerza y capacidad táctica son conocidas. Las reuniones programadas con la dirección del Partido Comunista, el reclutamiento de nuevos cuadros bolivianos, la construcción coordinada de la red urbana, la difusión oportuna de las tesis y realizaciones de la guerrilla: todos los planes minuciosamente diseñados se trastornan. El 14 de abril el PC es proscrito, obligando incluso a militantes marginados por la dirección como Loyola Guzmán, la dirigente de la juventud encargada de las finanzas de la red urbana, a sumirse en la clandestinidad; no podrán, por ende, desempeñar las funciones asignadas en las ciudades.

Debray recuerda que para el *condottiere* el saldo de la escaramuza no era enteramente negativo. Comprendía de manera cabal que desde un punto de vista estratégico no convenía, pero respiraba una cierta satisfacción ante el fin de la inactividad, por el término de la ambivalencia reinante: el combate endurecía a la tropa, elevaba la moral, aclaraba las cosas.[59] Es preciso recordar el contexto de derrotismo y apatía que impera cuando el Che incurre en esa orientación fatal; también conviene enfatizar el estado de ánimo personal del comandante. Se había vuelto más taciturno e introspectivo que nunca:

Apartado, sentado en la hamaca, fumando una pipa, bajo una cobertura de plástico, leía, escribía, pensaba, tomaba mate, limpiaba su fusil, escuchaba Radio Habana en su transistor por la noche. Órdenes lacónicas. Ausente. Encerrado en sí mismo. Atmósfera tensa en el resto del campamento. Disputas, susceptibilidades nacionales, discusiones sobre la táctica a seguir, todo avivado por el agotamiento, el hambre, la falta de sueño y la permanente hostilidad de la selva. Otro se habría mezclado con la tropa, hablando o bromeando con todos. El Che ponía la disciplina al desnudo, sin adornos ni relaciones personales.[60]

Antes del regreso del Che, fueron introducidos al campamento tres personajes que ya han dejado su huella en estas páginas: Régis Debray, Ciro Bustos y Tamara Bunke. Esta última no debía encontrarse allí; su tarea consistía en encaminar a los reclutas y visitas al campamento y regresar a La Paz. Pero en esta ocasión quemó, por así decirlo, sus propias naves. Ya fuera por decisión deliberada, o porque habló su inconsciente —una madeja de fantasmas, culpas, deseos y obsesiones donde se cruzan la aspiración guerrillera, su probable amor por Guevara, el descuido y los nervios—, la agente de los servicios cubanos abandonó su jeep en la casa de calamina que fue ocupada por el ejército días después. En el jeep, olvidó libretas de teléfonos, ropa y otros artefactos, que de manera inevitable facilitaron su identificación a la sección de inteligencia del ejército. Como el Che diría en su diario, Tania ha sido "individualizada y se pierden dos años de trabajo bueno y paciente".[61] Según la revista alemana *Der Spiegel*, Guevara la cachetea al volver al campamento después de la marcha y descubrirla instalada allí en tienda guerrillera.[62] Uno de los escasos eslabones de la magra red urbana del Che Guevara en Bolivia se quebraba; en las siguientes semanas se desvanecerían los demás, dejando a la guerrilla totalmente desprovista de contacto con el exterior: con La Paz, y con La Habana.

¿Quién era *Tania*, y por qué se obstinó en incorporarse a una guerrilla para la que no estaba preparada físicamente y a la que podía servir con mayor eficiencia en la ciudad? Conviene en primer término despejar el terreno de las versiones fantasiosas surgidas en la estela de su muerte, tres meses más tarde, y de su transformación en la "guerrillera heroica", como la designaron los cubanos. La tesis según la cual *Tania* era una doble agente de la KGB, o del Ministerio de Seguridad de Estado (MFS) alemán oriental, surgió por varios motivos, pero principalmente a través de una entrevista otorgada por un ex responsable de los servicios estealemanes, Gunther Mannel, y publicada el 26 de mayo de 1968.[63] Mannel, que cambió de bando y se pasó a Occidente en 1961, contó que cuando vio de casualidad una foto de *Tania* después de su fallecimiento, la reconoció de inmediato. Él había sido su "controlador" en los servicios de Alemania oriental; recordaba perfectamente que trabajaba para el MFS desde 1958. Se especializaba en la atención a visitantes extranjeros —en efecto así conoció al Che durante su primera estancia en Berlín en 1960— y recurría a todas las mañas femeninas de las espías de la literatura. Según Mannel, en 1960 la KGB quiso ampliar su número de agentes en Cuba, y él fue el encargado de reclutar a *Tania* para ese propósito, misión que cumplió en una estación de tren de Berlín.[64] Nunca fue posible confirmar esta información, y Mannel jamás proporcionó mayores datos. Daniel James retomó esta versión en su biografía del Che, pero no ofrece mayores pruebas ni precisiones.

Marcus Wolf, el renombrado jefe del contraespionaje alemán oriental, el deslumbrante personaje de las novelas de John LeCarré conocido como *Karla*, fue entrevistado en 1995 por los productores de un documental sobre el Che Guevara. Allí señala que por lo menos en lo que a Wolf se refiere, *Tania* nunca trabajó para el MFS.[65] Más aún, Wolf no la ha mencionado en ninguna de sus entrevistas públicas ni en los juicios que se le celebraron en Alemania después de la caída del Muro. Tampoco hace referencia a su carácter de agente en sus memorias, publicadas en 1997. Huelga decir que podría estar mintiendo, o que a los ochenta años tal vez no recuerda el nombre de todos y cada uno de sus subordinados. Pero la notoriedad de *Tania* no era precisamente minúscula, y resulta improbable que no recordara a una Mata Hari de semejante alcurnia, de haber trabajado bajo sus órdenes.

De hecho lo más probable es que, en 1961, Tamara Bunker, al igual que miles de jóvenes alemanes y de todo el bloque socialista, en efecto haya sido abordada por los servicios de inteligencia de su país. Como hablaba un castellano estupendo y provenía de la Argentina, constituía una candidata natural para trabajar en el ámbito internacional. No parece incluso inverosímil que al trasladarse a Cuba en agosto de aquel año lo haya hecho aun bajo las órdenes indirectas de *Karla*. Pero no existe absolutamente ningún indicio, ni en los archivos alemanes ni en Moscú, ni en el comportamiento de *Tania* en Bolivia, que sugiera un papel de provocadora o de doble agente. Otra cosa es que se haya enamorado del comandante Guevara, y que eso la haya inducido a cometer una serie de imprudencias o pifias indignas de alguien con su formación y experiencia.

Ulises Estrada lo reitera ahora, treinta años después: *Tania* estaba fascinada por el Che, más que enamorada, y quiso estar a su lado a cómo diera lugar. Como Michèle Firk en Guatemala durante los años 60 y las admiradoras del subcomandante *Marcos* en Chiapas, ansiaba ser guerrillera, no un enlace burocrático de los jefes y combatientes en La Paz, transportándolos de hotel a hotel y de contacto en contacto, siempre ajena a las decisiones trascendentes y a las grandes hazañas. Deseaba pasar de una vez por todas a la etapa de faenas y aspiraciones más épicas y ambiciosas. El principio de las hostilidades que clausuran las salidas del cuartel guevarista imposibilitan su retorno a La Paz con la identidad de antes. Se cumple su deseo, consciente o no: deberá permanecer en el campamento, con Debray y Bustos.

¿Fue amante del Che? Nunca lo sabremos a ciencia cierta, ya que los testimonios de los sobrevivientes que convivieron con ella y con Guevara son contradictorios. De las cinco personas con vida que pudieran poseer una opinión fundada y a la vez independiente, dos de ellas —Debray y Bustos— se abstienen de aseverarlo, o lo niegan; otras dos, Urbano y *Pombo*, son *appartchiks* cubanos sin voz propia. Debray atribuye su escepticismo a la carencia del nivel mínimo de energía necesaria para sostener cualquier amor más allá del platónico. Bustos jamás ha mencionado el asunto. *Benigno*, en su libro, no adopta una posición tajante, pero en una entrevista posterior a la publicación enuncia categóricamente la vigencia de un amorío, sin argumentos o pruebas y muy convincentes.[66] Dos factores alientan la especulación. El primero reside en los antecedentes. *Tania* y el Che se conocían desde finales de 1960, compartieron infinidad de reuniones y fiestas, coincidieron una temporada en Praga en la primavera de 1966, y todo indica que ella, por lo menos, estaba perdidamente enamorada de él.

En segundo lugar, cuando fue rescatado el cadáver de *Tania* en agosto, proliferaron los rumores de que en su vientre cargaba un feto de tres meses de edad. Si bien no se ha aclarado si fue objeto de una autopsia —algunos dicen que el mismo médico que le cercenó las manos al Che ya muerto, el boliviano Abraham Baptista Moisés, hoy empleado del Hospital Universitario de la ciudad de Puebla, en México, efectuó una necropsia completa— siempre corrió el rumor de que *Tania* estaba embarazada al morir.* No es probable, pero tampoco descartable que el padre haya sido el Che; sin embargo, algún testimonio presencial y confiable debió haber apareci-

---

* Según el jefe del Country Team de la CIA enviado a Bolivia, Gustavo Villoldo: "A *Tania* no se le hizo autopsia. No estaba embarazada. No se sabía nada, primeramente porque no se le hizo la autopsia. Hay el rumor de que estaba embarazada, pero yo no creo que haya sido verdad" (Villoldo, entrevista, *op. cit.*) A la inversa Félix Rodríguez, uno de los otros dos agentes de la CIA presentes en Bolivia, ha declarado en diversas entrevistas incluyendo una con el autor que *Tania* sí estaba embarazada (Félix Rodríguez, entrevista con el autor, Miami, 24 de abril, 1995; véase también Tamara Bunke "Drei Lieben in ciner Aut.", en *Der Spiegel*, núm. 39, septiembre, 1996. *Der Spiegel, op. cit.*

do a lo largo de los últimos treinta años.* Resulta más razonable creer que *Tania* fue una especie de *groupie* revolucionaria, lógicamente fascinada por el embrujante personaje que conoció en Berlín seis años antes; que la situación se prestara a las más diversas interpretaciones y tentaciones, pero que el Che no reencontró los encantos de las "minas" argentinas en los rasgos severos y en ocasiones masculinos de *Tania*.

Ciro Bustos no fue el primer argentino en ser convocado a Bolivia. En los primeros días de febrero, Eduardo Josami, un dirigente del gremio de los periodistas, fue citado por *Tania* en La Paz, y posteriormente conducido a Camiri. Allí se le informó de la marcha de exploración del Che; debería aguardar un par de semanas el regreso del comandante. Resolvió volver un mes después en lugar de esperar en Camiri, expuesto a todo tipo de preguntas y sospechas. El propio Josami recuerda hoy en día que "nunca estuvo clara para mí la finalidad del viaje"; y que le causó cierta impresión la "precariedad de los medios", así como la posibilidad de que tanto movimiento en jeep con *Tania* y dos peruanos encaminados a la guerrilla alertaran a las fuerzas armadas.[67] Así sucedió y nunca conoció el campamento.

Ciro Bustos, en cambio, sí llegó a Ñancahuazú. Sus contactos con el Che se remontaban a 1963, cuando la frustrada guerrilla de Jorge Masetti. *Tania* había invitado a Bustos al campamento en enero; pero apareció con Debray el 6 de marzo. Era un pintor mediocre y un activista ingenuo, cuya misión fue diseñada por el Che tiempo atrás: preparar su repatriación al país natal organizando a fracciones y disidencias comunistas, peronistas e incluso trotskistas, para integrar el principio de un grupo armado argentino. Bustos no pensa-

---

* *Benigno* ha señalado que de tratarse de un embarazo de 3 meses, el Che no pudo haber sido el padre; la división de la guerrilla en dos grupos data del 20 de abril, y *Tania* perece el 31 de agosto. Según *Benigno*, el padre del infante nonato fue Alejandro, uno de los integrantes de la retaguardia con el que *Tania* entretenía relaciones de amor y de odio.

ba realizar una visita prolongada; su paso debía ser fugaz y callado. Compartiría la cárcel de Camiri durante más de tres años con Régis Debray.

El francés efectuaba su tercer viaje en tres años a Bolivia, pero en esta ocasión su propósito era más político y público que las veces anteriores. Había sido enviado por Fidel Castro con algunos mensajes y análisis para el Che, y para traer otros de vuelta. Debía operar como una especie de enlace del Che con otros grupos latinoamericanos; tenía previsto pasar por São Paulo al salir, y coordinar las acciones de Guevara con Carlos Marighela.[68] Contemplaba permanecer en el campamento sólo por unos días, ya que el sentido de su encomienda dictaba que saliera lo más pronto posible de Bolivia.

Los tres visitantes coincidirán menos de un mes con el Che en la base guerrillera. Su partida ocasionará una nueva crisis, de consecuencias demoledoras, pero antes de ello sucedieron varios acontecimientos adicionales que impidieron cualquier tranquilidad o reposo. El primero fue la ruptura de las comunicaciones debido a la descompostura o inhabilitación de los transmisores de la guerrilla; el otro consistió en la continuación de las deserciones e indiscreciones que permitieron al ejército boliviano formarse una idea precisa de su enemigo.

La comunicación fue el talón de Aquiles de la guerrilla del Che. Se transportaron dos transmisores norteamericanos enormes, pesados, de bulbos, de la Segunda Guerra Mundial, que requerían de un planta eléctrica autónoma. Según los recuerdos de uno de los encargados de Bolivia en Cuba:

> Tuvieron un radio transmisor que jamás llegó a funcionar, un aparatote enorme con su motor, pero nunca lo instalaron siquiera. Nunca tuvieron comunicación hacia fuera. La única radio que tenían era una radio receptora, de seis bandas, con la que escuchaban Radio Habana, pero no tenían posibilidad de transmitir ningún mensaje.[69]

Uno de los aparatos se mojó y dejó de servir desde enero, por ser enterrado en una cueva mal hecha; al otro se le rompieron los dos bulbos. *Loro* Vázquez Viaña fue comisionado para comprar otros en Santa Cruz. En vez de conseguir una caja, compró sólo dos y los tiró ahí en el piso del jeep. Al cabo de 600 kilómetros de caminos malos, los bulbos llegaron a Ñancahuazú ya totalmente inservibles.[70] En marzo se acabó la gasolina para la fuente de poder; los guerrilleros no volvieron a tener combustible. Sus dos aparatos adicionales, para radioaficionados, también se descompusieron rápidamente; por último, disponían de un aparato de radiotelegrafía, pero carecían de la clave para utilizarlo. En otras palabras:

> Todo esto se iba improvisando. El equipo que se lleva para las comunicaciones es un equipo que se cree que pueda servir, pero cuando llegas allá no sirve para nada, es una caca. Se compran *walkie-talkies* que se cree son los mejores del mundo y después no sirven, eran de juguete para los niños. Después las baterías se acabaron y no había baterías.[71]

A partir de febrero, el Che se quedará incomunicado con La Paz, Cuba y el mundo, salvo para recibir mensajes. No podrá enviar informes, llamados de auxilio o partes de guerra.* Cuando además se cae la red urbana y se interrumpen las comunicaciones por la vía personal, se cortan todos los nexos: el Che está solo. Los cubanos saben, desde principios de febrero, que el Che quedó desprovisto de sus aparatos transmisores y de cualquier capacidad de comunicación con ellos. A partir de ese momento, La Habana dependerá de los cables de prensa para informarse de los acontecimientos en Bolivia. Carecía por completo de cualquier información directa, salvo por la llegada de algunos mensajes sacados del campamento durante

---

* "No, nosotros no pudimos enviar un solo mensaje del monte. Nunca. Recibimos siempre pero nunca transmitimos. Nada. No se podía." (*Benigno*, entrevista, *op. cit.*).

los primeros meses y, en marzo, por el retorno a Cuba del enlace urbano, Renán Montero. Dada la enorme importancia de este factor en la guerra de guerrillas, el aislamiento sólo podía ser interpretado como una señal alarmante. Sin embargo, no causó mayor escozor en la isla.

Por otra parte, el inicio de los combates y la exposición de la guerrilla alienta nuevas deserciones, y conduce a las fuerzas armadas a los campamentos. En una reunión con todo el personal el 25 de marzo, el Che regaña a medio mundo, descarga su ira contra *Marcos* y lo remueve como jefe de la vanguardia, ofreciéndole la alternativa de ser degradado a simple combatiente o devuelto a La Habana. Informa que tres más de los reclutas de Moisés Guevara —*Chingolo, Pepe* y *Paco*— no han servido, pues no trabajan ni aportan nada. Piden separarse del grupo y volver a sus casas; el Che concluye que deberán ser despedidos en la primera oportunidad. Por lo pronto, si no trabajan, se les privará de comida, al igual que otro recluta boliviano, de nombre Eusebio, "ladrón, mentiroso, hipócrita", que también ha solicitado su baja.

El 7 de abril, la Cuarta División del ejército boliviano ocupa el campamento central: caen el hospital de campaña, las medicinas, el horno, y una multitud de prendas de los guerrilleros que proveen a inteligencia militar de una mina de oro de datos y detalles. Estos hallazgos no bastan para proteger al ejército de una nueva derrota el 10 de abril; un par de emboscadas colocadas por los guerrilleros en el cauce del río, camino al campamento, ocasiona al enemigo nueve muertos, una docena de heridos, trece prisioneros, y arroja un botín considerable de armas, granadas y parque. El grupo comandado por *Rolando* muestra un gran ingenio táctico al no retirarse después del primer enfrentamiento: en lugar de pegar y huir, pega dos veces. Será el triunfo más sonado de la guerra para los insurrectos; desmoraliza al gobierno, alienta a los simpatizantes de la guerrilla y descontrola seriamente al régimen de René Barrientos.

La situación de las autoridades bolivianas era en efecto preocupante. En escasas dos semanas habían sufrido dieciocho muertos, veinte heridos y perdido material considerable. La guerrilla no recibió en el mismo lapso más que una baja —el *Rubio*, Jesús Suárez Gayol— y la moral de la tropa oficial andaba por los suelos. Los oficiales exageraron el número de combatientes "alzados" —algunos hablaban de quinientos— así como las proezas de los combatientes insurrectos. Barrientos recorrió la zona y prometió erradicar al grupo armado a la mayor brevedad, pero reveló nerviosismo y un comportamiento errático. Sólo fue con el tiempo y gracias a la insistencia norteamericana que el comandante en jefe de las Fuerzas Armadas, el general Alfredo Ovando, retomó paulatinamente el control de la respuesta gubernamental. Comprendió que la lucha sería larga; que sería preciso obtener apoyos externos de armas, entrenamiento e inteligencia, y que para dominar a la guerrilla debería formar cuerpos de élite de lucha contra fuerzas irregulares.

Aunque estaban convencidos de la presencia del Che, los militares preferían hablar de cubanos y extranjeros en general, y evitaban mencionar al comandante Ernesto Guevara:

> Las primeras noticias que se tienen sobre la probable presencia del Che Guevara son manejadas cuidadosamente, no se dan a conocer, pero se contacta a los servicios de inteligencia de otros países para ver si es posible confirmar este extremo.[72]

Los norteamericanos tampoco deseaban publicitar la participación del Che, y evitaron que la prensa extranjera se percatara de ello.* La discreción de las autoridades les redituó

---

* "La prensa recibió todo tipo de garantías y confidencias de la embajada estadounidense y de los asesores militares de Washington asegurándole que el pánico boliviano se debía a una maniobra para arrancarle más asistencia militar a Estados Unidos." (Andrew St. George, "How the US Got Che", *True Magazine*, abril, 1969, p. 92.)

considerablemente: como señala Mario Monje en su carta al Comité Central del PCB en 1968, el hecho de que la identidad del Che se hubiera mantenido en secreto, antes y después de que el gobierno la hubiera detectado, tal vez protegió al argentino pero impidió que decenas o centenares de militantes se sumaran a la lucha encabezada por una verdadera leyenda latinoamericana.

¿Cuándo y cómo se confirma la presencia del Che en Bolivia? Según Gustavo Villoldo, que llega por primera vez a Bolivia en febrero y nuevamente a finales de julio para encabezar el *country team* de la CIA, él se convence del papel de Guevara gracias a la infiltración de tres personas en el aparato urbano montado por los cubanos y el PC. Todavía a estas alturas Villoldo se niega a proporcionar los nombres de los dos bolivianos y un peruano que viven aún bajo "protección" institucional. Y agrega:

> Pero sí te puedo decir que se colocaron una serie de activos y los activos fueron los que empezaron a darnos la información necesaria para neutralizar. Todo ese mecanismo, ese apoyo logístico al neutralizarse, dejó a la guerrilla totalmente fuera de apoyo. Penetramos totalmente al aparato urbano.[73]

Larry Sternfield, jefe de estación de la CIA en Bolivia hasta abril de 1967, ha confirmado que él comprobó la presencia del Che antes que las autoridades bolivianas, por fuentes bolivianas de nivel medio que trabajaban bajo contrato con la CIA. John Tilton, el sucesor de Sternfield, corrobora esta versión en sus memorias inéditas: "Una noche me llamó a casa el presidente Barrientos para preguntarme sobre un rumor de que el Che Guevara estaba en Bolivia. Hicimos cita y le dije que parecía que el rumor era cierto."[74]

Que la jerarquía de la CIA en Langley no les haya creído a sus jefes de estación en La Paz no debe extrañar; sucedió lo mismo con los reportes de Lawrence Devlin sobre el Che en el Congo. Tilton aún lamenta las dificultades que enfrentó para convencer a su sede de sus sospechas.

Así, cuando Debray y Bustos caen presos el 20 de abril, las fuerzas armadas ya disponen de los datos suministrados por los desertores y por el semipreso Salustio Choque Choque. Esos datos les permiten asegurar que el jefe de la guerrilla es el Che.* Además, el 24 de abril Jorge Vázquez Viaña fue herido y capturado por el ejército, según algunos tratando de huir, según otros, por desordenado. Después de ser intervenido quirúrgicamente en un hospital militar, fue interrogado por un agente de la CIA, que operaba con el nombre de Eduardo González. Para confundir más las cosas, habrá dos oficiales de la CIA en Bolivia con el mismo seudónimo: este González, que llega primero, y otro, cuyo verdadero nombre es Gustavo Villoldo, y que aparece en las fotos del cadáver del Che en Vallegrande.** El primer González, fallecido ya, interroga a Vázquez Viaña, a Debray y a Bustos. Le tiende una trampa al *Loro*, haciéndose pasar por un periodista panameño de izquierda, a quien Vázquez Viaña cuenta todo, con pelos y señales.[75]

Durante las primeras semanas de interrogatorios y golpizas, Debray se mantiene en lo acordado: era periodista, y fue a Bolivia a entrevistar a los guerrilleros; había escuchado los rumores sobre la presencia del Che, pero no lo había visto. Después, aceptará que entrevistó al Che pero que creía que ya había salido de Bolivia. Armados de la información suministrada por el *Loro*, González confronta a Bustos. Con lujo de detalles, Bustos dibuja retratos de los guerrilleros, describe la

---

* "Lo de Debray y Bustos no fue clave desde el punto de vista que era él, ya se sabía" (Gustavo Villoldo, entrevista, *op. cit.*).
** La diferencia entre los dos González fue comunicada al autor por Gustavo Villoldo en una entrevista el 22 de noviembre de 1995, en Miami. Fue corroborada por Larry Sternfield, el jefe de la estación de la CIA en Bolivia hasta mediados de 1967, en una conversación telefónica con el autor el 4 de noviembre de 1996.

vida en el campamento, con mapas y rutas de acceso; en una palabra, canta. Las fotos de sus dos hijas que le permitieron a sus interrogadores amenazarlo con secuestrarlas lo quebraron. Carecía de la integridad y consistencia necesarias para resistir el interrogatorio; ni siquiera fue golpeado.

Obligado a desplazarse, a lograr la salida de sus visitantes y a buscar nuevas fuentes de abastecimiento, privado de comunicaciones y de red urbana, el 18 de abril el Che inaugura la siguiente crisis de la campaña de Bolivia, al dividir sus fuerzas, con una intención provisional, destinada a ser definitiva. Definitiva y fatal: una fuerza tan pequeña no podía escindirse; al quedar separados e incomunicados los dos destacamentos, pasarán cuatro meses buscándose en las serranías bolivianas, en ocasiones a cientos de metros los unos de los otros, incluso abriéndose fuego, sin jamás establecer contacto.

La separación se origina en la necesidad de lograr la salida de Bustos y Debray. Al comprobar las dificultades para alejarse de la zona cercada por el ejército, los dos visitantes expresan su disposición a unirse a la guerrilla, pero el Che, por lo menos en el caso de Debray, responde que afuera puede servir a la causa con mayor eficacia, portando mensajes a Fidel y organizando una campaña internacional de solidaridad. El valor de una difusión de esa magnitud adquiere mayor relevancia al iniciarse las hostilidades y resquebrajarse la red urbana. En su diario, el Che subraya que Debray expuso su voluntad de abandonar el campamento con demasiada "vehemencia", pero Guevara igual accede y actúa en consecuencia. Deja a Juan Vitalo Acuña —*Joaquín*, su segundo de a bordo— con diecisiete hombres, incluyendo a una *Tania* debilitada que ya no puede volver a la ciudad, a los enfermos, y a los cuatro hombres de Moisés Guevara —conocidos como la resaca— que deberán ser dados de baja lo más pronto posible. Con los treinta combatientes restantes, el Che marcha hacia el sur, en dirección de Muyupampa, poblado que piensa ocupar, aprovechando la consiguiente confusión para largar a los dos extranjeros. Gira órdenes precisas a *Joaquín* para que al cabo de tres días se reencuentren en la misma zona, evitando enfrentamientos que puedan entorpecer la reunificación.

Pero el ejército se adelanta y entra a Muyupampa, cancelando la opción de la toma armada. En el camino, sin embargo, la vanguardia guevarista se topa con un periodista chileno-inglés, de talante sospechoso, quien, guiado por unos niños, había descubierto a la banda armada. George Andrew Roth acepta un trato: a cambio de una entrevista con Inti Peredo, acuerda volver a Camiri con Debray y Bustos, avalando su calidad de periodistas.* De nada sirve el ardid: al ser descubiertos Debray y Bustos son detenidos por la policía y entregados a la Cuarta División. Allí son interrogados con la violencia característica de los ejércitos latinoamericanos y, probablemente hubieran sido eliminados cuando el escándalo en la prensa y la presión de la CIA lo impide, no por altruismo sino para poder obtener más información. Ambos serán juzgados y condenados a treinta años de prisión; su liberación se producirá en 1970, cuando el gobierno progresista de Juan José Torres llega al poder.

El Che no fijó puntos de reunión con la retaguardia, en caso de verse dispersados por el ejército o cualquier otro factor. La falta de comunicaciones adecuadas, ya fuera entre los dos contingentes, o con un tercer centro —La Paz o incluso La Habana— imposibilitó el reagrupamiento. Cuando el ejército efectuó nuevas maniobras y obligó al Che a moverse hacia el norte, lejos de la zona donde lo aguardaba *Joaquín*, el hilo se rompe para siempre. Nunca abandonará el Che el intento de la reunificación; cuando más tarde sus compañeros le suplican que cambie de idea, enfurece:

---

* En su propio relato Roth no menciona este *quid pro quo*; señala simplemente que recibió instrucciones de los guerrilleros de proceder de esa manera (George Andrew Roth, "I was Arrested with Debray", *Evergreen Magazine*, 1967).

Nosotros una vez nos atrevimos a decirle: ¿Por qué no dejamos ya la búsqueda del grupo de *Joaquín* y que ellos se las arreglen como puedan? No nos dejó terminar. La descarga que nos echó fue gigante.[76]

Como además escaseaban los habitantes en la zona, y los pocos lugareños anuentes a conversar con los guerrilleros reaccionaban con temor u hostilidad, sólo la suerte hubiera podido lograr el reencuentro. La guerrilla del Che en Bolivia nunca tuvo suerte.

¿Por qué no dispuso el Che varios puntos contingentes de reunión con la retaguardia? El misterio perdura treinta años después. En el análisis más profundo escrito por un militar boliviano, Gary Prado atribuye el error a una sobreestimación de las fuerzas propias y a un desprecio indebido hacia el ejército.[77] La respuesta yace probablemente en el estado de ánimo del Che en esos días, destrozado por la debilidad, el mal humor y el asma, y abrumado por la infinidad de problemas que lo aquejan. En su diario el Che consigna ataques constantes de asma y una negra nube depresiva; las circunstancias no se prestaban a decisiones inteligentes, cuidadosas y previsoras.

Durante esas semanas de abril y mayo, cuando el Che esperaba forjar vínculos con los campesinos de la región —consciente sin embargo de los obstáculos que habría de vencer para lograrlo— sucede lo contrario. La muerte de dos civiles crea un pésimo ambiente en el seno de la población aledaña; la campaña anticomunista desplegada por las fuerzas armadas surte efecto; los comunicados del recién bautizado Ejército de Liberación Nacional reciben una rala difusión en una prensa cada vez más censurada. Los aldeanos aceptan vender víveres a los combatientes, pero con recelo; hablan con ellos, pero con miedo, y suelen informar rápidamente a las autoridades de cualquier roce con los guerrilleros.

El 15 de abril, La Habana publica un ensayo del Che en la revista *Tricontinental*, donde el comandante emite su consigna más famosa: "Crear dos, tres Vietnam". Su lenguaje de exaltación de la violencia y el sacrificio mortal —el martirio buscado, dirían algunos— adquiere un inusitado carácter explícito:

> El odio como factor de lucha; el odio intransigente al enemigo, que impulsa más allá de las limitaciones naturales al ser humano y lo convierte en una efectiva, violenta, selectiva y fría máquina de matar. Nuestros soldados tienen que ser así; un pueblo sin odio no puede triunfar sobre un enemigo brutal. [78]

El tono antisoviético del discurso también es patente; la operación propagandística, igualmente.* Se difunden seis fotos del Che, dos de civil y cuatro de verde olivo. Apunta en su diario, el 15 de abril, que la publicidad recogida por su mensaje garantiza que "no debe haber duda de mi presencia aquí". El combate contrainsurgente en Bolivia se transforma entonces en una cacería. Se colocan todos los recursos locales al servicio de una causa única: capturar y matar al Che Guevara; ningún esfuerzo será desplegado en el otro platillo de la balanza para alcanzar un equilibrio. Pronto, miles de soldados peinarán una zona inmensa pero hostil como pocas, rastreando a menos de cuarenta hombres hambrientos y enfermos, divididos en dos grupos incomunicados.

Los Estados Unidos comienzan a involucrarse en la guerra de Bolivia desde su inicio. Ciertamente los dos agentes cubanos de la CIA que sobreviven, Félix Rodríguez y Gustavo Villoldo, no se incorporaron de lleno en la lucha contrainsurgente sino hasta junio, aterrizando en El Alto de La Paz el 31 de julio.

---

* "Hay una penosa realidad. Vietnam [...] está trágicamente solo. La solidaridad del mundo progresista con... Vietnam semeja a la amarga ironía que significaba para los gladiadores del circo romano el estímulo de la plebe. No se trata de desear éxitos al agredido, sino de correr su misma suerte." (*Ibid.*, p. 642.)

Pero desde abril comienzan las reuniones de análisis en Washington. De acuerdo con un relato de Andrew St. George, el periodista que entrevistó a Fidel y al Che en la Sierra Maestra, el 9 de abril se reunió por primera vez un comité de alto nivel para diseñar una respuesta ante las pruebas contundentes de la presencia del Che en Bolivia.* Según St. George, la demostración definitiva de la ubicación del Che fue la foto del horno panadero de Ñancahuazú, un artefacto de barro redondo y panzón, copiado de los hornos de pan de Vietnam y Dien Bien Phu.

Después de la visita del general William Tope a La Paz a mediados de abril, Washington concluye, según el general que "esta gente tiene un problema tremendo y vamos a enfrentar grandes dificultades en buscar un enfoque conjunto, ya sin hablar de reencontrar una solución".[79] Desde el 29 de abril se embarcan hacia Bolivia cuatro oficiales y doce soldados, liderados por Ralph Shelton; de inmediato inician un curso de entrenamiento para 600 tropas bolivianas que durará diecinueve semanas, convirtiéndolas en el primer grupo de *rangers* en Bolivia, que capturará al Che y derrotará a su guerrilla.

Los meses de mayo y junio no fueron, sin embargo, los peores de la guerrilla: al cierre de mayo ocupa tres pueblos en un solo día, ofreciendo una demostración de ubicuidad y profesionalismo en el mando que de nuevo desmoraliza al ejército. Abundaban en la guerrilla del Che el valor y la tenacidad, pero escaseaba ya la imaginación ofensiva. De hecho el Che casi no desempeñaría acciones ofensivas: nunca atacó, ni con golpes de comando ni con grandes unidades, las instala-

---

* St. George, *op. cit.*, p. 93. El primer documento de la Casa Blanca que afirma dicha presencia tiene fecha de 11 de mayo, y dice: "Éste es el primer informe creíble de que el Che está vivo y en actividad en Suramérica" (Walt Rostow to the President, 11 de mayo, 1967 [secreto], NSF, Country File, Bolivia, vol. 4, box 8, LBJ Library). El primer informe disponible de la CIA que afirma de manera categórica que el Che se encuentra en Bolivia está fechado el 14 de junio; se trata de un resumen, que obviamente sintetiza reportes anteriores. (Central Intelligence Agency, Cuba-Inspired Guerrilla Activity...)

ciones militares bolivianas, las vías de comunicación aledañas a aglomeraciones de cierta magnitud. Sólo reaccionó a las embestidas del ejército con emboscadas y operaciones defensivas o de toma de poblaciones.

Durante ese periodo Guevara pierde hombres valiosos y queridos: *San Luis* o *Rolando*, el 25 de abril, a quien conocía desde la Sierra Maestra y quizás el mejor militar del equipo; *Tuma*, o Carlos Coello, cuya muerte lamentó como la de un hijo; y *Papi*, el 30 de julio de 1967, en una escaramuza menor y cuya muerte, a pesar de las decepciones que le había causado, le dolió enormemente. El Che debió haber sabido que si caían guerrilleros a ese ritmo, sin compensar las bajas con adhesiones campesinas, su epopeya estaba condenada: por más golpes que le asestara al ejército, éste terminaría por desgastarlo. En los círculos más íntimos del poder en Cuba cundía la percepción de que las cosas no marchaban bien; las noticias públicas de las muertes de la guerrilla advertían a los cubanos bien informados del fracaso en el horizonte.*

Hasta ese momento, es cierto que el equilibrio militar no desfavorecía a los revolucionarios; en un memorándum secreto a Lyndon Johnson escrito a mediados de junio, el asesor de Seguridad Nacional, Walt Rostow, confesaba que:

> Los guerrilleros llevan claramente la ventaja frente a las fuerzas de seguridad bolivianas inferiores. El desempeño de las unidades gubernamentales ha mostrado una carencia seria de coordinación de mando, de liderazgo de los oficiales, de entrenamiento de la tropa y de disciplina.[80]

Pero la ventaja era ilusoria. El verdadero drama del Che afectaba otro resorte: los habitantes de la región por la que

---

* *Lino*, entrevista, *op. cit. Lino* reconoce sin embargo que en Cuba no hubo conocimiento de la separación del grupo de *Joaquín* hasta el anuncio público del aniquilamiento de la retaguardia el 31 de agosto.

deambuló sin rumbo durante esos meses nunca lo apoyaron, jamás le dieron la bienvenida, nunca comprendieron el sentido de su gesta. Ni un solo campesino se unirá a la guerrilla, ni siquiera a finales de junio cuando la zona de operaciones y las actividades del grupo lo pondrán en contacto más estrecho con la población, el Che incluso sirviendo de dentista en varias aldeas. La crisis social minera que estalla a mediados de junio, en la que trabajadores de las minas de Siglo XX, Hanuni y Catavi van a la huelga, recibiendo el apoyo del movimiento estudiantil, tampoco bastó para vincular a la guerrilla con el resto del país. La vigencia de un movimiento obrero constituyó una de las razones más poderosas para que el Che se inclinara por ubicar la guerrilla en Bolivia. Pero separados por la cordillera de los Andes y a más de mil kilómetros del sureste, sin comunicaciones con los mineros ni nexos políticos con ellos, la guerrilla atestigua con impotencia la masacre de decenas de manifestantes el día de San Juan; el movimiento se extingue rápidamente.

Entre abril y agosto dos nuevas crisis asolan a la expedición. La primera involucra el viejo problema de la red urbana. Terminó en manos de militantes comunistas marginados de su Partido, que sufrieron los estragos de la proscripción del mismo y de la represión de las fuerzas del orden. Mario Monje hostigaba a algunos comunistas que pretendían solidarizarse con la guerrilla; el gobierno se encargaba de los demás. No suministraron víveres, armas, medicinas o ayuda, ni mucho menos combatientes. Con la incorporación a la retaguardia de *Tania* y la captura de Debray, sólo un cubano permanecía en las ciudades: *Iván* Renán Montero, cuyo desempeño sigue encerrando uno de los enigmas de la aventura del Che Guevara en Bolivia. La conclusión para los cubanos en el monte era evidente: "Si no se sacaba a alguien a hacer contacto con la ciudad, veíamos la cosa muy mal, pero eso lo hablábamos entre nosotros, no éramos capaces de podérselo decir al Che."[81]

Montero era de origen cubano, aunque gracias a sus servicios a la revolución sandinista adquiriría luego la nacionalidad nicaragüense. Era probablemente el único cubano de la red que no era propiamente un hombre del Che; pertenecía a los servicios de seguridad del Estado, aunque tampoco al equipo de Piñeiro. Al llegar a Bolivia en septiembre de 1966, queda encargado, junto con *Tania*, de recibir a los cubanos, entre otros al Che. Discute constantemente con la alemana-argentina; según Ulises Estrada, por líos de amores que incluso explican parcialmente su salida intempestiva de Bolivia.[82] Como dice *Pombo* en su diario, se exacerbaban peligrosamente las tensiones entre ellos. Una vez sanos y salvos todos los futuros combatientes en Ñancahuazú, su misión consistía en "hacer negocios", según el diario del Che, y en arraigarse sólidamente en la sociedad boliviana. *Iván* cumplió con lo segundo, pues enamoró a una joven perteneciente a la familia del presidente Barrientos, y se dispuso a contraer matrimonio con ella, alentado por el Che.[83]

De pronto, a finales de febrero desaparece del mapa. Abandona Bolivia, viaja a París y poco después aparece en Cuba. Según un mensaje cifrado de La Habana al Che, llega a la isla a finales de abril.[84] De atenernos a los recuerdos de Montero, el motivo de su partida era sencillo: debía mantener sus papeles en orden, ya que su misión no era compatible con la clandestinidad. Su pasaporte y su visa vencieron a los seis meses de ingresar en Bolivia; en ausencia de instrucciones del Che —no las había porque las comunicaciones entre la guerrilla y la ciudad se truncaron semanas antes—, decidió hacer lo anteriormente convenido: salir del país para renovar sus papeles.[85] Pero esta explicación es ingenua o mañosa. Como aclara *Benigno*:

> Él sólo no se hubiera ido. Eso no lo podía determinar él. No me cabe duda de que recibió instrucciones. Lo mandaron retirar a Francia para que allí se curara, y después

volviera a ingresar, pero no sé cuáles fueron los motivos que no le permitieron regresar. No vi claro lo de Renán.*

Según Montero, él aún se hallaba en La Paz cuando *Tania* subió al campamento por última vez, a principios de marzo, con Debray y Bustos; sabía, por tanto, que había sido inhabilitada como contacto urbano.** Guardaba plena conciencia del inicio de los combates y de las dificultades que padecían los miembros del Partido Comunista, ahora relegados a la vida clandestina. Además sus planes de matrimonio avanzaban y le abrían contactos de excelente nivel, que le hubieran facilitado la regularización de sus papeles: "Tres o cuatro días después del primer combate, me entrevisté con Barrientos y la familia aprovechó para apoyar una solicitud de tierras que había hecho para el Alto Beni."[86] En esas condiciones abandonar su puesto y partir a París únicamente para actualizar sus documentos se antoja inexplicable.

La otra razón, esgrimida tanto por Montero como por el Che en su diario, era su enfermedad. Pero esta justificación tampoco cuadra con la costumbre de la época: resistir a cualquier debilidad para cumplir con la historia. En su diario, *Pombo* subraya desde enero que *Papi* Martínez Tamayo le comunica al Che sus temores a propósito de Montero: "*Iván* no se quedará porque está vacilando sobre la situación." Muy pronto se confirmaría el vaticinio. Aún si creemos que Montero tomó solo la iniciativa de volver a Cuba, podemos preguntarnos cuál fue la reacción de la isla al comprobar que el único integrante intacto de la red urbana se marchaba de Bolivia. Él

---

* *Benigno*, entrevista, *op. cit. Lino*, al contrario, estima que al cortarse por completo la comunicación entre La Habana y Bolivia, Montero decide regresar por su cuenta, impulsado por una feroz amibiasis y la depresión masiva que lo afecta al comprobar que el Che se niega a incorporarlo a la guerrilla, su deseo más ferviente.
** *Iván*, entrevista, *op. cit.* Debray recuerda, sin embargo, que Montero nunca dio la cara en La Paz durante esos días de principios de marzo, y que él siempre entendió que para entonces Montero había abandonado Bolivia.

mismo confiesa que estuvo "esperando largos meses en Cuba", digamos desde principios de abril hasta septiembre, para retornar, pero "se decidió que no, por motivos de seguridad. Y porque como se reveló la presencia de la guerrilla sería riesgoso".[87]

En aquel tiempo los cuadros guerrilleros se morían en la raya. Si no, pagaban cara su indisciplina o traición. Renán Montero no sólo no fue castigado por abandonar su puesto, sino que sigue gozando, treinta años después, del favor y de la protección del Estado cubano. Los motivos aducidos por él son difícilmente creíbles. Surgen entonces dos teorías alternativas: o bien alguien le dio el "pitazo" de huir de Bolivia y retomar contacto con La Habana desde un tercer país seguro; o bien a pedido suyo, recibió una señal ambigua de Cuba que interpretó como una aprobación de su solicitud de salida. Lo esencial, sin embargo, es que su salida asegura que a partir de su arribo a La Habana (o incluso a París) los dirigentes cubanos contaban con toda la información necesaria para concluir que la guerrilla del Che había fracasado. Su fuente era *Iván*, y esto le ha servido como seguro de vida durante treinta años: Renán Montero sabía que Castro, Raúl y Piñeiro sabían. En el penúltimo mensaje cifrado que recibe el Che de La Habana se le informa que un "nuevo compañero" ocupará "oportunamente" el lugar de *Iván*; ese nuevo compañero nunca llegará a Bolivia.

La segunda crisis será la que finalmente entierra al Che en el país andino. Brotará de la tara que lo seguía como su sombra desde la más remota niñez: el asma. A partir de abril y del comienzo de los combates, en lugar de que fluya la adrenalina y ceda la enfermedad, ésta se agudiza. La acompañan otros padecimientos. En el mes de mayo, escribió:

> Al comenzar esa caminata, se me inició un cólico fortísimo, con vómitos y diarrea. Me lo cortaron con demerol y perdí la noción de todo mientras me llevaban en hamaca; cuando desperté estaba muy aliviado pero cagado como un niño de pecho.[88]

La afección socava su capacidad de decisión y agilidad mental: en dos ocasiones (el 3 de junio y a propósito de la salida de Debray y Bustos), el Che anota en su diario que "no funcionó lo suficientemente rápido el cerebro", "no tuve el coraje", "me faltó energía".[89] La vegetación, el clima, la debilidad ambiente y, sobre todo, la falta de medicamentos, cimbran a Guevara. Cada decisión, cada pugna interna y pérdida de un hombre admirado agravan su estado. Recurre a todo tipo de pociones y artificios: desde colgarse de un tronco y pedirles a sus hombres que le golpeen el pecho a culatazos, hasta fumar distintas hierbas locales en una búsqueda desesperada de efedrina. Se inyecta novocaína endovenosa; deja de comer alimentos susceptibles de provocarle ataques asmáticos. Cuando no puede caminar, avanza en mula. Ya no tolera la mochila a cuestas; por primera vez requiere de la ayuda de sus compañeros. La voluntad de hierro persiste, pero el cuerpo no da para más.

A partir del 23 de junio las referencias al asma en su diario son casi cotidianas. Se repiten con agregados sobre la falta de medicinas, la futilidad de los remedios sucedáneos, la desesperación por el agotamiento de los medicamentos disponibles. La angustiante necesidad de conseguir algún antídoto eficaz lo conduce a una decisión que representa también una oportunidad: la toma del pueblo de Samaipata, un cruce carretero entre Santa Cruz y Cochabamba, y el poblado más grande ocupado por la guerrilla durante su trágico andar por el sureste boliviano. Los insurrectos efectúan la operación con el mismo profesionalismo que las primeras emboscadas; mientras unos arengan a la población, otros buscan víveres y medicinas. Para evitar filtraciones, el Che permanece en la camioneta secuestrada para la toma; delega en sus hombres la responsabilidad de buscar los medicamentos apropiados en los dispensarios del pueblo. Sin embargo, no existen las medicinas adecuadas, o no las saben encontrar: el objetivo de la operación es burlado: "En relación a la orden de los abastecimientos, la acción fue un fracaso [...] no se compró nada de provecho y en las medicinas, ninguna de las necesarias para mí."[90]

Mario Monje extrae sus propias conclusiones del fiasco de Samaipata. Inicialmente le parecerá excelente la incursión guerrillera al llano, ya que indica que los "alzados" rompían el cerco y se dirigían a la zona de Chapare, la mejor región para la lucha armada. Pero cuando la prensa informa que los guerrilleros retornaban hacia el sur, Monje exclamó en una reunión de dirección del Partido: "Señores, el Che no sale de aquí. Todo el grupo va a ser exterminado. Han cometido el peor error; hay que mandar gente a Cuba y decirles que hay que salvar al Che."[91]

Después de una prolongada discusión se decide enviar a Monje a La Habana para que exponga su plan de evasión. Sale vía Chile y en Santiago comparte con los comunistas chilenos su propósito de viajar a Cuba, rogándoles que lo asistan en su encomienda. Recuerda que lo desconcertó la reacción chilena, primero, por incrédula, y en segundo lugar, por las vacilaciones de los dirigentes chilenos. Monje queda varado en Santiago durante meses; nunca viaja a la isla. Pero si los comunistas chilenos se abstuvieron de encaminarlo a Cuba, su pasividad se debió a la reticencia cubana de recibir a Monje; jamás hubieran actuado de esa manera por su propia cuenta.*

Después del intento fallido de conseguir medicinas en Samaipata, el Che decide enviar a *Benigno*, el más fuerte de sus sobrevivientes, a las cuevas de Ñancahuazú, situadas a más de doscientos kilómetros, para recuperar los antiasmáticos resguardados ahí desde noviembre del año anterior. Cuando *Benigno* se aproxima a los escondites, se anuncia su descubrimiento por el ejército. Es la peor noticia del peor mes de la guerrilla.

---

* Esta explicación fue sugerida al autor por Volodia Teitelboim, el escritor y dirigente comunista chileno, en una conversación en la ciudad de México el 12 de noviembre de 1996. Teitelboim era ya en 1967 uno de los máximos jerarcas del PCCh y hubiera tenido conocimiento de cualquier decisión del Partido en esta materia.

El 31 de julio ya se habían extraviado once mochilas, las últimas medicinas y la grabadora que se utilizaba para copiar los mensajes que llegaban de La Habana; la comunicación desde fuera también se rompe. El 8 de agosto, el Che ya había perdido la compostura, hiriendo a la yegua que montaba, desesperado por el asma, la diarrea y los reveses; así lo confiesa en su diario.[92] Un militar boliviano, el capitán Vargas Salinas, relata incluso que desde agosto los hermanos Peredo conducían ya las operaciones, y que el Che trató de quitarse la vida, afirmación que no encuentra ninguna validación en otros diarios o recuerdos.*

La caída de las cuevas fue "el golpe más rudo que nos hayan dado; alguien habló. ¿Quién? Es la incógnita."[93] Un informante condujo a los militares a la cueva cerca del primer campamento, donde se habían almacenado documentos, fotos, víveres, medicinas y armas. De acuerdo con las versiones de cuatro sobrevivientes, tres del lado de la guerrilla, y uno del lado de la fuerza contrainsurgente, el informante fue Ciro Bustos.** El Che lo convocó debido a sus antiguos lazos con la guerrilla de Salta; confiaba en él sin conocerlo bien. Según Debray, Bustos llevó a los militares al campamento: "Él se desaparecía, sólo podíamos intercambiar algunas palabras en el patio. Salvo que yo sabía lo que contaba porque veía lo que los interrogadores le planteaban."[94]

---

* Mario Vargas Salinas, *El Che, mito y realidad*, Cochabamba-La Paz, Editorial Los amigos del libro, 1988, p. 57. Vargas Salinas será el general retirado que en noviembre de 1995 declara a la prensa que el cadáver del Che no fue incinerado, sino enterrado, desencadenando una búsqueda cara, prolongada, e infructuosa.

** En cinco ocasiones, a lo largo de un año, por teléfono a su domicilio en Malmo, Suecia, y por escrito, Ciro Bustos se negó a responder a preguntas del autor a este respecto. Los cubanos por su parte, acusan a la "resaca", y en particular a *Chingolo*, de haber guiado a los militares a la cueva (véase Cupull y González, La CIA contra el Che, La Habana, Editora Política, p. 96). El problema con esta tesis es que no parece que *Chingolo* y los otros miembros de esa camada hayan visto la cueva, ni hayan estado presentes cuando se cavó.

Benigno también especula que Bustos sirvió de guía hacia las cuevas. El Che lo trajo de la Argentina para que volviera con la imagen de todo el esfuerzo guerrillero para atraer a combatientes argentinos. Por ello se dedicó a mostrarle las cuevas: "Salía con Bustos a caminar y le enseñaba dónde estaban las cuevas; una parte la conocían los bolivianos y otras no."[95] Según Villoldo, las descripciones y retratos de los guerrilleros que Bustos proporcionó fueron muy importantes.[96] Confirma que Bustos los llevó a la cueva, aunque hasta la fecha reconoce que: "No puedo dar una explicación de por qué lo hizo, ya que en realidad su vida no peligraba. No puedo decir que haya sido por falta de convencimiento; simpatizaba mucho con el Che."[97]

Al ser descubierta la cueva, las medicinas del Che se pierden; el enorme esfuerzo de *Benigno* habrá sido en vano. El gobierno también recupera fotos del conjunto de los guerrilleros, incluyendo al Che. Las exhibe en la OEA como prueba definitiva de la estancia del comandante Guevara en el país. El Che en cambio nunca proclamará su identidad; jamás lanzará un llamado a la solidaridad local o internacional aprovechando su imagen cada vez más mística. En la conferencia de la Organización Latinoamericana de Solidaridad (OLAS) celebrada en La Habana el 15 de agosto, ni Osvaldo Dorticós ni Fidel Castro revelan la ubicación del Che, ni mucho menos la desesperada situación en la que se halla, ya sin hablar de emprender una campaña para apoyarlo, salvarlo, o protegerlo. O bien el optimismo beato del equipo de Piñeiro se mantenía intacto, a pesar de los innumerables y ominosos indicios procedentes de Bolivia, o bien Fidel Castro y los cubanos ya se habían resignado a un desenlace fatal. Éste se avecinaba.

Después de tres meses de seguir a pie juntillas —obstinada y ciegamente— las instrucciones del Che, de no alejarse de la zona sur donde se separaron, la retaguardia capitaneada por *Joaquín* se dirige hacia el norte con cinco hombres menos. Las tensiones en su seno se exacerban desde un principio; *Tania* sostiene una pésima relación con los demás, al punto de recibir en ocasiones golpes e insultos de los cubanos que la acusan de haber provocado la separación de los grupos. El 30 de agosto la retaguardia busca vadear el río Grande; para ello procura la ayuda de un campesino, Honorato Rojas, que a principios de año había prestado cierta colaboración a los guerrilleros. *Joaquín*, por razones inexplicables, le pide consejo para cruzar el río, habiéndolo atravesado sin asistencia en múltiples ocasiones. Se establece un sistema de contraseñas: en la tarde, Rojas colocará una pinafora blanca en el vado, si no hay peligro. Una vez retirados los insurrectos, el campesino se cruza con una patrulla encabezada por el jefe de inteligencia de la Octava División, Mario Vargas Salinas, a quien informa de inmediato. Éste coloca la emboscada en ambas riberas del vado señalado por Rojas, y espera pacientemente a los guerrilleros. En la tarde del 31 de agosto, minutos antes de la puesta del sol que los hubiera protegido, inician la travesía del río. En Vado del Yeso, con los fusiles en alto y el agua hasta el pecho, son acribillados. Mueren diez combatientes, entre ellos *Joaquín*, *Tania*, Moisés Guevara y *Braulio*; sus cadáveres son arrastrados por la corriente.

Dos rebeldes bolivianos fueron apresados: uno morirá de sus heridas, el otro informará detalladamente de los pormenores del peregrinaje de la retaguardia. Este hombre, cuyo seudónimo era *Paco*, será el que difundirá la versión de que *Tania* padecía de un cáncer del aparato reproductor, lo cual la retrasaba constantemente y explica las trazas de sangre que se encuentran en las toallas sanitarias que portaba.* Paco también divulgará las historias sobre los eternos pleitos entre los

---

* "En realidad *Tania* sufrió mucho porque tenía cáncer que no la dejaba dormir." (*Paco*, citado en Mario Vargas Salinas, *op. cit.*, p. 102. Véase también Tamara Bunke, *op. cit.*)

guerrilleros del grupo de *Joaquín*, y en particular las crisis emocionales de *Tania*. Como le informó a Lyndon Johnson su asesor de Seguridad Nacional cuatro días después: "Al cabo de una serie de derrotas en manos de los guerrilleros, las fuerzas armadas bolivianas finalmente obtuvieron su primera victoria, y fue una gran victoria."[98]

Con el aniquilamiento de la retaguardia, se agotaba el tiempo del Che. Vado del Yeso fue el fin del camino no sólo para los que perecieron a mitad del río, sino para toda la guerrilla destacada en Bolivia. Incomunicados, diezmados por bajas, enfermedades y deserciones, con un líder devastado por el asma y la depresión, cercados por un ejército cada día más enérgico y profesional, no había salida. Faltaban escasas cinco semanas para el epílogo, cruel pero previsible. Antes de escribirlo y reflexionar sobre la "bella" muerte de la que surge el mito crístico del Che Guevara, es imprescindible intentar una explicación de lo acontecido.

Descartando teorías fantasiosas —el Che sigue vivo, el Che murió antes, el Che nunca fue a Bolivia— se presentan dos interpretaciones verosímiles y fundadas de la tragedia.* Una descansa en la hipotética decisión del gobierno de Cuba de apoyar inicialmente al Che con medios limitados para sacrifi-

---

* Una de las fábulas más extravagantes e inteligentes aparece en una novela, *La séptima muerte del Che*, de Joseph Marsant, publicada originalmente en París, y traducida al español en 1979 (Plaza y Janés). Marsant es un *nom de plume*; el autor era un tal Pierre Galice, agregado cultural de la Embajada de Francia en La Habana a finales de los años sesenta. La tesis central es que Manuel Piñeiro plantó un hombre suyo en el equipo del Che, que traiciona al argentino al final. El propósito de la traición radicaba en culpar a los soviéticos de la muerte del Che para inducir un distanciamiento entre Castro y Moscú. Fuentes de los servicios de otro país de Europa Occidental han señalado que Galice estaba extraordinariamente bien informado —se nota en el texto—, y que por muy fantástica que pareciera la especie, no carecía de elementos verídicos.

carlo después; la otra presupone buena voluntad de la isla, junto con una enorme impericia que condujo al fracaso. Conviene resumir rápidamente ambas teorías, y dejar el juicio último al lector, y a la historia.

Fidel Castro le "vendió" la idea de Bolivia al Che para evitar que éste falleciera en las calles de Buenos Aires; el Che originalmente contemplaba un esquema continental a partir de Bolivia, proyecto que pronto se redujo a las exiguas dimensiones de la cuenca del río Grande en el sureste boliviano. Los recursos puestos a la disposición del Che para estos propósitos resultaron tristemente inadecuados: ni los hombres, ni las armas, ni las comunicaciones, ni los aliados cumplieron con las expectativas o con las necesidades. Al comienzo de la aventura, dicha insuficiencia tal vez no era aparente para el Che o para los operadores en La Habana, incluyendo a Fidel Castro. Pero hacia finales de marzo de 1967, la confusión o la ignorancia perdieron toda verosimilitud. Los cubanos poseían plena conciencia de que Monje y el PCB se abstuvieran de cualquier compromiso; que los combates se iniciaron de manera prematura, que las comunicaciones se interrumpieron, que la red urbana nunca cuajó, y que Estados Unidos había tomado cartas en el asunto. Aún sin percatarse de la separación de la retaguardia encabezada por *Joaquín*, a esas alturas era evidente para quien contara con el conjunto de datos aquí reseñados —todos de dominio público, o deducibles de la información existente— que el Che había parido una guerrilla nonata.

De esta premisa se desprendían dos posibles cursos de acción: apoyarlo mediante un nuevo y mayor esfuerzo, o poner en práctica una operación de rescate, con celeridad y vigor. Los recursos materiales y humanos para ambas opciones existían: gracias a los relatos de *Lino* y de *Benigno* y a los comunicados cifrados de *Ariel* (Juan Carretero), consta que entre veinte y sesenta bolivianos entrenados en Cuba se aprestaban a volver a su país para abrir un nuevo frente o para apoyar el del sureste.* Entre ellos conviene recordar los nombres de Jorge Ruiz Paz, el *Negro* y *Omar*. La oposición a la postura pasiva de Monje y de Kolle en el seno del Partido Comunista de Bolivia abría esperanzas razonables de lograr una cooperación superior a la inicialmente prometida, y la divulgación pública de la presencia del Che podría haber despertado una enorme simpatía y solidaridad en el país, en el hemisferio, y en el mundo. Se trataba, en pocas palabras, de dotar al Che de los medios realmente necesarios para su saga, al comprobar que los originalmente asignados no bastaban.** El precio era elevado, pero pagadero, por lo menos en términos militares, en recursos humanos, y en dinero.

Sin embargo, elevar la puja en Bolivia entrañaba un perfil de la presencia cubana en América Latina incomparable con los nuevos nexos que la isla mantenía con Moscú, y con las tribulaciones de su economía. Una cosa era enviar a algunos hombres de nuevo a Venezuela —y ser nuevamente atrapados *in fraganti*— y otra muy distinta la constituía una declaración de guerra contra una república hermana, para apoyar una guerrilla dirigida por un ex ministro de Estado cubano. Más allá de las perspectivas de tal lucha, Cuba sencillamente

---

* Según *Lino*, más de sesenta bolivianos habían sido entrenados en Cuba y se hallaban listos para partir a Bolivia y apoyar al Che; nunca recibieron la orden de viajar (*Lino, op. cit.*) En el penúltimo mensaje cifrado dirigido al Che desde La Habana, en julio de 1967, se le notifica que "estamos preparando a un grupo de 23 personas, la gran mayoría procedentes de las filas de la juventud del Partido Comunista de Bolivia" (Carlos Soria Galvarro, *El Che...*, tomo 4, p. 307).

** En un balance *post mortem* fechado en mayo de 1968, la CIA estimaba que los cubanos asignaron menos de 500 000 dólares a toda la empresa boliviana; huelga decir que los analistas de la inteligencia norteamericana consideraban que "el número de hombres, y el financiamiento y la planeación cubana fueron totalmente inadecuadas para la envergadura y los objetivos de la operación cubana" (Central Intelligence Agency, Directorate of Intelligence, "Cuban Subversive Policy and the Bolivian Guerrilla Episode", Intelligence Report, p. 40 [secreto], *The Declassified Documents Catalogue*, Carrolton Press, file serie number 2408).

no podía darse ese lujo, aun cuando su pueblo y sus dirigentes hubieran estado dispuestos a sufragar los costos que implicara. En todo caso, Moscú no estaba dispuesta a tolerarlo.

Por varias fuentes, empezando con una nota secreta del asesor de Seguridad Nacional de Estados Unidos Walt Rostow a Lyndon Johnson, sabemos hoy que desde principios de 1967 se había desatado un conflicto feroz entre Cuba y la URSS sobre la política latinoamericana de Fidel Castro. Con fecha del 18 de octubre, diez días después de la muerte del Che, el memorándum dice:

> Le entregó un informe fascinante sobre un filoso intercambio de cartas entre Fidel Castro y Leonid Brezhnev sobre la manera en que Castro envió al Che Guevara a Bolivia sin consultar a los soviéticos. El intercambio de cartas fue una de las razones por las que Kosigin visitó La Habana después de la cumbre de Glassboro [en julio de 1967: JCG].*

De hecho, si los cubanos se habían propuesto en algún momento un mayor involucramiento en Bolivia, la visita tormentosa de Alexei Kosigin a La Habana el 26 de julio de 1967 los disuadió de un semejante sueño andino. Moscú y La Habana llevaban discutiendo sobre el tema del Che desde principios de año. Pero ¿cómo descubrieron los soviéticos uno de los secretos mejor guardados del mundo? Apenas ahora se puede apreciar la complejidad y la naturaleza bizantina de la

---

* Walt Rostow to the President, 18 de octubre, 1967 [secreto], NSF, Country File, vol. IV, Box 8, LBJ Library. La cumbre Johnson-Kosigin de Glassboro, Nueva Jersey, fue en julio de 1967; la visita del premier soviético a La Habana tuvo lugar el 26 y 27 de julio. Es cierto que Kosigin fue pésimamente mal recibido en Cuba; Castro no lo recibió siquiera en el aeropuerto (véase Central Intelligence Agency, Intelligence Information Cable, 27 de julio, 1967 [secreto], NSF, Country File Soviet Union, Document Information 26-27 junio de 1967, distribuido el 27 de julio de 1967).

madeja de conspiraciones, engaños y secretos que aún envuelven los últimos meses de vida del Che Guevara. Mario Monje siempre sostuvo que durante su viaje a Sofía para asistir al Congreso del Partido Búlgaro en noviembre de 1966, no hizo ninguna otra escala más que en La Habana, donde conversó con Castro. Pero en un libro de memorias publicado en París en 1996, *Benigno* afirmó que de regreso de la capital de Bulgaria, Monje había pasado por Moscú. No ofreció fuentes para su aseveración, pero sugirió que fue justamente durante esa escala cuando el dirigente comunista informó a la URSS de las intenciones del Che Guevara y recibió el visto bueno para no cooperar con el *condottiere*. En una carta dirigida al autor en octubre de 1996, Monje corroboró su estancia en la capital soviética, aduciendo motivos económicos: los pasajes los pagaban los búlgaros, y la ruta obligaba a una parada en Moscú. En una conversación telefónica subsiguiente con el autor, Monje aclaró que hizo dos escalas en Moscú, una de ida a Bulgaria, la otra de vuelta. *Benigno*, por su parte, agrega a lo publicado en su libro que un coronel hispano-soviético de la KGB, de apodo *Angelito*, encargado del paso discreto de cubanos y latinoamericanos por el aeropuerto Sheremetovo de Moscú, le informó que al bajar Monje de su avión fue atendido por un funcionario del Comité Central que rápidamente lo transportó en automóvil a la ciudad. El boliviano permaneció una semana en Moscú.[99]

Además de confirmar la afirmación de *Benigno* —algo importante, en vista de la odiosa campaña desatada en su contra por el aparato cubano—, el paso fugaz de Monje por la capital soviética sugiere varias reflexiones sobre la reunión de Monje con el Che el 31 de diciembre de 1966.* Aunque hasta el día de hoy lo niega con vehemencia, parece inconcebible que

---

* En su libro, *Benigno* concluye que durante su estancia en Moscú "Monje reveló todo el plan a los soviéticos, que luego presionaron a Fidel y así perdimos el contacto, que el Che no fue informado de nada, que fue abandonado." (*Benigno, op. cit.*, p. 170.)

Monje no comentara con los encargados de América Latina del Comité Central del PCUS, o con los responsables en la región de la KGB, sus sospechas y certezas a propósito de la expedición cubana en su país.* Como vimos, Monje recibía sumas cuantiosas de la URSS (ha residido en Moscú desde 1968), y desde entonces guardaba una lealtad a la patria del socialismo mucho mayor que hacia la isla tropical. Por lo demás, es casi seguro que Monje haya consultado con sus colegas moscovitas el curso que convenía darles a las solicitudes cubanas de ayuda. Tal vez los soviéticos no presionaron a Monje para que desistiera de cualquier apoyo más que formal a la guerrilla,** pero es de suponer que al informarles Monje de su decisión de limitar severamente su ayuda, estos aprobaron esa resolución. Y aun si Monje no les habló del Che a sus anfitriones, es altamente probable que durante una visita a Moscú de Dorticós y Raúl Castro entre el 7 y el 22 de octubre de 1966, el hermano de Fidel compartiera ya sea con el ministro soviético de Defensa Grechko, ya sea con la KGB, la decisión del Che de partir a Bolivia. Resulta difícil imaginar que Raúl Castro escondiera un secreto de esta magnitud a sus colegas soviéticos.*** De allí la siguiente versión, hipotética pero plausible, de los acontecimientos.

En enero, después del paso de Monje por la capital rusa, la URSS exige a La Habana una explicación.**** El embaja-

---

* Así lo consideran varios viejos dirigentes comunistas que conocen a Monje, al ser interrogados al respecto. Entre ellos destacan el mexicano Arnoldo Martínez Verdugo y el chileno Volodia Teitelboim.

** Es la opinión de uno de los encargados de América Latina para el aparato del Comité Central del PCUS en aquella época: "Estábamos seguros de que no funcionaría, pero no nos metimos; no hubo ningún intento de convencer al PCB de no ayudar." (Konstantin Obidin, entrevista con el autor, Moscú, 31 de octubre, 1995.)

*** La afirmación de la CIA (Véase nota 56) de que Cuba le informó a Moscú de las intenciones el Che desde el "otoño" de 1966 valida este supuesto.

**** La sección de análisis de la CIA parece haber concluido también que la URSS tuvo conocimiento de la expedición del Che a Bolivia desde principios de 1967: "A diferencia de Pekín, Moscú probablemente estaba informada de

dor cubano en la URSS, Olivares, es convocado al Kremlin, donde le leen la cartilla, adjudicándole por primera vez un vil trato de país satélite; incluso deduce que los soviéticos temen una intervención norteamericana contra Cuba y buscan lavarse las manos del asunto. El diplomático parte de inmediato a su país para informar de la situación, lo que suscita una serie de intentos cubanos para engañar a Moscú y un discurso rabioso de Fidel Castro el 13 de marzo ostensiblemente dirigido contra el Partido Comunista de Venezuela pero en realidad contra la URSS: "Esta revolución sigue su propia línea. Nunca será el satélite de nadie. Nunca pedirá permiso para mantener su propia postura." Pero las tensiones se agudizan en cuanto los soviéticos confirman que el Che se encuentra en Bolivia montando un foco guerrillero, y que los norteamericanos han decidido combatirlo.

En un intercambio de cartas de alto nivel entre Moscú y La Habana en preparación de la visita de Kosigin, la URSS le reclama amargamente a Cuba su violación a diversos acuerdos previos, entre ellos los de la conferencia de Partidos Comunistas Latinoamericanos, de noviembre de 1964, así como los pactos bilaterales anteriormente signados. El Comité Central del PCUS en particular lamentó que Cuba hubiera procedido sin consultar con Moscú; afirmó que en consecuencia Cuba no debería responsabilizar a la URSS de cualquier represalia que pudiera poner en práctica Estados Unidos. Cuba responde que la URSS debilitaba la causa revolucionaria en América Latina al celebrar acuerdos y extender créditos a "gobiernos burgueses en la región, y al establecer relaciones diplomáticas con regímenes que asesinaban y torturaban a

---

que Castro tenía la intención de embarcarse en una de sus aventuras extranjeras desde antes de que estallaran las hostilidades en Bolivia en marzo de 1967." (Central Intelligence Agency, Directorate of Intelligence, "Cuban Sibversive Policy and the Bolivian Guerrilla Episode", Intelligence Reports, mayo de 1968 [secret] [copy LBJ Library], p. 44.)

revolucionarios."* Agrega que además Moscú saboteó la expedición del Che al presionar a Monje para que no cooperara. Además el Che partió por su cuenta, pero no podían no ayudarle, y en todo caso no se trataba de una operación de Estado.

Cuando Kosigin viaja a Estados Unidos en julio, y se reúne con Johnson, en Glassboro, los cubanos y los rusos concluyen que una visita del número dos soviético a La Habana para calmar las aguas sería deseable. Tanto más desde que Brezhnev, en junio, había expresado su

> decepción por la negativa de Castro de avisarle a la URSS de antemano de la salida de Guevara, y ha criticado fuertemente la decisión de Castro de lanzar nuevas actividades guerrilleras en Bolivia. Preguntó en qué derecho Castro fomentaba la revolución en América Latina sin coordinarse con los otros países socialistas.[100]

Kosigin comprueba que Johnson sigue de cerca los movimientos del Che en Bolivia. Aunque la reunión en la cumbre se centra en los acontecimientos de Medio Oriente (acaba de terminar la Guerra de los Seis Días), de Vietnam y del desarme, el presidente norteamericano le manifiesta a su colega soviético su enérgica protesta por el intervencionismo cubano:

> Por último, insté a Kosigin a utilizar la influencia soviética en La Habana para disuadir a Castro de apoyar acti-

---

* En la conferencia de agosto de OLAS en La Habana, los cubanos presentaron un proyecto de resolución reafirmando el discurso de Castro que condenaba las políticas de cooperación de los países socialistas para con América Latina. A pesar de varias amenazas soviéticas y de un intenso cabildeo la resolución fue aprobada 15 a 3, con 9 abstenciones, aunque el texto nunca fue hecho público (Central Intelligence Agency, Directorate of Intelligence, "The Latin American Solidarity Conference and its Aftermath", Intelligence Memorandum [secret], 20 de septiembre de 1967, *The Declassified Document Catalogue*, Carrollton Press, vol. XXI, no. 2, marzo/abril de 1995, File serie number 0649).

va y directamente las operaciones guerrilleras. Le dije que teníamos pruebas de que los cubanos operaban en varios países latinoamericanos. Le cité en particular el caso de Venezuela, y le dije que era muy peligroso para la paz en el hemisferio y el mundo que Castro llevara a cabo esta actividad ilegal.[101]

La URSS se ve obligada a presionar a Castro nuevamente para que desista de sus aspiraciones continentales, al tiempo que busca una reconciliación.[102] Kosigin es fríamente recibido en La Habana pero se reúne tres veces con Fidel: el 26 de julio, con todo el Politburó cubano y Osmany Cienfuegos, y el 27 y 28 de julio en *petit comité* sólo con Raúl Castro y Dorticós. En la conversación del 27 de julio en respuesta a la queja soviética de que las aventuras en la región "le hacían el juego a los imperialistas y debilitaban y desviaban los esfuerzos del mundo socialista para liberar a América Latina",[103] Fidel saca el doloroso tema del Che. De acuerdo con las notas tomadas por Oleg Daroussenkov, el único traductor presente en la reunión:

> Quisiera destacar que la revolución es un factor objetivo, no se puede detenerla. Asumimos una posición revolucionaria determinada y nos damos cuenta de los peligros que representa. Los imperialistas hacen sus cálculos, pueden atacarnos en cualquier momento, pero no lograrán aplastar el movimiento revolucionario aquí, ni en otras partes de América Latina. El compañero Guevara se encuentra ahora en Bolivia. Pero no participamos directamente en esta lucha. Simplemente porque no podemos hacerlo. Estamos apoyando al partido local. Salimos con declaraciones públicas.[104]

A lo cual Kosigin replica que en primer lugar tenía serias dudas de que las acciones de Guevara en Bolivia fueran correctas:

No se puede pretender que el envío de una decena de hombres a un país conducirá inmediatamente a una revolución. No se puede pensar que el Partido Comunista no existiera hasta que no llegara el compañero Guevara e hiciera allí la revolución.[105]

Critica la noción misma de exportar la revolución y protestó por los adjetivos utilizados por Castro en sus denuncias de los partidos comunistas latinoamericanos.[106] Al mismo tiempo, Kosigin procura convencer a Fidel de que el alarmante informe remitido por su embajador en Moscú de un inminente ataque de Estados Unidos a Cuba era falso, y que en todo caso Moscú mantenía su solidaridad con la isla. De todas maneras, el encuentro resultó extraordinariamente tenso y desagradable; la reconciliación fracasó; las relaciones entre los dos países permanecieron distantes por más de un año, alcanzando su peor nivel a principios de 1968.

Por lo pronto, la gestión soviética imposibilita una operación de apoyo como aquella sugerida aquí. La verdadera alternativa se limita a rescatar al Che, o a abandonarlo a su suerte, con el corazón en la mano y el alma desgarrada, pero con la resignación del caso. Pero incluso esa opción tuvo que ser descartada a consecuencia del viaje de Kosigin.

Casi diez años más tarde, con tragos y un cúmulo de resentimientos con Manuel Piñeiro y de culpa con *Benigno*, Juan Carretero, entonces embajador de Cuba en Irak, le confesó al sobreviviente de Bolivia los pormenores de uno de los momentos más dramáticos de la revolución cubana. En ocasión de la visita de Kosigin, fue convocado a la primera reunión con los soviéticos. Su presencia en la reunión se explica por la ausencia de Piñeiro; normalmente el invitado por el sector Liberación hubiera sido, justamente, *Barbarroja*. Carretero evoca entonces el virtual ultimátum entregado tácitamente por el soviético: o cesa la ayuda cubana a las guerrillas en América Latina, o cesa la ayuda soviética a Cuba. En ese momento, Carretero es invitado a abandonar la reunión, y a buscar a Piñeiro a como dé lugar. No volvería a ser invitado.

Carretero y Armando Campos habían formado desde antes un grupo de cubanos para salvar o apoyar al Che si llegara a ser necesario. Lo hicieron "por la libre", sin instrucción alguna de Castro al respecto, pero con la convicción de que Fidel podía un buen día dar la orden; era preferible adelantarse a la hipotética instrucción del caudillo. Pero un par de días después del encuentro con Kosigin, Piñeiro le avisa a Carretero de las conclusiones a las que se arribó: "Oye, la gente que tenemos preparada, tomen las medidas y mándalos para su casa."[107]

En una entrevista otorgada en 1987 a un periodista adepto de su causa y sin capacidad de réplica, Fidel Castro desechó con desprecio la opción del rescate. Según él, la posibilidad de enviar a un grupo de hombres para sacar al Che de Bolivia era nula. El aislamiento, el cerco militar y la falta de comunicaciones obstaculizaban irremediablemente cualquier intento serio de salvarlo mediante una acción de comando. Como siempre, con Fidel esta aparente verdad de perogrullo debe ser matizada. Disponemos de varios testimonios sobre la posición cubana de intentar, justamente, un esfuerzo de esa naturaleza. Al volver de Bolivia en 1968, *Benigno*, sostuvo el siguiente diálogo en La Habana con Armando Campos y Juan Carretero:

Ustedes sabían que la única vía de comunicación eran ustedes, ¿qué hicieron? Carretero y Armando Campos, como queriéndose limpiar conmigo, me dicen: "No tenemos responsabilidad ninguna sobre eso porque tan pronto supimos lo de *Tania* y supimos de la relación de gentes que desertaron, de inmediato empezamos a preparar un grupo aquí en Cuba, en caso de que el alto mando pidiera un operativo para sacarlos a ustedes. Nosotros lo preparamos, lo informamos a Piñeiro y Piñeiro dice que se lo informó a Fidel, pero nunca recibimos la orden de hacer el operativo." Y ellos me dijeron: "Hasta ahí llegaba la responsabilidad nuestra. Nosotros hicimos lo que teníamos que hacer, pero nunca recibimos órdenes de nada."*

Es un hecho que los tres sobrevivientes lograron salir de la ratonera boliviana atravesando la cordillera hasta Chile, gracias en parte a los contactos que pudieron establecer con los restos intactos de la red urbana. El problema no radicaba, pues, en las probabilidades abstractas de un rescate, sino en el momento, el sitio, la disposición de fuerzas, y la decisión de proceder. Enviando a varios grupos separados, utilizando los conocimientos de Montero —de nuevo en Cuba—, de Rodolfo Saldaña —que seguía en La Paz—, y de los demás bolivianos aún libres y familiarizados con las rutas de acceso a la zona, no era imposible un salvamento. Las comunicaciones de ida permitían avisarle al Che del envío de los equipos; se le podían remitir puntos de encuentro en clave, incluso disimulando la naturaleza de la iniciativa, y presentarla como un refuerzo, no como un rescate. Lo peor que hubiera podido suceder era que la tentativa naufragara: ¡Cuántos comandos cubanos no hubieran entregado con gusto la vida para salvar al comandante Ernesto Guevara!

En realidad, Fidel poseía varios motivos adicionales para descartar esta eventualidad. El dilema de fondo no yacía en el fracaso, sino en el éxito: ¿qué hacer con el Che si se le rescataba de un nuevo lance? Sería la tercera vez en tres años: Salta, de la que se salvó por la demora en partir y la rápida eliminación del foco; el Congo; y ahora Bolivia. A Fidel se le

---

* *Benigno*, entrevista *op. cit.* Entre los cubanos alertados para esta misión figuraban muchos veteranos de la "invasión" de 1958, que no habían sido aceptados inicialmente en la expedición a Bolivia. Conocemos algunos nombres: Enrique Acevedo (hermano de Rogelio, uno de los héroes de Santa Clara), los hermanos Tamayito (del pelotón suicida del Vaquerito) y Harold Ferrer.

presentaría nuevamente un conflicto desgarrador: diseñar una alternativa entre la muerte y la redención / residencia / resignación en Cuba de su compañero de armas. El guerrillero perenne tendría que ser convencido de que su nueva empresa había concluido. Y aceptando que el Che se dejara persuadir, seguiría pendiente el problema de siempre: ¿cuál sería el siguiente paso, después del regreso —amargo, detestable— a Cuba?*

De haberse contemplado con seriedad la opción de un salvamento, es probable que Fidel Castro hubiera resuelto que un Che mártir en Bolivia servía más a la revolución que un Che vivo, abatido y melancólico en La Habana. Uno permitía crear un mito, avalar decisiones cada día más engorrosas, construir el martirio emblemático que la revolución requería para colocarlo en el panteón de sus héroes, al lado de Camilo Cienfuegos y Frank País. El otro implicaba discusiones eternas, tensiones y disensos, todos sin solución, y al final del camino, una secuela semejante si no es que idéntica. Pensar que Fidel Castro no era capaz de un cálculo de tal frialdad y cinismo es desconocer los métodos que le han asegurado su permanencia en el poder casi cuarenta años; significa pasar por alto su comportamiento frente a disyuntivas análogas, si bien no preñadas de la misma carga emocional o mítica que la del Che Guevara. Fidel no mandó al Che a morir a Bolivia; tampoco lo traicionó ni lo sacrificó: sencillamente permitió que la historia corriera su curso, con plena conciencia del destino al que conducía. No hizo; dejó hacer.

---

* En el último capítulo de un relato novelado e inconcluso de la vida del Che, su amigo de infancia *Pepe* Aguilar afirma que Fidel Castro le pidió al Che que saliera de Bolivia cuando ya la guerrilla era insostenible. Reproduce una conversación entre Castro y él en los días en que fue anunciada la muerte del Che: "El error de Ernesto fue no haber vuelto cuando le pediste que lo hiciera." De ser cierta esta versión, confirmaría que Fidel Castro tenía plena conciencia de lo desesperado de la situación del Che en Bolivia. (*Pepe* Aguilar, manuscrito inédito obtenido por el autor.)

Al cúmulo de evidencias que abogan a su favor de esta hipótesis, habría que agregar dos elementos. El primero es posterior a la muerte del Che: en 1968 los cubanos envían una misión de rescate a Venezuela, de donde logran extraer a 24 guerrilleros cercados, incluyendo a Arnaldo Ochoa, quien sería mandado fusilar por Fidel Castro veintiún años después. Salen a través del Brasil, gracias en parte al apoyo del Partido Comunista de ese país. En segundo lugar, conviene verter al expediente la extraña experiencia de Francois Maspéro, el editor francés que ya desde entonces gozaba de una gran cercanía con los cubanos, y que viajó dos veces a Bolivia en aquella época, en parte para tratar de ver a Debray en la cárcel de Camiri en parte por encargo de los cubanos. Volvió a La Paz justo a tiempo para asistir a un gran encuentro cultural en La Habana en verano, y a la celebración del 26 de julio en la Sierra Maestra. Allí, al tocarle su turno de saludar a Fidel, a quien ya conocía y que tenía pleno conocimiento de su misión a Bolivia, responde con una "mal" irreverente a la pregunta del comandante sobre la situación en el país que venía de visitar. Pero nunca será convocado por Fidel para informarle: no quería saber más de lo que sabía; por ello también, sin duda, los cubanos evitarán una visita de Mario Monje en esos mismos días; prefirieron dejarlo varado en Chile que lidiar con él en Cuba.

Esta actitud corrobora las impresiones de dos testigos que compartieran las horas inmediatamente posteriores a la muerte del Che con Fidel Castro. *Pepe* Aguilar describe a un hombre obsesionado por convencer a la familia directa del Che en la Argentina de su muerte, empeñado en el manejo político de la situación más que consternado por la caída de su amigo. Lo agobiaba el dilema de poseer información de Bolivia, a través de varios virtuales agentes cubanos —Antonio Arguedas, Gustavo Sánchez, Carlos Vargas Velarde— que confirmaban la muerte, pero que no podía utilizar para persuadir a Ernesto Guevara Lynch del fallecimiento de su hijo.

Carlos Franqui, quien fuera convocado por Castro para confirmar que las páginas del diario del Che hechas públicas por el ejército boliviano efectivamente eran de su puño y letra, recuerda a un Fidel "francamente eufórico". Ambos retratos muestran a un personaje que, si bien dolido por la pérdida de su compañero de mil batallas, se había resignado tiempo atrás al desenlace inevitable de la epopeya.[108]

La otra explicación, construida sobre el impresionante cúmulo de errores y malentendidos sucedidos en Bolivia y en Cuba, también encierra una fuerte dosis de credibilidad. La ineptitud del aparato cubano y de los colaboradores de Guevara; las confusiones teóricas de Guevara, la insensibilidad de Fidel Castro hacia los comunistas bolivianos, la irresponsabilidad de los reclutas y reclutadores en Bolivia son, todos ellos, elementos que configuran la característica esencial de la hazaña: la increíble desproporción entre fines y medios. Como prendas bastan tres botones.

En primer lugar, el Che no dudó de que el conflicto que pretendía encender se internacionalizaría de manera vertiginosa. Al verse rebasado el ejército boliviano, solicitaría ayuda a sus vecinos, sobre todo a la Argentina, y a Estados Unidos. Esto le impondría una connotación nacional a la guerra, creando los dos y tres famosos Vietnam, y arrastrando hacia el bando revolucionario a fuerzas bolivianas indecisas o recalcitrantes, enajenadas por el intervencionismo yanqui. Nada más lejano a la realidad: con la excepción de montos reducidos de armamento, alimentos y material, del puñado de agentes de la CIA ya mencionados, y de la veintena de boinas verdes encabezadas por Pappy Shelton que entrenaron al 2o Batallón de *Rangers* de la Octava División, la injerencia externa en el conflicto fue limitada en tiempo y forma. Gary Prado y los militares bolivianos subestiman la importancia en los márgenes de la ayuda norteamericana; con seguridad ésta hubiera crecido de haber resultado necesaria. Y es cierto, como lo afirma Larry Sternfield, que la renuncia inicial de los bolivianos de enfrentar a la guerrilla fue revertida en gran parte por los norteamericanos. Sin duda Estados Unidos le fortaleció su espina dorsal a Barrientos.[109] Pero al Che lo derrotaron las fuerzas armadas bolivianas, asistidas por una potencia imperial que pudo lograr su cometido sin comprometerse mayormente. Si Guevara pensó que Estados Unidos se vería enfrascado en un embrollo del tipo de Vietnam, se equivocó; si creyó que permanecería pasivamente en los pasillos, tampoco acertó.

Segundo ejemplo: la selección del personal. Proliferaron los desastres, los abandonos, los incumplimientos y la incompetencia. *Papi* Martínez Tamayo, *Tania*, Renán Montero, Juan Carretero (*Ariel*), Pinares (*Marcos*), Vital Acuña (*Joaquín*), Arturo Martínez Tamayo (el hermano de *Papi* encargado de la radio que nunca pudo operar) y varios más, cuidadosamente escogidos por el Che y el aparato en La Habana, simplemente no funcionaron. Mal seleccionados, mal entrenados, mal alentados: por las razones que fueran, con estos cuadros no se podía construir un proyecto revolucionario continental. Su abnegación y valor no compensaban su absoluta inadecuación a las tareas encomendadas. Su impericia superaba cualquier cálculo: si la misión sólo era posible con ellos, había que abortarla.

Tercera prenda: la improvisación y los desencuentros con el Partido Comunista. A final de cuentas, lo que los cubanos pudieron reprocharle es haberse opuesto al estallido de un foco guerrillero dirigido por el Che Guevara en su país —una posición perfectamente natural, en vista de sus antecedentes y posturas. Pero haber pensado que Monje era partidario de la lucha armada, y que se sumaría al foco contra la mayoría de la dirección, o que la fracción procubana del Partido acarrearía consigo a la parte preponderante de la organización, constituía una típica fantasía del equipo de Manuel Piñeiro. Esperar que los cuatro cuadros semimilitares del PC en Bolivia, aunados a los jóvenes adiestrados en Cuba, junto con los dirigentes de la juventud como Loyola Guzmán, podrían arrastrar a la guerrilla al resto del Partido —y en particular a su magra masa minera—, representaba un desvarío mayor, pero por desgracia recurrente en los anales de la historia de la izquierda en América Latina.

En vista de tales grados de improvisación e ineptitud, no debe sorprender la reacción inoportuna, rezagada o fútil ante sucesos adversos. Como lo subraya Gustavo Villoldo, el principal operador de la CIA en Bolivia en esos meses:

> Lo que pasa es que todo fue muy rápido. Fidel en La Habana no sabía los activos que teníamos nosotros dentro del país y tenía miedo de crear otra cosa que pudiera ser también identificada por los grupos nuestros. Entonces eso lo aguantó a él a tomar una iniciativa para ayudar al Che. No porque haya habido un cisma, ni haya habido división, o problemas entre La Habana y el Che. No, sencillamente, les falló el sistema y al fallarles el sistema no supieron qué hacer. En esos casos o eres muy agresivo o no haces absolutamente nada y él optó por no hacer nada. Muy agresivo hubiera sido, por ejemplo, haber tirado por aire gente en la zona de operación, o haber tenido un plan de comunicación alterno que pudiera haber activado. Eso te demuestra que no había ese grado de profesionalismo en el montaje de la operación.[110]

Ni los cuadros, ni el aparato, ni la dirigencia cubana se encontraban a la altura de una tarea del calibre de la que se había impuesto a instancias del Che, o, si se prefiere, para darle una salida al Che. Francois Maspéro no olvida el día en que llegaron los reporteros de la destrucción del grupo de *Joaquín* en Vado del Yeso; Piñeiro, *Ariel, Lino* y Armando Campos lo invitan a ver la proyección de uno de los noticieros donde aparecieron los cadáveres de los guerrilleros. Al terminar, lo convidan a permanecer en la sala de cine y disfrutar con ellos de una película de Ronald Reagan; esgrimían la mayor indiferencia ante los acontecimientos.

De la misma manera que en el Ministerio de Industrias, Guevara exigió demasiado de los demás —de la revolución, de los habitantes de Cuba, de la economía isleña, de la URSS—, en Bolivia sus demandas tácitas terminaron por ser desorbitadas. Por devoción, audacia e irresponsabilidad, sus compañeros se propusieron complacerlo, atender sus exigencias, satisfacer sus aspiraciones. Los rebasó la magnitud del intento, sobre todo en su dimensión más ambiciosa y vital: compartir tácitamente el destino crístico que habitaba al Che Guevara desde sus años mozos.

Como en toda tragedia, el acto final de la gesta del Che Guevara se inscribe en el origen y la trama; es inesquivable y lacerante. El destino trágico del Che estaba escrito; de su condena, sólo lo salvaría la muerte, ofreciéndole el respiro y el nicho en la historia que buscó toda la vida. Lo alcanza, esa mañana de octubre en La Higuera, un pueblo desamparado del sureste boliviano. Allí termina el andar del Che Guevara y su calvario. Allí comienzan la resurrección y el mito que le brindarán al rostro despejado de la batea de Vallegrande la paz interna tanto tiempo anhelada.

Capítulo XI
Muerte y resurrección

La muerte del Che Guevara dio significado a su vida, y vida a su mito. Si no hubiera sido ejecutado por el teniente Terán en la oscuridad de la escuelita desvencijada de La Higuera, el comandante quizá habría logrado hazañas épicas y faenas gloriosas, pero su cara no figuraría hoy en millones de bardas y pechos. Si el gobierno boliviano lo hubiera indultado, o si la CIA le hubiera salvado la vida, la aportación del Che a su causa habría sido mucho mayor, pero la gesta revolucionaria y de autosacrificio que llegó a simbolizar jamás habría adquirido las dimensiones que alcanzó. Su fallecimiento, que además de esperado quizá también haya sido bienvenido, marcó el predecible e irrevocable comienzo de un nuevo camino a seguir, no un final triste y definitivo. Las circunstancias de su muerte trascendieron la tragedia y fatalidad que todo deceso encierra, para procrear un mito que perduraría hasta fin de siglo. Como siempre la había imaginado, la suya fue una muerte grandiosa: a sangre fría, heroica, hermosa y estoica —así lo demostraron las fotos póstumas que dieron origen a esta historia—. Se trata, en una palabra, de una muerte emblemática.

Las condiciones de su muerte son inseparables de la leyenda que engendraron; de la misma manera el instante en que fallece está ligado a la aureola de admiración que creó la inerte y límpida mirada del cadáver de Vallegrande. Si Guevara hubiese muerto dos años antes en el Congo, o un año después en la Argentina, quizá la singular armonía de la que fueron objeto hombre y época jamás se habría cristalizado. El Che feneció en la víspera de un año crucial para la segunda mitad del siglo XX: 1968, cuando, por última vez, todo parecía posible y, por vez primera, la juventud de una buena parte del mundo se entregó a una breve revuelta que resultó decisiva para la historia del siglo. Nadie llegaría a ejemplificar esa inquietud mejor que el Che. Apenas semanas después de su muerte, las tropas norvietnamitas y del Vietcong emprendieron la ofensiva del Tet, que marcaría el principio de la derrota de Estados Unidos en Vietnam; en su esquela se encendieron apasionados motines y protestas en Estados Unidos, en Europa Occidental y en América Latina. Las primeras efigies del comandante —la foto de Alexander Korda, con fondo de América Latina— aparecieron durante el colérico otoño de Turín; después encabezarían las irreverentes marchas de alumnos iracundos de la Universidad de Columbia en Nueva York y las manifestaciones masivas en el Barrio Latino en París. Antes de cumplirse un año de la captura del Che en la Quebrada del Yuro, su imagen intentaría exorcizar los tanques soviéticos que recorrían las calles de Praga. Y casi en el primer aniversario de su defunción, centenares de estudiantes que marchaban bajo su imagen en la plaza colonial y precolombina de Tlatelolco caerían acribillados por el ejército mexicano. La sincronicidad de estos hechos resulta a la vez sorprendente y engañosa: lo que permitió que el Che personificara los deseos y los sueños de aquellos millones que portaban su duelo y su imagen fue que murió precisamente en ese momento. Pero el vínculo entre la figura exánime de La Higuera y las ilusiones de una generación surgida de la devastación y zozobra de la Segunda Guerra Mundial fue su vida misma.

Las analogías son innumerables. Por ejemplo, según la sociología alternativa norteamericana,[1] la consonancia ideológica en el seno de las familias que dirigieron el "movimiento" fue una característica constante de los años sesenta —los llamados *red-diaper babies*—. Concurre plenamente con la que imperó en la familia del Che: las ideas políticas de Guevara coincidieron con las de su madre hasta su desaparición en Buenos Aires en 1965. Prácticamente todas las personalidades prominentes de lo que se llamó "la nueva izquierda", europea y estadounidense, pertenecían a la clase media, blanca e instruida que surgió a raíz del *baby boom* de la posguerra. Éstos eran también los rasgos fundamentales de la familia que Ernesto Guevara Lynch y Celia de la Serna construyeron en Córdoba en los años previos a la Gran Depresión. También en torno a la muerte subsisten semejanzas: en los años cincuenta millones de adolescentes y en los sesenta millones de estudiantes experimentaron revelaciones políticas e intelectuales a raíz de la prematura y trágica muerte de sus héroes: primero James Dean en 1954, a los 24 años; para los más sofisticados, Albert Camus y Lenny Bruce hacia fines de esa década; en los sesenta y setenta, para los menos politizados, Jimi Hendrix, Jim Morrison y Janis Joplin; para los afroestadounidenses y sus amigos y aliados en el resto del mundo, Martin Luther King y Malcolm X; y los hermanos Kennedy para los liberales y socialdemócratas de muchos países. La vida promisoria interrumpida por un fallecimiento prematuro se convirtió en el *leitmotiv* de esa época; nadie lo encarnó tanto como el Che. Los paralelismos sembraron y cultivaron la identificación entre mito y contexto. Ninguna otra vida captaría como la suya el espíritu de su tiempo; ningún otro momento histórico se hubiera reflejado con la misma intensidad en una vida como la de él.

Más que la prisa o la arrogancia, lo que distinguió a la juventud de aquellos años fue una mezcla de idealismo y omnipotencia que llevaba años acumulándose sin encontrar cauce hasta 1968. La determinación exuberante y narcisista por obtener y lograrlo todo *hic et nunc*; los eslóganes como la *plague sous les pavés, we want the world and we want it now*, "hay que ser realistas y exigir lo imposible", anunciaba el advenimiento del imperio de la voluntad. En él se afincaron la vida y la muerte del Che. También los objetos de deseo cambiaron drásticamente: en lugar de dinero, libertad; en lugar de poder, revolución; en vez de ganancia y ambición, los ritmos del rock. Detener la violencia y la guerra, distribuir la riqueza, predicar la liberación de las pasiones y del deseo, experimentar sensaciones fuertes e inexploradas sin aparente riesgo ni costo: éstos fueron los valores de la generación que se reconoció en el Che Guevara.

El parentesco entre el Che y la juventud de su tiempo ha servido de inspiración para muchas metáforas, pero quizá la de Julio Cortázar sea la más elocuente: "Los estudiantes argentinos que tomaron su dormitorio en la Ciudad Universitaria en París lo bautizaron 'Che Guevara' por la misma y sencilla razón por la que la sed conduce al agua y el hombre a la mujer."[2] Cuando el Che se convirtió en el símbolo de la insurrección en las barricadas parisinas ya no era un hombre joven. No obstante, la precocidad de su muerte lo rejuveneció, permitiendo que la generación posterior a la suya terminara de arrogarse su mito: un hombre joven —casi de mediana edad— es ejecutado en Bolivia; se trata no sólo de un revolucionario sino de un mártir que es puro; o quizá la víctima se transforma en un objeto de reconocimiento especular justamente por la manera en que fallece.

Una encuesta realizada entre estudiantes norteamericanos en 1968 reveló que el personaje histórico con el que más se identificaban los universitarios estadounidenses era el Che —más que ningún candidato presidencial de aquel año o con cualquiera de las demás personalidades propuestas.[3] Por otra parte, en 1969 el ochenta por ciento del mismo universo encuestado se reconocía más que nada en "mi generación": un sentido del pertenecer y de la autodefinición que no volvería a repetirse en mucho tiempo.[4] Como era de esperarse, los rasgos característicos de esa generación no perdurarían; el proceso natural de envejecimiento haría que la inmensa mayoría de manifestantes, militantes y héroes de aquella época de rebeldía terminaran por replegarse. Entretanto, sin embargo, la necesidad de establecer vínculos entre el aquí y el allá, entre el presente y el futuro y entre las posturas políticas y los estilos de vida penetraría en el pensamiento de la generación del '68 y del Che Guevara.

La juventud de París y de Berkeley reclamaba por igual la revolución para su país y su barrio, como la solidaridad con Vietnam y con Cuba. El Che proponía forjar un hombre nuevo en Cuba y, a la vez, luchar por la liberación del ex Congo Belga. Los estudiantes no sólo se proponían cambios en la esfera política sino en la vida misma —destruir costumbres, maneras de proceder, gustos y tabúes—, sin aguardar el glorioso amanecer o "la construcción del socialismo". Por medio del trabajo voluntario, de su ascetismo y de la solidaridad internacional, Guevara intentó aunar los esfuerzos individuales de su tiempo con la utopía sociopolítica que imaginaba para el futuro. Pero jamás abandonó la postura apolítica que había cultivado como estudiante universitario; siempre fue un político apolítico. Si aquella generación tan politizada, que a la vez repudiaba las opiniones políticas y existenciales de sus padres, se identificó con él, se debió a esta paradoja. Estrictamente hablando, el Che jamás se dedicó a la política.

Otro de los principios rectores que cimentaron su vida, y que coincide también con las actitudes del momento, fue su constante rechazo a la ambivalencia, la cual no dejaría de perseguirlo como su sombra desde el asma infantil hasta Ñancahuazú. En gran medida, los sesenta se basaron en un rechazo categórico a las contradicciones de la vida: una perpetua *fuite en avant* de buena parte de la generación de la posguerra que se rehusaba a aceptar deseos, metas políticas o sentimientos contradictorios. Las actitudes y el temple de los manifestantes de los sesenta no dejaban lugar para matices ni sutilezas, ni para el realismo o la coexistencia de polos contrapuestos. Tanto la naturaleza de las luchas que emprendían como el momento histórico en que éstas se dieron eran incompatibles con un razonamiento sensato y moderado, que busca sopesar los pro y los contra de un tema o un dilema. Pero también es verdad que tanto los jóvenes de los sesenta como el Che abrigaban una reserva de tolerancia escondida. Brotaba de otra fuente: la fascinación por la alteridad de las cosas, que con el tiempo se traduciría en compasión y respeto hacia lo diferente.

Huelga decir que entre el verdadero Che y el personaje que fabricaron quienes enarbolaban su estandarte, se entrepone una espesa maraña de contradicciones conceptuales. Las exigencias exorbitantes que se imponía a sí mismo no podían ser transferidas a otros sin una dosis brutal de autoritarismo. El hombre nuevo que buscaba construir y que pretendía personificar no cabía en el mundo de su época, y tal vez en ningún mundo concebible por sus contemporáneos. Los millones de manifestantes que durante los sesenta marchaban bajo su efigie no se percataban de esta contradicción; en él únicamente veían el símbolo de la subversión que veneraban y cultivaban.

Como han señalado varios autores cubanos,[5] el efecto duradero de la figura del Che se debe igualmente a que ésta fue asimilada al sentido subversivo del momento. Se convirtió en el emblema de tres tipos de subversión. El primero, y el más evidente, estaba relacionado directamente con la revolución cubana: buscaba trastocar la jerarquía mundial que más tarde sería definida en términos Norte-Sur. Implicaba un esfuerzo, a la postre fallido pero teóricamente realizable, de invertir la relación entre los países ricos, poderosos y dominantes, y los demás: pequeños, pobres y subyugados, como la isla caribeña. Para los jóvenes que al principio de los sesenta protestaban por la colonización francesa de Argelia y que poco después repudiaron el bombardeo estadounidense en Vietnam, la tarea de transformar un *statu quo* geopolítico injusto y cruel era a la vez heroica y factible.

La segunda subversión que simbolizó el Che en 1967-68 se encontraba arraigada en la juventud de clase media estadounidense y de Europa occidental: su blanco era nada menos que el orden interno que entonces imperaba en su país. Según la acertada explicación de Todd Gitlin,[6] la juventud rebelde de los países industrializados, en su desesperada e infructuosa búsqueda de modelos y valores, lo desenterró precisamente en los elementos opuestos a su propia realidad. Sus ídolos y arquetipos políticos provenían de los enemigos de sus enemigos: primero, Patrice Lumumba, el FLN argelino y sus guerrillas en el Kasbah y el desierto; después Ho Chi Minh y el FLN en Vietnam; y, de forma constante y sobresaliente, la revolución cubana y el mismo Che. Cuantos menos estadounidenses, franceses y holandeses en las manifestaciones, más proliferaban los retratos del comandante y las proclamaciones de solidaridad con "la lucha de los pueblos del mundo". Cuanto más remota era la posibilidad de una revolución en el país en cuestión, más atractivo se volvía el *ersatz* extranjero, ya fuera argelino, vietnamita o cubano.

El tercer objeto de la subversión era el socialismo existente: el gris carcelario del estalinismo y la pisoteada Primavera de Praga, la traición del Partido Comunista francés en el mayo parisino y la traición del Partido italiano en el otoño milanés, todos ellos amalgamados en una repulsiva distorsión de la utopía. La afinidad del Che con esta lucha era, desde luego, todo menos evidente; como sugirió Régis Debray, los estudiantes que exhibían carteles con la imagen de Guevara en los parques, las avenidas y las universidades occidentales y checas ignoraban que durante sus primeros años de revolucionario su héroe había sido un incondicional de la Unión Soviética. Se resistían a ver que su espíritu libertario difícilmente desafiaba los valores del caudillismo y la jerarquía militar reflejados en su boina, la estrella y el verde olivo de su vestimenta.[7] Y sin embargo, su percepción no era del todo errónea: tanto el espíritu del Che como las tesis y el comportamiento que sostuvo hacia el final de sus días constituyeron una crítica feroz y atinada al socialismo en Europa oriental y a su implantación en Cuba.

Lo que más favoreció la creación del mito y la consonancia entre el hombre y su tiempo fue la muerte misma del Che. Desde principios de octubre de 1967, cuando se filtraron desde Bolivia las primeras noticias de su captura y ejecución, hasta el verano de 1968, cuando su *Diario* de campaña fue extraído subrepticiamente de aquel país para reaparecer publicado por Ramparts en Estados Unidos, por Francois Maspéro en Francia, por Feltrinelli en Italia y por Arnaldo Orfila y Siglo XXI en México, cada detalle y minuto final de la vida de Guevara se insertó en la matriz que daría forma a su mito. Se trata de una muerte que vale la pena revivir.

Al principio, el Che no creyó los informes sobre la aniquilación de la retaguardia de *Joaquín* en Vado del Yeso. En su diario señala que las noticias podían provenir de la propaganda gubernamental o de información errónea, aunque conforme fueron surgiendo más precisiones parecía resignarse a la pérdida de sus compañeros. *Pombo*, uno de los tres sobrevivientes, ha afirmado en numerosas ocasiones que el Che acabó aceptando la muerte de *Tania* y de los demás;[8] *Benigno*, otro de los que salieron con vida, es menos categórico.* En todo caso, el comandante no resintió la destrucción de su retaguardia como un daño irreparable para su campaña, ni tampoco la consideró razón para huir de Bolivia ni de la zona de

---

* Félix Rodríguez recuerda que durante la conversación de dos horas que sostuvo con él después de ser capturado, Guevara le comentó con respecto a la desaparición de su retaguardia: "Ya que me lo dice usted, lo creo, pero hasta ahora pensé que era mentira. Supuse que algunos habrían muerto, pero que hubieran muerto todos era propaganda del gobierno" (Félix Rodríguez, entrevista con el autor, Miami, 24 de abril de 1995). Cabe mencionar que existe alguna duda respecto a la veracidad de las afirmaciones que hace Rodríguez. Gustavo Villoldo, su superior en Bolivia, asevera: "El Che se encontraba en el pequeño salón de la escuela y Félix estaba afuera fotografiando el material incautado. Félix no habló con él, y tampoco estaba ahí cuando lo mataron." (Gustavo Villoldo, entrevista con el autor, Miami, 27 de noviembre, 1995.)

operaciones. Continuó perseverando en su proyecto. En ninguna parte de su diario o de los testimonios pertinentes figura indicio alguno de que el Che contemplara escapar de la trampa mortal que se cerraba a su alrededor.

Acosados por diversas enfermedades, por la fatiga, la desnutrición y los pleitos internos, durante el mes de septiembre el pequeño grupo guerrillero —serían entre veinte y veinticinco, según el día— divagó hacia el noroeste, desde el río Grande hacia las aldeas de Pucará y La Higuera. En Vallegrande, el poblado más grande de la comarca, se había instalado el cuartel general de la Octava División del ejército boliviano. Su misión consistía en clausurar toda ruta de salida hacia el sureste, o sea, hacia el otro lado del río. Con la ayuda de la Cuarta División, acuartelada en Camiri, habían cercado al Che: al sureste se encontraba el río Grande; al este y hacia el oeste el paso estaba bloqueado por cañadas y cañones, y al norte, circundado por miles de tropas, se encontraba Vallegrande. En esta población era donde el Segundo Batallón de Comandos emprendería la tarea de buscar y exterminar a la banda de rebeldes. Pappy Shelton y un par de agentes cubanos despachados desde Estados Unidos por la CIA estaban por concluir el adiestramiento de la tropa boliviana. Si el batallón de *rangers* no inició antes su participación en la cacería, fue porque hasta mediados de septiembre no estaba listo; incluso así su intervención fue prematura. Debidamente entrenados o no, para finales de mes más de 1 500 soldados bolivianos se encontraban consagrados a la captura del Che y de sus compañeros; aprehenderlos era sólo cuestión de tiempo.

El principio del fin comienza el 26 de septiembre. Al llegar al caserío de Alto Seco, al sur de La Higuera, el Che habla ante una minúscula multitud. Después platica con los habitantes, y cuando intenta extraerles alguna información, confirma lo que pesarosamente ya había anotado en su diario: la cara de los campesinos bolivianos era impenetrable; no logra comunicación alguna con ellos. Según las impresiones de los aldeanos registradas por la prensa boliviana, la salud del Che había decaído notablemente: "Guevara parecía enfermo y exhausto; montaba una mula, y se veía que no podía caminar sin apoyo."[9] Peor aún, a la primera oportunidad, algunos lugareños desaparecen rápidamente para informar al ejército de la llegada de los revolucionarios. Una avanzada de tres rebeldes se dispone a explorar la vereda que conduce a Jaguey; pero desde lo alto del desfiladero que flanquea el camino una patrulla militar los descubre y abre fuego. Miguel y Julio caen de inmediato; *Coco* Peredo es herido mortalmente y aunque *Benigno* logra retirarlo de ahí, le va a ser imposible escapar con su compañero a cuestas. Quizá Peredo haya perecido bajo otra ráfaga mientras pendía de la espalda de *Benigno*, o tal vez se dio él mismo el tiro de gracia al comprobar que tan sólo le quedaban unas horas de vida. Al morir uno de dos combatientes bolivianos más importantes, se desploma el ánimo del grupo; ya no hay adónde ir. En la confusión, dos bolivianos desertan: *Camba*, es decir Orlando Jiménez Bazán, uno de los primeros y más viejos adalides del Partido Comunista, y *León* o Antonio Rodríguez Flores.

El 30 de septiembre, la Octava División interroga a Rodríguez Flores; le arranca información de enorme valor respecto a los planes, la fortaleza y la disposición del Che. El ejército boliviano deduce en el acto que Guevara pretende proseguir hacia Vallegrande a través de las quebradas vecinas a La Higuera y que conducen al poblado, un poco mayor, de Pucará. Los soldados se despliegan a lo largo de las colinas que dominan la hondonada, con el fin o bien de forzar a los rebeldes a subir a un terreno de escasa vegetación, en el que de día la visibilidad es excelente, o acorralarlos en las mismas cañadas. Las intenciones del Che en esos últimos días permanecen confusas. *Pombo* recuerda que la idea de "tomar" Vallegrande, a pesar de parecer por completo descabellada, no dejaba de tener cierto sentido. Aquel acto desesperado les permitiría varias cosas: dejar a los heridos —a *Chino*, el peruano, y al doctor Morogoro, que se encontraban en pésimo estado— con unos hipotéticos simpatizantes; obtener, por fin, los medicamentos que necesitaba el Che; proclamar su existencia al resto del mundo, y, por último, romper el cerco militar del noreste, hacia Cochabamba y la región de Chapare.[10] *Benigno* al contrario, subraya los aspectos irracionales de esta estrategia. En su opinión, el Che únicamente pretendía librar un último y glorioso combate en el que él y sus hombres se inmolarían en las llamas de la inmortalidad. Si su único deseo era requisar medicinas, se pregunta por qué no les encomendó a él y a algún otro cubano que se encontrara en buenas condiciones físicas que asaltaran una farmacia en Vallegrande. Además, si el Che buscaba transformar la toma de la cabecera regional en un golpe espectacular, poco sentido tenía que sus hombres cargaran mochilas de 40 kilos y varios heridos por donde quiera que fueran.[11]

En la penúltima anotación de su diario, con fecha del 6 de octubre, Guevara cuenta que el grupo se topó con una mujer mayor, acompañada de su hija enana. Con la esperanza de que no los delatara, los guerrilleros le entregan una pequeña suma de dinero, pero en el fondo abrigan pocas expectativas respecto a su silencio. El grupo imaginaba que si marchaban de noche, descansando de día en los barrancos, quizá lograría penetrar la valla militar que se ceñía en su contra. La mujer procedió como suponían; de inmediato le notificó su presencia a la avanzada militar más cercana. El círculo se estrechó. Después de un "descanso bucólico", como lo describe el Che en el último escrito que aparece en su diario, la noche de plenilunio del 7 de octubre los diecisiete hombres prosiguen su marcha por las quebradas de los afluentes del río Grande. Los cubre una vegetación que, si bien más densa que en la cima de las colinas, sigue siendo plana y, por lo tanto, insuficiente. A la luz de la luna, un agricultor de papas avista su silueta desde el otro lado del arroyo: una banda de escuálidos fantasmas barbados se desplaza portando fusiles e inmensas mochilas que los doblan en dos.

No tiene la menor duda; son los guerrilleros. Despacha a su hijo hacia el puesto de comando del capitán Gary Prado Salmón, a pocos kilómetros de ahí. A este cabal militar no le hacen falta más detalles; expedito y diligente, en seguida se dispone a preparar una emboscada de libro de texto. Sitúa a unos hombres a la entrada de la Quebrada del Yuro (o Churo) y otros a la salida, y coloca su puesto de comando en lo alto.* La última batalla del Che está por comenzar.

Guevara también había impartido ya sus órdenes de combate, pero aún no estaba del todo seguro de si el ejército advertía ya su presencia. Decide dividir al pelotón en varias escuadras para que investiguen si entre las estrechas vaguadas de la cañada hay alguna salida. Al despuntar el día, *Benigno* y *Pacho* —quien había acompañado al Che en Praga y en otro centenar de misiones— se percatan de la presencia de decenas de soldados aguardándolos en lo alto del desfiladero. No tiene más que dos opciones: retirarse hacia la parte trasera de la cañada, con la esperanza de que los soldados no la hayan taponeado, o permanecer en silencio hasta el anochecer y confiar en que el ejército no descubra su destacamento. Escoge la segunda alternativa, y coloca a sus hombres en un perímetro defensivo, en caso de que las tropas los sorprendan. Aproximadamente a la 1:30 de la tarde del 8 de octubre, el ejército abre fuego contra la avanzada, en la boca de la cañada. Los demás guerrilleros se encuentran desperdigados. Poco después, dos jets y un helicóptero sobrevuelan la zona, pero no disparan contra las colinas ni las bombardean. La escuadra del Che, compuesta por siete hombres, intenta adentrase en la cañada para protegerse, pues no po-

---

* Por alguna extraña razón, la versión oficial cubana de los hechos rechaza que el ejército le haya preparado una emboscada al grupo; el gobierno cubano insiste en que se suscitó un tiroteo entre ambas bandas. En cierto sentido, tiene razón, para el Che y sus hombres la escaramuza no fue del todo inesperada (véase Fidel Castro, discurso televisado a la nación, La Habana, 15 de octubre, 1967; y *Pombo, Benigno y Urbano, La Quebrada del Yuro*, La Habana, Tricontinental, julio-octubre, 1969, p. 113.

drá sostener el tiroteo con el ejército por mucho tiempo. Guevara decide entonces dividir a sus hombres en dos grupos: por una parte, los heridos y los débiles, y por otra, él y dos hombres más que permanecerán en la retaguardia cubriéndolos.

Al cabo de unos minutos, una ráfaga de tiros le arrebata de las manos al Che su carabina M-1; queda inutilizable. Poco después, es herido en la pantorrilla; se trata sólo de una herida muscular, pero ahora le será difícil caminar. *Willi* o Simón Cuba, uno de los mineros sindicalistas que militó en el grupo de Moisés Guevara, arrastra a su comandante a lo largo de una chimenea de piedra, intentando mantenerlo en pie con una mano mientras que con la otra sostiene su metralleta; Aniceto Reynaga, otro boliviano, los sigue a cierta distancia. Mientras tanto, tres soldados del pelotón de Prado, Choque, Balboa y Encinas, bajo el mando del sargento Bernardino Huanca, advierten que dos rebeldes se aproximan. Esperan a que escalen un pequeño peñasco, y una vez que ambos bandos pueden verse, los militares gritan: "¡Tiren las armas y pongan las manos en alto!" Para el Che es imposible disparar, su pistola no lleva cargador y su carabina está averiada; y *Willi* tampoco abre fuego, ya sea porque no puede disparar con una sola mano o porque considera que la situación aconseja prudencia. Según algunas declaraciones, en aquel momento habló el Che: "No disparen, soy Che Guevara, y valgo más vivo que muerto"; otra versión, que contiene el giro tendencioso de los militares bolivianos, le atribuyó la siguiente frase: "Soy el Che Guevara y he fracasado";[12] la tercera, y quizá la más verosímil, relata que en ese momento *Willi* tiró el rifle y al ver que los soldados, exhaustos y nerviosos, les apuntaban vacilantes, irrumpió: "Carajo, es el comandante Guevara, merece más respeto."[13]

En cuanto informan al capitán Gary Prado de la captura, éste se desliza colina abajo, mientras en la cañada continúa la balacera. Después de verificar repetidamente la identidad del Che, Prado requisa su mochila y, exaltado, se comunica por radio con el cuartel general: "Capturamos al Che." La guerra ha terminado, y el reloj del héroe de Santa Clara ya tiene el tiempo marcado; al comandante le quedan menos de veinticuatro horas de vida.

Conforme recorre lentamente los dos kilómetros que conducen a La Higuera, la comitiva que traslada al Che se convierte en una procesión de cientos de lugareños. En ella participan prisioneros, mulas que portan los cadáveres de los rebeldes, y soldados heridos. Al llegar, encierran a Guevara en la escuela del pueblo, en un cuarto escuálido de suelo de tierra y a *Willi* en la habitación contigua. Esa noche, mientras las tropas celebraban su hazaña, en La Paz el alto comando boliviano debate el destino de su legendario y problemático prisionero. El Che no sufría de dolores intensos, pero, según los testimonios, se encontraba deprimido. Aunque en algún momento debe haberse planteado la posibilidad de ser fusilado, no parecía resignado a morir. Quizá haya inferido que el gobierno boliviano prefería someterlo a juicio para luego blasonarse de su captura como una señal de victoria contra la agresión extranjera. No fue así como sucedieron las cosas.

Gary Prado, digno y cortés, y Andrés Selich, con arrogancia, se aproximaron al Che esa misma noche con la esperanza de interrogarlo. Volvieron a intentarlo al amanecer, pero el preso seguía encerrado en su mutismo. Al día siguiente, cerca de las 6:30 de la mañana, arribó un helicóptero de Vallegrande con tres pasajeros: el piloto, el comandante Niño de Guzmán; el coronel Joaquín Zenteno, jefe de la Octava División, y Félix Rodríguez, el operador de radio cubano-estadounidense enviado a Bolivia por la CIA. Este último ocupó un lugar en el helicóptero en deferencia al apoyo de Estados Unidos, y también para corroborar la identidad del Che. Asimismo se le encomendó interrogar a su compatriota adoptivo y fotografiar los cuadernos y documentos incautados al momento de su captura. Finalmente, Rodríguez y Zenteno, así como algunos lugareños, logran conversar con Guevara.

El ejército se encontraba ante un problema monumental. En Bolivia no existía la pena de muerte, ni tampoco se disponía de alguna prisión de alta seguridad en la que el Che pudiera cumplir su inevitable larga condena. La sola idea de que se fuera a celebrar un juicio les producía escalofrío tanto al presidente René Barrientos como al general Alfredo Ovando y a Juan José Torres, jefe del Estado Mayor de las Fuerzas Armadas. Si el gobierno y el país habían sido víctimas de una presión descomunal y de la censura internacional por el juicio a Régis Debray, no había más que imaginar la clase de escándalo que desataría un juicio contra el Che Guevara, y la campaña de apoyo que provocaría el heroico y noble comandante. Su encarcelamiento en cualquier parte de Bolivia representaría una enorme tentación para comandos cubanos, que intentarían liberarlo a toda costa, quizá imponiendo un intercambio de rehenes secuestrados en cualquier parte del mundo.

Decidir su destino significó una pesadilla para los tres militares. Otra alternativa, al de entregarlo a los estadounidenses, quienes lo enviarían a Panamá para interrogarlo, tampoco era una solución: la tradición nacionalista del ejército boliviano jamás lo permitiría. Además, ello confirmaría las denuncias de Cuba de que el esfuerzo contrainsurgente no era más que una forma velada de intervencionismo yanqui. Toda la información y los testimonios que existen en torno a la muerte del Che conducen a la conclusión de que el fallo de ejecutarlo fue deliberado y unánime. Las autoridades bolivianas determinaron que había que ultimarlo lo más pronto posible, antes de que la presión extranjera, y sobre todo la estadounidense, se volviera intolerable. La orden salió de La Paz a media mañana; en La Higuera la recibe Félix Rodríguez, quien la remite a Zenteno; éste dictamina que la ejecute un pelotón.[14] Después de una sesión fotográfica, en la que se tomaron muchas más placas de las que se han publicado hasta hoy, los soldados someten a sorteo quién habría de despacharlo. Fue el teniente Mario Terán el escogido para victimar al hombre desaliñado y herido, pero aún desafiante, que yacía en el piso de la escuela de La Higuera. Su verdugo vaciló durante varios intentos fallidos, pero después de unos cuantos tragos de whisky y de la invocación del Che de que prosiguiera, Terán le disparó seis tiros al torso, de los cuales uno horadó su corazón, matándolo al instante. Según el coronel Arnaldo Saucedo Parada, jefe de Inteligencia de la Octava División y responsable de entregar el informe oficial sobre los momentos finales de la vida del Che, sus últimas palabras fueron:

> Yo sabía que me iban a matar; no debieron capturarme vivo. Dígale a Fidel que este fracaso no significa el final de la Revolución, que triunfará en cualquier otra parte. Dígale a Aleida que olvide todo esto, que se vuelva a casar y que sea feliz, y que procure que los niños sigan estudiando. Pídale a los soldados que apunten bien.[15]

Después de atar su cuerpo a una camilla, ésta fue sujetada al tren de aterrizaje del helicóptero de Zenteno y enviado a Vallegrande. Ahí, luego de lavarlo y acicalarlo, fue puesto en exhibición en la lavandería del Hospital de Nuestra Señora de Malta, donde dio comienzo esta historia.

En un principio, el gobierno boliviano intentó encubrir el asesinato, pero su estratagema se desmoronó abruptamente. Una vez realizado el examen *post mortem*, los médicos declararon que Guevara tenía menos de cinco horas de muerto. ¿Cómo era posible que aún estuviera vivo al mediodía del 9 de octubre si el tiroteo en el que supuestamente había fallecido se produjo el día anterior? Cientos de personas habían presenciado el apesadumbrado y lento recorrido del cortejo desde la Quebrada del Yuro hasta La Higuera. La multitud de periodistas apiñados en el hospital pronto se enteró de que Ernesto Guevara de la Serna había sido ejecutado. Al día siguiente, el cuerpo desapareció. Inicialmente, el general Oviedo había dispuesto que le cercenaran la cabeza y las manos para efectos de identificarlo mejor, y que el cadáver fuera cremado para impedir que en el futuro se construyera un santuario en su memoria.

Pero la historia tomó otro derrotero. Varios oficiales bolivianos y Gustavo Villoldo, el cubano de la CIA de más alto rango en Bolivia, se opusieron a que fuera decapitado; únicamente se le amputaron las manos, que después de ser conservadas en formaldehído durante más de un año en Bolivia, se esfumaron misteriosamente para reaparecer más tarde en Cuba. Se dice que Fidel Castro pensaba colocarlas en una especie de mausoleo en La Habana, y que no lo hizo porque la familia del Che se opuso. Ahora se encuentran en el Palacio de la Revolución, donde varios dignatarios han sido invitados a verlas según lo han revelado ellos mismos.

Los tres enigmas pendientes en torno a la vida y muerte del Che no abarcan, por tanto, las circunstancias ni los detalles de su muerte. ¿Cómo fue el papel de Estados Unidos en su ejecución? ¿Deseaba morir el Che, o simplemente aceptó valiente y resignadamente su inevitable final? ¿Fue incinerado su cadáver y sus cenizas esparcidas por las colinas que rodean Vallegrande, o está enterrado en alguna parte del pueblo?

Según la versión semioficial cubana, cuando el presidente Barrientos se entera de que el Che había sido capturado, de inmediato se dirige a la residencia del embajador de Estados Unidos, donde recibe la orden de eliminar al guerrillero.[16] Tanto en los dos testimonios que existen al respecto,[17] como en los dos escritos que recibió el autor del embajador estadounidense, Douglas Henderson, estas acusaciones han sido rechazadas rotundamente.* Según el ex diplomático, no sólo no recibió a

---

* "He de valerme de mi memoria, pero no recuerdo ningún contacto con Barrientos (o para el caso, con ningún militar ni civil boliviano) el 8 de octubre de 1967, ni tampoco poco después. No recuerdo haber recibido información sobre la captura y la ejecución de Guevara por parte de ningún miembro del gobierno boliviano. Me he adscrito a este silencio debido a mi fuerte oposición a la ejecución de Debray." Esto fue lo que Douglas Henderson comunicó al autor el 1 de diciembre de 1995.

Barrientos en su casa aquella noche, sino que el gobierno boliviano jamás consultó con él su manera de proceder. Explica que había una buena razón para que no se le pidiera consejo: tan sólo unos meses antes, se había opuesto a la ejecución de Régis Debray, y era lógico que el gobierno boliviano supusiera que se iba a oponer de igual forma al asesinato del Che.*

Los demás testigos sobrevivientes tienden a confirmar este testimonio, aunque es innegable que todos ellos tienden a llevar agua a su molino. En sus memorias, Félix Rodríguez asevera que recibió órdenes de fusilar al Che desde La Paz; sin embargo, antes de cumplirlas, consideró acatar las instrucciones de su sede en Langley:

> Lo primero que nos dijeron en Washington fue que los bolivianos tendíamos a liquidar a nuestros prisioneros; que si capturábamos vivo a Guevara, debíamos intentar mantenerlo vivo por todos los medios para trasladarlo a Panamá.**

---

* Aunque la historia y la política están repletas de acciones cuyo fin es cubrirse las espaldas para la posteridad, existe un memorándum que Walt Rostow le envía a Lyndon Johnson con fecha del 11 de octubre, a las 10:30 am, que parece corroborar la inocencia de Estados Unidos: "La última información es que Guevara fue capturado vivo. Después de un pequeño interrogatorio para verificar su identidad, el General Ovando —jefe de la Fuerza Armada Boliviana— ordenó el fusilamiento. Considero que esto fue una estupidez, pero, por otro lado, es comprensible desde el punto de vista del gobierno boliviano" (Rostow, Walt, memorándum para el Presidente [secreto], 11 de octubre de 1967).

** Félix Rodríguez y John Weisman, *Shadow Warrior*, Nueva York, Simon and Schuster, 1989, pp. 160, 164-165. Éste es el contenido de la declaración secreta y bajo juramento que hizo Rodríguez al inspector de la CIA el 3 de junio de 1975, y que fue dada a conocer durante el programa de revisión histórica que condujo dicha agencia: "Rodríguez elaboró un mensaje de cien palabras [...] en clave, en el que reseñaba la captura de Guevara y pedía que fuera enviado a aquella zona un representante de la Embajada con autoridad suficiente para impedir que mataran al Che, pues él no se sentía capacitado para hacerlo. Preparó este mensaje con la intención de incluirlo en la transmisión programada para las 10:30 am del 9 de octubre; sin embargo, no fue transmitido al puesto de relevo en Asunción, Paraguay, hasta aproximadamente las

Los demás representantes de la CIA que se encontraban allí, o que conocieron a Rodríguez posteriormente, opinan que a pesar de que tal vez exagera su propio protagonismo —en aquel momento únicamente era el encargado de operar la radio— dice, en esencia, la verdad. John Tilton, jefe de estación de la CIA en La Paz, que se encontraba ausente del país durante esos días, le confirmó al autor esta versión; pero, difícilmente la habría desmentido.[18] Gustavo Villoldo, líder del *country team* de la CIA, se muestra un poco más sincero respecto a sus opiniones personales. Cuenta cómo, al llegar a Bolivia, es conducido en coche a la residencia presidencial para entrevistarse con Barrientos. Ahí, le advierte al presidente que si capturan al Che, hará todo lo que esté en su poder para ejecutarlo. Luego preguntó: "Y si lo encontráramos vivo, ¿qué hará usted con él?", a lo cual Barrientos respondió: "Si está vivo, se le hará un juicio sumario en el que lo condenarán a muerte. Tiene usted la palabra del Presidente de la República."[19]

De todos los militares bolivianos implicados en la captura del Che y con la decisión de ejecutarlo, el único que sobrevive es Gary Prado. Los demás fueron muriendo con los años, debido a una especie de "maleficio del Che" que los persiguió por todo el mundo. Prado subraya que la decisión de matar al Che incumbía únicamente a los bolivianos. Admite que le pareció un acontecimiento lamentable, pues lo admiraba por su valentía y por su lealtad a sus convicciones; pero, desde el punto de vista de los intereses del ejército y del Estado boliviano, aún hoy considera que la decisión final era la única posible.

El testimonio de Prado quizá sea el que más fielmente revele las reflexiones y el espíritu del Che en sus últimas horas

---

10:30 am, después de que Rodríguez llegara a La Higuera e instalara su transmisor de radio, un RS-48." Según el testimonio de Rodríguez, el mensaje se demoró en llegar a Estados Unidos debido a que el operador del puesto de relevo se negó a mantener abierta la frecuencia y, por lo tanto, cuando llegó a su destino el Che ya había muerto (Félix Rodríguez, entrevista, *op. cit.*).

de vida. Las notas que tomó Prado durante las conversaciones que mantuvo con él aparecen en forma de apéndice en su libro. Guevara estaba consciente de que tal vez Bolivia no había sido la mejor elección; pero, por otra parte, ésta no había sido exclusivamente suya; quienes más entusiasmo demostraron por ese país andino fueron los bolivianos mismos. También le habló a Prado de las expectativas que tenía sobre su propio destino. Después de interrogar al militar respecto a lo que podría ocurrir, le comentó que por la radio había escuchado que de ser capturado por la Octava División lo juzgarían en Santa Cruz y no en Camiri, a donde lo hubieran mandado si lo hubiese aprehendido la Cuarta División; no se trata de la especulación de un condenado a muerte. En este mismo sentido, Prado enfatiza la manera en que fue aprehendido: escalando la montaña para salir de la cañada, demostrando que deseaba vivir:

> De haber deseado la muerte, hubiera permanecido abajo y habría seguido luchando. Pero no, estaba intentando salir. Cuando lo capturamos, se encontraba decaído, pero en cuanto vio que lo tratábamos correctamente y que intentábamos hablar con él, su ánimo mejoró.[20]

Rodríguez también recuerda que el Che parecía estar convencido de que sería juzgado y sentenciado, y no fusilado; señala que el prisionero palideció al recibir la noticia de que su destino estaba sellado. Por último, queda el testimonio de los habitantes de La Higuera que hablaron con él aquella noche y a la mañana siguiente. También ellos evocan a un hombre que además de mostrar apego a la vida, no parecía sospechar que le quedaran sólo unas horas antes de enfrentar la muerte. La maestra Julia Cortés recuerda que luego de agradecerle la comida que le había traído y de charlar sobre la educación en La Higuera, el Che le pidió que averiguara lo que estaban tramando sus carceleros: "Dijo: 'No sé, quizá me maten o tal vez me saquen de aquí vivo, pero creo que les conviene más que siga viviendo porque valgo mucho'. Él parecía creer que saldría de aquello con vida; me dijo también que no me olvidaría."[21] Los demás militares bolivianos que intercambiaron algunas palabras con él aquella noche —sobre todo Zenteno y Selich— murieron antes de que la sabiduría que confiere la edad pudiera garantizar la veracidad y precisión de su testimonio. Seguramente Ernesto Guevara enfrentó la muerte con el enorme coraje que forjó y acarició durante toda su vida, y también con el miedo que sentiría cualquiera que amando la vida tanto como él se encuentra a punto de perderla.

En noviembre de 1995, *The New York Times* publicó un artículo en una plana entera basado en las declaraciones de Mario Vargas Salinas, un general retirado del ejército boliviano. El autor de la emboscada en Vado del Yeso reiteró a ese periódico lo que ya había afirmado anteriormente y lo que otros militares bolivianos —como Luis Reque Terán, jefe de la Cuarta División— venían repitiendo desde hacía algún tiempo: el ejército no mandó incinerar el cuerpo del Che, como se llegó a creer, sino que fue enterrado bajo la pista de aterrizaje de Vallegrande. Como en esta ocasión la crónica aparecía en *The New York Times*, ésta se convirtió en noticia candente. El gobierno boliviano no tuvo más remedio que emprender la búsqueda de los restos del comandante. Para ello, se mandaron traer expertos forenses argentinos y, después, también desfilaron numerosos peritos cubanos por el viejo poblado montañoso del sureste boliviano. Casi dos años más tarde, se desenterraron varios cadáveres cerca de la mentada pista; el gobierno de Cuba determinó que uno de ellos era del Che. Los forenses argentinos ratificaron el hallazgo, pero algunos otros protagonistas del drama final de La Higuera, como Félix Rodríguez, siguieron conservando una cierta dosis de escepticismo.

Aunque transcurrieron tres decenios antes de que se disipara el mito de la cremación de los restos del Che en

Vallegrande, existían desde un principio buenas razones para sospechar que habían sido enterrados. Para empezar, en un país tan católico como Bolivia no existe la tradición de cremar a los muertos; por tanto, hacerlo en secreto habrá sido una empresa difícil. En segundo lugar, la pira funeraria que se requiere para incinerar completamente un cadáver no es algo que pase desapercibido. En un pueblo pequeño como Vallegrande, la gente la hubiera detectado desde varios kilómetros a la redonda, aquella noche del 9 de octubre, cuando, de pronto, el cadáver se esfumó después de que lo habían visto innumerables periodistas, lugareños curiosos y otros espectadores. En tercer término, un entierro no requiere más que de un par de hombres fuertes; en cambio, para encender, avivar y mantener la clase de fogata que impone una cremación se necesitan varias personas, de las cuales al menos alguna se habría dado a conocer al cabo de treinta años. No ha sucedido.[22]

En cambio, Gustavo Villoldo, el hombre que reivindica hoy el haber enterrado al Che, no vaciló en afirmar —mucho antes de que fueran encontrados los restos de Guevara— de que las cosas sucedieron de otra manera. Si bien no se encontraba en La Higuera cuando fue ejecutado el Che, era el oficial estadounidense de mayor rango en Vallegrande, y recuerda con precisión lo acontecido:

> Yo enterré al Che Guevara. Jamás lo cremaron; yo no lo permití, como también me opuse a que mutilaran su cadáver. En la madrugada del día siguiente me llevé su cuerpo junto con el de otros dos guerrilleros en una camioneta de carga. Me acompañaron un chofer boliviano y un tal teniente Barrientos, si no me equivoco. Llegamos hasta la pista de aterrizaje y ahí los enterramos. Reconocería el sitio enseguida. Si siguen buscando, encontrarán su cuerpo. Lo reconocerán por el cercenamiento quirúrgico de las manos; no lo mutilaron.[23]

Todavía hoy, treinta años después, La Higuera sigue sin luz. El pequeño pueblo permanece tan perdido y paupérrimo como el día en que murió el Che. En este sentido, su sacrificio fue en vano; tan sólo modificó leve y efímeramente el estado de abandono y pobreza en que viven los campesinos del sureste boliviano. Y, salvo un breve devaneo con sus tesis poco después de su muerte y durante el verano de 1968, la revolución cubana no tardó en olvidarse de él. Con el fin de la Primavera de Praga la alineación de La Habana con la Unión Soviética se consolidaba. Llegado el año de 1970, cuando Fidel Castro convirtió en cruzada nacional el descabellado proyecto de cosechar diez millones de toneladas de azúcar, los ideales económicos y sociales por los que había luchado el Che habían quedado relegados a la desmemoria estalinista. Aunque las aventuras internacionalistas de Cuba se perpetuaron hasta la década de los noventa, y a pesar de que fueron mucho más exitosas en las postrimerías del siglo que cuando vivía Guevara, todas ellas terminaron, finalmente, en la futilidad o la ignominia. ¿Cuál es entonces el legado del comandante, y de qué valieron su esfuerzo y dedicación? Estas preguntas merecen algunas rumiaciones finales.

Mientras la generación de los sesenta mantuvo las cualidades que la caracterizaron, su vínculo con el Che Guevara encerró una simbiosis, casi mágica, entre el símbolo y el *Zeitgeist*, basada en una sinonimia real. Aquella mezcla singular de determinación y afán de cambio, de omnipotencia y altruismo, de arrogancia y desapego reflejaba la postura moral e intelectual tanto de amplios sectores juveniles de sociedades análogas como de un individuo. Si tal era la similitud entre las masas y los movimientos, igualmente tenía que haberla entre sus símbolos. Quizá la ubicuidad del Che se deba a la naturaleza prácticamente universal de las protestas de 1968 y de quienes las abrazaban. Evidentemente, entre ellos imperaban diferencias, pero dentro de las variaciones propias de toda homogeneidad. Los estudiantes franceses de mayo del '68 conformaban un sector vanguardista que también representaba a una vasta clase media, disgustada y fastidiada. En contraste con ellos, los jóvenes mexicanos que fueron masacrados en la Plaza de las Tres Culturas pertenecían a una minoría excepcional, ilustrada e irremediablemente elitista que se encontraba desplazada en una sociedad profundamente dividida. No obstante, la *idée-mére* de cambio y de voluntad suficiente propulsada por Guevara, junto con el aumento espectacular en las matrículas universitarias, generó una nueva universalidad. Agruparía a las mayorías clasemedieras de las naciones ricas, y en las naciones pobres, a las clases medias irremediablemente minoritarias.

La expansión generacional fue asombrosa. En 1960, en Estados Unidos había 16 millones de personas entre los 18 y 24 años de edad; para 1970, esta cifra había aumentado a 25 millones, creció 50% en diez años.[24] En Francia, las inscripciones universitarias subieron de 201 000, en 1961, a 514 000, en 1968.[25] Al terminar la guerra, en el Japón sólo había 47 universidades, que para 1960 se habían convertido en 236.[26] El ritmo de crecimiento fue igual de elevado en Estados Unidos: de 3 millones de inscripciones universitarias en 1960, a 4 millones en agosto de 1964. Para 1965 había sobrepasado los 5 millones.[27] En el aspecto cualitativo el cambio no fue menos importante: en Estados Unidos, antes de la Segunda Guerra Mundial no había universidades estatales, y para 1970 existían más de 50 de 15 000 alumnos para arriba.[28] Tanto en Chile como en Brasil y México, los tres países latinoamericanos donde se produjeron importantes levantamientos estudiantiles en los años sesenta, el aumento de la matrícula estudiantil alcanzó cifras que oscilaban entre 200 y 400 por ciento.[29]

Así, el camino comienza con la explosión demográfica en Occidente y el estallido mundial de la educación pública superior. De allí parte a la masificación de la enseñanza, a las manifestaciones y la rebeldía que suscitaron las regulaciones *in loco parentis* en Berkeley, en Columbia y en Nanterre. Atraviesa las marchas a favor de los derechos civiles en Mississippi y las protestas generalizadas contra la guerra en Vietnam y contra el autoritarismo en México y en Europa del Este. Enseguida recorre la aguda politización en el Boul' Mich y las insurrecciones proletarias en Billancourt y en Milán, para rematar en la estridencia radical de los campos, la revuelta existencial y el rechazo "cultural" al *statu quo* en las comunas. Fue, en las palabras de los Beatles, un largo y sinuoso camino que arranca a principios de los sesenta, antes de morir el Che, y que mucho después de su muerte desemboca en la disgregación ulterior de todos los movimientos y su repliegue hacia la nostalgia. Desde los interminables debates en 1968 en el Teatro del Odeón de París, hasta el sexo, las drogas y el rock en Woodstock, el paso de lo político a lo cultural hundió a muchos y desilusionó a otros, pero transformó a sociedades que de otra suerte quizá hubieran permanecido inmutables.

Los años sesenta dejaron un rastro político, aunque no necesariamente el que habría esperado la mayoría de sus protagonistas. La petulancia de aquellos jóvenes crédulos y exuberantes que se apoderaron de las barricadas en Milán y del Pentágono se basó en un fundamento que aún hoy le confiere significado y actualidad al periodo. Aquellos prosélitos que anhelaban la transformación radical del mundo tenían razón. Por última ocasión en este siglo y por mucho tiempo más parecía viable la idea de intentar cambiar el orden de las cosas por medio de un plan preestablecido, a la vez inédito. Con el paso del tiempo, aparecerían otra clase de tentativas, con más éxito: la destrucción del mundo socialista y el establecimiento del orden capitalista, la eliminación del Estado asistencial y el fin de la economía keynesiana. Pero nunca más amplios sectores de tantas sociedades se propondrían cambiar el mundo simultáneamente a partir de una premisa que no se basaba en el *statu quo* ante ni se derivaba de realidades ya existentes, sino de un ideal utópico.

En 1968 la Primavera de Praga representó la última oportunidad de cambiar el curso —y el alma— del socialismo real. La invasión soviética de agosto anuló para siempre la posibilidad de reformas de fondo en el bloque socialista a un costo cuyo monto se desconocería hasta veinte años después. Tal vez no eran reformables los regímenes estalinistas; en aquel tiempo, empero, las propuestas reformistas parecían tan realizables como dignas de admiración. Asimismo, los movimientos estudiantiles y obreros de Francia e Italia anunciaban la última ocasión en que se antojaría factible una transmutación profunda de la sociedad industrial. Y, en Estados Unidos, la esperanza pasajera de optimismo, alborozo y solidaridad social que despertó en 1968 con la candidatura de Robert Kennedy por la presidencia, constituyó el último esfuerzo por construir un país más noble e igualitario. Junto con la tentativa de Martin Luther King por aunar el movimiento por los derechos civiles con la justicia económica y social y la oposición a la guerra de Vietnam, quizá haya sido la última oportunidad socialdemócrata en Norteamérica.

La revolución que soñaron los militantes imberbes del Barrio Latino no pudo ser; pero, aunque al final haya fracasado, no era imposible. Dicho con la agudeza de Eric Hobsbawm:

> Si hubo un momento durante los años dorados posteriores a 1945 que correspondió al levantamiento espontáneo y mundial con el que los revolucionarios, después de 1917, habían soñado, con toda seguridad fue en 1968, cuando los estudiantes se rebelaron tanto en Occidente, en Estados Unidos y México, como en la Polonia, Checoslovaquia y Yugoslavia socialistas por medio del gran estímulo de Mayo del '68 en París, epicentro de un lanzamiento estudiantil en todo el continente.[30]

Como no fue así, el brío de los sesenta se malogró, al igual que la vida del Che en el agreste campo boliviano. Por consiguiente, si aquellos años y su icono cavaran un cerco duradero, éste no podría ser político ni ideológico, sino de otra naturaleza. Para que el Che y quienes cargaron su féretro dejaran un legado político, tendrían que haber ganado, alguna vez, en alguna parte, de una u otra manera. No fue el caso, por injusta que parezca esta apreciación y por disparejo que haya sido el terreno de juego. En 1968, les arrebataron una victoria al alcance de la mano; luego perdieron por culpa de golpes de Estado y de estrategias contrainsurgentes tanto en Bolivia como a lo largo de toda América Latina; fueron derrotados en Alemania, Francia y en Italia, gracias a grandes reformas sociales y una reacción virulenta de los conservadores; sucumbieron bajo las bayonetas y las doctrinas de Brezhnev en Checoslovaquia; y se dispersaron en Estados Unidos, por medio de asesinatos, excesos, y el pragmatismo extremo del *establishment* norteamericano, que a tiempo cortó por lo sano en Vietnam.

De manera que el comandante no acabó en un mausoleo ni en una plaza faraónica, sino en camisetas, *swatches* y tarros de cerveza. La década que emblematizó no alteró el fundamento de las estructuras económicas y políticas de las sociedades contra las que se alzaron los jóvenes; su impacto se infiltró en los confines más intangibles del poder y la sociedad. Si por ellos hubiera sido, el Che y los movimientos que llegó a simbolizar hubieran tomado el camino alternativo: lograr, de una u otra manera, la revolución política por la que habían luchado. Pero, quizá la verdadera aportación de la época que personificó Guevara se encuentre precisamente en otra esfera: la menos espectacular, la menos inmediata y menos romántica; pero la más profunda, de mayor alcance y más significativa. Si hoy el Che es un icono cultural se debe a que en gran parte su huella se imprimió profundamente en el terreno cultural más que en el político.

Durante los años sesenta, convergieron la cultura y la política, pero la cultura perduró y la política no. Seguramente por eso la definición europea del término cultural, especialmente la de Michel Foucault, es la más precisa. Los sesenta influyeron mayormente en la esfera del poder y de los poderes: en esos sinuosos canales que, ajenos al fuero del Estado, circunscriben, ordenan, clasifican y delinean la vida en las sociedades modernas. Lo que esa década dejó establecido en todo el mundo fue, primero, que el poder existe en ámbitos más allá del político, del económico y del Estado; segundo, que es necesario resistirlos, atentar contra sus prerrogativas, cuestionar su legitimidad, rechazar su permanencia. En esto radica la verdadera herencia de aquel lustro y la razón de su sobrevivencia en nuestra memoria. Le confiere una importancia singular y explica la sorprendente nostalgia que aún hoy suscita. De allí la perfecta concordancia del Che: emblema supremo de aquella revuelta cultural que se materializó en un hombre cuyas ideas políticas eran convencionales, pero cuya actitud hacia el poder y la política alcanzaron dimensiones épicas y excepcionales.

Por todo ello, los sesenta nos acompañan todavía, y la imagen del Che sigue surgiendo en el mundo entero. El año de 1968 provocó una insurrección cultural irreversible en el mundo "moderno". La conmoción modificó las relaciones entre viejos y jóvenes, entre hombres y mujeres, entre la cordura y la locura, entre la salud y la enfermedad; e igualmente, entre los sujetos y los objetos del poder, entre el que instruye y el que aprende, entre negros y blancos, e incluso entre ricos y pobres. Del arcón de tesoros de aquellos años destacan la liberación de las tradiciones en el ámbito sexual, en el vestir, en las preferencias musicales y gráficas; en la irreverencia hacia la autoridad y hacia posturas distintas a las propias. Por supuesto, la proliferación mundial de las propensiones arquetípicas estadounidenses —los jeans y el rock, la homogeneidad e igualdad entre desiguales— no equivale a una utopía universal. Pero es preferible al *statu quo* ante; representó un gran paso hacia delante para aquellos que previamente se encontraban fuera de los cánones, ordenados y excluyentes, que antes veneraban las sociedades "modernas".

El Che se encuentra justamente donde pertenece: en los nichos reservados para iconos culturales, para los símbolos de los movimientos sociales que al filtrarse en el subsuelo de la sociedad se sedimentan en sus hendiduras y recodos más íntimos. Para muchos, los elementos más atractivos y redimibles que nos brinda la vida cotidiana actual son fruto de los años sesenta, y el Che personifica esa era, si no es que sus características, mejor que nadie. Tal vez el hijo de Celia no hubiese reconocido estos valores como aquellos por los que luchó y murió; pero ni siquiera el comandante Ernesto Che Guevara podía aspirar a escribir su propio epitafio. Tan sólo estaba destinado, como tan pocos otros, a vivir la vida que soñó y a morir como deseaba.

Notas

Capítulo I: Muero porque no muero

[1] General Gary Prado Salmón, entrevista con el autor, Santa Cruz de la Sierra, 26 de octubre, 1994.

[2] Ernesto Che Guevara, *Escritos y discursos*, tomo 9, Editorial de Ciencias Sociales, La Habana, 1979, p. 391.

[3] Marx y Engels mencionan al general De la Serna en un artículo titulado, justamente, "Ayacucho". Véase I. Lavretsky, *Ernesto Che Guevara*, Moscú, Progress Publishers, 1976, p. 13. El verdadero nombre de Lavretsky era José Grigulevich, conocido historiador soviético y agente sempiterno de la KGB, cuya carrera abarca desde la Guerra Civil española hasta la revolución sandinista.

[4] Carmen Córdova Iturburu, entrevista con el autor, Buenos Aires, 21 de agosto, 1996.

[5] *Idem.*

[6] Ernesto Guevara Lynch, *Mi hijo el Che*, Madrid, Planeta, 1981, p. 112.

[7] Victor Bulmer-Thomas, *Economic History of Latin America since Independence*, Nueva York, Cambridge University Press, 1994, pp. 104, 107.

[8] Ercilia Guevara Lynch, testimonio recogido en Adys Cupull y Froilán González, *Ernestito: vivo y presente. Iconografía testimoniada de la infancia y la juventud de Ernesto Che Guevara, 1928-1953*, La Habana, Editora Política, 1989, p. 9.

[9] Roberto Guevara, citado en Claudia Korol, *El Che y los argentinos*, Buenos Aires, Ediciones Dialéctica, 1985, p. 28.

[10] Dolores Moyano, entrevista con el autor, Washington, D. C., 26 de febrero de 1996.

[11] Celia de la Serna, testimonio publicado en *Granma*, La Habana, 16 de octubre de 1967.

[12] Guevara Lynch, *op. cit.*, p. 148.

[13] Rosendo Zacarías, entrevista con el autor, Alta Gracia, 17 de febrero de 1995.

[14] Elba Rossi Oviedo Zelaya, entrevista con el autor, Alta Gracia, 17 de febrero de 1995.

[15] Ernesto Guevara Lynch, *op. cit.*, p. 186.

[16] *Ibid.*, p. 201.

[17] Ahmed Ben Bella, entrevista con el autor, Ginebra, 4 de noviembre de 1995.

[18] Tomás Granado, entrevista con el autor, Caracas, 13 de marzo de 1995.

[19] La lista de disparadores; la afirmación de la etiología hereditaria del asma, y la relación con la adrenalina endógena proviene de una conversación de gran utilidad e interés para el autor con el doctor Roberto Kretchmer, uno de los principales expertos de asma infantil en México.

[20] Este esbozo de interpretación se lo debo a Susana Pravaz-Balán, quien en el transcurso de una conversación en New Brunswick, Nueva Jersey, el 1 de diciembre de 1995, me sugirió con más conocimiento y perspicacia de lo que dan cuenta estas páginas, una serie de ideas sobre el asma, el Che y la ambivalencia.

[21] Colegio Nacional Deán Funes y Liceo de Señoritas, Ernesto Guevara, libreta de calificaciones, 1945, reproducida en Cupull y González, *op. cit.*, p. 100.

[22] Alberto Granado, Entrevista a *Página/12*, Buenos Aires, domingo 3 de julio de 1994, p. 28.

[23] Cupull y González, *op. cit.*, p. 100.

[24] Tomás Granado, entrevista, *op. cit.*

[25] Guevara Lynch, Ernesto, *op. cit.*, p. 217.

[26] Dolores Moyano Martín, "A Memoir of the Young Guevara: The Making of a Revolutionary", en *The New York Times Magazine*, Nueva York, 18 de agosto de 1968, p. 51. Según

Moyano Martín, la anécdota a su vez se la comunicó Jorge Ferrer, amigo de adolescencia de Guevara.

[27] Carmen Córdova Iturburu, entrevista, *op. cit.*

[28] Katherine Maldonado, entrevista con el autor, Nueva York, 29 de febrero de 1996.

[29] *Ibidem.*

[30] María del Carmen (*Chichina*) Ferreyra, entrevista con el autor, Córdoba, 18 de febrero, 1995. Dolores Moyano confirma que *Chichina* le relató años antes la misma reacción atribuida a Ernesto hijo (Dolores Moyano, entrevista, *op. cit.*).

[31] Carmen Córdova Iturburu, entrevista, *op. cit.*

[32] Juan Martín Guevara de la Serna, testimonio recogido en Cupull y González, *op. cit.*, p. 97.

[33] Fernando Córdova Iturburu, entrevista con el autor, Buenos Aires, 22 de agosto, 1996.

[34] Se cita la versión de la anécdota relatada por Granado directamente. Alberto Granado, "Mis encuentros con el Che", manuscrito inédito facilitado al autor, sin fecha, p. 4.

[35] Roberto Guevara de la Serna, testimonio recogido en Cupull y González, *op. cit.*, p. 111.

[36] Fernando Córdova Iturburu, entrevista, *op. cit.*

Capítulo II: Años de amor e indiferencia:
Buenos Aires, Perón y *Chichina*

[1] Ernesto Guevara de la Serna, "Discurso en la inauguración del curso de adoctrinamiento del Ministerio de Salud Pública, 19 de agosto, 1960", en Ernesto Che Guevara, *Escritos y discursos*, t. 4, La Habana, Editorial de Ciencias Sociales, 1977, p. 175.

[2] Alberto Granado, testimonio recogido en Claudia Korol, *El Che y los argentinos*, Buenos Aires, Ediciones Dialéctica, 1988, p. 60.

[3] Ernesto Guevara Lynch, *Mi hijo el Che*, Madrid, Planeta, 1981, p. 339.

[4] Guevara de la Serna a *Chichina* Ferreyra, 5 de diciembre de 1951.

[5] Alberto Granado, *Con el Che Guevara de Córdoba a La Habana*, Córdoba, Op Oloop Ediciones, 1995, p. 42.

[6] Alberto Granado, "Mis encuentros con el Che", manuscrito inédito facilitado al autor, sin fecha, p. 18.

[7] Guevara de la Serna a *Chichina* Ferreyra, 1 de febrero de 1951.

[8] Horacio Daniel Rodríguez, *Che Guevara: ¿Aventura o revolución?*, Barcelona, Plaza y Janés, 1968, p. 39.

[9] Los acervos correspondientes son: *Mi hijo el Che*, La Habana, Planeta, 1989 y *Aquí va un soldado de América*, Buenos Aires, Sudamericana-Planeta, 1987, ambos de Ernesto Guevara Lynch; *Cálida presencia: Cartas de Ernesto Guevara de la Serna a Tita Infante*, de Cupull y González; *Ernestito, vivo y presente. Iconografía testimoniada de la infancia y la juventud de Ernesto Che Guevara. 1928-1953*, La Habana, Política, 1989, ambos de Cupull y González, y *Un hombre bravo*, La Habana, Capitán San Luis, 1994.

[10] Ernesto Guevara de la Serna a Celia de la Serna de Guevara, citado en Ernesto Guevara Lynch, *Aquí va...*, p. 86.

[11] Ana María Guevara de la Serna, testimonio recogido en Claudia Korol, *op. cit.*, p. 67.

[12] Claudia Korol, *op. cit.*, p. 70. Y Carlos Ferrer, *op. cit.*

[13] *Chichina* Ferreyra, entrevista con el autor, Malagueño, 18 de febrero de 1995.

[14] Ernesto Guevara Lynch, entrevista concedida a Esteban Morales y Fabián Ríos, en *Comandante Che Guevara*, Buenos Aires, Cuadernos de América Latina, 1968, p. 5.

[15] Adys Cupull y Froilán González, *Cálida presencia...*, p. 77.

[16] Ernesto Guevara de la Serna a Celia de la Serna de Guevara, 24 de septiembre de 1955, en Guevara Lynch, *Aquí va...*, p. 109.

[17] *Ibid.*, p. 110.

[18] *Idem.*

[19] Ernesto Guevara de la Serna a Beatriz Guevara Lynch, citado en Claudia Korol, *op. cit.*, p. 70.

[20] Ernesto Guevara de la Serna a Celia de la Serna de Guevara, en Guevara Lynch, *Aquí va...*, p. 110.

[21] Tulio Halperin Donghi, *La larga agonía de la Argentina peronista*, Ariel, Buenos Aires, 1994, p. 26.

[22] *Idem.*

[23] Ernesto Che Guevara, "Angustia (eso es cierto)", publicado en *Primer Plano*, 2 de agosto de 1992, Buenos Aires. Texto entregado a la publicación por Ana María Erra vda. de Guevara Lynch.

[24] Berta Gilda Infante, testimonio recogido en Cupull y González, *Ernestito...*, p. 117.

[25] *Chichina* Ferreyra, entrevista, *op. cit.*

[26] Roberto Guevara de la Serna, testimonio recogido en Claudia Korol, *op. cit.*, p. 76.

[27] Fernando Córdova Iturburu, entrevista con el autor, Buenos Aires, 22 de agosto de 1996.

[28] Carlos Figueroa, testimonio recogido en Cupull y González, *Ernestito...*, p. 118.

[29] Carmen Córdova Iturburu, entrevista con el autor, Buenos Aires, 21 de agosto, 1996.

[30] Cupull y González, *Cálida presencia...*, p. 9.

[31] *Ibid.*, p. 15.

[32] *Chichina* Ferreyra a Dolores Moyano, Malagueño, 4 de enero de 1968.

[33] *Idem.*

[34] *Chichina* Ferreyra, entrevista, *op. cit.*

[35] Ernesto Guevara de la Serna a *Chichina* Ferreyra, 20 de octubre de 1951.

[36] *Chichina* Ferreyra a Dolores Moyano, 4 de enero de 1968.

[37] Ernesto Guevara de la Serna a *Chichina* Ferreyra, 1 de febrero de 1951.

[38] Ernesto Guevara de la Serna a *Chichina* Ferreyra, 5 de diciembre de 1951.

[39] *Idem.*

[40] *Idem.*

[41] *Chichina* Ferreyra, entrevista, *op. cit.*

[42] José González Aguilar, testimonio recogido en Cupull y González, *Ernestito...*, p. 135.

[43] Ernesto Guevara de la Serna a Ernesto Guevara Lynch, citado en Guevara Lynch, *Mi hijo...*, p. 334.

[44] Ernesto Che Guevara, "Notas de viaje", citado en Claudia Korol, *op. cit.*, p. 81.

[45] Ernesto Guevara de la Serna a Beatriz Guevara Lynch, citado en Cupull y González, *Un hombre...*, p. 22.

[46] *Chichina* Ferreyra a Dolores Moyano, 4 de enero de 1968.

[47] Ernesto Che Guevara, *Mi primer gran viaje: de la Argentina a Venezuela en motocicleta*, Buenos Aires, Seix Barral, 1994, pp. 50-51.

[48] Carta de *Chichina* Ferreyra al autor, 22 de agosto, 1996.

[49] Ernesto Guevara de la Serna a *Chichina* Ferreyra, marzo de 1952.

Capítulo III: Los primeros pasos:
Navegar es preciso, vivir no es preciso

[1] Esta idea proviene de un intercambio oral y epistolar, valioso como siempre, con Enrique Hett. Dartmouth College y París, marzo, noviembre de 1996.

[2] Ernesto Che Guevara, *Mi primer gran viaje: de la Argentina a Venezuela en motocicleta*, Buenos Aires, Seix Barral, 1994, p. 100.

[3] *Ibid.*, p. 76.

[4] *Ibid.*, pp. 86-87.

[5] *Ibid.*, pp. 91-92.

[6] *Ibid.*, p. 100.

[7] *Ibid.*, p. 101.

[8] *Ibid.*, p. 102.

[9] *Ibid.*, p. 103.

[10] *Ibid.*, p. 109.

[11] *Ibid.*, p. 143.

[12] Episodio magistralmente contado por Granado en el manuscrito inédito de Alberto Granado, *Mis encuentros con el Che por Sudamérica*, La Habana, Letras Cubanas, p. 103.

[13] Guevara de la Serna, *Mi primer gran viaje...*, p. 115.

[14] *Ibid.*, p. 174.

[15] Ernesto Che Guevara, "Machu-Picchu: Enigma de piedra en América", en *Revista de Casa de las Américas*, La Habana, vol. 28, núm. 163, julio-agosto de 1987, p. 51.

[16] *Ibid.*, p. 53.

[17] *Idem.*

[18] *Ibid.*, p. 51.

[19] Véase Jean Cormier, *Che Guevara*, París, Les Editions du Rocher, 1995, p. 53.

[20] Citado en Alberto Granado, *Mis encuentros...*, p. 88.

[21] Ernesto Che Guevara, *Mi primer gran viaje...*, *op. cit.*, p. 171.

[22] Alberto Granado, *Mis encuentros...*, pp. 131, 133, 134, 135.

[23] *Ibid.*, p. 199. Los pasajes reproducidos al final del libro parecen haber sido tomados directamente del *Diario* de Ernesto.

[24] El pasaje proviene de una carta del Che a su madre, no incluida en la versión reescrita del *Diario*: Ernesto Guevara de la Serna a Celia de la Serna de Guevara, 6 de julio de 1952, citada en Ernesto Guevara de la Serna, *Mi primer gran viaje...*, *op. cit.*, p. 208.

[25] *Ibid.*, p. 212.

[26] *Ibid.*, p. 182.

[27] Alberto Granado, *Mis encuentros...*, p. 235.

[28] Jimmy Roca, testimonio recogido en *Primera Plana*, Buenos Aires, 17 de octubre de 1967, p. 29.

[29] Tita Infante, "Testimonio argentino", reeditado en Ernesto Guevara Lynch, *Aquí va un soldado de América*, Buenos Aires, Sudamericana-Planeta, 1987, p. 168.

[30] Guevara de la Serna, *Mi primer gran viaje...*, p. 20.

[31] Esta omisión fue detectada por Lawrence Whitehead en su reseña de la versión inglesa del diario de viaje del Che. *Cf.* Lawrence Whitehead, "Furibundo de la Serna", en *London Review of Books*, 2 de noviembre de 1995, p. 20.

[32] Ernesto Guevara, *Mi primer gran viaje...*, p. 187.

[33] Alberto Granado, citado por I. Lavretsky (José Grigulevich), *Ernesto Che Guevara*, Moscú, Progress Publishers, 1976, p. 38.

[34] Celia de la Serna de Guevara, entrevista a Julia Constenla, *Bohemia*, La Habana, 27 de agosto de 1961, p. 33.

[35] Carta de *Chichina* Ferreyra al autor, 7 de marzo de 1996.

[36] Carta de *Chichina* Ferreyra a Dolores Moyano, 4 de enero de 1968.

[37] *Idem.*

[38] Testimonio de Domingo Granata, recogido en Adys Cupull y Froilán González, *Ernestito: vivo y presente, Iconografía testimoniada de la infancia y la juventud de Ernesto Che Guevara, 1928-1953*, La Habana, Política, 1989, p. 167.

[39] *Idem.*

[40] José Aguilar, citado en *Granma*, 16 de octubre de 1967.

[41] Ernesto Guevara de la Serna a *Tita* Infante, 29 de noviembre de 1954, citada en Guevara Lynch, *Aquí va...*, p. 80.

[42] Carta de Jorge Ferrer al autor, Filadelfia, 15 de marzo de 1996.

[43] Matilde Lezica, testimonio recogido en Cupull y González, *op. cit.*, p. 172.

[44] Carlos Ferrer, entrevista telefónica con el autor, Buenos Aires/Gualeguaychú, 25 de agosto, 1996.

[45] *Ibid.*

[46] Mario Monje, entrevista con el autor, Moscú, 1 de noviembre de 1995.

[47] Ernesto Guevara de la Serna a Ernesto Guevara Lynch, 24 de julio de 1953, citado en Guevara Lynch, *Aquí va...*, p. 15.

[48] Ernesto Guevara de la Serna a Tita Infante, 3 de septiembre de 1953, citado en *Ibid.*, pp. 21, 22.

[49] Ernesto Guevara de la Serna a Celia de la Serna de Guevara, sin fecha, citada en Jean Cormier, *op. cit.*, p. 71.

[50] *Calica* Ferrer a Ernesto Guevara Lynch, citado en Guevara Lynch, *op. cit.*, p. 13.

[51] Ricardo Rojo, *Mi amigo el Che*, Buenos Aires, Legasa, 1985, p. 33.

[52] Ernesto Guevara de la Serna, notas en su segundo diario de viaje, citado en María del Carmen Ariet, *Che. Pensamiento político*, La Habana, Editora Política, 1988, p. 41. Ariet funge como una especie de secretaria de la viuda del Che, Aleida March, y tuvo acceso a varios textos del Che en aquel momento aún inéditos, y otros que lo siguen siendo a estas fechas. Los inéditos que cita parecen todos auténticos, sobre todo a juzgar por los que fueron publicados en el ínterin.

[53] Ernesto Che Guevara, "Notas de viaje", citado en Claudia Korol, *El Che y los argentinos*, Buenos Aires, Ediciones Dialéctica, 1988, p. 40.

[54] Ernesto Guevara de la Serna a Beatriz Guevara Lynch, 10 de diciembre de 1953, citada en Guevara Lynch, *Aquí va...*, *op. cit.*, p. 29. Stalin había muerto nueve meses antes.

[55] Ernesto Guevara de la Serna, "Notas...", *op. cit.*, p. 96.

[56] Hilda Gadea, *Che Guevara. Años decisivos*, México, Aguilar, 1972, p. 22.

[57] Ricardo Rojo, *op. cit.*, p. 60.

[58] Victor Bulmer-Thomas, *The Economic History of Latin America since Independence*, Londres, Cambridge University Press, 1994, p. 312.

[59] François Chevalier, *L'Amérique Latine de l'Indépendence à Nos Jours*, París, Presses Universitaires de France, 1977, p. 218.

[60] Ernesto Guevara de la Serna a Ana María Guevara de la Serna, 15 de enero de 1954, citado en Guevara Lynch, *Aquí va...*, p. 34.

[61] Ernesto Guevara de la Serna a Celia de la Serna de Guevara, en Guevara Lynch, *Aquí va...*, p. 50.

[62] Hilda Guevara Gadea, entrevista con el autor, La Habana, febrero 15, 1995.

[63] Ernesto Guevara de la Serna a Celia de la Serna de Guevara, abril de 1954, citada en Guevara Lynch, *Aquí va...*, *op. cit.*, p. 53.

[64] Hilda Gadea, *op. cit.*, p. 58.

[65] *Idem.*

[66] *Ibid.*, p. 119.

[67] Hugo Gambini, *El Che Guevara*, Buenos Aires, Paidós, 1968, p. 99.

[68] Oleg Daroussenkov, entrevista con el autor, San Diego, 16 de enero, 1996.

[69] Ernesto Guevara de la Serna a Ana María Guevara de la Serna, citada en Guevara Lynch, *Aquí va...*, p. 36.

[70] Adys Cupull y Froilán González, *Cálida presencia: Cartas de Ernesto Guevara de la Serna a Tita Infante*, Santiago de Cuba, Oriente, 1995, p. 53.

[71] Guevara Lynch, *Aquí va...*, p. 56.

[72] *Idem.*

[73] Ernesto Guevara de la Serna a Celia de la Serna de Guevara, 4 de julio, 1954, citada en Guevara Lynch, *Aquí va...*, p. 57.

[74] Ernesto Guevara de la Serna a Tita Infante, citada en Cupull y González, *Cálida presencia...*, p. 60.

[75] Ricardo Rojo, *op. cit.*, pp. 68, 72.

[76] Hilda Gadea, *op. cit.*, pp. 71-73.

[77] Según Hilda Gadea, un año después su marido le reclamó en México a José Manuel Fortuny, secretario general del PGT, el no haber peleado. Fortuny no menciona en sus memorias este encuentro, que uno pensaría digno de recordar. Véase Marco Antonio Flores, *Fortuny: Un comunista guatemalteco. Memorias*, Guatemala, Universidad de San Carlos de Guatemala, 1994.

[78] Ernesto Guevara de la Serna a Celia de la Serna de Guevara, 28 de diciembre de 1953, citada en Guevara Lynch, *Aquí va...*, p. 31. "Guita" en argentino significa dinero.

[79] Ernesto Guevara de la Serna a Celia de la Serna de Guevara, 4 de julio, 1954, citada en Guevara Lynch, *Aquí va...*, p.

58, y Ernesto Guevara de la Serna a Beatriz Guevara Lynch, 22 de julio, 1954, citada en *Ibid.*, p. 59.

[80] Celia de la Serna de Guevara, entrevista a Julia Constenla, *op. cit.*

[81] Ernesto Guevara de la Serna a Beatriz Guevara Lynch, 7 de octubre de 1955, p. 114, citado en Guevara Lynch, *Aquí va...*, 5 de noviembre de 1955, *Ibid.*, p. 118.

[82] Hilda Gadea, *op. cit.*, p. 29.

[83] Morán, entrevista con Francis Pisani, inédita, facilitada al entrar por Pisani, México, D. F., 18 de noviembre de 1985.

[84] Hilda Gadea, entrevista a la Oficina de Asuntos Históricos de Cuba, publicada en *Granma*, 16 de octubre de 1967.

[85] Ernesto Guevara de la Serna, entrevista a Jorge Ricardo Masetti, reeditada en *Granma*, La Habana, 16 de octubre de 1967.

[86] Adys Cupull y Froilán González, *Un hombre bravo*, La Habana, Capitán San Luis, 1994, p. 58.

[87] Ernesto Guevara de la Serna a Celia de la Serna de Guevara, 20 de junio de 1954, citada en Guevara Lynch, *Aquí va...*, p. 56.

[88] Ernesto Guevara de la Serna a Beatriz Guevara Lynch, septiembre de 1954, citada en Guevara Lynch, *Aquí va...*, p. 76.

[89] Ernesto Guevara de la Serna, "Notas", en Ariet, *op. cit.*, p. 47.

[90] Mario Dalmau y Darío López, entrevistas publicadas en *Granma*, La Habana, 16 de octubre de 1967.

[91] Ernesto Guevara de la Serna a Ernesto Guevara Lynch, 10 de febrero de 1955, citada en Guevara Lynch, *Aquí va...*, pp. 88-89.

[92] Ernesto Guevara de la Serna a Celia de la Serna de Guevara, julio 20, 1955, citada en Guevara Lynch, *Aquí va...*, p. 106.

[93] Paco Ignacio Taibo II, "Estaciones de paso: El Che Guevara en México", en *El Universal*, México, febrero, 1996.

Capítulo IV: Bajo fuego con Fidel

[1] Marifeli Pérez-Stable, *The Cuban Revolution*, Nueva York, Oxford University Press, 1993, p. 16.

[2] Victor Bulmer-Thomas, *The Economic History of Latin America since Independence*, Nueva York, Cambridge University Press, 1994, p. 309.

[3] François Chevalier, *L'Amérique Latine de l'Indéndence à nos jours*, París, Presses Universitaires de France, 1977, p. 218.

[4] *Ibid.*, p. 122.

[5] *Ibid.*, p. 314.

[6] Ernesto Che Guevara, "Pasajes de la guerra revolucionaria", en *Escritos y discursos*, tomo 2, La Habana, Editorial de Ciencias Sociales, 1977, p. 5.

[7] Hilda Gadea, *Che Guevara: Años decisivos*, México, Aguilar, 1972, p. 124.

[8] Discurso pronunciado por el comandante Fidel Castro Ruz en la velada solemne en memoria del comandante Ernesto Che Guevara, 18 de octubre, 1967.

[9] Fidel Castro, "Discurso pronunciado en Santiago de Chile", citado en *Che Guevara, A Memoir por Fidel Castro*, Melbourne, Ocean Press, 1994, p. 99.

[10] Hilda Gadea, *op. cit.*, p. 125.

[11] Centro de Estudios de Historia Militar, *De Tuxpan a La Plata*, La Habana, Orbe, 1981, p. 9. Hugh Thomas también especula que el encuentro fue un "poco después" (Hugh Thomas, *Cuba: la lucha por la libertad, 1909-1958*, tomo 2, Barcelona y México, Grijalbo, 1974, p. 1132).

[12] Robert E. Quirk, *Fidel Castro*, Nueva York, Norton, 1993, p. 97. La cronología cubana más reciente también hace referencia al mes de julio, a la celebración del 26 de julio y a la cena en la que Fidel cocinó espagheti. Véase también Tad Szulc, *Fidel, A Critical Biography*, Nueva York, Avon Publishers, 1986, p. 360; Jean-Pierre Clerc, *Fidel de Cuba*, París, Ramsay, 1988, p. 115; Georgie Anne Geyer, *Guerrilla Prince*, Boston, Little, Brown, 1991, p. 143.

[13] Ernesto Che Guevara, entrevista a Jorge Ricardo Masetti, en "Che en Guatemala", en *Granma*, La Habana, 16 de octubre de 1967.

[14] Ernesto Che Guevara, notas de su segundo diario de viaje, citado en María del Carmen Ariet, *Che. Pensamiento político*, La Habana, Política, 1988, p. 148.

[15] Fidel Castro, "Discurso pronunciado...", en *Che, A memoir...*, p. 99.

[16] Fidel Castro, en Lee Lockwood, *Castro's Cuba, Cuba's Fidel*, Nueva York, McMillan Company, 1967, pp. 143, 144.

[17] Lucila Velázquez, *El Nacional*, Caracas, octubre, 1967, citado por Geyer, *op. cit.*, p. 144.

[18] Ernesto Guevara de la Serna a Celia de la Serna de Guevara, 5 de diciembre, 1955, citada en Guevara Lynch, *Aquí va...*, p. 121.

[19] Ernesto Che Guevara, *Palenque*, citado en Gadea, *op. cit.*, pp. 235-236.

[20] Ernesto Guevara de la Serna a Celia de la Serna de Guevara, 24 de septiembre, 1955, citada en Ernesto Guevara Lynch, *Aquí va...*, p. 111.

[21] Ernesto Guevara de la Serna a Tita Infante, citada en *Ibid.*, p. 130.

[22] Ernesto Che Guevara, "Pasajes de la..., p. 5.

[23] Hugh Thomas, *op. cit.*, p. 1132.

[24] Fernando Gutiérrez Barrios, entrevista con el autor, México, 28 de julio, 1995.

[25] *Idem.*

[26] Nikolai Leonov, *Lijoleti (Años difíciles)*, Moscú, Internacional, 1995, pp. 32-34.

[27] Nikolai Leonov, entrevista con el autor, Moscú, 29 de octubre, 1995.

[28] *Idem.*

[29] *Idem.*

[30] Gutiérrez Barrios, entrevista, *op. cit.*

[31] Alberto Bayo, fotocopia de planilla original, citado en Adys Cupull y Froilán González, *Un hombre bravo*, La Habana, Capitán San Luis, 1994, p. 78.

[32] Alberto Bayo, *Mi aporte a la revolución cubana*, La Habana, Imprenta Ejército Rebelde, 1960, p. 76.

[33] Robert E. Quirk, *op. cit.*, p. 98.

[34] Ernesto Guevara de la Serna a Tita Infante, octubre de 1956, citada en Adys Cupull y Froilán González, *Cálida presencia: Cartas de Ernesto Guevara de la Serna a Tita Infante*, Santiago de Cuba, Oriente, 1995, p. 87.

[35] Juan Ortega Arenas, entrevista con el autor, México, 23 de mayo de 1996.

[36] Theodore Draper, *Castroism: Theory and Practice*, Praeger, 1965, Nueva York, p. 165.

[37] Hugh Thomas, *op. cit.*, pp. 1074-1076.

[38] Pérez-Stable, *op. cit.*, p. 59.

[39] Fidel Castro, citado en Ernesto Che Guevara, *Pasajes...*, p. 22.

[40] Raúl Castro, *op. cit.*, p. 141.

[41] Ernesto Che Guevara, *Pasajes...*, *op. cit.*, pp. 57-58.

[42] Ernesto Che Guevara, *Pasajes...*, *op. cit.*, p. 63.

[43] *Ibid.*, p. 65.

[44] Ernesto Che Guevara, *Pasajes...*, pp. 88-89.

[45] Fidel Castro, citado en Adys Cupull y Froilán González, *Un hombre bravo*, La Habana, Capitán San Luis, 1994, p. 107.

[46] Ernesto Che Guevara, *Pasajes...*, *op. cit.*, p. 123.

[47] Ernesto Che Guevara a Fidel Castro, 31 de julio, 1957, Archivo Carlos Franqui, Caja 3, Expediente 2.

[48] Ernesto Che Guevara, *Pasajes...*, *op. cit.*, p. 161.

[49] *Ibid.*, p. 161.

[50] *Ibid.*, p. 165.

[51] *Ibid.*, p. 119.

[52] Ernesto Che Guevara, *Pasajes...*, *op. cit.*, p. 120.

[53] Véase René Ramos Latour a Ernesto Guevara, 4 de octubre de 1957, citada en Carlos Franqui, *Diario de la revolución cubana*, Barcelona, p. 318.

[54] Carlos Franqui, entrevista con el autor, San Juan de Puerto Rico, 19 de agosto de 1995.

[55] Ernesto Che Guevara, *Pasajes...*, *op. cit.*, p. 222.

[56] Ernesto Guevara a René Ramos Latour, 14 de diciembre, 1957, citada en Franqui, *op. cit.*, p. 362.

[57] *Idem.*

[58] Ernesto Guevara a Fidel Castro, 15 de diciembre, citada en Robert E. Quirk, *op. cit.*, p. 154.

[59] Carta de Ernesto Guevara a Fidel Castro, 6 de enero de 1958, citada en Ernesto Che Guevara, *Escritos y discursos...*, tomo 2, p. 300.

[60] *Ibid.*, p. 367.

[61] *Ibid.*, p. 368.

[62] La anécdota aparece en Joel Iglesias, "Mis vivencias con el Che", en *Verde Olivo*, 13 de octubre, 1974, p. 7.

[63] Carlos María Gutiérrez, conversación en la Sierra Maestra, Brecha, Montevideo, 9 de octubre de 1987.

[64] Jorge Ricardo Masetti, "Los que lloran y los que sufren", citado en Ernesto Guevara Lynch, *Mi hijo el Che*, Barcelona, Planeta, 1981, p. 42.

[65] Carlos Franqui, relación de libros solicitados para la Sierra, noviembre de 1957, *op. cit.*, caja 19, expediente 4.

[66] Joel Iglesias, citado en Adys Cupull y Froilán González, *Entre nosotros*, La Habana, Ediciones Abril, 1992, p. 9.

[67] Zoila Rodríguez García, citada en *Ibid.*, pp. 12-13.

[68] En Carlos Franqui, Nota manuscrita, "La huelga de abril", Archivo Carlos Franqui, caja 19, expediente 6.

[69] *Idem.*

[70] Ernesto Che Guevara, "Una reunión decisiva", en *Escritos y discursos*, p. 250.

[71] Pablo Ribalta, entrevista con Juana Carrasco, en *Verde Olivo*, agosto, 1988, p. 21.

[72] *Idem.*

Capítulo V: Nuestro hombre en La Habana

[1] Fidel Castro a Ernesto Guevara, "Orden de marcha", citada en *Che Sierra Adentro*, La Habana, 1970, p. 141.

[2] Ernesto Che Guevara, "Pasajes de la guerra revolucionaria", en *Escritos y discursos*, La Habana, Editorial de Ciencias Sociales, 1977, tomo 2, p. 258.

[3] Joel Iglesias, citado en Adys Cupull y Froilán González, *Entre nosotros*, La Habana, Ediciones Abril, 1992, p. 10.

[4] Ernesto Guevara, "Proyecciones sociales del Ejército Rebelde", 27 de enero, 1959, en Ernesto Che Guevara, *op. cit.*, tomo 4, p. 11.

[5] *Ibid.*, pp. 11, 15.

[6] *Ibid.*, p. 17.

[7] José Pardo Llada, *Fidel y el Che*, Barcelona, Plaza y Janés, 1989, p. 132.

[8] Ernesto Guevara, "Proyecciones...", p. 16.

[9] Pardo Llada, *op. cit.*, p. 131.

[10] Sergio Rodríguez, testimonio recogido en *Che Sierra Adentro*, p. 113.

[11] Enrique Oltuski, entrevista con Paco Ignacio Taibo II, otorgada para ser utilizada por Taibo II y el autor, La Habana, febrero, 1995.

[12] Ovidio Díaz Rodríguez, testimonio recogido en Adys Cupull y Froilán González, *Entre nosotros...*, p. 71.

[13] Ernesto Che Guevara a Faure Chomón, 7 de noviembre, 1958, citada en Ernesto Guevara, *Pasajes...*, *op. cit.*, p. 306.

[14] Ernesto Che Guevara, *Ibid.*, p. 200.

[15] *Idem.*

[16] Oniria Gutiérrez, testimonio recogido en *Che Sierra Adentro*, p. 25.

[17] Enrique Oltuski, "Gente del llano", *Revista Casa de las Américas*, La Habana, enero-febrero, 1967, vol. VII, núm. 40, p. 53.

[18] *Ibid.*, p. 53.

[19] Roy Rubottom to the Secretary, Subject: "Arms Policy with Respect to Cuba", 11 de agosto de 1958 (secreto), National Archives, lot 61D274, Box 2, College Park, Maryland.

[20] Oltusky, *Ibid.*, p. 54.

[21] Las tres citas provienen de una carta de Ernesto Guevara a Enrique Oltuski, 3 de noviembre, 1958, citada en Ernesto Che Guevara, *Pasajes...*, pp. 309-310.

[22] Eloy Gutiérrez Menoyo, entrevista con el autor, Miami, 3 de agosto, 1995.

[23] Carlos Franqui, *Vida, aventuras y desastres de un hombre llamado Castro*, México, Planeta, 1989, p. 126.

[24] Fidel Castro a Ernesto Guevara, 26 de diciembre, 1958, citada en Carlos Franqui, *Diario de la Revolución Cubana*, Barcelona, R. Torres, p. 667.

[25] *Ibid.*, p. 725.

[26] Gutiérrez Menoyo, entrevista, *op. cit.*

[27] Ernesto Che Guevara, *Pasajes...*, *op. cit.*, p. 260.

[28] Franco Pierini, "As duas mulheres de Che Guevara", en *Manchete*, Río de Janeiro, 20 de abril, 1968.

[29] José Aguilar, manuscrito inédito obtenido por el autor ("The Final Chapter", p. 8).

[30] Óscar Fernández Mell, "La Batalla de Santa Clara", citado en Migdalia Cabrera Cuello, *Batalla de Santa Clara*, folleto, p. 32.

[31] *Ibid.*, p. 35.

[32] Eloy Gutiérrez Menoyo, entrevista, *op. cit.*

[33] *Idem.*

[34] Antonio Núñez Jiménez, entrevista con el autor, La Habana, 24 de agosto, 1995.

[35] Batista cita al respecto una entrevista concedida por Francisco Rodríguez Tamayo (el *Mexicano*) a Stanley Ross, del "Diario de Nueva York" (Fulgencio Batista, *Respuesta*, México, edición del autor, 1960, p. 106).

[36] Ramón Barquín e Ismael Suárez de la Paz, Echemendía, entrevistas con el autor, San Juan de Puerto Rico, 19 de agosto de 1996.

[37] Antonio Núñez Jiménez, *El Che en combate. La campaña guerrillera en Cuba Central*, La Habana, Fundación de la Naturaleza y el Hombre, Instituto del Libro, 1995, p. 192.

[38] Paco Ignacio Taibo II, *La batalla del Che: Santa Clara*, México, Planeta, 1988, p. 96.

[39] *Ibid.*, p. 98.

[40] Rogelio Acevedo González, "Audacia", citado en Paco Ignacio Taibo II, *op. cit.*, p. 42.

[41] Antonio Núñez Jiménez, "La rendición del regimiento Leoncio Vidal", Archivo de la Sección de Investigaciones Históricas, citado en Paco Ignacio Taibo II, *op. cit.*, p. 115.

[42] Director of Central Intelligence, Special National Intelligence Estimate #85-58, "The Situation in Cuba", 24 de noviembre, 1958 (secreto), citado en Georgie Anne Geyer, *Guerrilla Prince*, Boston, Little, Brown, 1991, p. 190.

[43] Fidel Castro a Ernesto Guevara, 26 de diciembre. Citado en Carlos Franqui, *op. cit.*, p. 667.

[44] Ernesto Che Guevara, *Pasajes...*, *op. cit.*, p. 263.

[45] Fidel Castro a Ernesto Guevara, 26 de diciembre, en Carlos Franqui, *op. cit.*, p. 667.

[46] Franqui, *op. cit.*, p. 713.

[47] Carlos Franqui, entrevista con el autor, San Juan de Puerto Rico, 19 de agosto de 1996.

[48] Ernesto Che Guevara a Ernesto Sábato, 12 de abril, 1960, citado en Claudia Korol, *El Che y los argentinos*, Buenos Aires, Diógenes, 1989, p. 113.

[49] Ernesto Che Guevara, "Proyecciones...", p. 20.

[50] Carlos Franqui, *Retrato de familia con Fidel*, Madrid, Seix Barral, 1981, p. 458.

[51] Ernesto Guevara Lynch, *Mi hijo el Che*, Barcelona, Planeta, 1981, p. 70.

[52] Antonio Núñez Jiménez, entrevista, *op. cit.*

[53] Hugh Thomas, *Cuba: la lucha por la libertad, 1909-1958*, tomo 2, Barcelona y México, Grijalbo, 1974, p. 1533.

[54] Ernesto Che Guevara a *Revolución*, 11 de marzo, 1959, citada en *Guevara, cartas inéditas*, Montevideo, Sandino, 1968.

[55] Adys Cupull y Froilán González, *Un hombre bravo*, La Habana, Capitán San Luis, 1994, p. 143.

[56] *Idem.*

[57] Richard Gott, *Las guerrillas en América Latina*, Santiago, Sudamericana, 1971, p. 21.

[58] Antonio Núñez Jiménez, *En marcha con Fidel*, La Habana, Letras Cubanas, 1982, p. 147.

[59] Véase en particular Theodore Draper, *Castroism Theory and Practice*, Nueva York, Praeger, 1965, pp. 60-61.

[60] Citado en Tad Szulc, Fidel. *A Critical Biography*, Nueva York, Avon Publishers, 1987, p. 525.

[61] Ernesto Che Guevara, entrevista a Kung Mai y Ping An, publicada en William Ratcliff, "A New Old Che Guevara Interview", *Hispanic-American Historical Review*, agosto, 1966, p. 296.

[62] *Ibid.*

[63] *Ibid.*, p. 294.

[64] Citado en Marifeli Pérez-Stable, *The Cuban Revolution: Origins, Course and Legacy*, Nueva York, Oxford University Press, 1993, p. 69.

[65] Ernesto Che Guevara, "Proyecciones...", p. 19.

[66] William Bowdler, Embassy to Dept. of State, 20 de marzo, 1959, Communist Penetration at La Cabaña Fortress (confidential), US Department Files, vol. X, Despatch 1053.

[67] Department of Defense, "Working Paper for Castro Visit", *Survey of the Present Status of Cuban Armed Forces* (secret), 15 de abril, 1959, National Archives, Box 16, LBJ, Library.

[68] Citado en Tad Szulc, *op. cit.*, p. 521.

[69] Carlos Franqui, entrevista, *op. cit.*

[70] Arnoldo Martínez Verdugo, entrevista con el autor, México, 10 de septiembre, 1996.

[71] Bowdler/Embassy Havana to Dept. of State, 21 de abril, 1959, *Political Orientation of Ernesto Che Guevara* (confidential), US State Department Files, vol. VII, Despatch 1194.

[72] Topping/AmEmbassy Habana to Dept. of State, 4 de mayo, 1959, Allegations that Ernesto Che Guevara is Communist

(confidencial), US State Department Files, vol. VIII, Despatch 1242.

[73] Hugo Gambini, *El Che Guevara*, Buenos Aires, Paidós, 1968, p. 207.

[74] Departamento de Estado, Memorándum de conversación, John O'Rourke, Jules Dubois y William Weiland, 10 de junio, 1959, Dubois expects Castro Crackdown on Communists in Cuban Army (confidencial), Foreign Relations of the United States, 1958-1960, Department of State, Central File, vol. VI.

[75] Carlos Franqui, entrevista, *op. cit.*

[76] *Idem.*

[77] Hilda Gadea, citada en Franco Pierini, "As duas mulheres".

[78] Hilda Guevara, entrevista con el autor, La Habana, 3 de enero, 1995.

[79] José Pardo Llada, entrevista con Georgie Anne Geyer, citada en Geyer, *op. cit.*, p. 222.

Capítulo VI: "Cerebro de la revolución", retoño de la URSS

[1] Bowdler/AmEmbassy to Department of State; Subject: Che Guevara gets married, postpones trip to Egypt; 9 de junio, 1959 (confidential), US Department Files, vol. VIII, LBJ Library.

[2] Ernesto Che Guevara, "La República Árabe Unida", en *Che periodista*, La Habana, Pablo de la Torrente, 1988, p. 28.

[3] Salvador Villaseca, entrevista con el autor, La Habana, 23 de enero, 1996.

[4] Salvador Villaseca, entrevista, *op. cit.*

[5] José Pardo Llada, *Fidel y el Che*, Barcelona, Plaza y Janés, 1989, p. 143.

[6] Memorandum from the Deputy Director of Intelligence and Research, p. 589.

[7] Ernesto Che Guevara, "La India, país de grandes contrastes", to the Secretary of State; Che Guevara's Hissian to Afro-

Asian Countries", 19 de agosto, 1950, citado en *Foreign Relations of the United States* (FRUS), 1958-1960, vol. VI, p. 390 de octubre de 1959, citado en *Che periodista*, p. 39.

[8] "Memorandum from the Deputy Director...".

[9] Ernesto Che Guevara, "Japón", en *Che periodista, op. cit.*, pp. 43-44.

[10] Ernesto Che Guevara, "Indonesia", en *Ibid.*, p. 49.

[11] *Ibid.*, p. 54.

[12] Ernesto Che Guevara, "América desde el balcón afroasiático, septiembre-octubre, 1959", en *Escritos y discursos*, La Habana, Editorial de Ciencias Sociales, 1977, tomo 9, p. 2.

[13] Ernesto Che Guevara, "América desde el balcón afroasiático...", en *Escritos y discursos*, t. 9, p. 4.

[14] Ernesto Che Guevara, "Yugoslavia", en *Che periodista*, p. 65.

[15] *Ibid.*, p. 66.

[16] *Ibid.*, pp. 69-71.

[17] *Ibid.*, p. 69.

[18] Omar Fernández, citado en Jean Cormier, *Che Guevara*, París, Les Editions Rocher, 1995, p. 270.

[19] Bonsal to Rubottom, 6 de noviembre, 1959 (secreto), en FRUS, p. 659.

[20] Ernesto Che Guevara a Lorenzo Alujas Piñeiro, 9 de agosto de 1959, citada en *Bohemia*, 16 de octubre, 1970, p. 28.

[21] Ernesto Betancourt, entrevista con el autor, Washington, 12 de julio, 1995.

[22] *Idem.*

[23] Nestor Lavergne, entrevista con el autor.

[24] Raúl Maldonado, entrevista con Paco Ignacio Taibo II, facilitada al autor por este último, México, 16 de marzo de 1996.

[25] Ernesto Che Guevara, citado en Cormier, *op. cit.*, p. 279.

[26] Director of Central Intelligence, Special National Intelligence Estimate, "Comunist Influence in Cuba", núm. 85-60, 22 de marzo, 1960 (Secret), *The Declassified Documents Cata-*

logue, Washington, Carrollton Press, enero/febrero, 1992, vol. XVIII, #1, núm. serie 0003, pp. 1-2.

[27] Alexander Alexeiev, entrevista con el autor, Moscú, 28 de octubre, 1995.

[28] Alexander Alexeiev, "Che", *Novoe Vremia*, núm. 24, Moscú, 10 de junio, 1988, p. 16.

[29] Alexander Alexeiev, "Cuba después del triunfo de la revolución", *Revista de América Latina*, núm. 10, octubre, 1984, Moscú, p. 57.

[30] El relato proviene de Alexeiev, "Cuba después del triunfo...", en *Ibid.*, pp. 63-65.

[31] Nikolai Leonov, entrevista con el autor, Moscú, 28 de octubre, 1995.

[32] *Idem.*

[33] *Idem.*

[34] Alexander Alexeiev, "Che"..., p. 17.

[35] Alexander Alexeiev, entrevista, *op. cit.*

[36] Foreign Office, FO 371/148295, Telegram #205, Fordham to Foreign Office, 21 de junio, 1960 (confidential), Public Record Office, London.

[37] Alexander Alexeiev, entrevista, *op. cit.*

[38] André Fontaine, *Histoire de la guerre froide*, París, Fayard, 1967, tomo II, p. 388.

[39] K. S. Karol, *Les Guerrilleros au Pouvoir*, París, Robert Laffont, pp. 206-207.

[40] Ernesto Che Guevara, "Discurso a estudiantes y profesores de la Escuela Técnica Industrial", 1 de julio, 1960, en *Escritos...*, t. 4, p. 171.

[41] Ver "Memorandum of Discussion at the 451 st Meeting of the National Security Council", 15 de julio, 1960 (ultrasecreto), FRUS..., *op. cit.*, p. 1014.

[42] Carlos Franqui, entrevista con el autor, San Juan de Puerto Rico, 19 de agosto de 1996.

[43] Ernesto Che Guevara, *Actas del Ministerio*, Reunión Bimestral del 20 de enero de 1962, p. 166. Las llamadas Actas del

Ministerio de Industrias fueron levantadas durante cuatro años por Juan Valdés Gravalosa, el secretario técnico del Ministerio. Fueron publicadas en una primera edición de las *Obras completas del Che* en 7 tomos, como el último tomo, por Orlando Borrego, un colaborador cercano del Che, y ministro del Azúcar, en 1967, después de su muerte. La edición constó de 120 ejemplares, entregados únicamente a los altos funcionarios del régimen, y que permanece inédita para el público en general; los materiales fueron excluidos de las subsiguientes ediciones de las obras del Che. Se trata de un documento de más de 700 páginas, invaluable para conocer la evolución de las ideas del Che en el Ministerio. El autor agradece al cubano cuyo nombre deberá permanecer desconocido el haberle facilitado una fotocopia del documento en su totalidad, y a José Valdés Gravalosa el haber verificado en La Habana la autenticidad de dicha copia, en una entrevista el 26 de agosto de 1995. De aquí en adelante serán citadas como *Actas del Ministerio de Industrias* o simplemente *Actas...*

[44] Bonsal a Rubottom, 13 de julio, 1960 (Secret-Eyes Only), FRUS..., Departamento de Estado, Central Files, 1958-1960, vol. VI.

[45] *Time Magazine*, 8 de agosto, 1960, p. 36. Laura Berquist en la revista *Look* utilizará la misma metáfora cuatro meses después: "El cerebro del régimen", *Look Magazine*, 8 de noviembre, 1960, p. 38.

[46] *Time Magazine, op. cit.*

[47] MID 12051-28-X-60, Sergio Kudriavstev, "Informe de conversación del embajador de la URSS con el director del Banco Nacional de Cuba Ernesto Che Guevara", La Habana, 1 de septiembre, 1960, Archivo del Ministerio de Relaciones Exteriores, Moscú (secreto).

[48] MID 11113-27 IX-60, Sergio Kudriavstev, "Informe de conversación del embajador de la URSS con el director del Banco Nacional de Cuba Ernesto Che Guevara", La Haba-

na, 27 de septiembre, 1960, Archivo del Ministerio de Relaciones Exteriores, Moscú (secreto).

[49] MID 12999-29-XI-60. La lista y la discusión de los temas aparece en un "Memorándum de Conversación de Kudriavstev con Ernesto Guevara el 30 de septiembre de 1960", enviado a Anatoly Dobrynin, subsecretario de Relaciones Exteriores, Archivo del Ministerio de Relaciones Exteriores, Moscú.

[50] Véase Programa de la Estancia en la Unión Soviética de la Misión Económica de Estado de la República de Cuba, Proyecto para el Subsecretario Dobrynin, MID 4719-21-XI-60, Archivo del Ministerio de Relaciones Exteriores, Moscú.

[51] Nikolai Leonov, entrevista, *op. cit.*

[52] *Idem.*

[53] MID 4607-10-XI-60, Ernesto Guevara a Faure Chomón, 26 de octubre, 1960 (Archivo del MID, sin clasificación).

[54] MID 1648, Dobrynin a Puskin, 29 de octubre, 1960 (archivo del MID, Moscú, sin clasificación).

[55] Nikolai Leonov, entrevista, *op. cit.*

[56] Declaraciones citadas en Department of State, "The Castro Regime in Cuba", agosto, 1961, p. 4 (copy LBJ Library).

[57] K. S. Karol, *op. cit.*, p. 209.

[58] Jean Cormier, *op. cit.*, p. 296.

[59] Department of State, Bureau of Intelligence and Research, Intelligence Report N° 8430, Cuban Economic Mission to the Sino-Soviet Bloc (secret), 23 de marzo, 1961, pp. 2-3. Department of State Library Division.

[60] "Memorandum of Discussion at the 472nd Meeting of the National Security Council", 29 de diciembre, 1960, citado en FRUS..., (ultrasecreto), p. 1187.

[61] Foreign Office FO371/48211, Sir F. Roberts (Moscow) to Foreign Office, Soviet Cuba Relations, 28 de noviembre, 1960 (confidencial), Public Records.

[62] Nikolai Leonov, entrevista, *op. cit.*

[63] *Ibid.*, p. 17.

⁶⁴ Che Guevara, iniciando el trabajo voluntario en Cuba, *Revista Bohemia*, La Habana, 18 de octubre, 1985, p. 76.

⁶⁵ Ernesto Che Guevara, "Una actitud nueva frente al trabajo", discurso del 15 de agosto de 1964, citado en Michael Lowy, *El pensamiento del Che Guevara*, México, Siglo XXI, 1971, p. 79.

⁶⁶ Ernesto Che Guevara, "Discurso pronunciado en la entrega de Certificados de Trabajo Comunista", citado en Carlos Tablada Pérez, *El pensamiento económico de Ernesto Che Guevara*, La Habana, Casa de las Américas, 1987, p. 125.

⁶⁷ Ernesto Che Guevara, "Sobre el trabajo voluntario", citado en Ernesto Che Guevara, *El libro verde olivo*, México, Diógenes, 1970, p. 102.

⁶⁸ MID 11113-27-IX-60, Sergio Kudriavstev, "Informe de una conversación del embajador de la URSS con el director del Banco Nacional de Cuba Ernesto Che Guevara", La Habana, 27 de septiembre, 1960 (secreto), Archivo del Ministerio de Relaciones Exteriores, Moscú.

⁶⁹ MID 12051-28-X-60, Sergio Kudriavstev, *Ibid.*

⁷⁰ Carlos Franqui, entrevista, *op. cit.*

⁷¹ Ernesto Che Guevara, "La guerra de guerrillas", en *Escritos...*, t. 1, p. 33.

⁷² *Ibid.*, pp. 34-35.

⁷³ *Ibid.*, p. 75.

⁷⁴ *Ibid.*

⁷⁵ *Ibid.*, p. 113.

⁷⁶ Alberto Korda, entrevista con el autor, La Habana, 23 de agosto, 1995.

Capítulo VII: "No vale la pena morir bellamente"

¹ Manuel Manresa, conversación con Paco Ignacio Taibo II, facilitada al autor por Taibo, La Habana, febrero, 1995.

² Ernesto Che Guevara, "Discurso a las milicias en Pinar del Río", 15 de abril, 1961, en *Escritos y discursos*, La Habana, Editorial de Ciencias Sociales, 1977, t. 5, p. 73.

³ Citado en Hugh Thomas, *Cuba: la lucha por la libertad, 1909-1958*, Barcelona y México, Grijalbo, 1974, t. 3, pp. 1661-1662.

⁴ Véase Peter Wyden, *Bay of Pigs. The Untold Story*, Nueva York, Simon and Schuster, 1979, p. 101.

⁵ *Ibid.*, p. 102.

⁶ Wyden, *op. cit.*, p. 179. Tad Szulc confirma esta versión en Tad Szulc, *Fidel. A Critical Portrait*, Nueva York, Avon, 1986, p. 601.

⁷ Richard Goodwin, "Annals of Politics, A Footnote", *The New Yorker*, 25 de mayo, 1968, p. 98.

⁸ British Embassy, Havana to the Earl of Home (Foreign Office), 11 de enero, 1962 (confidencial), Foreign Office Archive, Londres, FO 371/62308, Ref. 9843, p. 5.

⁹ MID 2089-24-VI-61, Sergei Kudriavstev, "Notas de conversación del 3 de junio de 1961 con el ministro de Industria Ernesto Guevara", 12 de julio, 1961 (secreto), Archivo del Ministerio de Relaciones Exteriores, Moscú.

¹⁰ British Embassy, Habana to the Earl of Home..., p. 4.

¹¹ MID 2526-9-IX-61, Sergei Kudriavstev, "Nota de conversación del 9 de agosto de 1961 con el ministro de Industria Ernesto Guevara", 15 de agosto, 1961 (secreto), Archivo del Ministerio de Relaciones, Moscú.

¹² Véase nota 57 del capítulo anterior.

¹³ Department of State, "Summary Guidelines Paper, United States Policy toward Latin America", 3 de julio, 1961 (secreto) citado en Foreign Relations of the United States (FRUS), 1961-1963, Volumen XII, Washington, 1996, p. 33.

¹⁴ Miriam Urrutia, entrevista con el autor, Buenos Aires, 15 de febrero, 1995.

¹⁵ Richard Goodwin, "Memorandum for the President", 22 de agosto, 1961 (secreto), JFK Library, Cambridge, Mass.

¹⁶ Ernesto Che Guevara, "Discurso en Punta del Este", en *Obra revolucionaria*, México, ERA, 1969, p. 415.

¹⁷ "Douglas Dillon a John F. Kennedy", Montevideo, 9 de agosto, 1961 (secreto), citado en FRUS..., p. 50.

[18] Ernesto Che Guevara, "Discurso en Punta del Este"...

[19] *Ibid.*

[20] "Douglas Dillon a John F. Kennedy", Montevideo, 16 de agosto, 1961 (secreto, sólo para sus ojos) citada en FRUS, p. 60.

[21] El relato proviene de una versión más reciente ofrecida por Goodwin en *Cigar Aficionado*, Nueva York, octubre, 1996, p. 86.

[22] Goodwin, "Memorandum...", A menos que se indique lo contrario, todas las citas o paráfrasis provienen de dicho memorándum.

[23] Goodwin, "Annals...", p. 104.

[24] Richard Goodwin, entrevista, *op. cit.*

[25] En la versión del memorándum inicialmente desclasificada, se encontraban tachados ("*sanitized*") estos párrafos; en una versión hecha pública en 1995, aparece sin tachas.

[26] Richard Goodwin, "Annals...", p. 110.

[27] Adys Cupull y Froilán González, *Che: entre la multitud*, La Habana, Capitán San Luis, 1995, pp. 69 y 70.

[28] Central Intelligence Agency, "Current Intelligence Weekly Summary", *Weekly Review*, 24 de agosto, 1961, (secreto) p. 12.

[29] Department of State, "Cuban Economic Mission to the Sino-Soviet Bloc", Intelligence Report, N° 8430, 23 de marzo de 1961 (secreto), p. 3.

[30] Arturo Frondizi, "Entrevista a *Página/12*", Buenos Aires, 8 de octubre, 1992, p. 11.

[31] Carlos Castello Branco, *A renúncia de Janio*, Río de Janeiro, Revan, 1996, p. 61.

[32] Luis Bruschtein/Carlos María Gutiérrez, "Che Guevara", en "Los hombres de la historia", *Página/12*, Buenos Aires, p. 5.

[33] Ernesto Che Guevara, "Entrevista a Al-Tal-'ah", El Cairo, abril, 1965, publicada en Rolando E. Bonachea y Nelson P. Valdés eds., *Selected Works of Ernesto Guevara*, Boston, MIT Press, 1969, p. 408.

[34] Régis Debray, *Loués soient nos seigneurs*, París, Gallimard, 1996, p. 179.

[35] La meta proviene de una entrevista otorgada por el Che a Juan Carlos Portantiero, publicada el 27 de julio de 1961, en la revista argentina *Che*, citada en Gambini, *El Che Guevara*, Buenos Aires, Paidós, 1968, pp. 342-343.

[36] Comité Ejecutivo de la Junta Central de Planificación, acuerdo N° 11, abril, 1961, citado en Ernesto Che Guevara, Actas del Ministerio de Industrias, en la 1ª. edición de *Obras completas*.

[37] Leo Huberman y Paul Sweezy, *Socialism in Cuba*, Nueva York, Monthly Review Press, 1969, p. 24.

[38] *Ibid.*, p. 49.

[39] British Embassy, Havana to the Earl of Home..., p. 8.

[40] MID 1265-16-IV-61, Sergei Kudriavstev, "Notas de conversación del 14 de abril de 1961 con el ministro de Industrias Ernesto Guevara", 26 de abril, 1961 (secreto), Archivo del Ministerio de Relaciones Exteriores, Moscú.

[41] Dudley Seers, Richard Jolly, Andrés Bianchi y Max Nolff, *Cuba: The Economic and Social Revolution*, University of North Carolina Press, Raleigh, 1963, citado en Gambrini, *op. cit.*, p. 381.

[42] Theodore Draper, *Castroism, Theory and Practice*, Nueva York, Praeger, 1965, p. 152.

[43] "Ernesto Guevara a Anastas Mikoyan", 30 de junio, 1961 (sin clasificación), Archivo del Ministerio de Relaciones Exteriores, Moscú.

[44] Hugh Thomas, *op. cit.*, p. 1706.

[45] "Ernesto Che Guevara, intervención televisada", marzo de 1962, citada en Robert Quirk, *Fidel Castro*, Nueva York, Norton, 1993 p. 402.

[46] MID 366, Sergei Kudriavstev, "Notas de conversación del 8 de diciembre de 1961 con el ministro de Industrias Ernesto Guevara", 18 de diciembre, 1961 (secreto), Archivo del Ministerio de Relaciones Exteriores, Moscú.

[47] Hugh Thomas, *op. cit.*, p. 1705.

[48] Gustavo Arcos-Bergnés, entrevista con el autor, La Habana, 25 de agosto de 1995.

[49] Alfredo Guevara, conversación con el autor, La Habana, 23 de enero de 1996.

[50] *Idem.*

[51] Ernesto Che Guevara, "Reunión Bimestral, 20 de enero, 1962", en *Actas del Ministerio*, p. 148. (Ver n. 43 p. 533.)

[52] Ernesto Che Guevara, "Contra el burocratismo", *Obra revolucionaria...*, p. 545.

[53] Ernesto Che Guevara, "Sobre el sistema presupuestario de financiamiento", *Obra revolucionaria...*, p. 599.

[54] Ernesto Che Guevara, "Discurso en la primera reunión nacional de producción", 27 de agosto de 1961, en *Escritos y discursos*, pp. 211-212-213, 221.

[55] Charles Bettelheim, entrevista con al autor, París, 5 de febrero de 1996.

[56] Ernesto Che Guevara, *Actas...* (Ver n. 43 p. 533.)

[57] *Ibid.*, p. 216.

[58] MID 010171-20-VI-62, Ernesto Guevara, citado en Sergei Kudriavstev, "Memorándum de conversación del 8 de mayo de 1962 con el ministro de Industrias Ernesto Guevara" (ultrasecreto), Archivo del Ministerio de Relaciones Exteriores, Moscú.

[59] Ernesto Che Guevara, "Discurso en el Seminario sobre Planificación en Argelia", en *Temas económicos*, La Habana, Editorial de Ciencias Sociales, 1988, p. 210.

[60] *Ibid.*, p. 211.

[61] *Ibid.*, p. 213.

[62] *Ibid.*

[63] Véase por ejemplo "Memorandum of Conversation between President Kennedy and President López Mateos", México, 29 de junio, 1962 (secreto), FRUS..., p. 312.

[64] Sergo Mikoyan, citado en James G. Blight y David A. Welch, *On the Brink: Americans and Soviets Reexamine the Cuban Missile Crisis*, Nueva York, Farrar, Straus and Giroux, 1991, p. 249.

[65] Alexander Alexeiev, entrevista con el autor, Moscú, 28 de octubre, 1995.

[66] *Idem.*

[67] Theodore Sorensen, citado en James G. Blight y David A. Welch, *On the Brink...*, *op. cit.*, p. 28.

[68] *Ibid.*, p. 249.

[69] *Ibid.*

[70] Robert McNamara, "Foreword", en Blight y Welch, *On the Brink...*, *op. cit.*, p. XII.

[71] Sergo Mikoyan, en *Ibid.*, p. 239.

[72] *Idem.*

[73] Oleg Daroussenkov, entrevista con el autor, San Diego, California, 8 de febrero, 1996.

[74] Fidel Castro, "Transcripción de sus palabras en la conferencia sobre la crisis del Caribe", La Habana, 11 de enero, 1962, citado en Laurence Chang and Peter Kornblah, eds., *The Cuban Missile Crisis*, Nueva York, The New Press, 1992, p. 333.

[75] Emilio Aragonés, entrevista con el autor, La Habana, 23 de enero, 1996.

[76] *Idem.*

[77] Alexeiev, entrevista, *op. cit.*

[78] *Idem.*

[79] Fidel Castro, citado en Blight y Welch, v. N. 64 *op. cit.*, p. 85.

[80] Emilio Aragonés, entrevista, *op. cit.*

[81] Emilio Aragonés, citado en Blight y Welch, *op. cit.*, p. 351.

[82] Fidel Castro, "Transcripción de sus palabras...", p. 337.

[83] Ver Robert McNamara, "Foreword...", en *op. cit.*, pp. XII, XIII.

[84] Arthur Schlesinger Jr., "Four Days with Castro". A Havana Diary, *The New York Review of Books*, Nueva York, 16 de marzo, 1992.

[85] Las estimaciones norteamericanas se encuentran citadas en Blight y Welch, *op. cit.*, p. 382, nota 26. McNamara, "Foreword...", da la misma cifra.

[86] W.W. Rostow to the President, 3 de septiembre, 1962 (ultrasecreto y sensible), citado en *National Security Archive*, Chang y Kornbluh, *op. cit.*, 67.

[87] *Ibid.*, p. 380.

[88] *Ibid.*

[89] Citado en K. S. Karol, *op. cit.*, p. 260.

[90] Nikita Khruschev a Fidel Castro, 31 de enero, 1963, publicada en Chang y Kornbluh, *op. cit.*, pp. 319-329.

[91] Rafael del Pino, entrevista con el autor, Washington D.C., 30 de septiembre, 1995.

[92] *Idem.*

[93] *Idem.*

[94] Ricardo Rojo, *Mi amigo el Che*, Buenos Aires, Legasa, 1985, p. 150.

[95] Oleg Daroussenkov, entrevista *op. cit.*

[96] Ernesto Che Guevara, "Táctica y estrategia de la revolución latinoamericana", *Verde Olivo*, La Habana, 6 de octubre, 1968, p. 16.

[97] Alexeiev, entrevista, *op. cit.*

Capítulo VIII: Con Fidel ni matrimonio ni divorcio

[1] Canek Sánchez Guevara, entrevista con el autor, La Habana, 26 de enero de 1996.

[2] Ricardo Rojo, *Mi amigo el Che*, Buenos Aires, Legasa, 1994, pp. 160-161.

[3] Ernesto Che Guevara, "Cuba: ¿Excepción histórica o vanguardia en la lucha anticolonialista?", *Obra revolucionaria*, México, ERA, 1969, pp. 415, 525.

[4] Amalio Rey, entrevista con el autor, Córdoba, 25 de noviembre, 1994.

[5] "En septiembre de 1961 (Cooke) ya no habla como peronista... sino como comunista" (Ernesto Goldar, "John William Cooke de Perón al Che Guevara", en *Todo es Historia*, Buenos Aires, vol. 25, núm. 288, pp. 26-27).

[6] *Ibid.*, p. 26.

[7] Adys Cupull y Froilán González, *Un hombre bravo*, La Habana, Capitán San Luis, 1994, p. 219.

[8] Amalio Rey, entrevista, *op. cit.*

[9] Carta de unos amigos argentinos a Alcira de la Peña, Archivo Estatal de Rusia Centro de Conservación de la Documentación Contemporánea, Folio 89, Lista N° 28, Documento 16.

[10] De acuerdo con el testimonio de una dirigente femenil cubana, Carolina Aguilar, citada en *Tania, la guerrillera inolvidable*, La Habana, Instituto Cubano del Libro, 1974, p. 110.

[11] Amalio Rey, entrevista, *op. cit.*

[12] Así lo señala el periodista francés K.S. Karol, en *Les Guerrilleros au Pouvoir*, París, Robert Laffant, p. 323.

[13] Ver en particular el memorándum de Gordon Chase a McGeorge Bundy, jefe del Consejo de Seguridad Nacional, fechado el 25 de marzo, donde Chase dice que el programa fue excelente y recomienda que se redacte una carta a ABC News a tal efecto. Gordon Chase to McGeorge Bundy, 25 de marzo, 1964 (ultrasecreto, sólo para sus ojos), memorando, The White House (copy LBJ Library).

[14] Así lo señala el periodista francés K.S. Karol, en *op. cit.*, p. 323.

[15] Véase Piero Gleijeses, "Cuba's First Venture in Africa: Algeria, 1961-1965", *Journal of Latin American Studies*, núm. 28, Universidad de Londres, primavera de 1996.

[16] Jorge Serguera, entrevista con el autor, La Habana, 23 de enero, 1996.

[17] Citado en Ahmed Ben Bella, *Connaître Che Guevara*, Cayenne, octubre 1967, p. 53. Gleijeses cita como fuente a Ulises Estrada y a otros integrantes cubanos del cuerpo expedicionario (Gleijeses, *op. cit.*, p. 188). Efigenio Amejeiras, jefe de la misión cubana en Argelia, hizo un comentario análogo a Paco Ignacio Taibo II, frente a terceros, en La Habana, en septiembre de 1995.

[18] Juan E. Benemelis, *Castro, subversión y terrorismo en África*, Madrid, San Martín, 1988, p. 46.

[19] Gleijeses, en *op. cit.*, pp. 187-188.

[20] Alberto Castellanos, entrevista con el autor, La Habana, 23 de enero, 1996.

[21] *Idem.*

[22] *Idem.*

[23] *Idem.*

[24] *Idem.*

[25] *Idem.*

[26] Carlos Franqui, *Retrato de familia con Fidel,* Barcelona, Seix Barral, 1981, p. 449.

[27] Carlos Franqui, entrevista con el autor, San Juan de Puerto Rico, 20 de agosto, 1996.

[28] *Ibid.*

[29] Ciro Bustos, conversación telefónica con el autor, desde Malmö, 7 de septiembre, 1996.

[30] Mikhail Suslov, citado en Thomas Hughes/INR-DOS, *Cuba in 1964,* Department of State, Bureau of Intelligence and Research, Research Memorandum (secret), 17 de abril, 1964, NSF, Country File, Cuba, vol. I, LBJ Library p. 16.

[31] MID 9-V-63 Alexander Alexeiev, "Nota de conversación del 25 de febrero de 1963 con el ministro de Industrias Ernesto Guevara", 9 de mayo, 1963 (secreto), Archivo del Ministerio de Relaciones Exteriores, Moscú.

[32] *Idem.*

[33] Department of Defense Intelligence Information Report (Col. J.E. Boyt), "Disarming of Cuban Military Personnel and Transfer of Military Bases to Soviet Control", 12 de julio, 1963, Miami (confidential). College Park, Maryland, núm. report 2201094463.

[34] Alexander Alexeiev, "Nota de conversación del 25 de diciembre de 1963, con el ministro de Industrias de Cuba, Ernesto Guevara", 29 de enero de 1964 (secreto), Archivo Estatal de Rusia..., folio N° 5, lista N° 49, documento N° 760.

[35] Ernesto Che Guevara, *Actas del Ministerio de Industrias,* p. 568 (véase n. 43 p. 533).

[36] MID 374-4; IX; 63, Oleg Daroussenkov, "Nota de conversación del 27 de agosto con el ministro de Industrias Ernes-

to Guevara", 4 de septiembre, 1963 (ultrasecreto), Archivo del Ministerio de Relaciones, Moscú.

[37] *Idem*. El comentario a Mancilla proviene de E. I. Pranski, "Nota de conversación de 29 de marzo de 1964 con Anastasio Cruz Mancilla", 22 de junio, 1964, Archivo Estatal de Rusia..., folio N° 5, lista N° 49, documento N° 757.

[38] Oleg Daroussenkov, "Nota de conversación del 16 de octubre de 1964 con el ministro de Industrias Ernesto Guevara", 27 de octubre 1964, Archivo Estatal de Rusia..., folio N° 5, lista N° 49, documento 758.

[39] George Ball to All American Diplomatic Posts, "Significance of Castro's Second Visit to the USSR", Department of State (confidential), 28 de enero, 1964. Véase también, "Castro's Second Visit to Moscow: History Repeats Itself", INR to Acting Secretary, INR Research Memorandum, INR-3 Department of State, Washington, 24 de enero de 1964 (secreto), NSF, Country File, Cuba Cables, vol. 1, LBJ Library, p. 6.

[40] Informe entregado por el embajador de Brasil en Washington al secretario Rusk, referido a McGeorge Bundy, asesor de Seguridad Nacional, sin fecha, sin clasificación. En una nota de inteligencia secreta de Thomas Hughes al secretario Rusk fechado el 22 de julio de 1964, se cita el informe entregado por el embajador de Brasil. NSF, Country File, Cuba INR Reports, vol. 1, #16 memo, LBJ Library.

[41] Ratliff E. William, *Castroism and Communism in Latin America 1959-1976*. AEI-Hoover Policy Studies, Washington, 1976, p. 19.

[42] Ernesto Che Guevara, *Actas del Ministerio de Industrias*, pp. 387-390.

[43] Victor Bogorod, entrevista con el autor, París, 11 de febrero, 1995.

[44] Ernesto Che Guevara, *Actas del Ministerio...*, pp. 387-388. Este texto aparece palabra por palabra en el Archivo de Carlos

Franqui en la Universidad de Princeton, Collection CO644, Box 22, Fólder 7, 12 de octubre de 1963.

[45] Bogorod, entrevista, *op. cit.*, y Charles Bettelheim, entrevista con el autor, París, 5 de marzo, 1996.

[46] Alban Lataste, "El próximo quinquenio económico 1966-1970", *Comercio Exterior*, La Habana, julio-septiembre, 1963, p. 44.

[47] *Ibid.*, p. 44.

[48] Carlos Rafael Rodríguez, "Sobre la contribución del Che al desarrollo de la economía cubana", *Cuba Socialista*, La Habana, mayo-julio, 1988, núm. 33, p. 11.

[49] Ernesto Che Guevara, "Discurso en el seminario sobre planificación en Argelia", 13 de julio de 1963, citado en *Ernesto Che Guevara, temas económicos, op. cit.*, pp. 215-216.

[50] George Kidd, The Canadian Embassy, Habana to Under-Secretary of State for External Affairs, Ottawa, Industrialization in Cuba, 4 de septiembre, 1963 (confidential), FO 371/168174, Foreign Office, Public Record Office, London.

[51] René Dumont, *Cuba Est-Il Socialiste*, París, Seuil, 1970, p. 42.

[52] "Cuba: Changing Policy for Industrial Development", Intelligence Digest (secreto) citado en Haselden a Eccles, British Embassy, Habana, 13 de diciembre, 1963 (confidential), FO 371/168174, Foreign Office, Public Records.

[53] Oleg Daroussenkov, "Nota de conversación del 27 de agosto..."

[54] Ernesto Che Guevara, *Actas del Ministerio...*, p. 447.

[55] *Ibid.*, p. 577.

[56] Marifeli Pérez-Stable, *The Cuban Revolution...*, Nueva York, Oxford University Press, 1993, p. 96.

[57] Bettelheim, entrevista, *op. cit.*

[58] Ernesto Che Guevara, "La planificación socialista, su significado", citado en *Ernesto Che Guevara, temas económicos...*, p. 346.

[59] Carlos Rafael Rodríguez, "Sobre la contribución del Che...", p. 20.

60 Victor Bondarchuk, entrevista con el autor, *op. cit.*

61 Ernesto Che Guevara, *Actas del Ministerio...*, p. 508.

62 Richard Helms, Deputy Director for Plans to Director of Central Intelligence, "Plans of Cuban exiles to assasinate Selected Cuban Government Leaders", 10 de junio, 1964 (secreto), Gerald L. Ford Presidential Library.

63 Ernesto Che Guevara a Aleida Coto Martínez, 23 de mayo de 1964, citada en Adys Cupull y Froilán González, *Un hombre bravo...*, p. 258.

64 *Tania, la guerrillera inolvidable...*, p. 210.

65 Ernesto Che Guevara, *Actas del Ministerio...*, pp. 527-528.

66 El recuerdo de Sergo Mikoyan es categórico al respecto (Sergo Mikoyan, "Encuentros con Che Guevara", en *América Latina*, Academia de Ciencias de la URSS, Instituto de América Latina, 1974, núm. 1, p. 192.

67 Ernesto Che Guevara, "Discurso en la Conferencia de Naciones Unidas sobre Comercio y Desarrollo", Ginebra, 25 de marzo, 1964, citado en *Ernesto Che Guevara, temas económicos...*, p. 416.

68 *Ibid.*, p. 424.

69 Gustavo Petricioli, entrevista con el autor, Cuernavaca, 18 de septiembre, 1996.

70 Central Intelligence Agency, "Special Report, Cuban Training and Support for African Nationalists", 31 de enero, 1964.

71 Bettelheim, entrevista, *op. cit.*

72 Véase en particular Oleg Daroussenkov, "Nota de conversación de 16 de octubre de 1964 con Ernesto Guevara", 27 de octubre, 1964 (secreto), Archivo Estatal de Rusia..., folio N° 5, lista N° 49, documento 758.

73 Arnoldo Martínez Verdugo, entrevista con el autor, México, 11 de septiembre, 1996. La frase también fue citada por Carpio en su libro, *La lucha de clases, motor del desarrollo de la Guerra Popular de Liberación*, San Salvador, Ediciones Enero 32, p. 138.

[74] Ernesto Che Guevara, *Actas del Ministerio...*, pp. 565-569.

[75] Martínez Verdugo, entrevista, *op. cit.*

[76] Véase Schatzberg G. Michael, *Mobutu or chaos? The United States and Zaire, 1960-1990*, Nueva York, Filadelfia, University Press of America/Foreign Policy Research Institute, 1991, p. 28. Y Kalb G. Madeleine, *The Congo Cables*, Nueva York, MacMillan, 1982, pp. 378-379.

[77] Havana Telegram N° 50 to Foreign Office, Cuba Political Situation (confidential), 12 de diciembre, 1964, FO 317/ 174007, Foreign Office, Public Records...

[78] Ernesto Che Guevara, "Discurso en la Asamblea General de las Naciones Unidas", en *Escritos y discursos*, La Habana, Editorial de Ciencias Sociales, 1977, tomo IX, p. 288.

[79] *Ibid.*, pp. 291-292.

[80] Tad Szulc, *Fidel. A Critical Portrait*, Nueva York, Avon, 1987, p. 665.

[81] Gordon Chase a McGeorge Bundy, Che Guevara, Washington (ultrasecreto, sólo para sus ojos), 15 de diciembre, 1964. (Copia LBJ Library).

[82] El memorándum donde aparece por primera vez el nombre de McCarthy sin tachaduras es de Gordon Chase a McGeorge Bundy, 18 de diciembre, 1964 (secreto). Las tachaduras fueron suprimidas el 7 de diciembre de 1994, The White House, Washington.

[83] Department of State, Memorando of Conversation, Under Secretary George Ball, Senator Eugene McCarthy, Assistant Secretary Thomas Mann, 17 de diciembre, 1964 (secreto), *The Declassified Documents Catalogue*, Washington, Carrollton Press.

[84] Ernesto Che Guevara, "Discurso en el Conglomerado Industrial 30 de noviembre", Santiago de Cuba, 30 de noviembre de 1964, citado en Zarco Bozik, "Cuban Panorama: To Overcome Monoculture by Developing Monoculture", Borba, Belgrado, 28 de diciembre, 1964.

[85] Thompson (Habana) a Brown (American Department), Internal Situation, 1 de septiembre (confidential), 1964, FO 371/74006, Foreign Office, Public Records..., *op. cit.*

[86] Citado en Clissold/Havana a Foreign Office, 29 de mayo, 1964, Internal Situation (sin clasificación), FO 371/174005, Foreign Office, Public Records...

Capítulo IX: El corazón de las tinieblas del Che Guevara

[1] Ahmed Ben Bella, entrevista con el autor, Ginebra, 5 de noviembre, 1995.

[2] Catherine Coquery-Vidrovitch, Alain Forest, Herbert Weiss, *Rébellions-Révolution au Zaïre, 1963-1965*, París, Editions L'Harmattan, 1987, t. 1, p. 164.

[3] Ludo Martens, *Pierre Mulele ou la Seconde Vie de Patrice Lumumba*, Ambéres, Editions EPO, 1985, p. 12.

[4] Madeleine G. Kalb, *The Congo Cables, The Cold War in Africa-From Eisenhower to Kennedy*, Nueva York, MacMillan, 1982, p. 378.

[5] *Ibid.*, p. 220.

[6] David Gibbs, *The Political Economy of Third World Intervention: Mines, Money and US Policy in the Congo Crisis*, Chicago, University of Chicago Press, 1991, p. 157.

[7] Catherine Coquery-Vidrovitch y otros, *op. cit.*, pp. 158-159.

[8] Ben Bella, entrevista, *op. cit.*

[9] INR/Thomas Hughes to The Secretary, "Che Guevara's African Venture", RAR-13 (secreto), 19 de abril, 1965. NSF, Country File, Cuba, Activities of Leading Personalities, #18 memo, LBJ Library.

[10] Ben Bella, entrevista, *op. cit.*

[11] Jorge Serguera, entrevista con el autor, La Habana, 23 de enero, 1996.

[12] Piero Gleijeses, "Cuba's First Venture in Africa: Algeria, 1961-1963", en *Journal of Latin American Studies*, Universidad de Londres, primavera de 1996, núm. 28, p. 175.

[13] Serguera, entrevista, *op. cit.*

[14] Ben Bella, entrevista, *op. cit.*

[15] Ernesto Che Guevara, *Pasajes de la guerra revolucionaria (el Congo)*, La Habana, manuscrito inédito, p. 86.

[16] Pablo Ribalta, entrevista con el autor, La Habana, 26 de agosto, 1996.

[17] Serguera, entrevista, *op. cit.*

[18] Thomas Hughes to The Secretary INR/DOS, "Latin American Communists Hold Strategy Conference" (secreto), Director of Intelligence and Research, US Department of State, Intelligence Note, 22 de enero, 1965 (copy LBJ Library).

[19] *Idem.* Véase también George Denney to Acting Secretary, INR/DOS, "Guerrilla and Terrorist Activity in Latin America over the past four months" (secreto), 8 de abril 1965, *The Declassified Document Catalogue*, Carrollton Press, núm. de serie 3354, vol. XVIII, #6, nov.-dic. 1992.

[20] Mario Monje, entrevista con el autor, Moscú, 28 de octubre, 1995.

[21] *Idem.*

[22] *Idem.*

[23] Emilio Aragonés, entrevista con el autor, La Habana, 23 de enero, 1996.

[24] *Idem.*

[25] *Idem.*

[26] AmEmbassy Dar-es-Salaam to SecState, 16 de febrero, 1965 (confidential), NSF, Country File, Cuba, Activities of Leading Personalities, Box 20, #32 Cable, LBJ Library, a partir de un informe rendido por el Chargé D'Affaires de Nigeria.

[27] Ernesto Che Guevara, *Pasajes...*, p. 4.

[28] *Ibid.*, pp. 3-4.

[29] Central Intelligence Agency, Intelligence Information Cable, "Presence of Cuban Technical Advisers at Secret Training Camp for Algerian Militia" (secreto), 26 de enero, 1965 (copia LBJ Library).

[30] Rafael del Pino, entrevista con el autor, Washington, D. C., 30 de septiembre, 1995.

[31] Ernesto Che Guevara, *Pasajes...*, p. 6.

[32] Ernesto Che Guevara, "Discurso en el Segundo Seminario Económico de Solidaridad Afroasiática", *Ernesto Che Guevara, temas económicos, op. cit.*, p. 434.

[33] *Ibid.*, pp. 434-435.

[34] *Ibid.*, pp. 439-440.

[35] Véase en particular Thomas Hughes to The Secretary, INR Research Memorandum, 21, "The Cuban Revolution: Phase Two", 10 de agosto, 1965, p. 3, NSF Country File, Cuba, W. G. Bowdler file, Vol. I, #46, memo, LBJ Library; y el análisis de la respuesta cubana a la invasión estadounidense de la República Dominicana. Thomas Hughes to The Secretary,Cuba: Resurgent Faith in the Latin American Revolution, INR-DOS, 20 de mayo, 1965. NSF, Country File, Cuba, INR Reports, vol. I, #4, memo, LBJ Library.

[36] Memorandum for the Files, "Whereabouts of Che Guevara", ARA/CCA: WWSmith: vc, British Embassy, Havana, FO/371/AK1015/46 (secreto), sin fecha, Foreign Office, Public Record Office, London.

[37] Mohammed Heikal, *The Cairo Documents*, Doubleday & Company, Garden City, Nueva York, 1973, p. 353.

[38] Carlos Franqui, *Vida, aventuras y desastres de un hombre llamado Castro*, Planeta, México, 1988, p. 330.

[39] Rafael del Pino, entrevista, *op. cit.*

[40] Jorge Serguera, entrevista, *op. cit.*

[41] Emilio Aragonés, entrevista, *op. cit.* En las tres entrevistas y casi diez horas de grabación que ofreció Aragonés, repitió este argumento en varias ocasiones, casi obsesivamente.

[42] Dariel Alarcón Ramírez, *Benigno*, entrevista con el autor, París, 5 de noviembre, 1995.

[43] Juan Borroto, entrevista con el autor, La Habana, 22 de agosto, 1995.

[44] Ernesto Che Guevara, *Pasajes...*, pp. 25, 148.

[45] Fidel Castro, entrevista con Gianni Minná, Oficina de Publicaciones del Consejo de Estado, La Habana, 1988, p. 324.

[46] Carlos Franqui, entrevista, *op. cit.*

[47] *Idem.*

[48] Víctor Dreke, entrevista, citado en Félix Guerra, Froilán Escobar y Paco Ignacio Taibo II, *El año que estuvimos en ninguna parte*, Planeta, México, 1994, p. 35.

[49] Véanse las entrevistas a varios miembros de la expedición, en particular Kumi en *Ibid.*, p.37.

[50] Alexander Alexeiev, entrevista con el autor, Moscú, 28 de octubre, 1995.

[51] Central Intelligence Agency, Intelligence Memorandum No. 2333/65, "The Fall of Che Guevara and the Changing Face of the Cuban Revoluton", 18 de octubre, 1965 (uso oficial limitado), NSF, Country File, Cuba, Bowdler File, vol. I, LBJ Library.

[52] Fidel Castro, discurso del 26 de julio, citado en *Bohemia*, La Habana, 30 de julio, 1965, p. 35.

[53] Central Intelligence Agency..., p. 8.

[54] Ernesto Che Guevara, "Interview by Al-Tali-'ah", Rolando E. Bonachea y Nelson P. Valdés, en *Che, Selected Works of Ernesto Guevara*, Cambridge, MIT Press, 1969, p. 413.

[55] *Ibid.*, p. 411.

[56] Ernesto Che Guevara, "El socialismo y el hombre en Cuba", citado en *Escritos y discursos*, La Habana, Editorial de Ciencias Sociales, 1977, tomo 8, p. 259.

[57] *Ibid.*, pp. 256-267.

[58] *Ibid.*, pp. 261, 270.

[59] Pablo Ribalta, entrevista, *op. cit.*

[60] Ernesto Che Guevara, *Pasajes...*, p. 7.

[61] *Ibid.*, p. 14.

[62] Ernesto Che Guevara, *Pasajes...*, pp. 18, 19.

[63] No es hasta el 6 de julio que la embajada de Estados Unidos informa de los cadáveres cubanos, y hasta el 21 de septiem-

bre cuando da por confirmado el número de cubanos destacados en el Congo: 160. Se equivocaban por unos cuarenta. Véase Godley/AmEmbassy/ Leopoldville to SecState (secreto), 21 de septiembre, NSF, Country File, Congo, vol. XI, #7 cable, LBJ Library.

[64] *Ibid.*, p. 63.

[65] Emilio Aragonés, entrevista, *op. cit.*

[66] Óscar Fernández Mell, entrevista con el autor, La Habana, 24 de agosto, 1996.

[67] Ernesto Che Guevara, *Pasajes...*

[68] Aragonés, entrevista, *op. cit.*

[69] Ernesto Che Guevara, *Pasajes...*, p. 22.

[70] Lawrence Devlin, conversación telefónica con el autor, Princeton, Nueva Jersey, noviembre de 1995.

[71] *Idem.*

[72] Central Intelligence Agency, Intelligence Memorandum, "Situation in the Congo" (secreto), 26 de agosto, 1965, NSF; Country File, Congo, Vol. XI. #106 memo, LBJ Library.

[73] Ernesto Che Guevara, *Pasajes...*, pp. 81-82.

[74] Fernández Mell, entrevista, *op. cit.*

[75] Ernesto Che Guevara, *Pasajes...*, p. 85.

[76] Ernesto Che Guevara a Fidel Castro, 5 de octubre, 1996, citado en Ernesto Che Guevara, *Pasajes...*, *op. cit.*, pp. 86-87.

[77] Dariel Alarcón Ramírez, *Benigno*, entrevista con el autor, París, 3 de noviembre, 1995.

[78] Ernesto Che Guevara, *Pasajes...*, p. 151.

[79] *Ibid.*, p. 99.

[80] Robert W. Kormer to McGeorge Bundy, 29 de octubre, 1965 (secreto). NSF. Country File, Congo, vol. XII, octubre 1965-1966, memo, LBJ Library.

[81] Emilio Aragonés, entrevista, *op. cit.*

[82] Ernesto Che Guevara, *Pasajes...*

[83] Dariel Alarcón Ramírez, *Benigno*, entrevista, *op. cit.*

[84] Fidel Castro a Ernesto Che Guevara, 4 de noviembre, 1965, citado en Ernesto Che Guevara, *Pasajes...*, pp. 118-119.

[85] Emilio Aragonés, entrevista, *op. cit.*

[86] *Idem.*

[87] *Benigno*, entrevista, *op. cit.*, y Ernesto Che Guevara, *Pasajes...*, p. 138.

[88] Ernesto Che Guevara, *Pasajes...*, p. 1.

[89] Lawrence Devlin, conversación telefónica, *op. cit.*

[90] Major Ben Hardenne, "Les Opérations AntiGuerrilla dens li Est du Congo en 1965-1966", informe presentado en febrero, 1969, p. 24.

[91] Ernesto Che Guevara, *Pasajes...*, pp. 150-152.

Capítulo X: ¿Traicionado por quién, en dónde?

[1] Colman Ferrer, entrevista con el autor, La Habana, 25 de agosto, 1995.

[2] Dariel Alarcón Ramírez, *Benigno*, entrevista con el autor, París, 3 de noviembre, 1995.

[3] Pablo Ribalta, citado en Paco Ignacio Taibo II, Froilán Escobar y Félix Guerra, *El año en que estuvimos en ninguna parte*, México, Joaquín Mortiz/Planeta, 1994, pp. 242-243.

[4] Ángel Braguer, *Lino*, entrevista con el autor, La Habana, 24 de enero, 1996.

[5] Dariel Alarcón Ramírez, *Benigno, Vie et Mort de la Révolution Cubaine*, París, Fayard, 1995, p. 107.

[6] Óscar Fernández Mell, entrevista con el autor, La Habana, 25 de agosto, 1995.

[7] Ferrer, entrevista, *op. cit.*

[8] Ribalta, en Taibo y otros, *op. cit.*, p. 239.

[9] *Benigno*, entrevista, *op. cit.*

[10] Ulises Estrada, entrevista con el autor, La Habana, 9 de febrero, 1995.

[11] Carlos Franqui, *Vida, aventuras y desastres de un hombre llamado Castro*, México, Planeta, 1989, p. 331.

[12] Teodoro Petkoff, conversación telefónica con el autor, octubre, 1996.

[13] Mario Monje, entrevista con el autor, Moscú, 25 de octubre, 1995.

[14] *Idem.*

[15] *Idem.*

[16] *Idem.*

[17] *Idem.*

[18] *Idem.*

[19] Edición del protocolo núm. 8 de la reunión del Politburó del CC del 24 de junio, 1966, "Resolución de la Sección Internacional del CC del PCUS" (ultrasecreto), Archivo Estatal de Rusia, Centro para la Conservación de Documentos Contemporáneos, Moscú, folio 89, lista 51, documento 25.

[20] Mario Monje, entrevista, *op. cit.*

[21] *Idem.*

[22] Jorge Kolle, entrevista con el autor, Cochabamba, 29 de octubre, 1994.

[23] Harry Villegas, *Pombo, El verdadero diario de Pombo*, La Paz, La Razón, 1996, p. 15.

[24] *Ibid.*, p. 18.

[25] Jorge Kolle a Carlos Soria Galvarro; Carlos Soria Galvarro, entrevista con el autor, La Paz, 5 de noviembre, 1994.

[26] Eliseo Reyes Rodríguez, *Capitán San Luis, Diario de Bolivia*, citado en Carlos Soria Galvarro, ed., *El Che en Bolivia. Documentos y testimonios*, La Paz, Cedoin, 1994, tomo 4, p. 101.

[27] Todas las citas de *Pombo, op. cit.*, p. 21.

[28] *Ibid.*, p. 19.

[29] Jorge Kolle, entrevista, *op. cit.*

[30] *Idem.*

[31] Mario Monje, entrevista, *op. cit.*

[32] *Benigno, op. cit.*, pp. 126-127.

[33] Debray, *La guerrilla del Che*, México, Siglo XXI, 1975.

[34] Alexander Alexeiev, entrevista con el autor, Moscú, 28 de octubre, 1995.

[35] Central Intelligence Agency, Intelligence Information Cable, October 17, 1967, National Security File, Memos to

the President, vol. 46, Oct. 16-20, 1967, Doc. #68a (secret), LBJ Library.

[36] Humberto Vázquez Viaña y Ramiro Aliaga Saravia, *Bolivia: Ensayo de revolución continental*, edición provisional para circulación restringida, julio de 1970, pp. 18-19.

[37] *Ibid.*

[38] Harry Villegas, *Pombo, op. cit.*, p. 23.

[39] *Benigno*, entrevista, *op. cit.*

[40] Luis J. González y Gustavo A. Sánchez Salazar, *The Great Rebel: Che Guevara in Bolivia*, Nueva York, Grove Press, 1969, p. 48.

[41] Daniel James, *Che Guevara: Una biografía*, México, Diana, 1971, pp. 250-251.

[42] *Benigno, op. cit.*, p. 137.

[43] Humberto Vázquez Viaña, "Antecedentes de la guerrilla del Che en Bolivia", Institute of Latin American Studies, Universidad de Estocolmo, Research Paper Series, Núm. 46, septiembre, 1987, p. 13.

[44] *Ibid.*, p. 19.

[45] Debray, *op. cit.*, p. 44.

[46] Central Intelligence Agency, Directorate of Intelligence, "Instability in the Western Hemisphere", Memorandum, December 9, 1966 (secret), *The Declassified Documents Catalogue*, Research Publications, Woodbridge, Connecticut, vol. XXI, #2, marzo/abril 1995.

[47] Mario Monje, "Carta al Comité Central del Partido Comunista de Bolivia", La Paz, 15 de julio de 1968, citada en Carlos Soria Galvarro, *op. cit.*, t. 1, p. 117.

[48] Eliseo Reyes Rodríguez, *op. cit.*, p. 103.

[49] Guevara, *Diario...*, p. 71.

[50] *Pombo, op. cit.*, p. 25.

[51] *Benigno*, entrevista, *op. cit.*

[52] Citado en Inti Peredo, *Mi campaña con el Che*, México, Diógenes, 1971, p. 27.

[53] *Benigno*, entrevista, *op. cit.*

54 Gary Prado Salmón, *La guerrilla...*, *op. cit.*, p. 232.

55 Ernesto Che Guevara, *Diario de Bolivia*, nueva edición anotada, publicada en Carlos Soria, *op. cit.*, p. 88.

56 Régis Debray, *Les Masques*, París, Gallimard, 1987, p. 71.

57 Vázquez Viaña y Aliaga Saravia, *op. cit.*, pp. 65-66.

58 Pardo Salmón, *op. cit.*, p. 84.

59 Régis Debray, entrevista, *op. cit.*

60 Régis Debray, *Les Masques...*, p. 73.

61 Guevara, *Diario...*

62 Tamara Bunke, "Drei Leben in einer Aut.", en *Der Spiegel*, núm. 39, septiembre, 1996.

63 "Tania beschattete 'Che' Guevara", *Welt am Sonntag*, 26 de mayo, 1968, Berlín.

64 *Idem.*

65 Wolf reitera esta opinión en un largo reportaje sobre *Tania* publicado en la revista alemana *Der Spiegel*. Véase nota 62.

66 *Benigno*, entrevista, *op. cit.*

67 Eduardo Jozami, comunicación escrita al autor, 5 de noviembre, 1996.

68 Régis Debray, entrevista, con el autor, París, 3 de noviembre, 1995.

69 Ángel Breguer, *Lino*, entrevista, *op. cit.*

70 *Benigno*, entrevista, *op. cit.*

71 Ángel Breguer, *Lino*, entrevista, *op. cit.*

72 Prado Salmón, *op. cit.*, p. 95.

73 Gustavo Villoldo, entrevista con el autor, Miami, 21 de noviembre, 1995.

74 Tilton, *Unpublished Memoris*, Chapter 9, facilitadas al autor por Tilton, p. 107.

75 Esta versión aparece en Debray, *Les Masques...*, y en Adys Cupull y Froilán González, *La CIA contra el Che*, La Habana, Editora Política, 1992, p. 35.

76 *Benigno*, entrevista, *op. cit.*

77 Prado Salmón, *op. cit.*, p. 100.

[78] Ernesto Che Guevara, "Mensaje a la Tricontinental", citado en *Obra revolucionaria*, México, ERA, 1967, p. 648.

[79] General William Tope to General Porter USCINCSO, Department of State Incoming Telegram, 22 de abril, 1967, (confidential), NSF; Country File, Bolivia, vol. IV, Box 8, cable, LBJ Library.

[80] Walt Rostow to the President, 23 de junio, 1967 (secreto-sensible) (copia LBJ Library), Country File, Bolivia, vol. IV, Box 8, LBJ Library.

[81] *Benigno*, entrevista, *op. cit.*

[82] Ulises Estrada, entrevista, *op. cit.*

[83] Renán Montero, *Iván*, entrevista con el autor, La Habana, 25 de agosto, 1995.

[84] Carlos Soria Galvarro, *El Che...*, *op. cit.*, Tomo 4, p. 304.

[85] *Iván*, entrevista, *op. cit.*

[86] *Idem.*

[87] *Idem.*

[88] Guevara, *Diario...*, p. 158.

[89] *Ibid.*, pp. 146, 168.

[90] *Ibid.*, p. 188.

[91] Mario Monje, entrevista, *op. cit.*

[92] Guevara, *Diario...*, pp. 207-208.

[93] *Ibid.*, pp. 210-211.

[94] Debray, entrevista, *op. cit.*

[95] *Benigno*, entrevista, *op. cit.*

[96] Gustavo Villoldo, entrevista, *op. cit.*

[97] *Idem.*

[98] Walt Rostow to the President, 5 de septiembre, 1967 (secret), NSF, Country File, Bolivia, vol. IV, Box 8, memo, LBJ Library.

[99] *Benigno*, entrevista, *op. cit.*

[100] Central Intelligence Agency, Intelligence Information Cable, 17 de octubre de 1967, NSF, Memos to the President, Vol. 46, Box 16-20 octubre, Doc. N° 68a (secret) LBJ Library.

[101] National Security Council, Draft-Talking Points for the President's Meeting with Chairmen Kosigin, 26 de junio, 1967, NSF, Country File, URSS; Container 230, Doc. N° 7 (sin clasificación), LBJ Library.

[102] Existen referencias documentadas al respecto, en particular en Jacques Levesque, *L'URSS et la Révolution Cubaine*, París, Presses de la Fundation Nationale des Sciences Politiques, 1976, p. 157, y en Jorge Domínguez, *To Make a World Safe for Revolution*, Harvard Univesity Press, Cambridge, 1989, p. 71.

[103] Central Intelligence Agency, Intelligence Information Cable...

[104] Oleg Daroussenkov, comunicación escrita, 19 de diciembre, 1996.

[105] *Idem.*

[106] *Idem.*

[107] *Benigno*, entrevista *op. cit.*

[108] *Pepe* Aguilar, manuscrito inédito obtenido por el autor y Carlos Franqui, entrevista con el autor, San Juan de Puerto Rico, 19 de agosto, 1996.

[109] Larry Sternfield, conversación telefónica con el autor, 4 de noviembre, 1996.

[110] Gustavo Villoldo, entrevista, *op. cit.*

Capítulo XI: Muerte y resurrección

[1] *Cf.* Todd Gitlin, *The Sixties: Years of Hope. Days of Rage*, Nueva York, Bantam Books, 1993, p. 19.

[2] Julio Cortázar, *Último round*, México, Siglo XXI, 1969, p. 94.

[3] "A Special Kind of Rebellion", en *Fortune*, enero de 1969, pp. 70-71.

[4] Terry H. Anderson, *The Movement and the Sixties*, Nueva York, Oxford University Press, 1995, p. VIII.

[5] Sobresalen dos: Juan Antonio Blanco, quien generosamente compartió sus reflexiones conmigo durante una conversa-

ción en La Habana en enero de 1996, y Fernando Martínez, quien ha publicado varios textos sobre el tema y esboza ideas similares en el artículo que publica en *Actual,* La Habana, enero de 1996, pp. 5-10.

[6] Gitlin, *op. cit.,* pp. 262-63.

[7] Hervé Hamon y Patrick Rothman, *Génération,* París, Editions de Seuil, 1987, p. 125.

[8] "Después de cruzar el Río Grande, el Che se convenció de que las noticias sobre la muerte de *Joaquín* eran verdad" (Harry Villegas, *Pombo,* entrevista con periodistas británicos, La Habana, octubre, 1995).

[9] Chacón, Edwin, "Reportaje de Alto Seco", en *Presencia,* La Paz, 4 de octubre de 1967, p. 3. Es verdad que su estado físico había mejorado en los últimos días; según *Benigno,* hacía quince días que estaba en recuperación (*Benigno,* entrevista con el autor, París, 3 de noviembre, 1995).

[10] "Recuerdos de un combate" en *Pombo, Benigno y Urbano, La Quebrada del Yuro,* La Habana, Tricontinental, julio-octubre, 1969, p. 108.

[11] *Benigno,* entrevista, *op. cit.*

[12] Esta versión fue propagada por el general Alfredo Ovando como parte de las primeras declaraciones que hizo después de la batalla, en las que decía que el Che había muerto en combate (véase Carlos Soria Galvarro, *El Che en Bolivia,* La Paz, Cedoin, vol. 2, 1993, p. 91).

[13] Esta relación es de Antonio Arguedas, el ministro del Interior boliviano, quien posteriormente entregó a Fidel Castro el diario del Che, y abandonó Bolivia en 1968. Originalmente, Arguedas era uno de los activos de la CIA, lo que le fue confirmado al autor por una fuente que también era de la CIA en esa época; no obstante, mantenía una relación bastante estrecha con el gobierno cubano, a quien "se remitió definitivamente al morir el Che" (Carlos Soria Galvarro, *op. cit.,* p. 111).

[14] Félix Rodríguez y John Weisman, *Shadow Warrior,* Nueva York, Simon and Schuster, 1989, p. 163.

[15] Arnaldo Parada Saucedo, *No disparen, soy el Che*, La Paz, edición del autor, 1987.

[16] Cupull, Adys y González Froilán, *La CIA contra el Che*, La Habana, Editora Política, 1992, pp. 136-137.

[17] Entrevista de historia oral con Douglas Henderson, por Sheldon Stern para la Biblioteca JFK, 30 de agosto, 1978, Weston, Massachussets.

[18] Tilton John, conversación telefónica con el autor, Princeton, noviembre, 1995.

[19] Gustavo Villoldo, entrevista con el autor, Miami, 21 de noviembre, 1995.

[20] Gary Prado Salmón, entrevista con el autor, Santa Cruz de la Sierra, 26 de octubre, 1994. Ésta también es la opinión de *Benigno*: "Yo no creo que quisiera morir" (*Benigno*, entrevista, *op. cit.*).

[21] Julia Cortés, entrevista con el autor, Vallegrande, 26 de octubre, 1994.

[22] Gary Prado Salmón, entrevista, *op. cit.*

[23] Gustavo Villoldo, entrevista, *op. cit.*

[24] Terry H. Anderson, *op. cit.*, p. 89.

[25] Hamon y Rothman, *op. cit.*, p. 171.

[26] George Katsiaficas, *The Imagination of the New Left*, Boston, South End Press, 1987, p. 57.

[27] Terry H. Anderson, *op. cit.*, 1994, p. 95.

[28] David Burner, *Making Peace with the Sixties*, Princeton, Princeton University Press, 1996, p. 136.

[29] *Anuarios estadísticos de la UNESCO*, 1970, 1982.

[30] Eric Hobsbawm, *Age of Extremes: The Short Twentieth Century*, Londres, Michael Joseph Ltd., 1994, p. 298.

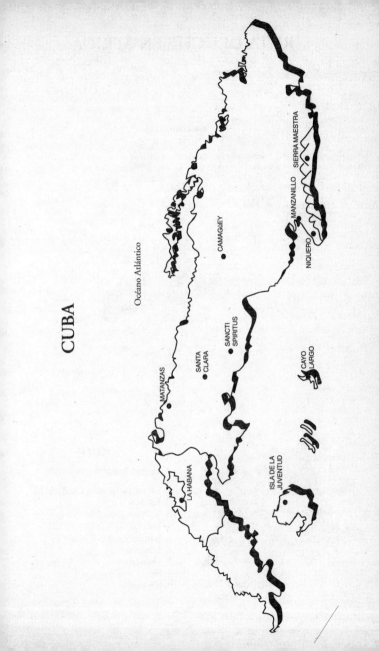

RUTA DEL CHE EN ÁFRICA

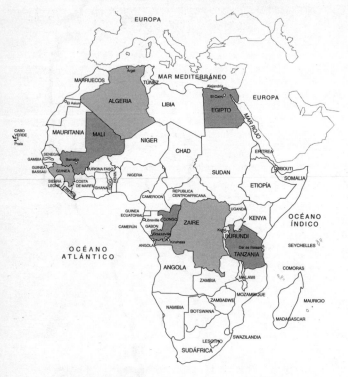

ZAIRE

(Antes Congo-Leopoldville)

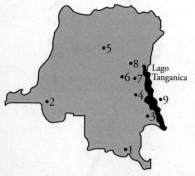

1. Lubumbashi, antes Elizabethville
2. Kinshasa
3. Kalemie, antes Albertville
4. Katenga
5. Kisangani, antes Stanleyville
6. Kibamba
7. Lulimba
8. Fizi
9. Kigoma

RUTA DEL CHE EN BOLIVIA

Ernesto Guevara de la Serna y su novia Chichina
Ferreyra, en Malagueño, 1951.

*Ernesto Guevara de
la Serna en Buenos
Aires,* circa *1951.*

*Los futuros rebeldes cubanos, en Veracruz, México, en
1956; Ernesto Guevara a la extrema derecha, Raúl
Castro en el centro.*

El Che alpinista escalando el Popocatépetl, México, 1955.

*Fidel Castro y el Che Guevara en la estación migratoria
de las calles de Miguel Schulz de la ciudad de México,
mediados de 1956.*

*El Che con su madre y Ernesto Guevara Lynch, su padre,
La Habana, febrero de 1959.*

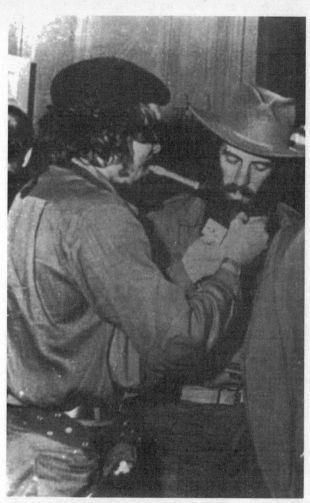

Con Camilo Cienfuegos, La Habana, 1959.

Aregando al ejército rebelde, 1959.

El Che con Celia, su madre, La Habana, 1959.

El Che, su primera esposa y su primera hija, La Habana, en 1959.

Con Aleida, 1960.

Jugando golf y recordando viejos tiempos, 1960.

Fidel, Raúl y el Che en vísperas de Girón.